湖北省公益学术著作出版专项资金
Hubei Special Funds for Academic and Public-interest Publications

国家社科基金项目（批准号：15BZS035）研究成果
华中师范大学历史文化学院一流学科建设经费资助项目

曾国历史文化研究

黄尚明 著

武汉出版社
WUHAN PUBLISHING HOUSE

（鄂）新登字08号
图书在版编目（CIP）数据

曾国历史文化研究 / 黄尚明著. — 武汉：武汉出版社, 2023.8
ISBN 978-7-5582-5694-3

Ⅰ. ①曾… Ⅱ. ①黄… Ⅲ. ①文化史—研究—中国—周代 Ⅳ. ①K224.03

中国版本图书馆CIP数据核字（2022）第252722号

曾国历史文化研究
ZENGGUO LISHI WENHUA YANJIU

著　　者：黄尚明
策划编辑：胡　新
责任编辑：朱金波
封面设计：沈力夫
出　　版：武汉出版社
社　　址：武汉市江岸区兴业路136号　　邮　　编：430014
电　　话：(027)85606403　　85600625
http://www.whcbs.com　　E-mail: whcbszbs@163.com
印　　刷：武汉精一佳印刷有限公司　　经　　销：新华书店
开　　本：787 mm×1092 mm　　1/16
印　　张：27.5　　字　　数：500千字
版　　次：2023年8月第1版　　2023年8月第1次印刷
定　　价：98.00元

关注阅读武汉
共享武汉阅读

目　录

绪　论

传世文献没有姬姓曾国的明确记载,《春秋》《左传》《国语》上仅有少量随国历史的材料。可以说主要依靠考古发掘的曾国遗存,我们才得以恢复曾国的部分历史面貌。下面按年代谈谈曾国历史文化的研究动态(本书所有作者后面都省略了“先生”二字,特此说明)。

一、曾国历史文化研究动态

(一)宋代至民国

宋代薛尚功《历代钟鼎彝器款识法帖》就著录了一件两周之际的曾师季𩂣盘,误释“曾”为“冀”。还著录了三件和曾国历史有关的铜器,即楚王熊章钟两件和安州六器之一的中甗。[①] 清朝阮元的《积古斋钟鼎彝器款识》著录了曾伯霥簠、曾仲盘,认为此“曾”当为“鄫”,即山东之鄫,夏之后,姒姓。

20 世纪 20 年代,曾国青铜器出土数量大增,为许多著作所收录,但出土地大多不明。曾毅公的《山东金文集存·先秦编》一书收录了曾伯霥簠 2、曾伯陭壶、曾子仲宣鼎、曾子屎簠、曾子伯𧻚盘、曾子□簠、曾□□簠、曾诸子鼎、曾子遇簠 2、曾仲盘、曾太保盆等,并将这些铜器全部视为山东鄫国铜器。[②] 现在看来,有的明显属于姬姓曾国,如曾伯霥簠 2、曾伯陭壶、曾子遇簠 2。

1933 年,安徽寿县楚幽王墓出土的曾姬无卹方壶铭文表明,此曾国为姬姓,并非姒姓之鄫。郭沫若在《两周金文辞大系图录考释》一书中,把多数曾器视为山东鄫国铜器,但将曾侯作叔姬簠、曾姬无卹壶列为楚器,并指出此曾为楚之邻国。[③] 刘节在《寿县所出楚铜器考释》一文中指出曾有姒姓

---

①薛尚功:《历代钟鼎彝器款识法帖》,中华书局 1986 年,第 83、78、27 页。

②曾毅公:《山东金文集存·先秦编》,齐鲁大学国学研究所 1940 年石印本。

③郭沫若:《两周金文辞大系图录考释(下)》,上海书店出版社 1999 年,第 186～189、165～167 页。

之曾和姬姓之曾,姒姓之曾在山东,附庸于齐。曾姬无卹壶中的曾为姬姓之曾,先在河南洧水,附庸于郑,后迁徙到楚地。[①] 这是关于曾国族属和地望认识的一大进步。

(二)从 20 世纪 50 年代到 20 世纪末

1966 年湖北京山苏家垄出土曾国青铜器群,基本组合为九鼎七簋,铜器主人为曾仲斿父[②],1970 年代在新野[③]、枣阳[④]、随州[⑤]等地发现多批曾国铜器。这些有确切出土地点的考古资料,简报作者经过认真研究得出一些重要结论,例如鄂北豫南一带存在一个曾国,这个曾国与申国相邻,就是文献上所记载的灭周的缯国。

1978 年发掘的随州战国早期曾侯乙墓出土资料极其丰富,有以编钟、尊盘、九鼎八簋为代表的青铜器,约十吨重,青铜器上有大量的珍贵铭文。还有漆木器、玉器、金器、竹简等。

曾侯乙墓的发掘,更加确证随州一带存在一个曾国。但《左传》上记载"汉东之国随为大",铭文中的曾国和《左传》中的随国是什么关系?李学勤称之为"曾国之谜",并提出"汉东地区的曾国,很可能就是文献里的随国",属于一国二名,曾国都城在随州。[⑥] 1980 年随州义地岗墓地季氏梁发现了季怡墓,李学勤认为这一发现为随都在随州增添了新的证据。[⑦]

---

①刘节:《古史考存》,人民出版社 1958 年,第 108~140 页。

②湖北省博物馆:《湖北京山发现曾国铜器》,《文物》1972 年第 2 期。

③郑杰祥:《河南新野发现的曾国铜器》,《文物》1973 年第 5 期;河南省博物馆、新野县文化馆:《河南新野古墓清理简报》,《文物资料丛刊》第 2 辑,1978 年。

④湖北省博物馆:《湖北枣阳县发现曾国墓葬》,《考古》1975 年第 4 期;田海峰:《湖北枣阳县又发现曾国铜器》,《江汉考古》1983 年第 3 期;徐正国:《枣阳东赵湖再次出土青铜器》,《江汉考古》1984 年第 4 期。

⑤鄂兵:《湖北随县发现曾国铜器》,《文物》1973 年第 5 期;随州市博物馆:《湖北随县发现商周青铜器》,《考古》1984 年第 6 期;随州市博物馆:《湖北随县刘家崖发现古代青铜器》,《考古》1982 年第 2 期;随州市博物馆:《湖北随县新发现古代青铜器》,《考古》1982 年第 2 期;随州市博物馆:《湖北随县安居出土青铜器》,《文物》1982 年第 12 期;随州市博物馆:《湖北随州市安居镇发现春秋曾国墓》,《江汉考古》1990 年第 1 期。

⑥李学勤:《曾国之谜》,《光明日报》1978 年 10 月 4 日。

⑦李学勤:《论汉淮间的春秋青铜器》,《文物》1980 年第 1 期。后收入《新出青铜器研究》,文物出版社 1990 年,第 151~159 页。

石泉也提出了曾、随为同一国家的观点，并引用童书业的观点，认为参与灭周的申国、缯国，都在陕西关中附近，不是南阳的申国和随枣一带的曾国，随枣一带的姬姓曾国是由北方迁来的西周封国。并提出随国都城在今随州市西北、溠水东岸的安居店北。① 据谭维四回忆说，石泉于1978年6月10日在随州为参加曾侯乙墓发掘的全体考古队员作了题为《古代曾国—随国地望初探》的学术报告，首先提出了"曾、随为同一国家"的见解。② 但石泉论文公开发表的时间晚于李学勤的论文。徐少华认为"曾即随说"较符合历史实际，西周晚期至春秋早期，在方城之外的缯关一带存在一个姒姓缯国，姒缯与随枣走廊的姬曾同时并存，姬曾直到战国中期仍在活动，而方城外的姒缯春秋初期以后下落不明，当已灭于楚或其他诸侯。姬曾至迟在周昭王时就已存在于随枣走廊一带，可能在成王时的大分封中就与"汉阳诸姬"一起，受封于江汉地区了。③ 舒之梅、刘彬徽赞同"曾随同一说"，认为曾国为汉东一带土著姬姓国，从原始社会阶段姬姓的一支就生活在这里，发展为商代和两周的曾国，为黄帝后裔，不是出自周室的分封。④

也有学者主张曾、随为两个国家，且解释又有所不同。如于豪亮认为随是西周时期姬姓的封国，春秋时期逐渐成为楚国的属国。而曾国为姒姓，位于今泌阳县东北地区。随国灭了姒姓曾国，自己改称为曾国，也就成为姬姓曾国，但古籍中仍然称之为随。⑤ 杨宽、钱林书认为曾、随为两国，东周初期曾国南迁随枣走廊灭随，入居随地。⑥ 徐扬杰认为随、曾为两国，春秋晚期楚先后灭缯、随之后，又在随国故地分封了楚国大贵族，称为曾侯。⑦

关于曾侯乙墓的时代曾发生过争论，曾昭岷、李瑾认为曾侯乙墓时代属战国晚期，郭德维认为属战国早期，曾侯乙墓不是楚墓。舒之梅、刘彬徽、陈振裕等认为曾侯乙墓出土的青铜器具有强烈的楚文化特征。时学颜认为曾侯乙墓青铜器也有一些中原文化的特征。在《曾侯乙墓》报告附录中，学者

①石泉：《古代曾国—随国地望初探》，《武汉大学学报(哲学社会科学版)》1979年第1期。

②谭维四：《曾侯乙墓》，文物出版社2001年，第67~68页。

③徐少华：《曾即随及其历史渊源》，《江汉论坛》1986年第4期。

④舒之梅、刘彬徽：《论汉东曾国为土著姬姓随国》，《江汉论坛》1982年第1期。

⑤于豪亮：《为什么随县出土曾侯墓?》，《古文字研究》第一辑，中华书局1979年，第306~313页。

⑥杨宽、钱林书：《曾侯之谜试探》，《复旦学报(社会科学版)》1980年第3期。

⑦徐扬杰：《关于曾国问题的一点看法》，《江汉论坛》1979年第3期。

们对青铜器的合金性质、曾侯乙尊盘的失蜡法工艺、曾侯乙编钟的铸造工艺、红铜纹饰铸镶法,以及曾侯乙墓人骨、动物骨骼、玉器材料标本等进行了分门别类的鉴定研究。

1981 年又在随州发掘了擂鼓墩 2 号墓,时代为战国中期。之后在随州义地岗发掘了一批春秋中晚期的曾国墓葬。1984 年黄敬刚在《随都辨》一文中,认为随都地望在今随州市区附近。①

关于曾国青铜器的分期研究。周永珍将新野、枣阳、随州、京山出土的曾国铜器年代确定为西周晚期到春秋中期。②

1991 年杨宝成在《试论曾国青铜器的分期》一文中,将曾国青铜器共分为四段八期。③ 1992 年杨宝成的《试论随枣地区的两周铜器》一文主要内容与前文相同,只是没有商代这一部分,将随枣地区的两周铜器分为六期,即与前文后六期相同。④

1992 年张昌平在《曾国铜器的分期及其相关问题》一文中,根据铜器形制进行分型分式,将曾国铜器分为七期。指出曾国铜器表现为前后两大阶段性的变化,一至三期与姬周文化一致,从春秋中期开始,楚式风格越来越浓,春秋晚期基本已是楚器的特点。⑤

(三)21 世纪至今

2002—2003 年,襄樊市考古队对枣阳郭家庙曾侯墓地进行了发掘,墓葬时代为西周末年至春秋早期。2014 年,湖北省文物考古研究所又继续发掘枣阳郭家庙、曹门湾曾国贵族墓地,取得重大收获,包括曾伯陭墓、曹门湾 M1 等为代表的曾国高级贵族墓葬。⑥

2011—2013 年,湖北省文物考古研究所在湖北随州叶家山发掘西周早

---

①黄敬刚:《随都辨》,载张正明主编《楚史论丛(初集)》,湖北人民出版社 1984 年,第 237~244 页。

②周永珍:《曾国与曾国铜器》,《考古》1980 年第 5 期。

③杨宝成:《试论曾国青铜器的分期》,《中原文物》1991 年第 4 期。

④杨宝成:《试论随枣地区的两周铜器》,《中国考古学会第七次年会论文集 · 1989》,文物出版社 1992 年。

⑤张昌平:《曾国铜器的分期及其相关问题》,《江汉考古》1992 年第 3 期。

⑥襄樊市考古队等:《枣阳郭家庙曾国墓地》,科学出版社 2005 年。方勤、胡刚:《枣阳郭家庙曾国墓地曹门湾墓区考古主要收获》,《江汉考古》2015 年第 3 期。

期曾侯墓地,首次证实西周早期随州就有了曾国。[①]

2012—2013 年,又在随州文峰塔发掘一处以曾侯丙为代表的春秋战国时期曾侯墓地。[②]

2015—2017 年,湖北省文物考古研究所等单位对苏家垄南部岗地进行发掘,发掘墓葬 101 座,车马坑 2 座,其中 M79、M88 为曾伯桼夫妇墓。墓葬年代为两周之际至春秋早中期之际。[③]

2017 年,湖北省文物考古研究所等在汉东东路墓地发掘春秋中期墓葬 39 座,马坑 2 座。其中 M129 为曾侯得墓。[④]

2018 年,湖北省文物考古研究所、北京大学考古文博学院、随州市博物馆等对随州枣树林墓地进行勘探发掘,已发掘墓葬 52 座,其中 M168、M169 为甲字形大型墓葬,墓主人为曾侯宝及其夫人随仲嬭(芈)加。[⑤] M190、M191 墓主人为曾公畎及其夫人渔。[⑥]

学者围绕考古新发现对以下几大问题进行了研究:

关于曾国的族属问题,李学勤等学者认为曾国就是一个姬姓诸侯国,有学者找到了铜器铭文上的直接证据。李伯谦、朱凤瀚、张昌平等学者认为此曾侯并非姬姓。[⑦] 黄凤春、胡刚认为曾国为姬姓。[⑧]

张昌平根据新出土的材料如随大司马戈和随仲芈加鼎,认为曾、随是并

---

①湖北省博物馆等:《随州叶家山——西周早期曾国墓地》,文物出版社 2013 年。

②湖北省文物考古研究所、随州市博物馆:《湖北随州市文峰塔东周墓地》,《考古》2014 年第 7 期。

③方勤、胡长春、席奇峰、李晓杨、王玉杰:《湖北京山苏家垄遗址考古收获》,《江汉考古》2017 年第 6 期。

④湖北省文物考古研究所等:《随州汉东东路墓地 2017 年考古发掘收获》,《江汉考古》2018 年第 1 期。

⑤湖北省文物考古研究所等:《湖北随州枣树林墓地 2019 年发掘收获》,《江汉考古》2019 年第 3 期。"嬭"为楚姓,见于金文,即经传之"芈"字。本书引用铜器铭文等资料较多,在行文时出于考古学相关规则、与原出处保持一致等原因,未对"嬭""芈"作统一处理,其他类似情形亦如此。

⑥湖北省文物考古研究所等:《湖北随州市枣树林春秋曾国贵族墓地》,《考古》2020 年第 7 期。

⑦李学勤等:《湖北随州叶家山西周墓地笔谈》,《文物》2011 年第 11 期。

⑧黄凤春、胡刚:《说西周金文中的"南公"——兼论随州叶家山西周曾国墓地的族属》,《江汉考古》2014 年第 2 期。黄凤春、胡刚:《再说西周金文中的南公——二论叶家山西周墓地的族属》,《江汉考古》2014 年第 5 期。

立于随州的两个国家。①

关于曾侯世系,张昌平在《曾国青铜器研究》第六章第二节“青铜器所反映的曾国政治体系”深入研究了曾国公族的称谓、曾侯世系。②

方勤在《曾国历史的考古学观察》一文中根据随州叶家山及枣阳郭家庙、文峰塔等新材料进行了进一步研究。③ 罗运环也发表了论文。④

关于曾国的婚姻关系问题,台湾学者陈昭容研究了西周到春秋时期汉水流域及淮水中上游诸侯国之间的婚姻关系,其中涉及曾、楚婚姻关系和曾、黄关系。⑤ 张昌平在《曾国青铜器研究》一书中探讨了曾国与黄国等国的通婚,但比较简略。⑥

关于曾国的都城和疆域问题,张昌平认为西周晚期至春秋早期的曾国包括漳河上游、滚水中上游、涢水中上游三个区域,方圆约 100 平方公里。春秋中期至曾国灭亡,一直保有均川、随州一带,方圆不足 25 平方公里。两周之际曾国的政治中心就在郭家庙墓地所在的枣阳吴店东赵湖一带。春秋早期滚河流域被归入楚国疆域,曾国的政治中心东迁至今随州安居,至春秋晚期左右再迁至今随州城区一带。⑦

黄凤春、陈树祥、凡国栋撰文认为西周早期曾国的政治中心就在今漂水下游的庙台子遗址。⑧

方勤认为庙台子遗址群就是西周早期曾国的一个都城,枣阳郭家庙、京山苏家垄都一度成为曾国都城。春秋中期曾国都城迁到今随州西的安居遗址,一直持续到战国中期。⑨

---

①张昌平:《曾随之迷再检视》,《中国国家博物馆馆刊》2015 年第 11 期。

②张昌平:《曾国青铜器研究》,文物出版社 2009 年,第 344~359 页。

③方勤:《曾国历史的考古学观察》,《江汉考古》2014 年第 4 期。

④罗运环:《新出金文与西周曾侯》,《陕西师范大学学报(哲学社会科学版)》2015 年第 6 期。

⑤陈昭容:《从青铜器铭文看两周汉淮地区诸国婚姻关系》,《“中央研究院”历史语言研究所集刊》第七十五本第四分,2004 年。

⑥张昌平:《曾国青铜器研究》,文物出版社 2009 年,第 296~301、347~348 页。

⑦张昌平:《曾国青铜器研究》,文物出版社 2009 年,第 341~344 页。

⑧黄凤春、陈树祥、凡国栋:《湖北随州叶家山新出西周曾国铜器及相关问题》,《文物》2011 年第 11 期。

⑨方勤:《曾国历史与文化——从“左右文武”到“左右楚王”》,上海古籍出版社 2019 年,第 87~163页。

黄凤春认为曾国共有四个都城，西周早期都城在庙台子，西周中期到晚期情况不明，西周晚期到春秋早期都城在随州安居，春秋早期到战国时期都城在今随州市区。[①]

关于曾国的葬俗问题，杨华对叶家山西周早期曾侯墓地的丧葬礼制进行了探讨，认为曾侯墓四周的柱洞，是墓葬下葬时树立丰碑或桓楹而留下的痕迹。曾侯墓地位于都城北方，存在毁兵、折兵现象。同一座墓的青铜器上出现多种族徽，这些青铜器可能是其他家族赗赠的器物。[②]

关于青铜器期的分期，张昌平在以往研究基础上进一步阐述了自己的曾国青铜器分期观点，明确地将其分成两大阶段。第一阶段在两周之际及其前后，属于周文化体系，共分三期。第二阶段的年代大体在春秋中期之战国中期，属楚文化体系，共分五期。[③]

在陶器分期方面，王先福对襄阳随州地区遗址出土的陶鬲进行了研究，将陶鬲分为六型九期。[④] 后又利用枣阳毛狗洞、周台，随州西花园遗址出土陶器，对随枣走廊的陶器进行分期，共分为八期。[⑤] 郭长江的硕士论文《曾国陶器研究》专门研究了墓地和遗址出土的曾国陶器，将曾国陶器分为七期十三段。[⑥]

黄敬刚的《曾国与随国历史研究》一书对曾国与随州历史文化、曾侯乙墓乐器与音乐等专题进了深入研究。[⑦]

二、本课题的研究任务

本课题将探讨如下几个问题：

（一）曾国的族姓与曾国之谜。根据新出土的材料，进一步论证随枣走廊一带的曾国族姓为姬姓，曾、随为一国二名。

---

①黄凤春：《关于曾国的政治中心及其变迁问题》，《中原文化研究》2018 年第 4 期。

②杨华：《叶家山曾侯墓地所见西周早期丧葬礼制四则》，《江汉考古》2013 年第 4 期。

③张昌平：《曾国青铜器研究》，文物出版社 2009 年，第 36～117 页。

④王先福：《襄随地区两周遗址出土陶鬲分析》，《江汉考古》2002 年第 4 期。

⑤王先福：《随枣走廊两周遗址典型陶器的分期》，载襄樊市文物考研究所：《襄樊市考古文集》，科学出版社 2007 年，第 499～512 页。

⑥郭长江：《曾国陶器研究》，武汉大学 2017 年硕士论文。

⑦黄敬刚：《曾国与随国历史研究》，人民出版社 2013 年。

（二）曾侯世系、曾国贵族的称谓及曾国职官。因为出土了新的材料，以及学者们对材料的不同解释，曾侯世系还有待深入探讨。青铜器铭文材料的新发现比较多，可凭此研究曾侯以下的贵族称谓。依据传世文献、青铜器铭文、曾侯乙墓竹简可以考证出曾国部分职官。

（三）曾国贵族与楚国等国贵族的婚姻关系。新的青铜铭文为研究曾国贵族的婚姻问题提供了许多新材料。

（四）曾国都城与疆域。学者们在此方面观点存在一定分歧，由于叶家山西周早期曾侯墓地青铜器铭文、曾侯遚墓编钟铭文、枣树林墓地编钟铭文等许多材料的发现，这个问题还可以深入探讨。

（五）曾国的乐律、历法和文字。曾国的乐律、历法和文字都有自己的特色，是曾国文化的重要内容。曾国乐律与周的乐律关系更加密切，历法上基本奉周为正朔。

（六）曾国墓葬反映的丧葬礼制。目前还缺乏西周中期曾国墓地资料，但其他阶段的资料已经具备，有必要对曾国丧葬礼制进行综合研究。

（七）青铜器和陶器的分期。过去已经积累了一定的此方面成果，但较多铜器和陶器资料的新发现，如叶家山出土的西周早期大批青铜器，枣阳郭家庙、曹门湾和京山苏家垄出土的春秋早中期青铜器，以及多个遗址和墓地发掘出的陶器，为青铜器和陶器的综合分期提供了条件。对青铜器和陶器进行分期，目的是为研究曾国文化确立考古学年代标尺，总结各阶段青铜器和陶器的文化特征。

（八）鄂国的地望与历史变迁。随州安居羊子山和南阳夏饷铺鄂侯墓地的发现，为研究鄂国的地望和历史变迁提供了新资料，过去学术界关于西鄂和东鄂的争论有望得到圆满的解释。

第一章　曾国的族姓、地望与曾侯世系

商朝武丁时期南土已经存在曾国，族姓不明。周代有三个曾国：其一，姒姓缯国在关中附近，与西申毗邻；其二，另一姒姓鄫国位于今山东兰陵县，铜器铭文自称"上曾"；其三，姬姓曾国位于随枣走廊，文献失载，曾、随一国二名。利用青铜器铭文，我们能够恢复大部分曾侯世系。

第一节　商朝时期的曾国

一、商代曾国的地望

殷墟甲骨文中曾字为常见字，写作"囟"，李宗焜编著的《甲骨文字编》一书收录了 24 个曾字字形。[①] 于省吾认为囟即曾之初文。曾字在甲骨文中有两个意思：一用为地名，一用为祭名。[②] 商朝时期已有曾国，甲骨文中的曾字有的就是代表方国或者地名。关于曾、商关系的研究，张昌平有比较详细的论述。[③] 甲骨文中关于曾的记载，如武丁时期卜辞：

乙未[卜]，□，贞立事于南，右[从我]，中从舆，左从囟。[④]

乙未卜，□，[贞]立事[于南]，右从我，[中]从舆，左从囟。[⑤]

□□卜，𣪊，贞王自于囟。[⑥]

癸巳卜，𣪊，[贞]王勿自于囟。[⑦]

[癸]巳卜，𣪊，贞王勿自于囟。[⑧]

---

①李宗焜编著：《甲骨文字编》中册，中华书局 2012 年，第 827 页。

②于省吾：《甲骨文字释林》，中华书局 1979 年，第 27、28 页。

③张昌平：《曾国青铜器研究》，文物出版社 2009 年，第 360 页。

④郭沫若主编，胡厚宣总编辑：《甲骨文合集》，中华书局 1982 年，第 5504 片。

⑤同上，第 5512 片。

⑥同上，第 6536 片。

⑦同上，第 7353 片。

⑧同上，第 7354 片。

第一、二条卜辞中“舆”当隶定为“𨔹”。李学勤认为“𨔹”字从“舁”,字中间的東不是“东”,而是橐囊的象形,和商代铜器铭文中像人背负橐囊的字一致。这个字像众手共举沉重的橐囊,应为“与(举)”字的古体。“曾”应读为“曾”,铜器铭文作“曾”。𨔹(举)和曾是商朝南土的两个封国。湖北枣阳、随县、京山到河南西南角的新野,出土了大量周代的曾国青铜器,卜辞的曾当在这一范围内,与𨔹(举)应在汉东举水流域。①

“从”属于误释,当隶定为“比”,林沄在《甲骨文中的商代方国联盟》一文中有详细论述。② 罗运环认为“比”有联合、配合的意思。按卜辞通例,商朝的军队与方国相“比”,为二者联合或配合作战。③

随州庙台子遗址商代遗存的年代为殷墟一期,下限可能延续到殷墟二期。说明汉东地区在商代已经是商王朝直接控制的势力范围,而且已经开发到了较高的水平。④ 1977年,随州淅河出土了商代青铜器觚1、爵2、斝1,时代晚于二里岗上层,早于殷墟一期,属商代中期。⑤ 以上很可能是商代曾国留下的遗存。

二、商朝与曾国的关系

商朝称自己直接统治的地区为王畿,王畿的四周为商朝分封的同姓或异姓诸侯,称为四土,如武丁时期的卜辞:

甲午卜贞,东土受年?	《乙编》3287
甲午卜亘贞,南土受年?	拓本
甲午卜韦贞,西土受年?	《乙编》8167+8320
甲午卜宾贞,西土受年?	《乙编》3409
甲午卜毌贞,北土受年?	《乙编》3925

①江鸿(李学勤):《盘龙城与商朝的南土》,《文物》1976年第2期。

②林沄:《甲骨文中的商代方国联盟》,《古文字研究》第6辑,中华书局1982年,第67~92页。

③罗运环:《甲骨文金文所见商周与楚关系发微》,《人文论丛(2009年卷)》,中国社会科学出版社2009年。

④武汉大学历史系考古教研室等:《西花园与庙台子》,武汉大学出版社1993年。

⑤随州市博物馆:《湖北随县发现商代青铜器》,《文物》1981年第8期。

本节第一部分所引第一、二条卜辞“立事于南”中的“立事”就是古书中的“莅事”“位事”，意思是视事、治事，“南”就是南土，反映商王武丁对南土的统治。杨升南说：“立即莅。‘国之大事，在祀与戎’，事即戎事。立事于南，是商王武丁亲临于南方的戎事。”①以上卜辞说明武丁时期曾国臣服于商。但到了廪辛至文丁时期商朝讨伐曾国，中央与曾国关系一度紧张。又如廪辛、康丁时期卜辞：

弗克凷？②

惟壬往凷征，无灾。③

叀習。凷，于之씀？吉。④

又如武乙、文丁期卜辞：

□辰，贞，咸奏于凷，又[伐]。⑤

商朝时期曾国的族姓不清楚，但卜辞中的曾不是姬姓应该是肯定的。西周早期周所封随枣走廊的姬姓曾国，可能沿用这里商朝的曾国之名，而统治者却变成了姬姓贵族。

第二节　周代不同姓氏的曾国

一、位于西申附近的姒姓缯国

《国语·郑语》载：“申、缯、西戎方强，王室方骚，将以纵欲，不亦难乎？王欲杀太子，以成伯服，必求之申，申人弗畀，必伐之。若伐申，而缯与西戎会以伐周，周不守矣。缯与西戎方将德申，申、吕方强，其隩爱太子，亦必可知也。”韦昭注：“申，姜姓，幽王前后太子宜臼之舅也。缯，姒姓，申之与国

①杨升南：《略论商代的军队》，《甲骨探史录》，生活·读书·新知三联书店1982年。

②郭沫若主编，胡厚宣总编辑：《甲骨文合集》，中华书局1982年，第31821片。

③中国社会科学院考古研究所编：《小屯南地甲骨》，中华书局1983年，第1098片。

④同上，第0815片。

⑤郭沫若主编，胡厚宣总编辑：《甲骨文合集》，中华书局1982年，第32164片。

也。西戎亦党于申。”①

《国语·晋语一》:“周幽王伐有褒,褒人以褒姒女焉,褒姒有宠,生伯服,于是乎与虢石甫比,逐太子宜咎,而立伯服。太子出奔申,申人、缯人召西戎以伐周,周于是乎亡。”②

《史记·周本纪》载:“又废申后,去太子也。申侯怒,与缯、西夷犬戎攻幽王。幽王举烽火征兵,兵莫至。遂杀幽王骊山下,虏褒姒,尽取周赂而去。”③

谭其骧在地图上将西周时期的犬戎标在洛水上游,春秋时期的犬戎标在甘肃渭源、陇西、通渭一带。④

我们根据以上文献资料,认为申、缯、西戎在地理上应该是相近的。下面我们首先考察西戎的地望。《礼记·曲礼下》记载:“其在东夷、北狄、西戎、南蛮,虽大曰子。”⑤此处西戎泛指西部少数民族。西戎又分为各个族群,如犬戎、姜氏之戎、氐、羌等。周人与犬戎很早就有交流,有时又发生矛盾,早在夏代晚期,周人首领不窋就率领周人投奔戎狄,《国语·周语上》载:“昔我先王世后稷,以服事虞、夏。及夏之衰也,弃稷不务,我先王不窋用失其官,而自窜于戎、狄之间。”⑥

公刘时,恢复了后稷时期的农业传统,人丁兴旺,史称“周道之兴自此始”。到古公亶父时,农业有更大的发展,财富增多,“薰育戎狄攻之,欲得财物”。于是,古公亶父率周人离开豳地,迁于岐下,彻底改变了游牧生活方式,开始从事农业,筑城定居,设立官制。《诗经·大雅·緜》载:“古公亶父,来朝走马,率西水浒,至于岐下。爰及姜女,聿来胥宇。周原膴膴,堇荼如饴。爰始爰谋,爰契我龟。曰止曰时,筑室于兹。”⑦周文王时,“伐犬戎”。周穆王时,“穆王将征犬戎。……王不听,遂征之,得四白狼四白鹿以归,自是荒服者不至。”⑧周人强盛时,主动进攻犬戎,双方之间争战得比较激烈。

---

①上海师范大学古籍整理研究所校点:《国语》,上海古籍出版社1988年,第519、522页。

②上海师范大学古籍整理研究所校点:《国语》,上海古籍出版社1988年,第255页。

③(汉)司马迁:《史记·周本纪》,中华书局1959年,第149页。

④谭其骧主编:《中国历史地图集》第一册,地图出版社1982年,第17~18、22~23页。

⑤(唐)孔颖达:《礼记正义》,(清)阮元校刻《十三经注疏》,中华书局1980年,第1265页。

⑥上海师范大学古籍整理研究所校点:《国语》,上海古籍出版社1988年,第2、3页。

⑦(唐)孔颖达:《毛诗正义》,(清)阮元校刻《十三经注疏》,中华书局1980年,第510页。

⑧上海师范大学古籍整理研究所校点:《国语》,上海古籍出版社1988年,第1、8页。

周朝衰落时，犬戎则取攻势。周宣王曾利用秦人居地作为屏障，封秦仲为大夫，命其与西戎作战，西戎杀秦仲。周幽王时，申、缯与犬戎联军灭掉了西周。

周平王东迁，秦与西戎激战，秦夺取关中地盘。至秦穆公“三十七年，秦用由余谋伐戎王，益国十二，开地千里，遂霸西戎”，①秦国取得了决定性的胜利，稳定了西部后方。

从考古上来看，甘青地区有两个考古学文化与西戎密切相关。一个是寺洼文化，一个是辛店文化。寺洼文化是以甘肃临洮寺洼山墓葬命名的一个考古学文化，主要分布于甘肃中南部的洮河、白龙江、西汉水，东部的泾水及其上游的支流一带。典型遗址有临洮寺洼山、庄浪徐家碾、合水九站遗址等。出土陶器有分裆鬲、连裆鬲、甗、盆、豆、钵、单耳罐、无耳罐、双颈耳马鞍形口罐、双颈耳平口罐、折肩罐、腹耳罐、三足瓮等，其中以双颈耳马鞍形口罐、双颈耳平口罐、分裆鬲、豆、单耳罐、无耳罐、腹耳罐最为典型。墓葬多为长方形土坑竖穴墓，个别为洞室墓。葬式有仰身直肢葬、身躯肢解葬、乱骨葬和火葬，一般为单人葬，个别为两人或多人合葬。寺洼文化的年代晚于齐家文化，下限至西周时期。夏鼐认为寺洼文化的族属为羌人。②

辛店文化是以甘肃临洮辛店遗址命名的考古学文化，分布于黄河上游及其支流洮河、大夏河、湟水、渭水上游流域，西北至青海的大通、湟中一带，东南达甘肃陇西附近。辛店文化可分为姬家川类型和张家咀类型，前者早于后者，分布地域略有差异。姬家川类型主要分布于黄河及其支流洮河、大夏河流域，东南到渭水上游的陇西附近，西北达青海乐都一线。而张家咀类型东界向西收缩，即东不过临洮一带，西界向西拓展到大通、湟中一带。

姬家川类型的陶器有分裆袋足鬲、甑、盆、单耳杯、双耳杯、双颈耳罐、腹耳罐等，其中以双耳盆、单耳杯、双颈耳罐、腹耳罐最为典型。器物底部小，多凹圜底。流行黑色单彩陶，少数为红、紫红彩，图案有双钩纹、直线纹、回纹、波浪纹、网格纹、三角纹、S 纹带，以及狗、鸟、羊等动物形象。

张家咀类型陶器主要器类有鬲、盆、单耳豆、单耳杯、双颈耳罐、腹耳罐

---

①（汉）司马迁：《史记·秦本纪》，中华书局 1959 年，第 194 页。

②夏鼐：《临洮寺窪山发掘记》，《中国考古学报》1949 年第 4 册。

等。多平底器,无圜底器。彩陶比例高,多为复彩,颜色有黑、红等两种以上。彩绘纹样除姬家川类型常见的双钩纹、直线纹、三角纹等纹样外,还有大量变形S纹、变形鸟纹、涡纹、太阳纹等,线条比较流畅。

辛店文化年代上限晚于山家头类型,下限到商代末期。其族属一般认为属于羌人。①

接着我们来考察申国的地望。据文献记载有两个申国,第一个申国为西申,姜姓,《国语·周语中》记载:“齐、许、申、吕由大姜。”韦昭注:“四国皆姜姓也,四岳之后、大姜之家也。大姜,太王之妃、王季之母也。”②位于周朝西部,史称“西申”。《逸周书·王会解》记载周成王时,成周落成,大会诸侯,各献方物:“西申以凤鸟,凤鸟者,戴仁、抱义、掖信,归有德。”③此申国封国时间很早,至迟成王之前已有西申。

《古本竹书纪年》记载:“平王奔西申。”(《左传》昭公二十六年疏引)清华简《系年》记载:“周幽王娶妻于西申,生平王。王或取褒人之女,是褒姒,生伯盘。褒姒嬖于王,王与伯盘逐平王,平王走西申。幽王起师,围平王于西申,申人弗畀,曾人乃降西戎,以攻幽王,幽王及伯盘乃灭,周乃亡。”④清华简明确记载了西申参与了消灭西周的战争,为西申说增加了一条证据。

周孝王时,申国与秦人有通婚关系,应是西戎的族群之一。《史记·秦本纪》载:“非子居犬丘,好马及畜,善养息之。犬丘人言之周孝王,孝王召使主马于汧渭之间,马大蕃息。孝王欲以为大骆适嗣。申侯之女为大骆妻,生子成为适。申侯乃言孝王曰:‘昔我先郦山之女,为戎胥轩妻,生中潏,以亲故归周,保西垂,西垂以其故和睦。今我复与大骆妻,生适子成。申骆重婚,西戎皆服,所以为王。王其图之。’于是孝王曰:‘昔伯翳为舜主畜,畜多息,故有土,赐姓嬴。今其后世亦为朕息马,朕其分土为附庸。’邑之秦,使复续嬴氏祀,号曰秦嬴。亦不废申侯之女子为骆适者,以和西戎。”⑤

---

①中国社会科学院考古研究所:《中国考古学·两周卷》,中国社会科学出版社2004年,第500~506页。

②上海师范大学古籍整理研究所校点:《国语》,上海古籍出版社1988年,第48、49页。

③黄怀信、张懋镕、田旭东:《逸周书汇校集注(修订本)》,上海古籍出版社2007年,第858页。

④清华大学出土文献研究与保护中心编,李学勤主编:《清华大学藏战国竹简(贰)》,中西书局2011年,第138页。

⑤(汉)司马迁:《史记·秦本纪》,中华书局1959年,第177页。

《国语·郑语》韦昭注："申，姜姓，幽王前后太子宜臼之舅也。"[①]《国语》这段话说所说的申国应该是与秦国通婚的这个申国，童书业在《春秋史》中认为周幽王的申后正是娶自该国，"申有西东之别，《左传正义》引《竹书纪年》云'平王奔西申'，盖申国本支之在西者。《后汉书·西羌传》云：'王征申戎'，当即此西申。其邑谢之申，则申人之东迁者，固无与于亡周之事也"。[②] 童书业在《春秋左传研究》一书中更加明确地说："幽王之姜后，盖娶于西申者(《左传正义》引《竹书纪年》：'平王奔西申'，非东迁谢邑之申?)及因废姜后及太子而发伐申，申缯西戎'会以伐周'，'遂杀幽王骊山下'。"[③]

西申的具体地望，有线索可寻。《山海经·西次四经》中所记载的申山、上申之山、申首之山和申水地名，清毕沅注：申山"疑即陕西安塞县北芦关岭，区水所出也"。[④] 蒙文通认为："安塞米脂以北，西连中卫，为申戎之国，所谓西申也。"[⑤]徐少华根据《山海经·西次四经》的记载，参照《水经注·河水注》和《读史方舆纪要》，认为申山即安塞山西北白于山东部诸山，上申之山亦不出靖边县南的白于山东部，西申当在今之陕北。[⑥]

童书业认为：西申之国似近骊山，《史记·秦本纪》云"申侯乃言孝王曰：'昔我先骊山之女，为戎胥轩妻。'"可证。《郑语》云："王欲杀太子以成伯服，必求之申，申人弗畀，必伐之。若伐申，而缯与西戎会以伐周，周不守矣。"征以《周本纪》"遂杀周王骊山下"之语，则似幽王伐申戎于骊山下，缯与犬戎遂因而毙之也。[⑦]

1972年，甘肃灵台白草坡西周早期墓葬(M2)出土的鼎2、簋2、尊、盉均有"隁伯"铭文。李守奎考证"隁"字从"阜"，"𤔔"声，很可能就是西申之"申"的早期用字，并由此认为西申地望在今甘肃灵台一带。[⑧]

---

①上海师范大学古籍整理研究所校点：《国语》，上海古籍出版社1988年，第522页。

②童书业著、童教英校订：《春秋史校订本》，中华书局2006年，第78页。

③童书业：《春秋左传研究》，上海人民出版社1983年，第40页。

④郭璞注、毕沅校：《山海经》，上海古籍出版社1989年，第31页。

⑤蒙文通：《周秦少数民族研究》，龙门书局1958年，第14页。

⑥徐少华：《周代南土历史地理与文化》，武汉大学出版社1994年，第28、65页。

⑦童书业著、童教英校订：《春秋史校订本》，中华书局2006年，第78页。

⑧李守奎：《清华简〈系年〉中的𦅫字与西申》，中国社会科学院语言研究所：《历史语言学研究》第七辑，商务印书馆2014年。

第二个申国位于河南南阳,姜姓,封国时间为周宣王时,被封者是周宣王的元舅,但来自西申,任周王卿士。因有两个申国,于是南阳之申史称"南申"。

"南申"之称应是在封南阳申国时"西申"依然存在,为了使其与"西申"区别开来,当时就有了"南申"的说法。中爯父簋之一铭文为:"中爯父宰南申厥嗣作其皇祖考穉(夷)王监伯尊簋。"中爯父簋之二铭文为:"南申伯大宰中爯父厥嗣作其皇祖考夷王监伯尊簋。"①李学勤认为穉(夷)王就是周夷王,中爯父为周宣王从兄弟。② 中爯父为周宣王时人,中爯父簋年代为西周末期。周宣王封申伯时,派中爯父作申国的太宰。两件中爯父簋铭文证实周宣王封南阳之申时,已有"南申"之称。

《诗经·大雅·嵩高》记录了申国封国的盛况:

嵩高维岳,峻极于天。维岳降神,生甫及申。
维申及甫,维周之翰。四国于蕃,四方于宣。
亹亹申伯,王缵之事。于邑于谢,南国是式。
王命召伯,定申伯之宅。登是南邦,世执其功。
王命申伯,式是南邦。因是谢人,以作尔庸。
王命召伯,彻申伯土田。王命傅御,迁其私人。
申伯之功,召伯是营。有俶其城,寝庙既成。
既成藐藐,王锡申伯。四牡蹻蹻,钩膺濯濯。
王遣申伯,路车乘马。我图尔居,莫如南土。
锡尔介圭,以作尔宝。往近王舅,南土是保。
申伯信迈,王饯于郿。申伯还南,谢于诚归。
王命召伯,彻申伯土疆。以峙其粻,式遄其行。
申伯番番,既入于谢,徒御啴啴。周邦咸喜,
戎有良翰。不显申伯,王之元舅,文武是宪。
申伯之德,柔惠且直。揉此万邦,闻于四国。
吉甫作诵,其诗孔硕。其风肆好,以赠申伯。③

---

①崔庆明:《南阳市北郊出土一批申国铜器》,《中原文物》1984年第4期。

②李学勤:《论中爯父簋与申国》,《中原文物》1984年第4期。

③(唐)孔颖达:《毛诗正义》,(清)阮元校刻《十三经注疏》,中华书局1980年,第565~568页。

徐少华认为申国的都城位于今南阳市东北部古宛城的小城，即现在的老城区。[①]

陈槃认为西申和南申“本自一族，分居两地”。[②]

确定了西戎、西申和南申的地望之后，我们再来看看《国语·郑语》中所提到的缯国，韦昭注：“缯，姒姓，申之与国也。”[③]《国语·周语中》记载：“杞、缯由大姒。”韦昭注：“杞、缯二国姒姓，夏禹之后，大姒之家也。大姒，文王之妃、武王之母也。”[④]《国语·周语下》记载：“有夏虽衰，杞、鄫犹在。”韦昭注：“杞、鄫，二国，夏后也。犹在，在灵王之世也。”[⑤]《左传》僖公三十一年：“卫成公梦康叔曰：‘相夺予享’。公命祀相。宁武子不可，曰：‘鬼神非其族类，不歆其祀。杞、缯何事？相之不享于此久矣，非卫之罪也！不可以间成王、周公之命祀。’请改祀命。”杜预注：“杞、缯夏后，自当祀相。”[⑥]《史记·夏本纪》：“禹为姒姓，其后分封，用国为姓，故有夏后氏……缯氏。”[⑦]

石泉赞同童书业的看法：“申国如为关中之‘西申’，则此缯国自当在关中邻近西申与西戎处，从而也就不是南阳盆地之曾国。这样，经常被人们称引的《国语》中《郑语》《晋语》这两段有关缯（鄫、曾）国的记载就不能按流行说法，作为与南阳盆地、随枣走廊一带曾国遗址相印证的文献材料了。”[⑧]

《国语·郑语》中所提到的缯国，在《国语·郑语》中写为“缯”或“鄫”，两字通用，韦昭认为缯是申的与国，当与申国临近，这个缯国参与推翻了西周王朝，可以称之为“西曾”。

---

①徐少华：《周代南土历史地理与文化》，武汉大学出版社 1994 年，第 31～34 页。

②陈槃：《春秋大事表列国爵姓及存灭表撰异》，上海古籍出版社 2009 年，第 270～271 页。

③上海师范大学古籍整理研究所校点：《国语》，上海古籍出版社 1988 年，第 522 页。

④上海师范大学古籍整理研究所校点：《国语》，上海古籍出版社 1988 年，第 48、49 页。

⑤上海师范大学古籍整理研究所校点：《国语》，上海古籍出版社 1988 年，第 107、108 页。

⑥（唐）孔颖达：《春秋左传正义·僖公三十一年》，（清）阮元校刻《十三经注疏》，中华书局 1980 年，第 1832 页。

⑦（汉）司马迁：《史记·夏本纪》，中华书局 1959 年，第 89 页。

⑧石泉：《古代曾国—随国地望初探》，《武汉大学学报》1979 年第 1 期。

二、山东的姒姓曾国

史书记载还有一个姒姓曾国，位于今山东省枣庄峄城区东八十里，自称为“上曾”，山东临朐泉头村第二号墓出土的上曾太子鼎，铭文为：“上曾大子般簋，乃择吉金，自作鬻彝。心圣若虑，哀哀利锥。用考（孝）用享，既和无测，父母嘉寺（之）。多用旨食。”①孙敬明、何琳仪、黄锡全认为这个曾国是山东的姒姓曾国。② 李学勤、黄盛璋持相同的看法。③《说文》“邑”部：“鄫，姒姓国，在东海；从邑，曾声。”《世本》：“曾氏，夏少康封其少子曲烈于鄫，襄公六年莒灭之。”

上曾与鲁国有通婚关系，又曾与邾、莒等国矛盾尖锐，宋襄公、邾文公还把鄫子处死用于社祭。

《春秋》僖公十四年（前 646 年）记载：“季姬及鄫子遇于防，使鄫子来朝。”杜预注：“季姬，鲁女，鄫夫人也。鄫子本无朝志，为季姬所召而来，故言使鄫子来朝。鄫国，今琅邪鄫县。”《左传》僖公十四年记载：“鄫季姬来宁，公怒，止之，以鄫子之不朝也。夏，遇于防，而使来朝。”④

《春秋》僖公十五年记载：“九月，公至自会，季姬归于鄫。”

《春秋》僖公十六年记载：“夏，四月，丙申，鄫季姬卒。”

《左传》僖公十六年记载：“十二月会于淮，谋鄫，且东略也。城鄫，役人病，有夜登丘而呼曰：‘齐有乱。’不果城而还。”⑤

《春秋》僖公十九年记载：“夏，六月，宋公、曹人、邾人盟于曹南。鄫子会盟于邾。己酉，邾人执鄫子用之。”

《左传》僖公十九年记载：“夏，宋公使邾文公用鄫子于次睢之社，欲以

---

①临朐县文化馆、潍坊地区文物管理委员会：《山东临朐发现齐、郚、曾诸国铜器》，《文物》1983 年第 12 期。

②孙敬明、何琳仪、黄锡全：《山东临朐新出铜器铭文考释及有关问题》，《文物》1983 年第12 期。

③李学勤：《试论山东新出青铜器的意义》，《文物》1983 年第 12 期；黄盛璋：《山东诸小国铜器研究——〈两周金文大系续编〉分国考释之一章》，《华夏考古》1989 年第 1 期。

④（唐）孔颖达：《春秋左传正义 · 僖公十四年》，（清）阮元校刻《十三经注疏》，中华书局 1980 年，第 1803 页。

⑤（唐）孔颖达：《春秋左传正义 · 僖公十六年》，（清）阮元校刻《十三经注疏》，中华书局 1980 年，第 1809 页。

属东夷。"①

《左传》僖公三十一年也提到鄫国："宁武子不可，曰：'鬼神非其族类，不歆其祀。杞、鄫何事？相之不享，于此久矣，非卫之罪也。'"杜预注："言杞、鄫夏后，自当祀相。"②

到鲁襄公时，曾国成为鲁国的附属国。《左传》襄公四年（前569年）："冬，公如晋听政，晋侯享公。公请属鄫，晋侯不许。孟献子曰：'以寡君之密迩于仇雠，而愿固事君，无失官命。鄫无赋于司马。为执事朝夕之命弊邑，弊邑褊小，阙而为罪，寡君是以愿借助焉！'晋侯许之。……冬十月，邾人、莒人伐鄫。臧纥救鄫，侵邾，败于狐骀。"③

《春秋》襄公五年（前568年）："叔孙豹、鄫世子巫如晋。……公会晋侯、宋公、陈侯、卫侯、郑伯、曹伯、莒子、邾子、滕子、薛伯、齐世子光、吴人、鄫人于戚。"

《左传》襄公五年："穆叔觌鄫大子于晋，以成属鄫。书曰：'叔孙豹、鄫大子巫如晋。'言比诸鲁大夫也。……九月，丙午，盟于戚，会吴，且命戍陈也。穆叔以属鄫为不利，使鄫大夫听命于会。"④

鲁襄公六年（前567年），曾国被莒所灭。《春秋》襄公六年记载："莒人灭鄫。"《左传》襄公六年记载："莒人灭鄫，鄫恃赂也。……晋人以鄫故来讨曰：'何故亡鄫？'"杜预注："鄫有贡赋之赂在鲁，恃之而慢莒，故灭之。"⑤

三、位于随枣走廊的姬姓曾国

在今随州、枣阳、京山发现了大量曾国遗存，如随州叶家山西周早期曾

①（唐）孔颖达：《春秋左传正义·僖公十九年》，（清）阮元校刻《十三经注疏》，中华书局1980年，第1810页。

②（唐）孔颖达：《春秋左传正义·僖公三十一年》，（清）阮元校刻《十三经注疏》，中华书局1980年，第1832页。

③（唐）孔颖达：《春秋左传正义·襄公四年》，（清）阮元校刻《十三经注疏》，中华书局1980年，第1932～1934页。

④（唐）孔颖达：《春秋左传正义·襄公五年》，（清）阮元校刻《十三经注疏》，中华书局1980年，第1936～1937页。

⑤（唐）孔颖达：《春秋左传正义·襄公六年》，（清）阮元校刻《十三经注疏》，中华书局1980年，第1937页。

侯墓地、京山苏家垄曾侯仲斿父铜器群、枣阳郭家庙曾侯墓地、随州擂鼓墩曾侯乙墓及擂鼓墩二号墓等。零星材料还见于今湖北襄阳,河南新野、淅川、桐柏、罗山、潢川,江苏六合等地,其年代从西周早期一直延续到战国中期。而所发现的考古资料基本上为曾国,仅有极少量的材料上有“随”字。这个曾国在史书上不见记载,而见于记载的却是随国,姬姓。

刘节认为有两个曾国,一个为山东的姒姓曾国,另一个为姬姓曾国,所引证据为徐锴《说文系传》引杜预曰:“鄫,姬姓。”徐氏曰:“与《说文》同,或写作姒者,误。”姬姓曾国原位于河南,附庸于郑,因曾伯霥平定淮夷,南徙于楚,成为楚的附庸。“自东周中叶以迄战国晚期,曾人之足迹北起郑郊,南及光州;西起南阳,东抵睢州;皆其范围也。”①

多件铜器铭文证明随枣走廊的曾国为姬姓,如:

曾侯作叔姬簠铭文为:“叔姬霝乍(作)黄邦,曾侯乍(作)叔姬、邛嬭媵器鼎彝,子子孙孙其永用之。”年代为西周晚期或春秋早期。郭沫若认为,“此亦楚器,曾侯见楚王酓章钟,乃楚之邻国姬姓之女,嫁于黄邦,楚做器以媵之。同时复媵适江之楚女也。……上乍字乃迮省,嫁也,适也。”②这件铜器应属曾国器物,叔姬为曾国女子,出嫁到黄国,曾侯为叔姬作器,叔为排行,姬为族姓。说明曾国为姬姓。邛嬭是随着叔姬嫁到黄国的陪媵女子。郭沫若认为“楚做器”,恐不妥,做器者应为曾侯,并非楚人。释“邛”为“江”,可备一说。李学勤认为邛未必是江,因为江为嬴姓,不是芈姓。③

曾姬无卹壶铭文为:“唯王廿又六年,圣(声)趄之夫人曾姬无卹虐(吾)宅兹漾陵,蒿间之无匹(匹),用作宗彝尊壶,后嗣用之,职在王室。”④圣(声)趄之夫人,刘节考订为楚声王之夫人。⑤ 曾姬为曾国女子,姬为族姓,无卹为名,名叫无卹的姬姓曾国女子出嫁到楚国,成为楚声王的夫人。曾姬无卹壶进一步证明曾国为姬姓。

曾昭岷、李瑾不同意把这两件器物铭文中的“姬”理解为族姓,提出的

①刘节:《寿县所出楚器考释》,载《古史考存》,人民出版社 1958 年,第 122~124 页。

②郭沫若:《两周金文辞大系图录考释(下)》,上海书店出版社 1999 年,释文第 165~166 页。

③李学勤:《论汉淮间的春秋青铜器》,《文物》1980 年第 1 期。

④罗振玉:《三代吉金文存》,中华书局 1983 年,卷十二。

⑤刘节:《寿县所出楚器考释》,载《古史考存》,人民出版社 1958 年,第 105~140 页。

证据之一是荀伯盨铭文："荀伯大父乍嬴妃，铸宝盨。"荀为姬姓国，一个姬姓国为嬴姓女子作宝盨。证据之二是姬有"姬妾"之意，不一定都是族姓。[①] 笔者认为这两将铜器铭文中的"姬"确指族姓，曾侯作叔姬簠铭文中的"叔姬"与"邛孅"并列，邛孅的"孅"是邛国的姓，则叔姬的"姬"也是指曾国的族姓为姬姓。曾姬之"姬"也应是指曾国的族姓为姬姓，而不应当理解为"姬妾"。

1979 年，随州季氏梁墓地出土两件铜戈，一件叫"周王孙戈"，内尾两面各有六字铭文，铭文为："周王孙季怡孔臧元武，元用戈。"另一件叫"穆侯之子戈"，内尾有十六字铭文："穆侯之子，西宫之孙，曾大攻（工）尹季怡之用。"出土铜戈墓葬的年代简报断为春秋中期。[②] 季怡担任曾国的大攻（工）尹，他是周王的后代，属姬姓无疑。能够担任曾国大攻尹的季怡应属曾侯同姓贵族，故这两件戈的铭文可证曾国族姓为姬姓。

1994 年，东风油库 M3 出土一件曾仲姬壶，为带提链圆壶，盖微隆，子口与器口扣合，矮圈足，提链五节，两端与壶颈部环形钮连接，另外又有提链连接盖上环钮。腹部铸镶五周龙纹，以六周连三角纹间隔。上腹外壁铸有横行铭文六字："曾仲姬之𬍡壶。"该墓还出土了一件曾侯郕鼎，墓葬年代为春战之际到战国早期。[③] "曾仲姬"之"仲"为排行，"姬"为族姓，该器物铭文为曾国属姬姓增添了一条新证据。

随州文峰塔一号墓出土的一号编钟铭文："隹王正月，吉日甲午，曾侯與曰：'白（伯）适上庸，左右文武，达殷之命，抚定天下。王遣命南公，营宅汭土，君此淮夷，临有江夏。'"三号编钟铭文："隹王十月，吉日庚午，曾侯與曰：'余稷之玄孙。'"[④]曾侯與说自己是后稷的玄孙，也就是后稷的后代，最早封为曾侯的为白（伯）适，白（伯）适是周的同姓贵族。以上两段材料表明曾国确为姬姓。2013 年，随州叶家山 M111 出土的方座簋上铭文为："犺作剌（烈）考南公宝尊彝。"曾侯犺是 M111 的墓主人，年代可能到了昭王之世，

①曾昭岷、李瑾：《曾国和曾国铜器综考》，《江汉考古》1980 年第 1 期。

②随县博物馆：《湖北随县城郊发现春秋墓葬和铜器》，《文物》1980 年第 1 期。

③湖北省文物考古研究所编：《曾国青铜器》，文物出版社 2007 年，第 362~364 页。

④湖北省文物考古研究所、随州市博物馆：《随州文峰塔 M1（曾侯與墓）、M2 发掘简报》，《江汉考古》2014 年第 4 期；凡国栋：《曾侯與与编钟铭文柬释》，《江汉考古》2014 年第 4 期。

南公为曾侯犺的父亲。曾侯犺既然为南公之子,那么曾侯犺为姬姓就毋庸置疑了。

以上多条材料,可以确证随枣走廊的曾国为姬姓。

曾国和随国都为姬姓,又都处于随枣走廊,那么曾国和随国是什么关系呢?史学界在20世纪七八十年代曾经进行过一次大讨论,学者们发表了各种观点,有助于我们对历史真相的认识。

1.曾、随合一说

李学勤在《光明日报》上发表了《曾国之谜》一文,指出淮汉之间曾国铜器出土最多,分布地域最广,可是在古代历史文献里找不到姬姓曾国的资料,尤其是《左传》似乎没有反映,这不能不说是个谜。于是,他提出汉东地区的曾国就是文献里记载的随国,后者在《左传》等文献里有不少记载,因为那时存在一国二名的现象,如河南南阳附近的吕国又称甫,山东安丘的州国又称淳于。[①]

石泉发表了《古代曾国—随国地望初探》一文,认为:"至迟西周晚期随已立国,到春秋初年已经迁入随枣走廊,成为汉东大国。春秋中期以后,显著削弱,沦为楚之附庸,但仍维持到春秋末期。公元前505年以后,随国由于在楚国危难时期掩护过楚昭王,因而在楚国复兴后,地位有所提高,由附庸小国又升入诸侯国之列。约至战国前期亡于楚。这同随枣一带,特别是随县附近出土曾器所反映出的曾国时限,以及'曾侯乙'墓葬规格和墓主身分等,基本上也可互相印证。"因此只有把曾、随理解为一国二名,问题才能迎刃而解。"一国二名的现象,在古代不乏例证,如商又称殷,吕又称甫,楚又称荆,魏又称梁,韩又称郑,都是如此。曾又称随,自亦相类。"[②]

周永珍认为湖北的曾为姬姓,山东的曾国为姒姓,河南的缯或鄫只是地名,而非国家。周永珍更倾向于湖北的曾和文献上记载的随是一个国家。[③]

2.曾、随为两国的各种说法

(1)随灭曾后改称曾说。于豪亮根据文献记载对随国和曾国进行考

---

①李学勤:《曾国之谜》,《光明日报》1978年10月4日,后收入李学勤:《新出青铜器研究》,文物出版社1990年,第146~148页。

②石泉:《古代曾国—随国地望初探》,《武汉大学学报》1979年第1期。

③周永珍:《曾国与曾国铜器》,《考古》1980年第5期。

察，认为随是西周时期姬姓的封国，春秋时期逐渐成为楚国的属国，公元前506年，随国保护了楚昭王，楚随关系大为改善。而曾国为姒姓，位于今泌阳县东北地区，西面与申国相邻，南面与随国接壤。随国灭了姒姓曾国，自己改称为曾国，也就成为姬姓曾国，而古籍中仍然称之为随。如韩灭郑后，迁都于郑，改称为郑。①

张昌平认为早期曾国铜器所代表的国家是缯国，晚期曾国铜器所代表的国家是随国，缯国大约于春秋早期偏晚时灭亡，而随国取代缯国并自称曾，曾国的地望在随枣走廊一带。② 张昌平的观点后来有很大的变化，他根据新出土的材料如随大司马戈和随仲芈加鼎，认为曾、随是并立于随州的两个国家。③

（2）曾和随是两个相邻国家说。杨宽、钱林书认为曾、随为两国，东周初期曾国南迁随枣走廊灭随，入居随地。④

（3）曾从内部夺取随的政权，据其国土。顾铁符列举八条证据，证明曾侯乙墓不是楚墓。曾侯和随国的关系正如田和代齐，姒姓曾国在楚的帮助下夺取了姬姓随国的政权。⑤

（4）反对曾、随为一国之说，主张曾国有三个，即山东曾国、汝颍间曾国、淮西曾国，全是姒姓之国。与申国为邻的古曾国，在今南召、云阳、叶县一带，或在叶县附近。楚国消灭各地曾国，掠夺曾国铜器，楚人死后将其作为随葬品，导致湖北多有曾器出土。曾侯乙墓年代属战国晚期，墓主人为楚人，该墓为楚国贵族墓，曾国铜器属楚人抢劫曾国之物。随国为姬姓之国，史无异词。⑥

（5）曾、随为两国，两周之际或春秋早期曾国占领随国。任伟认为，商代即有曾国，族姓或为姒姓。到西周昭、穆时期，同时分封了南阳姬姓之曾

①于豪亮：《为什么随县出土曾侯墓?》，《古文字研究》第一辑，中华书局1979年，第306~313页。

②张昌平：《历史文献中随、缯与曾国的关系考辨》，张昌平：《曾国青铜器研究》，文物出版社2009年，第372~390页。

③张昌平：《曾随之迷再检视》，《中国国家博物馆馆刊》2015年第11期。

④杨宽、钱林书：《曾侯之谜试探》，《复旦学报（社会科学版）》1980年第3期。

⑤顾铁符：《随国、曾侯的奥秘》，湖北省社会科学院历史研究所：《楚文化新探》，湖北人民出版社1981年，第68~90页。

⑥曾昭岷、李瑾：《曾国和曾国铜器综考》，《江汉考古》1980年第1期。

和汉东之随。大约两周之际或春秋早期南阳之曾占领了汉东随国的地盘，改国号为随，铜器铭文中仍自称为曾。①

笔者倾向于曾、随为一国二名。其原因有如下几条：

首先，《左传》《史记·楚世家》记载，吴师入郢，楚昭王奔随，随人救了楚昭王。而文峰塔一号墓曾侯與编钟也记载了这一重大事件："吴恃有众庶，行乱，西征南伐，乃加于楚。荆邦既殄，而天命将误。""有严曾侯，业业厥声。亲博武功，楚命是争。抚奠楚王，曾侯之灵。""余申固楚城，改复曾疆。"②编钟铭文记载曾侯與救了楚昭王。两种记载对照，说明曾国就是随国。

其次，随国和曾国都是姬姓，又都位于随枣走廊。上已详述，兹不重复。但是现在确有一个问题需要解答，与目前已经发现的两件随器有关。一件为随大司马戈，另一件为随仲芈加鼎。2012 年，在随州文峰塔第 21 号墓出土一件随大司马戈（M21:1），戈援部和胡部有铭文"随大司马嘉有之行戈"（图一，1）。简报还公布了该墓出土的两件带有曾国铭文铜器，其中一件铜簠上有铭文"曾孙邵之行匿（瑚）"，另一件铜方壶上有铭文"曾孙邵之大行大壶"。简报作者认为该墓的墓主人为曾孙邵。③

1　　2

图一　随国青铜器

1.随大司马戈　2.随仲芈加鼎

曹锦炎报道过一收藏家收藏的"随仲嬭加鼎"④，此鼎后来由国家博物

---

①任伟：《曾、随之迷试探》，《华夏文明的形成与发展——河南省文物考古研究所建所五十周年庆祝会暨华夏文明的形成与发展学术研讨会论文集》，大象出版社 2003 年，第 287~299 页。

②李零：《文峰塔 M1 出土钟铭补释》，《江汉考古》2015 年第 1 期。

③湖北省文物考古研究所等：《湖北随州市文峰塔东周墓地》，《考古》2014 年第 7 期。

④曹锦炎：《"曾"、"随"二国的证据——论新发现的随仲嬭加鼎》，《江汉考古》2011 年第 4 期。

馆征集收藏，名称改定为“楚王鼎”（图一，2）。[1] 铭文铸在内底，反书，5 行 28 字：

唯王正月初
吉丁亥，楚王媵（媵）
隓仲嬭加飤（食）緐（繁）。
其釁（眉）寿无碁（期），
子孙永宝用之。

曹锦炎断定该鼎年代为春秋中期。张昌平撰文也认为该鼎年代属春秋中期无疑。[2] 从铭文可知，作器者为某位楚王，使用该器的主人是随仲嬭（芈）加，“加”是从楚国出嫁到随国的女子之名，“仲”为排行第二，“随”为夫国名，“芈”是楚王室之姓。“飤（食）緐（繁）”是鼎的名称。楚王为出嫁到随国的女子“加”制作了这件铜鼎。春秋中期楚国王室与随国存在着通婚关系。

曾国贵族曾孙邵的墓葬里出土了随大司马戈，以及楚国嫁女到随制作了鼎，这两个铜器铭文中的“随”确属国称，前一个“随”为自称，后一个“随”为他称。我们从曾侯遇编钟铭文所记曾侯救楚昭王一事，认为曾就是文献中所记载的随国，曾、随应该是一国二名。但是张昌平撰文认为曾、随是并立于随州的两个国家，还说实际上救楚昭王的仍是随国，曾侯遇编钟铭文所记载的曾侯救楚昭王一事，仅仅代表着曾国的政治表态。[3] 这种解释很牵强，但张昌平的观点也值得注意。曾、随是不是一国二名，若没有新的资料，这个问题还没有彻底解决，还要进一步讨论。

其三，最新考古发现为曾、随为一国二名提供了更为明确的证据，最终解决了曾、随一国二名的问题。湖北随州枣树林墓地发掘了 M168 和 M169，墓主人为曾侯宝及其夫人随仲芈加。M169 南距 M168 约 11 米，两座墓均被盗。M168 出土编钟 15、鼎 1、簋 1、簠 2、鬲 1、缶 2。编钟、簋、缶上均有“曾侯宝”铭文。M169 出土编钟 19、盘 1、匜 1、缶 1、鉶 1、匕 1。匕、缶、编

---

①满明辉：《国博新征楚王鼎小论》，《收藏家》2015 年第 5 期。

②张昌平：《随仲嬭芈加鼎的年代特征及其他》，《江汉考古》2011 年第 4 期。

③张昌平：《曾随之迷再检视》，《中国国家博物馆馆刊》2015 年第 11 期。

钟上均有“随仲嬭加”铭文。随州市公安局追缴了多件出自两墓的青铜器，有出自 M168 的曾侯宝鼎 1 件、曾侯宝鬲 7 件。追缴的 7 件鬲形制相同，大小不一，口沿上都有铭文，分别为“月吉日”“丁亥”“曾侯”“宝择”“其吉金”“自乍(作)行”“鬲”。合在一起为：“月吉日丁亥，曾侯宝择其吉金，自乍(作)行鬲。”铭文前面还差几字，当在墓中留存的一件口沿上。曾侯宝墓埋葬了一套鬲共 8 件，由于简报没有提供墓葬中 1 件鬲的详细铭文资料，暂作此推论。有出自 M168 的加嬭鼎 1 件、加嬭簋 3 件、加嬭簠 2 件、追缴的唐侯制随夫人行鼎 3 件。唐侯制随夫人行鼎铭文皆为：“唐侯制随夫人行鼎，其永祜福。”这是唐国青铜器，专门为随夫人所作，这个随夫人就是 M169 编钟上提到的“随仲嬭加”。加嬭鼎盖内和器底内有相同的铭文：“加嬭之行鼎，其永用之。”3 件加嬭簋盖内和器内铸有相同铭文：“加嬭之行簋，其永用之。”2 件加嬭簠器盖内和器内底铭文均为：“加嬭之行簠，其永用之。”“嬭加”可以写成“加嬭”，实为一人。随夫人、随仲嬭加、加嬭是一个人的三个称谓。① 曾侯宝的夫人为楚国女性，称为“随仲嬭加”，把夫国国名放在前面，这个随国必是曾国无疑。唐国为曾侯宝的夫人随仲嬭加铸鼎，称之为“随夫人”，可知曾国同时可以称为随国。故简报说：“曾侯宝及夫人随仲嬭加墓葬的发现，证明了曾即为随，从而为‘曾随之谜’基本画上了句号。”②

第三节　姬姓曾侯世系

本书利用考古发现的曾国墓葬、青铜器铭文等资料，探讨曾侯世系、曾国公族的布局、曾国职官等问题。张昌平在《曾国青铜器研究》第六章第二节“青铜器所反映的曾国政治体系”中深入研究了曾国公族的称谓及曾侯世系。③ 笔者对这个问题加以补充，对有分歧的观点提出自己的看法。

关于曾侯的世系，学者们已经取得了一些成果，张昌平在《曾国青铜器

①随州市博物馆、随州市公安局：《追回的宝藏——随州市打击文物犯罪成果 Ⅰ》，武汉大学出版社 2019 年，第 2、3、8～13、30～35、60～61 页。

②湖北省文物考古研究所等：《湖北随州枣树林墓地 2019 年发掘收获》，《江汉考古》2019 年第 3 期。

③张昌平：《曾国青铜器研究》，文物出版社 2009 年，第 344～359 页。

研究》一书中论述得十分详细,研究方法和观点都值得借鉴。① 方勤在《曾国历史的考古学观察》一文中根据随州叶家山,枣阳郭家庙、文峰塔等出土的新材料进行了进一步研究。② 罗运环也发表了论文。③ 我们根据考古新发现的材料,对于曾侯世系的了解比原来有了更新的认识。我们原来在研究曾侯的世系时立有一个规则,即只有铭文中有"曾侯"二字的才能称之为"曾侯"。对此王世民早就指出,曾国青铜器铭文能够肯定的爵称,也仅有"侯"一种。④ 但新的考古发现表明,同一个曾国国君既可以称"侯",也可以称"公"。至于其他曾国贵族的称谓如"曾伯""曾子"等,则都不能算在曾侯之列。

一、曾国的始封者及始封时间

(一)周成王始封南宫括于曾国

2013 年在随州叶家山曾侯墓地 M111 发掘出土的铜簋方座上铸有"犺作剌(烈)考南公宝尊彝。"⑤曾侯犺是 M111 的墓主人,南公是曾侯犺的父亲。

随州市文峰塔出土的曾侯與编钟 M1:1 铭文记载:"隹(惟)王正月,吉日甲午,曾侯與曰:'白(伯)括上庸,左右文武。达(挞)殷之命,抚定天下。王遣命南公,营宅汭土,君庇淮夷,临有江夏。'"该句提到了文王、武王,那么下句"遣命南公"的"王"就应该是周成王,也就是在周成王时,始封曾国。周成王封南公于汭土,所管辖的对象包括淮夷和江夏,权力很大。南公应是曾国的始受封者。

这位南公是谁?从编钟铭文内容来看,文意是连贯的,伯括辅佐文、武,消灭商朝,稳定天下,这几句话是在陈述伯括的功勋,即下文要谈的伯括受

①张昌平:《曾国青铜器研究》,文物出版社 2009 年,第 355~359 页。

②方勤:《曾国历史的考古学观察》,《江汉考古》2014 年第 4 期。

③罗运环:《新出金文与西周曾侯》,《陕西师范大学学报(哲学社会科学版)》2015 年第 6 期。

④王世民:《西周春秋金文中的诸侯爵称》,《历史研究》1983 年第 3 期。

⑤黄凤春、胡刚:《说西周金文中的"南公"——兼论随州叶家山西周曾国墓地的族属》,《江汉考古》2014 年第 2 期。

封的原因。接下来说"王遣命南公,营宅汭土,君庇淮夷,临有江夏"。那么这个南公应该就是伯括,也就是南宫括,因其为开国元勋,才享有分封南土的资格,并且南宫括在成王时期还活着。

后来又出土了两批关于伯括的铭文资料。嬭加编钟铭文:"隹(唯)王正月初吉乙亥,曰:'白(伯)舌(括)受命,帅禹之堵,有此南洍。余文王之孙,穆之元子。之〈出〉邦于曾。'"①

随州枣树林 M190 镈(M190:35)的铭文:"隹(唯)王五月吉日丁亥,曾公畩曰:'昔在辥不(丕)显高且(祖),克逑(仇)匹周之文(?)武。淑=(淑淑)白(伯)旨〈舌〉(括),小心有德。召事一□(帝),遹褱(怀)多福。左右有周,□神其鋰(圣)。受是不(丕)宓(宁?),不(丕)显其靁(令),甫(匍)匐辰(祗)敬。王客我于康宫,乎厥命。皇且(祖)建于南土,敝(蔽)蔡南门,质(誓)应京社,适于汉东。[南]方无疆,涉政(征)淮夷,至于繁汤(阳)。'"甬钟 A 组铭文大都基本相同,只有个别字存在差异,如"武"写作"戈";"旨"写作"舌",即"括"。甬钟 B 组个别文辞错位,但大意相同。释文作者认为高祖与伯括不是一人,高祖的辈分高于伯括。②

这篇铭文将问题更加复杂化了,出现了高祖和皇祖两个称谓,既然是两种称谓,当指不同的人。高祖是伯括,应该没什么问题。我们过去认为伯括、南公是一人,可能需要重新考虑。③ 皇祖又是谁?随州枣树林 M190 镈(M190:35)的铭文又明确写道:"以享于其皇祖南公,至于桓庄,以祈永命,眉寿无疆,永保用享。"那么皇祖就是南公。原来我们认为伯括就是南公,即伯括和南公为一人,即与枣树林 M190 镈(M190:35)的铭文有矛盾。现在再去研读曾侯遇编钟铭文,伯括和南公可能不是一人,其文意可以理解为曾国的始封者是伯括,因其辅佐文、武有功,当时伯括即南宫括还活着,与周公、召公一样在中央执政,实际到封地的为南公。皇祖身份低于高祖伯括,很可能是实际到曾国封地的第一个曾侯,即 M65 墓主人曾侯谏。

三篇铭文的出土时间与铭文本身的年代早晚正好相反,铭文的产生时

①郭长江、李晓杨、凡国栋、陈虎:《嬭加编钟铭文的初步释读》,《江汉考古》2019 年第 3 期。

②郭长江、凡国栋、陈虎、李晓杨:《曾公畩编钟铭文初步释读》,《江汉考古》2020 年第 1 期。

③黄尚明:《论铜器铭文中的"南公"与"南宫"》,载楚文化研究会:《楚文化研究论集》第十三集,上海古籍出版社 2018 年,第 586~596 页。

间顺序为：随州枣树林 M190 镈（M190：35）的铭文→嬭加编钟铭文→曾侯䢼编钟 M1：1 铭文。晚出的铭文增加了一些新内容。

伯括在文、武时期已经是大功臣，辅佐文王、武王，消灭了商朝。传世文献有一些记载。

《尚书·君奭》："惟文王尚克修和我有夏，亦惟有若虢叔，有若闳夭，有若散宜生，有若泰颠，有若南宫括。……武王惟兹四人，尚迪有禄。后暨武王，诞降天威，咸刘厥敌，惟兹四人昭武王，惟冒丕单称德。"[①]《尚书·君奭》为周成王时周公与召公的谈话，辅佐文王的原为五人，即虢叔、闳夭、散宜生、泰颠、南宫括，到武王时，虢叔先死，只剩四人。这里所说的南宫括是辅佐文王和武王的功臣，成王时还活着，与曾侯䢼编钟铭文所说为同一人。

《国语·晋语四》："及其（文王）即位也，询于八虞而咨于二虢，度于闳夭而谋于南宫，诹于蔡、原而访于辛、尹，重之以周、邵、毕、荣，亿宁百神，而柔和万民。"韦昭注："南宫，南宫适。"[②]

《史记·周本纪》："（武王）命南宫括散鹿台之财，发钜桥之粟，以振贫弱萌隶。命南宫括、史佚展九鼎保玉。"[③]

《论语·微子》："周有八士：伯达、伯适、仲突、仲忽、叔夜、叔夏、季随、季騧。"[④]这个伯适就是曾侯䢼编钟铭文中的伯括。

《墨子·尚贤下》："是故昔者，尧有舜，舜有禹，禹有皋陶，汤有小臣，武王有闳夭、泰颠、南宫括、散宜生，而天下和，庶民阜，是以近者安之，远者归之。"[⑤]

《尚书大传》卷二记载："散宜生、南宫适、闳夭三子相与学讼于太公，四子遂见西伯于羑里，献宝以免文王。"

许多学者主张曾国的始封者是南公即南宫括，如李学勤、罗运环、黄凤

①（唐）孔颖达：《尚书正义》，（清）阮元校刻《十三经注疏》，中华书局 1980 年，第 224、225 页。

②上海师范大学古籍整理研究所校点：《国语》，上海古籍出版社 1988 年，第 387、389 页。

③（汉）司马迁：《史记·周本纪》，中华书局 1959 年，第 126 页。

④（宋）邢昺：《论语正义》，（清）阮元校刻《十三经注疏》，中华书局 1980 年，第 2530 页。

⑤孙怡让：《墨子间诂·尚贤下》，《诸子集成》第四册，上海书店 1991 年，第 43 页。

春及胡刚。李学勤认为曾国的始封者是南宫括,但南宫括并未到封地就职。[①] 罗运环认为始受封者为南宫适,但第一代曾侯应为曾侯谏。[②] 黄凤春、胡刚首先认同唐兰的观点,认为南公可能是周武王十兄弟中最小者聃季载,后来他们又发表文章,及时改变了看法,认为南公应是南宫括。[③]

但沈长云对此有不同的理解,认为"伯括"与"南公"不是同一个人,伯括就是南宫括,是文、武时期的重臣,而南公在铜器铭文中却是成康时期的人物,就是《尚书·顾命》中的"南宫毛"。《尚书·顾命》载:"翼日乙丑,(成)王崩。太保命仲桓、南宫毛俾爰齐侯吕伋,以二干戈、虎贲百人,逆子钊于南门之外。"[④]南宫毛活动于周成王、康王之时,在南宫括还活着时,南宫毛已经担任托孤重臣了。南宫毛与南宫括是什么关系?文献阙如,难以明确。沈长云提出了两点理由。一是伯括与南公并不生活在同一年代,伯括是文、武时期的重臣,南公在铜器铭文中却是成康时期的人物。叶家山M111墓主人为曾侯犺,其父为南公。M111年代在叶家山曾侯墓中偏晚,多数学者认为犺为康昭时期的人物,则其父南公理应生活在成康时期。二是根据墙盘、逨盘铭文追叙祖先事迹的行文格式,一般都是在每一位祖先的名讳之下记载他主要的事迹,说完一位再提到下一位祖先的名讳、事迹,未见曾侯遡有对同一位祖先使用两种不同的称名,并在此称名下记其不同的事迹的。故编钟铭文中的伯括和南公是两个人。[⑤]

沈长云认为伯括和南公不是一人的观点,依据随州枣树林M190镈M190:35)的铭文最新资料,看来是正确的。当时多数学者都认为伯括和南公为一人,我亦如此理解,沈长云提出伯括和南公不是一人的看法,尤属难能可贵。但他认为南公是南宫毛的观点仍然值得商榷。伯括和南公不是一人,曾国的始封者为伯括,实际到封地的为南公,伯括和南公都还活着,不

---

①李学勤:《试说南公与南宫氏》,《出土文献》第六辑,中西书局2015年。

②罗运环:《新出金文与西周曾侯》,《陕西师范大学学报(哲学社会科学版)》2015年第6期。

③黄凤春、胡刚:《说西周金文中的"南公"——兼论随州叶家山西周曾国墓地的族属》,《江汉考古》2014年第2期;黄凤春、胡刚:《再说西周金文中的南公——二论叶家山西周墓地的族属》,《江汉考古》2014年第5期。

④(唐)孔颖达:《尚书正义》,(清)阮元校刻《十三经注疏》,中华书局1980年,第238页。

⑤沈长云:《谈曾侯铜器铭文中的"南公"——兼论成康时期周人对南土的经营》,《中国史研究》2017年第1期。

能说南公到封地之前,伯括就死了。如果说南公生活在成康时期,此时伯括和南公均在世,从《尚书·君奭》和曾侯遡编钟铭文来看,南宫括在成王时期还活着。从曾侯遡编钟铭文看,上下文意是连贯的,具有因果关系,因为伯括“左右文武”“达殷之命”,周成王才因此功勋被册封南公。过去从因果关系来看,如果伯括没去世,肯定受册封的就是伯括,因此南公和伯括就是一人。依据随州枣树林 M190 镈(M190:35)的铭文来看,需要对过去的理解进行修正,即始封者为伯括,实际到封地的则是南公,不能简单地把“南宫”等同于“南公”。

(二)西周早期铜器铭文中所见的“南宫”或“南公”是谁?

1.叶家山 M111、枣树林 M190、文峰塔所见的南公可能是曾侯谏

南宫括(伯括)应是南宫氏的第一代。李学勤认为,南宫括的后裔主要分为两系:一系留在周王朝,历代多居显职;另一系则为曾国诸侯,远在江汉。正如周公封鲁,长子伯禽到封地曲阜就职,次子君陈留在王朝,袭周公世爵。类似的情况还有召公封燕,太公封齐。

M111 出土的铜簋方座上,铸造铭文为:“犺作剌(烈)考南公宝尊彝。”这个南公过去我把他看成是南宫括,现在认为可能是曾侯谏,倘若不误,曾侯谏是曾侯犺的父亲。叶家山曾侯墓地 M65 墓主人为曾侯谏,年代略早于曾侯犺墓,黄凤春认为曾侯谏与曾侯犺为兄弟关系。依据随州枣树林 M190 镈(M190:35)的铭文高祖为伯括,皇祖为南公,则曾侯谏与曾侯犺可能为父子关系。

《尚书·顾命》所记载的南宫毛活动于成康时期,在康王即位时,受太保之命,与仲桓一起担任护卫。南宫毛与南宫括是何关系不能确定,前者很可能是后者的后人,也可能类似周公与君陈这样的关系。

2.大小盂鼎所见的南公可能是另一南公

大盂鼎(《殷周金文集成》5.2837),传为道光年间于陕西岐山礼村出土,现藏中国国家博物馆。铭文为:“唯九月,王在宗周,令(命)盂,王若曰:‘盂,不(丕)显文王,受天有大令(命),在武王嗣文乍(作)邦,辟(闢)厥匿(慝),匍(抚)有四方。……令女(汝)盂井(型)乃嗣祖南公。……赐乃祖南公旂。’……盂用对王休,用乍(作)祖南公宝鼎,唯王廿又三祀。”

小盂鼎(《殷周金文集成》5.2839),与大盂鼎同出岐山礼村,器已不存。铭文为:“唯八月既望,辰在甲申,昧丧(爽)三左三右多君入服酉(酒),明,王各周庙。……□□用牲啻(禘)周王、武王、成王。……用乍(作)□伯宝尊彝,唯王廿又五祀。”

康王二十三年,盂继承了南公的爵位,因此铸鼎纪念南公。康王在就职典礼上对盂进行了长篇训诫。小盂鼎铸造于康王二十五年,盂讨伐鬼方大获全胜,铸鼎以记战功。盂为南公之孙,则此南公是不是曾侯谏呢?不一定,在目前资料还不充分的情况下,最稳妥的办法是存疑,有可能是另一位南公。根据李学勤的推测,“□伯”可能是南公未即位的长子。①

3.“安州六器”和𣪕甗的年代

“安州六器”北宋重和元年(1118年)出土于安陆,薛尚功《历代钟鼎彝器款识法帖》一书称为中鼎(铭文只有“中作宝鼎”四字)、南宫中鼎一、南宫中鼎二、南宫中鼎三(鼎二、鼎三铭文相同)、召夫尊、父乙甗。薛尚功在“父乙甗”之后说:“重和戊戌岁出于安陆之孝感县,耕地得之,自言于州,州以献诸朝。凡方鼎三,圆鼎二,甗一,共六器,皆南宫中所作也。形制精妙,款识奇古。曰父乙者,盖商末周初之器耳。”②薛尚功把“南宫”和“中”当作一个人,实际上应该是两个人。

郭沫若综合《博古图》、赵明诚《金石录》、薛尚功《历代钟鼎彝器款识法帖》记载:“安州六器”有三件方鼎,一件圆鼎,甗和觯各一件,皆有铭文,其中两件方鼎铭文内容相同,六器的作者都是中。

中鼎和中觯提到了南宫。中鼎铭文:“唯王令南宫伐反(叛)虎方之年,王令中先省南或(国),贯行,埶(艺)王应,在夔陮真山,中乎归(馈)生凤于王,埶(艺)于宝彝。”(《殷周金文集成》5.2751.2752)中觯铭文:“王大省公族于庚,孱(振)旅,王赐中马,自隨侯四騳,南宫兄(贶),王曰:用先,中埶(艺)王休,用乍父乙宝尊彝。”(《殷周金文集成》12.6514)“安州六器”的年代有三种说法,一是“成王说”,以郭沫若、陈梦家为代表,把安州六器年代定为周成王时期。郭沫若在《两周金文辞大系图录考释》一书中,把中鼎、

①李学勤:《试说南公与南宫氏》,《出土文献》第六辑,中西书局2015年。

②薛尚功:《历代钟鼎彝器款识法帖》,中华书局1986年,第40、44、45、51、78、79页。

中觯、中甗铭文列在周成王时期相关联的系列铜器内，判定安州六器为成王时器。[①] 陈梦家在《西周铜器断代（一）》中解释"宜侯夨簋"铭文时，举例说："西周初期金文如：卿鼎：'公违省自东。'中鼎：'王令中先省南或（国）。'大约皆成王时器，都提到省东省南。"[②]在《西周铜器断代（二）》中论述"太保簋"铭文时，认为太保簋记载的太保所伐之录国应在南方，又根据小臣麦鼎铭文，录国与楚国临近。太保南征之事与太保玉戈铭文属同一事件，太保玉戈铭文中的"厉侯"又见于中尊，陈梦家认为太保玉戈与安州六器关系甚大，太保簋、安州六器与太保玉戈同时，也就是都属成王时器。[③]其在《西周铜器断代》一书中，又对太保玉戈铭文进行了补释。[④]

陈梦家在论述"小子生尊"时说："中组所述南宫和'唯臣尚中'很可能是《顾命》'大保命仲桓、南宫毛'二人，《古今人表》作中桓南宫髦。其述王在'夔隮'或即《郑语》与楚同姓之夔越。安州六器有三件是朴素的方鼎，这种方鼎在成、康时代是较为通行的，成、康以后很少有方鼎。"[⑤]

另一说为"昭王说"，以唐兰为代表。早在《西周铜器断代中的"康宫"问题》一文中，唐兰就把"虎方"释为"荆方"，把安州六器的年代定在昭王时期。[⑥] 唐兰在《西周青铜器铭文分代史征》一书第一卷前言中，把武王克殷的年代定在公元前 1075 年，也就是文王受命十三年。唐兰把安州六器列在卷四下的昭王铜器内，属于记载昭王伐楚事件的系列铭文铜器，并继续把中方鼎铭文中的"虎"字释为"荆"字。在解释《中作父乙方鼎》铭文时，唐兰在注释中说："此疑即昭王十六年伐楚后事，可能是公元前 998 年，据月朔表周正此年十三月为戊子朔，庚寅是十三月三日。"[⑦]

第三说为"康王说"，以沈长云为代表，他认为唐兰把安州六器年代定错了，基本肯定郭沫若、陈梦家的观点。唐兰的主要错误是把"虎方"释为

---

①郭沫若：《两周金文辞大系图录考释（下）》，上海书店出版社 1999 年，第 16~20 页。

②陈梦家：《西周铜器断代（一）》，《考古学报》1955 年第 1 期。

③陈梦家：《西周铜器断代（二）》，《考古学报》1955 年第 2 期。

④陈梦家：《西周铜器断代（上册）》，中华书局 2004 年，第 47~48 页。

⑤陈梦家：《西周铜器断代（三）》，《考古学报》1956 年第 1 期，铜器编号为成康铜器 42 号；陈梦家：《西周铜器断代（上册）》，中华书局 2004 年，第 87 页。

⑥唐兰：《西周铜器断代中的"康宫"问题》，《考古学报》1962 年第 1 期。

⑦唐兰：《西周青铜器铭文分代史征》，中华书局 1986 年，第 283~291 页。

“荆方”,因此把安州六器与周昭王伐楚联系起来,将安州六器年代定为周昭王时期。沈长云赞同陈梦家安州六器中的南宫为南宫毛的观点,而把安州六器年代定在康王时期。①

2000年秋季,北京大学考古文博院和山西省考古研究所组成的联合考古队在山西晋侯墓地第114号墓发掘出1件铜甗,作器者为“觳”,故称“觳甗”,甗器壁上铸有铭文7行,完整处每行8字。铭文为:

惟十又[二]月,王[令]南宫[伐][虎]方之年,[惟]正月既死霸庚申,[王]在宗周,王□□觳使于繁,易贝[五]□,[觳]扬对王[休],用乍□□□[彝],子子[孙孙][永]□□□。

受唐兰的影响,研究者将该器年代定为西周昭王时期。“王[令]南宫[伐][虎]方之年”这件大事与周昭王伐楚有关,觳出使繁,正是为昭王十九年做准备。则王令南宫伐虎方之年,可能在昭王十八年,即“正月既死霸庚申”是指昭王十八年正月之事,南宫则于昭王十八年十二月率军从宗周出发。而觳就是M114墓主晋侯燮父的名,燮父则是晋侯的字。觳与燮为一对反义词,属于名字相应中的反义相对现象。②

觳甗的断代需要重新考虑,沈长云已经详细论证觳甗的年代不会晚至昭王时期。③

4.安州六器和觳甗中的南宫应是南宫括

安州六器和觳甗中的南宫到底是谁呢?按陈梦家、沈长云的看法,这位南宫就是南宫毛,他在康王即位时担任保卫工作的要职。我认为这个看法还有待讨论,弄清这个问题要从以下几个方面着手:

一是解决安州六器的断代问题。以上所列安州六器断代的三种说法,“昭王说”的立论基础有问题,安州六器中的南宫所伐的对象是虎方而不是荆方,沈长云已经指出了唐兰在释文中的错误,山西新出土的觳甗也证明了沈长云的正确看法,“虎”字应无疑义。南宫伐虎方与昭王伐楚不是一回事,不能够把安州六器与昭王伐楚联系起来。因此把安州六器年代定在昭

---

①沈长云:《谈曾侯铜器铭文中的“南公”》,《中国史研究》2017年第1期。

②孙庆伟:《从新出觳甗看昭王南征与晋侯燮父》,《文物》2007年第1期。

③沈长云:《谈曾侯铜器铭文中的“南公”》,《中国史研究》2017年第1期。

王时期是不合适的。

我认为郭沫若、陈梦家将安州六器年代定在成王时期是比较合适的，𣪕甗的年代与安州六器相同，也属周成王时期。中鼎铭文中提到武王，为安州六器年代断为成王时期提供了一个证据，铭文为：

隹十又三月庚寅，王在寒次。王令大（太）史兄（贶）褔土，王曰：中，褔人入史（事），赐于武王乍（作）臣，今兄（贶）畀女（汝）褔土，乍（作）乃采，中对王休令（命）。

二是曾国的始封年代。叶家山曾侯墓地的断代成果为我们认识安州六器的年代提供了重要证据。叶家山曾侯墓地年代集中在西周早期，墓葬之间时间差距不大。

M1 年代约在西周成王或康王时期。M2 墓主人为曾侯谏夫人，墓葬年代约在康昭之世。M27 年代约在西周昭王晚期或昭穆之际，[①]后又订正为昭王时期。[②]

M65 墓主人可能为曾侯谏。报告作者推测此墓的年代为西周早期的康昭之际。[③]

M28 也出土了 9 件曾侯谏自作铜礼器，略晚于 M2、M65、M27，年代为昭王前期。[④] M107 年代为西周早期。[⑤] 其他已报道的部分墓葬资料如 M3、4、7、8、15、23、26、33、38、45、46、50、54、55、56、64 等，简报作者也把它们的年代定在西周早期。[⑥]

---

①湖北省文物考古研究所、随州市博物馆：《湖北随州叶家山西周墓地发掘简报》，《文物》2011 年第 11 期。

②湖北省文物考古研究所、随州市博物馆：《湖北随州叶家山 M28 发掘报告》，《江汉考古》2013 年第 4 期。

③湖北省文物考古研究所、随州市博物馆：《湖北随州叶家山 M65 发掘简报》，《江汉考古》2011 年第 3 期。

④湖北省文物考古研究所、随州市博物馆：《湖北随州叶家山 M28 发掘报告》，《江汉考古》2013 年第 4 期。

⑤湖北省文物考古研究所、随州市博物馆等：《湖北随州叶家山 M107 发掘简报》，《江汉考古》2016 年第 3 期。

⑥湖北省文物考古研究所、随州市博物馆等：《湖北随州市叶家山西周墓地》，《考古》2012 年第 7 期。

叶家山曾侯墓地中M1年代最早,为成王或康王时期,墓主人师的地位较高,但不明确。曾侯谏是叶家山墓地可以确知的第一个曾侯,年代在康昭之际。曾国始封时间应该早于墓主人的死亡时间,就是说曾国始封时间应该早于M1、2的埋葬时间。因此我们从考古学上来看,曾侯始封的时间可能在成王时期。简报第二部分对曾侯遡编钟铭文的分析,也得出南公受封的时间在成王时期的结论。这与根据考古器物资料和铭文资料分析所得出的结论是一致的。

三是南宫括的活动时间。前文根据《尚书·君奭》和文峰塔曾侯遡编钟铭文分析,南宫括在成王时还活着,因此率军南征虎方的将领应该是南宫括。

四是安州六器和静方鼎铭文与曾国的联系。中甗铭文记载周王命令中到南国视察,为周王南巡建设行宫,到达曾国时,周王又派人传达命令,叫中出使各国,并赏赐中土地。中到方、邓、𣺭等国巡视,并"在噩(鄂)自(师)師(次)"。①

日本出光美术馆所藏的静方鼎铭文所记事件与中甗相同,十月甲子周昭王在宗周命令师中和静一起到南国视察,为周王南巡建设行宫。第二年八月庚申静回到成周汇报工作。周王赏赐了静,并"卑(俾)女(汝)□嗣(司)在(曾)、噩(鄂)自(师)",也就是命令静管理在曾、鄂的军队。② 张懋镕把静方鼎年代定在昭王十六年。③ 我认为张懋镕也把静方鼎的年代定晚了。

中甗和静方鼎都提到了曾国,也就是说在"南宫伐虎方之年"之前,曾国已经存在。在前三个证据基础上推论,这个南宫只能是南宫括。南宫括奉周成王之命,到自己的封国附近讨伐虎方,是合情合理的安排。

从以上四个方面来看,安州六器和㪤甗铭文中的南宫就是南宫括而不是南宫毛。以上铜器铭文的南宫氏谱系可列序为:伯括(南宫括)→南公(曾侯谏)→曾侯犺。

5.南宫括是文王之孙

南宫括为曾国始封者,南宫括为姬姓无疑,但南宫括与周王室的血缘关

---

①薛尚功:《历代钟鼎彝器款识法帖》卷十六,中华书局1986年。

②徐天进:《日本出光美术馆所收藏的静方鼎》,《文物》1998年第5期。

③张懋镕:《静方鼎小考》,《文物》1998年第5期。

系史书失载。随州枣树林墓地 M169 出土的随仲嬭加编钟铭文解决了这一问题。铭文记载:“隹(唯)王正月初吉乙亥,曰:白(伯)舌(括)受命,帅禹之堵,有此南洍,余文王之孙,穆之元子,之(M169:20 编钟铭文为“出”)邦于曾。”①伯括就是南宫括。据铭文可知,南宫括为“文王之孙”,是周文王的后代。正是因为南宫括为周文王的后代,周成王才把南土封给他。周初分封时思虑周密,东土封给周公、太公,北土封给召公,南土封给南宫括,“封建亲戚,以藩屏周”。

二、叶家山曾侯墓地所见的西周早期曾侯

(一)曾侯谏

叶家山西周早期曾侯墓地中,M65 出土曾侯谏铜方鼎 1 件(M65:47),腹内有“曾侯谏乍(作)宝彝”铭文。曾侯谏铜圆鼎 1 件(M65:44),腹内壁有“曾侯谏乍(作)宝彝”铭文。曾侯谏铜簋 1 件(M65:49),器口内壁铸有铭文“曾侯谏乍(作)宝彝”铭文。M65 墓主人为曾侯谏。报告作者推测此墓的年代为西周早期的康昭之际。②

M2 出土曾侯谏铜圆鼎 1 件,与 M65 相同;曾侯谏分裆铜鼎 2 件(M2:3、5),器内壁近口沿处有铭文“曾侯谏乍(作)宝彝”;曾侯谏作媿铜簋 2 件(M2:8、9),与 M28 相同。M2 墓主人为曾侯谏夫人,墓葬年代约在康昭之世。③

M28 出土曾侯谏铜方鼎 2 件(M28:157、165),与 M65 所出相同,腹内有“曾侯谏乍(作)宝彝”铭文;曾侯谏铜圆鼎 2 件(M28:152、164),与 M65 相同;曾侯谏铜簋 1 件(M28:162),与 M65 相同;曾侯谏分裆铜鼎 2 件(M28:158、181),器内壁近口沿处有铭文“曾侯谏乍(作)宝彝”;曾侯谏铜

①湖北省文物考古研究所等:《湖北随州枣树林墓地 2019 年发掘收获》,《江汉考古》2019 年第 3 期;郭长江、李晓杨、凡国栋、陈虎:《嬭加编钟铭文的初步释读》,《江汉考古》2019 年第 3 期。

②湖北省文物考古研究所、随州市博物馆:《湖北随州叶家山 M65 发掘简报》,《江汉考古》2011 年第 3 期。

③湖北省文物考古研究所、随州市博物馆:《湖北随州叶家山西周墓地发掘简报》,《文物》2011 年第 11 期。

盘 1 件(M28:163),腹内底中部有铭文“曾侯谏乍(作)宝彝”;曾侯谏铜盉 1 件(M28:166),器盖内壁中央、鋬内侧器外壁处有铭文,内容相同,铭文为“曾侯谏乍(作)宝彝”;曾侯谏作媿铜簋 2 件(M28:153、154),内底铭文为“曾侯谏乍(作)媿宝尊彝”;曾侯谏作媿铜卣 1 件(M28:167),器盖内壁和及器底有相同的铭文“曾侯谏乍(作)媿宝尊彝”;曾侯谏作媿铜壶 1 件(M28:178),盖内壁和器颈部有相同的铭文“曾侯谏乍(作)媿肆壶”。M28 略晚于 M2、M65、M27,年代为昭王前期。①

M3 出土曾侯谏铜圆鼎 1 件,与 M65 相同。②

以上 M65、M2、M28、M3 四座墓葬中出土了铭文为“曾侯谏乍(作)宝彝”和“曾侯谏乍(作)媿宝尊彝”的多件铜器,M65、M2 年代在康昭之世,M28 年代在昭王前期。曾侯谏是我们可以确定的在曾国封地就职的第一个曾侯,死于康昭之世,活动时间则可以早到成王时期。南宫括是曾国的始受封者,在曾国被尊为高祖,但到曾国就职的第一个曾侯可能是曾侯谏,在曾国被尊为皇祖南公。

(二)曾侯犺

叶家山 M111 出土两件曾侯犺铜簋(M111:59、60),在 M111:59 盖内和 M111:60 的器盖、内底有相同的铭文“曾侯犺乍(作)宝尊彝”,M111:59 的内底铭文为“乍(作)宝彝”。这个曾侯的名字发掘者释为“犺”,罗运环释为“犾(戾)”。③ M111 年代在昭王时期。

曾侯谏、曾侯犺都是活动于康昭时期的曾侯,至于二人之间的关系,黄凤春认为属于兄弟关系,④实则可能为父子关系。

---

①湖北省文物考古研究所、随州市博物馆:《湖北随州叶家山 M28 发掘报告》,《江汉考古》2013 年第 4 期。

②湖北省博物馆、湖北省文物考古研究所、随州市博物馆:《随州叶家山——西周早期曾国墓地》,文物出版社 2013 年。

③罗运环:《新出金文与西周曾侯》,《陕西师范大学学报(哲学社会科学版)》2015 年第 6 期。

④黄凤春、胡刚:《说西周金文中的“南公”——兼论随州叶家山西周曾国墓地的族属》,《江汉考古》2014 年第 2 期。

三、枣阳郭家庙曾侯墓地所见的春秋早期曾侯絴伯

1982年底，枣阳赵湖曹门湾农民翻地时，发现一件铭文铜戈，内之末端有铭文六字："曾侯絴伯秉戈。"戈锋呈三角形，戈援上刃平直，下刃略带弧度。栏左侧三穿，内上一穿。① 该戈与枣阳郭家庙GM21∶18-1、GM21∶58、GM22∶6、7四件铜戈，曹门湾M1出土铜戈形制相似，GM21年代为西周末期，GM22年代为春秋早期前段。② 曾侯絴伯戈年代与之相同，当为春秋早期。

2014年11月至2015年1月，湖北省文物考古研究所在曹门湾发掘西周晚期至春秋早期墓葬29座，其中M1为带斜坡墓道岩坑墓，东西向，一椁二棺，墓室长11米，宽8.5米，深8米。墓道与墓室同宽，长10米。西南面的一号车坑、一号马坑为M1的陪葬车、马坑，车坑葬车28辆，马坑葬马49匹。曾侯絴伯戈就出在M1附近。发掘者认为M1为春秋早期曾国国君墓，墓主可能为曾侯絴伯。③

四、某收藏家收藏器物所见的"曾侯子"

某收藏家收藏两套曾侯子编钟。第一套共九件，形制、纹饰相同，大小相次，通高25.6~14.5厘米。合瓦形钮钟，长环形钮，钲间和篆间以粗线纹作界格，每面有六组低乳钉形枚。舞部饰夔龙纹，篆间饰三角形夔龙，对角放置，鼓部饰一对大夔龙纹。铭文前七件相同，后两件铭文相接，构成一篇完整内容。曾侯子钟甲、乙、丙、丁、戊、己、庚铭文为："曾侯子之行钟，其永用之。"曾侯子钟辛的铭文为："曾侯子之行。"曾侯子钟壬的铭文为："钟，其永用之。"④

第二套曾侯子编钟共八件，形制、纹饰相同，大小相次，通高24.5~13.7厘米，铭文略有差异。合瓦形钮钟，椭环形钮，钲间和篆间以凸棱作界格，每面

---

①田海峰：《湖北枣阳县又发现曾国铜器》，《江汉考古》1983年第3期。

②襄樊市考古队等：《枣阳郭家庙曾国墓地》，科学出版社2005年，第297~321页，图版二十、二十一。

③方勤、吴宏堂：《穆穆曾侯——枣阳郭家庙曾国墓地》，文物出版社2015年，第187~204页。

④吴镇烽：《商周青铜器铭文暨图像集成》，上海古籍出版社2012年，第27册第56~71页。

有六组低乳形枚。篆间饰对角夔龙纹，鼓部饰相对的双龙纹，舞部饰变形夔龙纹。曾侯子钟甲、乙铭文为："曾侯子之永用之。"曾侯子钟丙、戊铭文为："曾侯子之其永用之。"曾侯子钟丁铭文为："曾侯子之其用之。"曾侯子钟己铭文为："曾侯子之其永之。"曾侯子钟庚铭文为："曾侯子之行。"曾侯子钟辛铭文为："曾侯子之。"①

某收藏家收藏两套曾侯子编镈。第一套四件，形制、纹饰、铭文相同，大小相次，通高 30.8~27.5 厘米。近椭圆形，于部微有弧度，双夔组成的钮，上部作长环形。钲间和篆间以粗线条作界格，每面有六组低乳钉形枚，中篆及钲间共有六个长条孔，舞部中央有一十字孔。舞部饰夔龙纹，篆间饰三角形夔龙，对角放置，鼓部饰一对大夔龙纹。钲间及鼓部铸铭文 19 字："隹（唯）王正月初吉丁亥，曾侯子择其吉金，自作行镈。"②年代为春秋早期。

第二套共四件，形制、纹饰、铭文相同，大小相次，通高 29.5~25.8 厘米。合瓦形，双龙形纽，龙口向下接于舞部，尾相连。钲间和篆间以凸棱作界格，每面有六组低乳形枚，于部曲度不大。篆间饰对角夔龙纹，鼓部饰相对的双龙纹，舞部饰夔龙纹。钲间及左鼓部铸铭文 19 字："隹（唯）王正月初吉丁亥，曾侯子择其吉金，自作行镈。"年代为春秋早期。③

吴镇烽认为曾侯子的子是曾侯的私名，是用地支的"子"作为名字，曾侯子是春秋早期的一位曾侯，而不是某一曾侯的儿子。④

笔者认为编钟编镈虽各有两套，但体量都比较小，似乎与侯的地位不相称。曾国金文中也有称为曾侯子某的，如曾侯仲子游父、曾侯子昃，因此还不能肯定曾侯子就是曾侯。很有可能就是某位曾侯的儿子，与"曾子某"或"曾公子某"相当，只是没有写出私名而已。

---

①吴镇烽：《商周青铜器铭文暨图像集成续编》，上海古籍出版社 2016 年，第 3 册第 383~390 页。
②吴镇烽：《商周青铜器铭文暨图像集成》，上海古籍出版社 2012 年，第 29 册第 186~193 页。
③吴镇烽：《商周青铜器铭文暨图像集成续编》，上海古籍出版社 2016 年，第 3 册第 478~484 页。
④吴镇烽：《商周青铜器铭文暨图像集成续编》，上海古籍出版社 2016 年，第 1 册前言第 1 页。

五、随州墓葬所见的春秋战国时期曾侯

（一）曾公畎墓的发掘

随州枣树林 M190 墓主人为曾公畎，现已公布了墓葬中出土的镈（M190：35）、甬钟 A 组和 B 组铭文，释文作者根据纪年资料“唯王五年吉日丁亥”，采用李学勤吉日为朔日说。查张培瑜《中国先秦历表》，应在公元前 700 至前 600 年区间内，合朔年份为公元前 677 年和前 646 年，结合墓葬年代特征判断，应以公元前 646 年为是。[①] 我认为公元前 677 年也是有可能的，若此不误，那么曾公畎墓年代可以早到春秋早期偏晚。

（二）曾侯宝（宝）墓的盗掘与发掘

2012 年随州警方破获了一起文物案件，缴获 198 件（套）文物，其中包括一件曾侯宝（宝）鼎，据传该鼎出自随州市义地岗墓地。铜鼎为附耳，宽平折沿，方唇，浅半球形腹，圜底，三蹄足。耳饰圆圈纹、重环纹、桃形纹。口沿下饰窃曲纹，腹饰垂鳞纹。器腹内壁铸有铭文 5 行 22 字：“隹（唯）王五月吉日庚申，曾侯宝择其吉金自乍（作）升鼎，永用之。”年代为春秋早期。[②]

吴镇烽在《商周青铜器铭文暨图像集成》一书中公布了某收藏家收藏的五件曾侯宝铜器，包括鼎 2、簋 2、壶 1。据传同坑出土数十件，目前见到曾侯宝的铜器还有 14 件，包括鼎 4、簋 5、簠 2、方壶 2、圆壶 1。

两件曾侯宝鼎相同，口微敛，宽平沿，一对附耳，圜底，三蹄足。口沿下饰变形兽体纹，上腹饰一周凸弦纹，下腹饰垂鳞纹。内壁铸铭文 22 字，铭文为：“隹（唯）王五月吉日庚申，曾侯宝择其吉金，自乍（作）升鼎，永用之。”

两件曾侯宝簋相似，敛口鼓腹，有子口，一对兽首珥，无垂珥，盖面隆起，飤簋沿斜折，矮圈足沿外撇。盖沿饰大小相间的重环纹，口沿饰窃曲纹，盖面和腹部饰瓦楞纹，圈足饰卷曲夔龙纹。盖内铸铭文 22 字，铭文为：“隹（唯）王五月吉日庚申，曾侯宝择其吉金，自乍（作）飤簋，永用之。”

---

①郭长江、凡国栋、陈虎、李晓杨：《曾公畎编钟铭文初步释读》，《江汉考古》2020 年第 1 期。

②项章：《随州博物馆藏曾侯匋鼎》，《文物》2014 年第 8 期。

曾侯宧壶，侈口，长颈内束，矮圈足，内插式盖，盖冠作莲瓣形，颈部有一对兽首形衔环耳，盖顶未封。盖沿饰垂冠回首尾下卷作刀形的夔龙纹，颈部饰环带纹，上腹饰蟠螭纹，圈足饰垂鳞纹。曾侯宧鼎、簋、壶年代皆为春秋早期。① 吴镇烽在《商周青铜器铭文暨图像集成续编》一书中又收录了某收藏家收藏的一件曾侯宧铜盘、国家博物馆收藏的两件曾侯宧鼎，以及前述随州博物馆收藏的一件曾侯宧鼎。

曾侯宧盘，敞口浅盘，窄沿方唇，腹部有一对乙字形附耳，平底下置三条蹄足，两耳和腹部均饰蟠虺纹。内底铸铭文 22 字："隹（唯）王五月吉日庚申，曾侯宧择其吉金，自乍（作）盥盘，永用之。"同出一匜，铭文相同，资料未公布。②

国家博物馆收藏的两件曾侯宧鼎大小略有差别，形制纹饰相似，内壁铭文相同，铭文为："隹（唯）王五月吉日庚申，曾侯宧择其吉金，自乍（作）升鼎，永用之。"③

以上均为曾侯宧所铸器物，年代属春秋早期。估计这些器物可能都盗自随州义地岗墓地。

曾侯的名字简报作者释为"匋"，吴镇烽释为"宧"，隶定为哪个字比较合适呢？郭店楚简《忠恕之道》中的"匋"字"勹"也写成"宀"，释为"匋"字可谓有据可依。④ 但是查《金文编》，"匋"字"勹"没有一个写成"宀"的，⑤ 倒是有些"宝"字写为"匋"，假"匋"为"宝"，如㪔父盉："㪔父作兹女匋（宝）盉。"⑥筍伯大父盨："筍伯大父乍（作）嬴妃铸匋（宝）盨，其子子孙孙用匋（宝）用。"⑦青铜铭文中大多数"宝"字偏旁齐全，也有少数"宝"字省作"宧"，如杞伯壶、姞舀母鼎、同窓鼎、仲盘中的"宝"字均省为"宧"。曾侯的名字从字形看上面是一个"宀"，下部是"缶"，释为"宧"，即"宝"字（后文即

---

①吴镇烽：《商周青铜器铭文暨图像集成》，上海古籍出版社 2012 年，第 4 册第 432~435 页，第 10 册第 317~320 页。

②吴镇烽：《商周青铜器铭文暨图像集成续编》，上海古籍出版社 2016 年，第 3 册第 290~291 页。

③吴镇烽：《商周青铜器铭文暨图像集成续编》，上海古籍出版社 2016 年，第 1 册第 202~207 页。

④李守奎：《楚文字编》，华东师范大学出版社 2003 年，第 324 页。

⑤容庚：《金文编》，中华书局 2002 年，第 368 页。

⑥容庚：《金文编》，中华书局 2002 年，第 525 页。

⑦《殷周金文集成》，9.4422。

用“宝”字)，更为准确。[①]

曾侯宝的墓到底在哪里？学术界曾经争论过。据方勤的博士论文，2015年他在郭家庙主持发掘现场得知，有盗墓分子在枣阳被抓获，追缴文物中有“曾侯宝”铭文鼎，当地公安因为不了解情况，认为有“曾侯”铭文鼎当是随州所出，于是转给随州公安处理，于是追缴的文物就被认为是随州所出。不过，随州公安在办案过程中带犯罪分子到枣阳指认过现场，犯罪分子指认该文物确实是枣阳所出。该“曾侯宝”铭文鼎笔者见过，是春秋早期器物，当时随州境内尚未见过春秋早期曾侯等级墓地，“曾侯宝”鼎为枣阳所出应当不误。[②] 那么随州博物馆项章所撰文章中的曾侯宝鼎就不是出自随州，而是出自枣阳了，且其他的曾侯宝器也应出自枣阳。

但考古发掘的最新成果已经证实曾侯宝墓确实在湖北随州枣树林墓地。该墓地位于随州市曾都区东城办事处文峰塔社区一组、二组、十组，2018年10月由湖北省文物考古研究所等单位联合发掘。随州枣树林墓地M168、M169墓主人为曾侯宝及其夫人随仲嬭(芈)加，均被盗。M168为带一条墓道的甲字形墓葬，东西向，方向119°，总长17.7米。墓道向东，呈斜坡状，坡度15°，长11米，口宽3.9米，底宽3.4米，深1~3.4米，西部距墓底2.46米。墓室位于墓道西部，墓口长6.7米，宽5.7米，深5.6米，墓底长6.44米，宽5.34米。葬具为一椁一棺，未发现人骨痕迹，据玉器放置在东部推测，墓主人头向东。出土编钟15、鼎1、簋2、簠2、鬲1、缶2，另在椁室北部发现1件铜甲，椁室北部放置乐器、兵器，东部摆放礼器及车马器，西部摆放盥洗器及车马器。编钟、簋、缶上均有铭文“曾侯宝”。

M169南距M168约11米，也是带一条墓道的甲字型墓。东西向，方向120°，总长14.3米。墓道位于墓室东部，斜坡墓道东部略呈斗拱状，坡度5°~47°，长7.9米，口宽3.6米，底宽3.28~3.44米，深1~3.52米，西部距墓底1.6米。墓室呈长方形，口长6.4米，宽5.4米，深5.12米，墓底长6.36米，宽5.34米。葬具为一椁一棺。亦未发现人骨痕迹，据玉器放置在东部推测，墓主人头向东。出土有铜编钟19、盘1、匜1、缶1、鉌1、匕1。椁室北

①容庚：《金文编》，中华书局2002年，第516~525页。

②方勤：《曾国历史与文化研究》，武汉大学2018年博士学位论文。

部东部放置乐器，南部摆放礼器，西部放置盥洗器。匕、缶、编钟上均有铭文“随仲嬭（芈）加”。简报推断曾侯宝及其夫人墓年代为春秋中期。① 但根据前面出土的鼎、簋、壶等器物断定曾侯宝器年代为春秋早期。从随仲芈加编钟铭文可知，曾侯宝早死，“余虩小子加嬭曰：呜呼！龏（龚）公橐（早）陟，余匔（复）其疆啚（鄙）”。夫人随仲芈加死于曾侯宝之后，因此曾侯宝和随仲芈加墓年代一前一后，曾侯宝墓即 M168 年代为春秋早中期之际，随仲芈加墓即 M169 年代为春秋中期。

（三）随州汉江东路曾侯得墓的发掘

2017 年湖北省文物考古研究所等在随州市汉东东路发掘春秋墓葬 39 座，马坑 2 座。其中 M129 方向为 115°，墓坑平面为甲字形，东部带一条墓道，残通长 12.2 米，其中墓道残东西长 3.5 米，南北宽 3.4 米。墓口东西长 8.7 米，南北宽 7.8 米。墓葬为一椁重棺。该墓被盗，仍出土铜器有缶 2、盘 1、匜 1、编钟一套为镈钟 4、甬钟 16，编磬 2 套，以及一件铭文铜戈。编钟铭文中多有“曾公”铭文，铜戈上有“曾侯得”的铭文，墓葬年代为春秋中期。②

因为枣树林墓地、汉东东路墓地墓葬的排列顺序从北至南依次为曾公畎、曾侯宝、曾侯得，所以本书对曾侯世系顺序亦如此安排。我曾经把曾侯宝排在前面的位置上，③现在以最新的考古成果，略作调整。

（四）随州季氏梁墓戈铭所见的“曾穆侯”

1979 年，随州季氏梁墓地出土两件铜戈，一件叫“周王孙戈”，内尾两面各有六字铭文，铭文合为：“周王孙季怡孔臧元武，元用戈。”另一件叫“穆侯之子戈”，内尾有十六字铭文：“穆侯之子，西宫之孙，曾大攻（工）尹季怡之用。”共存的器物有鼎 1、甗 1、簠 2、编钟 5。鼎为平盖，盖中心为桥型钮，周围为曲尺状钮，附耳，敛口弧腹，兽蹄足。甗为分体，索状环形立耳，甑体折

---

①湖北省文物考古研究所等：《湖北随州枣树林墓地 2019 年发掘收获》，《江汉考古》2019 年第 3 期；郭长江、李晓杨、凡国栋、陈虎：《嬭加编钟铭文的初步释读》，《江汉考古》2019 年第 3 期。

②湖北省文物考古研究所等：《随州汉东东路墓地 2017 年考古发掘收获》，《江汉考古》2018 年第 1 期。

③黄尚明：《曾侯世系考辨》，《华中师范大学学报（人文社会科学版）》2018 年第 6 期。

沿，敞口弧腹。鬲部呈鼎形，肩部双环耳，下部三蹄足。甑体和鬲体以子母口套合，圆形铜箅有16个条状气孔。根据器物的特征，简报推断此墓为春秋中期。① 季怡担任曾国的大攻（工）尹，为“周王孙”，意即季怡为周王的后代。其又是曾穆侯之子，但曾穆侯在位年代至迟也属春秋中期，故曾穆侯应晚于曾侯絴伯。

（五）襄阳梁家老坟戈铭所见的“曾侯昃”

2003年，襄樊（今称襄阳）梁家老坟战国墓地M11出土曾侯昃戈一件。墓葬年代为战国时期，但戈的年代应在春秋末年。戈长援，有脊，栏侧有三穿，内上有二穿，援部及胡部有两行铭文：“曾侯昃之用戈。”某私人也收藏有曾侯昃戈一件，形制与曾侯昃戈相同，应该是同时为曾侯昃所作。② 曾侯昃应晚于曾穆侯。

2010年夏，浙江绍兴出现一件曾侯子昃剑，现藏湖北长江文明馆，通长69厘米，格长5厘米，首径4.1厘米。剑格正反面铸铭文各8字，首有错金银鸟篆铭文12字，共28字。格正面铭文：“曾侯子昃曾侯子昃。”格背面铭文：“自作用剑。”剑首铭文：“昃作自之，吉玄铝，侯曾剑之用。”吴镇烽认为应读为：“昃自作之，吉［金］玄铝，侯曾剑之用。”并把此剑年代断在战国早期。③ 此剑应铸于曾侯昃称侯之前，当时仅是曾侯子昃，曾侯昃戈年代为春秋末年，则曾侯子昃剑当早于曾侯昃戈，亦当断为春秋末年。

（六）曾侯遐墓葬的发掘

曾侯乙墓出土的尊盘的盘内底铭文是两次形成的，第一次为铸款，原铭文为：“曾侯遐之□（隮？）□（盘？）。”第二次为刻款，刻时将第三、五、六字刮去，但未全部刮掉，还能大致辨认出来。“曾侯”后四字改刻“乙作持用终”五字，其中“持”利用原“之”字加刻而成。故此尊盘为曾侯遐时铸造的器物。20件铭文铜戟中有5件戟上铸有“曾侯遐之行戟”或“曾侯遐之用戟”铭文。④

---

①随县博物馆：《湖北随县城郊发现春秋墓葬和铜器》，《文物》1980年第1期。

②湖北省文物考古研究所：《曾国青铜器》，文物出版社2007年，第388~389页。

③吴镇烽：《商周青铜器铭文暨图像集成续编》，上海古籍出版社2016年，第4册第322~323页。

④湖北省博物馆：《曾侯乙墓》，文物出版社1989年，第260~287页。

2009年，湖北省文物考古研究所和随州博物馆为配合地方工程建设，在随州溮水东岸文峰塔发掘了M1、M2，其中M1为长方形岩坑竖穴木椁墓，早期被盗掘，又在本次施工中严重损毁，方向30°，墓底长7.1米，宽5.9米。清理和采集的文物有铜器、玉器、石器等，器形有青铜编钟、镬鼎、升鼎、铜鬲、铜缶、铜戈、铜箭镞、铜车马器、石磬、玉器等及残片。铜鬲口沿上有铭文“曾侯與之行鬲”，有多件编钟上有“曾侯與曰”铭文，简报作者认为该墓墓主人就是曾侯與，年代为春秋晚期。

M2墓葬亦为长方形岩坑竖穴木椁墓，方向208°，西侧有一条墓道，墓道残长3.5米，残宽2.9米。残存墓口8.1米，宽7.8米，墓深5.2米，墓底长6.68米，宽6.58米。墓道和墓坑内有积石。墓底有腰坑，椁外有两具殉葬棺。简报作者认为也是一座曾侯墓，M2的年代略晚于M1，所出鼎、鬲、盂、缶、罐具有春秋战国之际的特征，但没有可以确认墓主人名字的文字资料。①

另有曾子與簠二件、曾子與缶一共三件青铜器。第一件曾子與簠为1978年陈侃如售与苏州博物馆。仅存器身，直口较高，曲尺形圈足，圈足径接近口径，器形较高。斜腹的两端各设变体龙形耳，器的口部、斜壁、顶、足各饰细密的蟠虺纹。内底铸有铭文二行6字：“曾子與之行簠。”（《殷周金文集成》9.4489）

另一件曾子與簠仅存铭文，见于《殷周金文集成》9.4488，铭文行款、字迹与苏州博物馆收藏的那件相同，姚晨辰推测其可能为苏州博物馆藏曾子與簠之盖。

曾子與缶，仅存铭文，见于《殷周金文集成》16.9996，铭文为“曾子與之行缶”。②

（七）曾侯郕与随州文峰塔M4墓主

曾侯乙墓中48件铭文戈中有“曾侯郕乍（作）時（持）”铭文的5件，有“曾侯郕之用戈”铭文的2件。20件铭文戟中有11件曾侯郕之戈，铭文有“曾侯郕”“曾侯郕乍時”“曾侯郕之戟”“曾侯郕之行戟”等。另有3件铜

①湖北省文物考古研究所、随州市博物馆：《随州文峰塔M1（曾侯與墓）、M2发掘简报》，《江汉考古》，2014年第4期。

②湖北省文物考研究所：《曾国青铜器》，文物出版社2007年，第373~375页。

殳带有“曾侯郕之用戈”铭文。①

某私人收藏一件曾侯郕簠，体长方形，直口较高，曲尺形圈足，足径接近口径，盖口有六个卡口。器、盖两侧斜壁上各安装龙形耳。器口、斜壁饰蟠虺纹。器内壁铸造铭文二行5字：“曾侯郕乍（作）时（持）。”②

随州东风油库M3出土一件曾侯郕鼎，盖微隆起，盖边沿有三个兽形环钮，中部一环钮。附耳，深腹，三兽蹄足较高外撇。腹部、盖顶饰蟠虺纹，间以凸弦纹，盖顶中部是龙纹、Z形纹、绹纹、重环纹一周。盖、腹各铸相同铭文二行6字：“曾侯郕之飤鼎。”M3年代为春秋战国之际到战国早期。③

某收藏家收藏一件曾侯郕戟，援向下弧曲，中脊突起，前锋尖锐，长胡，栏侧二长穿一小穿，内呈长方角刀形，三边开刃，中部一横穿，上戴椭圆筒形柲帽，帽顶作卧鸟形。内部铸铭文9字：“曾侯郕之戟，而去斤所。”年代为战国早期。④

2011年9月，湖北省文物考古研究所、随州市博物馆在文峰塔抢救性发掘了M4，该墓因工程建设已经被破坏殆尽，残存墓口东西长10.05米，南北宽7.6米，墓底长8.2米，宽7.3米，墓口距墓底残深最深处3.5米。后追回一件编钟，上有“曾侯”铭文，戟上亦见“曾侯”铭文，但不知私名。简报作者认为此墓年代为春秋晚期早段，推测该墓墓主人为春秋晚期早段曾国的某位曾侯。⑤ 方勤认为墓主人是曾侯郕，他从三个方面进行了论证。一是墓葬规格比较高，与曾侯遇、曾侯得的规模相当，该时期的曾侯墓规模普遍不大，与春秋早期的枣阳郭家庙曹门湾M1、战国早期的曾侯乙墓不可比。二是从墓地布局来看，过去称为义地岗墓群，后来发掘的简报多用具体小地名如文峰塔、汉东东路等。2009年发掘了曾侯遇墓，2017年在汉东东路墓地发掘了曾侯得墓，2019年枣树林墓地又发掘了曾公畎、曾侯宝墓。这一带发掘的曾侯墓葬由北向南分别是曾公畎、曾侯宝、曾侯得、曾侯遇墓，曾

①湖北省博物馆：《曾侯乙墓》，文物出版社1989年，第260~295页。

②湖北省文物考研究所：《曾国青铜器》，文物出版社2007年，第375、376页。

③湖北省文物考研究所：《曾国青铜器》，文物出版社2007年，第362~364、371~372页。

④吴镇烽：《商周青铜器铭文暨图像集成续编》，上海古籍出版社2016年，第4册第182页。

⑤湖北省文物考古研究所、随州市博物馆：《湖北随州文峰塔墓地M4发掘简报》，《江汉考古》2015年第1期。

侯遡墓南面即是 M4。1994 年随州东风油库发现的 3 座墓葬位于 M4 的西南部,M1 的墓主人为“曾少宰黄仲酉”。M2 的墓主人为“可”。M1、M2 年代为春秋晚期偏晚阶段。M3 的墓主人为“曾仲姬”,M3 的年代可到春秋战国之际或战国早期。曾仲姬墓中出土一件曾侯郕鼎,应是曾侯郕赠送给曾仲姬的,曾仲姬与曾侯郕关系密切,死后埋在曾侯郕附近,为 M4 墓主人为曾侯郕增添了证据。[①] 三是 M4 出土的残戈为三角形前锋微向上仰,直援中部起脊,带胡,援末残存两穿,内部一穿已残,形制与曾侯乙墓曾侯郕戈相近。戈胡上有阴刻铭文“曾侯”二字,“侯”字笔画不全,字形瘦长,与曾侯乙墓出土的曾侯郕戈和东风油库 M3 出土的曾侯郕鼎铭文中的“曾侯”二字同形。以上三个证据证明 M4 的墓主人是曾侯曾侯郕。[②] 我觉得方勤之说言之成理,若此说正确,则 M4 的墓主人应与曾侯郕合二为一。

(八)曾侯乙的发掘

1978 年发掘的随州擂鼓墩一号墓,墓口东西长 21 米,南北最宽处 16.5 米,总面积 220 平方米。椁分中、东、北、西四室,木椁共用成材梓木 378.633 立方米。棺有内外两层。墓中出土各类文物 15404 件。墓主人为曾侯乙,《曾侯乙墓》报告已经做了详细的论证。墓中所出土的青铜礼器、用器及其附件共 125 件,其中 109 件上面共计 117 处有“曾侯乙”的铭文,大都是“曾侯乙乍(作)時(持)甬(用)终”七字,个别件为“曾侯乙乍(作)時(持)”五字。出土的乐器中,45 件甬钟的钲部均有“曾侯乙乍(作)時(持)”铭文;编磬座兽伸出的舌头上,也有“曾侯乙乍(作)時(持)甬(用)终”;建鼓座圆柱的口沿上,亦有“曾侯乙乍(作)時(持)”铭文;最下层一口镈钟是楚惠王熊章是赠送给曾侯乙的。出土的兵器中有 66 件戈,其中有“曾侯乙之走戈”铭文的 35 件,有“曾侯乙之用戈”铭文的 2 件,有“曾侯乙之寝戈”铭文的 1 件,合计38 件,占 57.6%。以上证据表明,擂鼓墩一号墓墓主是曾侯乙。

曾侯遡、曾侯郕、曾侯乙三位曾侯如何排序呢?曾侯乙肯定排在最后,关键是曾侯遡与曾侯郕孰先孰后。李学勤曾认为乙、郕、遡字义相通,三

---

①湖北省文物考古研究所等:《湖北随州义地岗墓地曾国墓 1994 年发掘简报》,《文物》2008 年第 2 期。

②湖北省文物考古研究所:《曾国考古发现与研究》,科学出版社 2018 年,第 248~252 页。

个曾侯实际上有可能实际是一个曾君。①《曾侯乙墓》报告认为曾侯遇、曾侯郕是曾侯乙的先君。② 后者的看法是正确的，随州文峰塔曾侯遇墓葬的发掘就是一个铁证。

对于有铭文的戟，张昌平认为，曾侯遇使用的戟没有晚期式样，曾侯郕使用的戟有早期式样，又有晚期式样，并且以晚期式样为主，曾侯乙使用的戟只有晚期式样，故其认为三侯的顺序应为：曾侯遇→曾侯郕→曾侯乙。从铭文辞例来看，曾侯郕戈与戟有一类铭文为“曾侯郕乍（作）時（持）”，曾侯郕簠铭文与此相同。曾侯乙甬钟和鼓座等青铜器铭文都作“曾侯乙乍（作）時（持）”，大部分曾侯乙青铜器铭文为“曾侯乙乍（作）時（持）甬（用）终”。说明曾侯郕铜器铭文格式更接近曾侯乙铜器铭文。从铜器铭文字体来看，曾侯遇铜器铭文字体有较早时期的字体特征，字体较瘦长，曾侯郕、曾侯乙铜器铭文为瘦长或似鸟虫书美术字体。以上辞例、字体表明曾侯郕年代更接近曾侯乙，可以从另一侧面印证三侯的顺序为曾侯遇→曾侯郕→曾侯乙。③

（九）曾侯丙的发掘

2012 年在随州文峰塔曾国墓地发掘的 M18 墓主人为曾侯丙。墓坑平面呈亚字形，方向 200°。墓坑南部有一条带 15 级阶梯的墓道，残长 6.6 米。墓口南北长 16.6 米，宽 15.6 米，墓口至墓底深 9 米。椁分为东、西、南、北、中五室。有腰坑和三个陪葬坑。东室未被盗，出土鼎、簋、簠、鬲、鉴、方壶等青铜器 70 余件。北部陪葬坑青铜出土方缶两件，两个龙形耳上都有“曾侯辻缶硖以为”铭文，盖内铭文为“曾侯丙之辻（沐）缶硖以为长事”。简报作者认为该墓年代为战国中期偏早，墓主人为曾侯丙。④ 曾侯丙是目前所见的最后一位曾国国君名称。

---

①李学勤：《曾国之谜》，《新出青铜器研究》，文物出版社 1990 年，第 149、150 页。

②湖北省博物馆：《曾侯乙墓》，文物出版社 1989 年，第 460 页。

③张昌平：《曾国青铜器研究》，文物出版社 2009 年，第 111、246～248 页。

④湖北省文物考古研究所、随州市博物馆：《湖北随州市文峰塔东周墓地》，《考古》2014 年第 7 期。

(十)擂鼓墩二号墓墓主可能为曾侯夫人

1981年,发掘擂鼓墩二号墓,东距曾侯乙墓102米。二号墓为岩坑竖穴木椁墓,无墓道,方向为正东西向残存墓口近正方形,南北长6.3米,东西宽6.9米,墓底近正方形,长6.3米,宽6米,残深1.4米。共出土各种随葬品449件,其中青铜器328件,有9件升鼎和8件簋,还有6件牛形钮盖鼎、4件簠、2件方尊缶、2件圆尊缶、2件方壶、2件圆壶、36件甬钟等。关于墓主人身份,学术界有不同看法。简报作者认为擂鼓墩二号墓是曾国墓葬,与楚墓有别。此墓在曾国陵区的范围之内,随葬九鼎八簋,使用了诸侯一级的葬礼,墓主的身份属于诸侯国国君。墓葬未出兵器,因此推测墓主是曾国国君夫人的可能性更大。① 何浩、刘彬徽、黄建勋、张昌平等认为墓主人为曾国国君。② 李学勤、郭德维认为擂鼓墩二号墓墓主人为曾侯夫人。③ 饶宗颐、吴郁芳认为擂鼓墩二号墓墓主人为盛君縈。④ 笔者倾向于二号墓墓主人为曾侯夫人。

综上,曾国的始封者为南宫括,但南宫括并未赴任,文峰塔编钟铭文中的伯括和南公不是同一个人,曾国的始封时间为成王时期。安州六器和鼒甗的年代要重新讨论,郭沫若和陈梦家将安州六器年代定为成王时期正确,叶家山西周早期曾侯墓地的发掘成果为此提供了考古证据。唐兰定安州六器为昭王时期的看法有误,把“虎”字释成“荆”字是误释。我们不同意把“曾伯陭”当作曾侯,也不同意把“曾侯子”视为一个曾侯、把“子”当作曾侯的私名。而认为“曾侯子”意为“曾子”或“曾公子”,只是未写出“曾侯子”的私名。在原知曾侯世系的基础上,本书又增加了曾侯谏、曾侯犺、文峰塔

---

①湖北省博物馆、随州市博物馆:《湖北随州擂鼓墩二号墓发掘简报》,《文物》1985年第1期。

②何浩、宾晖:《盛君縈及擂鼓墩二号墓墓主的国别》,《楚文化研究论集》第一集,荆楚书社,1987年;刘彬徽:《随州擂鼓墩二号墓青铜器初论》,《文物》1985年第1期;随州市博物馆:《随州擂鼓墩二号墓》,文物出版社2008年,第135~143页;张昌平:《关于擂鼓墩墓群》,《江汉考古》2007年第1期;张昌平:《曾国青铜器研究》,文物出版社2009年,第355~359页。

③李学勤:《东周与秦代文明》,文物出版社1984年,第141页;郭德维:《楚系墓葬研究》,湖北教育出版社1995年,第307~318页。

④饶宗颐:《谈盛君簠——随州擂鼓墩文物展侧记》,《江汉考古》1985年第1期;吴郁芳:《擂鼓墩二号墓簠铭“盛君縈”小考》,《文物》1986年第2期。

M4墓主人(不知名字的曾侯,可能为曾侯郕)、曾侯丙。随州市汉东东路曾国贵族墓地发现有春秋中期曾侯得墓葬,随州枣树林墓地又发现了曾公畩、曾侯宝墓葬,使目前已知的曾侯世系比以前有所增加,但依然不够全面,世系如下:南宫括→曾侯谏→曾侯犺……曾侯絴伯……曾公畩……曾侯宝……曾侯得……曾穆侯……曾侯昃……曾侯遡→曾侯郕(文峰塔M4)→曾侯乙→曾侯丙。

第四节　南宫氏的族氏、族姓与世系

一、南宫氏的族氏

李学勤在《试说南公与南宫氏》一文中,对南宫氏的由来、族氏、谱系进行了研究,他认为南宫氏的由来,是与居住方位相关联的。① 王国维的《明堂庙寝通考》一文引用《仪礼·丧服传》中的"四宫":"昆弟之义无分……故有东宫,有西宫,有南宫,有北宫,异居而同财。"指出当时习惯以所居之宫代指所居之人。如《诗·卫风·硕人》:"东宫之妹,邢侯之姨。"毛亨传:"东宫,齐太子也。"孔颖达疏:"太子居东宫,因以东宫表太子。""南宫"当与此类似。南宫既是氏称,有时又与"南公"义同。

关于南宫氏的姓氏,学术界有不同的说法。如朱凤瀚认为从大盂鼎铭文的内容来看,周康王用文王、武王的政绩和商朝的历史教训,对盂进行训诰,推测南宫氏似为姬姓。② 日本白川静认为大盂鼎铭文纪年用"祀",属东方的历史传统,所以主张南宫氏为东方古族。《世本八种·王梓材撰本·世本集览通论》载:"春秋之世,有同氏而异姓者……至于周之南宫,尹氏之别也。鲁之南宫,孟氏之别也。而宋之南宫,不知其所出。"王梓材认为周之南宫氏属于尹氏。沈长云开始主张周初南宫氏为东方氏族,③后来又改

①李学勤:《试说南公与南宫氏》,《出土文献》第六辑,中西书局2015年。

②朱凤瀚:《商周家族形态研究》(第2版),天津古籍出版社2004年。

③沈长云、何艳杰:《谈南宫氏的族姓及其相关问题》,《寻根》2008年第2期。

变自己的看法，认为周初南宫氏应属于姬姓。[①]

二、南宫氏的族姓

出土材料已经证明南宫氏确为姬姓。一是曾侯遇编钟铭文认为南宫括为曾国的始封者，随州叶家山 M111 号墓出土铜簋铭文记载曾侯犺的父亲为南公。曾侯遇墓三号编钟铭文："隹王十月，吉日庚午，曾侯遇曰：'余稷之玄孙。'"[②]曾侯遇认为自己是后稷的玄孙。因此南宫氏当然也就是姬姓了。

《商周青铜器铭文暨图像集成》5281 簋铭云：

南宫倗姬自乍宝肇障簋。

倗即鄘，倗国为媿姓。嫁给南宫氏的"倗姬"之"姬"，是南宫氏的姓氏，因而南宫氏无疑是姬姓。

另外曾侯作叔姬簠曾姬无卹壶，随州季氏梁墓地出土的"周王孙戈""穆侯之子戈"两件铜戈，以及东风油库 M3 出土的一件曾仲姬壶，这些铜器铭文均证明曾国为姬姓，也就是说西周曾国的始封者南宫括为姬姓。

关于南宫氏的谱系，只能根据传世文献和青铜器铭文进行复原，结果并不全面。李学勤、黄凤春已做了一定的复原工作。

三、南宫氏的世系

南宫括后裔见于如下铜器铭文。

1.柞伯簋

柞伯簋，1993 年出土于河南平顶山应国墓地 M242。柞伯簋为敞口，斜方唇，短颈内束，浅腹外鼓且向下倾垂，腹部一对龙首形耳，下垂珥，浅圈足下一喇叭形支座。颈饰夔纹两组，腹饰兽面纹。簋内底部铸有铭文，共 8 行 74 字：

---

①沈长云：《谈曾侯铜器铭文中的"南公"——兼论成康时期周人对南土的经营》，《中国史研究》2017 年第 1 期。

②湖北省文物考古研究所、随州市博物馆：《随州文峰塔 M1（曾侯與墓）、M2 发掘简报》，《江汉考古》2014 年第 4 期；凡国栋：《曾侯與编钟铭文柬释》，《江汉考古》2014 年第 4 期。

隹(唯)八月辰(晨)才(在)庚申,王大射才(在)周。王令(命)南宫逹(率)王多士,师鲁父逹(率)小臣。王徲赤金十反(板)。王曰:“小子、小臣,敬又(友)!又隻(获)鼎(则)取。”柞(胙)白(伯)十偁(称)弓无灋(废)矢。王鼎(则)畀(畀)柞(胙)白(伯)赤金十反(板),徣(诞)易(赐)柷(柷)见(輮)。柞(胙)白(伯)用乍(作)周公宝尊彝。

以上是简报作者的释文,简报作者将柞伯簋定为康王时期,并认为此南宫柷为南宫毛。[①] 李学勤的释文略有差别,其将“隻”之前一字释为“夬”,“徣”释为“遂”,“柷”后一字释为“虎”字。《吕氏春秋·仲夏纪》中有“饬钟磬柷敔”,高诱注:“柷如漆桶,中有木椎,左右击以节乐;敔,木虎,脊上有鉏铻,以杖拣之以止乐。”[②]“柷虎”就是柷敔。李学勤把安州六器年代断为昭王时期,因此把柞伯簋年代也定在昭王时期。[③] 我认为简报作者断代更为准确。

柞(胙)国为周公之子的封国,《左传》僖公二十四年记载:“凡、蒋、邢、茅、胙、祭,周公之胤也。”[④]又襄公十二年杜预注:“六国皆周公之支子,别封为国,共祖周公。”胙国的地望位于今河南延津县北。[⑤] 铭文中“柞(胙)白(伯)用乍(作)周公宝尊彝”,也证实了胙国为周公之子的封国。

如果把柞伯簋年代断在康王时期不误,则南宫可能是南宫毛。

2.南宫姬鼎

天马曲村 M6081 出土了两件南宫姬鼎(M6081:88、89),侈口束颈,鼓腹平底,腹很浅,三个高柱足,索状立耳。器底内铭文为:“南宫姬乍(作)宝尊鼎。”墓葬年代为西周早期。[⑥]

---

①王龙正、江涛、袁俊杰:《新发现的柞伯簋及其铭文考释》,《文物》1998 年第 9 期。

②(秦)吕不韦:《吕氏春秋·仲夏纪》,《诸子集成》第六册,上海书店 1991 年,第 44 页。

③李学勤:《柞伯簋铭考释》,《文物》1998 年第 11 期。

④(唐)孔颖达:《春秋左传正义·僖公二十四年》,(清)阮元校刻《十三经注疏》,中华书局 1980 年,第 1817 页。

⑤杨伯峻:《春秋左传注》,中华书局 1981 年。

⑥北京大学考古系商周组、陕西省考古研究所:《天马—曲村》第二册,科学出版社 2000 年,第 336 页。

3.南宫乎钟

南宫乎钟,1979年陕西扶风豹子沟出土。通高54厘米。铭文为:"嗣土(徒)南宫乎,乍(作)大鑙(林)协钟,兹钟名曰无射。先祖南公,亚祖公仲必父之家。天子其万年眉寿,畯永保四方,配皇天。乎拜手稽首,敢对扬天子不(丕)显鲁休,用乍(作)朕皇祖南公、亚祖公钟。"(《殷周金文集成》1.181)

南宫乎又见于善夫山鼎,"为卅又七年,正月初吉庚戌,王在周,各图室,南宫乎入右善夫山"(《殷周金文集成》5.2825),山鼎年代为宣王时期。因此,王世民等学者推断南宫乎钟年代为周宣王前后。① 南宫乎为南宫氏的后代,活动于周宣王时期,其所担任的职务为司徒。南宫乎为西周宣王时期南宫氏中的代表人物之一,担任的司徒一职属主管农业的重要职务。南宫乎钟铭文提到了南宫氏的第一、二代为南公和公仲必父。李学勤推测公仲必父是盂的父亲。② 南宫乎钟记载的谱系为:南公→公仲必父。

4.南宫柳鼎

南宫柳鼎(《殷周金文集成》5.2805),立耳,平折沿,深腹圆底,兽蹄足。口下饰一周回首曲体卷尾夔纹,其下为一周凸弦纹。器内壁有铭文8行,隮"隹(唯)五月初吉甲寅,王才(在)康庙,武公有(右)南宫柳,即立(位)中廷,北乡(向)。王乎(呼)乍(作)册尹册令(命)柳:嗣(司)六自(师)牧、阳大□,嗣(司)羲夷阳佃史(事),易(赐)女(汝)赤市(韨)、幽黄(衡)、攸(鋚)勒。柳拜稽首,对扬天子休,用乍(作)朕剌(烈)考隮(尊)鼎,其万年子子孙孙永宝用"。王世民等学者断定为西周晚期偏早,早于宣王。③ 也就是说南宫柳要早于南宫乎。

5.南宫有司鼎

南宫有司鼎,铭文为:"南宫有司辔作尊鼎,其万年子子孙孙永宝,用享于宗庙。"(《殷周金文集成》5.2631)南宫有司鼎年代为西周晚期。南宫有

---

①王世民、陈公柔、张长寿:《西周青铜器分期断代研究》,文物出版社1999年,第181页。

②李学勤:《试说南公与南宫氏》,《出土文献》第六辑,中西书局2015年。

③王世民、陈公柔、张长寿:《西周青铜器分期断代研究》,文物出版社1999年,第42、46页。

司誓为南宫的下属。

6.叔鼄鼎

铭文为:“叔鼄肇乍(作)南宫宝尊。”(《殷周金文集成》5.2342)

7.吴王姬鼎

吴王姬鼎在西安市南郊征集,双立耳,平沿方唇,深腹圜底,三蹄足。腹饰窃曲纹,镶以两条凸弦纹。铭文为“吴王姬乍(作)南宫史叔飤鼎,其万年子子孙孙永宝用”(《殷周金文集成》5.2600)。吴王姬鼎年代为西周晚期。

8.甾觯

铭文为“甾乍(作)父己宝尊彝,南宫”(《集成 12.6504》)。甾觯年代为西周中期前段。

9.南公簋

铭文为“伯乍(作)南公簋”(《集成 6.3499》)。

第二章　曾侯以下贵族的称谓与曾国职官

曾侯以下的贵族称谓是有规律的，兄弟行辈称为伯（孟）、仲、叔、季，不同辈分的称为曾子、曾孙。根据传世文献、青铜器铭文、曾侯乙墓竹简，可以复原曾国的部分职官。

第一节　曾侯以下贵族的称谓方式

曾国国君称“侯”，偶尔称“公”。其他贵族的称谓方式比较复杂，我们将他们称为“曾侯以下贵族”。张昌平已经对曾国贵族的称谓进行过研究，认为“曾伯”有时为爵称。① 我们根据曾国青铜器铭文，将曾侯以下贵族的称谓分为兄弟行辈和不同辈分两大类，并列出各种称谓的贵族墓葬材料，考察其身份的高低状况。

一、按兄弟行辈称谓

1.伯（孟）

行辈称谓从大到小依次为伯（孟）、仲、叔、季。就现有资料可知，曾国铜器铭文中“曾伯”称谓始于西周早期，如随州叶家山 M27 出土一件铜盉，铭文为：“白生乍彝曾。”这个“白”字释为“伯”，“伯”为行辈，“生”为私名；随州叶家山 M107 出土一件“曾伯”爵，没有写出私名。集中见于西周晚期和春秋早期，西周晚期到春秋早期有曾伯文、曾伯陭、曾伯宫父、曾伯𩂣、曾伯克父（见表一）。周代男子生下来有名，到冠礼时有字，名和字有意义上的联系。字的前面可加上排行，即伯（孟）、仲、叔、季，后面可加上“父”字（或作“甫”）。王世民认为“曾伯某”之伯，似应理解为伯仲叔季之伯。② 金文中的“某伯”每每是排行，不是爵称。③ 这里的曾伯某，也是排行，不是爵

①张昌平：《曾国青铜器研究》，文物出版社 2009 年，第 348～355 页。

②王世民：《西周春秋金文中的诸侯爵称》，《历史研究》1983 年第 3 期。

③李学勤：《先秦人名的几个问题》，《历史研究》1991 年第 5 期。

称。曾伯文、曾伯陭、曾伯霥取名方式就是国名+排行+名或字;曾伯宫父、曾伯克父的取名方式就是国名+排行+名或字+父(见表一、表二)。

表一　曾伯青铜器铭文登记表

器名	出土地点	件数	年代	铭文	资料出处
曾白生盉	随州叶家山M27	1	西周早期	白生乍(作)彝曾。	《文物》2011年第11期
曾伯爵	随州叶家山M107	1	西周早期	曾伯乍(作)西宫宝尊彝。	《江汉考古》2016年第3期
曾伯文簋	随州熊家老湾	4	西周晚期	唯曾伯文自作宝簋,用赐眉寿黄耇,其万年子子孙孙永宝用享。	《文物》1973年第5期
曾伯文𩗰	随州熊家老湾	1	西周晚期	唯曾伯文自作厥饮,用征行。	《文物》1973年第5期
曾伯陭钺	枣阳郭家庙M21	1	西周末期	曾伯陭铸戚戉(钺),用为民𠟭(刑),非历殹井(刑),用为民政。	《枣阳郭家庙曾国墓地》
曾伯陭壶	传世品,现藏台北故宫博物院	1	西周末期	唯曾伯陭乃用吉金鐈鋚,用自作醴壶,用享宾客,为德无叚(瑕),用孝用享,用赐眉寿,子子孙孙用受大福无疆。	《集成》9712
曾伯宫父穆鬲	传世品	1	两周之际	唯曾伯宫父穆乃用吉金,自作宝尊鬲。	《集成》699;《曾国青铜器》第430页
曾伯从宠鼎	传世品,现藏武汉市博物馆	1	春秋早期	唯十月既吉,曾伯从宠自作宝鼎用。	《文物》1965年第7期
曾伯霥簠	传世品,现藏国家博物馆	1	春秋早期晚段	唯王九月初吉庚午,曾伯霥哲圣元武,元武孔黹,克狄(逖)淮夷,印(抑)燮繁汤(阳),金道锡行,具既卑(俾)方。余择其吉金黄(铝),余用自作旅簠,以征以行,用盛稻粱,用孝用享于我皇祖文考。天赐之福,曾霥伯叚(遐)不黄耇,万年眉寿无疆,子子孙孙永宝用之享。	《集成》4631、4632;《曾国青铜器》第440~441页

续表

器名	出土地点	件数	年代	铭文	资料出处
曾伯霥壶	京山苏家垄	M79、M88各出土2件	春秋早期晚段	壶腹部铭文83字:唯王八月,初吉庚午,曾伯霥哲圣孔武,孔武元犀,克狄淮夷。余温恭且忌,余为民父母。惟此壶章,先民之尚。余是楙是则,允显允异。用其鐈鏐,唯玄其良,自作尊壶,用孝用享于我皇祖,及我文考,用锡(赐)害(匄)眉寿,子孙永宝。壶盖铭文78字:基本相同,"唯王八月"少一"王"字,最后少"子孙永宝"4字。	《江汉考古》2017年第6期
曾伯克父盨	香港某收藏家收藏	据传同坑出土一对	春秋早期	隹(唯)曾白(伯)克父甘娄乃用作旅盨,子孙永宝。	《商周青铜器铭文暨图像集成续编》第2册第181页
伯克父盨	某收藏家收藏	2	春秋早期	隹(唯)曾白(伯)克父甘娄,自作硒揨,用盛黍稷稻粱,用之征行,其用及百君子宴飨。	《商周青铜器铭文暨图像集成续编》第2册第192~197页
曾伯克父簠	香港某收藏家收藏	2	春秋早期	隹(唯)曾白(伯)克父甘娄,迺用吉父雝叔攸(鋚)金,用自作旅祜(簠),用征用行,走追四方,用鬻用雀(爵),用盛黍稷稻粱,用征用行,用卿(飨)百君子辟。伯克父其眉寿无疆,采夫无若,雍人孔泽,用享于我皇考,子孙永宝,易(赐)害(匄)眉寿,曾郢氏保。	《商周青铜器铭文暨图像集成续编》第2册第281~286页

表二　曾孟青铜器铭文登记表

器名	出土地点	件数	年代	铭文	资料出处
曾孟嬴剈簠	枣阳郭家庙	2	春秋早期后段	曾孟嬴剈自作行簠,则永祜福。	《枣阳郭家庙曾国墓地》
曾孟嫞谏盆	襄阳宋家栅	1	春秋中期	曾孟嫞谏作飬盆,其眉寿用之。	《江汉考古》1980年第1期

枣阳郭家庙曾国墓地的 GM21 就是曾伯陭的墓葬,长方形岩土坑,东端设一条墓道,方向 92°。开口东西长 11 米,南北最大宽度 11 米,墓道长 7.48 米,墓底东西长 6.56 米,南北宽 4.12 米,墓深 6.1 米。葬具为一椁重棺。墓葬被盗,礼器无存,出土各类器物 2355 件。其中一件曾伯陭钺,上有铭文:“曾伯陭铸戚戉(钺),用为民刑,非历殹井(刑),用为民政。”报告作者认为 GM21 时代为西周末期,曾伯陭是曾国国君。① 张昌平也认为曾伯陭是曾国国君。② 方勤认为曾伯陭可能是一代曾侯,不过他又说曾伯陭钺当属曾伯陭称侯之前所铸的器物。③ 曾伯陭之“伯”,只是行辈称谓。如果是曾国国君,应该称为曾侯。因此,仅以曾伯陭钺为证据,证明曾伯陭是国君,证据似嫌不足。不过这个墓规模大,还带一条墓道,至少说明曾伯陭享受了很高的待遇。也可能曾伯陭在特殊的背景下,葬礼等级超越了他的法定地位。

1970 年,因村民修建房屋,随州均川熊家老湾出土曾伯文簋 4、曾伯文𬭚 1、方卣 1,可能是出自一座墓中,墓主人就是曾伯文,很可惜调查时没有进一步查明墓坑情况。④ 但从出土器物来看,曾伯文墓与曾伯陭墓的差距相当悬殊。说明同样是“曾伯某”,他们之间的社会等级是不一样的。

2015 至 2017 年,湖北省文物考古研究所发掘京山苏家垅曾国贵族墓地,M79 为曾伯寨墓,出土升鼎 5、附耳鼎 3、簋 4、簠 4、壶 2、盘 1、匜 1,曾伯寨壶壶盖、壶腹有长篇铭文,壶腹部铭文 83 字:“唯王八月,初吉庚午,曾伯寨哲圣孔武,孔武元屖,克狄淮夷。余温恭且忌,余为民父母。惟此壶章,先民之尚。余是楙是则,允显允异。用其鐈鏐,唯玄其良,自作尊壶,用孝用享于我皇祖,及我文考,用锡(赐)害(匄)眉寿,子孙永宝。”

壶盖铭文 78 字,与腹部铭文文字基本相同,“唯王八月”少一“王”字,最末少“子孙永宝”四字。

M88 为曾伯寨夫人墓,出土鼎 3、鬲 5、甗 1、簠 4、壶 2、盘 1、匜 1 及玉器等,壶的铭文与 M79 铭文相同。⑤

---

①襄樊市考古队等:《枣阳郭家庙曾国墓地》,科学出版社 2005 年,第 8～58、322～324 页。

②张昌平:《曾国青铜器研究》,文物出版社 2009 年,第 355～359 页。

③方勤:《曾国历史的考古学观察》,《江汉考古》2014 年第 4 期。

④鄂兵:《湖北随县发现曾国铜器》,《文物》1973 年第 5 期。

⑤方勤、胡长春、席奇峰、李晓杨、王玉杰:《湖北京山苏家垄遗址考古收获》,《江汉考古》2017 年第 6 期。

从考古时间上看,曾伯文、曾伯陭、曾伯霥处于西周晚期到春秋早期,时间略有早晚。从空间分布上看,曾伯陭在枣阳郭家庙,曾伯文在随州均川熊家老湾,曾伯霥在大洪山之南的京山苏家垄一带。这些都说明曾伯的地位相当高。

行辈称“孟”的少见,表二所列二例均指曾国国王的长女,如曾孟嬴剈、曾孟嬭。

2.仲

行辈为“仲”的考古材料时代分布从西周晚期延续至春秋战国之际。行辈为“仲”的名称方式有几类:一是仅称“曾仲”;二是在排行后加私名,如曾仲子敔、曾仲斖;三是在排行后加私名,再加“父”,或“父”置于名前,如曾侯仲子斿父(亦称曾仲斿父)、曾仲大父螽;四是对“曾仲”之后代的称谓方式,在“曾仲”后加“之”字,再加行辈,不写出私名,如“曾仲之孙”;五是对曾国女性的称谓,在排行后加上曾国的姓,或者在排行后加上夫氏,再加私名,如曾仲姬、曾仲郙(薳)君腫,薳就是楚国的公族薳氏(见表三)。

表三　曾仲青铜器铭文登记表

器名	出土地点	件数	年代	铭文	资料出处
曾仲大父簋	随州熊家老湾	2	西周晚期	唯五月既生霸庚申,曾仲大父螽乃用吉攸(鋚),乃金,用自作宝簋。其用追孝于其皇考,用赐眉寿黄耇霝终,其万年子子孙孙永宝用享。	《文物》1973年第5期
曾仲盘	传世品	1	西周晚期或两周之际	曾仲自作旅盘,子子孙孙其永宝用之。	《集成》10097;《曾国青铜器》第444页
曾仲子敔鼎	传世品	1	西周晚期	曾仲子敔用吉金自作宝鼎,子孙永用享。	《文物》1982年第9期
曾侯仲子斿父鼎	京山苏家垅	2	两周之际到春秋早期	曾侯仲子斿父自作𩰫彝。	《文物》1972年第2期
曾仲斿父豆	京山苏家垅	2	两周之际到春秋早期	曾仲斿父自作宝甫。	《文物》1972年第2期

续表

器名	出土地点	件数	年代	铭文	资料出处
曾仲斿父方壶	京山苏家垅	2	两周之际到春秋早期	两壶颈内壁铭文：曾仲斿父用吉金自作宝尊壶。一盖铭文：曾仲斿父用吉金自作宝尊壶。另一盖铭文：曾斿父用吉金自作宝尊壶。	《文物》1972 年第 2 期
曾仲之孙戈	随州鲢鱼嘴	1	春秋晚期	曾仲之孙䣄用戈。	《江汉考古》1980 年第 1 期
曾仲姬壶	随州东风油库 M3	1	春战之际到战国早期	曾仲姬之壶。	《曾国青铜器》第 365~368 页
曾仲䢅鼎	某收藏家收藏	1	春秋晚期	唯王正月吉日庚申，曾中（仲）䢅择其［吉金，自］乍（作）飤緐（繁），其永用之。	《商周青铜器铭文暨图像集成》第 4 册第 481 页
曾仲䢅簠	某收藏家收藏	4	春秋晚期	唯王正月士（吉）日庚申，曾中（仲）䢅择其［吉金，自］乍（作）薦簠，其永宝用之。	《商周青铜器铭文暨图像集成》第 10 册第 399~407 页
曾仲邚（蓬）君腱方器座	淅川和尚岭 M2	1	春战之际	曾中（仲）邚（蓬）君腱之且（祖）埶。	《和尚岭与徐家岭楚墓》

我们根据考古材料来看“曾仲某”贵族的墓葬规模和随葬品情况。1966 年，因修水库干渠，在京山苏家垅出土 76 件青铜器，有铜鼎 9、鬲 9、甗 1、铜簋 7、豆 2、方壶 2、圜底器 3 及车马器等，时代为西周晚期到春秋早期。这批铜器因系工程建设中偶然出土，并非科学发掘，因此墓葬规模不得而知，这批铜器是否出自一个墓葬也不清楚。简报作者认为九鼎为列鼎，大小有序，可能是把九鼎等 76 件器物视为同一个墓葬的随葬品，并把“曾侯仲子斿父”“曾仲斿父”理解为“曾侯”。① 实际上，“曾侯仲子斿父”“曾仲斿父”意为曾侯的第二个儿子斿父，其并不是曾侯，而是被其父派遣到京山苏家垅一带的曾国贵族。

①湖北省博物馆：《湖北京山发现曾国铜器》，《文物》1972 年第 2 期。

1994 年,随州考古队配合随州市石油公司施工建设发掘了三座墓葬,其中 M3 墓葬方向为 243°,墓底长 3.45 米,宽 2.18 米,墓底东、南两侧留有宽 0.4 米、高 0.88 米的生土二层台。葬具为一椁一棺。出土曾侯郕鼎 1、方豆 1、曾仲姬壶 1、盘 1、匜 1、器盖 1,陶鼎 2、罐 1、玉环 3、玦 1、长方牌形饰 5、璜 2、水晶珠 4。墓葬时代为春秋战国之际到战国早期。该墓出土的铭文铜器为曾侯郕鼎和曾仲姬壶,从墓葬规模来看,不可能是曾侯郕的墓葬。该墓多出玉器而未见兵器,墓主明显为女性,因此墓主人应是曾仲姬。①

河南淅川和尚岭 M2 方向 70°,墓口东西长 7.48 米,南北宽 7.36 米,墓底东西长 4.45 米,南北宽 3.70 米,墓深 4.30 米。葬具为一椁重棺。墓主人头向东,仰身直肢,有两具殉人。随葬各类器物 440 件。其中铜器有鼎 7、簠 2、仲姬敦 1、壶 2、浴缶 1、盘 1、匜 1、斗 1、勺 1、薳子受钮钟 9、薳子受镈钟 8、车马器 20、杂器 8,玉石器 338 件。铜杂器中有一件器座,方座为正方形,方座的四角由底及上弧线内收,盝顶。顶中央有一管状柄,柄上部为八棱形,内有朽木柄。方座顶部有 8 字阴文铭文:"曾中(仲)俶(薳)君腫之且(祖)埶。"石器中有编磬 12 件。墓葬时代为春秋晚期。该墓墓主人为曾中(仲)俶(薳)君腫。②

从墓葬规模和随葬品数量来看,曾仲斿父具有较高的地位。曾中(仲)俶(薳)君腫的地位要高于曾仲姬。

3.叔

行辈为"叔"的材料少,目前仅见于春秋晚期,一般为在行辈后加私名,如曾叔旂(见表四)。随州文峰塔 M35 方向 97°,墓口东西长 4.4 米,南北宽 2.8 米,墓底东西长 3.85 米,南北宽 2.2~2.4 米,墓深 2.5~3.1 米。葬具为一椁一棺。墓主头向东,仰身直肢。随葬器物主要放置于头箱,均为青铜礼器,有鼎 4、簋 4、鬲 4、壶 2、罍 1、盘 1、匜 1 等。③ 墓主人为曾叔旂。曾叔旂墓属于小型墓,随葬品组合应为五鼎四簋,缺一鼎。

①湖北省文物考古研究所:《曾国青铜器》,文物出版社 2007 年,第 365~368 页。

②河南省文物考古研究所等:《淅川和尚岭与徐家岭楚墓》,大象出版社 2004 年,第 24~121 页。

③湖北省文物考古研究所等:《湖北随州市文峰塔东周墓地》,《考古》2014 年第 7 期。

表四　曾叔青铜器铭文登记表

器名	出土地点	件数	年代	铭文	资料出处
曾叔旂鼎	随州文峰塔M35	1	春秋晚期	曾叔旂之行贞(鼎)。	《考古》2014年第7期
曾叔旂簋	随州文峰塔M35	1	春秋晚期	曾叔旂之簋。	《考古》2014年第7期
曾叔旂壶	随州文峰塔M35	1	春秋晚期	曾叔旂之尊壶。	《考古》2014年第7期

随州汉东东路M81出土的鼎、簋、鬲、壶、簠上均有铭文“曾叔孙湛”，M118出土的鬲、簠上多有铭文“曾叔孙”或“曾叔子”。[①]“曾叔子”或“曾叔孙”应是“曾叔”的子辈和孙辈。

4.季

行辈为“季”的考古资料更少，在行辈之后加职官，再加私名，如曾季卿事奂（见表五）。

表五　曾季青铜器铭文登记表

器名	出土地点	件数	年代	铭文	资料出处
曾季卿事奂壶	某收藏家收藏	2	西周晚期或春秋早期	隹(唯)曾季卿事奂用其吉金，自作宝醴壶，子子孙孙用享。	《商周青铜器铭文暨图像集成续编》第3册第118页

二、按不同辈分称谓

1.子

曾国金文中称“曾子”“曾孙”的材料比较多，“曾子”的材料时间从西周晚期到春秋晚期，“曾孙”的材料从春秋早期到春秋晚期。“曾孙”应是行

①湖北省文物考古研究所等：《随州汉东东路墓地2017年考古发掘收获》，《江汉考古》2018年第1期。

辈称谓，意为曾侯之孙，当无异议。“曾子”是什么意思呢？王世民认为“子”可以是贵族男子的美称，也可以是故君未葬时的新君，如《左传》僖公九年记载：“春，宋桓公卒，未葬，而襄公会诸侯，故曰子。凡在丧，王曰小童，公侯曰子。”[①]某些称“子”之器仍可肯定其为爵称，如“北子”“沈子”。徐、楚、吴、越四国在当时的文献中都可见到“子”的称谓，如楚子和吴子屡见于《春秋》，徐子见于《左传》昭公四年。越子不见于《春秋》，而见于《左传》。但出土的铜器等铭文表明，楚在西周时期自称“公”，如楚公家钟、楚公家戈、楚公逆钟。楚国爵称自称为王是自春秋初期熊通“自立为武王”开始的。春秋时期吴自称为王。春秋战国时期越国亦自称为王。[②] 我们认为曾子应是“曾侯之子”的简称，曾子加私名是最常见的称谓，但也有称“曾诸子某”“曾公子某”“曾侯子某”“曾侯子”等，如“曾诸子𩰫(𤏸)”“曾公子叔涹”“曾公子去疾”“曾侯仲子斿父”“曾侯子”“曾侯子昃”(见表六)。

表六　曾子青铜器铭文登记表

器名	出土地点	件数	年代	铭文	资料出处
曾子单鬲	京山檀梨树	1	西周晚期	曾子单用吉金自作宝鬲。	《中国考古学会第三次年会论文集》，文物出版社1984年；黄锡全：《湖北出土商周文字辑证》，武汉大学出版社1992年，第119页；《曾国青铜器》第8~10页
曾子伯皮盘	桐柏	1	两周之际	唯曾子伯皮用其吉金，自作旅盘。其黄耇霝(令)终，万年无疆，子孙永宝用享。	《集成》10156；《曾国青铜器》第390页
曾子伯皮匜	传世品	1	两周之际	唯曾子伯皮自作尊匜。	《集成》10207；《曾国青铜器》第390页

①(唐)孔颖达：《春秋左传正义·僖公九年》，(清)阮元校刻《十三经注疏》，中华书局1980年，第1800页。

②王世民：《西周春秋金文中的诸侯爵称》，《历史研究》1983年第3期。

续表

器名	出土地点	件数	年代	铭文	资料出处
曾子䚄鼎	传世品，现藏上海博物馆	1	两周之际	曾子䚄择其吉金，用铸舄彝，惠于剌曲，𠠫犀下保，臧敌集［功］，百民是奠，孔㞋□□，事四国，用考(孝)用享，民具(俱)卑(俾)乡(飨)。	《文物》1964 年第 7 期；《集成》2757；张亚初：《殷周金文集成引得》
曾诸子鼎	传世品，现藏台北故宫博物院	1	两周之际	曾诸子䝿(賸)用作𩱛鼎，用享于祖，子子孙永寿。	《故宫铜器图录下册下编》图 78；《曾国青铜器》第 436、437 页
曾子仲謱鼎	枣阳段营	1	春秋早期	唯曾子仲謱，用其吉金自作作𩰫彝，子子孙孙其永用之。	《考古》1975 年第 4 期
曾子仲謱甗	新野小西关	1	春秋早期	唯曾子仲謱，用其吉金自作旅甗，子子孙孙其永用之。	《文物》1973 年第 5 期
曾子伯誩鼎	传世品，现藏上海博物馆	1	两周之际或春秋早期	曾子伯誩铸行器，尔永祜福。	《集成》2405；《曾国青铜器》第 434～435 页
曾子伯选鼎	某收藏家收藏	1	春秋早期	曾子伯选行器，则永祜福。	吴镇烽：《商周青铜器铭文暨图像集成续编》，上海古籍出版社 2016 年，第 1 册第 144 页
曾子伯选壶	某收藏家收藏	1	春秋早期	曾子伯选行器，则永祜福。	《商周青铜器铭文暨图像集成续编》，第 3 册第 104 页
曾子伯皮鼎	某收藏家收藏	1	春秋早期	曾子白(伯)皮，用吉金，自作宝鼎，子孙用享。	《商周青铜器铭文暨图像集成续编》，第 1 册第 176、177 页
曾子𣅀簠	传世品，现藏国家博物馆	2	春秋早期晚段	曾子𣅀自作行器，则永祜福。	《集成》4528、4529；《曾国青铜器》第 438、439 页
曾子𩐋鼎	枣阳曹门湾 M10	1	春秋早期晚段	曾子𩐋自作行器，其永用之。	《江汉考古》2016 年第 5 期

续表

器名	出土地点	件数	年代	铭文	资料出处
曾子寿鼎	枣阳曹门湾M13	1	春秋早期晚段	曾子寿自作行器,则永祜福。	《江汉考古》2016年第5期
曾子象鼎	枣阳曹门湾M43	1	春秋早期晚段	曾子象自作行鼎,其永祜福。	《江汉考古》2016年第5期
曾子伯尹匜	传世	1	春秋早期	唯曾子伯尹自乍尊匜。	《殷周金文集成》16.10207
曾侯子编钟(第一套)	传世	9	春秋早期	曾侯子钟甲、乙、丙、丁、戊、己、庚铭文为:“曾侯子之行钟,其永用之。”曾侯子钟辛的铭文为:“曾侯子之行。”曾侯子钟壬的铭文为:“钟,其永用之。”	吴镇烽:《商周青铜器铭文暨图像集成》,上海古籍出版社2012年,第27册第56~71页
曾侯子编钟(第二套)	传世	8	春秋早期	曾侯子钟甲、乙铭文为:“曾侯子之永用之。”曾侯子钟丙、戊铭文为:“曾侯子之其永用之。”曾侯子钟丁铭文为:“曾侯子之其用之。”曾侯子钟己铭文为:“曾侯子之其永之。”曾侯子钟庚铭文为:“曾侯子之行。”曾侯子钟辛铭文为:“曾侯子之。”	吴镇烽:《商周青铜器铭文暨图像集成续编》,上海古籍出版社2016年,第3册第383~390页
曾侯子编镈(第一套)	传世	春秋早期	4	铭文相同。钲间及鼓部铸铭文19字:“隹(唯)王正月初吉丁亥,曾侯子择其吉金,自作行镈。”	吴镇烽:《商周青铜器铭文暨图像集成》,上海古籍出版社2012年,第29册第186~193页
曾侯子编镈(第二套)	传世	春秋早期	4	铭文相同。钲间及左鼓部铸铭文19字:“隹(唯)王正月初吉丁亥,曾侯子择其吉金,自作行镈。”	吴镇烽:《商周青铜器铭文暨图像集成续编》,上海古籍出版社2016年,第3册第478~484页

续表

器名	出土地点	件数	年代	铭文	资料出处
曾子仲宣鼎	传世品	1	春秋中期	曾子仲宣□用其吉金,自作宝鼎,宣丧(尚)用饔享其诸父、诸兄,其万年无疆,子子孙孙永宝用享。	《集成》2737;《曾国青铜器》第438页
曾公子叔湪簠	湖北随州市公安局	2	春秋中期	唯正月吉日丁亥,曾公子叔湪择其吉金,自作飤簠,子子孙孙其永宝用之。	《商周青铜器铭文暨图像集成续编》,第2册第251~255页
曾子季关臣簠	河南罗山高店	2	春秋中期	曾子季关之飤簠。	《曾国青铜器》第391~400页
曾子叔㝬盘	某收藏家收藏	1	春秋晚期前段	曾子叔㝬自作盘其永宝用。	《商周青铜器铭文暨图像集成续编》,第3册第277页
曾子叔㝬盘	某收藏家收藏	1	春秋晚期前段	曾子叔㝬择其吉金,自作盨(沫)匜。	《商周青铜器铭文暨图像集成续编》,第3册第356页
曾子原彝簠	随州鲢鱼嘴	1	春秋晚期	唯正月初吉庚申,曾子原彝为孟姬鄀铸媵簠。	《江汉考古》1980年第1期
曾子义行簠	江苏六合程桥	1	春秋晚期	曾子义行自作飤簠。	《东南文化》1991年第1期
曾子与簠	传世品	1	春秋晚期	曾子与之行簠。	《曾国青铜器》第373、374页
曾子与缶	传世品	1	春秋晚期	曾子与之行缶。	《曾国青铜器》第375页
曾子□簠	传世品,现藏台北故宫博物院	1	春秋晚期	唯正月初吉丁亥,曾子□自作飤簠,子子孙孙永宝用之。	《曾国青铜器》第433页
曾公子去疾鼎	随州文峰塔M6	2	春秋晚期	曾公子去疾之行鼎。	《江汉考古》2012年第3期
曾公子去疾簠	随州文峰塔M6	2	春秋晚期	曾公子去疾之登簠。	《江汉考古》2012年第3期
曾公子去疾甗	随州文峰塔M6	1	春秋晚期	曾公子去疾之登甗。	《江汉考古》2012年第3期

续表

器名	出土地点	件数	年代	铭文	资料出处
曾公子去疾壶	随州文峰塔M6	2	春秋晚期	曾公子去疾之行壶。	《江汉考古》2012年第3期
曾公子去疾缶	随州文峰塔M6	1	春秋晚期	曾公子去疾之行缶。	《江汉考古》2012年第3期
曾公子去疾斗	随州文峰塔M6	1	春秋晚期	曾公子去疾之御斗。	《江汉考古》2012年第3期
曾子旂戟	随州文峰塔M35		春秋晚期	曾子旂之用戟。	《考古》2014年第7期
曾子虡戈	随州文峰塔M34	1	春秋晚期	曾子虡之用戈。	《考古》2014年第7期
曾侯子昃剑	传世	1	春秋末期	剑格正反面铸铭文各8字,首有错金银鸟篆铭文12字,共28字。格正面铭文:“曾侯子昃曾侯子昃。”格背面铭文:“自作用剑自作用剑。”剑首铭文:“昃作自之,吉玄铝,侯曾剑之用。”吴镇烽认为应读为:“昃自作之,吉[金]玄铝,侯曾剑之用。”	《商周青铜器铭文暨图像集成续编》,上海古籍出版社2016年,第4册第322~323页

1972年8月,枣阳茶庵段营村民偶然在住宅旁发现一批铜器,包括鼎3、簋4、壶2。1973年9月,经调查发掘,证实这些铜器出自一座墓葬,墓坑仅存底部,墓葬呈东西向,方向为90°,墓底东西长3.3米,宽1.5米,残存深0.1~0.4米。葬具为一椁一棺。又发掘出280件兵器、车马器,总计289件。有一鼎内壁铭文为:“唯曾子仲謱,用其吉金自作鬻彝,子子孙孙其永用之。”时代为春秋早期。① 此墓墓主人可能为曾子仲謱,同人所铸铜甗出土于新野小西关。②

①湖北省博物馆:《湖北枣阳县发现曾国墓葬》,《考古》1975年第4期。

②郑杰祥:《河南新野发现的曾国铜器》,《文物》1973年第5期。

2014年10月至2015年1月,湖北省文物考古研究所等单位对枣阳曹门湾墓区进行了发掘。其中,M10墓葬为长方形竖穴土坑,方向115°,墓口东西长4.30米,南北宽2.86米,墓底东西长3.8~3.86米,南北宽2.04~2.12米。葬具为一椁一棺。随葬品共16件,其中青铜器11件,有曾子䣝鼎1、车马器3、带饰7,陶罐2,玉器3。墓主人为曾子䣝,墓葬时代为春秋早期晚段。M13墓葬为长方形竖穴土坑,方向为90°,墓口东西长4.58米,南北宽2.40米,墓底东西长3.50米,南北宽1.46米,墓深2.70米。葬具为一椁一棺。随葬品共20件,其中铜器13件,包括曾子寿鼎1、矛1、戈1、马衔带镳2、辖1、镞5,另有陶罐2、盖1,玉玦4。墓主人为曾子寿,墓葬时代为春秋早期晚段。①

2015年7月至2016年1月,湖北省文物考古研究所等单位对曹门湾墓区又进行了发掘,M43就是其中一座。墓葬为长方形竖穴土坑,方向103°,墓口东西长4.90米,南北宽2.80米,墓底东西长3.80米,南北宽1.70米,墓地距地表2.46米。葬具为一椁一棺。随葬品共11件,铜器5件,有曾子𩡫鼎1、曾太保𤼈簠2、夨叔匜1,另有陶罐1、盖1、纺轮1,玉玦2、玉刀1。墓葬时代为春秋早期晚段。② 该墓墓主人是谁呢?从形制来看,曾太保𤼈簠要早于曾子鼎、夨叔匜,可先排除墓主人为曾太保𤼈。夨国位于今陕西汧水流域陇县、凤翔、宝鸡一带,夨叔匜是夨叔为夨国姬姓长女所做的媵器,证明夨国为姬姓,一般来说同姓不婚,所以夨国女子不会嫁给姬姓曾国,那么这个墓主人就不是夨国这位女子。夨叔匜能够从关中西部流传到南方曾国,说明曾国与夨国存在密切联系,但不一定是婚姻关系。因此,M43墓主人最有可能是曾子𩡫。

曾子季关臣墓葬发现于河南罗山高店砖瓦厂。1996年当地农民在这里挖出青铜器,向罗山文物局上交了曾季关盘1、曾关臣匜1。信阳市文物局对该地点进行了调查和发掘,确定这些青铜器出自一座墓葬,墓室长3.9米,宽1.5米,发掘后又出土了垂鳞纹鼎1、曾子季关臣簠2、贯耳壶2、戈2、矛1、銮铃3、车軎2(一件带辖)、衔5、镳10、圆形节约6。墓葬时代为春秋

①湖北省文物考古研究所等:《湖北枣阳郭家庙墓地曹门湾墓区(2014)M10、M13、M22发掘简报》,《江汉考古》2016年第5期。

②湖北省文物考古研究所等:《湖北枣阳郭家庙墓地曹门湾墓区(2015)M43发掘简报》,《江汉考古》2016年第5期。

中期。当地派出所又追缴青铜鼎1、戈1、軎1、铃1,据称追缴文物也出于此墓。但从鼎、戈、軎的色泽较深来看,似乎不出自一墓。从器形上看,追缴的窃曲纹垂鳞纹鼎要早于曾子季关臣墓中的垂鳞纹鼎。罗山一带不是曾国地盘,可能是黄国疆域,说明曾季关臣可能是客死黄国的曾国贵族。[1]

2011年,湖北省文物考古研究所等单位在随州义地岗发掘四座墓葬。其中M6为曾公子去疾墓,墓葬为长方形竖穴土坑墓,方向121°,墓口东西长4.20米,南北宽2.60~2.75米,墓底东西长4.30米,南北宽2.70~2.80米,墓深1.76~1.86米。葬具为一椁一棺。随葬品共93件(套),其中铜器47件,包括曾公子去疾之行鼎2、曾公子去疾之登(升)簠2、曾公子去疾登(升)甗1、曾公子去疾之行壶2、曾公子去疾之行缶1、匜1、曾公子去疾之御(?)斗1、兵器9、车马器25,陶罐1,玉器6。墓葬时代为春秋晚期。[2] 鼎、簠、壶为二套组合。

2012年,湖北省文物考古研究所等单位在随州文峰塔发掘了M34墓,墓主人为曾子虡。墓葬为长方形竖穴土坑,方向112°,墓口东西长3.75米,南北宽2.40米,墓深1.8~1.85米。葬具为一椁一棺。随葬品铜鼎2、壶2、簠2、缶1,还有车马器、漆甲和玉器。墓葬时代为春秋晚期。[3]

"曾子某"墓葬规模基本上为中小型墓,墓坑都不大,葬具为一椁一棺。随葬品都不太丰厚,所埋铜鼎一至三件不等,西周晚期到春秋早期簋最多4件,有的没有簋。从春秋早期晚段开始以簠代簋,簠一般为2件。曾仲子敼、曾公子去疾墓的随葬品相对丰富一些。"曾子某"贵族死后的待遇存在一定的差别,间接反映了"曾子某"贵族在生前的不同地位。

2.孙

"曾孙某"资料见于春秋早期晚段到春秋晚期(见表七),墓葬资料公布得很少。1988年,随州安居汪家塆农民烧砖取土时挖出青铜器,经调查发掘,这些青铜器出自一座墓葬,墓坑为土坑竖穴,方向为360°,墓主人头向北。残存墓底长4米,宽约2米,残深0.5~0.75米。葬具为一椁一棺。随

①湖北省文物考古研究所:《曾国青铜器》,文物出版社2007年,第391~400页。

②湖北省文物考古研究所等:《湖北随州义地岗曾公子去疾墓发掘简报》,《江汉考古》2012年第3期。

③湖北省文物考古研究所等:《湖北随州市文峰塔东周墓地》,《考古》2014年第7期。

葬品有铜曾孙定鼎1、曾都尹定簠2、车軎2、镞1、铅方壶2、陶罐1。墓主人应是曾孙定，墓葬时代为春秋晚期。①

表七　曾孙青铜器铭文登记表

器名	出土地点	件数	年代	铭文	资料出处
曾孙史夷簠	传世品，现藏上海博物馆	1	春秋早期晚段	曾孙史夷作飤簠，其眉寿万年无疆，子子孙孙永宝用之。	《殷周金文集成》9.4591;《曾国青铜器》第442、443页
大曾文之孙叔𬱔鼎	某收藏家收藏	1	春秋晚期前段	大曾文之孙叔𬱔之飤鼎。	《商周青铜器铭文暨图像集成续编》，第1册第142页
曾孙无諆鼎	传世品，现藏台北故宫博物院	1	春秋晚期	曾孙无諆自作飤䋣，眉寿无疆，子孙永宝用之。	《集成》2606
曾孙定鼎	随州汪家塆	1	春秋晚期	曾孙定之脰鼎。	《江汉考古》1990年第1期
曾孙邵簠	随州文峰塔M21	1	春秋晚期	曾孙邵之行簠。	《考古》2014年第7期
曾孙邵壶	随州文峰塔M21	1	春秋晚期	曾孙邵之大行之壶。	《考古》2014年第7期
曾孙怀簠	随州文峰塔M38	1	春秋晚期	曾孙怀之飤簠。	《考古》2014年第7期
曾孙乔壶	随州文峰塔M61	1	春秋晚期	曾孙乔之行壶。	《考古》2014年第7期
曾孙伯国甗	随州文峰塔M32	1	春秋晚期	曾孙白国之行甗。	《考古》2014年第7期

以上我们根据曾国铜器铭文，归纳出了曾侯以下贵族的称谓方式，即有兄弟行辈和子孙不同辈分两种称谓类型。在现有资料的基础上，根据铜器断代，指出了各种称谓的出现时间和发展过程。有的曾国贵族墓已经经过科学发掘，我们从墓葬的规模、结构、葬具、随葬品组合等方面了解不同层次贵族的身份地位，曾伯、曾仲这些贵族的地位要高于其他贵族。

①随州市博物馆：《湖北随州市安居镇发现春秋曾国墓》，《江汉考古》1990年第1期。

第二节　曾国职官

关于曾国的职官，裘锡圭在《谈谈随县曾侯乙墓的文字资料》一文中就曾侯乙墓竹简中所见的曾、楚职官进行了探讨，认为曾国许多职官名称与楚国相同。[①] 刘玉堂、黄敬刚曾在《论楚随文化的同异及其渊源》一文中，以裘锡圭的论文为基础，对楚、随官职进行了比较，主要列举了 11 个楚、随相同的官职。[②] 张昌平在《曾国青铜器研究》一书中仅就青铜器铭文所见的曾国职官进行了研究。[③] 我们根据过去及新出土的材料（金文资料见后文表八），对曾国职官做进一步的探讨。

一、金文所见曾国职官

金文所见的职官有太保、太师、师、大司马、卿事、都尹、少宰、大工尹、工佐、旨尹等。

1. 太保

现已发现"曾太保"铜器多件：

在随州叶家山西周早期曾侯犺墓葬中一件半月形铜钺上，发现有"太保虘"铭文。

曾太保譽叔盆，盆内壁铸铭文三行 19 字："曾太保譽叔亟用其吉金，自作旅盆，子子孙孙永用之。"年代为两周之际。[④]

曾太保庆盆，器内壁铸铭文 8 字："曾太保庆，用作宝皿。"年代为两周之际。[⑤]

曾太保簋，2 件，1976 年在随州万店周家岗出土，器、盖内铸铭文为："曾太保□用吉金自作宝簋，用享于其皇祖文考，子子孙孙永用之。"年代为

---

①裘锡圭：《谈谈随县曾侯乙墓的文字资料》，《文物》1979 年第 7 期。

②黄敬刚：《曾国与随国历史研究》，人民出版社 2013 年，第 109～127 页。

③张昌平：《曾国青铜器研究》，文物出版社 2009 年，第 345～346 页。

④湖北省文物考古研究所：《曾国青铜器》，文物出版社 2007 年，第 416～418 页。

⑤湖北省文物考古研究所：《曾国青铜器》，文物出版社 2007 年，第 419～420 页。

西周晚期或两周之际。[①]

曾太保𤼈簋，2件，2015年出土于枣阳曹门湾M43，盖、器同铭："唯曾太保𤼈用其吉金，自作宝盂用享。"年代为春秋早期晚段。[②]

曾太保嬬簋，盖、器同铭，各26字："曾太保嬬，用吉金自作宝簋，用享于其皇祖文考，子子孙孙其永用之。"年代为春秋早期。[③]

曾太保盨，2016年11月13日，因房地产开发，随州东城老塆村二组的张家塆墓地一座墓葬被毁坏，公安部门追回几件青铜器，曾太保盨就是其中一件。铜盨通高20.7厘米，口长22厘米，宽16.2厘米，腹深9厘米，重5243克。器身呈椭长方体，圆角方形盖，盖上四个矩尺形钮。器身两侧有对称的兽首半环耳。椭圆形圈足外侈。盖沿和器口各饰一周窃曲纹，腹部和盖面饰瓦纹。盖顶饰凸目交连龙纹。年代为春秋早期。[④]

这几件青铜器的年代从西周早期到两周之际及春秋早期，表明曾国设有太保一职。

"保"开始设置于商朝，传说成汤时有贤臣保衡，甲骨文中经常见到的祭祀对象"保"，就是"保衡"。从成汤到商朝灭亡，经常设"保"。西周继设此职，西周初年召公奭任"太保"，与周公共同执政，权力很大。《尚书·召诰》："惟太保先周公相宅，……太保朝至于洛，卜宅。"[⑤]《尚书·洛诰》："予乃胤保，大相东土。"[⑥]《尚书·君奭》："周公若曰：君奭，弗吊，天降丧于殷。"[⑦]《尚书·顾命》："乃同招太保奭、芮伯、彤伯、毕公、卫侯、毛公。"[⑧]

张亚初、刘雨收集了与太保、保有关的铜器铭文14件，多数指召公

---

①湖北省文物考古研究所：《曾国青铜器》，文物出版社2007年，第279~283页。

②湖北省文物考古研究所等：《湖北枣阳郭家庙墓地曹门湾墓区（2015）M43发掘简报》，《江汉考古》2016年第5期。

③吴镇烽：《商周青铜器铭文暨图像集成续编》，上海古籍出版社2016年，第2册第75页。

④随州市博物馆、随州市公安局：《追回的宝藏——随州市打击文物犯罪成果荟萃Ⅰ》，武汉大学出版社2019年，第64、65页。后加升：《随州发现曾太保铜盨》，《周代汉淮地区列国青铜器和历史地理研究学术研讨会论文集》，2019年。

⑤（唐）孔颖达：《尚书正义》，（清）阮元校刻《十三经注疏》，中华书局1980年，第211页。

⑥（唐）孔颖达：《尚书正义》，（清）阮元校刻《十三经注疏》，中华书局1980年，第214页。

⑦（唐）孔颖达：《尚书正义》，（清）阮元校刻《十三经注疏》，中华书局1980年，第223页。

⑧（唐）孔颖达：《尚书正义》，（清）阮元校刻《十三经注疏》，中华书局1980年，第237页。

奭。[①] 如成王时大保簋铭文："王伐录子耶，觑厥反，王降征令于大保，大保克敬亡遣，王派大保，易（赐）休沐土，用兹彝对令。"成王时旅鼎铭文："隹公大保来伐反尸（夷）年，在十又一月庚申，公在盩自（师），公易（赐）旅贝十朋，旅用乍父隮彝。"

张亚初、刘雨认为东周时期的太保权力有所下降，《周礼》中对"保"的职责的描述反映的是东周实际，所举铭文例子就是诸侯国曾国的太保盆。[②]《周礼·地官·司徒》云："保氏，下大夫一人，中士二人。府二人，史二人，胥六人，徒六十人。"其职责为："保氏掌谏王恶，而养国子以道。乃教之六艺：一曰五礼，二曰六乐，三曰五射，四曰五驭，五曰六书，六曰九数。乃教之六仪：一曰祭祀之容，二曰宾客之容，三曰朝廷之容，四曰丧纪之容，五曰军旅之容，六曰车马之容。凡祭祀、宾客、会同、丧纪、军旅，王举则从，听治亦如之，使其属守王闱。"[③]保氏的职责有四：一是进谏，二是负责国子的教育，三是随从王处理政务，四是担任王的护卫之责。

2.太师

已经发现两件曾太师鼎：

第一件为曾太师鼎，1973 年出土于京山坪坝镇罗新村檀梨树岗，器内壁铸铭文 7 字："曾太师旁乐与作鼎。"年代属西周晚期。[④]

第二件曾太师奠鼎，1990 年出土于淅川和尚岭 M1，器盖内壁铸铭文 7 字："曾太师奠之𩰫鼎。"年代为春秋晚期。[⑤]

从以上铭文资料可知，曾国设有太师一职。

张亚初、刘雨认为太师之职不见于商代卜辞，仅见于西周恭王以后的青铜铭文，西周太师限于王官。西周太师是师的上级，有正、副二人，属武官，主管军事，地位很高，与《诗经》所载一致。[⑥] 如《诗经·小雅·节南山》：

①张亚初、刘雨：《西周金文官制研究》，中华书局 1986 年，第 60 页。

②张亚初、刘雨：《西周金文官制研究》，中华书局 1986 年，第 1 页。

③（唐）贾公彦：《周礼注疏》，（清）阮元校刻《十三经注疏》，中华书局 1980 年，第 698、731 页。

④湖北省文物考古研究所：《曾国青铜器》，文物出版社 2007 年，第 4~7 页。

⑤河南省文物考古研究所等：《淅川和尚岭与徐家岭楚墓》，大象出版社 2004 年，第 9 页。

⑥张亚初、刘雨：《西周金文官制研究》，中华书局 1986 年，第 3、4 页。

“尹氏大师，维周之氐，秉国之钧，四方是维。”[①]《诗经·大雅·常武》：“赫赫明明，王命卿士，南仲大祖，大师皇父，整我六师，以修我戎。”[②]

根据铜器断代，曾国在西周晚期已设太师一职，东周时期有些诸侯国也设置了太师，如铭文中所见的“郑大师”“蔡大师”“郳大师”等。东周各国太师的职责存在差异。第一类，相当于西周的太师，位高权重，如楚国的太师。《左传》文公元年记载：“穆王立，以其为太子之室与潘崇，使为大师，且掌环列之尹。”[③]《史记·楚世家》记载：“穆王立，以其太子宫予潘崇，使为太师，掌国事。”[④]《左传》哀公十七年记载：“楚白公之乱，陈人恃其聚而侵楚。楚既宁，将取陈麦。楚子问帅于大师子穀与叶公诸梁。”[⑤]潘崇原为太子商臣之师，因替商臣策划弑成王有功，而被封为大（太）师，掌国事，还是环列之尹，可见太师地位极高。太师子穀位次排在叶公诸梁之前，说明子穀的地位也很高。[⑥]

蔡国也有太师。《左传》襄公二十六年记载：“初，楚伍参与蔡太师子朝友，其子伍举与声子相善也。”[⑦]。

《左传》文公六年记载：“宣子于是乎始为国政，制事典，正法罪，辟狱刑，董逋逃，由质要，治旧洿，本秩礼，续常职，出滞淹。既成，以授大傅阳子与大师贾佗，使行诸晋国，以为常法。”[⑧]孔颖达《正义》：“宣十六年传晋侯请于王，命士会将中军，且为大傅，则大傅尊于中军之将，与大师皆为孤卿也。《周礼》上公之国有孤一人，《王制》诸侯三卿。晋，侯爵也。而有三军六卿，复有孤二人者，晋为霸主，多置群官，共时所须，不能如礼。孤尊于卿，

---

①（唐）孔颖达：《毛诗正义》，（清）阮元校刻《十三经注疏》，中华书局 1980 年，第 440 页。

②（唐）孔颖达：《毛诗正义》，（清）阮元校刻《十三经注疏》，中华书局 1980 年，第 576 页。

③（唐）孔颖达：《春秋左传正义·文公元年》，（清）阮元校刻《十三经注疏》，中华书局 1980 年，第 1837 页。

④（汉）司马迁：《史记·楚世家》，中华书局 1959 年，第 1699 页。

⑤（唐）孔颖达：《春秋左传正义·哀公十七年》，（清）阮元校刻《十三经注疏》，中华书局 1980 年，第 2179 页。

⑥张正明主编：《楚文化志》，湖北人民出版社 1988 年，第 212 页。

⑦（唐）孔颖达：《春秋左传正义·襄公二十六年》，（清）阮元校刻《十三经注疏》，中华书局 1980 年，第 1991 页。

⑧（唐）孔颖达：《春秋左传正义·文公六年》，（清）阮元校刻《十三经注疏》，中华书局 1980 年，第 1843 页。

法由在上,故宣子法成,授二孤使行之。”由此可知,晋国的太师也相当于西周的太师,位高权重。

第二类,太师是一种乐官。如《周礼·春官·宗伯》序官云:“大师,下大夫二人。”其职责为:“大师掌六律六同,以合阴阳之声。阳声:黄钟、大蔟、姑洗、蕤宾、夷则、无射。阴声:大吕、应钟、南吕、函钟、小吕、夹钟。皆文之以五声,宫、商、角、徵、羽;皆播之以八音,金、石、土、革、丝、木、匏、竹。教六诗,曰风、曰赋、曰比、曰兴、曰雅、曰颂。以六德为之本,以六律为之音。祭祀,帅瞽登歌,令奏击拊。下管,播乐器,令奏鼓朄。大飨,亦如之。大射,帅瞽而歌射节。大师,执同律以听军声,而诏吉凶。大丧,帅瞽而廞,作匶谥。凡国之瞽矇正焉。”①

《左传》襄公十四年记载:“卫献公戒孙文子、宁惠子食。……公饮之酒,使大师歌《巧言》之卒章。大师辞,师曹请为之。”杜预注:“大师,掌乐大夫。”“师曹,乐人。”②卫国的大师就是《周礼·春官·宗伯》中的大师,属乐官。曾国与楚相邻,许多职官与楚国相同,因此曾国的太师可能与楚相同,属于中枢机构的重臣。

3.师

曾师季馩盘,铭文为:“曾师季馩用其吉金,自作宝盘,用孝用享,福无疆。”从铭文字体看,该铜器年代为西周晚期或两周之际。③ 铭文内容说明曾国设有师这一职官。

张亚初、刘雨认为商朝已经设置师这种职官,如甲骨文中有自般、自贮、自山、自虎、自高、自戈、自更等,在商代基本上就是军事将领。根据西周青铜铭文记载,西周时期的师基本上是王官,其职责可分为三大类:一是军事长官,率军参战,担任周王的禁卫军长官,为王管理旗帜;二是行政长官,为周王出入王命,巡视地方,在赐命中作傧右,担任王之司寇及司士,管理王室事务;三是教育方面的长官,担任贵族教师或小辅,小辅即少傅。④

①(唐)贾公彦:《周礼注疏》,(清)阮元校刻《十三经注疏》,中华书局1980年,第754、795~796页。

②(唐)孔颖达:《春秋左传正义·襄公十四年》,(清)阮元校刻《十三经注疏》,中华书局1980年,第1956~1957页。

③薛尚功:《历代钟鼎彝器款识法帖》,中华书局1986年,第82、83页。

④张亚初、刘雨:《西周金文官制研究》,中华书局1986年,第4~7页。

楚国之师的职责可以用来参考。《左传》文公元年记载：楚成王“既又欲立王子职，而绌太子商臣。商臣闻之而未察，告其师潘崇曰：‘若之何而察之？’”①潘崇就是太子商臣的师，负责教育太子，为太子出谋划策。《国语·楚语》：“昔庄王方弱，申公子仪父为师，王子燮为傅，使师崇、子孔帅师以伐舒。”②申公子仪父所担任的师与潘崇所任的师相同。《左传》昭公十九年记载：“及即位，使伍奢为之师。”③伍奢是太子建的师，即老师。楚国有时也称乐师为师，如《左传》僖公二十二年记载：“丙子晨，郑文夫人芈氏、姜氏劳楚子于柯泽。楚子使师缙示之俘馘。”杜预注：“师缙，楚乐师也。”④

曾国的师与楚国的师职责可能一致，师应为太子的老师。

4.大司马

曾大司马国鼎，铭文为：“曾大司马国之飤贞（鼎）”。年代为春秋晚期。曾大司马白国簠，铭文为：“曾大司马国之飤簠。”以上两件器物 2012 年出土于随州文峰塔 M32，年代为春秋晚期。

随大司马嘉有戈，出土于随州文峰塔 M21，铭文为：“随大司马嘉有之行戈。”年代为春秋晚期。⑤

以上铭文表明曾国设大司马一职，属于曾国军事长官，管理全国军事。《周礼·夏官·司马》：“大司马，卿一人。”其职责为：“大司马之职，掌建邦国之九法，以佐王平邦国；制畿封国，以正邦国；设仪辨位，以等邦国；进贤兴功，以作邦国；建牧立监，以维邦国；制军诘禁，以纠邦国；施贡分职，以任邦国；简稽乡民，以用邦国；均守平则，以安邦国；比小事大，以和邦国。以九伐之法正邦国。”⑥

---

①（唐）孔颖达：《春秋左传正义·文公元年》，（清）阮元校刻《十三经注疏》，中华书局 1980 年，第 1837 页。

②上海师范大学古籍整理研究所校点：《国语》，上海古籍出版社 1988 年，第 537 页。

③（唐）孔颖达：《春秋左传正义·昭公十九年》，（清）阮元校刻《十三经注疏》，中华书局 1980 年，第 2087 页。

④（唐）孔颖达：《春秋左传正义·僖公二十二年》，（清）阮元校刻《十三经注疏》，中华书局 1980 年，第 1814 页。

⑤湖北省文物考古研究所等：《湖北随州市文峰塔东周墓地》，《考古》2014 年第 7 期。

⑥（唐）贾公彦：《周礼注疏》，（清）阮元校刻《十三经注疏》，中华书局 1980 年，第 830、834 页。

楚国设有司马，有时也称大司马，其地位仅次于令尹，而位居其他官员之上。《左传》僖公二十六年（前630年）记载：“司马子西帅师伐宋。”①这是传世文献所见楚国最早的司马，时为楚成王三十八年。《左传》襄公十五年记载：“楚公子午为令尹，公子罢戎为右尹，蒍子冯为大司马，公子橐师为右司马，公子成为左司马。”②

5.卿事

曾卿事宣鼎，3件，铭文为：“唯曾卿事宣用其吉金，自作𩱧鼎”。年代为西周晚期或春秋早期。③

曾季卿事奂壶，2件，铭文为：“隹（唯）曾季卿事奂用其吉金，自作宝醴壶，子子孙孙用享。”年代为西周晚期或春秋早期。④

曾卿事寖鬲，2件，铭文为：“隹（唯）曾卿事寖自乍（作）薦鬲，用享。”年代为春秋早期。⑤

曾卿事浧簋，铭文为：“唯卿事浧，用吉金自作宝簋，用享于朕文考，用赐眉寿，子子孙孙永宝。”年代为春秋早期。⑥

有关曾国卿事的铜器铭文集中见于春秋早期，又见于曾侯乙墓简文。

商朝就设有卿事，如廪辛卜辞“卿史于尞北宗不□大雨”（《前》4.21.7），乙辛卜辞“才召宀，隹𧊒，其令卿史”（《卜通》615）。⑦ 在甲骨文中“事”写作“史”，史、事、吏、使本为一字。

卿事一职见于如下几件铜器铭文。

令彝：“隹八月辰在甲申，王令周公子明保尹三事四方，受卿事寮。丁亥，令夨告于周公宫，公命徣同卿事寮。隹十月月吉，癸未，明公朝至于成周，徣令舍三事令，众卿事寮、众诸尹、众里君、众百工、众诸侯：侯、田、男，

①（唐）孔颖达：《春秋左传正义·僖公二十六年》，（清）阮元校刻《十三经注疏》，中华书局1980年，第1822页。

②（唐）孔颖达：《春秋左传正义·襄公十五年》，（清）阮元校刻《十三经注疏》，中华书局1980年，第1959页。

③吴镇烽：《商周青铜器铭文暨图像集成续编》，上海古籍出版社2016年，第1册第162~164页。

④吴镇烽：《商周青铜器铭文暨图像集成续编》，上海古籍出版社2016年，第3册第118页。

⑤吴镇烽：《商周青铜器铭文暨图像集成续编》，上海古籍出版社2016年，第1册第331~334页。

⑥吴镇烽：商周青铜器铭文暨图像集成续编》，上海古籍出版社2016年，第2册第79~81页。

⑦陈梦家：《殷墟卜辞综述》，中华书局1988年，第519页。

舍四方令。”

番生簋：“王命耤嗣公族、卿事、大史寮。”

毛公鼎：“及兹卿事寮、大史寮、于父即尹。命汝耤嗣公族雩(与)参有嗣、小子、师氏、虎臣雩(与)朕亵事。”

小子野子簋：“乙未，卿事赐小子野贝二百。”

叔多父盘：“使利于辟王、卿事、师尹、朋友。”

卿事就是卿士。郭沫若引罗振玉《殷墟书契考释》云：“士古皆训事，卿事即卿士也。《诗·商颂·长发》‘降予卿士’，《大雅·假乐》‘百辟卿士’，笺：‘卿士，卿之有事也。’《小雅·十月之交》‘皇父卿士’，笺云：‘朋党于朝，皇父为之端首，兼善群职，故但目以卿士’云。《诗》之卿士即卿事，《周官》六官之长皆曰卿，而郑君谓卿士兼善群职，是卿士即冢宰矣。”郭沫若认为罗振玉以卿事为卿士，其说至当，但说卿士为冢宰，则非郑旨。

卿事的官僚机构称为卿事寮。卿事寮由哪些人构成呢？郭沫若认为是《礼记·曲礼下》中的“六大”而不是《周官》之“六官”。《曲礼》记载：“天子建天官，先六大，曰大宰、大宗、大史、大祝、大士、大卜，典司六典。天子之五官曰司徒、司马、司空、司士、司寇，典司五众。”①六大乃古之六卿，所谓“六事之人”。也就是说，卿事寮是由“六大”即大宰、大宗、大史、大祝、大士、大卜组成的。②

6.都尹

曾都尹定簠，2件，出土于随州汪安居镇汪家塆曾都尹定墓。墓坑为长方形竖穴土坑，墓葬已被砖瓦厂取土破坏，墓底长4米，宽2米，残存深度0.5~0.75米。葬具为一椁一棺。墓葬方向360°，头向向北。共出土铜器鼎、簠、罐、车軎、箭镞共6件，铅壶2件，陶罐1件。铜簠盖、器同铭，铭文有7字：“曾都尹定之行簠。”年代为春秋晚期晚段。③

《广韵》：“都犹总也。”都尹就是负责全面工作的长官。在传世文献和金文中没有查到“都尹”这一职官，具体职责不明。

---

①(唐)孔颖达：《礼记正义》，(清)阮元校刻《十三经注疏》，中华书局1980年，第1261页。

②郭沫若：《周官质疑》，《郭沫若全集》考古编第五卷，科学出版社2002年，第55、56页。

③随州市博物馆：《湖北随州市安居镇发现春秋曾国墓》，《江汉考古》1990年第1期。

7.少宰

1994年,随州考古队发掘了东风油库三座墓葬,其中M1为曾少宰黄仲酉墓,墓葬方向275°,墓底长3.2米,宽1.7米。葬具为一椁一棺。随葬铜鼎1、甗1、簠1、方壶1、盘1、匜1、戈1、镞4,以及陶鼎、豆、壶。年代为春秋晚期晚段。铜礼器上皆有铭文,曾少宰黄仲酉鼎铭文为"曾少宰黄仲酉之行鼎";曾少宰黄仲酉甗铭文为"曾少宰黄仲酉之行甗";曾少宰黄仲酉簠铭文为"曾少宰黄仲酉之行簠";曾少宰黄仲酉壶铭文为"曾少宰黄仲酉之行盂";曾少宰黄仲酉盘铭文为"曾少宰黄仲酉之行盥";曾少宰黄仲酉匜铭文为"曾少宰黄仲酉之行盉"。①

据张亚初、刘雨研究,宰在商朝就有了,殷墟卜辞和商朝金文中就有宰丰(《佚》五一八)、宰甫(宰甫簋,《三代》八·一九)和宰(宰虎角,《三代》一六·四八)。记载宰之官职的铭文铜器,西周早期有两件即宰簋(《周存》三·一一七)和宰农鼎(《三代》二·四七),西周中晚期有十一件。西周时期没有见到记载"大宰"的铜器铭文,发现的有大宰的铜器铭文都是东周时期的,如齐国的𬭚镈有大宰(《三代》一·六八),归父盘有齐大宰归父(《三代》一七·一四·一),鲁太宰原父簋有鲁太宰原父(《三代》八·三)等。

大宰的职责是管理王家内外,传达宫中之命,或在赐命礼中作傧右,或代王赏赐臣下,最基本的职责是管理王家的事务,并且宰的权力有越来越大的趋势。②《周礼·天官·冢宰》序官云:"乃立天官冢宰,使帅其属而掌邦治,以佐王均邦国。治官之属:大宰,卿一人。"其具体职责为:"大宰之职,掌建邦之六典,以佐王治邦国。一曰治典,以经邦国,以治官府,以纪万民。二曰教典,以安邦国,以教官府,以扰(郑玄注:"扰,犹训也。")万民。三曰礼典,以和万邦,以统百官,以谐万民。四曰政典,以平邦国,以正百官,以均万民。五曰刑典,以诘邦国,以刑百官,以纠万民。六曰事典,以富邦国,以任百官,以生万民。以八法治官府……以八则治都鄙……以八柄诏王驭群臣……以九职任万民……以九赋敛财贿……以九式均节财用……以九贡致

①湖北省文物考古研究所:《曾国青铜器》,文物出版社2007年,第338~351页。

②张亚初、刘雨:《西周金文官制研究》,中华书局1986年,第40~42页。

邦国之用……以九两系邦国之民。”①

大宰是少宰的上级，“少”与“小”意同，也可以称之为小宰，小宰协助大宰处理政务。《周礼·天官·冢宰》序官云：“小宰，中大夫二人。”其职责为：“小宰之职，掌建邦之宫刑，以治王宫之政令，凡宫之纠禁。掌邦之六典八法八则之贰，以逆邦国、都鄙、官府之治。执邦之九贡、九赋、九式之贰，以均节邦用。以官府之六叙正群吏……以官府之六属举邦治……以官府之六职辨邦治……以官府之六联合邦治……以官府之八成，经邦治……以听官府之六计，弊群吏之治。”②

楚设有少宰一职，如《左传》宣公十二年：“楚少宰如晋师。”③

8.大工尹

曾大工尹季怡戈，1979年出土于随州季氏梁一座墓葬，铭文为：“穆侯之子，西宫之孙，曾大工尹季怡之用。”年代为春秋中期。④

工尹为掌百工之官，也可称之为大工尹。下面楚国工尹的几段材料可供参考。

《左传》文公十年记载：“初，楚范巫矞似谓成王与子玉、子西曰：‘三君皆将强死。’城濮之役，王思之，故使止子玉曰：‘毋死。’不及。止子西，子西缢而县绝，王使适至，遂止之，使为商公。沿汉泝江，将入郢。王在渚宫，下，见之。惧而辞曰：‘臣免于死，又有谗言，谓臣将逃，臣归死于司败也。’王使为工尹。又与子家谋弑穆王，穆王闻之，五月杀斗宜申及仲归。”杜预注：“掌百工之官。”⑤

《左传》成公十六年记载：“楚子使工尹襄问之以弓。”⑥

---

①（唐）贾公彦：《周礼注疏》，（清）阮元校刻《十三经注疏》，中华书局1980年，第639~640页。

②（唐）贾公彦：《周礼注疏》，（清）阮元校刻《十三经注疏》，中华书局1980年，第653~654页。

③（唐）孔颖达：《春秋左传正义·宣公十二年》，（清）阮元校刻《十三经注疏》，中华书局1980年，第1880页。

④随县博物馆：《湖北随县城郊发现春秋墓葬和铜器》，《文物》1980年第1期。

⑤（唐）孔颖达：《春秋左传正义·文公十年》，（清）阮元校刻《十三经注疏》，中华书局1980年，第1848页。

⑥（唐）孔颖达：《春秋左传正义·成公十六年》，（清）阮元校刻《十三经注疏》，中华书局1980年，第1918页。

《左传》昭公十二年记载："工尹路请曰：'君王命剥圭以为鏚柲，敢请命。'"①

《左传》昭公十九年记载："春，楚工尹赤迁阴于下阴。"②

《左传》昭公二十七年记载："楚莠尹然、工尹麇帅师救潜。……左尹郤宛、工尹寿，帅师至于潜，吴师不能退。"③

《左传》哀公十八年记载："巴人伐楚，围鄾。初，右司马子国之卜也，观瞻曰：'如志。'故命之。及巴师至，将卜帅。王曰：'宁如志，何卜焉？'使帅师而行，请承。（楚惠）王曰：'寝尹、工尹，勤先君者也。'三月，楚公孙宁、吴由于、薳固，败巴师于鄾，故封子国于析。"④

《说苑·敬慎》记载："楚恭王之为太子也，将出之云梦，遇大夫工尹，工尹遂趋避家人之门中，太子下车从之家人之门中曰：'子大夫何为其若是？吾闻之，敬其父者不兼其子，兼其子者不祥莫大焉！子大夫何为其若是？'工尹曰：'向吾望见子之面，今而后记子之心，审如此，汝将何之？'"⑤

楚国的工尹基本职责为管理百工，也还兼做其他工作，如工尹赤负责迁阴事务，因为这也与工程有关，工尹麇、工尹寿、工尹薳固在战时还带兵作战。曾国的工尹职责当与楚相似。

9.工佐

曾工佐臣簠，铭文为："曾工差（佐）臣之行簠。"曾工佐臣壶，铭文为："曾工差（佐）臣之行壶。"两件器物2012年出土于随州文峰塔M46，年代为春秋晚期。⑥

工佐是工尹之佐，为工尹的助手。

---

①（唐）孔颖达：《春秋左传正义·昭公十二年》，（清）阮元校刻《十三经注疏》，中华书局1980年，第2064页。

②（唐）孔颖达：《春秋左传正义·昭公十九年》，（清）阮元校刻《十三经注疏》，中华书局1980年，第2087页。

③（唐）孔颖达：《春秋左传正义·昭公二十七年》，（清）阮元校刻《十三经注疏》，中华书局1980年，第2116页。

④（唐）孔颖达：《春秋左传正义·哀公十八年》，（清）阮元校刻《十三经注疏》，中华书局1980年，第2180页。

⑤（汉）刘向撰，向宗鲁校正：《说苑校正》，中华书局1987年，第251页。

⑥湖北省文物考古研究所等：《湖北随州市文峰塔东周墓地》，《考古》2014年第7期。

10.旨尹

曾旨尹乔缶，2012年出土于随州文峰塔M61，铭文为："曾旨尹乔之让缶。"年代为春秋晚期。①

表八　曾国金文职官资料登记表

器名	出土地点	件数	年代	铭文	资料出处
曾太保譽叔盆	传世品，现藏广州市博物馆	1	两周之际	曾太保譽叔亟用其吉金，自作旅盆，子子孙孙永用之。	《集成》10336；《曾国青铜器》第416~418页
曾太保庆盆	传世品，某私人收藏	1	两周之际	曾太保庆，用作宝皿。	《古文字研究》第24辑；《曾国青铜器》第419、420页
曾太保簋	随州周家岗	2	西周晚期或两周之际	曾太保□用吉金自作宝簋，用享于其皇祖文考，子子孙孙永用之。	《考古》1984年第6期；《曾国青铜器》第279~283页
曾太师鼎	京山檀梨树岗	1	西周晚期	曾太师旁（?）乐（?）与作鼎。	《中国考古学会第三次年会论文集》，文物出版社1984年；黄锡全：《湖北出土商周文字辑证》第119页；《曾国青铜器》第4~7页
曾师季韩盘	传世	1	西周晚期或两周之际	曾师季韩用其吉金，自作宝盘，用孝用享，福无疆。	《薛氏》165.3；《集成》10138；《曾国青铜器》第444页
曾卿事宣鼎	某收藏家收藏	3	西周晚期或春秋早期	唯曾卿事宣用其吉金，自作𩰫鼎。	吴镇烽：《商周青铜器铭文暨图像集成续编》，上海古籍出版社2016年，第1册第162~164页

①湖北省文物考古研究所等：《湖北随州市文峰塔东周墓地》，《考古》2014年第7期。

续表

器名	出土地点	件数	年代	铭文	资料出处
曾季卿事奂壶	某收藏家收藏	2	西周晚期或春秋早期	隹(唯)曾季卿事奂用其吉金,自作宝醴壶,子子孙孙用享。	《商周青铜器铭文暨图像集成续编》,第3册第118页
曾太保癸簠	枣阳曹门湾M43	2	春秋早期晚段	唯曾太保癸用其吉金,自作宝盂用享。	《江汉考古》2016年第5期
曾卿事寰鬲	某收藏家收藏	2	春秋早期	唯曾卿事寰自乍(作)薦鬲,用享。	《商周青铜器铭文暨图像集成续编》,第1册第331~334页
曾卿事淫簋	某收藏家收藏	1	春秋早期	唯卿事淫,用吉金自作宝簋,用享于朕文考,用赐眉寿,子子孙孙永宝。	《商周青铜器铭文暨图像集成续编》,第2册第79~81页
曾太保嬬簋	某收藏家收藏	1	春秋早期	曾太保嬬,用吉金自作宝簋,用享孝其皇祖文考,子子孙孙其永用之。	《商周青铜器铭文暨图像集成续编》,第2册第75页
曾大工尹季怡戈	随州季氏梁	1	春秋中期	穆侯之子,西宫之孙,曾大工尹季怡之用。	《文物》1985年第1期
随大司马嘉有戈	随州文峰塔M21		春秋晚期	随大司马嘉有之行戈。	《考古》2014年第7期
曾都尹定簠	随州汪家塆	2	春秋晚期晚段	曾都尹定之行簠。	《江汉考古》1990年第1期
曾少宰黄仲酉鼎	随州东风油库	1	春秋晚期晚段	曾少宰黄仲酉之行鼎。	《曾国青铜器》第338~341页
曾少宰黄仲酉甗	随州东风油库	1	春秋晚期晚段	曾少宰黄仲酉之行甗。	《曾国青铜器》第342、343页
曾少宰黄仲酉簠	随州东风油库	1	春秋晚期晚段	曾少宰黄仲酉之行簠。	《曾国青铜器》344、345页
曾少宰黄仲酉方壶	随州东风油库	1	春秋晚期晚段	曾少宰黄仲酉之行盖。	《曾国青铜器》第346、347页
曾少宰黄仲酉盘	随州东风油库	1	春秋晚期晚段	曾少宰黄仲酉之行盥。	《曾国青铜器》348、349页

续表

器名	出土地点	件数	年代	铭文	资料出处
曾少宰黄仲酉匜	随州东风油库	1	春秋晚期晚段	曾少宰黄仲酉之行盉。	《曾国青铜器》第350、351页
曾太师奠鼎	淅川和尚岭M1	1	春秋晚期晚段	曾太师奠之脰鼎。	《淅川和尚岭与徐家岭楚墓》第9页
曾大司马国鼎	随州文峰塔M32	1	春秋晚期	曾大司马国之飤贞(鼎)。	《考古》2014年第7期
曾大司马白国簠	随州文峰塔M32	1	春秋晚期	曾大司马国之飤簠。	《考古》2014年第7期
曾工佐臣簠	随州文峰塔M46	1	春秋晚期	曾工差(佐)臣之行簠。	《考古》2014年第7期
曾工佐臣壶	随州文峰塔M46	1	春秋晚期	曾工差(佐)臣之行壶。	《考古》2014年第7期
曾旨尹乔缶	随州文峰塔M61	1	春秋晚期	曾旨尹乔之让缶。	《考古》2014年第7期

二、传世文献所见曾国职官

1.少师

《左传》桓公六年:“楚武王侵随,使薳章求成焉,军于瑕以待之。随人使少师董成。斗伯比言于楚子曰:‘……少师侈,请羸师以张之。’……斗伯比曰:‘以为后图,少师得其君。’王毁军而纳少师。少师归,请追楚师。”①从这段记载来看,楚国斗伯比对楚子说随国有个官员职务为“少师”,并没有指出少师的名字,说明随国确实设有“少师”一职。少师负责诸侯国之间的邦交事务,可能属于兼职。

楚国也设置少师一职,《说苑·至公》记载:“楚庄王之时,太子车立于茅门之内,少师庆逐之,太子怒,入谒王曰:‘少师庆逐臣之车。’王曰:‘舍

①(唐)孔颖达:《春秋左传正义·桓公六年》,(清)阮元校刻《十三经注疏》,中华书局1980年,第1749页。

之，老君在前而不逾，少君在后而不豫，是国之宝臣也。’”[①]

《左传》昭公十九年记载：“楚子之在蔡也，郹阳封人之女奔之，生大子建。及即位，使伍奢为之师，费无极为少师，无宠焉。”[②]楚国的师和少师就是太子的老师，师是少师的上级。

卫国设有少师一职。《左传》襄公二十七年记载：“夏，（公孙）免余复攻宁氏，杀宁喜及右宰穀，尸诸朝。……公与免余邑六十。辞曰：‘唯卿备百邑，臣六十矣，下有上禄，乱也。臣弗敢闻，且宁子唯多邑故死，臣惧死之速及也。’公固与之，受其半。以为少师。公使为卿。辞曰：‘大叔仪不贰，能赞大事，君其命之。’乃使文子为卿。”[③]从这段记载看，少师的地位低于卿。

2.祝、史

《左传》桓公六年：“季梁止之曰：‘祝史正辞，信也。……祝史矫举以祭，臣不知其可也。’”[④]季梁是随国贤臣，他所说的祝史也可以肯定是随国所设的职官，祝史是祝和史的合称。《周礼·春官·宗伯》序官云：“大祝，下大夫二人，上士四人。”郑玄注：“大祝，祝官之长。”其职责为：“大祝掌六祝之辞，以事鬼神示，祈福祥，求永贞。”[⑤]大祝是负责向鬼神祷告求福的官员。大祝属官有小祝、丧祝、甸祝、诅祝等。

大史在西周地位高，大史寮与卿事寮并称，二者是协助国王处理政务的两个主要部门。《周礼·春官·宗伯》序官云：“大史，下大夫二人，上士四人。”郑玄注：“大史，史官之长。”其职责为：“大史掌建邦之六典，以逆邦国之治。掌法以逆官府之治。掌则以逆都鄙之治。”[⑥]《周礼》记载的大史为下大夫，比西周大史的地位要低，可能反映的是东周大史的地位。

---

①（汉）刘向撰，向宗鲁校正：《说苑校正》，北京：中华书局1987年，第361页。

②（唐）孔颖达：《春秋左传正义·昭公十九年》，（清）阮元校刻《十三经注疏》，中华书局1980年，第2087页。

③（唐）孔颖达：《春秋左传正义·襄公二十七年》，（清）阮元校刻《十三经注疏》，中华书局1980年，第1936、1937页。

④（唐）孔颖达：《春秋左传正义·桓公六年》，（清）阮元校刻《十三经注疏》，中华书局1980年，第1749页。

⑤（唐）贾公彦：《周礼注疏》，（清）阮元校刻《十三经注疏》，中华书局1980年，第755页。

⑥（唐）贾公彦：《周礼注疏》，（清）阮元校刻《十三经注疏》，中华书局1980年，第755、817页。

三、曾侯乙墓简文所见职官

曾侯乙墓遣册所记职官是参加曾侯乙墓葬礼的人员职务,这些人来自曾国、楚国、宋国等国家,因此,难以区分出哪些职官是曾国的,哪些是楚国的。我们先把职官全部列出来,包括楚国、宋国的职官,然后再与曾国金文和传世文献职官相比,与曾国金文和传世文献职官相同的职官,即可以肯定是曾国的职官。有些从简文上下文含义可以推知某些职官属于曾国职官。有些职官可以明确判定是楚国的职官,如王、太子、令尹、大莫敖和各种封君等。少量职官标明了国名,可确知属于宋国等国职官。

1.王

曾侯乙墓简 187、188、189:"王幣一竃(乘)逄(路)车。"

这个赠送一乘路车的楚王应是楚惠王。此外,曾侯乙墓还出土一件楚惠王送给曾侯乙的镈钟。①

2.太子

曾侯乙墓简 190:"大(太)子幣三竃(乘)逄(路)车。"

这个太子紧接楚王之后,应是楚太子,也就是楚惠王的儿子,即位后称为楚简王。

3.令尹

曾侯乙墓简 63:"哀还驭命(令)尹之一竃(乘)畱车。"

曾侯乙墓简 202:"命(令)尹之幣韗=(畋车)。"

令尹为楚国令尹,是楚王之下的最高行政长官。楚国令尹最早设置于春秋早期,《左传》庄公四年:"令尹斗祁、莫敖屈重,除道梁溠,营军临随。"②庄公四年为公元前 690 年,即楚武王十一年,说明至迟楚武王十一年已经设置了令尹。直至战国末年,楚国一直设令尹一职。楚国令尹参加了

---

①湖北省博物馆:《曾侯乙墓》,文物出版社 1989 年,第 87 页。

②(唐)孔颖达:《春秋左传正义・庄公四年》,(清)阮元校刻《十三经注疏》,中华书局 1980 年,第 1764 页。

曾侯乙的葬礼，赠送了一乘䎵车及畋车。

4.卿事

曾侯乙墓简 62:“黄□驭子庆(卿)事(士)之𨍭=(阩车)。”
曾侯乙墓简 142:“庆(卿)事(士)之骝为左骕(服)。”
曾侯乙墓简 172:“卿事(士)之𩨽为左骕(服)。”
曾侯乙墓简 199:“卿事(士)之𨍭=(阩车)。”
卿事一职见前文所述曾国金文所见的职官。

5.右令

曾侯乙墓简 1 背:“右敂(令)建驭大旆。”
曾侯乙墓简 1:“右敂(令)建所䡅(乘)大𩍐(旆)。”
“敂”从“攴”,“命”声,简文多用为令长之“令”。[①]

6.左令

曾侯乙墓简 7:“差(左)敂(令)弘所驭䡅=(乘车)。”
“差令”当读为“左令”。[②]

7.大莫敖

曾侯乙墓简 1:“大莫𬮱(敖)旟喙适豧之春。”
春秋战国时期楚国有“莫敖”之官,《左传》桓公十一年载:“楚屈瑕将盟贰、轸。郧人军于蒲骚,将与随、绞州、蓼伐楚师。莫敖患之。”[③]襄公十五年载:“屈到为莫敖。”[④]《战国策·楚策一》:“威王问莫敖子华曰:‘自从先君文王以至不穀之身,亦有不为爵劝,不为禄勉,以忧社稷者乎?’莫敖子华对

①湖北省博物馆:《曾侯乙墓》,文物出版社 1989 年,第 501 页。
②湖北省博物馆:《曾侯乙墓》,文物出版社 1989 年,第 511 页。
③(唐)孔颖达:《春秋左传正义·桓公十一年》,(清)阮元校刻《十三经注疏》,中华书局 1980 年,第 1755 页。
④(唐)孔颖达:《春秋左传正义·襄公十五年》,(清)阮元校刻《十三经注疏》,中华书局 1980 年,第 1959 页。

曰:'……昔者吴与楚战于柏举,两御之间夫卒交。莫敖大心抚其御之手……'"①莫敖一职基本由楚公族屈氏世代担任。"敖"亦作"嚣",《楚策一》"莫敖大心",《淮南子·修务》作"莫嚣大心"。《史记·曹相国世家》有"大莫敖",《汉书·曹参传》作"大莫嚣",颜师古注:"如淳曰:嚣,音敖。张晏曰:莫敖,楚卿号。时近六国,故有令尹。莫敖之官。""𠯑"从"戈","嚣"声,"大莫𠯑"即"大莫嚣"。𤜶为地名,疑读为《诗·大雅·崧高》"维申及甫"之"甫"。②

8.执事人

曾侯乙墓简1:"䡇趄执事人书入车。"

"䡇"为甲胄之"胄"的异体,见《说文》,《荀子·议兵》作"軸"。"趄"疑读为"鞧"。《说文·革部》:"鞧,车鞁具也。""执事人"即办事的官吏。《尚书·盘庚下》:"邦伯、师长、百执事之人,尚皆隐哉。"③"䡇趄执事人"似是管理人马甲胄和车马器的办事人员。④

9.宫厩令

曾侯乙墓简4:"宫厩敓(令)𨚗所驭𩣡(乘)䡖。"

"宫厩"应指曾国宫廷之厩,"宫厩令"即其长。

10.宫厩尹

曾侯乙墓简48:"宫厩尹驭安车。"

曾侯乙墓简210:"宫厩尹一马。"

曾侯乙墓简175:"宫厩尹之骝为左飞(騑)。"

曾侯乙墓简210:"宫厩尹一马。"

楚国设有"宫厩尹"。《左传》襄公十五年载:"养由基为宫厩尹。"⑤曾

①(汉)刘向集录:《战国策》,上海古籍出版社1978年,第513、515页。

②湖北省博物馆:《曾侯乙墓》,文物出版社1989年,第501页。

③(唐)孔颖达:《尚书正义》,(清)阮元校刻《十三经注疏》,中华书局1980年,第224、225页。

④湖北省博物馆:《曾侯乙墓》,文物出版社1989年,第501页。

⑤(唐)孔颖达:《春秋左传正义·襄公十五年》,(清)阮元校刻《十三经注疏》,中华书局1980年,第1959页。

国也设置有“宫厩尹”一职。

11.新官、新官人、新官令

曾侯乙墓简 57:“新官敂(令)欹驭公左□。”
曾侯乙墓简 142:“外新官之驷=(驷马)。”
曾侯乙墓简 143:“宫厩之新官驷。”
曾侯乙墓简 145:“新官人之驷。”
曾侯乙墓简 146:“新官人之驷=(驷马)。”
曾侯乙墓简 147:“新官人之驷=(驷马)。”
曾侯乙墓简 171:“新官人之駜=(六马)。”
新官、新官人、新官令为管理宫厩的官吏。①

12.连敖

曾侯乙墓简 12:“邻连嚣(敖)东臣所驭政车。”
曾侯乙墓简 73:“南(?)陵连嚣(敖)愇驭椯毂。”

邻和南陵都是地名,连嚣为官名,还见于战国楚印,写作“连嚣”(《古玺汇编》55.0318)。《史记》的《淮阴侯传》《高祖功臣侯者年表》和《汉书》的《韩信传》《高惠高后文功臣表》有官名“连敖”。②

13.左尹

曾侯乙墓简 31:“哀立驭左尹之䡅=(附车)。”
曾侯乙墓简 176:“左尹之駐为右骖。”
曾侯乙墓简 210:“左尹駑=(乘马)。”

14.右尹

曾侯乙墓简 144:“右尹之騮为右骖。”
曾侯乙墓简 145:“右尹之白为左骖。”
曾侯乙墓简 154:“右尹之白为左骖,右尹之骐为左驌(服),……右尹

①湖北省博物馆:《曾侯乙墓》,文物出版社 1989 年,第 511 页。
②湖北省博物馆:《曾侯乙墓》,文物出版社 1989 年,第 512 页。

之騮为右驂。"

曾侯乙墓简 210:"右尹两马。"

15.𨚵马尹

曾侯乙墓简 52:"马尹□□☑。"

曾侯乙墓简 153:"𨚵马尹之騮为左驂。"

马尹是管理牧马的官员。

16.𨚵司马

曾侯乙墓简 210:"𨚵司马一马。"

17.大工尹

曾侯乙墓简 145:"大攻(工)尹之騮为右騚(服)。"

曾侯乙墓简 152:"大攻(工)尹之騮为左驂。"

曾侯乙墓简 185:"攻(工)尹之騮。"

18.工佐

曾侯乙墓简 120:"攻(工)差(佐)坪所貽(造)行軠(广)五䉶(乘)。"

工佐是工尹的助手,负责造车等手工业工作。

19.大迅尹

曾侯乙墓简 145:"大迅尹之黄为左騚(服)。"

20.牧

曾侯乙墓简 145:"鄁牧之骐为右驂。"

曾侯乙墓简 164:"鄁牧之生駁为左騚(服)。"

曾侯乙墓简 179:"鄁牧之晶(参)匹駒騮。"

曾侯乙墓简 180:"鄁牧之騮为左騚(服)。"

曾侯乙墓简 182:"鄁牧之黄为右騚(服)。"

21.令

曾侯乙墓简 18:"宙寶敂(令)𩣡所驭少軠(广)。"

曾侯乙墓简 146:“牢畝(令)之黄为左騑(服)。”

22.尹

曾侯乙墓简 152:“宙窨尹之黄为左騑(服)。”
曾侯乙墓简 152:“緐尹脁之骝为右骖。”
曾侯乙墓简 171:“緐尹亭之两骝为騑(服)。”
曾侯乙墓简 211:“緐尹脁一马。”

23.太官

曾侯乙墓简 149—158:“大(太)官之驷=(驷马)。”
曾侯乙墓简 159:“凡大(太)官之马十窾(乘)。”

24.右迣(登)徒

曾侯乙墓简 150:“右迣(登)徒之骐为左骖。”
曾侯乙墓简 211:“右迣(登)徒一马。”

25.左迣(登)徒

曾侯乙墓简 152:“左迣(登)徒之黄为右騑(服)。”
曾侯乙墓简 211:“左迣(登)徒一马。”

26.右司马

曾侯乙墓简 150:“右司马之骝为右騑(服)。”

27.左司马

曾侯乙墓简 169:“左司马之骝为右骖。”

28.司马

曾侯乙墓简 151:“司马上子(牸)为左骖。”
曾侯乙墓简 174:“司马之白为右飞(騑)。”
曾侯乙墓简 177:“司马之之鬙为右騑(服)。”
曾侯乙墓简 210:“司马两马。”

29.新造尹

曾侯乙墓简 150:“新赔(造)尹之骝为右骖。”

30.敏(畋)尹

曾侯乙墓简 151:“敏(畋)尹之骝为右骕(服)。”

畋尹为田猎之官。

31.宰尹

曾侯乙墓简 154:“宰尹臣之骐为右骕(服)。”

曾侯乙墓简 155:“宰尹臣之黄为右骕(服)。”

32.司城

曾侯乙墓简 173:“宋司城之騂为右骖。”

曾侯乙墓简 175:“宋司城之駐为左骖。”

“宋司城”就是宋国的司城,《左传》文公七年:“宋成公卒,……公子荡为司城。”杜预注:“以武公名废司空为司城。”①《吕氏春秋·召类》:“士尹池为荆使于宋,司城子罕觞之。”高诱注:“司城,司空,卿官。宋武公名司空,故改为司城。”②宋国司城参加了葬礼并送了马匹。

33.太宰

曾侯乙墓简 175:“大(太)宰之骝为左骖。”

曾侯乙墓简 210:“七夫=(大夫)所鄨大宰騆=(匹马)。”

34.少师

曾侯乙墓简 177:“少帀(师)之駴为左骕(服)。……少帀(师)之骝为右骖。”

①(秦)吕不韦:(唐)孔颖达:《春秋左传正义·文公七年》,(清)阮元校刻《十三经注疏》,中华书局 1980 年,第 1845 页。

②(秦)吕不韦:《吕氏春秋·召类》,《诸子集成》第六册,上海书店 1991 年,第 263 页。

曾侯乙墓简 210:“少帀(师)两马。”

曾国少师一职见于《左传》桓公六年。

35.大尹

曾侯乙墓简 210:“大尹两马。”

《左传》哀公二十六年:“(宋)六卿三族降听政,因大尹以达。大尹常不告,而以其欲,称君命以令,国人恶之,司城欲去大尹。”杜预注:“大尹,近官有宠者,六卿因之以自通达于君。”①《战国策·宋卫策》:“谓大尹曰:‘君日长矣,自知政,则公无事。’”②宋国设有大尹一职,为国君近官。

36.大夫

曾侯乙墓简 210:“七夫(大夫)所𩉶大宰𩣡=(匹马)。”

37.封君

曾侯乙墓简 42:“□□吉驭鄗君一䡅(乘)𨍭(广)”

曾侯乙墓简 60:“□□□驭鄗君之一𨏥。”

曾侯乙墓简 144:“鄗君之骝为左𩦪(服)。”

曾侯乙墓简 149:“鄗君之黄为右骖。”

曾侯乙墓简 150:“鄗君之骝为左𩦪(服)。”

曾侯乙墓简 153:“鄗君之骝为左𩦪(服),鄗君之骝为右𩦪(服)。”

曾侯乙墓简 194:“鄗君之洛(路)车三䡅(乘)。”

曾侯乙墓简 197:“鄗君之𨍭(广)车。”

曾侯乙墓简 53:“鄵君之车。”

曾侯乙墓简 142:“鄵君之骐为右骖。”

曾侯乙墓简 163:“鄵君之骝駐为右𩦪(服)。”

曾侯乙墓简 172:“鄵君之𩦓为右𩦪(服)。”

曾侯乙墓简 173:“鄵君之騂为左𩦪(服)。”

①(唐)孔颖达:《春秋左传正义·哀公二十六年》,(清)阮元校刻《十三经注疏》,中华书局1980年,第2182页。

②(汉)刘向集录:《战国策》,上海古籍出版社1978年,第1154页。

曾侯乙墓简 185:“鄴君之驓(騨)。”

曾侯乙墓简 203:“鄴君之圆轩。”

曾侯乙墓简 65:“黄豻驭郳君之一䡅(乘)敏(畋)车。”

曾侯乙墓简 201:“郳君之䞀轚=(畋车)。”

曾侯乙墓简 67:“所驭坪夜君之敏(畋)车。”

曾侯乙墓简 160、161:“坪夜君之两騮駝(牝)。”

曾侯乙墓简 191:“坪夜君之䞀迻(路)车二䡅(乘)。”

曾侯乙墓简 70:“所驭鄗君之敏(畋)车。”

曾侯乙墓简 119:“鄎君䞀一䡅(乘)迻(路)车,……旟(阳)城君三迻(路)车,鄎君一䡅(乘),遊(旅)公三䡅(乘)迻(路)车。”

曾侯乙墓简 192:“鄎君之䞀迻(路)车一䡅(乘)。”

曾侯乙墓简 163:“旟(阳)城君之騮为左驌(服)。”

曾侯乙墓简 166:“旟(阳)城君之騂为左驌(服)。”

曾侯乙墓简 193:“旟(阳)城君之迻(路)车三䡅(乘)。”

曾侯乙墓简 195:“遊(旅)旟(阳)公之迻(路)车三䡅(乘)。”

曾侯乙墓简 163:“丽鄗君之䡅=(附车)。”

曾侯乙墓简 176:“乐君之为駐为右驌(服)。”

曾侯乙墓简 198:“贅旟(阳)公之一䡅=(附车)。”

金文所见的曾国职官有太保、太师、师、大司马、卿事、都尹、少宰、大工尹、工佐、旨尹等,传世文献所见的曾国职官有少师和祝史,曾侯乙墓遣册简中与此相同的职官有卿事、大工尹、工佐、司马、少师,可以肯定曾侯乙墓遣册简中卿事、大工尹、工佐、司马、少师是曾国的职官。

裘锡圭认为,曾侯乙墓遣册简所记䞀车的人有王、大(太)子、命(令)尹、遊(鲁)旟(阳)公、旟(阳)城君、坪(平)夜君、鄎君、鄴君、鄗君、郳君等人,䞀字字义与“賵”“赠”等字相类。鲁阳公和阳城君都是楚国封君的名称。鲁阳公见于《淮南子·览冥训》和《墨子》的《鲁问》《耕柱》。《淮南子·览冥训》:“鲁阳公与韩构难,战酣日暮,援戈而挥之,日为之反三舍。”高诱注:“鲁阳,楚之县公,楚平王之孙,司马子期之子。《国语》所称鲁阳文子也。楚僭号称王,其守县大夫皆称公,故曰‘鲁阳公’,今南阳鲁阳是也。”《墨子·鲁问》:“鲁阳文君将攻郑,子墨子闻而止之。”《墨子·耕柱》:“子墨子谓鲁阳文君曰:‘大国之攻小国,譬犹童子之为马也。’”孙诒让《墨子间诂》:“毕云:《文选注》云贾逵《国语注》曰:‘鲁阳文子,楚平王之孙,司马子期之子,鲁阳公即此人,其地在鲁山之阳。’”《国语·楚语下》:“惠王以梁与鲁阳文子,文子辞。”韦昭注:“文子,平王之孙,司马子期子鲁阳公也。”①阳城君见于《吕氏春秋·上德》:“墨者钜子、孟胜善荆之阳城君,阳城君令守于国。”②

坪夜即平舆,“夜”“舆”二字古音同声同部。平舆位于今河南新蔡县。1994年河南省文物考古研究所在新蔡发掘了一座大型楚墓,根据楚简记载资料,墓主人为坪夜君成,坪夜君为楚国封君,其封君列为坪夜文君子良→王孙厝→坪夜君成。③

“鄴”当读为“养”,《左传》昭公三十年:“(楚子)使监马尹大心逆吴公子,使居养,莠尹然、左司马沈尹戌城之,取于城父与胡田以与之。”④坪夜和鄴都是楚地,鄴君与坪夜君一样都是楚国的封君。裘锡圭认为鄦君、鄗君、郘君都可能是楚国的封君。另外几个封君可能也是楚国封君。曾侯乙墓中出土一件铜戟(N.122:2),其上有铭文“析君墨臂之郜(造)戟”⑤,《左传》僖公二十五年:“秦人过析隈,入而系舆人以围商密,昏而傅焉。”杜预注:“析,楚邑,一名白羽,今南乡析县。隈,隐蔽之处。”⑥《左传》哀公十八年:“楚公孙宁、吴由于、薳固败巴师于鄾,故封子国于析。”⑦析君封地位于今河南西峡南部。析君也参加了曾侯乙的葬礼,赠送了析君自己所用的铜戟。王、大(太)子、命(令)尹是楚国的王、大(太)子、命(令)尹。“大莫嚣(敖)旛喙适豧之春”中的大莫嚣(敖)大概也是楚国的大莫嚣(敖)。

宫厩尹、宫厩令、令、新官令、右令、左令、连敖、左尹、右尹、大工尹、䋣

①上海师范大学古籍整理研究所校点:《国语》,上海古籍出版社1988年,第582页。

②(秦)吕不韦:《吕氏春秋·上德》,《诸子集成》第六册,上海书店1991年,第243页。

③河南省文物考古研究所:《新蔡葛陵楚墓》,大象出版社2003年,第184页。

④(唐)孔颖达:《春秋左传正义·昭公三十年》,(清)阮元校刻《十三经注疏》,中华书局1980年,第2125页。

⑤湖北省博物馆:《曾侯乙墓》,文物出版社1989年,第268页。

⑥(唐)孔颖达:《春秋左传正义·僖公二十五年》,(清)阮元校刻《十三经注疏》,中华书局1980年,第1749页。

⑦(唐)孔颖达:《春秋左传正义·哀公十八年》,(清)阮元校刻《十三经注疏》,中华书局1980年,第1821页。

尹、新造尹、太宰、少师、左司马、右司马、左让(登)徒、右让(登)徒可能是曾国职官。这些曾国职官与楚国职官相同,可见曾、楚关系之密切程度。①对于不能明确是楚国职官的,我们也可先将其视为曾国职官。现将曾侯乙墓简所见职官国别列表如下:

表九　曾侯乙墓及金文所见职官对照表

曾侯乙墓简	曾国金文	传世文献 曾国职官	国别
王			楚
太子			楚
令尹			楚
卿事	卿事		曾
右令			楚、曾
左令			曾
大莫敖			楚
执事人			曾
宫厩令			曾
宫厩尹			楚、曾
新官、新官人、新官令			曾
连敖			楚、曾
左尹			楚、曾
右尹			楚、曾
螂马尹			曾
螂司马			曾
大工尹	大工尹		楚、曾
工佐	工佐		曾
大迅尹			曾
牧			曾

①裘锡圭:《谈谈随县曾侯乙墓的文字资料》,《文物》1979 年第 7 期。

续表

曾侯乙墓简	曾国金文	传世文献 曾国职官	国别
令			曾
尹			楚、曾
太官			曾
右迣(登)徒			楚、曾
左迣(登)徒			楚、曾
右司马			楚、曾
左司马			楚、曾
司马	大司马		楚、曾
新造尹			曾
畋(畎)尹			曾
宰尹			曾
司城			宋
太宰			楚、曾
少师	少师	少师	楚、曾
大尹			曾
大夫			曾
遊(鲁)旸(阳)公			楚
旸(阳)城君			楚
坪(平)夜君			楚
鄴君			楚
鄵君			楚
鄗君			楚
郻君			楚
丽鄗君			楚
乐君			楚
贅旸(阳)公			楚
析君			楚

第三章　从青铜器铭文看曾国贵族与楚等国贵族的婚姻关系

曾国贵族与楚国等国贵族的婚姻关系,是同曾国政治紧密相关的。如西周早期曾国与狄族通婚,就与曾国的开始受封有关。西周晚期以后曾国与黄国、邓国、楚国等国通婚,其间曾国和黄国结为军事同盟,共同对付楚国。曾国与楚国的通婚关系一直保持到战国中期,从一个侧面反映了曾与楚的复杂关系。

第一节　青铜铭文资料所反映的曾国贵族通婚状况

关于曾国与他国的联姻关系问题,传世文献没有记载,只能依靠出土材料复原历史的部分面貌。台湾学者陈昭容曾依据青铜器铭文研究了西周到春秋时期汉水流域及淮水中上游诸侯国之间的婚姻关系,其中探讨了曾、楚婚姻关系和曾、黄婚姻关系。① 张昌平在《曾国青铜器研究》一书中探讨了曾国与黄国等国的通婚,比较简略。② 借助于随州叶家山、郭家庙曾国墓地等考古出土的新材料,笔者拟对曾国的婚姻关系再进行系统的探讨。

一、西周早期曾国与狄人联姻

随州叶家山 M28 出土曾侯谏作媿器有卣 2、壶 1、尊 1、簋 2。曾侯谏作媿卣盖内壁及器底有内容相同的铭文"曾侯谏乍媿宝尊彝"。曾侯谏作媿壶盖内壁顶面、壶颈部内壁有铭文"曾侯谏乍媿肆壶"。曾侯谏作媿尊器内底中部铸有铭文"曾侯谏乍媿宝尊彝"。曾侯谏作媿簋器内底铸铭文"曾侯

---

①陈昭容:《从青铜器铭文看两周汉淮地区诸国婚姻关系》,《"中央研究院"历史语言研究所集刊》第七十五本第四分,2004 年。

②张昌平:《曾国青铜器研究》,文物出版社 2009 年,第 296~301、347~348 页。

谏乍媿宝尊彝”。该墓年代简报作者推定为西周早期周昭王前期。[①] 叶家山M2出土了两件曾侯谏作媿簋，与M28两件相同。M2还出土了一件曾侯谏作媿连体甗，器内上腹壁有铭文“曾侯谏乍媿宝彝”。[②] 根据墓葬排列方位，M65与M2东西并列，相距10米，M65墓主人可能为曾侯谏。报告作者推测此墓的年代为西周早期的康昭之际。[③] M2年代为康昭之世，墓主人应是曾侯谏的媿姓妻子。[④]

《左传》僖公二十三年（前637年）：“狄人伐廧咎如，获其二女，叔隗、季隗，纳诸公子，公子取季隗，生伯鯈、叔刘。以叔隗妻赵衰，生盾。”杜预注：“廧咎如，赤狄之别种也，隗姓。”[⑤]赤狄为隗姓。史载，晋公子重耳与季隗，赵衰与叔隗通婚。

《国语·周语中》：“襄王十三年（前639年），郑人伐滑。王使游孙伯请滑，郑人执之。王怒，将以狄伐郑。……狄，隗姓也，郑出自宣王，王而虐之，是不爱亲也。夫礼，新不间旧，王以狄女间姜、任，非礼且弃旧也。”韦昭注：“狄，隗姓之国也。”“隗姓，赤狄也。”[⑥]周王室通常与姜姓、任姓国家通婚，但周襄王却与狄人通婚，纳隗姓狄女为王后，被认为是“非礼且弃旧也”。

宋罗泌《路史·国名纪》记载：“赤狄，隗姓，故上党地。”曾侯谏的夫人可能是隗姓狄女。

中原地区的胡国为归姓，也就是隗姓、媿姓。《史记·陈杞世家》记载，惠公“十五年，吴王僚伐陈，取胡、沈而去”。索隐引《世本》曰：“胡，归姓；

---

①湖北省文物考古研究所、随州市博物馆：《湖北随州叶家山M28发掘报告》，《江汉考古》2013年第4期。

②湖北省文物考古研究所、随州市博物馆：《湖北随州叶家山西周墓地发掘简报》，《文物》2011年第11期。

③湖北省文物考古研究所、随州市博物馆：《湖北随州叶家山M65发掘简报》，《江汉考古》2011年第3期。

④湖北省文物考古研究所、随州市博物馆：《湖北随州叶家山西周墓地发掘简报》，《文物》2011年第11期。

⑤（唐）孔颖达：《春秋左传正义·僖公二十三年》，（清）阮元校刻《十三经注疏》，中华书局1980年，第1815页。

⑥上海师范大学古籍整理研究所校点：《国语》，上海古籍出版社1988年，第45~46、50~52页。

沈，姬姓。”[①]《史记·老子韩非列传》正义亦引《世本》曰：“胡，归姓也。”[②]

《左传》襄公三十一年：“立胡女敬归之子子野，次于季氏。秋九月癸巳，卒。……立敬归之娣齐归之子公子裯。”杜预注：“胡，归姓之国。敬归，襄公妾。”[③]

1973年12月，陕西蓝田草坪公社草坪大队农民在平整土地时，发现了一件㝬叔鼎，口微敛，沿外折，腹较浅而微鼓，半蹄足，附耳。口沿下饰窃曲纹，足饰饕餮纹，年代为西周晚期。鼎内腹壁上有铭文五行，行九、十字不等，重文一，共四十七字。铭文为：“隹(唯)□(王)正月初吉乙丑，㝬叔㐰(信)姬乍(作)宝鼎，其用享于文且(祖)考，㝬叔眔(及)㐰姬其易(锡)寿考多宗永令(命)，㝬叔㐰姬其迈(万)年子子孙永宝。”[④]

1978年4月，在陕西武功苏坊任北村窖藏中出土6件㝬叔簋，其中三件完整，另三件仅剩器盖，年代为西周晚期。盖铭与器身铭文相同，即：“㝬叔㝬姬乍(作)白(伯)媿媵簋，用享孝于其姑公，子子孙孙其万年永宝用。”㝬叔㝬姬为长女伯媿出嫁制作此器。证明㝬为媿姓。唐兰释“㝬”为“胡”，为戎狄一支。[⑤]《世本》记载胡为归姓，可证媿、归相通。简报作者认为蓝田、武功两地出土器物上的㝬叔应是同一人，㝬姬与㐰(信)姬也是同一人。㝬是西周晚期定居蓝田的戎人一支。[⑥]

穆王时的几件青铜器提到了㝬。如：

遹鼎铭文：“惟十有一月，师雍父省道，至于㝬，遹从。”

遹甗铭文：“惟六月既死霸丙寅，师雍父戍在古自，遹从，师雍父殍使遹事于㝬侯。”[⑦]

---

①(汉)司马迁：《史记·陈杞世家》，中华书局1959年，第1582页。

②(汉)司马迁：《史记·老子申韩列传》，中华书局1959年，第2154页。

③(唐)孔颖达：《春秋左传正义·襄公三十一年》，(清)阮元校刻《十三经注疏》，中华书局1980年，第2014页。

④尚志儒、樊伟岳、吴梓林：《陕西蓝田出土㝬叔鼎》，《文物》1976年第1期。

⑤唐兰：《用青铜器铭文来研究西周史——综论宝鸡市近年发现的一批青铜器的重要历史价值》，《文物》1976年第6期。

⑥卢连成、罗英杰：《陕西武功县出土楚𣪘诸器》，《考古》1981年第2期。

⑦郭沫若：《两周金文辞大系图录考释》，上海书店出版社1999年，图7，录31，考59和图46，录32，考60。

录簋铭文:“白雍父来自𣄰。”[①]

李学勤认为𣄰就是胡国,这个𣄰国,就是文献中归姓的胡国,在今安徽阜阳,是自成周通往淮水流域的必经要地。[②]

近年出现的胡国器物有胡应姬鼎和伯□鼎,胡应姬鼎铭文为:“唯昭王伐楚荆,𣄰(胡)应姬见于王,辞皇,易(锡)贝十朋,玄布二乙,对扬王休,用乍(作)氒(厥)啻(嫡)君、公吊(叔)乙鼑(鼎)。”周昭王讨伐楚荆,胡国的应姬朝见昭王,言辞甚美,赐给应姬贝十朋,赐给公叔乙玄布二,为嫡夫人、公叔乙作鼎。[③] 年代为昭王时期。

伯□鼎铭文为:“隹(唯)公省,叡(徂)南或(国),至于汉。氒(厥)至于𣄰,公易(赐)白(伯)□宝玉五品、马四匹,用铸宫白(伯)宝尊彝。”李学勤推测公可能为召公,召公视察南国,到达汉水。经过胡国,召公赏赐伯□宝玉五品、马四匹,铸造了宫伯宝鼎,伯□是作器者。年代为西周早期。[④]

《汉书·地理志》汝南郡女(汝)阴县下自注:“故胡国。”《后汉书·郡国志》汝南郡汝阴县下自注:“本胡国。”《春秋》昭公四年杜预注:“胡国,汝阴县西北有胡城。”汉晋汝阴县,唐宋沿置不变,为颍州治所,元至元年间废县入颍州,清雍正十三年升颍州为府,乃以州地置阜阳县,治廓下。清阜阳县即今安徽省阜阳市,则胡国都城在今安徽省阜阳市西北,胡国是一支媿姓狄人在西周或更早时期南下,在淮河中上游地区建立的国家。[⑤]

胡国曾与姬姓国家通婚。西周晚期𣄰叔鼎铭文中的“𣄰叔”“㐰(信)姬”及𣄰叔簋铭文中的“𣄰叔”“𣄰姬”,表明𣄰叔的夫人𣄰姬是娶自姬姓国家。传世𣄰叔簠年代约为春秋早期,其铭文为:“𣄰叔作吴姬尊簠,其万年子子孙孙永宝用。”吴姬是吴国女子,吴国属姬姓国家。

曾侯谏的夫人也可能娶自胡国,为姬姓国家与狄人通婚增加了一个实例。

---

①罗振玉:《三代吉金文存》,中华书局1983年,卷八:三六。

②李学勤:《从新出青铜器看长江下游文化的发展》,《文物》1980年第8期。

③李学勤:《胡应姬鼎试释》,复旦大学出土文献与古文字研究中心编:《出土文献与古文字研究》第六辑,上海古籍出版社2015年。

④李学勤:《试说新出现的胡国方鼎》,《江汉考古》2015年第6期。

⑤徐少华:《周代南土历史地理与文化》,武汉大学出版社1994年,第213~215页。

二、西周晚期至春秋早期曾国与楚、邓、黄的联姻

1.黄季大鼎、黄季小鼎

黄季大、小鼎1972年出土于随州均川熊家老湾。黄季大鼎，立耳，圆腹微鼓，兽蹄足，上腹饰一周窃曲纹，下腹饰一周龙纹。年代属西周晚期。腹内底铸有铭文："黄季乍季嬴宝鼎，其万年子孙永宝用。"黄国，嬴姓，位于今河南潢川、光山一带。季嬴为黄国女子，出嫁到曾国，黄季为季嬴铸造媵器。这件器物表明西周晚期曾国与黄国发生了通婚关系。

黄季小鼎，立耳，腹微鼓，蹄足曲度较小。上腹饰重环纹。腹内底铸有铭文："黄季乍□□□，其万年永宝用。"①小鼎铭文简报没有著录，见录于《曾国青铜器》一书。② 黄季小鼎亦是黄季为黄国女子铸造的媵器。

1966年京山苏家垅出土曾侯仲子斿父铜器群，其中出土了两件黄国制造的鬲，口沿上铭文为："隹黄朱柁用吉金作鬲。"③年代为西周晚期到春秋早期。黄国铜器与曾国高级贵族铜器并出，是两国关系密切的象征。

2.曾亘嫚非录鼎

枣阳郭家庙GM17附葬箱内出土两件曾亘嫚非录鼎（GM17:1、2），附耳，敞口，宽仰折沿，方唇，上腹直壁，下腹弧内收，圜底，下接三蹄形足，腹部饰一周窃曲纹。两鼎腹内壁铸有相同的铭文："曾亘嫚非录为尔（嬭）行器，尔（嬭）永祜福。"报告作者推测GM17年代为春秋早期早段。④ 黄锡全对此铭文做了三种解释：其一，嫚为邓国之姓，亘可读为桓，似为敬称或谥称。《尔雅·释训》："桓桓，烈烈，威也。""曾亘"类似曾姬无卹壶"圣桓之夫人曾姬无卹"中的"圣桓"一词。"非录"为"嫚"之名。尔，人名，受器者。铭文之义是嫁至曾国其夫谥称"曾桓"的曼姓邓国女子非录为尔所做之器，愿她永远享受大福。此墓可能是尔的墓。其二，"亘嫚""非录"为二人，嫚、录

---

①鄂兵：《湖北随县发现曾国青铜器》，《文物》1973年第5期。

②湖北省文物考古研究所：《曾国青铜器》，文物出版社2007年，第162~163页。

③湖北省博物馆：《湖北京山发现曾国铜器》，《文物》1972年第2期。

④襄樊市考古队等：《枣阳郭家庙曾国墓地》，科学出版社2005年，第310~321页。

为姓,亘、非为名,名在姓前。二人为尔作器。其三,将“非录”理解为“不录”,是对死亡的讳称,意谓不终其禄。器主为“曾亘嫚”,亘即桓,是从其夫之谥称。两个“尔”都指“曾亘嫚”,是他人或者后人为死者曾亘嫚作器。[①]笔者认为第一种解释更为合理。

按照第一种解释,曾亘嫚非录铜鼎铭文表明在春秋早期楚国王室的尔(嬭)姓女子和邓国的嫚非录分别嫁给了曾侯,曾国与楚国、邓国联姻。

曾亘嫚非录鼎出自枣阳郭家庙GM17,报告作者认为GM17的墓主人就是曾亘嫚非录鼎铭文中的“尔(嬭)”,“尔(嬭)”就是芈,也就是楚王室芈姓女子,身份很高。从GM17的规模来看,也与楚王室芈姓女子身份相符。该墓位于墓葬区北部,带一条墓道,为发掘区两座带墓道的墓葬之一,墓坑与墓道总长11.3米,墓底面积约20平方米。椁室东西长4.3米,宽2.6米,面积11.18平方米。附葬箱紧挨着椁室南侧,长1.56米,宽0.92米,面积1.44平方米。椁室被盗,残留有铜鼎足和杯等,出土精美玉器141件,未出兵器和车马器。从墓葬规模和随葬品来看,墓主人当是曾国国君夫人。GM17年代晚于东北部另一座带墓道的GM21曾伯陭墓,与GM21相距115米,故报告作者推测GM17墓主人不会是曾伯陭的夫人,可能为曾伯陭下一代国君的夫人。尔(嬭)与曾亘嫚非录的关系既可能是婆媳关系,亦可能是妯娌关系。前一种可能性大一些,曾亘嫚非录作为晚辈(媳)祭祀长辈而作器。[②]

与曾国通婚的邓国立国也很早,至迟在西周早期就有邓国,《左传》昭公九年记载詹桓伯说:“及武王克商,蒲姑、商奄,吾东土也;巴、濮、楚、邓,吾南土也;肃慎、燕亳,吾北土也。”[③]安州六器之一中甗,年代为西周昭王时期,就提到了邓国。

石泉认为邓国都城在今襄阳市樊城西北十余里的邓城,古代邓国疆域大致包括南阳盆地南部,今襄阳县境的汉水以北和新野邓县以南地带。[④]

①黄锡全:《枣阳郭家庙曾国墓地出土铜器铭文考释》,襄樊市考古队等:《枣阳郭家庙曾国墓地》,科学出版社2005年,第370~371页。

②襄樊市考古队等:《枣阳郭家庙曾国墓地》,科学出版社2005年,第324、325页。

③(唐)孔颖达:《春秋左传正义·昭公九年》,(清)阮元校刻《十三经注疏》,中华书局1980年,第2056页。

④石泉:《古邓国、邓县考》,《江汉论坛》1980年第3期。

新的考古发现表明邓国疆域西部已经跨越汉江到达谷城的庙滩一带。2000年12月,湖北谷城庙滩镇古乐寺村七组农民在挖花椒树沟时,发现4件青铜器,经考古工作者到现场调查发掘,证实青铜器出自一座土坑竖穴墓。铜器包括鼎、簋各2件。鼎,2件,形制基本相同,大小略异。敞口,立耳外斜,平折沿,方唇,半球状浅腹,三蹄足。腹外饰重环纹和垂鳞纹,间一道凸弦纹。两铜鼎器内壁分别铸铭文三行五字:"邓子孙白用。"作者释读时认为"邓子"为邓国贵族,"孙白"为名。簋,2件,形制大小相同。有盖,盖面上隆,顶上有喇叭状抓手。器身敛口,鼓腹较深,兽首环状耳,无垂珥,圈足下附四只蹄足。盖沿及器口外饰一周窃曲纹,器腹及盖面饰瓦纹,圈足饰重环纹。作者根据器形、纹饰、铭文字体判断,这批青铜器的年代为春秋早期前段。这批铜器的发现填补了邓国铜器的空白,也为邓国疆域越过汉水到达庙滩一带提供了实物资料。①

到春秋早期曾国北与黄国通婚,西与邓国通婚,形成曾、黄、邓政治联盟,其目的就是共同对付楚国。

3.曾侯作季□鼎

2002年,枣阳郭家庙曾出土一件铜鼎,该鼎破坏严重,年代属春秋早期。鼎内壁尚存部分铭文:"曾侯乍季……汤嬭(芈)媵……其永用……"可知是曾侯为某位嫁到曾国的芈姓楚国女子作的鼎,这表明曾侯当时就在枣阳郭家庙一带,郭家庙一带是当时曾国重镇。② 说明春秋早期曾国王室与楚国王室有通婚关系。

4.陔夫人嬭(芈)克簠

京山苏家垄M88出土4件铜簠,铭文表明器主人为"陔夫人嬭(芈)克",M88墓主人就是陔夫人嬭(芈)克,其丈夫就是西北侧M79的墓主人

①陈千万:《湖北谷城发现的邓国铜器及其相关问题》,襄樊市文物考古研究所编:《襄樊考古文集》,科学出版社2007年,第519~525页。

②方勤、吴宏堂:《穆穆曾侯——枣阳郭家庙曾国墓地》,文物出版社2015年,第11~13页。

曾伯霥,年代为春秋早期晚段。[①] 曾伯霥的封地就在京山平坝一带,其夫人娶自楚国。

5.曾孟嬴削簠

枣阳郭家庙 GM1 出土两件曾孟嬴削簠(GM1:06),长方形,矮直口,平折沿,方唇,腹斜直壁内收,平底,方圈足。腹部两侧有一对半圆形耳。腹壁四面饰长鼻连体龙纹,圈足饰垂鳞纹。GM1 年代属于春秋早期晚段。内底铸有铭文:“曾孟嬴削自乍行簠,则永祜福。”嬴削,是嫁至曾国名削的嬴姓女子。黄锡全认为,黄国为嬴姓,与曾国临近,说不定此嬴姓女子就是黄国人。[②] 这件铜器铭文表明可能黄国女子出嫁到曾国。

6.黄君孟夫人孟姬诸器

河南光山县黄君孟夫妇墓的第二椁室(G2)为黄君孟夫人墓,出土带有“孟姬”铭文的铜器有鼎 1、鑐 2、鬲 1、盘 1、小铜罐 1、铜方座形器 1。说明黄君孟夫人为姬姓,这位女子很有可能来自曾国,当然这也只是一种推测。黄君孟夫妇墓葬年代为春秋早期晚段。[③] 如果推测不误,曾国女子出嫁到黄国,做了黄君孟的夫人。

7.曾侯作叔姬簠

曾侯作叔姬簠铭文为:“叔姬霝乍(作)黄邦,曾侯乍(作)叔姬、邛孎媵器鬻彝,子子孙孙其永用之。”年代为西周晚期或春秋早期。郭沫若认为,“此亦楚器,曾侯见楚王酓章钟,乃楚之邻国姬姓之女嫁于黄邦。楚做器以媵之,同时复媵适江之楚女也。……上乍字乃迮省,嫁也,适也。”[④]这件铜器应属曾国器物,铭文表明叔姬为曾国女子,出嫁到黄国,邛孎是随着叔姬

①方勤、胡长春、席奇峰、李晓杨、王玉杰:《湖北京山苏家垄遗址考古收获》,《江汉考古》2017年第6期。

②黄锡全:《枣阳郭家庙曾国墓地出土铜器铭文考释》,襄樊市考古队等:《枣阳郭家庙曾国墓地》,科学出版社 2005 年,第 367 页。

③河南信阳地区文管会、光山县文管会:《春秋早期黄君孟夫妇墓发掘报告》,《考古》1984 年第 4 期。

④郭沫若:《两周金文辞大系图录考释》,上海书店出版社 1999 年,第 165、166 页。

嫁到黄国的陪媵女子。郭沫若认为“楚做器”，恐不妥，做器者应为曾侯，并非楚人。释“邛”为“江”，可备一说。李学勤认为邛未必是江，因为江为嬴姓，不是芈姓。①

三、春秋中期曾国与楚国的联姻

1.渔鬲

渔是随州枣树林墓地 M191 的墓主人，M191 位于 M190 曾公畩墓之北。渔是曾公畩的夫人。渔鬲（M191:13）口沿上铸铭文 7 字：“曾夫人渔之鬺鬻。”M191 年代为春秋中期。

2.渔芈簠

出土于枣树林墓地 M191，共 4 件，大小及形制相同。盖底及器身腹底分别铸铭文 27 字：“隹正月初吉乙亥，楚王媵渔芈饋簠，其眉寿万年无疆，子孙永保用之。”年代亦为春秋中期。②

3.曾孟嬭（芈）谏盆

春秋中期，楚王之长女嫁给曾国，曾孟嬭（芈）谏盆铭文记载了此事。该器为传世器，清末出土于襄阳宋家棚，现藏襄樊市文管处。③ 盖内、器内同铭：“曾孟嬭谏作饔盆，其眉寿用之。”刘彬徽断为春秋中期，认为“曾国姬姓，此铭之孟嬭为楚人，姓嬭名谏，或为楚王的大女儿，为出嫁到曾国（或为国君夫人）后自作之器。由此器证明曾楚互通婚姻，关系密切。”④

4.楚屈子赤角簠

楚庄王时期，屈子赤角之长女嫁给曾国贵族，楚屈子赤角簠铭文记载了此事，该器 1975 年于湖北随州鲢鱼咀出土，同出有鼎 2 件，曾子原彝簠、曾

---

①李学勤：《论汉淮间的春秋青铜器》，《文物》1980 年第 1 期。

②湖北省文物考古研究所等：《湖北随州市枣树林春秋曾国贵族墓地》，《考古》2020 年第 7 期。

③曾昭岷、李瑾：《曾国和曾国铜器综考》，《江汉考古》1980 年第 1 期。

④刘彬徽：《楚系青铜器研究》，湖北教育出版社 1995 年，第 297~298 页。

中之孙戈、息子行盆各 1 件。[①] 楚屈子赤角簠铭文为:“惟正月初吉丁亥,楚屈子赤角媵仲嬭璜飤簠,其眉寿无疆,子子孙孙永保用之。”赵逵夫认为屈子赤角即《左传》文公九年记载的楚公子朱,赤角是名,子朱是字。[②] 刘彬徽断为春秋中期前段,推测此器约作于公元前 597 年。[③] 此墓位于随州鲢鱼咀,墓主人可能为屈子赤角之长女嬭(芈)璜。其他铜器铭文中的“曾子原彝”“曾中之孙”,应属曾国贵族,其中一位可能是嬭(芈)璜的丈夫。这是曾、楚之间互通婚姻的又一例证。

5.随仲嬭加鼎、加嬭簋和随仲芈加钟

曹锦炎公布了私人收藏的一件随仲嬭加鼎,附耳,折肩,束颈,盖顶微弧,正中有平环握手,三蹄足。盖及上腹饰蟠虺纹带,腹中部饰凸起绹纹一周,其下饰三角纹。内底铸反书铭文 5 行 28 字:“唯王正月初吉丁亥,楚王媵随仲嬭加飤(食)緐(繁),其眉寿无期,子孙永宝用之。”年代为春秋中期。[④] 张昌平从器物的形制、装饰花纹和铸造方法等多个角度,结合已经发表的铜鼎资料,进一步论证随仲嬭加鼎年代确为春秋中期。[⑤] 该铜器铭文表明,春秋中期楚王将长女嫁给随国,楚王为其女铸造了这件铜鼎。曾、随为一国二名,故收录此条材料。

2012 年随州市公安局追缴曾侯宝鼎、7 件曾侯宝鬲、3 件唐侯制随夫人行鼎、1 件加嬭鼎、3 件加嬭簋和 2 件加嬭簠。其中一件加嬭簋,通高 25 厘米,口径 19 厘米。敛口鼓腹,有子口,腹两侧有一对龙首耳,下有垂珥,矮圈足下连铸三条兽面小足。覆钵形盖,上有圈状捉手。盖沿、器口和圈足均饰窃曲纹,盖面和腹部饰瓦楞纹。盖、器同铭,各九字:“加嬭之行簋,其永用之。”年代为春秋中期。[⑥] 该器为加自作之器,加嬭也就是嬭加。

湖北随州枣树林墓地 M168、M169 墓主人分别为曾侯宝及其夫人随仲

---

①程欣人:《随县涢阳出土楚、曾、息青铜器》,《江汉考古》1980 年第 1 期。

②赵逵夫:《楚屈子赤角考》,《江汉考古》1982 年第 1 期。

③刘彬徽:《楚系青铜器研究》,湖北教育出版社 1995 年,第 310 页。

④曹锦炎:《“曾”、“随”二国的证据——论新发现的随仲嬭加鼎》,《江汉考古》2011 年第 4 期。

⑤张昌平:《随仲嬭加鼎的时代特征及其他》,《江汉考古》2011 年第 4 期。

⑥吴镇烽:《商周青铜器铭文暨图像集成续编》,上海古籍出版社 2016 年,第 1 册第 477 页。

孊(芈)加,二墓均被盗。M168 出土编钟 15、鼎 1、簋 2、簠 2、鬲 1、缶 2,另在椁室北部发现 1 件铜甲,椁室北部放置乐器、兵器,东部摆放礼器及车马器,西部摆放盥洗器及车马器。编钟、簋、缶上均有铭文"曾侯宝"。M169 出土有铜编钟 19、盘 1、匜 1、缶 1、鍬 1、匕 1。椁室北部东部放置乐器,南部摆放礼器,西部放置盥洗器。匕、缶、编钟上均有铭文"随仲芈加"。[①] 芈加卒年晚于曾侯宝,但芈加墓的年代晚于曾侯宝墓葬的年代。

四、春秋晚期曾国与楚国、邾的联姻

1.仲姬敦、曾仲薳君腫方座形器

河南省文物考古研究所等单位在和尚岭发掘了两座楚墓,编号为 M1、M2,两墓相距 9 米,墓向东,M1 方向 68°,M2 方向 70°。二号墓出土一件仲姬敦,呈圆球形,由盖、身合成,素面。盖、身近口处有两个对称的环钮,盖顶和身的下部各有三个环钮。盖身近口处有相同的铭文:"中(仲)姬□之盏。"此敦自名为"盏"。该墓还出土一件曾仲薳君腫方座形器,方座顶部有铭文:"曾中(仲)㳄(薳)君腫之且(祖)埶。"

关于两座墓的年代、墓主人及其关系,学术界存在不同看法。

发掘者在《简报》中推断两座墓的年代为春秋中期后段,M1 的墓主人为箴尹克黄,M2 的墓主人为克黄的夫人曾国女子。[②] 后来发掘者在《淅川和尚岭与徐家岭楚墓》中将和尚岭一、二号墓年代调整为春秋晚期。M1 的墓主人为克黄,M2 的墓主人为克黄夫人,即曾国女子仲姬。[③] 高成林认为一号墓年代为春秋晚期偏晚,二号墓年代为战国早期。[④] 有的学者认为两座墓的年代为春秋晚期至战国早期。[⑤]

---

①湖北省文物考古研究所等:《湖北随州枣树林墓地 2019 年发掘收获》,《江汉考古》2019 年第 3 期。

②河南省文物考古研究所等:《淅川县和尚岭楚墓的发掘》,《华夏考古》1992 年第 3 期。

③河南省文物考古研究所等:《淅川和尚岭与徐家岭楚墓》,大象出版社 2004 年,第 30、38、109、120、121 页。

④高成林:《淅川和尚岭楚墓的年代问题》,《中原文物》1996 年第 4 期。

⑤求实:《河南淅川和尚岭楚墓年代刍议》,《中国文物报》1998 年 10 月 18 日第三版。

克黄其人其事,载于《左传》宣公四年(前605年):“秋七月,戊戌,楚子与若敖氏战于皋浒。……遂灭若敖氏。……其(令尹子文)孙箴尹克黄,使于齐,还及宋,闻乱。其人曰:‘不可以入矣!’箴尹曰:‘弃君之命,独谁受之?君,天也,天可逃乎?’遂归复命,而自拘于司败。王思子文之治楚国也,曰:‘子文无后,何以劝善?’使复其所,改命曰生。”①克黄属若敖氏家族,正值他出使齐国归至宋国之时,若敖氏发动叛乱,楚庄王灭掉若敖氏。虽然家族被灭,但克黄以大局为重,毅然回国复命,楚庄王没有杀他,官复原职,改名叫生。克黄升鼎、壶、豆等器应是其改名之前(前605年)铸造的。

但是铜器铭文并不支持二号墓墓主人仲姬为克黄夫人之说。贾连敏认为,“曾中(仲)佖(薳)君腱”为器主之名。“佖”为氏称,从邑,化声,即楚国薳氏。“曾仲薳君腱”,即曾国行第为仲名君腱的女子嫁于薳氏者。②

而克黄属楚若敖氏中的斗氏,而不是薳氏。那么报告作者认为和尚岭第一号墓墓主人为克黄、二号墓墓主人仲姬为克黄夫人的结论,还要重新审视。不过无论出嫁薳氏还是斗氏,都是曾国女子出嫁楚国公族。

2.曾孟嬶朱姬簠

淅川徐家岭第九号墓出土了曾孟嬶朱姬簠,器身呈长方形,直口加长,斜腹变短,四矩尺形足。盖口四边有六个边卡,盖顶、腹部及器腹壁饰细密的蟠螭纹,足部饰蟠虺纹和绹索纹。盖内和器内底有相同的铭文:“穆=(穆穆)曾孟嬶朱(邾)姬之峕(持)。”贾连敏认为“曾孟嬶朱(邾)姬”为器主之名,“孟嬶”为私名,“朱”可读为“邾”,国名。“曾孟嬶朱(邾)姬”即曾国姬姓之女名孟嬶,嫁于邾国者。③ 这件青铜器记载了春秋晚期曾国女子远嫁到邾国的史实。邾国曹姓,位于今山东邹城中部。

四、战国中期曾国与楚国的联姻

曾姬无卹壶铭文为:“唯王廿又六年,圣(声)趄之夫人曾姬无卹虗(吾)

①(唐)孔颖达:《春秋左传正义·宣公四年》,(清)阮元校刻《十三经注疏》,中华书局1980年,第1870页。

②河南省文物考古研究所等:《淅川和尚岭与徐家岭楚墓》,大象出版社2004年,第359页。

③河南省文物考古研究所等:《淅川和尚岭与徐家岭楚墓》,大象出版社2004年,第362页。

宅兹漾陵、蒿间之无匹，用作宗彝尊壶，后嗣用之，职在王室。”①圣（声）超之夫人，刘节考订为楚声王之夫人。② 曾姬无卹出嫁到楚国，成为楚声王的夫人，这是青铜器铭文中所见到的最晚的曾楚联姻材料。

2013 年，安徽淮南市谢集区杨公镇附近出土了一件青铜曾姬无卹鼎。体成扁球形，子口内敛，附耳为外撇，三条矮蹄足，盖面弧形隆起，上有三个环形钮，上腹有一道棱箍。通高 20 厘米，耳距 22 厘米。子口铸铭文 12 字："声超之夫人曾姬无卹之甬（用）鼎"。同坑出土 2 件鼎，形制铭文相同，还有 2 件曾姬无卹壶。③ 从鼎的形制来看，矮蹄足具有中原铜鼎的风格。

第二节　曾国贵族的婚姻关系背景

为了更加明确清晰地考察曾国的婚姻关系，将以上材料反映的婚姻状况列表如下：

表十　曾国贵族婚姻状况表

铜器名称	年代	女方	男方
曾侯谏作媿器（M28：卣 2、壶 1、尊 1、簋 2；M2：簋 2、连体甗 1）	康王、昭王	狄或胡	曾
黄季大鼎、黄季小鼎	西周晚期	黄	曾
曾亘嫚非录鼎	春秋早期早段	楚、邓	曾
曾侯作季□鼎	春秋早期	楚	曾
陔夫人嬭（芈）克簠	春秋早期晚段	楚	曾
曾孟嬴削簠	春秋早期	黄	曾
黄君孟夫人孟姬诸器（鼎 1、𬭚 2、鬲 1、盘 1、小铜罐 1、铜方座形器 1）	春秋早中期之际	曾	黄

①罗振玉：《三代吉金文存》，中华书局 1983 年，卷十二。

②刘节：《寿县所出楚器考释》，《古史考存》，人民出版社 1958 年，第 105～140 页。

③吴振烽：《商周青铜器铭文暨图像集成续编》，上海古籍出版社 2016 年，第 1 册第 156 页。

续表

铜器名称	年代	女方	男方
曾侯作叔姬簠	西周晚期或春秋早期	曾、邛	黄
渔鬲	春秋中期	楚	曾
渔簠	春秋中期	楚	曾
曾孟嬭(芈)谏盆	春秋中期	楚	曾
楚屈子赤角簠	春秋中期	楚	曾
随仲嬭加鼎、加嬭簋、随仲芈加钟	春秋中期	楚	随
仲姬敦、曾仲蒍君腱方座形器	春秋晚期	曾	楚
曾孟嬶朱姬簠	春秋晚期	曾	邾
曾姬无卹壶、曾姬无卹鼎	战国中期	曾	楚

曾侯谏的夫人为媿姓,来自北方狄人或者媿姓的胡国,这与曾国在西周早期的封国背景有关。随州文峰塔一号墓出土的一号编钟(M1:1)铭文:"隹王正月,吉日甲午,曾侯遇曰:'白(伯)适上庸,左右文武。达殷之命,抚奠天下,王遣命南公,营宅汭土,君庇淮夷,临有江夏。'"三号编钟铭文:"隹王十月,吉日庚午,曾侯遇曰:'余稷之玄孙。'"[①]这两段铭文说明伯适为姬姓,辅佐文王、武王,推翻商朝,被封南方汭土,统治江淮地区。伯适本人未必亲自到封地就职,如周公被封于鲁,其子伯禽赴任。若此推测不误,南宫的儿子到汭土就职,成为第一代曾侯。2013 年,随州叶家山 M111 出土的方座簋上铭文为:"犺作剌(烈)考南公宝尊彝。"曾侯犺是 M111 的墓主人,年代可能到了昭王之世,南公为曾侯犺的父亲。黄凤春认为曾侯谏墓早于曾侯犺墓,曾侯谏与曾侯犺可能是兄弟关系。[②] 枣树林墓地 M190 曾公畎墓镈钟铭文记载高祖为伯括,皇祖为南公,南公可能为曾侯谏,则曾侯谏和曾侯犺也可能是父子关系。伯括从周朝首都封到南方汭土,他的儿子曾侯谏、曾侯犺到实地履职,曾侯谏与狄人媿姓女子很可能在来曾国之前已经

①湖北省文物考古研究所、随州市博物馆:《随州文峰塔 M1(曾侯與墓)、M2 发掘简报》,《江汉考古》2014 年第 4 期。凡国栋:《曾侯遇编钟铭文柬释》,《江汉考古》2014 年第 4 期。

②黄凤春、胡刚:《说西周金文中的"南公"——兼论随州叶家山西周曾国墓地的族属》,《江汉考古》2014 年第 2 期。

成婚，曾侯谏就职时携夫人一同南下。

西周中期曾国青铜器的铭文未见，曾国贵族婚姻本土化估计在此时已经开始。

曾（随）国实力雄厚，史称“汉东之国随为大”。西周晚期到春秋早期，曾（随）国面临的最大对手就是楚国。曾国与邓国、黄国的联姻，很可能是与邓国、黄国结成政治联盟，共同对付楚国。曾与楚既有矛盾，也有联合，并非每时每刻都处于战争状态，曾、楚在这个时期也存在通婚关系，如曾亘嫚非录鼎、曾侯作季□鼎所记载的曾、楚通婚史实，曾伯霥的夫人为陔夫人孏（芈）克。

早在楚武王三十五年（前706年）以前，楚国已经对曾（随）国用兵，但没有得逞。从楚武王三十五年至五十一年（前690年），进行了三次伐曾战争，楚武王最后一次伐曾，心脏病猝发，死在征战途中。不久曾国成为楚国的附庸国，曾国地盘虽然变小，但楚国一直没有彻底消灭密迩于楚的曾国，并且两国关系密切。有时曾国在政治上对楚国影响很大，如前671年，楚成王在随军的帮助下杀害了堵敖熊艰，夺得王位。前506年，吴师入郢，楚昭王逃到曾国，曾国顶住吴国的压力，保护了昭王。文峰塔一号墓编钟记载了这一重大事件：“吴恃有众庶，行乱，西征南伐，乃加于楚。荆邦既殇，而天命将误。”“有严曾侯，业业厥声。亲博武功，楚命是争。抚奠楚王，曾侯之灵。”“余申固楚成，改复曾疆。”[①]编钟铭文证明曾、随是一个国家。因为曾国保护楚昭王，功劳卓著，楚国为报答曾国，恢复了曾国的疆域。春秋中、晚期到战国时期曾、楚之间的婚姻关系比较频繁，春秋中期曾公畭的夫人为渔芈，曾侯宝的夫人为随仲芈加，曾孟孏（芈）谏盆记载楚王将长女嫁给曾国，楚国屈子赤角之女嫁给了曾国贵族，春秋晚期曾国的女子嫁给了楚国的薳氏家族，战国中期曾姬无卹嫁给了楚声王，成为楚声王的夫人，地位很高。联姻使曾、楚关系更加密切和牢固，或许正是如此，楚国才没有彻底消灭曾国。曾国除了主要与楚国通婚外，也与其他国家如郳国通婚。

①李零：《文峰塔M1出土钟铭补释》，《江汉考古》2015年第1期。

第四章　曾国都城和疆域的变迁

曾国都城和疆域是曾国历史的重要问题，曾国曾在今庙台子、安居、随州市区三个地方建都。曾国的疆域西周早期局限在漂水流域，西周中期占领鄂国地盘，至西周晚期和春秋早期疆域最大，北达新野，西至滚河流域，南抵漳河上游，东与安陆接壤。春秋中期以后有所缩小，但在曾侯宝在位时，楚国恢复过曾国地盘，曾侯遡在位时，曾国疆域又有所恢复。

第一节　西周早期曾国都城与疆域

一、曾国都城地望的研究成果

关于曾国的疆域和都城问题，过去不少专家做过一些探索，发表了不同的观点，对于笔者继续探索曾国都城的地望，具有重要的启发作用。

早在 20 世纪 30 年代，刘节已经关注到曾国的都城问题。楚惠王酓章为曾侯乙做的镈钟在宋代安陆已发现两件，1978 年又在曾侯乙墓中发现一件，其铭文为："唯王五十又六祀，返自西阳，楚王酓章作曾侯乙宗彝，奠之于西阳，其永畤用享。"西阳为曾之国邑，《汉书 · 地理志》有西阳国，属江夏郡，东汉属荆州；晋封汝南王亮子羕为西阳公。《汉书 · 地理志》所记载的西阳在今天的河南光山县，故刘节认为曾国国邑处于汝阳南郡之间。[①]

1966 年京山苏家垄铜器简报作者提出西阳可能在今京山与安陆之间。[②]

1978 年曾侯乙墓发掘以后，李学勤认为曾国都城在随州，[③]1980 年随州义地岗墓地季氏梁发现了季怡墓，李学勤认为这一发现为随都在随州增

①刘节：《寿县所出楚铜器考释》，《古史考存》，人民出版社 1958 年，第 108 ~ 140 页。

②湖北省博物馆：《湖北京山发现曾国铜器》，《文物》1972 年第 2 期。

③李学勤：《曾国之谜》，《光明日报》1978 年 10 月 4 日，后收入《新出青铜器研究》，文物出版社 1990 年，第 146 ~ 150 页。

添了新的证据。①

石泉在《古代曾国—随国地望初探》一文中，考证曾侯乙墓中出土的镈钟铭文提到曾国都城“西阳”地望，认为汉魏六朝时有西阳县，先后属荆州江夏郡和豫州弋阳郡，其地望汉晋时在今河南光山县西，后迁至鄂东黄冈县北，与铭文中的西阳地望不相符。根据《水经注》卷三一“涢水篇”记载，曾之国邑位于涭水东岸的随州故城，又根据杜预《春秋释例·土地名》卷七水名“庄四年，涭”条记载，认为随县一直到西晋还在随州故城。到齐梁时，随县东迁到今随州市区。石泉认为随国都城在今安居涭水东岸的随州故城。② 石泉认为随国都城就在汉魏随县故城。若涭水下游东岸确有一个汉魏随县故城，关键问题在于汉魏随县故城地望是否与随国都城在同一个地方。如果二者地望相同，确立了汉魏随县县城的位置，也就确定了随国都城的地望。（有关安居的问题，后文有较详细的分析。）

于豪亮认为西阳在今河南光山县西二十里，③与刘节的观点有近似之处。

1984 年，黄敬刚在《随都辨》一文中，认为随都地望在今随州市区附近，作者首先指出《水经注》关于涭水的记载与实际情况有的地方不符：一是涭水下游不见义井水，“与义井水合”有误；二是涭水和㵐水分流入涢，故“㵐水入涭”是错误的；三是“涭水出随县西北黄山”不可考。其次，黄敬刚根据考古发现的墓葬和遗址，判断随都的地望。1978 年随州出土的擂鼓墩一号墓曾侯乙墓，1981 年发掘的擂鼓墩二号墓，义地岗墓地，朱家坡平民墓地，随州市郊的小北门周代遗址，这些发现都表明随都就在附近。第三，作者认同李学勤的“曾随合一”说，属一国二名。第四，从唐、厉、随等国的地理方位来看，随都地望也应在今随州市区。④

2005 年，陈千万在《枣阳郭家庙曾国墓地》报告中认为 GM21 墓葬墓主为曾伯陭，曾伯陭为曾国一代国君，墓葬年代为西周末期。GM17 墓主为曾国娶自楚国的芈姓夫人，晚于曾伯陭墓，推测此墓不会是曾伯陭的夫人墓，

---

①李学勤：《论汉淮间的春秋青铜器》，《文物》1980 年第 1 期。后收入《新出青铜器研究》，文物出版社 1990 年，第 151～159 页。

②石泉：《古代荆楚地理新探》，武汉大学出版社 1988 年，第 84～104 页。

③于豪亮：《为什么随县出土曾侯墓?》，中国古文字研究会、吉林大学古文字研究室编：《古文字研究》第一辑，中华书局 1979 年。

④黄敬刚：《随都辨》，张正明主编：《楚史论丛（初集）》，湖北人民出版社 1984 年，第 237～244 页。

而为曾伯陭下一代国君夫人墓的可能性比较大。故由此推测曾国西周晚期后段曾伯陭统治的政治中心在枣阳郭家庙一带,曾国的政治中心先在枣阳,后移至东南方的随州。①

张昌平认为两周之际曾国的政治中心就在郭家庙墓地所在的枣阳吴店东赵湖一带。春秋早期滚河流域纳入楚国疆域,曾国的政治中心东迁至今随州安居,至春秋晚期左右再迁至今随州城区一带。② 当时叶家山墓地还没发掘,因此不可能谈及西周早期曾国的政治中心和疆域问题。

黄凤春、陈树祥、凡国栋撰文认为西周早期曾国的政治中心在今漂水下游的庙台子遗址。一是在2011年湖北省文物考古研究所在叶家山发掘了曾侯家族墓地,包括63座墓和马坑1座,以及曾侯谏及其夫人墓。二是庙台子遗址的发掘与调查。1957年原襄阳地区博物馆就在文物普查中发现该遗址,1983年武汉大学历史系进行了正式发掘,并出版了考古报告《西花园与庙台子》,西花园遗址包括有屈家岭文化、石家河文化和东周时期的遗存。庙台子遗址有商代晚期、西周早期、春秋战国时期的遗存。2011年湖北省文物考古研究所又对庙台子遗址进行了区域系统调查,并进行了局部勘探,确认庙台子遗址是由西花园、大蒋湾、小蒋湾、大宋湾、小宋湾等遗址构成的一个面积约30万平方米的聚落群。在庙台子遗址周围发现了环壕遗迹,也发现了城墙的遗痕。③

方勤认为西周早期的曾国都邑应该在随州淅河镇蒋寨村曾侯公族墓地——叶家山墓地的附近,庙台子遗址群就是西周早期曾国的一个都城。滚河流域的枣阳郭家庙一带是两周之际曾国的政治中心。因楚国伐随(曾),春秋早期曾国的政治中心一度迁往京山苏家垄。楚武王三次伐随(曾)之后,楚随(曾)订立城下之盟,春秋中期曾国都城迁到今随州西的安居遗址,一直持续到战国中期。④

黄凤春后来又撰文认为曾国共有四个都城,西周早期都城在庙台子,西

---

①襄樊市考古队等:《枣阳郭家庙曾国墓地》,科学出版社2005年,第322~337页。

②张昌平:《曾国青铜器研究》,文物出版社2009年,第341~344页。

③黄凤春、陈树祥、凡国栋:《湖北随州叶家山新出西周曾国铜器及相关问题》,《文物》2011年第11期。

④方勤:《曾国历史与文化——从"左右文武"到"左右楚王"》,上海古籍出版社2019年,第87~163页。

周中期到晚期情况不明，西周晚期到春秋早期都城在随州安居，春秋早期到战国时期都城在今随州市区。①

学者们对曾国都城地望的认识存在一定分歧，随着考古发现的新材料的公布，曾国都城研究得以进一步深入。笔者在此谈一下自己的粗浅看法。

二、西周早期曾国的都城在庙台子遗址

曾国何时封国，过去只有一点线索。安州六器中中甗铭文曰："王令（命）中先省南或（国），贯行，埶（设）位在𠂤（曾）。"郭沫若将安州六器年代断在周成王时期②，陈梦家也持相同观点。③ 唐兰认为安州六器为周昭王时器。④ 笔者倾向于郭沫若和陈梦家的断代结论。

徐天进研究了日本出光美术馆所藏的静方鼎，其铭文所记事件与中甗相同，十月甲子周王在宗周命令师中和静一起到南国视察，为周王南巡设立行宫。第二年八月初吉庚申静回到成周汇报工作。周王赏赐静，并"卑（俾）女（汝）□嗣（司）在𠂤（曾）、噩（鄂）自（师）"，也就是命令静管理在曾、鄂的军队，⑤静方鼎提到了曾和噩两个国家。张懋镕把静方鼎年代定在昭王十六年，⑥静方鼎的年代与中甗相同，也属成王时期。关于安州六器和静方鼎的年代，目前流行看法是以唐兰为代表的观点。我过去也认同唐兰的看法，但随州叶家山曾侯墓地发掘以后，经过对新材料的了解和学习，再回过头来阅读各家的研究成果，我觉得郭沫若和陈梦家的观点更为准确。⑦

这些材料说明西周早期曾国已经封国，但是考古并没有发掘出西周早期的高档次遗存，所见青铜器材料最早可到西周中晚期到春秋早期。原来

---

①黄凤春：《关于曾国的政治中心及其变迁问题》，《中原文化研究》2018 年第 4 期。

②郭沫若：《两周金文辞大系图录考释》，上海书店出版社 1999 年，第 16～20 页。

③陈梦家：《西周铜器断代（一）》，《考古学报》1955 年第 1 期；《西周铜器断代（二）》，《考古学报》1955 年第 2 期；《西周铜器断代（上册）》，中华书局 2004 年，第 47～48 页；《西周铜器断代（三）》，《考古学报》1956 年第 1 期，铜器编号为成康铜器 42 号；《西周铜器断代（上册）》，中华书局 2004 年，第 87 页。

④唐兰：《西周铜器断代中的"康宫"问题》，《考古学报》1962 年第 1 期。

⑤徐天进：《日本出光美术馆收藏的静方鼎》，《文物》1998 年第 5 期。

⑥张懋镕：《静方鼎小考》，《文物》1998 年第 5 期。

⑦黄尚明：《论铜器铭文中的"南公"与"南宫"》，楚文化研究会：《楚文化研究论集》第十三集，上海古籍出版社 2018 年，第 586～596 页。

研究曾国考古的论文论著只能从西周晚期开始,如杨宝成的曾国青铜器分期论文和张昌平的《曾国青铜器研究》,分期断代可靠的材料也就是从西周晚期开始。

一个偶然机会,导致曾国考古取得重大突破。2010 年底,随州市淅河镇蒋寨村农民在叶家山岗地平整土地时发现一批青铜器。2011 年 1 月,湖北省文物考古研究所和随州市博物馆对发现现场进行了调查,确认青铜器出自墓葬,编号为 M1。M1 出土了 4 件形制相同的方鼎,作器者为师。能够用多件方鼎随葬,说明墓主人的高贵地位,年代为西周早期。同时在 M1 南 28.4 米处发现一座被盗的墓葬,编号为 M2。2011 年 1 月 1 至 17 日,湖北省文物考古研究所和随州市博物馆对这两座墓葬进行了抢救性发掘。M2 出土了带有“曾侯谏作宝彝”和“曾侯谏作媿宝尊彝”铭文的铜器,说明 M2 的地位更高。于是,湖北省文物考古所对墓地进行了全面勘探,发现墓葬分布密集。经报国家文物局批准,2011 年 2 至 6 月,湖北省文物考古研究所和随州市博物馆对墓地进行科学发掘,共发掘墓葬 65 座,马坑 1 座。2013 年3 至 7月,湖北省文物考古研究所和随州市博物馆再次对该墓地进行发掘,发掘了墓葬 75 座和马坑 6 座(图二)。叶家山墓地位于随州市东北 20 千米的漂水东南,漂水自北而南经墓地的西南部南流注入涢水。下面介绍其中的几座重要墓葬。

M1 出土了方鼎 4 件。作器者为师,故称为师方鼎,器物内壁铸有铭文二行七字,为“师作父癸宝尊彝”。师圆鼎 2 件。形制相同,内壁有铭文:“师作父癸。”师镬鼎(M1:09)1 件,器内壁铸有铭文 2 行 7 字:“师作父乙宝尊彝。”还有兽面纹小鼎(M1:14)1、兽面纹簋(M1:13)1、连体甗(M1:011)1、鬲(M1:021)1。酒器有觚 2、爵 2、斝 1、尊 1、觯 1、卣 1。M1 年代约在西周成王或康王时期。M1 墓主人身份地位很高。

M65 青铜礼器的器类组合为鼎、簋、甗、鬲、尊、爵、斝、觚、觯、卣等。曾侯谏方鼎(M65:47)、曾侯谏圆鼎(M65:44)腹部内侧有铭文两行:“曾侯谏作宝彝。”壶(M65:31)盖内壁和壶内底各铸有一行相同铭文“曾侯作田壶”。M65 墓主人可能为曾侯谏。报告作者推测此墓的年代为西周早期的康昭之际。①

①湖北省文物考古研究所、随州市博物馆:《湖北随州叶家山 M65 发掘简报》,《江汉考古》2011 年第 3 期。

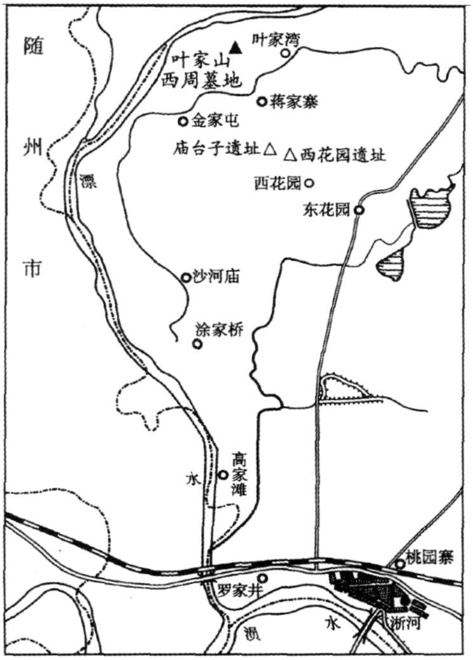

图二　叶家山曾侯墓地位置图

M2 青铜礼器的器类组合为鼎、簋、甗、鬲等。铭文主要为“曾侯谏作宝彝”“曾侯谏作媿宝尊彝”。曾侯谏圆鼎（M2∶6）1 件，器内壁铸有 2 行 6 字：“曾侯谏作宝彝。”

分裆鼎 4 件，其中曾侯谏分裆鼎 2 件，形制相同。器内壁铸有 2 行 6 字：“曾侯谏作宝彝。”另外两间分裆鼎为□子分裆鼎（M2∶2）和父乙亚宣共分裆鼎（M2∶4）。

曾侯谏作媿簋 2 件，形制相同。器底内有铭文 2 行 8 字：“曾侯谏作媿宝尊彝。”

曾侯谏作媿连体甗 1 件（M2∶1），器内上腹壁有铭文 2 行 7 字：“曾侯谏作媿宝彝。”

M2 墓主人似为曾侯谏夫人媿氏，M2 年代约在康昭之世。[①] 简报作者认为 M65（曾侯谏）、M2（曾侯谏夫人媿氏）是一对夫妇并穴合葬墓。

---

①湖北省文物考古研究所、随州市博物馆：《湖北随州叶家山西周墓地发掘简报》，《文物》2011 年第 11 期。

M28 随葬青铜礼器 27 件。一类是曾侯谏所做的铜器，有曾侯谏方鼎 2、圆鼎 2、分裆鼎 2、簋 1、盉 1、盘 1；另一类是曾侯谏为媿所做的青铜器，有簋 2、尊 1、卣 2、壶 1；还有没有私名的曾侯青铜器，有方鼎 1、甗 1、鬲 1。简报认为 M28 的年代大致在西周早期偏晚阶段的昭王前期，墓主人应是另一个不知名的曾侯，且与 M27 墓主人为夫妇关系。① 笔者认为 M28 墓主人可能不是一位曾侯，因为墓中出土的铜器主要是曾侯谏所做的铜器和曾侯谏为夫人媿氏所做的铜器。最合情理的解释是 M28 墓主人应是曾侯谏的另一位媿姓夫人，与 M2 墓主人媿姓夫人可能是姊妹关系，属于陪嫁的性质，即古代所谓的“媵”。至于哪个是第一夫人，哪个是第二夫人，不好确定。根据墓葬铜器断代的结果，曾侯谏的这位夫人比曾侯谏晚死，曾侯谏生前为其夫人专门做了一批铜器。另外，曾侯谏的儿子又将其父自名的多件铜器放在母亲的墓葬里。

M27 青铜礼器的器类组合为鼎、簋、甗、鬲、尊、爵、斝、觚、觯、卣、觥、罍等。铭文主要为“曾侯作宝尊彝鼎”“白生作彝曾”“疑父作宝尊彝”“鱼白彭作宝尊彝”。方鼎 2 件，形制大体相同。鼎腹内正中有铭文七字：“曾侯作宝尊彝鼎。”器盖内壁正中有铭文五字：“曾侯作宝鼎。”

还出土兽面纹圆鼎 4 件、簋有疑父方座簋、戈父癸簋、作宝彝簋、涡纹簋 4 件，罍、白生盉 1、盘 1、壶 1、漆壶扣、鱼伯彭卣 1、鱼伯彭尊 1、觥 1、觚 1、觯 4。

M27 年代约在西周昭王晚期或昭穆之际，墓主人为白生或白生的夫人。②

M111 是叶家山墓地中最大的一座墓葬。出土青铜鼎 20 件、簋 12 件，在西部二层台上随葬了 4 件甬钟和 1 件镈钟，是目前发现的西周早期件数最多、年代最早的一套编钟。青铜器中有的有私名，如两件铜簋 M111∶60 的内底、盖和 M111∶59 的盖内有相同的铭文“曾侯犺作宝尊彝”，M111∶59 的内

①湖北省文物考古研究所、随州市博物馆：《湖北随州叶家山 M28 发掘报告》，《江汉考古》2013 年第 4 期。

②湖北省文物考古研究所、随州市博物馆：《湖北随州叶家山西周墓地发掘简报》，《文物》2011 年第 11 期。

底铭文为“作宝彝”。方座簋(M111:67)上有铭文“犺作剌(烈)考南公宝尊彝”。[①] 墓葬年代为西周早期,稍晚于M65、M28,墓主人可能为曾侯犺。[②]

叶家山墓地发现了发现了有明确铭文的曾侯谏(M65)和曾侯犺(M111)的墓葬,M2、M28两座墓葬里主要为“曾侯谏作宝彝”“曾侯谏作媿宝尊彝”铭文的铜器,笔者推测这两座墓的墓主人都是曾侯谏的夫人。证实叶家山墓地为曾国西周早期曾侯墓地。

叶家山曾侯墓地的发现具有重大的学术价值,M1年代为成王或康王时期,M65、M2年代均为康昭之际,M28、M27、M111年代为昭王时期,稍晚于M65、M28。M65墓主人曾侯谏死于康昭之际,则曾国封国时间应在成康时期,证实曾国始封于西周早期,与中甗和静方鼎的铭文记载可以互证。

曾国西周早期曾侯墓地应在其都城附近,庙台子遗址群正好在墓地南1千米处。该遗址和西花园遗址1957年由原襄阳地区博物馆在文物普查中发现。1983年秋季,武汉大学历史系考古专业80级学生实习时,选择这两个遗址进行发掘,在西花园遗址共发掘5×5平方米的探方20个,2×4平方米的探沟3条,在庙台子遗址发掘5×5平方米的探方4个,共发掘600余平方米。据当时调查,西花园遗址长约1千米,宽约0.5千米,总面积达10余万平方米。庙台子遗址东距西花园遗址0.5千米,面积约1万平方米,文化层厚达3米以上。该遗址群面积达30万平方米。

西花园遗址文化堆积包括东周、石家河文化和屈家岭文化三个时期的遗存。东周文化层因过去平整土地遭到严重破坏,所见遗物不多。石家河文化遗存很丰富,发掘者凭此遗址出土资料对石家河文化首次进行了早、中、晚三期的分期工作。屈家岭文化遗存大多在潜水面以下,不便操作,大多未能发掘到底,故出土遗迹和遗物不是很多。

庙台子遗址包含石家河文化、商代、西周、春秋、战国时期的遗存。商代遗存的年代为殷墟一期,下限可能延续到殷墟二期。西周遗存年代为西周前期。春秋遗存年代为春秋早期或略早。战国遗存年代属战国前期。报告

---

①黄凤春、胡刚:《说西周金文中的“南公”——兼论随州叶家山西周曾国墓地的族属》,《江汉考古》2014年第2期。

②湖北省博物馆、湖北省文物考古研究所、随州市博物馆:《随州叶家山西周早期曾国墓地》,文物出版社2013年。

作者对庙台子遗址的性质进行了科学的探索，汉东地区在商代已经是商王朝直接控制的势力范围，而且已开发到了较高的水平。已经发现的西周遗址、墓葬资料和“安州六器”所反映的周王南巡南阳盆地、随枣走廊的史实等材料，说明汉阳诸姬进入随枣走廊的时间当在西周初年，是周初两次大规模分封的结果。庙台子遗址是随国（即出土铜器铭文中所记的姬姓曾国）的一个重要村寨无疑。① 根据发掘资料，庙台子和西花园一带有悠久的发展历史，不同历史时期都有很好的发展基础。

2011 年湖北省文物考古研究所在发掘叶家山曾侯墓地过程中，为了寻找墓主人的生活居址，以叶家山墓地为中心，在其方圆 10 千米的范围内进行了一次区域系统调查。叶家山墓地北部、西部为大片山地，在其南部及东部发现了较多的商周时期的遗址，其中以墓地南部约 1 千米的庙台子遗址规模最大。庙台子遗址由西花园、大蒋湾、小蒋湾、大宋湾、小宋湾等诸多遗址构成一个面积约 30 万平方米的聚落群。经局部勘探，庙台子遗址周围有环壕遗迹，在其周边也发现有城墙的遗痕。同时在庙台子遗址还发现有成片红烧土建筑遗迹。在庙台子地面采集到一些陶器标本，诸如陶鬲、模印的陶片纹饰等，都与叶家山墓地出土的形制相同。虽然没有对庙台子遗址进行大规模考古发掘，但从遗址面积、文化堆积和文化内涵来看，西周早期曾国政治中心就在今天漂水下游东岸的庙台子遗址。② 今后还要开展大规模的勘探和发掘工作，对这一科学假说进行证实。

三、西周早期曾国的疆域

前面我们已经根据叶家山西周早期曾侯墓地和庙台子遗址，推断曾国西周早期的都城就在庙台子遗址。曾国此时管理多大的疆域呢？随州市文峰塔出土的曾侯與编钟 M1:1 铭文记载：“隹（惟）王正月，吉日甲午，曾侯與曰：伯括上庸，左右文武。达（挞）殷之命，抚定天下。王遣命南公，营宅

①武汉大学历史系考古教研室等：《西花园与庙台子》，武汉大学出版社 1993 年。

②黄凤春、陈树祥、凡国栋：《湖北随州叶家山新出西周曾国铜器及相关问题》，《文物》2011 年第 11 期；黄凤春、黄建勋：《论叶家山西周曾国墓地》，载湖北省博物馆等编：《随州叶家山西周早期曾国墓地》，文物出版社 2013 年，第 262～269 页。

汭土,君庇淮夷,临有江夏。”[①]从编钟铭文来看,南公括在周成王受封时,周王朝赋予曾国的权力相当大,也就是“营宅汭土,君庇淮夷,临有江夏”。关于“汭土”的隶定、释义和地望,学者们多有分歧。李学勤认为“营宅汭土”意谓在汭这个地方建设封国的都邑。“汭”就是禹鼎中的“至于历内”的“内”,并怀疑“汭土”正在今随州一带。[②] 徐少华认为“汭”指水相入、相交汇合之处,同时亦有水北之意,“汭土”当指江汉之地或汉阳之域,与文献所言的“汉阳诸姬”相呼应。[③] 凡国栋认为“汭”指河流汇合或弯曲的地方。如《书·禹贡》:“东过洛汭。”孔传:“洛入河处。”[④]董珊认为“汭”为水之隈曲之意,《左传》称淮水之曲为淮汭,汉水之曲为夏汭,滑水之曲为滑汭。据“临有江夏”文,此“汭”是指夏汭,即汉水入长江之处。[⑤] 陈剑将“汭”隶定为“沃”,汭土即“沃土”。[⑥] 韩宇娇认为“汭土”指两条水系汇合之处,很可能是西周早期曾国都城所在的随州庙台子遗址位于漂水流入涢水的汇流位置,西周晚期到战国时期的义地岗墓葬群和擂鼓墩墓地位于溠水与涢水的交汇处。曾国早期都城、墓葬的位置正符合上文中的“汭土”含义。[⑦] 陈伟认为“汭”应读为“裔”,两者古音相近,存在通假的可能。“裔”通常指边远之地。“汭土”读作“裔土”,并在《国语》中找到三个句例。《国语·周语上》记内史过说:“犹有散迁懈慢而著在刑辟,流在裔土。”又《周语中》记周襄王说:“余一人其流辟于裔土,何辞之有与。”又《晋语四》记胥臣说:“童昏、嚚喑、僬侥,官师之所不材也,以实裔土。”[⑧]李学勤说“汭”就是禹鼎中“至于历内”的“内”,还有待研究,但“汭土”在今随州一带之说可从。徐少华、凡国栋、韩宇娇均采纳“汭”为河流相入之处。徐少华认为“汭土”当指

---

①湖北省文物考古研究所、随州市博物馆:《随州文峰塔 M1(曾侯舆墓)、M2 发掘简报》,《江汉考古》2014 年第 4 期;凡国栋:《曾侯舆编钟铭文柬释》,《江汉考古》2014 年第 4 期。

②李学勤:《曾侯腆(舆)编钟铭文前半释读》,《江汉考古》2014 年第 4 期。

③徐少华:《论随州文峰塔一号墓的年代及其学术价值》,《江汉考古》2014 年第 4 期。

④凡国栋:《曾侯舆编钟铭文柬释》,《江汉考古》2014 年第 4 期。

⑤董珊:《随州文峰塔 M1 出土三种曾侯舆铭文考释》,复旦大学出土文献与古文字研究中心网站:http://fdgwz.org.cn/web/show/2339,2014 年 10 月 4 日。

⑥董珊:《随州文峰塔 M1 出土三种曾侯舆铭文考释》文后陈剑评论,复旦大学出土文献与古文字研究中心网站:http://fdgwz.org.cn/web/show/2339,2014 年 10 月 4 日。

⑦韩宇娇:《曾国铜器铭文内容综合研究》,清华大学 2014 年博士学位论文,第 247~248 页。

⑧陈伟:《曾侯腆编钟“汭土”试说》,《江汉考古》2015 年第 1 期。

江汉之地或汉阳之域,也有可能。董珊采用“汭”为水流弯曲之处,又说此文之汭指夏汭,为汉水入长江之处,似乎二意并用。陈剑隶定为“沃”,陈伟已指出仅从字形看,确有相似之处,但从文意看不宜隶定为“沃”。陈伟说汭、裔相通,似还有待进一步研究。我们的看法与韩宇娇的观点一致,汭指漂水与涢水相合之处,汭土也就在叶家山和庙台子一带,这是“营宅”之所在的政治中心。曾国统辖地区北边可以到淮河流域,南面管辖江夏地区。我们认为周王朝赋予曾国的权力虽大,曾国刚刚到达封地,还无法完全落实,还需要依靠武力征服,曾国实际控制的地盘就在漂水流域附近。

随州枣树林M190出土的曾侯𫊸镈钟(M190∶35)上的铭文为探讨曾国西周早期的疆域提供了新材料,其铭文为:“皇且(祖)建于南土,敝(蔽)蔡南门,质(誓)应京社,适于汉东。[南]方无疆,涉政(征)淮夷,至于繁汤(阳)。曰:‘卲(昭)王南行,豫(舍)命于曾,咸成我事,左右有周,易(赐)之甬(用)鉞,用政(征)南方。’”甬钟A组和甬钟B组有相同的铭文。[①] 我们可以从这段材料中看出,周成王封南宫括到南土建立曾国,目的是在蔡国和应国南面再封建一个大国,作为周王朝的南方屏障。曾国中心区在汉东地区,南方疆域没有限定,可以自由发展。北方可以征服淮夷,直达繁阳,与应、蔡接壤。繁阳一词见于曾伯霥簠(《集成》4631、4632)“克狄淮夷,印燮繁阳,金道锡行。”曾伯霥簠铭文内容与曾公𫊸镈钟、甬钟所记载的内容可以互证,说明周王朝赋予了曾国征服淮夷的权力。但是征服淮夷尤其是直接统治淮夷也不是轻而易举的事情,曾国基本上没有完成这一规划。《左传》襄公四年也记载了繁阳:“楚师为陈叛故,犹在繁阳。”[②]繁阳之地望,一般以为在今河南新蔡。如果按照周王朝的安排,曾国的发展前景十分远大,曾国也努力代表周王朝在南方开疆拓土,取得了很大的成绩。

昭王南征,在原来的基础上又赏赐给曾国铜钺,赋予曾国征伐南方的大权,实际上是征服楚国的大权。如果按照这个蓝图发展,曾国将发展为一个更为强大的诸侯国。但历史并没有按照这个蓝图发展,楚国的崛起打乱了周王朝的计划,楚国最终战胜曾国,取而代之,发展成为南方大国。历史的

①郭长江、凡国栋、陈虎、李晓杨:《曾公𫊸编钟铭文初步释读》,《江汉考古》2020年第1期。

②(唐)孔颖达:《春秋左传正义·襄公四年》,(清)阮元校刻《十三经注疏》,中华书局1980年,第1931页。

发展并没有按照周天子的意愿推进，周天子大权旁落，一个芈姓大国突然崛起，真是耐人寻味！

黄凤春认为早期的曾国疆域并不大，主要集中于漂水以东、涢水以北的一片区域内。联系宋代在安州曾出土过“安州六器”看，早期曾国不排除向东已达今广水西、向南已到安陆以北一带。① “安州六器”于北宋重和戊戌年（1118 年）出土于安陆，薛尚功《历代钟鼎彝器款识法帖》一书，薛尚功在“父乙甗”之后说：“右铭重和戊戌岁出于安陆之孝感县，耕地得之。自言于州，州以献诸朝。凡方鼎三，圆鼎二，甗一，共六器，皆南宫中所做也。形制精妙，款识奇古。曰父乙者，盖商末周初之器耳。”②安州六器还著录于宋代王黼的《宣和博古图》及赵明诚的《金石录》。

第二节　西周中晚期至春秋早期的曾国都城与疆域

一、西周早中期的鄂国与安居遗址的性质

本书后面专门一章探讨鄂国的地望，在此简略地叙述一下西周早中期鄂国的地望。

（一）中甗和静方鼎铭文所见的鄂

北宋重和戊戌年（1118 年）在安陆之孝感县出土的中甗，唐兰认为属周昭王时器，郭沫若、陈梦家认为属成王时器。铭文记载周王命令中到南国视察，为周王南巡设立行宫，在曾国时，史儿来传达周王的命令，叫中出使小大各国，并赏赐中土地。中到方、邓、湭等国巡视，并“在噩（鄂）自（师）𠂤（次）”③。

静方鼎铭文所记事件与中甗相同，十月甲子周王在宗周命令师中和静一起到南国视察，为周王南巡设立行宫。第二年八月初吉庚申静回到成周汇报工作。周王赏赐静，并“卑（俾）女（汝）□嗣（司）在𠂤（曾）、噩（鄂）自

①黄凤春：《关于曾国的政治中心及其变迁问题》，《中原文化研究》2018 年第 4 期。

②薛尚功：《历代钟鼎彝器款识法帖》，中华书局 1986 年，第 56 页。

③薛尚功：《历代钟鼎彝器款识法帖》，中华书局 1986 年，第 60 页。

(师)”,也就是命令静管理在曾、鄂的军队。[1] 静方鼎提到了曾和噩(鄂)两个国家。这个鄂国在哪里呢?过去一直搞不清楚,有的说在西鄂,在今南阳,有的说在东鄂,在今鄂州,两说相持不下。

(二)随州安居羊子山鄂侯墓地

考古发现为研究鄂国地望提供了新的材料,填补了传世文献记载的空白。1975年,在随州安居羊子山农田建设中,发现青铜器4件,其中鼎、簋、爵、尊各1件。羊子山位于涢水北岸,西距安居镇1公里,东距随州市20公里。尊的器内底部有铭文两行八字:“噩(鄂)侯弟季㞷乍(作)旅彝。”簋、尊的年代属西周早期。[2] 简报作者据此铜器铭文认为安居属于鄂国的疆域范围,这在当时应该是一个富有远见的观点,但由于资料有限,并没有得到学术界的广泛认同。

到了1980年,随州市博物馆在羊子山又发掘一座墓葬,出土青铜器鼎、簋、爵、尊、觯、卣、戈、兽面、铜泡等共18件,爵的腹部鋬间有“戈父辛”铭文,觯的圈足内壁有“子父癸”铭文,不过没有带“鄂侯”铭文的铜器,年代为西周早期。[3]

2007年11月,因犯罪分子盗掘古墓未遂,随州市博物馆经抢救性清理,羊子山4号墓出土了27件青铜器,器类有鼎、簋、甗、罍、盉、盘、卣、尊、斝、觯、爵、方罍(原称方彝)等。墓葬的年代为西周早期。有4件铜器上有“噩侯”铭文,鄂侯提梁卣(盖内)、鄂侯罍(盖内)、鄂侯盘(盘底)有铭文二行5字:“噩侯乍旅彝。”鄂侯方罍盖内有铭文一行7字:“噩侯乍厥宝尊彝。”鄂中方盖鼎盖内有铭文二行6字:“噩中乍宝尊彝。”从这些铜器铭文判断,4号墓墓主人应该是鄂侯。[4]

三批材料表明羊子山墓地是西周早期的鄂侯家族墓地,西周早期的鄂国政治中心就在随州安居附近。李学勤认为西周鄂国中心应在汉东随州一

①徐天进:《日本出光美术馆收藏的静方鼎》,《文物》1998年第5期。

②随州市博物馆:《湖北随县发现商周青铜器》,《考古》1984年第6期。

③随州市博物馆:《湖北随县安居出土青铜器》,《文物》1982年第12期。

④随州市博物馆:《随州出土文物精粹》,文物出版社2009年第120页。

带。[1] 若不是考古发现的新材料，我们已经无法知道西周早中期鄂国的地望了。现在回过头去再看静方鼎的记载，也就好理解了，安居离叶家山大约40公里，曾、鄂东西相望，距离相当近，因此静方鼎把两个诸侯国写在一块儿。鄂国因叛乱受到周王朝的沉重打击，禹鼎铭文记载鄂侯驭方率领南淮夷、东夷，攻打周的南国、东国，一直打到历寒这个地方。周王派武公率西六师、殷八师及武公的亲军讨伐鄂国，战争十分惨烈，对鄂国人实行大屠杀，“无遗寿幼”，就是无论老幼，要全部歼灭。最后俘获了鄂侯驭方。作器者禹是带领武公亲军的部将。徐中舒认为禹为厉王时人。[2] 鄂国在周厉王时几近亡国。

(三)枣阳毛狗洞遗址可能是鄂国的一般居民遗址

除了发现的鄂侯遗存外，鄂国的一般居址也有所发现，1983 年 5 月，襄樊市博物馆调查试掘的毛狗洞遗址，很可能就是鄂国的一般居民遗址，换言之，毛狗洞西周遗存的族属就是鄂人。该遗址 1958 年全国第一次文物普查时发现，1981 年襄阳地区文物普查队又进行了复查。遗址位于枣阳梁集区梁坡大队南郑凹生产队，地处滚河北部，西部 250 米有一条小溪从东北向西南流入滚河，遗址东北距枣阳 20 公里。遗址因平整土地遭到破坏，现存南北长 120 米，东西 50 米。毛狗洞遗址在龙山年代已经成为人们的理想居址，在遗址中采集到了石家河文化时期的陶鼎、瓮、罐、盆、碗、钵、豆、纺轮，石斧、石铲、石镰、石锛、石刀、石镞等器物标本。西周时期人们又选择这里作为居址，在遗址地面采集到了西周时期的陶鬲、甗、缸、罐、盆、盂形器(簋)，玉锥，铜镞，卜骨。发掘者试掘了一座大灰坑，编号为 H1，出土了一批丰富而重要的陶器标本，主要为陶鬲，约占一半，其他还有陶甗、罐、缸、盆等。陶鬲多为红色，基本特征为侈口、尖唇、束颈、联裆，裆上内瘪，口径大于肩径，器高多略大于口径，少数小于或等于口径。器腹饰中粗错乱绳纹，口沿多经轮修光滑。陶鬲总体上属于周式鬲，但又有差别，与陕西关中周式鬲相比，陶色多为红色，关中陶鬲多灰色，器形比关中陶鬲高大，裆部内瘪比关中陶鬲要甚。简报作者认为 H1 年代为西周成康时期，遗址中采集的标本

---

①李学勤：《由新见青铜器看西周早期的鄂、曾、楚》，《文物》2010 年第 1 期。

②徐中舒：《禹鼎的年代及其相关问题》，《考古学报》1959 年第 3 期。

年代多与灰坑年代一致,也有的略早或略晚。①

(四)南阳夏饷浦鄂侯墓地

最近发现的考古材料表明,虽然鄂侯驭方被俘,鄂国受到致命打击,并没有彻底亡国,周王朝将其迁移到今南阳东北部。2012 年南阳市文物考古研究所在南阳市新区新店乡夏饷铺村北 500 米发现鄂侯家族墓地,墓地位于河南省南阳市区东北 10 公里。共勘探出墓葬 30 余座,第一期共清理古墓葬 20 座,出土一大批青铜器、陶器、玉器、漆木器等珍贵文物。发掘者认为夏饷铺鄂侯家族墓地可确定埋有四代鄂侯及夫人。M5、M6 在墓地范围内年代最早,初步推断为西周晚期晚段。M1、M19、M20、M7、M16 年代均为春秋早期。发掘者认为从夏饷铺鄂国贵族墓地的发现与发掘看,西周晚期到春秋早期鄂国仍然存在于南阳,应是周王朝灭鄂国后,把鄂国王族置于周王朝统治范围内。② 这就是南阳在汉代设置西鄂县的原因。

西周早中期鄂国被周王朝封于今随州市安居一带,鄂侯墓地在羊子山,那么鄂国的都城也一定在安居。

(五)安居遗址的考古调查

早在 20 世纪 80 年代,武汉大学荆楚史地与考古研究室就对随州安居遗址进行了考古调查,安居遗址位于随州市西部 16 公里的安居镇,镇南傍涢水,西邻溠水,北面是一条蜿蜒十多公里的第四纪土岗地。安居遗址大体分布于安居镇及其北面的安居中学之间,中心范围在安居镇与北邻的杨家湾一带。遗址南起涢水北岸,北至安居中学所在的岗地,西不逾溠水,东到詹家湾、钱家湾,东西宽约 800 米,南北长约 1000 米。遗址北部保存一个正南北向的建筑基址,东西宽约 130 米,南北长约 150 米,高程约 78 米,比周围遗址地面高出 1~2 米。据说此台基西南原来还有一处大体相仿的台地,

①襄樊市博物馆:《湖北枣阳毛狗洞遗址调查》,《江汉考古》1988 年第 3 期。

②王巍、赫德川、崔本信:《河南南阳夏饷铺鄂国贵族墓地》,《大众考古》2014 年第 10 期;曾庆硕、郭煜宸、韩猛等:《河南南阳夏饷铺鄂国墓地 M19、M20 发掘简报》,《江汉考古》2019 年第 4 期;曾庆硕、韩猛、张海滨等:《河南南阳夏饷铺鄂国墓地 M7、M16 发掘简报》,《江汉考古》2019 年第 4 期;王巍、曾庆硕、韩猛等:《河南南阳夏饷铺鄂国墓地 M1 发掘简报》,《江汉考古》2019 年第 4 期。

因前几年平整田地而挖掉。遗址南部有一条人工沟渠，始于溠水，由西南向东北延伸，终于台地前部东南侧，终端为一处水塘，当地人称“朝天堰”，可能与建筑台基的给排水有关。调查之前的考古发现已经表明安居遗址北部山岗上有东北部的羊子山西周早中期墓地，①以及西北 4 公里的桃花坡春秋早期墓地，②调查时又发现西北 1.5 公里处的安居砖瓦厂战国中期楚墓地，说明安居遗址与这些两周墓地是一个聚落系统。

从采集的标本来看，安居遗址年代上限不迟于两周之际，延续至东周和两汉，六朝遗迹几乎不见，说明此遗址的下限很可能在汉代末年或稍晚。调查者认为安居遗址是一处古代城邑遗存。石泉认为《水经注 · 涢水篇》记载有一座汉晋随县故城，位于溠水东岸，涢水以北，汉晋随县故城也就是古随国所在。现在的随州是在杜预注《左传》之后，《水经注 · 涢水篇》写成之前的这一二百年间，也就是齐梁时从随县故城迁移而来。③ 因此调查者推论说：“安居古城址的地理位置正与石泉先生所考证的古随国地望相一致。我们认为，这种一致并非偶然的巧合，特别是从迄今为止随县境内尚无其他可与安居遗址相匹敌的先秦遗址来看，此遗址系随国国都故址所在地的可能性是十分大的。”④

西周早中期安居遗址可能是鄂国的都城所在地，羊子山鄂侯墓地正位于安居遗址东北部岗地上，是一个重要的证据。至于安居古城的详细情况，还有待今后科学的发掘工作。此时曾国的都城在庙台子遗址。虽然周王朝赋予曾国很大权力，“君庇淮夷，临有江夏”，但是曾国实际地盘比较小，一直局促于漂水流域周围地区，并且曾国作为周朝的同姓封国，受周礼的严格约束，不敢随意扩张领土。

二、西周中晚期至春秋早期的曾国都城

西周中期鄂国被周朝重创，并迁到南阳东北部夏饷铺一带。原来鄂国

①王少泉：《随县出土西周青铜单錾尊》，《江汉考古》1981 年第 1 期；随州市博物馆：《湖北随县安居出土青铜器》，《文物》1982 年第 12 期。

②随州市博物馆：《湖北随县安居出土青铜器》，《文物》1982 年第 12 期。

③石泉：《古代荆楚地理新探》，武汉大学出版社 1988 年，第 84~104 页。

④武汉大学荆楚史地与考古研究室：《随州安居遗址初次调查简报》，《江汉考古》1984 年第 4 期。

所辖安居一带的地盘就无人管理,尚无文献记载鄂国迁走后的历史情况。我们推测曾国可能执行周厉王之命,接管了鄂国的地盘,直到此时曾国才真正成为汉东第一大国,也就是《左传》桓公六年(前706年)中说的"汉东之国随为大"。①

这时曾国从漂水下游向溠水处的安居一带发展,其政治中心可能要向西部迁移,曾国利用鄂国都城的设施,西周中期偏晚可能将都城从庙台子迁到了溠水以东的安居,一直持续到至春秋早期。目前这一看法还不能完全证实,但已经有下面一些重要线索。

首先石泉曾最早提出随国都城在安居,其证据有二:一是《左传》庄公四年记载:"令尹斗祁、莫敖屈重,除道梁溠,营军临随。随人惧,行成。"②在溠水上架桥,就到达随都,安居正位于溠水东岸。二是石泉据《水经注》卷三十一"涢水篇"考证安居是汉魏随县故城所在。③ 石泉提出的两个证据还是很有力的,说明随国都城就在溠水之东的安居,因为"除道梁溠",即"营军临随",汉魏又在此设随县。石泉的看法虽有一定的合理性,但其不足之处是没有考虑随都的迁徙问题,认为随国都城一直在安居。随州的考古事实表明,随国都城在建都安居之后是发生过迁徙的。

其次在考古学上有一定的证据。考古证据之一是1988年在安居发掘了一座春秋晚期曾国墓,此墓位于安居镇徐家咀村汪家塆窑厂,地处涢水北岸,村民取土石挖出青铜器,墓葬已遭到破坏,墓葬为土坑竖穴墓,残存墓底长4米,宽约2米、残存深度0.5~0.75米。葬具为一棺一椁,均已腐朽。墓向360°,头向北。随葬品9件,包括铜鼎1、簠2、车軎2、箭簇1、铅方壶2、陶罐1。铜鼎的盖内中部和器腹内壁铸有相同的铭文:"曾孙定之脜鼎。"两件铜簠器盖内和器底内铸有相同的铭文:"曾都尹定之行簠。"④这座墓的墓主人为曾都尹定,身份相当高,为曾国都城在安居增添了一条重要证据。⑤ 左

①(唐)孔颖达:《春秋左传正义·桓公六年》,(清)阮元校刻《十三经注疏》,中华书局1980年,第1749页。

②(唐)孔颖达:《春秋左传正义·庄公四年》,(清)阮元校刻《十三经注疏》,中华书局1980年,第1764页。

③石泉:《古代荆楚地理新探》,武汉大学出版社1988年,第84~104页。

④随州市博物馆:《湖北随州市安居镇发现春秋曾国墓》,《江汉考古》1990年第1期。

⑤左德田:《曾都刍议》,《江汉考古》1990年第1期。

德田据此认为安居镇应为曾国国都的可能性是大的，充分肯定了石泉观点的正确性，否定了西阳光山说、京山与安陆之间说、今随州市区说。左德田把“曾都尹”之“都”解释为都城的都，“都尹”可能是管理都城的长官，此属误解。《广韵》：“都犹总也。”都尹就是负责全面工作的长官。这座墓虽不能直接证明安居就是随都，至少说明安居地位的重要性，有高级贵族埋葬在这里。

考古证据之二是 1979 年随州安居桃花坡农民在改修公路时，发现一批青铜器，经考古工作者发掘，确定器物出自两座墓葬，分别编号为 M1、M2，均为竖穴土坑，东西向。M1 出土青铜器有鼎 2、簋 4、鬲 4、壶 1、盘 1、匜 1，车軎、马镳、马衔各 2，铜节约 138 件。M2 出土青铜器有鼎 4、簋 1、鬲 2。简报作者断代为春秋早期，①杨宝成断为春秋早期，②张昌平断为西周晚期。③两座墓的墓主人族属无疑应为曾国贵族，因为位于桃花坡西部的枣阳郭家庙已被确认为曾国高级贵族墓地，第一期属于西周末期，桃花坡两座墓葬所出的青铜礼器鼎、簋、壶与郭家庙第一期同类器物相比，从形制到纹饰基本相似。桃花坡位于安居镇西北四公里，位于涢水北岸，桃花坡墓地应是曾国接管鄂国地盘以后，占据了今安居地区，曾国贵族死后埋葬在桃花坡墓地。安居遗址原为鄂国都城，变成曾国都城以后，继续发挥着重要作用。曾国贵族死后，有的就埋葬在桃花坡墓地。

考古证据之三就是上文所说武汉大学荆楚史地与考古研究室对随州安居遗址的考古调查结果，发现有不迟于两周之际延续至两汉的城址和城址北部的墓群，认为此遗址系随国国都故址所在地的可能性是十分大的。④

黄凤春认为曾国共有四次迁都，即西周早期、西周中期至晚期、西周晚期至春秋早期、春秋早期至战国时期。西周早期在随州叶家山的庙台子应可确定。西周中期至晚期迁过都，至于迁到哪里，目前还缺乏相应的考古材料。西周晚期至春秋早期曾国的都城曾经有过一次迁移，其迁徙的地点极有可能就是临近溠水边的安居古城，也就是当时鄂国的旧都。春秋早期到

①随州市博物馆：《湖北随县安居出土青铜器》，《文物》1982 年第 12 期。

②杨宝成：《试论曾国青铜器的分期》，《中原文物》1991 年第 4 期；《试论随枣地区的两周铜器》，《中国考古学会第七次年会论文集 · 1989》，文物出版社 1992 年。

③张昌平：《曾国青铜器研究》，文物出版社 2009 年，第 36～117 页。

④武汉大学荆楚史地与考古研究室：《随州安居遗址初次调查简报》，《江汉考古》1984 年第 4 期。

战国时期，迁都于今随州市区。黄凤春强调的证据也是上引《左传》庄公四年这条材料，并且强调随都在溠水以东，既不在郭家庙，也不在苏家垄。①

按照方勤的观点，继枣阳郭家庙、京山苏家垄作为都城之后，春秋中期曾国都城迁到今随州西的安居遗址，一直持续到战国中期。②

笔者认为曾国在接管鄂国地盘时，不是在西周晚期而是更早一点，在西周中期偏晚就占领了鄂国都城，把曾国都城从庙台子迁到安居，一直持续到春秋早期。春秋早期因受到楚武王三次伐随的攻击，都城若继续建在安居风险很高，春秋早期偏晚随国被迫将都城迁到涢水北岸、㵐水东岸的今随州市区，具体的迁都时间可能在公元前690年楚武王第三次伐随，楚、随签订盟约之后。一直到战国中期，曾国都城再没有迁徙过。我们认为枣阳郭家庙和京山苏家垄都不是曾国都城。

若此说法有一定的道理，则曾国共有三处都城，即庙台子、安居和今随州市区。

三、西周中晚期到春秋早期的曾国疆域

（一）鄂国的北迁与曾国西部疆域的扩大

西周中晚期到春秋早期曾国迅速发展，《左传》中所记载的“汉东之国随为大”正是指的这个时期。西周中晚期周天子犹能基本掌控局面，诸侯扩张才刚刚开始，随便占领地盘为法律所不允许。《史记·楚世家》记载：“当周夷王之时，王室微，诸侯或不朝，相伐。”③曾国为周天子所封同姓诸侯，受周礼的约束，更不敢轻举妄动。曾国突然强大的主要原因是曾国接管了鄂国的地盘，向西部的枣阳滚河流域拓展。鄂国的都城就在安居遗址，羊子山一带是鄂国的国君墓地，这里曾发现过三次西周早期的鄂国墓葬资料，其中2007年发现的第4号墓是鄂侯墓，前文已经详述。由于鄂国发动叛乱，被周厉王镇压。禹鼎记载：“乌乎哀哉！用天降大丧于下或（国），亦唯

①黄凤春：《关于曾国的政治中心及其变迁问题》，《中原文化研究》2018年第4期。

②方勤：《曾国历史与文化——从“左右文武”到“左右楚王”》，上海古籍出版社2019年，第87～163页。

③（汉）司马迁：《史记·楚世家》，中华书局1959年，第1692页。

噩(鄂)侯驭方率南淮尸(夷)、东尸(夷),广伐南或(国)、东或(国),至于历内。王乃命西六师、殷八师曰:‘剿(扑)伐噩侯驭方,勿遗寿幼。’肄(肆)师弥宋(怵)匌匡(恇),弗克伐噩(鄂)。肄(肆)武公乃遣禹率公戎车百乘、斯(厮)驭二百、徒千,曰:‘于匡朕肃慕,叀(惟)西六师、殷八师伐噩(鄂)侯驭方,勿遗寿幼。’禹以武公徒御至于噩(鄂),敦伐噩(鄂),休获厥君驭方。”噩侯驭方率领南淮夷、东夷攻打南国和东国,到达了历内这个地方。我认为这里的南国很可能就是曾国。周王命令西六师和殷八师征伐噩侯驭方,斩尽杀绝。仅靠西六师和殷八师还不能战胜鄂国,于是武公又派遣禹率领武公的戎车百乘,斯御二百,徒兵千人,与西六师、殷八师共同作战,禹率武公的军队到达鄂,讨伐鄂国,俘虏了噩侯驭方。徐中舒认为禹鼎年代属于周厉王时期。① 陈梦家认为禹鼎年代为周夷王时期。② 从徐中舒的观点来看,伐鄂的时间就在周厉王时期。无论是周厉王还是武公,都下令讨伐鄂国时“勿遗寿幼”。这次讨伐战争,对鄂国是一次致命的打击。

从现在考古来看,南阳夏饷铺一带发现了西周晚期到春秋早期的鄂侯墓地,说明周厉王并没有取消鄂国封号,而是把鄂国迁到了南阳。2012 年南阳市文物考古研究所在南阳市新区新店乡夏饷铺村北 500 米发现鄂侯家族墓地,共勘探出墓葬 30 余座,第一期共清理古墓葬 20 座。

M1 位于鄂国墓地的西部,被盗掘严重。M1 为一竖穴土坑墓,墓葬开口长 6.6 米,宽 5.3 米,墓葬开口距地表 4.4 米,墓底距地表深 8.4 米,有大型木质棺椁,劫余之物有 48 件。其中铜器 36 件,包括铜鼎 7、鬲 3、簠 2、簋盖 2、方壶盖 2、盘 1、匜 1、铃 4、銮铃 3、马络饰 1、节约 3、兽首饰件 2、鱼 2、残铜器 3 等。玉器 11 件,其中有璧 1、虎 1、璜 2、玦 3、玉戈 1、饰件 2、料珠 1。漆木器 1 件。5 件铜鼎腹内壁有铭文:“唯正月初吉己丑,鄂侯作夫人行鼎。”仅发现 2 件铜簋盖,盖内底有铭文:“唯八月己丑,鄂侯作夫人行簋。”发现 3 件铜鬲,口沿上有铭文:“唯八月己丑,鄂侯作夫人行鬲。”铜方壶盖 2 件,子口缘面有铭文:“养□伯作宝壶,其万年子孙永宝用享。”M1 墓主人应为

①徐中舒:《禹鼎的年代及其相关问题》,《考古学报》1959 年第 3 期。

②陈梦家:《西周铜器断代》,中华书局 2004 年,第 268~277 页。

鄂侯夫人。简报作者推断 M1 的年代为春秋早期后段。①

还有三组夫妻并穴合葬墓。M5 和 M6 并列,M6 在 M5 东边。二墓相距 1.5 米左右。M5 为中型竖穴土坑墓,墓口长 4.4 米,宽 3.1 米,一棺一椁,出土有铜鼎 2 件、鬲 2 件、簠 2 件、簋 2 件、盘 1 件、盉 1 件;玉器有戈、璜、串饰等。其中鬲口沿上有"噩(鄂)姜乍(作)羞鬲"铭文。铜簠器身内底铸有铭文,为"噩(鄂)姜乍(作)旅簠"。M6 墓主人应为鄂侯。M5 墓主人为鄂侯夫人,姜姓,是申或吕国女子。

M6 为一大型竖穴木椁墓,墓口长 6.1 米,宽 4.7 米。随葬器物有铜器、玉器、漆器、木器等。青铜器有鼎 1 件、尊 1 件、方彝 1 件、簋 1 件、簋盖1 件、熏炉盖 1 件、觯 1 件、鹤首 1 件,铜编钟一套 6 件,上有"鄂侯乍(作)"铭文。M5、M6 时代为西周晚期晚段。②

M19 和 M20 并列位于鄂国墓地的中部,在 M5 西边,两座相距 2 米,均为竖穴土坑墓,一棺一椁。M19 开口位置距地表 0.3 米,墓地距地表 6.5 米,墓口长 4.9 米,宽 3.3 米。出土随葬品 232 件,其中铜器 223 件,玛瑙珠 7 件,绿松石 1 件,陶鬲 1 件。铜器有铜鼎 2、簋 4、壶 2、盘 1、匜 1、车辖 4、车軎 1、銮铃 7、马衔 4、马镳 13 等。铜壶(M19:10)盖口外侧边缘有铭文:"鄂侯作孟姬媵壶。"M20 出土随葬品 75 件,其中铜器 13 件,玉器 62 件。铜器有铜鼎 3、簋 4、盘 1、簠 1、盉 1、铃 3。玉器有玉璜、璋、鱼形饰、珠、玛瑙等。其中铜簠上有铭文:"鄂姜作宝簠,永宝用。"简报作者认为 M19 墓主人应为鄂侯。M20 墓主人为鄂侯夫人。③ M20 墓主人这位鄂侯夫人为姜姓,可能是申或吕国女子。M19 是否是鄂侯还要存疑,因为此墓铜壶铭文为"鄂侯作孟姬媵壶",M19 的墓主人应是鄂侯的另一位姬姓夫人。

M16 和 M7 为并穴合葬墓,位于鄂国墓地的中部,为长方形竖穴土坑墓,一棺一椁,有二层台。M7 墓口长 5.1 米,宽 3.4 米,开口距地表 0.3 米,残存深度 6.5 米。出土器物 309 件,其中铜器 303 件,玉器 5 件,桃核 1 枚。

①河南省文物局南水北调办公室、南阳市文物考古研究所:《河南南阳夏饷铺鄂国墓地 M1 发掘简报》,《江汉考古》2019 年第 4 期。

②河南省文物局南水北调文物保护办公室、南阳市文物考古研究所:《河南南阳夏饷铺鄂国墓地 M5、M6 发掘简报》,《江汉考古》2020 年第 3 期。

③河南省文物局南水北调办公室、南阳市文物考古研究所:《河南南阳夏饷铺鄂国墓地 M19、M20 发掘简报》,《江汉考古》2019 年第 4 期。

M7 历史上被盗掘，出土铜器有矛、锛、箭镞、鱼、扣饰、车軎、车辖、銮铃、马衔、马镳、节约等；玉器有戈、玦、束绢形佩等。M16 墓口长 4.8 米，宽 3.5 米，墓开口距地表 0.3 米，墓底距地表深 6.5 米。M16 出土铜器 134 件，其中有铜鼎 3、簋 4、鬲 4、壶 2、盘 1、匜 1、铜翣 4、铃 10、铜鱼 105。铜鼎（M16∶13）腹部内侧有铭文：“鄂伯□□作鼎，则其万年子孙永宝用享。”两件铜壶的壶盖内壁、壶颈部有铭文：“鄂侯作孟姬媵壶。”铜盘上亦有铭文，简报未隶定，前四字不识：“□□□□作宝盘，其万年永祐福。”玉器有璋 2、虎 2、料珠等。其中盘上有铭文。简报作者认为 M16 和 M7 为并穴合葬墓，M7 为鄂侯墓，M16 为鄂侯夫人墓，两墓的年代为春秋早期。①

发掘者认为夏饷铺鄂侯家族墓地可确定埋有四代鄂侯及夫人。M5、M6 在墓地范围内年代最早，初步推断为西周晚期晚段。M1、M19、M20、M7、M16 年代均为春秋早期。发掘者认为从夏饷铺鄂国贵族墓地的发现与发掘看，西周晚期到春秋早期鄂国仍然存在于南阳，应是周王朝镇压鄂国叛乱后，把鄂国迁移到了南阳夏饷铺一带。② 到汉朝时期，因这一历史背景，在南阳设立了西鄂县。

我们认为鄂国原来的地盘由曾国来接管，从考古发现的遗存可以证明这一观点。如随州安居桃花坡 M1、M2 年代为西周晚期，虽然没有曾国的铭文资料，但可推测属曾国遗存。曾国占领了枣阳滚河流域，已经被多次考古发现所证实。1972 年，枣阳熊集区茶庵公社段营大队第五生产队农民在村内住宅旁发现铜鼎 3、簋 4、壶 2，1973 年湖北省博物馆派人前去调查，发现铜器出自一座墓葬，并进行了发掘，墓葬为土坑竖穴，方向 90°，葬具为一棺一椁，墓底长 3.30 米，宽 1.5 米。出土铜器 289 件其中有鼎 3、簋 4、壶 2、戈 1、矛 1、镞 3、车马器 275。最小的一件铜鼎内壁有铭文：“唯曾子仲謱，用其吉金自作䵼彝，子子孙孙其永用之。”该墓年代为春秋早期。③ 这是一座曾

①河南省文物局南水北调办公室、南阳市文物考古研究所：《河南南阳夏饷铺鄂国墓地 M7、M16 发掘简报》，《江汉考古》2019 年第 4 期。

②王巍、赫德川、崔本信：《河南南阳夏饷铺鄂国贵族墓地》，《大众考古》2014 年第 10 期；曾庆硕、郭煜宸、韩猛等：《河南南阳夏饷铺鄂国墓地 M19、M20 发掘简报》，《江汉考古》2019 年第 4 期；曾庆硕、韩猛、张海滨等：《河南南阳夏饷铺鄂国墓地 M7、M16 发掘简报》，《江汉考古》2019 年第 4 期；王巍、曾庆硕、韩猛等：《河南南阳夏饷铺鄂国墓地 M1 发掘简报》，《江汉考古》2019 年第 4 期。

③湖北省博物馆：《湖北枣阳县发现曾国墓葬》，《考古》1975 年第 4 期。

国贵族墓葬,墓主人可能是曾子仲謱,辈分属于曾侯之子,以行辈称谓,这个贵族的身份还是相当高的,该墓的发掘资料说明当时曾国王室贵族生活在段营这一带。

1972年,枣阳吴店公社赵湖大队(具体地点叫曹门湾)农民在村前坡地取土时,发现鼎2、簋2共4件铜器,鼎为立耳,深腹圜底,兽蹄足略长,中腹部饰一周凸弦纹,上腹部饰一周窃曲纹,下腹部饰一周龙纹。簋为子母口,承盖,盖顶为圆形抓手,垂腹,圈足,圈足下设三个兽形扁足,腹部两耳为双角兽头形,有珥,器盖和器身均饰瓦纹。[①] 年代为西周晚期。[②] 1983年1月,吴店公社赵湖大队第一生产队(曹门湾)农民张明福在水塘边挖堤引水灌地,挖出一组青铜器。后经考古工作者调查,青铜器出自一座土坑竖穴墓,东西向,墓坑东西长2.7米,南北宽1.3米,残深0.6~0.7米。随葬器物包括青铜鼎1、簋2、壶1,墓葬年代为西周晚期到春秋早期。1982年底,赵湖大队曹门湾农民翻地时发现一件铜戈,内之末端有铭文六字:"曾侯絴伯秉戈。"[③]根据张昌平的核查结果,此简报报道的两件簋应与段营出土的簋混淆了,此墓出土的簋为子母口承盖,盖顶为圆形捉手,双兽首耳,有珥,圈足,盖下部饰重环纹,器身颈部饰窃曲纹,圈足饰垂鳞纹。而段营出土的铜簋盖下部、器身颈部、圈足均饰重环纹。[④]

1983年4月,在东赵湖大队曹门湾以北200米处,又出土了鼎1、鐳2,据农民讲铜器出自一座墓葬。年代为西周晚期到春秋早期。[⑤]

郭家庙墓地隶属于枣阳市吴店镇东赵湖村一、二组,距枣阳县城15公里,坐落在滚河北岸。郭家庙墓地可分为北部山岗的郭家庙墓区和南部山岗的曹门湾墓区。墓地南北长约1000米,东西宽约800米。2002年11月至2003年4月,襄樊市考古队为配合孝襄高速公路工程建设,在郭家庙墓区共发掘西周末期至春秋早期的墓葬25座,车马坑1座,车坑1座。另有

①湖北省文物考古研究所:《曾国青铜器》,文物出版社2007年,第64~67页。此书对鼎的纹饰描述与简报不一致,因此书配有彩版、线图、拓片,以此书为准。

②湖北省博物馆:《湖北枣阳县发现曾国墓葬》,《考古》1975年第4期。

③田海峰:《湖北枣阳县又发现曾国铜器》,《江汉考古》1983年第3期。

④湖北省文物考古研究所:《曾国青铜器》,文物出版社2007年,第51~79页。

⑤徐正国:《枣阳东赵湖再次出土青铜器》,《江汉考古》1984年第1期。

当地居民发现铜器经考古调查确认的墓葬 4 座，共计 29 座墓。[1] 这些墓葬、车马坑和车坑可分为二期三段，一期一段为西周末期，二期二段为春秋早期前段，二期三段为春秋早期后段。郭家庙曾国墓地年代跨度比较短，从西周末期到春秋早期后段。这个地方原来也可能是鄂国的地盘，后由曾国接管。

表十一　枣阳郭家庙曾国墓地墓葬分期表

期	段	年代	墓号
一	一	西周末期	CM01、CM02、GM19、GM21、GM24
二	二	春秋早期前段	GM01、GM02、GM3、GM7、GM11、GM12、GM14、GM15、GM16、GM17、GM18、GM20、GM22
	三	春秋早期后段	GM1、GM4、GM5、GM6、GM8、GM9、GM13、GM23、GM25

根据墓葬的墓坑结构、棺椁重数、随葬品数量，可将墓葬分为甲、乙、丙、丁四类，带墓道的墓葬归为甲类墓，其中重棺一椁的为甲 A 类，一棺一椁的为甲 B 类；把无墓道的一棺一椁、以铜器为主要随葬品的墓归为乙类，其中规模较大、随葬器物较多的归为乙 A 类，规模较小、随葬器物较少的为乙 B 类；把一棺一椁、以陶器为主要随葬品的墓归为丙类；把无棺无椁无随葬品的墓列为丁类。

表十二　枣阳郭家庙曾国墓地分类表

类别	墓型	数量	墓号
甲 A 类	带墓道重棺一椁铜器墓	1	GM21
甲 B 类		1	GM17
乙 A 类	一棺一椁铜器墓	2	GM3、GM13
乙 B 类		15	GM1、GM2、GM4 ~ GM8、GM16、GM20、GM22、GM25、GM01、GM02、CM01、CM02
丙类	一棺一椁陶器墓	9	GM9、GM11、GM12、GM14、GM15、GM18、GM19、GM23、GM24
丁类	无棺椁无随葬品	1	GM10

①襄樊市考古队、湖北省文物考古研究所、湖北孝襄高速公路考古队编著：《枣阳郭家庙曾国墓地》，科学出版社 2005 年。

能够代表郭家庙曾国墓地最高等级的属甲 A 类墓 GM21 和甲 B 类墓 GM17,其他墓葬应该属于具有血缘关系的家族成员。

GM21 是一座重棺一椁单墓道大型岩土坑竖穴墓,长方形墓坑加斜坡墓道的开口总长度达 18.48 米,其中墓坑长 11 米,宽 9 米左右,墓道长 7.48 米,宽 4.5 米左右。墓地距地表 6.2 米,长 6.56 米,宽 4.12 米,面积约 27 平方米。椁室长 5.3 米,平均宽度 3.62 米,面积 19.19 平方米。随葬品中的礼、乐器大部分被盗,仅剩兵器、车马器等小件器物,幸存一件带 18 字铭文铜钺,铭文为:"曾白(伯)陭铸戚戉(钺),用为民䵻(刑),非历殴井,用为民政。"传世文物中有一件曾伯陭铜壶。[①] GM21 墓主人应该就是曾伯陭。

GM17 为一棺一椁带墓道的竖穴岩土坑墓。其长方形墓坑加梯形墓道开口总长 11.3 米。墓底面积约 20 平方米。椁室东西长 4.3 米,宽 2.6 米,面积 11.18 平方米。附葬箱长 1.56 米,宽 0.92 米,面积 1.44 平方米。墓底面积和椁室面积小于 GM21 而大于已发掘的其他墓葬。墓主人的等级地位应是仅次于曾伯陭的曾国高级贵族。该墓椁室被盗,棺外东端存 1 件因扰乱所致的玉器残片,东南角尚存 1 件铜杯。东北角有 1 只铜鼎足和 1 件铜小铃。塌入东北角的椁盖板上有 1 件圆形漆木器的腐烂痕迹。棺外侧有陶器鬲、罐、豆、器盖和铜小铃、铜器残片。棺外西端有铜"Y"形帽、铜小铃,西北角有铜器座 1 件、鸟形首铜帽 1 件。棺外北侧有铜小铃、玉佩饰、玉管、玛瑙珠。棺内有银箔残片、玉佩饰、玉管、玛瑙珠等。附葬箱内随葬品未经盗扰,保存较好。有铜器鼎、壶各 2 件,鬲 1 件。陶器有罐 4 件、豆 1 件。附葬箱内出土的两件铜鼎(GM17:1、2)铭文相同,各 13 字:"曾亘嫚非录为尔(㜑)行器,尔(㜑)永祜福。"作器者为"曾亘嫚非录",嫚是邓国的姓,此人是嫁到曾国的邓国王室贵族之女。墓主人应是该铭文中的"尔(㜑)"。"曾亘嫚非录"为墓主人"尔(㜑)"作了几件铜器,除两件铜鼎外,还有壶 2 件和鬲 1 件,壶和鬲上没有铭文。陈千万认为"尔(㜑)"为楚国的"芈"姓,楚王室女子嫁给曾国为贵夫人,该女子死后,可直接称呼她的族姓。若此推测不误,则 GM17 应该是曾国高级贵族娶自楚国芈姓夫人之墓。曾国在与邓通婚之前,已经与楚国通婚了。

该墓地发掘了 1 座车马坑(GCHMK1)、2 座车坑(GCHK1、GCHK2)。

①郭沫若:《两周金文辞大系图录及考释》图 208,考释 187,上海书店出版社 1999 年。

车马坑内为一车二马。第一号车坑内有二车。第二号车坑内有三辆车。车马坑、第一号车坑年代为春秋早期后段。二号车坑年代为春秋早期前段。

前文已述，在发掘报告中，陈千万认为 GM21 墓葬墓主为曾国国君曾伯陭，墓葬年代为西周末期。GM17 墓主为曾国娶自楚国的芈姓夫人，晚于曾伯陭墓，此墓为曾伯陭下一代国君夫人墓的可能性比较大。陈千万认为曾国西周晚期后段曾伯陭统治的政治中心在枣阳郭家庙一带，曾国的政治中心先在枣阳，后移至东南方的随州。①

2002 年 7—9 月，襄樊市考古队还发掘了周台遗址，周台遗址位于郭家庙墓地东部，位于枣阳市兴隆镇周台村南 200 米处。遗址东西长 1500 米，南北宽约 600 米。遗址有少量的新石器年代文化遗存，年代为石家河文化早期。其西部不到一公里为郭家庙墓地，南部为忠义寨城址。周代已经成为大面积的聚落，在比较小的发掘范围内，发掘出了规模较大的房址（如 F2、F3）、水井、灰坑、灰沟、较高等级的墓葬（如 M3）等遗迹现象，出土了石、铜、铁、陶质各类器物。周代遗存可以分为六个时期，分别为西周晚期或略早、春秋早期、春秋中期、春秋晚期、战国早期、战国中期偏早阶段。六个时期的陶器群均属典型的周文化风格，器物组合比较固定，主要为鬲、甗、簋、豆、盆、罐。炊器鬲、甗一直流行瘪裆特征，簋、豆、盆、罐均来自周文化，按一定的轨迹演变。整个陶器群对西周文化的继承性比较突出。自春秋中期以后受到楚文化的影响，如春秋中期出现的小口弧裆鬲、弧肩壶腹盆，战国早期的壶，战国中期的高蹄形足鼎、敦。同时也受到中原三晋文化的影响，如矮乳状足陶鬲等。周台遗址是一处面积大、延续时间长的大型遗址，不是一般的村落遗址。简报作者王先福也认为忠义寨城址从西周晚期到春秋早期为曾国都城。②

2014 年、2015 年湖北省文物考古研究所对郭家庙墓区和曹门湾墓区进行了发掘，发掘墓葬 110 座，其中 2014 年 11 月至 2015 年 1 月，共发掘西周晚期到春秋早期墓葬 29 座，车坑 1 座，马坑 2 座，车马坑 1 座。曹门湾墓地以位于岗地最高处规模最大的 M1 和陪葬的大型车坑、马坑为中心，其余中

---

①襄樊市考古队等：《枣阳郭家庙曾国墓地》，科学出版社 2005 年，第 322～357 页。

②襄樊市文物考古研究所等：《枣阳周台遗址发掘报告》，襄樊市文物考古研究所编：《襄樊考古文集》第一辑，科学出版社 2007 年，第 34～101 页。

小型墓葬有序分布于M1的西侧和南侧。M1为带斜坡一条墓道的岩坑墓，东西向。墓室长11米，宽8.5米，深8米。墓道与墓室同宽，长10米，斜坡自东而西，临近墓室处渐收为一平台。葬具一椁二棺。墓葬早期被盗，残存器物700余件套。椁室内西北部为车马器，北部为编钟架、编磬等礼乐器，南部为兵器，东部为豆、盒等漆木器及金玉器。一号车坑、一号马坑属M1的陪葬坑，分布在M1的西南部。一号车坑长32.7米，宽4米，葬车28辆。一号马坑长9米，宽8米，深2米，葬马49匹，此坑曾被盗，从盗洞面积推测可能有3匹马被盗毁。发掘其间，还对郭家庙墓地东南部的周台遗址、忠义寨城址进行了调查，两个遗址均有与郭家庙墓地同时期即西周晚期到春秋早期的遗存。① M1东南部还有一座带一条墓道的大墓M2。在郭家庙墓区又发掘出了一座大墓GM60（图三）。

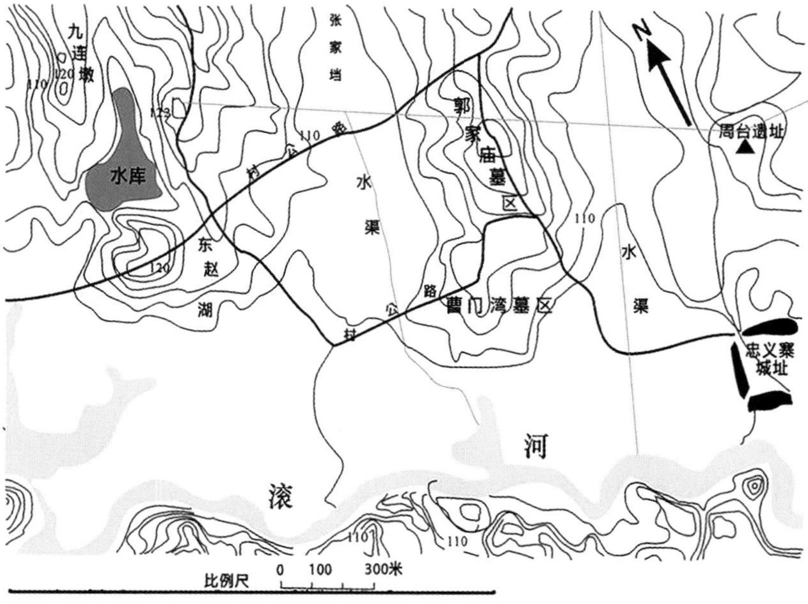

图三　郭家庙墓地与忠义寨遗址、周台遗址位置关系（方勤博士论文）

①方勤、胡刚：《枣阳郭家庙墓地曹门湾墓区考古主要收获》，《江汉考古》2015年第3期；湖北省文物考古研究所等：《湖北枣阳郭家庙墓地曹门湾墓区（2014）M10、M13、M22发掘简报》，《江汉考古》2016年第5期；武汉大学历史学院、湖北省文物考古研究所：《湖北枣阳郭家庙墓地曹门湾墓区（2015）M43发掘简报》，《江汉考古》2016年第5期；方勤、吴宏堂：《穆穆曾侯——枣阳郭家庙曾国墓地》，文物出版社2015年。

方勤认为曹门湾墓区 M1 墓坑规模大，出土的曲尺形编钟架与编磬架的组合，可能与诸侯悬挂乐器的“轩悬”之制有关。车坑随葬 28 辆车，是同期长江流域所见最大的车坑。马坑随葬了 49 匹马。这些高规格的埋葬礼制，表明 M1 可能为国君墓葬。1982 年，在 M1 的西南耕土中出土过带有“曾侯絴伯秉戈”铭文的铜戈，间接地证明了 M1 可能是诸侯级别的墓葬。M2 的随葬器物显示其为 M1 的夫人墓。① 并且在有的地方比较明确地指出，M1 主人极可能为春秋早期曾国国君“曾侯絴伯”。②

方勤认为郭家庙墓地已经发掘的墓葬中，郭家庙墓区 M60、M50、M21（墓主人为曾伯陭）、M2，曹门湾墓区 M1、M2 应分别是三位诸侯及夫人墓葬。郭家庙墓地、忠义寨城址和周台遗址构成一个布局完整的遗址区。基本可确定郭家庙墓地是西周晚期到春秋早期曾侯墓所在的曾国公墓地，曾国都城亦在郭家庙一带，曾国当时的中心区就是以郭家庙为中心的滚河流域的吴店东赵湖一带。③

陈千万、张昌平、方勤、王先福等多位学者都认为郭家庙一带是西周晚期到春秋早期曾国的国都，因为有高等级的墓地，忠义寨城址，还有城北的周台遗址。但笔者在此提出一点疑问，这里的墓葬等级虽然高，但没有一座墓葬可以确认为是曾侯墓葬。可以确认墓主人身份的墓葬就是郭家庙墓区 M21 的墓主人是曾伯陭，因为墓葬中出土了一件曾伯陭钺，其上铭文为：“曾白（伯）陭铸戚戉（钺），用为民𠛬（刑），非历殹井（刑），用为民政。”传世文物中有一件曾伯陭壶，铭文为：“隹（唯）曾伯陭乃用吉金鐈鋚，用自乍（作）醴壶，用乡（飨）宾客，为德无叚（瑕）。用孝用享，用赐眉寿，子子孙孙，用受大福无疆。”④黄锡全解释这段铭文的大意是：“曾国的国君陭制作这件戚钺，用来治理百姓的罪刑；然其作用不是专门行用戚钺杀人而是晓民

①方勤：《曾国历史与文化——从“左右文武”到“左右楚王”》，上海古籍出版社 2018 年，第47~48 页。

②方勤、吴宏堂《穆穆曾侯——枣阳郭家庙曾国墓地》，文物出版社 2015 年，第 204 页；方勤：《郭家庙曾国墓地的性质》，《江汉考古》2016 年第 5 期。

③方勤：《郭家庙曾国墓地的性质》，《江汉考古》2016 年第 5 期；方勤：《曾国历史与文化——从“左右文武”到“左右楚王”》，上海古籍出版社 2018 年，第 110 页。

④郭沫若：《两周金文辞大系图录及考释》，图 208，考释 187，上海书店出版社 1999 年。

以刑律，主要用来治理人民政事（推行政令）。”[①]因此，陈千万认为曾伯陭钺铭文表明，“这完全是国君推行刑法与政令、治理国家的语句和语气，同时亦表明曾伯陭处于国君的地位”。[②] 张昌平也认为曾伯陭为曾国国君。[③] 但是据我们的考证，曾国国君称为“曾侯”，偶尔有称“曾公”的，如曾公畎，而曾伯是曾国低于曾侯的曾国贵族，我们认为曾伯陭不是曾国国君。[④]

虽然 1982 年在曹门湾采集过一件带有“曾侯絴伯秉戈”铭文的铜戈，后来在出土铜戈的东北部发掘大墓曹门湾 M1，方勤推测 M1 的墓主人极可能是曾侯絴伯。但也不能确定说就是曾侯絴伯，也就是说 M1 还不能完全说是曾侯的墓葬。那么，郭家庙墓地还不能像叶家山那样说成是曾侯墓地，可以说是曾伯墓地。郭家庙墓地、忠义寨城址、周台遗址这个聚落群的级别可能不是曾国的都城，但说是一个以曾伯陭为代表的曾伯封地则毫无疑问。笔者就认为枣阳郭家庙、忠义寨、周台遗址一带是曾国的称之为曾伯的上层贵族封地之一，地位十分显赫。又因郭家庙一带战略地位十分重要，西边与邓国、楚国接壤，尤其是楚国崛起以后，楚国多次与曾（随）国发生战争，最先交战的地方就在郭家庙一带。可以说郭家庙一带是曾国的西大门，守住西大门，就确保了曾国的安全，若西大门失守，曾国就将被楚国征服。驻守郭家庙一带的曾伯地位明显高于其他贵族，郭家庙墓区 M60、M50，M21（墓主人为曾伯陭）、M2，曹门湾墓区 M1、M2 三组墓葬规模都相当大，无怪乎许多学者视之为曾侯墓葬。

《左传》记载的楚武王三次伐随战争很可能与郭家庙一带有关。楚武王三十五年（前 706 年），传世文献首次记载了楚国侵随（曾）战争，《左传》桓公六年载：“楚武王侵随，使薳章求成焉，军于瑕以待之。随人使少师董成。斗伯比言于楚子曰：‘吾不得志于汉东也，我则使然。我张吾三军而被吾甲兵，以武临之。彼则聚而协来谋我，故难间也。汉东之国随为大，随张，必弃小国，小国离，楚之利也。少师侈，请羸师以张之。’”[⑤]斗伯比分析，楚

---

①襄樊市考古队等：《枣阳郭家庙曾国墓地》，科学出版社 2005 年，第 371～378 页。

②襄樊市考古队等：《枣阳郭家庙曾国墓地》，科学出版社 2005 年，第 323 页。

③张昌平：《曾国青铜器研究》，文物出版社 2009 年，第 355～359 页。

④黄尚明：《曾侯世系考辨》，《华中师范大学学报（人文社会科学版）》2018 年第 6 期。

⑤（唐）孔颖达：《春秋左传正义 · 桓公六年》，（清）阮元校刻《十三经注疏》，中华书局 1980 年，第 1749 页。

国以武力征服随国，随国与汉阳诸姬结成联盟，因此很难取得效果。要想取胜，必须从内部打破汉阳诸姬联盟，具体办法是楚国假装示弱，使随国轻敌，去欺负小盟国，从而使其他姬姓小盟国离心离德，然后楚国各个击破。也说明公元前 706 年这次侵随战争，绝不是第一次，以前已经进行过多次。

由于随国与盟军协同作战，随侯又有季梁贤臣的辅佐，未中楚人奸计，楚国没占到便宜，双方求和。但从《左传》记载可以看出，楚国占有一定的优势，季梁就说："天方授楚，楚之羸，其诱我也，君何急焉？臣闻小之能敌大也，小道大淫。所谓道，忠于民而信于神也。"①说明这时随国自己承认弱于楚国。

公元前 704 年夏天，楚武王借口黄国、随国没参加楚国发起的沈鹿诸侯之会，讨伐随国，从汉、淮之间进军。季梁提出先与楚军讲和，以麻痹敌人，楚不答应再战；少师却坚持速战之策。随侯采纳了少师的建议。两军对垒时，季梁主张避开楚王所在的左路军，集中力量攻打较弱的右路军。少师却说："不当王，非敌也。"专找楚王去打。随侯又采纳了少师的计策。结果两军在速杞交战，随军大败，随侯逃脱，少师被俘。这年秋天，楚武王想继续攻打随国，斗伯比说"天去其疾矣，随未可克也"。短时间内，还无法攻克随国，于是楚、随签订了盟约。

又过了十四年，公元前 690 年，楚武王第三次伐随，《左传》庄公四年记载楚武王出兵之前，对其夫人邓曼说："余心荡。"邓曼说："王禄尽矣。盈而荡，天之道也，先君其知之矣。故临武事，将发大命，而荡王心焉。若师徒无亏，王薨于行，国之福也。"②武王坚持带兵出征，心脏病突发死于樠木之下。令尹斗祁和莫敖屈重继续进兵，"除道梁溠，营军临随"，随国求和，莫敖以楚王之命与随国签订盟约，然后撤军，过了汉水才对外发丧。到武王去世，除滚河流域受到沉重打击外，随国的疆域没有太大损失。随国处于守势，对楚国一般不会主动进攻，随、楚签订了盟约。

楚武王从汉、淮间伐随，很可能就是从滚河流域发动进攻的。滚河就位于汉、淮之间。从进军的路线看，当时的战场正是在滚河流域郭家庙一带，然后长驱进入溠水，逼近随都。

---

①（唐）孔颖达：《春秋左传正义・桓公六年》，（清）阮元校刻《十三经注疏》，中华书局 1980 年，第 1749 页。

②（唐）孔颖达：《春秋左传正义・庄公四年》，（清）阮元校刻《十三经注疏》，中华书局 1980 年，第 1764 页。

以上的考古发现更为直接地证明了曾国在西周晚期到春秋早期已发展到了枣阳的滚河流域,这里是曾国的西部地区。

(二)曾国的南部疆域

曾国的南部地区在西周晚期到春秋早期已经发展到京山县的漳河上游,区域中心就在苏家垄一带。

京山苏家垄曾国贵族墓地陆续发掘了丰富的材料。苏家垄遗址位于京山县坪坝镇西侧,坐落于漳水北岸,1966 年在湖北京山苏家垅发现一批西周晚期到春秋早期的铜器 97 件,其中有鼎 9、鬲 9、甗 1、簋 7、豆 1、方壶 2、盉 1、盘 1、匜 1 及车马器等。其中两件铜鼎的铭文是“曾侯中(仲)子斿父自作靠彝”,两件铜豆的铭文是“曾中(仲)斿父自作宝甫”,两件方壶的铭文是“曾中(仲)斿父用吉金自作宝蹲壶”,有两件鬲为黄国器物,口沿上铸有“隹(唯)黄朱柢用吉金乍(作)鬲”,“柢”为李学勤的释读[①],黄锡全释为“柁”。[②] 两件铜簋的铭文为:“隹(唯)王二月既死霸壬戌,竈乎乍(作)宝簋。用圣(听)夙夜,用享孝皇且(祖)文考,用匄眉寿永令(命)。乎其万人永用。朿。”[③]毫无疑问这些铜器应出自墓葬,是否出自一座墓葬已经不得而知。如果出自一座墓葬,有九件铜鼎,七件铜簋,这种组合非同一般;如果不是出自一座墓葬,可能是两座墓葬的随葬品混在一起,那又另当别论,后一种可能性比较大。从铭文铜器来看,墓主人应是铭文出现较多的曾侯中子斿父,曾侯中子斿父又可简称为曾中斿父。从简报作者的结论来看,是把“曾侯中子斿父”“曾中斿父”当作曾侯来理解的。但把“曾侯中子斿父”“曾中斿父”理解为曾侯是不正确的,一直到今天,依然还有人坚持这种观点。我们认为“曾侯中子斿父”“曾中斿父”不是曾侯,而是曾侯的仲子,即第二个儿子,他的名字叫“斿父”,被曾侯分封到京山漳河流域的苏家垄一带,驻守曾国的南方要地。与西部滚河流域的曾伯陭等人的封地,具有同样的性质。与此相似的,还分封了曾伯文驻守均河流域。黄国的铜器应为媵器,曾黄世代联姻,黄国铜器在曾国多次出土。两件竈乎簋也可能属于赠送

---

①李学勤:《论江淮间的春秋青铜器》,《新出青铜器研究》,文物出版社 1990 年。

②黄锡全:《湖北出土商周文字辑证》,武汉大学出版社 1992 年,第 121 页。

③湖北省博物馆:《湖北京山发现曾国铜器》,《文物》1972 年第 2 期。

物品,竈乎与曾侯中子游父存在密切关系。

1973 年,在苏家垄附近的檀梨树岗发现了西周晚期的曾子单鬲、曾太师鼎,说明曾国在西周晚期疆域已经拓展到漳河流域。

2008 年,在 1966 年发现地点以东 25 米处,抢救发掘一座墓葬,出土青铜簋 4 件,铜戈 2 件,车马器 1 件。①

2015—2017 年,湖北省文物考古研究所等单位对苏家垄南部岗地进行发掘,发掘墓葬 101 座,车马坑 2 座,墓葬年代为两周之际至春秋早中期之际。墓葬之间不见打破关系,年代上存在从北向南渐晚趋势,较大墓葬沿岗地脊顶排列,小墓分布于山脊两侧。M79 出土青铜鼎 8、鬲 4、甗 1、簋 4、簠 4、壶 2、匜 1,其中鼎有升鼎 5、附耳鼎 3,分别与簋、簠搭配。鬲、簋、壶等多件铜器上铭文有"曾伯霥",可证 M79 墓主人为曾伯霥。M88 紧邻 M79 的东南部,出土铜鼎 3、鬲 5、甗 1、簠 4、壶 2、盘 1、匜 1,墓主人为曾伯霥的夫人"陔夫人芈克"。这是曾楚通婚的重要资料。M79、M88 各出 2 件曾伯霥铭文壶,造型一致,铭文相同,每件壶铭文 161 字,总计 644 字。壶腹部铭文 83 字:"唯王八月,初吉庚午,曾伯霥哲圣孔武,孔武元犀,克狄淮夷。余温恭且忌,余为民父母。惟此壶章,先民之尚。余是楙是则,允显允异。用其鐈鏐,唯玄其良,自作尊壶,用孝用享于我皇祖,及我文考,用锡(赐)害(匄)眉寿,子孙永宝。"

壶盖铭文 78 字与壶腹铭文基本相同,"唯王八月"少一"王"字,最后少"子孙永宝"4 字。M79、M88 两墓年代为春秋早中期之际。经区域考古调查,以苏家垄墓地为中心,周围还有同期的居址、冶炼遗存的大型遗址总面积达 231 万平方米。其中遗址内铜矿炼渣遗迹达 75 万平方米,发现炼炉 1 座,铜锭 1 块。简报作者根据 1966 年铜器及 2015—2017 年的发掘调查成果推论,这里存在作为曾国国都的可能性。②

发掘者对京山苏家垄墓地中的 M85 进行了报道,出土了铜鼎 1、簠 1、甗 1、盘 1、匜 1,陶器 5 件,玉器 3 件,年代属于春秋中期,是该墓地中年代较晚的墓葬。③

---

①湖北省文物考古研究所:《湖北京山苏家垄墓地 M2 发掘简报》,《江汉考古》2011 年第 2 期。

②方勤、胡长春、席奇峰、李晓杨、王玉杰:《湖北京山苏家垄遗址考古收获》,《江汉考古》2017 年第 6 期。

③湖北省文物考古研究所:《湖北京山苏家垄墓群 M85 发掘简报》,《江汉考古》2018 年第 1 期。

2015—2017 年，湖北省文物考古研究所在发掘苏家垄墓地的同时，对苏家垄墓地周围进行了区域系统调查，发现了与苏家垄同时期的遗址，该遗址位于京山市坪坝镇西侧，坐落于漳河北岸二级台地上，西北距苏家垄墓地 900 米。遗址面积 231 万平方米，其中分布有铜矿炼渣的遗迹有 75 万平方米。2018 年 8 月至 2019 年 9 月进行了发掘，遗址的地层堆积比较单一，第 3、4 层为东周文化层，发现了炼炉、房址、灰坑、灰沟、水井等遗迹现象。出土的遗物主要为陶器，陶质陶色以夹砂褐陶、夹砂红陶和泥质灰陶居多，有少量泥质红陶、夹砂灰陶和夹砂橙黄陶。纹饰以粗绳纹、间断绳纹、交错绳纹、凹弦纹、平弦纹为主，有少量附加堆纹、暗纹、戳印纹和网格纹等。器形包括鬲、鼎、甗、甑、缸、瓮、罐、簋、盆、盂、杯等，还有板瓦、筒瓦等建筑材料，陶拍、纺轮生产工具等。以典型器物鬲、豆、双耳罐为例，观察其形制纹饰特征，如鬲（标本 TS046W031③：7），夹砂灰陶。圆唇加厚，侈口，卷沿，束颈，斜直腹，瘪裆，截锥足。颈部绳纹被抹平，腹部和足饰竖绳纹，上腹部饰两周抹平弦纹。豆（标本 TS046W031③：2），泥质磨光黑皮陶。圆唇，侈口，浅弧形盘，高细柄，喇叭形阶梯状底座。器表磨光，素面。罐（标本 H39：8），泥质灰陶。斜方唇，侈口，卷沿外翻，高束颈，溜肩，弧形鼓腹，腹部以下内收至底，底残。肩腹部对称附有一对环状耳。颈部绳纹被抹平，肩、上腹部饰竖向绳纹，下腹部饰交错绳纹。从器形观察，遗物时代主要为春秋中期，部分遗物可早至春秋早期（图四）。①

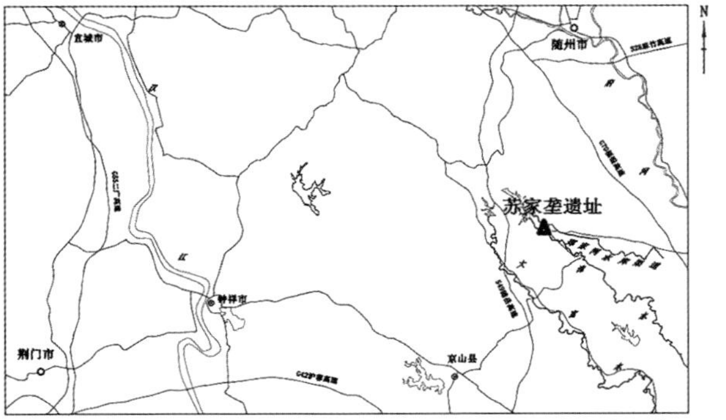

图四　苏家垄遗址位置图（图片来源：方勤博士论文）

①湖北省文物考古研究所、北京大学考古文博学院、荆门市博物馆、京山市苏家垄文物管理所：《湖北京山苏家垄遗址 2018 年考古发掘简报》，《江汉考古》2019 年第 6 期。

方勤认为因楚国伐随(曾),春秋早期曾国的政治中心一度迁往京山苏家垄。楚武王三次伐随之后,楚、随订立城下之盟,春秋中期曾国都城迁到今随州西的安居遗址,一直持续到战国中期。①

我们认为京山苏家垄发现的重要墓葬中较早的为西周晚期到春秋早期的曾侯中子斿父墓,稍晚一点为曾伯桼墓和其夫人陔夫人芈克墓,也就是说西周晚期到春秋早期曾侯分封曾侯中子斿父到苏家垄一带,守卫曾国南土边疆,春秋早中期之际曾侯又派曾伯桼继续驻守这里。至于曾侯中子斿父和曾伯桼是什么关系,尚不清楚。1966 年发现的这批曾侯中子斿父铜器,2015—2017 年发掘曾伯桼墓 M79 及其夫人陔夫人芈克墓,无可辩驳地证实京山苏家垄一带为曾国所辖的南部疆域。但苏家垄一带没有曾侯墓葬,也就不是曾国都城了,但苏家垄一带的确是曾国的南方重镇,其地位相当于枣阳郭家庙一带。西有曾伯陭等贵族捍卫曾国西大门,南有曾侯中子斿父、曾伯桼驻守曾国南大门。楚国对这两个战略要地觊觎已久,先之以婚姻,继之以进攻。

(三)曾国的北部疆域

李学勤认为曾国范围主要是在湖北北部的汉水以东,以新野为其北限。② 张昌平认为曾国北部未达新野一带,甚至没有到达枣阳城关一带。③我们认为曾国春秋早期的西北境已经到达今河南新野一带。1971 年 8 月,郑杰祥在河南新野小西关发掘一座墓葬,铜礼器有鼎、甗、簠、盨、盘、匜等,其中铜甗内壁铸有铭文:"隹曾子中謱,用其吉金,自乍旅献,子子孙孙其永用之。"简报作者推断墓葬年代为春秋早期,属曾国墓葬,说明春秋初期新野地区当属曾国境内,或者就是曾国的一个重地。④ 枣阳熊集段营一座墓中出土了曾子中謱铸造的铜鼎,鼎内壁铭文为:"唯曾子仲謱,用其吉金,自作鬻彝,子子孙孙其永用之。"难以判断哪一个墓是曾子仲謱的墓葬。如果

---

①方勤:《曾国历史与文化——从"左右文武"到"左右楚王"》,上海古籍出版社 2019 年,第 87~163页。

②李学勤:《曾国之谜》,《光明日报》1978 年 10 月 4 日,后收入《新出青铜器研究》,文物出版社 1990 年,第 146~150 页。

③张昌平:《曾国青铜器研究》,文物出版社 2009 年,第 333、336 页。

④郑杰祥:《河南新野发现的曾国铜器》,《文物》1973 年第 5 期。

说曾子仲謱是段营墓葬的主人，则曾子仲謱甗就是因曾国实力强大流传到了新野小西关一带。如果曾子仲謱是小西关墓葬的墓主人，曾子仲謱鼎则是因某种原因流传到了段营，就更直接证明曾国的疆域已经到了新野一带。当然也存在更为极端的情况，两个墓的墓主人都不是曾子仲謱。

1974 年又在 1971 年墓葬的西部 20 米处发现一座墓葬，出土青铜礼器 17 件，未出土铭文铜器，年代为春秋早期，简报作者认为这也是一座曾国贵族墓葬。①

不管曾子仲謱是不是小西关的墓主人，我们可以据此推论曾国的势力在春秋早期已经发展到新野一带了。

张昌平认为新野小西关墓中出土的铜器时间有早晚之分，铜簠、铜盆年代为春秋早期偏晚，曾子仲謱甗年代要早于铜簠、铜盆，小西关墓主人不可能是曾子仲謱。因此新野小西关一带不可能作为曾国疆域。② 张昌平的推论乍一看去似很有理，实际上也有可商之处。因为铜器的材质耐用，不会轻易毁坏，因此可以沿用较长时间。在曾子仲謱一生中的前后阶段铸造了几批风格略有早晚的铜器，就是说曾子仲謱甗、深腹鼎铸造于前，铜簠、铜盆、盘、匜铸造于后，死后埋于一墓，也可推论墓主人是曾子仲謱。待考古工作深入开展之后，如果在新野附近发现了更多的曾国墓葬资料，这个争论就可迎刃而解了。

清朝光绪年间，襄阳太平店宋家棚一战国墓葬曾出土铜器百余件，基本散失，其中有一件曾孟嬭（芈）谏盆，现藏襄樊市博物馆。盖内、器内同铭：“曾孟嬭谏作饔盆，其眉寿用之。”③刘彬徽断为春秋中期，认为“曾国姬姓，此铭之孟嬭为楚人，姓嬭名谏，或为楚王的大女儿，为出嫁到曾国（或为国君夫人）后自作之器。由此器证明曾楚互通婚姻，关系密切”。④ 张昌平断在春秋早期偏晚阶段。⑤ 太平店位于现在的襄州区西部，汉水东岸，与谷城、老河口接壤。这个地方春秋早期后段以前应该属于邓国地盘，邓国都城位于今樊城邓城，楚文王十二年即鲁庄公十六年（前 678 年），楚灭邓，邓国

①河南省博物馆等：《河南新野古墓清理简报》，《文物资料丛刊》第 2 辑，1978 年。

②张昌平：《曾国铜器研究》，文物出版社 2009 年，第 336 页。

③曾昭岷、李瑾：《曾国和曾国铜器综考》，《江汉考古》1980 年第 1 期。

④刘彬徽：《楚系青铜器研究》，湖北教育出版社 1995 年，第 298 页。

⑤湖北省文物考古研究所：《曾国青铜器》，文物出版社 2007 年，第 385 页。

变为楚国邓县。曾国铜器在此出土,不能证明曾国西境已达太平店一带,只能说曾国铜器因为某种原因流传到了太平店。

曾国的北境应以桐柏山为界,翻过桐柏山,就进入淮河流域,虽然周王朝给曾国的政策是“君庇淮夷,临有江夏”。① “[南]方无疆,涉政(征)淮夷,至于繁汤(阳)。”②但曾国并没有直接统治淮夷,从曾国经常出土黄国等国青铜起来看,曾国的长期“庇”“征”淮夷,与淮河流域的黄国等国保持着长期的通婚关系,建立了密切的政治联盟。1972 年随州均川熊家老湾出土西周晚期黄季鼎两件,黄季大鼎铭文为:“黄季乍季嬴宝鼎,其万年子孙永宝用。”黄季小鼎铭文为:“黄季乍□□□,其万年永宝用。”③小鼎铭文见于《曾国青铜器》一书。④ 黄国女子嫁到曾国,黄季鼎都是黄季为黄国女子铸造的媵器。

1966 年京山苏家垅出土西周晚期到春秋早期曾侯仲子斿父铜器群,其中有两件黄国制造的鬲,口沿上铭文为:“隹黄朱柁用吉金作鬲。”⑤曾国高级贵族铜器与黄国铜器并出,说明两国关系非同一般。

曾国的女子也嫁到黄国,如曾侯作叔姬簠铭文为:“叔姬霝乍(作)黄邦,曾侯乍(作)叔姬、邛嬭媵器䵼彝,其子子孙孙其永用之。”年代为西周晚期或春秋早期。⑥ 这件铜器应属曾国器物,铭文表明叔姬为曾国女子,出嫁到黄国,邛嬭是随着叔姬嫁到黄国的陪媵女子。

1975 年湖北随州鲢鱼咀出土息子行盆 1 件,器底及盖内有相同铭文:“息子行自作食盆,永宝用之。”⑦1979 年 4 月,义地岗南部季氏梁西侧墓葬出土一件陈公子中庆簠,铭文为:“陈公子中庆自作匡簠,自祈眉寿,万年无疆,子子孙孙,永寿用之。”该墓葬年代为春秋中期。⑧

息国、陈国铜器的出土,是曾国与淮河流域诸侯国关系密切的证据。

---

①湖北省文物考古研究所、随州市博物馆:《随州文峰塔 M1(曾侯與墓)、M2 发掘简报》,《江汉考古》2014 年第 4 期;凡国栋:《曾侯與编钟铭文柬释》,《江汉考古》2014 年第 4 期。

②郭长江、凡国栋、陈虎、李晓杨:《曾公畎编钟铭文初步释读》,《江汉考古》2020 年第 1 期。

③鄂兵:《湖北随县发现曾国青铜器》,《文物》1973 年第 5 期。

④湖北省文物考古研究所:《曾国青铜器》,文物出版社 2007 年,第 162~163 页。

⑤湖北省博物馆:《湖北京山发现曾国铜器》,《文物》1972 年第 2 期。

⑥郭沫若:《两周金文辞大系图录考释》,上海书店出版社 1999 年,释文第 165~166 页。

⑦程欣人:《随县涢阳出土楚、曾、息青铜器》,《江汉考古》1980 年第 1 期。

⑧随县博物馆:《湖北随县城郊发现春秋墓葬和铜器》,《文物》1980 年第 1 期。

桐柏曾经出土曾子伯旨盘,铭文为:“唯曾子伯旨用其吉金,自作旅盘。其黄耇霝(令)终,万年无疆,子孙永宝用享。”①传世文物有曾子伯旨匜,仅存铭文,铭文为:“唯曾子伯旨自作尊匜。”②我们认为曾国的北境不能据此确定已达桐柏一带,但曾国与桐柏一带关系密切是可以肯定的。

1996年,河南罗山高店砖瓦厂一座墓葬出土了曾子季关臣簠2、曾季关盘1、曾关臣匜1。簠甲盖内铭文为:“曾子季关臣之飤簠。”簠乙的铭文漏刻一个“臣”字,铭文为:“曾子季关之飤簠。”铜盘铭文为:“唯正月初吉丁亥,曾季关臣铸其盥盘,以征以行,永用之,勿丧。”铜匜铭文为:“曾关臣之会锞。”另外还有垂鳞纹鼎1、贯耳壶2、戈2、矛1、銮铃3、车軎2(一件带辖)、衔5、镳10、圆形节约6。这座墓应是曾季关臣的墓葬,年代为春秋中期。当地派出所又追缴青铜鼎1、戈1、軎1、铃1,从鼎、戈、軎的色泽较深看,不会出自一墓。从器形上看,追缴的窃曲纹垂鳞纹鼎要早于曾子季关臣墓中的垂鳞纹鼎。③ 罗山一带不是曾国地盘,可能是黄国疆域,说明曾季关臣可能是客死黄国的曾国贵族,可证曾国和黄国关系特别密切。

《左传》桓公八年(前704年)记载:“夏,楚子合诸侯于沈鹿,黄随不会,使薳章让黄,楚子伐随,军于汉、淮之间。”④黄国和曾(随)国在政治上结为联盟,行动一致,不参加楚国主持的盟会。楚国一边派薳章谴责黄国,一边派军攻打曾(随)国。

为了剪除曾国的羽翼,楚国逐渐消灭淮河流域附近各国,对曾国构成包围之势。楚国为什么要先进军淮河流域,过去主要突出其逐鹿中原一面。现在看来,春秋早期曾国是楚国当时面临的最大的敌人,逐鹿中原还不是最迫切的事情,不征服曾国,楚国就无法在江汉地区站稳脚跟,更谈不上北进中原。要征服曾国,首先要消灭淮河流域的诸侯国,其目的就是要为征服曾国从战略上创造条件,使曾国处于孤立无援之势,这是我最近的一点新体会。

---

①《殷周金文集成》10156;湖北省文物考古研究所:《曾国青铜器》,文物出版社2007年,第390页。

②《殷周金文集成》10207;湖北省文物考古研究所:《曾国青铜器》,文物出版社2007年,第390页。

③左超:《关于曾国问题的补遗》,《楚文化研究论集》第五集,黄山书社2005年;湖北省文物考古研究所:《曾国青铜器》,文物出版社2007年,第391~400页。

④(唐)孔颖达:《春秋左传正义·桓公八年》,(清)阮元校刻《十三经注疏》,中华书局1980年,第1754页。

曾国有两个层次的政治联盟，一是汉阳诸姬联盟，二是与淮河流域国家的联盟。楚国在攻打曾国时，曾国盟军齐心协力，使楚国多次进军受挫。《左传》桓公六年（前706年）记载："斗伯比言于楚子曰：'吾不得志于汉东也，我则使然。我张吾三军而被吾甲兵，以武临之，彼则惧而协来谋我，故难间也。汉东之国随为大，随张，必弃小国，小国离，楚之利也。'……（季梁）对曰：'……君姑修政而亲兄弟之国，庶免于难。'"①斗伯比分析楚国出兵受挫的原因是曾国和小国结盟共同对付楚国。季梁为随侯提出的大政方针就是对内修政，凝聚民心，对外结盟，同仇敌忾。

《左传》桓公十一年（前701年）记载："楚屈瑕将盟贰、轸。郧人军于蒲骚，将与随、绞、州、蓼伐楚师，莫敖患之。"②

楚国首先就要把这些小国一一消灭。楚文王二年（前688年），假道邓国伐申，虽没有明确说灭申，但从后面的情况看，也就是在此时灭了申国，申国变成楚国的申县。

楚文王六年（前684年），楚国利用蔡、息之间的矛盾，在莘大败蔡国军队，俘虏蔡侯献舞即蔡哀侯，带回楚国，后来蔡哀侯客死于楚。同年，楚文王灭掉了息国，并带回了息侯夫人息妫，成为楚文王夫人，为楚文王生了堵敖和楚成王两个儿子。楚国实行先消灭曾之盟国的战略，效果显著。《史记·楚世家》记载，楚文王六年"楚强，陵江汉间小国，小国皆畏之"。③

楚文王十三年（前677年），巴人伐楚，楚文王率军与巴师作战，大败于津，文王率军回到郢都，可是守卫郢都的大阍鬻拳拒绝文王入城。楚文王不得已又率军去淮河流域讨伐黄国，在踖陵取得胜利。于是班师回国，在湫这个地方病逝。楚国军队出师要求必胜，即使国王也不例外。不取胜不能回国，将领战败，需自杀谢罪。《左传》将此事记载于庄公十九年（前675年）春，此时楚文王已去世两年，应是庄公十七年。

---

①（唐）孔颖达：《春秋左传正义·桓公六年》，（清）阮元校刻《十三经注疏》，中华书局1980年，第1749页。

②（唐）孔颖达：《春秋左传正义·桓公十一年》，（清）阮元校刻《十三经注疏》，中华书局1980年，第1755页。

③（汉）司马迁：《史记·楚世家》，中华书局1959年，第1696页。

(四)曾国的东部疆域

曾国东部疆域大致可以推定。安陆一带有一个郧国。《左传》桓公十一年(前701年)记载:"楚屈瑕将盟贰、轸。郧人军于蒲骚,将与随、绞、州、蓼伐楚师,莫敖患之。斗廉曰:'郧人军其郊,必不诫,且日虞四邑之至也。军次于郊郢以御四邑,我以锐师宵加于郧,郧有虞心而恃其城,莫有斗志,若败郧师,四邑必离。'"①曾国东部疆域可能与安陆的郧国相邻。

第三节 春秋早期偏晚至战国中期曾国都城与疆域

一、春秋早期偏晚至战国中期曾国都城在今随州市区

历年来考古工作者在随州发掘了多座曾侯等曾国贵族墓地,为春秋、战国时期曾国都城在今随州市区提供了越来越多的证据,下面我们按墓葬年代列举随州市区发掘的曾侯等曾国贵族墓葬:

(一)春秋早中期曾侯及其他贵族墓

在随州市郊的小北门,发现一处周代遗址,据1957年文物普查记载,该遗址周长达1000多米。1982年,襄阳地区文物普查队对该遗址进行了调查,发现遗址中有周代遗物。② 2000年11月,随州市北郊办事处太上庙村村民在取土时发现一件铜鼎,文物部门确认该鼎出自一座墓葬,并进行了发掘。该墓葬(M1)为土坑竖穴墓,方向112°。墓口东西长3.17米,南北宽2米,残深0.46米。葬具已朽,根据痕迹可知为一棺一椁。墓主骨骼已朽,葬式为仰身直肢。随葬品共8件,其中陶有器鬲、壶等5件,铜器有鼎1、戈1、铍1。陶鬲侈口,卷沿,肩径大于口径,连裆,腹壁较直,袋足。铜鼎为深腹,立耳,矮蹄足,腹部一周凸弦纹上饰3组双首龙纹。该墓年代属于两周之

①(唐)孔颖达:《春秋左传正义·桓公十一年》,(清)阮元校刻《十三经注疏》,中华书局1980年,第1755页。

②黄敬刚:《随都辨》,张正明主编:《楚史论丛》,湖北人民出版社1984年,第237~244页。

际。[1] 该墓南距义地岗墓地6公里，位于随州市北郊，此墓的发掘说明随州市区附近有西周时期的遗存。

随州枣树林M190也是一个曾侯墓，据墓中出土的编钟铭文可知，墓主人为曾公畩，现已公布了墓葬中出土的镈（M190∶35）、甬钟A组和B组铭文，释文作者根据纪年资料"唯王五年吉日丁亥"，采用李学勤吉日为朔日说，查张培瑜《中国先秦历表》，在公元前700至公元前600年区间内，合朔年份为公元前677和前646年，结合墓葬出土器物特征判断，应以公元前646年为是。[2] M190曾公畩墓年代为春秋早中期之际。

在曾侯宝墓葬发现之前，盗墓贼已经盗掘了多件带有"曾侯宝"铭文的青铜器，随州博物馆先报到了一件曾侯宝鼎，器腹内壁铸有铭文5行22字："唯王五月吉日庚申，曾侯宝择其吉金，自作升鼎，永用之。"年代为春秋早期。[3] 其他流散的曾侯宝铭文铜器，见于吴镇烽的《商周青铜器铭文暨图像集成》和《商周青铜器铭文暨图像集成续编》。《商周青铜器铭文暨图像集成》一书中公布了某收藏家收藏的五件曾侯宝铜器，包括鼎2、簋2、壶1。

两件曾侯宝鼎相同，内壁铸铭文22字，铭文为："隹（唯）王五月吉日庚申，曾侯宝择其吉金，自乍（作）升鼎，永用之。"

两件曾侯宝簋相似，盖内铸铭文22字，铭文为："隹（唯）王五月吉日庚申，曾侯宝择其吉金，自乍（作）飤簋，永用之。"

还有曾侯宝壶，铭文与鼎、簋相同。

曾侯宝鼎、簋、壶年代皆为春秋早期。[4]

《商周青铜器铭文暨图像集成续编钟》一书中又收录了某收藏家收藏的一件曾侯宝铜盘、国家博物馆收藏的两件曾侯宝鼎及前述随州博物馆收藏的一件曾侯宝鼎。

曾侯宝盘内底铸铭文22字："隹（唯）王五月吉日庚申，曾侯宝择其吉

---

①拓古、熊燕：《湖北随州市黄土坡周代墓的发掘》，《考古》2007年第8期。

②郭长江、凡国栋、陈虎、李晓杨：《曾公畩编钟铭文初步释读》，《江汉考古》2020年第1期。

③项章：《随州博物馆藏曾侯匋鼎》，《文物》2014年第8期。

④吴镇烽：《商周青铜器铭文暨图像集成》，上海古籍出版社2012年，第4册第432～435页，第10册第317～320页。

金，自作盥盘，永用之。”同出一匜，铭文相同，资料未公布。[①]

国家博物馆收藏的两件曾侯宝鼎大小略有差别，形制纹饰相似，内壁铭文相同，铭文为：“隹（唯）王五月吉日庚申，曾侯宝择其吉金，自乍（作）升鼎，永用之。”曾侯宝各器年代属春秋早期。[②]

开始专家对这些器物的盗掘地尚有争议，有的说出自枣阳郭家庙，有的说出自随州，为此事我还专门请教过随州博物馆时任馆长黄建勋，他很自信地说应该出自随州。

2018 年 10 月，湖北省文物考古研究所对随州枣树林墓地进行了勘探，枣树林墓地位于随州市曾都区东城办事处文峰塔社区一组、二组、十组，发现土坑墓 55 座，马坑、车马坑 7 座。湖北省文物考古研究所、北京大学考古文博学院、随州市博物馆联合进行发掘，已发掘墓葬 52 座，其中 M168、M169 为甲字形大型墓葬，墓主人为曾侯宝及其夫人随仲芈加。枣树林墓地是一处春秋中晚期的曾国高等级贵族墓地。铜器铭文中有“曾公”“曾”“曾叔”“曾子”“曾侯宝”“随仲芈加”“加芈”等。

随州枣树林墓地的发掘，终于解决了曾侯宝器物出土地的归属问题，确定了被盗掘的曾侯宝诸器出自该墓地。随州枣树林墓地 M168 墓主人就是曾侯宝，M169 墓主人为曾侯宝的夫人随仲芈加，均被盗。M168 为带一条墓道的甲字形墓葬，东西向，方向 119°，总长 17.7 米。墓道向东，长 11 米。墓室位于墓道西部，墓口长 6.7 米，宽 5.7 米，深 5.6 米，墓底长 6.44 米，宽 5.34米。葬具为一椁一棺，未发现人骨痕迹，据玉器放置在东部推测，墓主人头向东。出土编钟 15、鼎 1、簋 2、簠 2、鬲 1、缶 2，另在椁室北部发现 1 件铜甲，椁室北部放置乐器、兵器，东部摆放礼器及车马器，西部摆放盥洗器及车马器。编钟、簋、缶上均有铭文“曾侯宝”。M169 南距 M168 约 11 米，也是带一条墓道的甲字型墓。东西向，方向 120°，总长 14.3 米。墓道位于墓室东部，斜坡墓道东部略呈斗拱状，长 7.9 米。墓室呈长方形，口长 6.4 米，宽 5.4 米，深 5.12 米，墓底长 6.36 米，宽 5.34 米。葬具为一椁一棺。亦未发

①吴镇烽：《商周青铜器铭文暨图像集成续编》，上海古籍出版社 2016 年，第 3 册第 290～291 页。

②吴镇烽：《商周青铜器铭文暨图像集成续编》，上海古籍出版社 2016 年，第 1 册第 202～207 页。

现人骨痕迹，据玉器放置在东部推测，墓主人头向东。出土有铜编钟19、盘1、匜1、缶1、鉌1、匕1。椁室北部东部放置乐器，南部摆放礼器，西部放置盥洗器。匕、缶、编钟上均有铭文“随仲芈加”。简报推断曾侯宝及其夫人墓年代为春秋中期。① 我们认为两墓的年代有早晚之别，因为曾侯宝器年代略早，盗掘的曾侯宝器鼎、簋、壶等器物，吴镇烽、项章均断定为春秋早期。墓葬中出土的器物组合中有铜簋、铜簠的鼎、簋、簠组合，与仅出铜簋的鼎、簋组合年代略晚，因此M168的年代应为春秋早期偏晚或者晚到春秋中期偏早。随仲芈加的墓M169年代晚于M168，从随仲芈加编钟铭文可知，曾侯宝早死，“余虩小子加嬭曰：呜呼！龏（龚）公㬌（早）陟，余匔（复）其疆啚（鄙）。”夫人随仲芈加死于曾侯宝之后，因此随仲芈加墓即M169年代为春秋中期。

2017年，湖北省文物考古研究所等在汉东东路墓地发掘春秋中期墓葬39座，马坑2座。汉东东路墓地位于随州市文峰塔社区二组、十组、十二组，坐落于一条东北西南走向的长条形山岗上，岗顶高出周围地面约30米。出土铜礼器400余件，其中有铭文铜器140多件，铭文主要有“曾公”“曾侯”“曾”“曾子”“曾孙”“曾叔孙”“曾叔子”“朱芈”等。墓葬形制为长方形土坑竖穴墓。大型墓13座，均为一椁重棺，青铜器组合多以5鼎、4簋或者4鼎、1盏、4簋为主。M129东部带有一条墓道，M129墓口东西长8.7、南北宽7.8米。墓道残长3.5米。M129被盗，出土的铜器有缶2、盘1、匜1，编钟一套为镈钟4、甬钟16，钟上多有铭文，“曾公”编磬2套，有“曾侯得”铭文戈1，M129的墓主人为曾侯得。

M81墓口东西长5.9米，南北宽5米，墓深4.1米。M81铜器组合为鼎5、簋4、鬲4、壶2、簠2、钮钟9，鼎、簋、鬲、壶、簠上均有铭文“曾叔孙湛”，M81为曾叔孙湛墓。M110墓口东西长5米，南北宽3.8米，墓深4.3米。M110铜器组合为鼎5、簋4、鬲4、壶2、簠2、甗2，簋、鬲、壶、簠上均有铭文“湛作季嬴”，M110为曾叔孙湛的夫人季嬴墓。M85出土的铜器组合为鼎4、簋4、鬲4、壶2、缶1、盏1、甗1。M118墓口东西长4.9、南北宽4米，墓深3.4米。M118出土的铜器组合为鼎4、簋4、鬲5、壶2、簠2、盘1、盉1、缶2、

①湖北省文物考古研究所等：《湖北随州枣树林墓地2019年发掘收获》，《江汉考古》2019年第3期；郭长江、李晓杨、凡国栋、陈虎：《嬭加编钟铭文的初步释读》，《江汉考古》2019年第3期。

甗1,鬲、簠上多有铭文“曾叔孙”或“曾叔子”。中型墓19座,多为一棺一椁,少数为一椁重棺,青铜礼器组合多为鼎1、簠2、壶2、盏1、盘1、匜1。如M76出土的铜器组合为鼎1、簠2、壶2、盏1、盘1、匜1、钮钟5。M107出土的铜器组合为鼎1、簠2、壶2、盘1、匜1、甗1。M113出土的铜器组合为鼎1、盘1、匜1、盏1。

小型墓7座,均为一椁一棺,随葬品以陶器为主,部分葬有兵器或车马器。陶器组合为鬲、罐、壶或者鬲、罐,如M112出土的陶器组合为鬲1、罐1、壶2。①

除了曾侯墓以外,还有一些其他贵族墓葬。

1980年5月,随州八角楼出土了铜鼎2、壶1、盘1、钮钟2、戈2、车軎1、辖2、銮铃4。年代为春秋早期。八角楼东南距季氏梁500余米。1979年4月,义地岗南部季氏梁西侧的农民在挖水沟时,挖出了鼎、甗、簠、编钟、戈、马衔等器物37件,出自一座墓葬。经过发掘,又出土编钟、车軎、玉器共7件。各器物数量为鼎1、甗1、簠2、编钟5、戈2、车軎2、马衔2、车马饰25、玉器4。有一件陈公子中庆簠,铭文为:“陈公子中庆自作匿簠,自祈眉寿,万年无疆,子子孙孙,永寿用之。”两件铜戈,一件叫“周王孙戈”,内尾两面各有六字铭文,铭文为:“周王孙季怡孔臧元武,元用戈。”另一件叫“穆侯之子戈”,内尾有十六字铭文:“穆侯之子,西宫之孙,曾大攻(工)尹季怡之用。”该墓葬年代为春秋中期。② 陈公子簠为陈国器物,该墓的墓主人可能就是季怡。《左传》桓公六年记载季梁为随国大夫,是历史上著名的贤臣,很早就提出人本思想,很有计谋,可惜随侯不用其计,败于楚国。季怡时当春秋中期,晚于季梁,当是季梁的后裔,也是世袭贵族。

1993年,农民在随州义地岗取土时,发现青铜器鬲1、盘1、匜1和玉环2件,随州市博物馆到现场勘察,确定器物出自一座墓葬,编号为M83。鬲宽平沿仰折,方唇,短颈,圆肩,平裆,足略呈蹄形。肩饰一周重环纹,腹部及足跟饰直线纹,三足外上侧各铸一弯月形扉棱。口沿铭文为:“□白(伯)□□□乍(作)□□宝尊鬲,其万年永宝用。”铜盘为敞口,平折沿,浅腹,高

①湖北省文物考古研究所等:《随州汉东东路墓地2017年考古发掘收获》,《江汉考古》2018年第1期。

②随县博物馆:《湖北随县城郊发现春秋墓葬和铜器》,《文物》1980年第1期。

圈足,附耳。腹部饰窃曲纹,圈足饰重环纹。匜似瓢形,长流,兽首形鋬。口沿外及鋬饰重环纹,腹饰瓦楞纹。年代为春秋早期。①

考古发掘确证偏晚曾公畎墓、春秋早中期之际曾侯宝墓、春秋中期随仲芈加墓埋葬于随州枣树林墓地,因此春秋早中期曾国都城当在今随州市区。

(二)春秋晚期曾侯及其他贵族墓

2009 年,湖北省文物考古研究所、随州市博物馆在文峰塔发掘了两座春秋墓,M1 墓圹为长方形,方向 30°,早年盗掘严重,现在因施工又被破坏,在墓圹底部边缘残存填土仅厚 20~90 厘米,墓底长 7.1 米,宽 5.9 米。出土有铜编钟、鬲、缶、戈、箭簇、车马器、石磬、玉器等。M1 出土的曾侯與编钟记载了曾国始封、曾侯與救楚昭王等重大历史事件,M1 墓主人为曾侯與,年代为春秋晚期。M2 在 M1 西南 59 米处,墓圹为长方形竖穴填土积石木椁墓,方向 208°,西部带一条墓道,墓道残长 3.5 米,残宽 2.92 米。残存墓口长 8.1 米,宽 7.8 米。墓圹深 5.2 米。墓底长 6.68 米,宽 6.58 米。从朽痕看,一椁一棺。椁室外北部埋葬两具殉葬棺。在墓圹南部有祭祀坑 1 座。M2 年代略晚于 M1,年代为春战之际。②

2011 年 9 月,湖北省文物考古研究所在随州文峰塔发掘了 M4,由于工程破坏严重,仅存坑底,残存墓口东西长 10.05 米,南北宽 7.6 米,墓底长 8.2 米,宽 7.3 米。出土的甬钟 1 件,铭文为"徇乔(骄)壮武,左右楚王,弗讨是许,穆=(穆穆)曾侯,畏忌温龚(恭)"。戟上亦有"曾侯"铭文,戟残断,"侯"字只留上半部分,下部残断,无法确认曾侯的名称。从墓葬规模和钟戟铭文有"曾侯"来看,据此推测墓主人应该是曾侯,年代为春秋晚期早段。③ 方勤认为 M4 的墓主人为曾侯邚④,有一定的合理性。

2012 年 1 月至 2013 年 1 月,湖北省文物考古研究所、随州市博物馆在随州文峰塔勘探发掘 66 座墓葬,其中东周土坑墓 54 座,车马坑 2 座,马坑 1 座,砖室墓 12 座。第 18 号墓为一座带一条墓道的亚字形土坑竖穴墓葬,墓

---

①随州市考古队:《湖北随州义地岗又出土青铜器》,《江汉考古》1994 年第 2 期。

②湖北省文物考古研究所、随州市博物馆:《随州文峰塔 M1(曾侯與墓)、M2 发掘简报》,《江汉考古》2014 年第 4 期。

③湖北省文物考古研究所等:《湖北随州文峰塔墓地 M4 发掘简报》,《江汉考古》2015 年第 1 期。

④湖北省文物考古研究所编:《曾国考古发现与研究》,科学出版社 2018 年,第 248~252 页。

葬方向 200°。墓道残长 6.6 米,有 15 级台阶。墓口南北长 16.6 米,东西宽 15.6 米,墓口至墓底深 9 米。墓坑四周设 3 级台阶。葬具为一椁三棺。国分东西南北中 5 室,东室未被盗,出土鼎、簋、簠、鬲、鉴、方壶等 70 余件铜器,其他各室均被盗,仅存少量随葬品。在东、北、西三面各有一陪葬坑,东坑随葬一件陶器,北坑随葬两件铜方缶,西坑无器物。简报公布了该墓出土的铜方缶、匜、提链鉴、匜、提梁壶、罐、铜灯等,墓主人为曾侯丙。根据青铜器铭文可以确定多座墓的墓主人,如“曾大司马国”(M32)、“曾大工尹乔”(M61)、“曾子虡”(M34)、“曾子怀”(M38)、“曾子旂”(M35)、“曾孙邵”(M21)、“奇”(M29)、“媄”(M33)、“工差(佐)臣”(M46)、“瘖多”(M36)、“甬巨”(M53)、“孟嬭玄”(M52)等。东周墓葬年代从春秋中期开始,到战国中期后段。①

1976 年,随州义地岗农民在平整土地时,出土了鼎、盏各一件,分别自名为“鼎”“盏”,年代为春秋晚期。②

1994 年,湖北省文物考古研究所、随州市曾都区考古队、随州市博物馆在义地岗墓地西南部东风油库工地发掘三座墓葬,由于墓葬遭受严重破坏,墓口原始尺寸和墓深不明。M1 葬具为一椁一棺,棺痕不清。出土陶鼎、豆、壶,铜鼎、甗、簠、方壶、盘、匜、戈、镞,铭文表明器主人均为“曾少宰黄中(仲)酉”,说明 M1 墓主人就是“曾少宰黄中(仲)酉”。M2 葬具为一椁一棺,棺痕不清。出土陶鼎、豆、壶,铜鼎、簠、方壶、匜,玉器等,铜簠、方壶、盘、匜铭文表明器主人均为“可”,说明墓主人为“可”。M3 葬具为一椁一棺,出土陶鼎、罐,铜鼎、壶、盘、器盖,玉器等,M3 :19铜鼎作器者为“曾侯郕”,方壶的作器者为“曾中(仲)姬”,简报作者推测墓主人应为曾仲姬,曾侯郕鼎是曾侯郕赠送给曾仲姬的器物,也说明 M3 墓主人曾仲姬身份之高。三座墓的年代为春秋晚期偏晚阶段。③

2011 年 9 月,湖北省文物考古研究所在随州义地岗墓地文峰塔社区二组清理出墓葬 4 座,其中 M6 为长方形竖穴土坑墓,方向 121°。墓口东西长 4.2 米,南北宽 2.6~2.75 米。墓深 1.76~1.86 米。葬具为一椁一棺。发现有铜器、陶器、玉器等共计 93 件(套),其中铜礼器 10 件,有铜鼎 2、铜簠 2、

---

①湖北省文物考古研究所等:《湖北随州市文峰塔东周墓地》,《考古》2014 年第 7 期。

②程欣人、刘彬徽:《古盏小议》,《江汉考古》1983 年第 1 期。

③湖北省文物考古研究所等:《湖北随州义地岗墓地曾国墓 1994 年发掘简报》,《文物》2008 年第 2 期。

铜甗1、铜壶2、铜斗1、铜匜1、铜缶1。铜鼎、铜簠、铜甗、铜壶、铜斗、铜缶铭文表明作器者均为“曾公子去疾”，故墓主人为曾公子去疾。年代为春秋晚期。[①]

（三）擂鼓墩墓群

1997年，湖北省文物考古研究所、随州市文物局对擂鼓墩墓群进行了勘探和试掘，擂鼓墩墓群位于市区西北，位置在东经113°12′～113°13′、北纬31°43′～31°45′之间。海拔高程为75～102米。擂鼓墩墓群地形为南北向山岗，山体为白垩纪红色砂岩，其上堆积着上更新世黄、褐色粘土。

调查者将擂鼓墩墓群分为八个墓地，即团坡墓地、吴家湾墓地、擂鼓墩墓地、庙凹坡墓地、吕家塝墓地、王家湾墓地、蔡家包墓地、王家包墓地。曾侯乙墓和擂鼓墩二号墓位于团坡墓地。1978年和1981年在团坡墓地北部的东西两侧分别发掘了擂鼓墩一号墓即曾侯乙墓和擂鼓墩二号墓。在擂鼓墩墓地、王家湾墓地、王家包墓地、蔡家包墓地各发现一座大型封土墓葬。在调查过程中，调查者发掘了蔡家包M1，吴家湾M27、M28，年代属于战国中晚期，应属于楚文化范畴。[②] 张昌平认为墓地中大墓为曾侯墓，擂鼓墩墓群为曾国国君的陵园，年代为战国早期至战国中期偏早。擂鼓墩曾国国君陵墓不带墓道，具有自身特色。小墓年代晚于大墓，为曾国遗民墓。[③]

曾侯乙墓

该墓位于随州西北约三公里的擂鼓墩，编号擂鼓墩一号墓。东边紧靠㵐水，南距涢水二公里许，西北是山峦起伏的丘陵地带。墓坑在一东西走向的小山岗（当地称为东团坡）的最东端。1978年5至6月发掘。报道的资料有简报和报告。[④] 墓口东西长21米，南北宽16.5米，残存墓口距墓坑底部深度为11米，总面积220平方米。墓室共分东、中、西、北四室。葬具

---

①湖北省文物考古研究所等：《湖北随州义地岗曾公子去疾墓发掘简报》，《江汉考古》2012年第3期。

②湖北省文物考古研究所、随州市文物局：《湖北随州市擂鼓墩墓群的勘探与试掘》，《考古》2003年第9期。

③张昌平：《关于擂鼓墩墓群》，《江汉考古》2007年第1期。

④随县擂鼓墩一号墓考古发掘队：《湖北随县曾侯乙墓发掘简报》，《文物》1979年第7期；湖北省博物馆：《曾侯乙墓》，文物出版社1989年。

为一椁重棺。出土了青铜九鼎八簋、簠、镬鼎、鬲、豆、甗、尊盘、鉴缶、联禁大壶、尊缶、盥缶、小口鼎、匜鼎、圆鉴、盘、匜、戈、矛、戟、殳等器物。出土编钟、编磬、建鼓、琴、瑟、笙、排箫、篪等乐器，其中编钟共65件（含楚惠王赠送的镈钟），分上、中、下三层八组，音域有五个八度又一大二度，可以演奏世界上各种乐曲，编钟和钟架共重5000余斤。出土金盏、杯、器盖、金带钩等黄金器皿，十六节玉佩、玉龙、玉琮、带钩、玉剑、等精美玉器。玉器能够代表战国时期制玉的最高水平。还有大量竹简和铜器铭文等文字材料。出土青铜器重达10吨。据楚惠王熊章为曾侯乙做的镈钟铭文，该墓的下葬时间为公元前433年，由此断定曾侯乙墓年代为战国早期。①

擂鼓墩二号墓

1981年8月，湖北省博物馆、随州市博物馆在曾侯乙墓西侧102米处，又发掘了擂鼓墩二号墓，方向为正东西向，墓底长6.3米，宽6米，残深1.4米。残存墓口南北长7.3米，东西宽6.9米。葬具一椁重棺。出土青铜器328件，包括青铜礼器、乐器、生活用品、车马器、青铜饰件等。其他还出土了玉石器、铅锡器等。其中青铜礼器镬鼎1、牛形钮盖鼎6、升鼎9、小口提链鼎1、簋8、簠4、鬲10、甗1、尊缶4、盥缶2、壶4、豆3、釜1、盘1、匜1、匕3等，乐器有甬钟36，建鼓座1。年代为战国中期前段。②

2012年在随州文峰塔曾国墓地发掘的M18墓坑平面呈亚字形，方向200°。墓坑南部有一条带15级阶梯的墓道，残长6.6米。墓口南北长16.6米，宽15.6米，墓口至墓底深9米。椁分为东、西、南、北、中五室。有腰坑和三个陪葬坑。东室未被盗，出土鼎、簋、簠、鬲、鉴、方壶等青铜器70余件。北部陪葬坑青铜出土方缶两件，两个龙形耳上都有“曾侯辶缶硖以为”铭文，盖内铭文为“曾侯丙之辶（沐）缶硖以为长事”。简报作者认为该墓年代为战国中期偏早，墓主人为曾侯丙。③ 曾侯丙是继曾侯乙之后的曾国国君，也有可能是曾国最后一个国君。

1978年发掘曾侯乙墓时，在该墓南侧发掘了一座墓葬，出土青铜大口

---

①随县擂鼓墩一号墓考古发掘队：《湖北随县曾侯乙墓发掘简报》，《文物》1979年第7期；湖北省博物馆：《曾侯乙墓》，文物出版社1989年。

②湖北省博物馆、随州市博物馆：《湖北随州擂鼓墩二号墓发掘简报》，《文物》1985年第1期；随州市博物馆：《随州擂鼓墩二号墓》，文物出版社2008年。

③湖北省文物考古研究所、随州市博物馆：《随州文峰塔东周墓地》，《考古》2014年第7期。

鼎 2、小口鼎 1、簠 2、尊缶 2、盥缶 1，年代为战国中期。①

1983 年随州博物馆在曾侯乙墓西南 500 米处，发掘三十余座小墓，报道了 M13，出土铜鼎 2、敦 1、壶 2 等 14 件器物，年代为战国中期。②

1986～1987 年，在义地岗北端随州师范学校发掘了 57 座墓葬，墓向多为南北向。随葬品多为陶器，陶器组合多为鼎、豆、壶，鼎、簠。年代为战国中晚期。③

目前在随州已经发现春秋战国时期多座曾侯级墓葬，如曾公畯、曾侯宝、曾侯得、曾侯與、文峰塔 M4、曾侯乙墓、曾侯丙墓、擂鼓墩二号墓，集中分在义地岗墓群和擂鼓墩墓群。曾国都城当在曾侯墓地附近，我们可以肯定地说，春秋战国时期的都城就在今随州市区。

曾国是在何时被谁灭掉的？学术界有不同的看法。刘彬徽、王世振认为曾国在战国中期晚段被楚灭掉。曾、随为一国两名，随最后见于文献为《春秋》哀公元年："楚子、陈侯、随侯、许男围蔡。"杜预注："随世服于楚，不通中国。吴之入楚，昭王奔随，随人免之，卒复楚国。楚人德之，使列于诸侯，故得见经。"孔颖达《正义》曰："僖二十年楚人伐随，自尔以来，随不复见，以随世服于楚，为楚私属，不通于诸侯，征伐盟会，不齿于列，故史不得书之，犹如邾滕为人私属，不序于宋盟也。定四年保护昭王，楚得复国，楚人感其恩德，使随列于诸侯；今楚帅诸侯围蔡，令随在其班次，以之告鲁，故得见经。"出土文物方面安徽寿县楚王墓出土两件曾姬无卹壶，为楚声王夫人曾姬无卹之器，作于楚宣王二十六年（前 344 年）。楚声王娶曾国女子为夫人，称为曾姬。楚声王六年（前 402 年），声王为盗所杀，说明在公元前 400 年左右曾国还存在。擂鼓墩二号墓年代为战国中期前段，为曾侯或其妻室之墓。擂鼓墩二号墓的随葬品远不如曾侯乙墓丰富，呈现衰亡景象，说明曾国已经临近灭亡。1983 年，在擂鼓墩一号墓南发掘了 30 座战国中期的小型墓，其中最大的十三墓发表了简报，该墓为长方形土坑竖穴墓，南边带一条墓道。墓口长 4.32 米，宽 3.5 米。墓底长 3.6 米，宽 2.7 米。墓地距地表 3.75 米。墓中出土随葬品 14 件，包括铜鼎 2、敦 1、壶 2、勺 2、剑 1、戈 2、陶罐 2。年代属战国中期。组合为鼎、敦、壶，从组合到器形风格，应属楚墓范

---

①随州市博物馆：《湖北随州擂鼓墩战国东汉墓发掘简报》，《江汉考古》1992 年第 2 期。

②随州市博物馆：《随州擂鼓墩砖瓦厂十三号墓发掘简报》，《江汉考古》1984 年第 3 期。

③王善才、黄建勋：《随州市师范学校战国墓群》，《中国考古学年鉴 1989》，文物出版社 1990 年。

畴。墓主人身份为下层贵族。[①] 在曾国国君墓葬附近出现了楚墓，表明在十三号墓下葬的年代，楚国已经并吞了这个曾（随）国。曾国的灭亡年代应介于擂鼓墩二号墓和十三号墓之间，即应亡于战国中期的晚段。[②]

二、春秋中、晚期的曾国疆域

春秋中晚期曾国的疆域有多大？学术界意见有分歧。张昌平认为春秋早期之后，漳河流域、滚水流域未再见曾国遗存，仍活动于涢水中游和均水流域。春秋中期以后退出安居一线，春秋中晚期曾国疆域不及涢水上游。大约在春秋中期西据有安居，其后东撤，但一直保有溠水与涢水交汇的随州一带和均水一带，其方圆之地已不足25平方千米。[③]

黄凤春不同意张昌平的看法，认为西周晚期至战国时期是曾国疆域最大之时。西北可至河南新野一带，北沿桐柏山南麓，南沿大洪山北麓，迤东至广水市东南杨寨镇，包括新野南部、枣阳东北部、京山东北部、随州全境、广水市的大部、安陆市的北部及孝昌小部分。进入战国中期后，随着楚国势力在这一带的增长，曾国的疆域才略有缩小，九连墩楚墓的出现即是明证。2016年，为配合鄂北水资源工程，湖北省文物考古研究所在随州市的万福农场发掘的狮子湾遗址，揭示出其为典型的春秋至战国时期曾国文化遗存，说明此地仍属曾国的疆域。[④]

张昌平认为从春秋中期到曾国灭亡疆域始终为25平方千米，不符合实际情况。我认为春秋中期到战国中期的曾国疆域并不是固定不变的，曾国在与楚国交战的过程中，会丢失一部分土地，与春秋早期曾国的疆域相比有所缩小，但总体上春秋中期处于拉锯战时期，领土损失不大。曾侯宝帮助楚成王获取王位，曾侯遡救楚昭王，楚国为表达感恩之情，还归还了已占领的曾国地盘。

我们先看看文献记载的该时期曾、楚关系状况。

这一时期楚成王、楚穆王、楚庄王、楚共王、楚康王、郏敖、楚灵王、楚平

①随州市博物馆：《随州擂鼓墩砖瓦厂十三号墓发掘简报》，《江汉考古》1984年第3期。

②刘彬徽、王世振：《曾国灭亡年代小考》，《江汉考古》1984年第4期。

③张昌平：《曾国青铜器研究》，文物出版社2009年，第338～341页。

④黄凤春：《关于曾国的政治中心及其变迁问题》，《中原文化研究》2018年第4期。

王、楚昭王当政，楚国主要的战略目标是与齐、晋争夺中原，与春秋早期相比，有了很大变化，曾国不再是楚国的头号敌人，曾、楚国力对比悬殊，楚国与曾国已经订立盟约，曾国不会进攻楚国，楚国可专心致志地逐鹿中原。

公元前671年，熊恽在随国的帮助下，杀了他的哥哥楚王堵敖，即位为楚成王。《史记·楚世家》记载："庄敖五年，欲杀其弟熊恽，恽奔随，与随袭杀庄敖代立，是为成王。成王恽元年，初即位，布德施惠，结旧好于诸侯。使人献天子，天子赐胙，曰：'镇尔南方夷越之乱，无侵中国。'于是楚地千里。"[①]随国能够在楚国政治斗争中发挥重要作用，辅佐楚成王即位，说明随国具备一定的实力。楚成王即位以后，一方面"布德施惠，结旧好于诸侯"，争取诸侯国的支持，其中必定要争取随国的支持；另一方面献天子，要政策，于是天子赐胙，并承认楚国可以向南方夷越地区发展，但不要侵略中原。

2019年发掘的随州枣树林M169，属曾侯宝的夫人嬭加之墓。出土的编钟共19件，根据铭文内容和排列顺序，可以分为四组，四组铭文内容基本相同，只有个别字的写法略有不同，个别文句存在异文。涉及曾楚关系的铭文为："余非敢作䰧（耻），楚既为忒，吾徕匹之。密臧我猷，大命毋改。余虩小子加嬭曰：'呜呼！余虩小子。'加嬭曰：'呜呼！龏（龚）公巢（早）陟，余復（复）其疆啚（鄙），行相曾邦，以长辝夏。余典册厥德，殹民之氐巨，攸攸䮡䮡，余[为妇]为夫，余㷭頵下辟，龏（龚）畏俦公及我大夫，龖龖豫政，作辝邦家。'"楚成王在位的时间为公元前671年至公元前626年，嬭加的丈夫曾侯宝在位时间与楚成王在位的部分时间相合，很可能是楚成王将楚国女子嬭加嫁给了曾国。嬭加编钟铭文透露出楚成王时楚国仍然蚕食了曾国，但曾国进行了抵抗。曾侯宝过早去世，嬭加担负了治国之责，并且保护了国土，"余復（复）其疆啚（鄙）"这句话表明曾国在曾侯宝去世后，疆域得到恢复，曾国还是靠抵抗和曾、楚盟约维护了自己的大国地位，换言之，曾国的存在并非楚国的恩赐。曾、楚之间的各级贵族之间长期保持通婚关系，因此曾、楚之间的敌对情绪逐渐消弭，偶尔会有些反弹。

楚成王二十三年（前649年），楚国伐黄。次年（前648年），楚国灭黄，黄国是曾国的盟国，灭掉黄国，进一步削弱了曾国的势力。

《左传》僖公二十年（前640年）记载："随以汉东诸侯叛楚。冬，楚斗穀

---

①（汉）司马迁：《史记·楚世家》，中华书局1959年，第1696～1697页。

於菟帅师伐随,取成而还。”[①]随国联合盟国叛楚,楚斗穀於菟帅师伐随,也只是以签订合约而还,对随国并没有造成重大的损害。

从此以后近一百五十年,随(曾)国在传世文献上再没有出现过,随国作为一个诸侯国,活动受到楚国的限制,不能以独立的国家与其他诸侯国发生邦交关系。直到《春秋》哀公元年(前494年)才突然记载了一条:“楚子、陈侯、随侯、许男围蔡。”孔颖达《正义》曰:“僖二十年楚人伐随,自尔以来,随不复见,以随世服于楚,为楚私属,不通于诸侯,征伐盟会,不齿于列,故史不得书之。”随国已经被史家遗忘了。

2015—2017年,湖北省文物考古研究所等单位对苏家垄南部岗地进行发掘,发掘墓葬101座,车马坑2座,墓葬年代为两周之际到春秋中期。其中M85出土了铜鼎1、簠1、甗1、盘1、匜1,陶器5件,玉器3件,年代属于春秋中期。[②]

2018年8月至2019年9月,湖北省文物考古研究所等单位对苏家垅遗址进行了发掘,出土的遗物主要为陶器,器形包括鬲、鼎、甗、甑、缸、瓮、罐、簋、盆、盂、杯等。从器形观察,遗物主要为春秋中期。[③] 墓葬和遗址的年代证实春秋中期京山苏家垄所在的漳河上游仍然为曾国疆域。

三、曾侯遇以后的曾国疆域

《春秋》定公四年(前506年)记载:“公会刘子、晋侯、宋公、蔡侯、卫侯、陈子、郑伯、许男、曹伯、莒子、邾子、顿子、胡子、滕子、薛伯、杞伯、小邾子、齐国夏于召陵,侵楚。”[④]大小十余国齐聚召陵,共谋发动侵楚战争。

实际上参战的是吴国、蔡国、唐国的军队,吴、蔡、唐联军速战速决,占领楚郢都。楚昭王仓皇出逃,投奔郧公,因郧公斗辛的弟弟斗怀说楚平王杀了

①(唐)孔颖达:《春秋左传正义·僖公二十年》,(清)阮元校刻《十三经注疏》,中华书局1980年,第1811页。

②方勤、胡长春、席奇峰等:《湖北京山苏家垄遗址考古收获》,《江汉考古》2017年第6期;湖北省文物考古研究所:《湖北京山苏家垄墓群M85发掘简报》,《江汉考古》2018年第1期。

③湖北省文物考古研究所、北京大学考古文博学院、荆门市博物馆、京山市苏家垄文物管理所:《湖北京山苏家垄遗址2018年考古发掘简报》,《江汉考古》2019年第6期。

④(唐)孔颖达:《春秋左传正义·定公四年》,(清)阮元校刻《十三经注疏》,中华书局1980年,第2133页。

他们的父亲蔓成然，正好借此机会报杀父之仇，斗辛制止了这一行为。郧公斗辛于是带着楚昭王逃到随国，吴军紧随而来，迫使随国交出昭王。《左传》定公四年记载："斗辛与其弟巢以王奔随。吴人从之，谓随人曰：'周之子孙在汉川者，楚实尽之。天诱其衷，致罚于楚，而君又窜之，周室何罪？君若顾报周室，施及寡人，以奖天衷，君之惠也。汉阳之田，君实有之。'楚子在公宫之北，吴人在其南。子期似王，逃王，而己为王，曰：'以我与之，王必免。'随人卜与之，不吉。乃辞吴曰：'以随之辟小，而密迩于楚，楚实存之，世有盟誓，至于今未改。若难而弃之，何以事君？执事之患，不唯一人，若鸠楚竟，敢不听命？'吴人乃退。鑪金初官于子期氏，实与随人要言。王使见，辞曰：'不敢以约为利。'王割子期之心，以与随人盟。"①杜预注："当心前割取血以盟，示其至心。"只是在正当心前部位取血，并非真正割子期之心，以示诚意。楚昭王为感谢随国的救命之恩，歃血而盟，盟约内容是什么呢？

2009年的随州文峰塔抢救性发掘，挖出了曾侯遇墓，年代在春秋晚期。出土的编钟铭文记载是曾侯遇救了楚昭王的命，并签订了盟约。M1:1铭文："隹(唯)王正月，吉日甲午，曾侯遇曰：伯括上庸，左右文武。达(挞)殷之命，抚定天下。王遣命南公，营宅汭土，君庇淮夷，临有江夏。周室之既庳(卑)，吾用燮楚。吴恃有众庶，行乱，西政(征)南伐，乃加于楚，荆邦既□，而天命将误。有严曾侯，业业厥圣，亲搏武攻(功)。楚命是静，复定楚王。曾侯之穆，曾侯庄武，畏忌共(恭)寅斋盟，伐武之表，怀燮四旁(方)。"M1:3铭文："唯王十月，吉日庚午，曾侯遇曰：'余稷之玄孙，穆善敦敏，畏天之命。'"②盟约的最为核心的内容就是"余申固楚成，改复曾疆"，也就是恢复了曾国疆域，很可能恢复了春秋早期的地盘，使曾国的国力增强，财富更多。因为曾国不对外发动战争，所搜刮的财富主要是用于贵族享受，曾侯乙墓的随葬品特别丰富，仅青铜器就有十吨重，即可为证。到楚惠王时，楚国仍然不忘曾侯遇的救父之恩，曾侯遇的孙子曾侯乙去世时，楚惠王和大臣们赠送了大量厚重的礼物，如曾侯乙编钟中部摆放的镈钟，就是楚惠王专为曾侯乙铸造的，曾国也将此视为特别的荣耀，取下一件大甬钟，把楚惠王送的镈

①(唐)孔颖达：《春秋左传正义·定公四年》，(清)阮元校刻《十三经注疏》，中华书局1980年，第2136、2137页。

②湖北省文物考古研究所、随州市博物馆：《随州文峰塔M1(曾侯與墓)、M2发掘简报》，《江汉考古》2014年第4期；凡国栋：《曾侯與编钟铭文柬释》，《江汉考古》2014年第4期。

钟放在最突出的位置。

汉阳诸姬皆为周之子孙，随国也为周之子孙所封。随州文峰塔曾侯遇墓、枣树林 M169 嬭加、M190 曾公畎墓编钟铭文记载曾国为南宫括始封，使我们对曾（随）国和周初历史的认识更加深入，周朝对周初的政治布局颇费心思，东有周公、太公，北有召公，南有南公，西为都城丰镐所在。曾、楚实力对比在春秋早期可谓势均力敌，我认为春秋早期楚国想消灭曾国实属不易，当时楚国军事实力不强，于是曾、楚订立盟约，保持相对均势。但是到春秋中晚期、战国时期，楚国疆域拓展迅速，楚成王时期已经开地千里，到战国中期"地方五千里"，曾国地盘则不增反减，受到楚的挤压。楚国一直没有消灭曾国，也是个令人费解的地方。随着考古资料的不断出土，再结合传世文献，基本上可以圆满地回答这个问题。一是曾国具有相当的实力，尤其在西周中晚期到春秋早期发展最为强大，楚国也无法克之，战则两伤，和则两利。二是曾、楚"世有盟誓"，以法定文件确保了曾国的存在，宗庙不毁，祭祀不绝。三是曾国及时调整了战略方针，也就是"周室之既庳（卑），吾用燮楚"，或者如文峰塔 M4 编钟铭文所说："……徇乔（骄）壮武，左右楚王，弗讨是许，穆=（穆穆）曾侯，畏忌温龚（恭）。"①曾国明确提出"吾用燮楚""左右楚王"的政策，楚国承诺"弗讨是许"。三是两个重大历史事件，更加密切了曾、楚关系：其一，在公元前 671 年，随（曾）国帮助熊恽袭杀了堵敖，坐上了王位，是为楚成王；其二，在前面这个事件中，公元前 506 年曾侯遇救了楚昭王；其三，曾楚长期保持通婚关系，深化了曾、楚融合，形成你中有我、我中有你的局面，化解了民族矛盾。

曾侯遇因救楚昭王之功，恢复了曾国的疆土，也就是恢复了春秋早期曾国的疆域，曾国又变得富裕起来。正因为有了好的经济条件，曾侯乙墓的随葬品非常丰厚，仅青铜器就多达 10 吨。曾侯乙去世后，楚惠王为感谢曾侯遇的救父之恩，亲自为曾侯乙铸造一套编镈。但这种局面并没维持太久，曾国的疆域还是有所变化，如枣阳滚河流域在战国中期就被楚国占领了，枣阳九连墩楚墓就是楚国占领曾国地盘后留下的遗存。九连墩楚墓位于湖北省枣阳市吴店镇东赵湖村与兴隆镇乌金村之间，地处一条 3 公里长

①湖北省文物考古研究所、随州市博物馆：《湖北随州文峰塔墓地 M4 发掘简报》，《江汉考古》2015 年第 1 期。

的南北走向低岗上，因分布有九个大型封土堆而得名。2002 年 9～12 月，为配合汉十高速公路建设，湖北省文物考古研究所对一号墩进行了勘探发掘，共发掘了竖穴土坑墓两座及各自祔葬车马坑 2 座，分别编号为 M1、M2、CHMK1、SHMK2。

M1 位于 M2 南部，两墓相距 18 米，上面的封土堆连在一起。

M1 封土堆西部基本被夷平，东西残径 33.3 米，南北残径 43.3 米，残高最高处 5 米。该墓为甲字形竖穴土坑墓，东部带一条墓道，方向 105°。墓口东西长 38.1 米，南北宽 34.8 米，深 12.8 米，墓壁有 14 级台阶。葬具为两椁两棺。铜器镬鼎 3、升鼎 5、馈鼎 21、甗 1、鬲 19、簋 8、簠 4、敦 2、盒 2、方壶 8、尊缶 3、尊 1、盘 1、盖豆 2、盖芳豆 2、豆 8、高柄壶形杯 2、圆鉴 3、方鉴 2、匕 9、案 1、俎 1、器盖 1、汤鼎 1、盉 1、盒 2、壶 2、长颈壶 1、卣 1、盥缶 2、盆 1、盘 6、匜 3、人擎灯 1 等。漆木器有盒 1、盖豆 1、高柄盘 1、卮 3、扁壶 1、酒具盒 1 套 19 件、梳妆盒 1、箱 2、几 4、龙首杖 1、梳 1、篦 1、扇柄 2、绕线棒 53 等。

M2 封土堆压在 M1 封土堆之上，早年被逐渐推平成坡地，东西残径 38.4米，南北残径 34 米，残高 1.4 米。该墓为甲字形竖穴土坑墓，东部带一条墓道，方向 107°。墓口东西长 34.7 米，南北宽 32 米，深 11.6 米，墓壁有 14 级台阶。葬具为两椁两棺。铜器镬鼎 2、羞鼎 2、馈鼎 21、簋 4、敦 2、盒 2、壶 4、方壶 2、尊缶 1、盖豆 2、豆 10、鉴 2、匕 9、匜鼎 1、盉 1、盥缶 2、盆 1、盘 2、匜 3 等。漆木器有升鼎 5、簋 8、簠 4、敦 2、盒 4、鬲 20、方壶 4、圆壶 8、提链壶 1、尊缶 3、尊 1、方豆 2、盖豆 2、豆 12、勺 2、瓒 2、禁 1、房俎 1、俎 30。

经性别鉴定 M1 墓主人为男性，年龄约 50～60 岁，M2 墓主人为女性，年龄约 40～55 岁，为夫妻并穴合葬墓。从封土堆的叠压关系看，男性墓主人去世的时间比女性墓主人早。根据随葬品的形制和组合，属于典型的楚墓，年代为战国中期，与包山 2 号墓年代接近，包山 2 号墓下葬时间为公元前 316 年。从升鼎的数量来看，M1 出土铜升鼎 5 件，M2 出土漆木升鼎 5 件，墓主人身份为大夫，M2 出土多种漆木礼器，为以前所少见。[①] 枣阳九连墩两座楚墓的发掘，证实在战国中期，枣阳滚河上游已经确为楚国占领，而这

①湖北省文物考古研究所：《湖北枣阳市九连墩楚墓》，《考古》2003 年第 7 期；湖北省文物考古研究所、襄阳市文物考古研究所：《湖北枣阳九连墩 M2 发掘简报》，《江汉考古》2018 年第 6 期；湖北省文物考古研究所、襄阳市文物考古研究所：《湖北枣阳九连墩 M1 发掘简报》，《江汉考古》2019 年第 3 期。

里在西周晚期到春秋早期就是郭家庙曾国高级贵族墓地所在地。

战国时期的曾国东部疆域可能毗邻安陆一带，宋代在安陆就出土过楚惠王为曾侯乙铸造的镈钟，薛尚功《历代钟鼎彝器款识法帖》有著录。[①] 铭文与曾侯乙墓出土的镈钟铭文一样，说明当时楚惠王所铸镈钟应是一套，其中一件葬入曾侯乙墓，其他的镈钟保存于世。

①薛尚功：《历代钟鼎彝器款识法帖》，中华书局 1986 年，第 27 页。

第五章 曾国的历法、乐律和文字

曾国是周分封在南方的姬姓诸侯国，在春秋早期成为汉东大国，春秋中期以后沦为楚的附庸国，曾国文化始终保持着周文化特色，春秋中期以后受到楚文化的影响。曾国的历法基本奉周王正朔；乐律与周的乐律关系最为密切，也受到楚律的重要影响。曾国文字西周早期至春秋中期与周文字风格一致，春秋晚期以后曾国金文颇有特色，曾国竹简文字为曾国用毛笔书写的俗体，与楚简字体相似。

第一节 曾国的历法基本奉周王正朔

曾国奉行什么历法，是其文化取向的标志。因此研究曾国的历法，可以凭此认识曾国文化的特征。我们依据曾国青铜器铭文等资料，来探讨曾国历法的情况。

目前所见西周晚期铜器铭文有曾仲大父蝨簋，出土于随州熊家老湾，其铭文为："唯五月既生霸庚申，曾仲大父蝨乃用吉攸（鋚），乃金，用自作宝簋。蝨其用追孝于其皇考，用赐眉寿黄耇霝终，其万年子子孙孙永宝用享。"①虽然"唯五月"没有标明周王，但是一种常见的省略格式，实即"唯王五月"。

春秋早期的铜器铭文较多。如曾伯从宠鼎，铭文为："唯王十月既吉，曾伯从宠自作宝鼎用。"②盖铭文明确标出了"唯王十月"，此处之王当为周王。

传世品曾伯霥簠，年代为春秋早期晚段，其铭文为："唯王九月初吉庚午，曾伯霥哲圣元武，元武孔黹（致），克狄（逖）淮夷，印（抑）燮繁汤（阳），金道锡行，具既卑（俾）方。余择其吉金黄铝，余用自作旅簠，以征以行，用盛稻梁，用孝用享于我皇祖文考。天赐之福，曾伯霥叚（遐）不黄耇，万年眉寿无疆，子子孙孙永宝用之享。"③其纪年也明确地标出了周王。

①鄂兵：《湖北随县发现曾国铜器》，《文物》1973 年第 5 期。

②蓝蔚：《武汉发现鄫伯鼎》，《文物》1965 年第 7 期。

③《殷周金文集成》4631、4632；《曾国青铜器》第 440~441 页。

2015—2017 年,湖北省文物考古研究所发掘京山苏家垅曾国贵族墓地,M79 为曾伯霥墓,出土升鼎 5、附耳鼎 3、簋 4、簠 4、壶 2、盘 1、匜 1,曾伯霥壶壶盖、壶腹有长篇铭文,壶腹部铭文 83 字:"唯王八月,初吉庚午,曾伯霥哲圣孔武,孔武元犀,克狄淮夷。余温恭且忌,余为民父母。惟此壶章,先民之尚。余是楙是则,允显允异。用其鐈鏐,唯玄其良,自作尊壶,用孝用享于我皇祖,及我文考,用锡(赐)害(匄)眉寿,子孙永宝。"

壶盖铭文 78 字与壶腹部铭文基本相同,"唯王八月"少一"王"字,最后少"子孙永宝"4 字。

M88 为曾伯霥夫人墓,出土鼎 3、鬲 5、甗 1、簠 4、壶 2、盘 1、匜 1 及玉器等,壶的铭文与 M79 铭文相同。[①]

2012 年随州警方破获了一起文物案件,缴获 198 件套文物,其中包括一件曾侯宝鼎,据传该鼎出自随州市义地岗墓地。铜鼎为附耳,宽平折沿,方唇,浅半球形腹,圜底,三蹄足。耳饰圆圈纹、重环纹、桃形纹。口沿下饰窃曲纹,腹饰垂鳞纹。器腹内壁铸有铭文 5 行 22 字:"唯王五月吉日庚申,曾侯宝择其吉金,自作升鼎,永用之。"年代为春秋早期。[②]

吴镇烽在《商周青铜器铭文暨图像集成》一书中公布了某收藏家收藏的五件曾侯宝铜器,包括鼎 2、簋 2、壶 1。据传同坑出土数十件,目前见到曾侯宝的铜器还有 14 件,包括鼎 4、簋 5、簠 2、方壶 2、圆壶 1。

两件曾侯宝鼎相同,口微敛,宽平沿,一对附耳,圜底,三蹄足。口沿下饰变形兽体纹,上腹饰一周凸弦纹,下腹饰垂鳞纹。内壁铸铭文 22 字,铭文为:"隹(唯)王五月吉日庚申,曾侯宝择其吉金,自乍(作)升鼎,永用之。"

两件曾侯宝簋相似,敛口鼓腹,有子口,一对兽首珥,无垂珥,盖面隆起,飤簋沿斜折,矮圈足沿外撇。盖沿饰大小相间的重环纹,口沿饰窃曲纹,盖面和腹部饰瓦楞纹,圈足饰卷曲夔龙纹。盖内铸铭文 22 字,铭文为:"隹(唯)王五月吉日庚申,曾侯宝择其吉金,自乍(作)飤簋,永用之。"

曾侯宝壶,侈口,长颈内束,矮圈足,内插式盖,盖冠作莲瓣形,颈部有一对兽首形衔环耳,盖顶未封。盖沿饰垂冠回首尾下卷作刀形的夔龙纹,颈

---

①方勤、胡长春、席奇峰等:《湖北京山苏家垄遗址考古收获》,《江汉考古》2017 年第 6 期。

②项章:《随州博物馆藏曾侯匋鼎》,《文物》2014 年第 8 期。

部饰环带纹，上腹饰蟠螭纹，圈足饰垂鳞纹。曾侯宝鼎、簋、壶年代皆为春秋早期。①

吴镇烽在《商周青铜器铭文暨图像集成续编》一书中又收录了某收藏家收藏的一件曾侯宝铜盘、国家博物馆收藏的两件曾侯宝鼎及前述随州博物馆收藏的一件曾侯宝鼎。

曾侯宝盘，敞口浅盘，窄沿方唇，腹部有一对乙字形附耳，平底下置三条蹄足，两耳和腹部均饰蟠虺纹。内地铸铭文 22 字：“隹(唯)王五月吉日庚申，曾侯宝择其吉金，自作盥盘，永用之。”同出一匜，铭文相同，资料未公布。②

国家博物馆收藏的两件曾侯宝鼎大小略有差别，形制纹饰相似，内壁铭文相同，铭文为：“隹(唯)王五月吉日庚申，曾侯宝择其吉金，自乍(作)升鼎，永用之。”③

以上均为曾侯宝所铸器物，年代属春秋早期。这些器物可能均盗自随州义地岗墓地。

曾侯子编镈共两套，年代为春秋早期。第一套 4 件，铭文相同。钲间及鼓部铸铭文 19 字：“隹(唯)王正月初吉丁亥，曾侯子择其吉金，自作行镈。”④第二套 4 件，铭文相同。钲间及左鼓部铸铭文 19 字：“隹(唯)王正月初吉丁亥，曾侯子择其吉金，自作行镈。”⑤这里的王也是周王。

春秋中期的曾国铜器铭文依然如故，奉行周历。

随州枣树林墓地 M190 为曾国国君曾公畎的墓葬，出土的编镈、编钟上的铭文已经公布了镈钟(M190：35)、甬钟 A 组、甬钟 B 组的铭文。镈钟(M190：35)、甬钟 M190：245 钲部、甬钟 M190：2237 钲部的纪年铭文均为：

---

①吴镇烽：《商周青铜器铭文暨图像集成》，上海古籍出版社 2012 年，第 4 册第 432~435 页，第 10 册第 317~320 页。

②吴镇烽：《商周青铜器铭文暨图像集成续编》，上海古籍出版社 2016 年，第 3 册第 290~291 页。

③吴镇烽：《商周青铜器铭文暨图像集成续编》，上海古籍出版社 2016 年，第 1 册第 202~207 页。

④吴镇烽：《商周青铜器铭文暨图像集成》，上海古籍出版社 2012 年，第 29 册第 186~193 页。

⑤吴镇烽：《商周青铜器铭文暨图像集成续编》，上海古籍出版社 2016 年，第 3 册第 478~484 页。

“隹(唯)王五月吉日丁亥。”编镈、编钟铸造的时间为公元前646年。① 此王也是周王。

随州枣树林墓地M169出土的随仲芈加编钟年代为春秋中期。铭文记载:“隹(唯)王正月初吉乙亥,曰:白(伯)舌(括)受命,帅禹之堵,有此南洍,余文王之孙,穆之元子,之(M169:20编钟写成“出”)邦于曾。”②这里的王也是周王。

曾公子叔浅簠年代为春秋中期,其铭文为:“唯正月吉日丁亥,曾公子叔浅择其吉金,自作飤簠,子子孙孙其永宝用之。”③

春秋晚期的曾国铜器铭文还是奉周历为正统。如曾仲斁鼎,其铭文为:“唯王正月吉日庚申,曾中(仲)斁择其[吉金,自]乍(作)飤緐(繁),其永用之。”④曾仲斁簋,其铭文为:“唯王正月士(吉)日庚申,曾中(仲)斁择其[吉金,自]乍(作)荐簋,其永宝用之。”⑤这里的王当指周王。

也有的采取省略格式,没有标出周王。如曾子原彝簠,其铭文为:“唯正月初吉庚申,曾子原彝为孟姬鄀铸媵簠。”⑥曾子□簠,其铭文为:“唯正月初吉丁亥,曾子□自作飤簠,子子孙孙永宝用之。”⑦

春秋晚期也有少量材料表明曾国也出现了以曾国纪年的历法。如随州文峰塔M33号墓铜盘口内铸有一周铭文:“隹(唯)曾八月,吉日隹(唯)亥,余郑君之元女余周侄捕(?)撲(?)择其吉金,自乍(作)滕(浣)盘,永保用之。”年代为春秋晚期。⑧

类似的现象见于越国、邓国、鄀国等国。如越国的者沪钟铭文:“隹(唯)戉(越)十有九年,王曰:者沪,女(汝)亦虔秉不泾。”郭沫若认为,“钟之出土地不明,然乃越器,铭首之‘隹戉十有九年’之戉即是所著之国号,与

①郭长江、凡国栋、陈虎、李晓杨:《曾公畯编钟铭文初步释读》,《江汉考古》2020年第1期。

②湖北省文物考古研究所等:《湖北随州枣树林墓地2019年发掘收获》,《江汉考古》2019年第3期;郭长江、李晓杨、凡国栋、陈虎:《嬭加编钟铭文的初步释读》,《江汉考古》2019年第3期。

③吴镇烽:《商周青铜器铭文暨图像集成续编》,上海古籍出版社2016年,第2册第251~255页。

④吴镇烽:《商周青铜器铭文暨图像集成》,上海古籍出版社2012年,第4册第481页。

⑤吴镇烽:《商周青铜器铭文暨图像集成》,上海古籍出版社2012年,第10册第399~407页。

⑥程欣人:《随县涢阳出土楚、曾、息青铜器》,《江汉考古》1980年第1期。

⑦湖北省文物考古研究所:《曾国青铜器》,文物出版社2007年,第433页。

⑧湖北省文物考古研究所等:《湖北随州市文峰塔东周墓地》,《考古》2014年第7期。

邓伯氏鼎'隹邓八月'、鄀公簠'隹鄀正二月'等同例，铭中之王，乃越王也"。容庚认为者沪即越王勾践之子鼫与，郭沫若认为至确，并认为铭中之王即越王勾践。

鄀公敄人簠纪年铭文为："隹鄀正二月初吉乙丑，上鄀公敄人乍(作)障簠。"鄀公敄人钟纪年铭文与此同。

鄀公平侯盂纪年铭文为："隹鄀八月初吉癸未，鄀公平侯自乍(作)障盂。"鄀公平侯乃鄀公敄人之子。

邓伯氏鼎纪年铭文为："隹𨙸(邓)八月初吉，白(伯)氏、始(姒)氏乍(作)䵼嫚臭朕鼎，其永宝用。"

邓公簋铭文为："隹𨙸(邓)九月初吉，不故屯夫人訂(始)乍(作)𨙸(邓)公，用为屯夫人障譹簋。"郭沫若认为"不故"即山东的薄姑，薄姑国已经在西周成王时因叛乱被灭，封给师尚父，其后世子孙仍血食未坠，并与邓国通婚。[①] 中国历史博物馆(现称国家博物馆)1956年收藏邓公簋盖1件，年代为西周晚期，简报作者认为"屯"应释为"中"，即排行"仲"，可从。[②] 曾国历法在战国早期也受到了楚国的影响，仅在曾侯乙墓中出现与楚国相同的以大事纪年法。如：

曾侯乙墓简1："大莫𢧐(敖)旟喙适豧之春。"春秋战国时期楚国有"莫敖"之官，《左传》桓公十一年载："楚屈瑕将盟贰、轸。郧人军于蒲骚，将与随、绞州、蓼伐楚师。莫敖患之。"[③]襄公十五年载："屈到为莫敖。"《战国策・楚策一》："威王问于莫敖子华曰：'自从先君文王以至不穀之身，亦有不为爵劝，不为禄勉，以忧社稷者乎？'莫敖子华对曰：'……昔者吴与楚战于柏举，两御之间夫卒交。莫敖大心抚其御之手，……'"莫敖一职基本由楚公族屈氏世代担任。"敖"亦作"嚣"，《楚策一》载"莫敖大心"，《淮南子・修务》作"莫嚣大心"。《史记・曹相国世家》有"大莫敖"，《汉书・曹参传》作"大莫嚣"，颜师古注："如淳曰：嚣，音敖。张晏曰：莫敖，楚卿号。时近六国，故有令尹、莫敖之官。""𢧐"从"戈"、"嚣"声，"大莫𢧐"即"大莫

①郭沫若：《两周金文辞大系图录考释》，上海书店出版社1999年，第157~159、174~177页。

②杨桂荣：《馆藏邓国铜器》，《中国历史博物馆馆刊》1991年。

③(唐)孔颖达：《春秋左传正义・桓公十一年》，(清)阮元校刻《十三经注疏》，中华书局1980年，第1755页。

器”。旂喙即阳为,《系年》第 21 章记载:“楚柬(简)大王立七年,宋悼公朝于楚,告以宋司城波之约公室。王命莫嚣(敖)阳为率师以定公室。……二年,王命莫嚣(敖)阳为率师侵晋,夺宜阳”。[①] 新蔡葛陵楚简甲三:36 记载:“大莫嚣(敖)阳为[战]于长城之[岁]。”[②]

豧为地名,疑读为《诗 · 大雅 · 崧高》“维申及甫”之“甫”。[③] 李学勤认为包山楚简中的“鄘”是巴国。[④]

虽然曾国受到楚国大事纪年法的影响,但并没有采用楚王王年纪年法,这是曾国与楚国在文化本质上不同的地方。

楚国纪年方法中有一种为楚王王年纪年法,如楚王熊章镈铭文为:“隹王五十又六祀,返自西阳,楚王酓章乍曾侯乙宗彝,奠之于西阳,其永时用享。”[⑤]这里的王为楚惠王,说明楚国在历法上摆脱了周历的束缚,自成一体,是楚国政治上独立的象征。

楚国竞之䵼鼎,2005 年出土于河南上蔡县大路李乡郭庄 1 号楚墓,通高 88 厘米、口径 80 厘米、两耳相距 103 厘米,重 150 公斤。盖面隆起,沿下折,顶部有双头兽衔环钮,表面有三道凸起的粗弦纹,周围有三个方形圆孔钮。附耳,直口深腹,圜底,三个较高蹄足。上腹有一道箍棱,盖器同铭,各 19 字:“隹(唯)王八月丁丑,竞(景)之䵼自作䰞彝䰝(鼒)□盘,共(供)盟祀。”年代为战国早期。[⑥] 竞之䵼,为楚平王的后裔,铭文中的王应为楚王。

综上所述,曾国历法基本使用周历,说明曾国作为周的同姓封国,一直主要是奉周为正统的。到了春秋晚期,曾国也出现了以曾国纪年的历法,显示出一定的独立性。战国时期曾国历法又受到楚国历法的影响,采用了楚国大事纪年的历法,但是并没有采用楚王在位年代的纪年方法,这应该是曾国所守的政治底线。

---

①清华大学出土文献研究与保护中心编,李学勤主编:《清华大学藏战国竹简(贰)》下册,中西书局 2011 年,第 189~191 页。

②河南省文物考古研究所:《新蔡葛陵楚墓》,大象出版社 2003 年,第 190 页。

③湖北省博物馆:《曾侯乙墓》,文物出版社 1989 年,第 501 页。

④李学勤:《包山楚简鄘即巴说》,《巴蜀文化研究集刊》第四集,巴蜀书社 2008 年。

⑤湖北省博物馆:《曾侯乙墓》,文物出版社 1989 年,第 87 页。

⑥吴镇烽:《商周青铜器铭文暨图像集成续编》,上海古籍出版社 2016 年,第 1 册第 191 页。

第二节　曾国的乐律特色及其与周、楚乐律的关系

冯光生在《曾侯乙编钟文化属性分析》一文中得出结论："源自周文化的楚文化在春秋中期才形成特色，但直到战国早期尚没能全面影响、渗透到楚的附庸——曾国。曾侯乙编钟循着西周已形成的编钟双音结构及规范而发展，它不是楚钟，也不是楚文化的产物，只是曾、楚及其他国家音乐交流的工具。我们应该把它放在周文化的范畴来审视。"①本节从乐律角度探讨曾国文化的价值取向，是一个重要的视角，乐律应属于曾国文化的核心内容之一。我们认为曾国乐律有以下几个特点：

一、曾国的乐律有自己的特色

曾侯乙编钟记载同一乐律各国叫法的差别如下：

C.65.下.1.2

妥（蕤）宾之宫。妥（蕤）宾之才（在）楚号为坪皇，其才（在）绅（申）号为迟（夷）则。大（太）族（簇）之珈（加），无铎（射）之宫曾（增），黄钟之商角。

C.65.下.2.1

姑洗鄵镈，穆音之羽，嬴孠之羽角，迟（夷）则之羽曾（增），𨞛（应）钟之变宫。

C.65.下.2.2

姑洗之商角，嬴孠之宫。嬴孠之才（在）楚为新钟，其在齐为吕音。姑洗之商曾（增），穆音之宫。穆音之才（在）楚为穆钟，其在周为剌音。

C.65.下.2.3

姑洗之中镈，韦音之宫。韦音之才（在）楚号为文王。迟（夷）则之商，为剌音变徵。

𨞛（应）音之宫。𨞛（应）音之才（在）楚为兽钟，其才（在）周为𨞛

①冯光生：《曾侯乙编钟文化属性分析》，《黄钟（武汉音乐学院学报）》1998 年第 3 期。

(应)音。

C.65.下.2.4

妥(蕤)宾之宫。妥(蕤)宾之才(在)楚号为坪皇,其才(在)绅(申)号为迟(夷)则。

C.65.下.2.5

姑洗之宫。姑洗之才(在)楚号为吕钟,其坂(反)为宣钟,宣钟之才(在)晋号为六墉。

C.65.中.2.11

赢孠之宫。赢孠之才(在)楚为新钟,其才(在)鄌(齐)为吕音。大(太)族(簇)之宫,其反才(在)晋为槃钟。

穆音之宫。穆音之才(在)楚为穆钟,其才(在)周为剌音。

C.65.中.3.1

姑洗之少宫。姑洗之才(在)楚为吕钟。亘钟之宫。洹钟之才(在)晋号为六墉。

C.65.中.3.2

赢孠之宫。赢孠之才(在)楚号为新钟,亓(其)才(在)鄌(齐)号为吕音。

大(太)族(簇)之才(在)周号为剌音,亓(其)才(在)晋号为槃钟。

穆音之宫。穆音之才(在)楚号为穆钟。

C.65.中.3.3

姑洗之角,韦音之宫,其才(在)楚为文王。

C.65.中.3.4

姑洗之少商,妥(蕤)宾之宫。妥(蕤)宾之才(在)绅(申)号为迟(夷)则。

C.65.中.3.5

姑洗之才(在)楚为吕钟,其坂(反)为亘钟。

C.65.中.3.6

姑洗之宫角,韦音之宫。韦音之才(在)楚号为文王。

C.65.中.3.7

姑洗之商,妥(蕤)宾之宫。妥(蕤)宾之才(在)楚号为坪皇,其才(在)

绅(申)号为迟(夷)则。

C.65.中.3.8

亘姑洗之宫。姑洗之才(在)楚号为吕钟,其坂(反)为钟。钟之在晋为六墉。

C.65.下.1.1

兽钟之渚鐊,穆钟之渚商,姑洗之渚宫,浊新钟之徵。兽钟之渚徵,浊坪皇之商,浊文王之宫,浊姑洗之下角。新钟之渚羽,浊坪皇之渚商,浊文王之渚宫。

C.65.中.1.9

姑洗之徵,穆钟之羽,新钟之羽顧,浊兽钟之宫。坪皇之喜,姑洗之徵角,浊兽钟之下角。文王之终,新钟之羽曾(增),浊穆钟之商,浊姑洗之宫。①

《曾侯乙墓》报告曾国与东周各国律名列表如下:②

表十三　曾国与东周各国律名对照表

律名 音名 国名	C	#C 或 bD	D	#D 或 bE	E	F	#F 或 bG	G	#G 或 bA	A	#A 或 bB	B
曾	姑洗 宣钟		妥宾		韦音		无铎 嬴		黄钟 钟郿音		大族 穆音	浊姑洗
周									郿音		剌音	
楚	吕钟	浊坪皇	坪皇	浊文王	文王	浊新钟	新钟	浊兽钟	兽钟	浊穆钟	穆钟	
晋	六墉										槃钟	
齐							吕音					
申			迟则									

曾国的乐律名称有自己的一套名称,如姑洗、宣钟、妥宾、韦音、无铎、嬴孠、黄钟、郿钟、郿音、大族、穆音、浊姑洗等,与其他国家差别较大。妥

①湖北省博物馆:《曾侯乙墓》,文物出版社 1989 年,第 533、540 页。

②湖北省博物馆:《曾侯乙墓》,文物出版社 1989 年,第 75~151、532~582 页。

宾、无铎、酈钟分别是传世文献中的蕤宾、无射、应钟。① 姑洗(宣钟)、妥宾、韦音、无铎(赢孠)、黄钟(酈钟、酈音)、大族(穆音)是曾国的阳律。中、下层的甬钟都是姑洗均,姑洗和宣钟属 C 音的同位异律,大族和穆音属^{b}B 音的同位异律,有高低八度之别。② “应钟”音高相当于$^{\#}$G,而周王室的黄钟应在 A 的位置;曾国的黄钟律高却相当于^{b}A,“应音(钟)”在周是正律,比黄钟低一律;应音在曾国是与黄钟同音位的变律。③ 浊姑洗是曾国的阴律之一,曾国的另外五个阴律名称借用于楚国,即浊坪皇、浊文王、浊新钟、浊兽钟、浊穆钟。

二、曾国的乐律与周的乐律关系

我们先看看传世文献所记载的周朝乐律名称。《国语・周语下》记载:“王将铸无射,问律于伶州鸠。对曰:‘律,所以均出度也。古之神瞽考中声而量之以制,度律均钟,百官轨仪,纪之以三,平之以六,成于十二,天之道也。夫六,中之色也,故名之以黄钟,所以宣扬六气、九德也。由是第之,二曰太簇,所以金奏赞扬出滞也。三曰姑洗,所以修洁百物,考神纳宾也。四曰蕤宾,所以安靖神人,所以献酬交酢也。五曰夷则,所以咏歌九则,平民无二也。六曰无射,所以宣布哲人之令德,示民轨仪也。为之六间,以扬沉伏,而黜散越也。元间大吕,助宣物也。二间夹钟,出四隙之细也。三间仲吕,宣中气也。四间林钟,和展百事,必莫不任肃纯恪也。五间南吕,赞阳秀也。六间应钟,均利器用,俾应复也。’”韦昭注:“律,谓六律、六吕也。阳为律,阴为吕。六律:黄钟、大蔟、姑洗、蕤宾、夷则、无射也。六吕:林钟、仲吕、夹钟、大吕、应钟、南吕也。”④

《周礼・春官・大司乐》记载:“乃分乐而序之,以祭、以享、以祀。乃奏黄钟,歌大吕,舞云门,以祀天神。……乃奏姑洗,歌南吕,舞大磬,以祀四望。乃奏蕤宾,歌函钟,舞大夏,以祭山川。乃奏夷则,歌小吕,舞大濩,以享先妣。乃奏无射,歌夹钟,舞大武,以享先祖。”郑玄注:“函钟,一名林钟。”

①湖北省博物馆:《曾侯乙墓》,文物出版社 1989 年,第 123 页。

②湖北省博物馆:《曾侯乙墓》,文物出版社 1989 年,第 122 页。

③黄翔鹏:《曾侯乙钟、磬铭文乐学体系初探》,《音乐研究》1981 年第 1 期。

④上海师范大学古籍整理研究所校点:《国语》,上海古籍出版社 1988 年,第 132 页。

“小吕，一名中吕。”①

《礼记・月令》记载一年十二个月与十二律相应：“孟春之月，……律中大蔟。”“仲春之月，……律中夹钟。”“季春之月，……律中姑洗。”“孟夏之月，……律中中吕。”“仲夏之月，……律中蕤宾。”“季夏之月，……律中林钟。”“孟秋之月，……律中夷则。”“仲秋之月，……律中南吕。”“季秋之月，……律中无射。”“孟冬之月，……律中应钟。”“仲冬之月，……律中黄钟。”“季冬之月，……律中大吕。”②

《国语・周语下》与《周礼・春官・大司乐》所记载的十二律基本相同，只有两个乐律名称函钟、小吕有别。郑玄注：“函钟，一名林钟。”“小吕，一名中吕。”按郑玄的说法，函钟与林钟、仲吕与小吕应为同律异名。《国语・周语下》与《礼记・月令》所记载的十二律律名相同。这三种文献记载的十二律应该是周朝十二律的名称。

曾国乐律名称与《国语・周语下》《周礼・春官・大司乐》《礼记・月令》记载的周朝乐律有一些相同的名称，如姑洗、妥（蕤）宾、黄钟、大族、无铎（无射）、鄘钟（应钟），说明曾国乐律与周朝乐律有更为密切的关系，也就是说曾国乐律与周的乐律更为接近。黄翔鹏认为“曾国的六律名称源于周制，但曾、周之间确有差别，同名各律的律高标准是不能相通的”。③

曾国的乐律名称确有一定的特色，如韦音、嬴孠、鄘音、穆音、浊姑洗等名称不见于后世文献。周的乐律名也不是一成不变的，例如鄘音，曾国有这个乐律名，根据编钟记载，周的乐律名也叫鄘音，周、曾这个乐律名称相同。曾国的另一个乐律名“穆音”，周则称之为“剌音”。但后世文献记载的周的乐律却不见这两个名称，说明周的乐律也有一个变化的过程。

黄翔鹏认为“鄘音”可能为“鄘钟”之误。④ 但曾侯乙编钟铭文中“应音”多见，“应钟”仅出现一次。若说“应音”是“应钟”之误，应该多为“应钟”，少见“应音”才可理解。裘锡圭、李家浩解释“韦音”“嬴孠”“剌音”“宣钟”分别是《国语・周语下》中的“羽”“嬴乱”“厉”“宣”，如《国语・周

①（唐）贾公彦：《周礼注疏》，（清）阮元校刻《十三经注疏》，中华书局1980年，第788、789页。

②（唐）孔颖达：《礼记正义》，（清）阮元校刻《十三经注疏》，中华书局1980年，第1352~1384页。

③黄翔鹏：《曾侯乙钟、磬铭文乐学体系初探》，《音乐研究》1981年第1期。

④黄翔鹏：《曾侯乙钟、磬铭文乐学体系初探》，《音乐研究》1981年第1期。

语下》:“(周武)王以二月癸亥夜陈,未毕而雨。以夷则之上宫毕,当辰。辰在戌上,故长夷则之上宫,名之曰羽,所以藩屏民则也。王以黄钟之下宫,布戎于牧之野,故谓之厉,所以厉六师也。以太蔟之下宫,布令于商,昭显文德,底纣之多罪,故谓之宣,所以宣三王之德也。反之嬴内,以无射之上宫,布宪施舍于百姓,故谓之嬴乱,所以优柔容民也。”①“嬴内”“嬴乱”之“嬴”均当作“羸”。② 如果以上学者解释正确,则曾国的乐律大多数可以在传世文献记载的周的乐律中找到。

三、曾国的乐律受到楚国的影响

楚国乐律名称颇有特色,从上表可知楚的11个乐律名称,依次是吕钟、浊坪皇、坪皇、浊文王、文王、浊新钟、新钟、浊兽钟、兽钟、浊穆钟、穆钟。楚的乐律名称没有一个见于传世文献,楚的这一套乐律名称因楚的灭亡而失传了。曾侯乙墓编钟能够把楚的乐律名称记下来,十分宝贵,否则楚的乐律名称将会永远地消失了。

曾国的乐律受到了楚的影响。曾国的乐律中阴律大多采用了楚国阴律的名称,即浊穆钟、浊兽钟、浊新钟、浊文王、浊坪皇。③ 曾国阴律中还有“浊姑洗”一名,为曾国独创。

总之,曾国的乐律有自己的特色,与周的乐律有更加密切的关系,在战国早期受到了楚国的较大影响。

通过对曾国历法和乐律的考察,我们认为曾国始终坚持以周文化为正统,但也受到楚文化的一定影响。

第三节　曾国的文字从与周“书同文”到艺术创新

曾国的文字是典型的周文字,其演变频率,与周文字相似,但春秋中晚

①上海师范大学古籍整理研究所校点:《国语》,上海古籍出版社1988年,第141页。

②湖北省博物馆:《曾侯乙墓》,文物出版社1989年,第557~558页。

③湖北省博物馆:《曾侯乙墓》,文物出版社1989年,第123页。

期至战国时期的曾国文字颇具特色,青铜铭文属于庄重场合使用的铸造文字,修长美观,装饰性强,曾侯乙墓出土的竹简文字,属于曾国人平时在竹简上用毛笔书写的手写体文字,比较随意,楚简文字与此属同一风格。

一、西周早期的曾国铜器铭文

西周早期的曾国文字见于随州叶家山曾侯墓地出土的青铜器铭文。就笔画来看,顺锋起笔,出锋锐利,刀刻痕迹清晰,波磔明显,与西周早期金文笔画特点一致。就字形来看,总体上为纵长方形,但横向宽博,看上去厚重深沉,气势磅礴。“曾”字比较特殊,曾国的“曾”字写作“”,下部不带“日”字,与甲骨文的“曾”字构形相同。每件器物上铭文字数比较少,主要记载作器者、为谁作器、器物名称。铭文的章法布局有的直成行,横成列,无论笔画繁简,字的大小相近(如图五,1);有的直成行,横不成列,根据字形的繁简占不同的空间,有的一个字上下要占两个字的空间,有的右行4字,左行3字,有的右行5字,左行4字,错落有致,在变化中达到动态平衡,也挺美观(如图五,2、3)。

1　　2　　3

图五　西周早期曾国青铜铭文

1.曾侯谏方鼎内壁铭文(M28:165)　2.曾侯谏作媿壶壶盖铭文(M28:178)　3.簋方座铭文(M111:67)

二、西周晚期到春秋中期的曾国铜器铭文

西周晚期到春秋中期的铜器铭文有较大的变化。就笔画而言,粗细基

本一致,西周早期的波磔笔画消失。就单个字的字形来讲,与西周早期相比偏瘦长,字形更加规范,看上去有温柔敦厚之感。“曾”字写成“”,下面加一个“口”字,写成三角状。铭文的章法布局也存在多种情况,有的直成行,横成列,如曾侯仲子斿父鼎铭文左右两行各 5 字。曾伯霥壶铭文共 83 字 9 行,第 2 行 11 字,有两个字“孔武”为重文,重文符号所占空间很小,实际上 11 个字只占了 9 个字的空间,其他各行 9 字(图六,1、3、5)。枣树林M190∶245编钟左右两行各五字。有的直成行,横不成列,如曾亘嫚非录鼎铭文,右行 5 字,中行 2 字,左行 6 字(图六,2)。有的根据器形,文字依照器形进行排列,如曾伯陭钺刃部为凹字形,铭文就沿刃部两面内侧排列,铭文为:“曾白(伯)陭铸戚戉(钺),用为民䵼(刑),非历殹井(刑),用为民政。”(图六,4)。

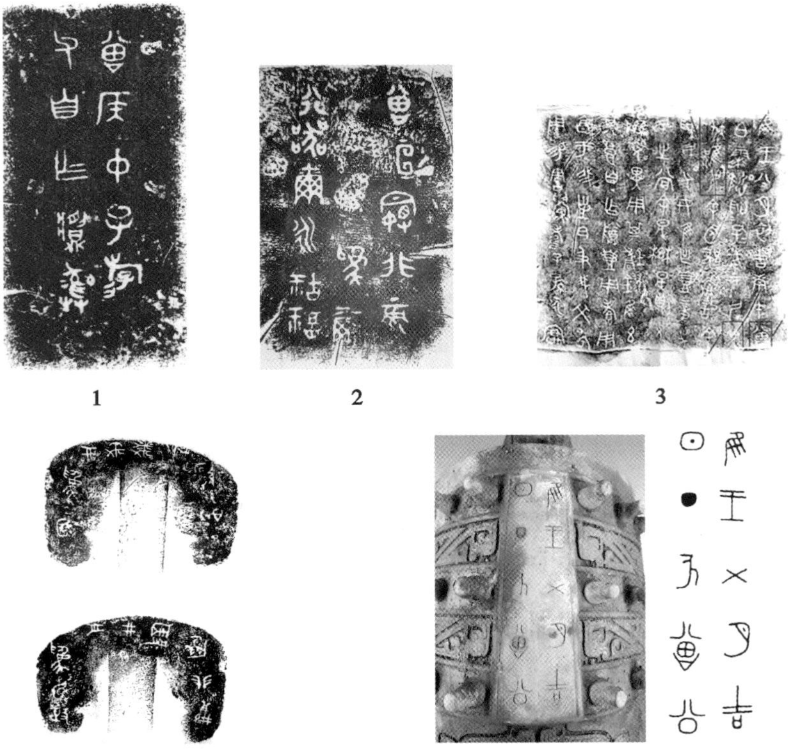

图六　西周晚期到春秋中期的曾国铜器铭文

1.66 苏家垄铜鼎铭文　2.郭家庙曾亘嫚非录鼎铭文　3.苏家垄曾伯霥壶铭文

4.郭家庙 M21 曾伯陭钺铭文　5.枣树林 M190∶245 编钟钲部铭文

三、春秋晚期到战国中期的曾国铜器铭文
和其他材料上的刻文

春秋晚期到战国中期曾国铜器铭文资料比较多，以曾侯與、曾侯⿰戉阝、曾侯乙、曾侯丙等墓葬铜器铭文为代表。

该时期的曾国青铜器铭文和其他材料上的刻文很有特色，有两种字体。一种是修长体的美术字，就笔画来看，竖画细长，横画较短。就单个字形来看，因竖画长、横画短，单个字形显得修长。曾国这种美术字从春秋晚期一直延续战国时期，到战国中期似有变化，因为在竹简上毛笔书写的文字字体，对铜器铭文产生了影响，毛笔手写体比较随意一些，竖画不像美术字那样夸张，如文峰塔 M18∶2 方缶上的铭文（图七，4）。“曾”字的写法也与西周晚期到春秋中期下部为三角形口字的“曾”字不同，写成“”，下部的口字底部圆折，口字里面加了一横，隶定为“日”字。就章法布局而言，这种修长的美术字特别重视装饰效果，直成行，横成列，排列十分整齐（图七，1、2、3）。这种美术字也对楚国文字字体产生了影响，如楚惠王熊章为曾侯乙铸造的镈钟，铭文字体与曾国文字属同一风格（图七，5）。曾国这种修长的美术字是曾国文化的重要组成部分，也是曾国文化的特色之一。为什么曾国从春秋晚期到战国时期流行修长的美术字？我认为原因有二：一是与当时曾国人的审美情趣有关，认为这种修长的美术字具有很美的装饰效果；二是文化的传承原因，曾国的某位书法家写出了这种很有特色的字体，得到了大家的认可，于是其徒弟就模仿老师的字体，世代传承，这也是书法发展的共同规律。

1　　2　　3

1.文峰塔 M1 曾侯與编钟正面钲部铭文（M1∶1）　2.东风油库 M3 曾侯⿰戉阝鼎铭文（M3∶19）
3.曾侯乙墓盖鼎盖部铭文（C.103）

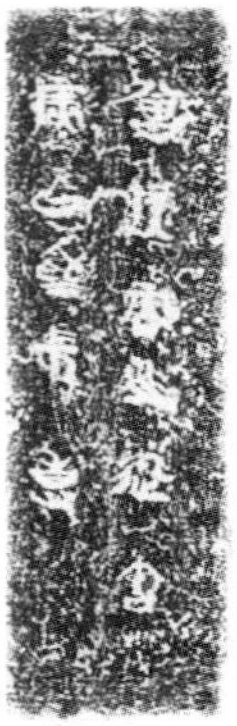

4

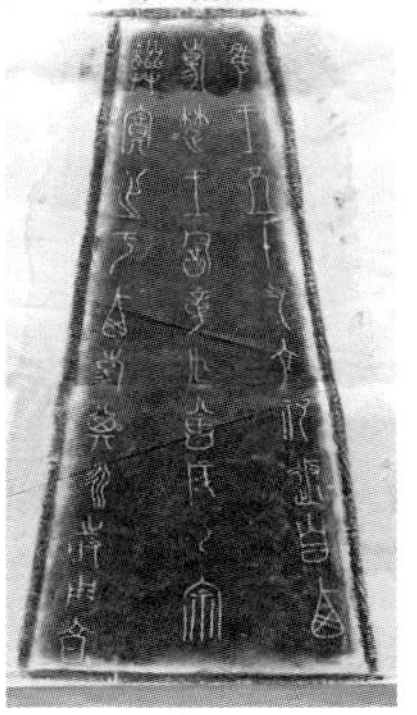

5

6

图七　春秋晚期至战国时期曾国的铜器铭文

4.文峰塔 M18 方缶铭文(M18:2)　5.曾侯乙墓镈钟(下 2.6)

6.曾侯乙墓编钟 C.65.下 2.10 架刻文

另一种为编钟挂件上的铭文,钟架和石磬上的刻文,是受竹简毛笔字影响的手写体,写得比较随意,竖画不夸张,弧形笔画较多,字形为长方形,略微宽博,如曾侯乙墓编钟架挂件上的铭文、钟架和编磬上的刻文(图七,6)。

四、曾侯乙墓出土的竹简文字

曾侯乙墓出土的竹简时间为公元前 433 年左右,这是目前出土的年代最早的竹简,现在出土的楚简年代主要属战国中期,都比曾侯乙墓竹简晚。楚简文字风格与曾侯乙墓竹简文字字体风格一致,到底是谁影响了谁?就目前发现资料的早晚时间来看,曾国竹简文字在前,楚简文字在后,得出曾国竹简文字影响了楚简文字的推论,也是顺理成章的。由于目前还没有发掘出更早的楚简资料,谁影响谁的结论还不能确定。

由于左手持竹简,右手执毛笔书写,又处于篆书的大背景之下,曾侯乙墓竹简文字的笔画多逆锋起笔,也有顺锋起笔的,运笔带一定的弧度,笔画多呈弧形,如横画多向上微弧,日旁呈上宽下窄的扁圆形等。收笔出锋多尖锐,字形呈长方形,因为是手写体,很随意,不规范,却很美观,虽是篆书,但与金文那样的标准篆书相比差别很大,反与隶书相近,或可看成是从大篆到隶书的过渡形态。金文多用于庄重的地方,字形规范严谨,风格更趋保守,写这种标准的篆书太花时间。为了满足日常生活中的记录需要,毛笔手写俗体必须速度快，写得随意，笔画多弯曲简化，出现蚕头燕尾的隶书笔意，催生了隶书的萌芽。社会生活的日趋复杂，是文字革命的内在动力，毛笔手写俗体则是实现从篆书到隶书变革的书写工具与书写方式。

曾侯乙墓单支竹简长度为 70~75 厘米，宽 1 厘米左右，从编连的绳痕判断，系用上下两道细绳编连成册。出土时竹简已经散乱，绝大部分位于北室北部呈两堆上下叠压着，部分漂浮散落在北室偏西处。绳痕上下两字的间距较大，不见有字被绳痕压住的情况，可知是先编连成册然后书写的。就章法布局来看，书写从顶端开始写，不留天头，每简字数不等，最少的 4 字，最多的 62 字，字与字间距也不一样，字少间距大一些，字多间距就小一些，文字布局直皆成行，但编连在一起横不成列（图八）。

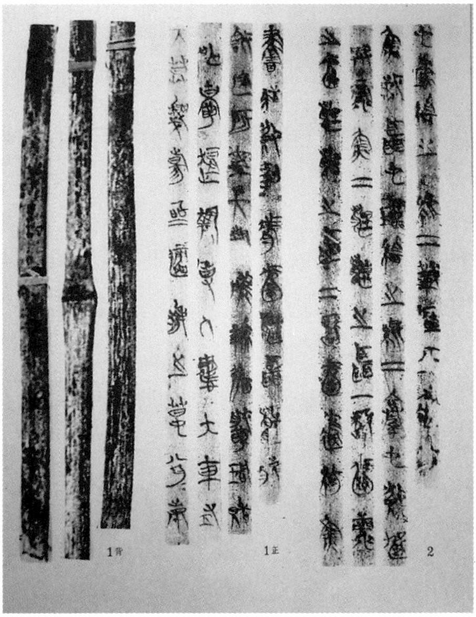

图八　曾侯乙墓竹简（《曾侯乙墓》图版一六九）

第六章　曾国墓葬反映的丧葬礼制

曾国的丧葬礼制是曾国文化的核心内容之一，从西周早期至战国中期始终保持着周文化特色，与相邻的楚国丧葬礼制有别。研究曾国丧葬礼制，对于了解曾国的历史，具有重要的意义。研究主要以典型墓群为主要研究对象，同时也兼顾一些零星发掘的墓葬资料。目前还没有发掘出西周中期的曾国墓葬资料，该时期的丧葬礼制待以后讨论。

第一节　曾国墓葬的选址与规划管理

一、西周早期曾国墓葬的选址与规划管理

叶家山墓地现属随州经济开发区淅河镇蒋寨村八组，海拔 88 米，墓区选在一个椭圆形岗地上，比周围农田高出 8 米，说明西周早期曾国埋葬死者选择埋在岗地上。从水环境来看，漂水自墓地东北部环绕墓地北部和西部，南流注入涢水。漂水相当于一条护城河，对墓地也起到了一定的保护作用。许多墓葬为蒋寨村八组居民房屋所叠压，说明现代居民的房屋也建在岗地上，可以防潮防洪，古今观念有相通之处。

2011 年湖北省文物考古研究所以叶家山墓地为中心，在其方圆 10 公里的范围内进行了一次区域系统调查。在墓地南部约 1000 米的庙台子遗址规模最大。庙台子遗址由西花园、大蒋湾、小蒋湾、大宋湾、小宋湾等诸多遗址构成一个面积约 30 万平方米的聚落群。经局部勘探，庙台子遗址周围有环壕遗迹，在其周边也发现有城墙的遗痕。同时在庙台子遗址还发现有成片红烧土建筑遗迹。采集的陶片标本年代与叶家山墓地出土的形制相同。西周早期曾国政治中心就在今天漂水下游东岸的庙台子遗址。[①] 叶家

①黄凤春、陈树祥、凡国栋：《湖北随州叶家山新出西周曾国铜器及相关问题》，《文物》2011 年第 11 期；黄凤春、黄建勋：《论叶家山西周曾国墓地》，湖北省博物馆、湖北省文物考古研究所、随州市博物馆：《随州叶家山西周早期曾国墓地》，文物出版社 2013 年，第 262～269 页。

山曾侯墓地位于都城庙台子遗址的北部约1000米。杨华指出公墓位于都城北部的方位关系，是夏、商、周三代的埋葬制度。①《礼记·檀弓下》："葬于北方，北首，三代之达礼也，之幽之故也。"②郑玄注："北方，国北也。"孔颖达疏："言葬于国北及北首者，鬼神尚幽暗，往诣幽冥故也。"说明曾国按照周制安排曾侯墓地的方位。

从墓葬的布局来看，当时确有规划和严格的管理。《周礼·春官宗伯·冢人》："冢人掌公墓之地，辨其兆域而为之图，先王之葬具中，以昭穆为左右，凡诸侯居左右以前，卿大夫士居后，各以其族。凡死于兵者，不入兆域。凡有功者居前，以爵等为丘封之度，与其树数。"③《周礼·冢人》为周朝中央的墓地规划管理制度，叶家山曾侯墓地属于诸侯国的公墓，二者近似。从这段材料来看，规划管理公墓的专职官员叫冢人，其职责是考察选择墓地位置，并画出地图；墓葬的布局是王墓居中，按昭穆顺序排列；陪葬墓诸侯居前，卿大夫居后，居族而葬；死于兵者，不入墓地；有功劳者居前，按地位高低决定丘封之度和树数。

叶家山曾侯墓地应有专人管理，职务也可能叫冢人。墓葬布局进行了严密安排，推测绘有墓葬布局图。2011年和2013年，叶家山曾侯墓地两次共发掘墓葬140座，马坑7座，排列有序，没有发现打破关系，说明埋葬之前已有规划，死者按预定位置有序埋葬。

发掘者将叶家山曾侯墓地分为大、中、小三类，大型墓长4米，宽3米以上，也就是12平方米以上，共14座。叶家山曾侯墓地规模最大的墓葬就是M111，墓口面积135.49平方米，墓道面积16.9平方米。其他墓葬明显要小很多，M28的墓口面积44.4平方米，M27的墓口面积为33.66平方米，M65的墓口面积为18.17平方米，M2的墓口面积为14.26平方米。

中型墓长3.5米，宽2.5米以上，面积大于8.75平方米，在8.75平方米至12平方米之间，共17座，如M1的面积为9平方米。小于这个数的为小型墓，共109座。如M55的面积为4.64平方米，M8的面积为7.92平方米。

从墓葬分布图来看，大型墓、中型墓皆占少数，小型墓占多数。

①杨华：《叶家山墓地所见西周早期丧葬礼制四则》，《江汉考古》2013年第4期。

②（唐）孔颖达：《礼记正义》，（清）阮元校刻《十三经注疏》，中华书局1980年，第1302页。

③（唐）贾公彦：《周礼注疏》，（清）阮元校刻《十三经注疏》，中华书局1980年，第786页。

大墓安排在岗地中间，从北到南依次为 M1、M3、M5、M4、M65、M2、M26、M28、M27、M111，其他小墓分布在东西两侧，根据发掘的随葬品特征，北边的墓葬时间早，南边的墓葬时间晚。这种墓葬布局既体现了聚族而葬的血缘亲情关系，又突显了高低不同的等级差异(图九)。

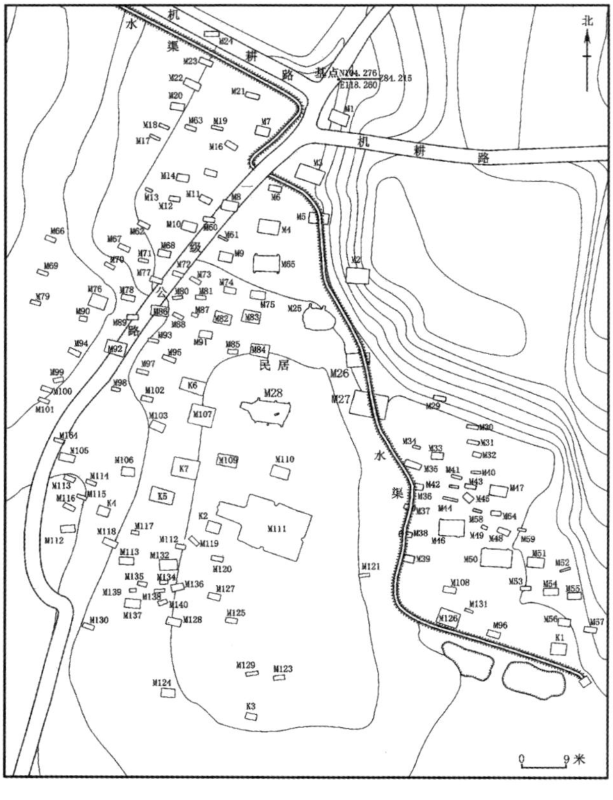

图九　随州叶家山墓地 2011 年、2013 年发掘墓葬分布图

二、两周之际到春秋早期曾国的墓葬选址与规划管理

郭家庙曾国墓地位于枣阳市东南约 15 公里，隶属于枣阳市吴店镇东赵湖村 1、2 组。分为郭家庙和曹门湾两个墓区。墓地地形唯一南北走向，北高南低的岗地，南北总长约 1500 米，总面积达 120 平方米以上。郭家庙为岗地中段相对独立的岗地，南北长约 400 米，东西宽约 300 米，岗顶与东西两侧的沟冲地相对高差约 8～12 米，岗顶最高处海拔高度为 124 米。郭家

庙墓地南至曹门湾自然村约 0.3 公里。东南距忠义寨城址约 1 公里，忠义寨城址是曾国贵族的生活居住城址。

郭家庙曾国墓地在等级上属于公墓。郭家庙墓区以 GM21、GM17 为中心，GM21 东边带一条墓道，开口东西长 11 米，南北最大宽 11 米，墓底东西长 6.56 米，南北宽 4.12 米，墓深 6.1 米。墓道长 7.64 米。GM21 位于墓地的东北部最高台地偏东处。GM17 东部带一条墓道，开口东西长 7.14 米，东端宽 3.8 米，西端宽 4.12 米，中部最大宽 6.06 米。墓地东西长 5.63 米，东端宽 3.76 米，西端宽 3.8 米。墓道长 4.16 米。墓深 3.8 米。向西、向南、向北分布着大小不等的多座墓葬，墓葬间距一般为 10 米，最近的为 3 米，无叠压打破关系。东北部的墓葬年代较早，向西向南年代渐次略晚，墓区大致是由北向南、由东向西逐渐埋葬形成的(图十)。

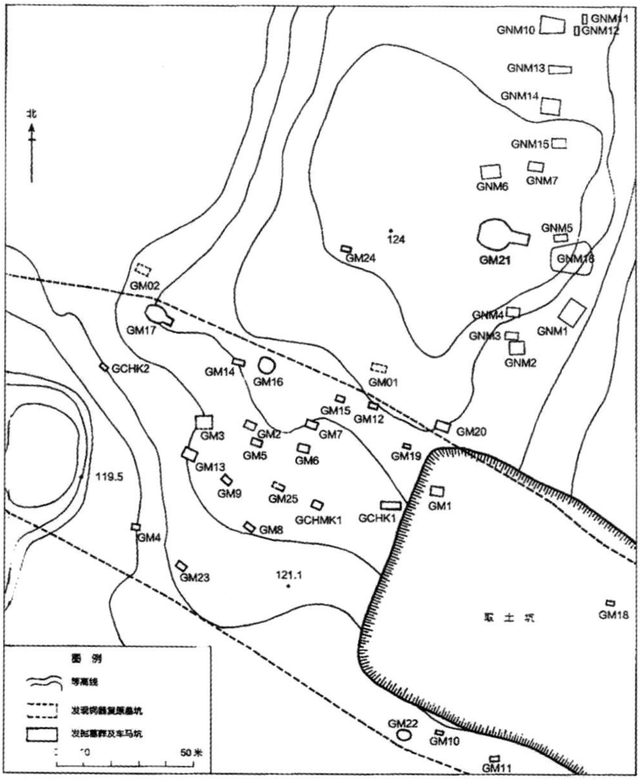

图十　郭家庙墓地郭家庙墓区墓葬及车马坑分布图

GM 为 2002 发掘，GNM 为 2014、2015 年发掘。(方勤博士论文)

曹门湾墓区位于郭家庙墓区南部山岗上，地势是西面为平缓的坡地，东面为台地，台地高于周围4～8米。该墓区以M1、M2为中心，M1墓室长11米，宽8.5米，深8米。墓道与墓室等宽，长10米。西部和南部分布着许多规模较小的墓葬，2014年至2015年发掘的22座中型墓墓口长约5～7米，宽约4～5米。各墓之间均无叠压打破关系。从郭家庙墓区和曹门湾墓区分布情况来看，说明公墓有家人专门管理和严密的规划，既体现了血缘关系，也突出了等级观念（图十一）。

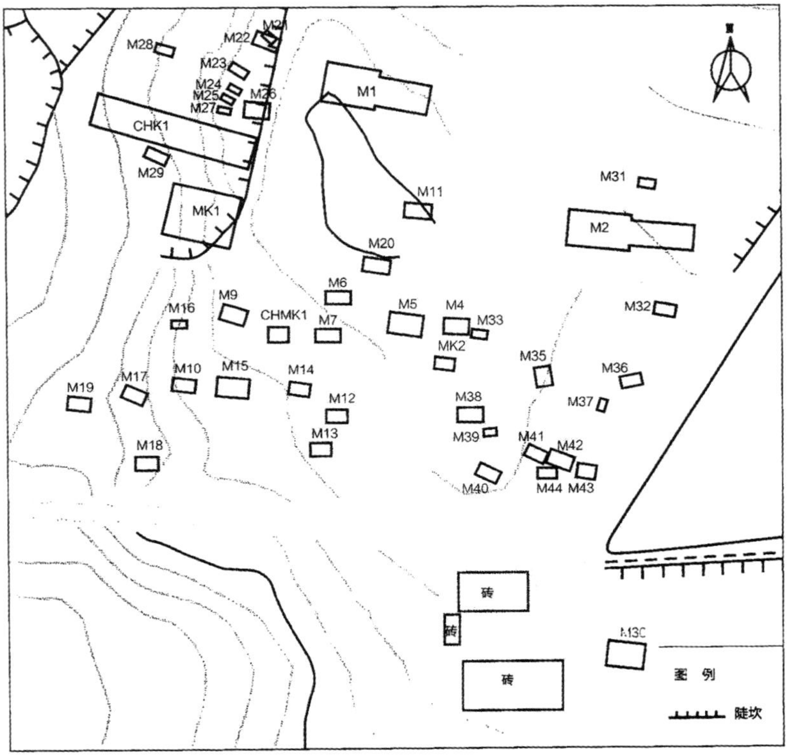

图十一　郭家庙墓地曹门湾墓区墓葬及车马坑分布图（方勤博士论文）

京山苏家垄曾国墓地位于荆门市京山县平坝镇西侧，坐落于漳水北岸两条支流交汇的丘陵岗地上，年代为两周之际到春秋中期，沿着山脊南北一条线埋着高等级的墓葬，如1966年的M1、2015年至2017年发掘的M60、M79、M88，山脊两侧埋的墓葬规模都小一些。墓葬等级较高，属于公墓。墓葬分布有序，年代上从北到南逐渐变晚，没有打破关系，说明该墓地有严密的规划，有家人管理（图十二）。

从墓地所在的地形看，曾国贵族在墓葬选址时，与叶家山墓地选址的观念相同，也是选择地势高的地方埋葬死者。

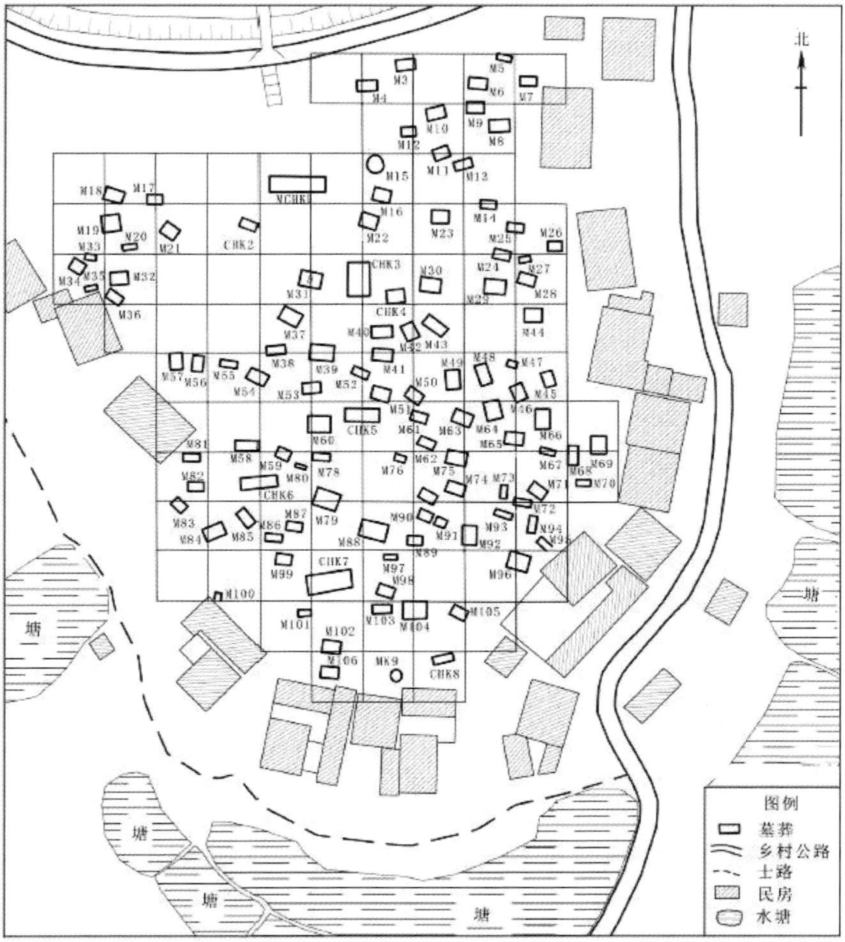

图十二　苏家垄遗址墓地南区墓葬分布图（方勤博士论文）

三、春秋中、晚期曾国墓葬的选址与规划管理

义地岗墓地位于随州市东城区，岗地呈东北—西南走向，岗顶高出周边地面约 30 米，面积约 18 万平方米，主要是一处春秋中期到战国时期的曾侯墓地，最早的墓可早到两周之际。西部 2 公里有五眼桥遗址，西北部 0.5 公

里有蒋家岗墓地。涢水和㵐水汇合于义地岗墓地的西南部。文峰塔墓地、汉东东路墓地、枣树林墓地都是义地岗的组成部分(图十三)。

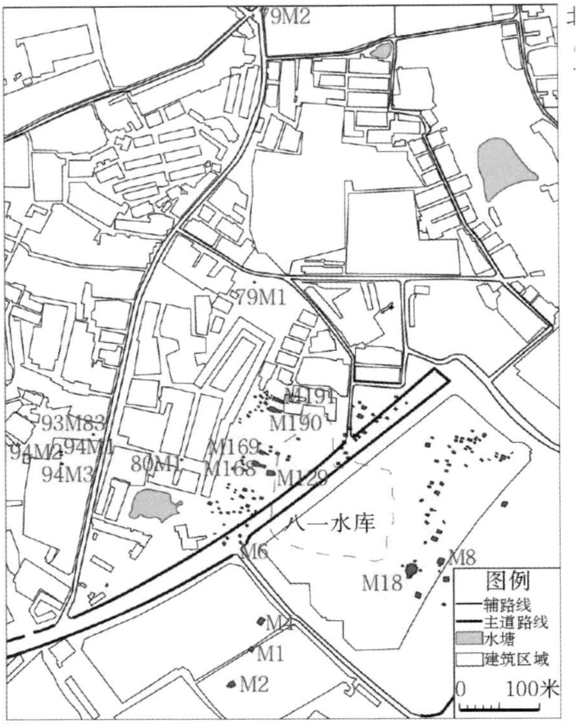

图十三　义地岗墓地墓葬分布图

墓葬选址依然继承了叶家山西周早期曾侯墓地的传统,选择岗地作为墓地。

2012 年 8 月至 2013 年 1 月,湖北省文物考古研究所在文峰塔墓地发掘了 66 座墓葬,其中东周土坑墓 54 座,砖室墓 12 座,车马坑 2 座,马坑 1 座。少数墓葬间有打破关系,如 M18 的墓道打破了 M69。东周墓大多数为春秋中晚期曾国贵族墓葬。①

2017 年湖北省文物考古研究所等发掘的汉东东路墓地 39 座墓葬,汉东东路墓地位于随州市东城区文峰塔社区二组、十组、十二组。M129 规模最大,东部带一条墓道,墓口东西长 8.7 米,南北宽 7.8 米,墓道残长 3.5 米,

①湖北省文物考古研究所、随州市博物馆:《湖北随州市文峰塔东周墓地》,《考古》2014 年第 7 期。

墓主人为曾侯得。墓葬均为东西向，排列整齐有序，相互之间没有叠压打破关系，39座墓葬和2座马坑按年代从早到晚由北而南分布。①

2018年湖北省文物考古研究所等在枣树林墓地发掘墓葬86座，马坑4座，车坑5座。可分为三个等级，5座甲字形大墓，19座中型墓，62座小型墓。M168东部带一条墓道，墓口长6.7米，宽5.7米，深5.6米，墓道长11米，墓主人为曾侯宝。M169东部带一条墓道，墓口长6.4米，宽5.4米，深5.12米，墓道长7.9米，墓主人为曾侯宝的夫人随仲芈加。M190东西各带一条墓道，东墓道已发掘部分长11米，西墓道3.6米，墓室长8米，宽5.8~6.8米，距地表深6~7米，墓主人为曾公畎。M191东部带一条墓道，墓口长7.4米，宽5.8米，深5.3米，墓道长9米，墓主人为曾公畎的夫人芈渔。这是一处春秋中晚期的曾国高等级贵族墓地，墓向为东西向，排列整齐，规划有序，相互之间没有发现叠压打破关系，墓地从北到南，时间变晚(图十四)。②

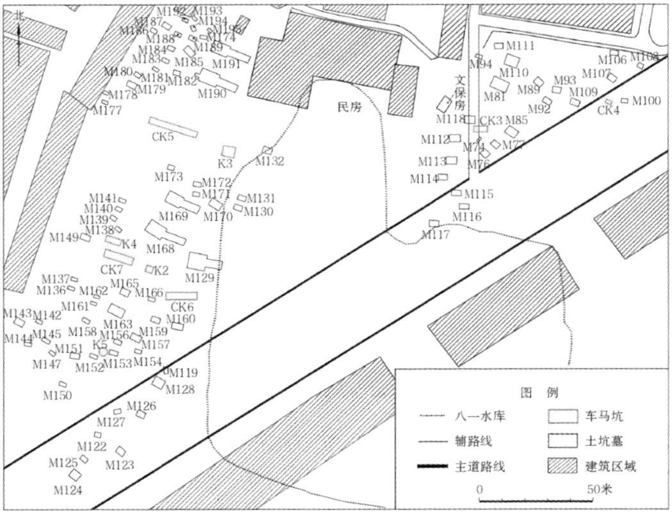

图十四　枣树林墓地分布图

①湖北省文物考古研究所等：《随州汉东东路墓地2017年考古发掘收获》，《江汉考古》2018年第1期。

②湖北省文物考古研究所等：《湖北随州枣树林墓地2019年发掘收获》，《江汉考古》2019年第3期；郭长江、李晓杨、凡国栋、陈虎：《嬭加编钟铭文的初步释读》，《江汉考古》2019年第3期；郭长江、凡国栋、陈虎、李晓杨：《曾公畎编钟铭文初步释读》，《江汉考古》2020年第1期；湖北省文物考古研究所等：《湖北随州市枣树林春秋曾国贵族墓地》，《考古》2020年第7期。

2009年,湖北省文物考古研究所、随州市博物馆在义地岗墓地南端的文峰塔发掘了两座大墓,M1墓圹为长方形竖穴岩土坑墓,方向30°,墓葬在施工中被毁严重,仅存墓底部,墓底长7.1米,宽5.9米,因发现战国至汉代铁臿1件,可知该墓早年被盗,本次挖土机挖出的文物应出于此墓,有青铜编钟、铜鼎、铜鬲、铜缶、铜戈、铜箭镞、铜车马器、石磬、玉器等及残片。根据编钟铭文可知此墓为曾侯遻墓,年代为春秋晚期。

M2为长方形竖穴岩土坑墓,方向208°,西部带一条墓道,残长3.5米,墓道内有积石。残存墓口长8.1米,宽7.9米,墓圹深5.2米。葬具有椁有棺。M2的年代属于春战之际。①

从目前考古发现的墓葬来看,各墓地布局有一定的规律,排列整齐,规划有序,没有打破关系,从北至南,墓葬年代逐渐变晚。说明墓地有专人管理和严密的规划。

四、战国时期曾国的墓葬选址与规划管理

擂鼓墩墓群位于随州市擂鼓墩社区八组、九组。东部距㵐水700米,南部距涢水2.5公里,该墓地正处于㵐水与涢水汇合处的西侧。擂鼓墩墓群一带为南北向山岗,海拔75~102米,山体为白垩纪红色砂岩,其上覆盖着上更新世黄、褐色粘土,小而浅的墓葬就是土坑墓,稍大的墓打破了红色砂岩,形成了岩坑墓,称之为岩土坑最为准确。

擂鼓墩墓群可分为八个墓地:

(一)团坡墓地,团坡北端东部为1978年发掘的擂鼓墩一号墓,即曾侯乙墓(M1),墓建在一座小山岗上,地层上部为20~40厘米的第四纪黄褐土,其下为白垩纪和第三纪含钙质结核的含砾砂岩,呈紫红色和黄白色。墓坑主要建在红色砂岩层中,为岩坑墓。墓葬东西最长21米,南北最长16.5米,总面积220平方米,残存墓口距墓底11米,墓坑之上原来建有水塔,在建水塔时,已将上部推去约2米,墓坑原来深度约13米。西部为1981年发掘的擂鼓墩二号墓(M2),东距曾侯乙墓102米,因驻军扩建营房,将西团坡

①湖北省文物考古研究所、随州市博物馆:《随州文峰塔M1(曾侯與墓)、M2发掘简报》,《江汉考古》2014年第4期。

之小山岗推掉了约 5~6 米，残存墓口南北长 7.3 米，东西矿 6.9 米，墓底长 6.3 米，宽 6 米，残深 1.4 米，简报作者称为团坡墓地更为准确。东团破约长 600 米，上有零星的岩坑墓，其中有一座墓钻探出黄红色的陶簠残片，年代不早于战国中期。南部有两座汉代砖室墓。西团坡长约 250 米，在 M2 南部 50 米至 200 米之间钻探出 18 座小型岩坑墓。

（二）吴家湾墓地，吴家湾是一条低矮的小土岗，长约 600 米。过去因砖瓦厂取土，破坏了不少墓葬。20 世纪 80 年代以后，在此发掘墓葬 40 座，均为小型土坑竖穴墓。

（三）擂鼓墩墓地，擂鼓墩是一座南北长 650 米的山岗，上有较薄的黄土，下为红色砂岩。山岗中部最高处为一大型不带墓道的岩坑墓，上部有夯打的封土。

（四）庙凹坡墓地，为西周时期的遗址和战国时期的墓地。

（五）吕家塝墓地，岗地南北长 300 米，岗脊和东侧分布着较多的小型土坑竖穴墓，东坡砂岩裸露，有一些岩坑墓，1992 年文物普查时，曾发现 5 座战国残墓。

（六）王家湾墓地，王家湾岗地长 700 米，在岗地上发现一座有封土的墓葬，不见墓道。

（七）蔡家包墓地，蔡家包与王家包相连，合称为蔡家岗，南北长 900 米。蔡家包中部发现一座大型南北向封土墓（M14），墓口长约 31 米。在大墓的东、北部分布着 13 座小墓。

（八）王家包墓地，在王家包发现一座封土墓，据勘探得知，墓室为东西方向，形制为多边形，墓室最大长 23 米，宽 17 米。

以上八处墓地涉及范围南北长 2500 米，东西宽 2000 米，面积 1.33 平方公里（图十五）。[①] 擂鼓墩墓群以大墓为中心，分布在各个岗地上，也有规律可循，说明当时有严密规划，有专人管理。

---

①湖北省文物考古研究所、随州市文物局：《湖北随州市擂鼓墩墓群的勘探与试掘》，《考古》2003 年第 9 期。

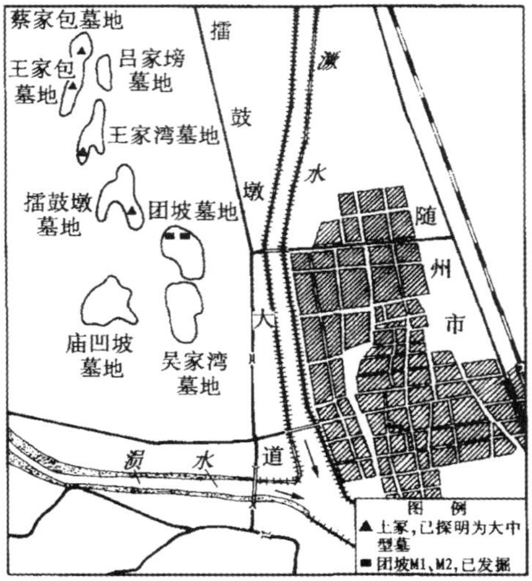

图十五　擂鼓墩墓群分布图

文峰塔 M4，由于工程建设破坏严重，现存墓口东西残长 10.05 米，南北宽 7.6 米，墓底长 8.2 米，宽 7.3 米，墓口距墓底残深 3.5 米，简报作者断代为春秋晚期早段。[①] 方勤推测该墓可能为曾侯郕墓，年代上应该稍晚一点。[②]

文峰塔 M18 墓口南北长 16.6 米，东西宽 15.6 米，深 9 米，墓主人为战国中期的曾侯丙。[③] 文峰塔 M4 可能为战国早期的曾侯郕墓、M18 为战国中期的曾侯丙墓。葬在义地岗墓地，而非葬在擂鼓墩墓群，应该有特殊的政治背景。

总之，从西周早期叶家山曾侯墓地到擂鼓墩墓群，曾国贵族一直选择岗地为墓地，形成了一脉相承的传统。高级贵族墓地一般位于都城的北部。贵族墓地属公墓性质，由冢人管理，制定了严格的管理制度，规划严密，排列有序，无叠压打破关系，已经发掘的墓群，还可以看出年代上的分布规律，如叶家山墓地从北向南，墓葬年代越来越晚；枣阳郭家庙墓地东北部的墓葬年代较早，向西向南年代渐次略晚；苏家垄墓地、义地岗墓地从北向南，墓葬年代逐渐变晚。

---

①湖北省文物考古研究所、随州市博物馆：《湖北随州文峰塔墓地 M4 发掘简报》，《江汉考古》2015 年第 1 期。

②湖北省文物考古研究所编：《曾国考古发现与研究》，科学出版社 2018 年，第 248～252 页。

③湖北省文物考古研究所、随州市博物馆：《湖北随州市文峰塔东周墓地》，《考古》2014 年第 7 期。

第二节　曾国墓葬的方向与头向

一、西周早期曾国墓葬的方向与头向

墓葬方向指墓坑的方向，头向指墓主人头的朝向，二者有联系，但不是一回事。若墓向为东西向，头要么向东，要么向西。墓向为南北向，头则向南或向北。

叶家山曾侯墓地的墓葬方向都属于东西向，所谓的东西向是个约数，不是都精确到90°，极少数为标准的90°，多数相差几度或十余度，从已经公布的几座墓葬来看，方向为85°~115°。当时应有测量方向的工具。已发表材料的叶家山曾侯墓地的墓主人头向皆向东（见表十四叶家山曾侯墓地统计表）。

表十四　叶家山曾侯墓地统计表（据已发表材料）

墓号	方向	墓口尺寸（米）	二层台与腰坑	墓道长度（米）	墓深（米）	葬具	葬式	头向	随葬品位置
M1	115°	长3.6、宽2.5	熟土二层台、腰坑		2.8	一棺一椁	仰身直肢	东	二层台及棺椁内
M2	90°	长4.6、宽3.1	熟土二层台		6.2	一棺一椁	仰身直肢	东	二层台及棺内
M27	100°	长6.7~6.8、宽4.9~4.95	熟土二层台		9.5~9.8	一棺一椁	仰身直肢	东	二层台及棺内
M65	106°	长5.02、宽350~362	熟土二层台		5.96~6	一棺一椁	仰身直肢	东	二层台及棺椁内
M28	100°	长7.4、宽5.7~6	熟土二层台	一条墓道	9.2	一棺一椁	仰身直肢	东	二层台及棺椁内
M107	109°	长5.1、宽4.2	熟土二层台		7.6	一棺一椁	仰身直肢	东	二层台及棺椁内
M50	95°	长5.86、宽3.9	熟土二层台		6.04~6.26	一棺一椁	仰身直肢	东	二层台及棺椁内

续表

墓号	方向	墓口尺寸(米)	二层台与腰坑	墓道长度(米)	墓深(米)	葬具	葬式	头向	随葬品位置
M3	107°	长 4.96~5.2、宽 2.92~3.12	熟土二层台、腰坑		3.1~3.2	一棺一椁	仰身直肢	东	二层台及棺椁内
M8	115°	长 3.3、宽 2.4	熟土二层台		2.08	一棺一椁	仰身直肢	东	二层台
M55	85°	长 2.9、宽 1.46~1.6	熟土二层台		2.84~2.9	一棺一椁	仰身直肢	东	二层台及棺椁内
M111	105°	长 13.08~13.18 宽 10.1~10.28	熟土二层台	一条墓道	9.14~9.26	一棺一椁	仰身直肢	东	二层台及棺椁内

二、两周之际到春秋早期曾国墓葬的方向与头向

2002 年郭家庙墓地发掘墓葬 25 座，发现铜器后经考古确认的墓葬 4 座，共计 29 座，其中 3 座墓坑完全被毁，26 座墓葬的形制清楚或基本清楚，墓葬年代为西周末年到春秋早期。所有墓葬都是东西方向，在 85°~120°之间。多数墓葬骨骼腐烂，少数墓葬还保留有少量骨骼。如果没有骨骼，随葬品的摆放位置尤其是棺内随葬品的摆放位置，与有骨骼的墓葬相互参照，也可以判定人的头向。GM6 存人牙 2 枚，位于棺内东部。GM8 存人牙 4 枚，位于棺内东部，则头向东。GM9 人骨架保存较好，仰身直肢，头向东。GM11 存人骨下肢和头骨残片，头向东。GM14 存扰乱的人骨下肢和头骨残片，头向东。GM16 存人头骨腐痕，位于棺东北角，可以判定头向东。GM19 存人体肢骨腐烂痕迹，从器物多葬于头箱来判断，头向东。GM21 存人头骨残片，位于棺内东部，头向东。GM22 存人牙腐痕，牙齿位于棺内西部，因此墓有盗扰现象，可能把牙齿移动到西部，或者棺内进水漂移所致。器物随葬于东部，一般是头箱，因此此墓墓主人的头向仍是向东。其他尸骨无存。GM1 因修路取土遭破坏，墓坑大部分被挖土机挖毁，仅存墓地北部，发掘之前随葬器物已经流散，追缴器物 15 件。从棺的位置看，这些器物可能放在椁内棺外东端和两侧，此墓地随葬品放在头部一端，据此人的头向可能向东。GM2 因平整土地，墓坑大部分被破坏，仅存坑底北部，坑内有早年盗扰

痕迹。椁内东端出土铜削一件。椁内东端留出的空间也大一些，应是器物箱所在。如此推测不误，墓主人头可能向东。GM3墓坑东南部已遭破坏，西北部墓口尚存。在棺外北侧发现车马器、兵器，在椁外西南角发现铜节约和銴。头向无法判断。GM4因严重盗扰，随葬品原貌不详。椁内东端为器物箱所在，残存铜器残片和陶罐。据此推测，墓主人头向东。GM5因被盗扰，随葬品失去原貌。椁内东端为器物箱所在，残存铜戈、镞、镳、节约和小玉璧等。在棺外南侧摆放有铜戈、銮、铃、衔。据此推测，墓主人头向东。GM7坑内东部被盗，残留铜器器足2件和铜器残片1件，棺外南侧放置车马器。原来铜礼器应放在椁室东端，据此推测墓主人头向东。GM10无椁无棺，人骨腐烂无存，头向无法判断。GM12坑内东部有一椭圆形盗洞。在棺外北侧发现1件陶罐，棺内东部发现玉玦、石英U形饰各1件，玉佩3件。椁内东端空间大，应为器物箱所在，玉器分布在棺内东端，据此判断墓主人头可能向东。GM13因修路取土，墓坑大部分被挖掉，仅存墓底部。从墓地被扰乱的情况看，早年严重被盗。椁内东端留出的空间大，应为器物箱所在。因被盗，在椁内东端发现陶罐、陶豆，棺外北侧发现玉璧、车马器、玉佩、陶豆等物，据此推测墓主人头向东。GM15坑东部有一圆形盗洞，深入椁内，从棺的位置看，椁内东端空间大，当为器物箱所在，还残存陶罐、陶鬲各1件。据此推测墓主人头向东。GM17是一座带墓道的大墓，随葬品的放置位置复杂一些，椁外侧还有一个附葬箱，出土铜鼎、壶各2件，鬲1件。陶罐4件、豆1件。椁室内被盗严重，棺外南侧主要放置陶器，棺内玉器主要集中于棺东部，由此可知墓主人头向东。GM18坑东部有一圆形盗洞，深入椁室。椁室东端留的空间大，为器物箱所在，还残存陶鼎、陶罐、器盖，推测墓主人的头向东。GM20坑内东南部有一个不规则形的盗洞，深入椁内东部。棺内玉器集中于东端，椁内东端空间大，应是器物箱所在，据此推测墓主人的头向东。GM23墓坑有一盗洞深入椁内，盗扰严重。陶鼎残片位于椁内中部和东北部，器物箱应在椁内东端。玉器位于棺内东部，据此推测墓主人的头向东。GM24未被盗，器物箱位于椁内东端，有陶鼎1件，陶罐2件。玉器有玉玦1件，玉佩1件，放置于棺室东端，据此推测墓主人的头向东。GM25因平整土地和修路取土，墓葬上部和西端已被挖掉。棺外南侧放置几件车马器，北侧放置铜兵器等。椁内东端为器物箱，有铜壶1件和陶片。

玉璧1件放置于馆内东部,由此可知墓主人的头向东。[①]

凡是保存人骨的9座墓葬,均可知墓主人的头向东。没有保存人骨的墓葬,除GM3、GM10无法断定方向外,其他14座墓,我根据墓葬器物箱和棺内玉器的位置,推测墓主人的头向均向东。也就是说2002年发掘的郭家庙曾国墓地25座墓葬墓主人基本上头向东。

2014年11月至2015年,湖北省文物考古研究所、荆州文保中心等单位在曹门湾墓区发掘墓葬29座,车坑1座,马坑2座,车马坑1座。2015年7月至2016年1月,共发掘墓葬27座。墓葬基本上为东西方向。从分布图上看,仅M35、M37接近于南北向。[②] 已经发表的资料M10、M13、M22、M43墓主人头向向东。[③] 其他东西方向的中型墓葬,随葬品放在椁室内东部的器物箱内,故墓主人头向东。

郭家庙曾国墓地头向东的葬俗继承了西周早期叶家山曾侯墓地的头向向东传统。

郭家庙墓区GM21、GM17为两座带墓道的大墓,曹门湾墓区M1、M2亦为两座带墓道的大墓,墓道方向均向东,这与西周早期叶家山曾侯墓地的墓道方向向西不同。

2015年至2017年,湖北省文物考古研究所等单位在京山苏家垄曾国墓地发掘墓葬101座,车马坑2座,年代为两周之际到春秋中期。绝大多数墓葬为东西方向,从分布图上看近南北向的墓葬有M94、M73、M68、M69、M64、M46、M45、M48、M49、M56、M57等11座,其他均为东西方向。M85简报说因为人骨腐朽严重,未见人骨痕迹,故人头向只能推测,器物放在棺外南侧,玉玦2件,玉琀1件,均出土于棺内东端,推测墓主人的头向东。其他详细资料尚未发表,头向情况不清。

---

①襄樊市考古队、湖北省文物考古研究所、湖北孝襄高速公路考古队编:《枣阳郭家庙曾国墓地》,科学出版社2005年。

②方勤、吴宏堂:《穆穆曾侯——枣阳郭家庙曾国墓地》,文物出版社2015年。

③湖北省文物考古研究所等:《湖北枣阳郭家庙墓地曹门湾墓区(2014)M10、M13、M22发掘简报》,《江汉考古》2016年第5期;湖北省文物考古研究所等:《湖北枣阳郭家庙墓地曹门湾墓区(2015)M43发掘简报》,《江汉考古》2016年第5期。

三、春秋中、晚期曾国墓葬的方向与头向

2012 年文峰塔墓地东周土坑墓 54 座，其中 52 座墓的墓葬方向为东西向，东西向的墓葬墓主人头向东，2 座墓为南北向，如 M18，墓向 200°。

2018 年枣树林墓地 86 座墓方向均为东西向，约在 110°～120°之间。M190 人骨被盗扰，根据墓内残存人骨和棺内玉器摆放位置，推测墓主头向东。

四、战国时期曾国墓墓葬的方向与头向

曾侯乙墓方向为正南北向，墓主人曾侯乙棺位于东室中部偏西，正南北向，头向南。擂鼓墩二号墓墓坑为正东西向，墓主人头向东。蔡家包中部一座大型封土墓（M14）为南北方向。王家包一座封土墓墓室为东西方向。文峰塔 M4 方向 35°，为东北—西南方向，头向不明。文峰塔 M18 为南北向，头向不明。

综上所述，从西周早期到春秋晚期，曾国贵族墓葬的方向始终以东西向为主，头向向东。到战国时期墓葬有东西向，墓主头向东，也有南北向，头向南的，呈现多元化的现象。

曾国贵族墓向和头向与山西天马—曲村晋侯墓地墓葬不同，晋侯墓地墓葬方向约为南北向，9 组 19 座晋侯及其夫人墓中墓主人头向除 M91、M92 为头向南外，其余均为头向北。[①] 江汉地区楚国下层民众墓葬也是墓葬多为南北向，头向多向南。

墓葬方向与头向是一个族群信仰的标志之一，张胜琳、张正明撰文认为“灵魂不灭”是古代民族普遍持有的观念，与此相应的信仰则是“灵魂返祖”，灵魂要回到祖先的住地去。墓葬的头向是表示灵魂返祖的主要方式。连狐狸都有“狐死必首丘”的特点。齐鲁东夷及其先民的墓葬头向以向东为主。江汉楚蛮及其先民头向以向南为主，春秋战国时期规格较高的楚墓头向东，规格较低的楚墓头向多向南。秦陇西戎及其先民头向以向西为主，

①中国社会科学院考古研究所：《中国考古学·两周卷》，中国社会科学出版社 2004 年，第 86～98 页。

中原华夏及其先民头向以向北为主。①

按照张胜琳、张正明的说法，墓葬一律东西向，头向向东，毫无疑问反映了曾国人的族群信仰，可能寄托了曾国人对于故土的浓厚思念之情。

第三节　曾国墓葬的结构

一、西周早期曾国墓葬的结构

叶家山曾侯墓地的墓葬为基本为长方形土坑竖穴墓，只有两座墓即M28和M111，各带有一条墓道，墓道建在墓葬西部。大墓西侧有马坑。M28西侧有一座马坑，即K6。M111西侧有三座马坑，即K2、K5、K7，分别埋葬4、8、10匹马。墓葬椁室四周有熟土二层台。M1和M3墓底带有腰坑，腰坑内殉狗一条。叶家山墓地没有发现墓葬封土。

少数大墓的坑边发现有3~6个圆形、椭圆形或方形的斜向柱洞，如M25、M28、M46、M50、M65、M111等。如M65墓口四角各有一个柱洞，编号为D1~D4，其中西北角D1的平面呈椭圆形，有一豁口面向墓口，洞径长50~58厘米，深74厘米；东北角D2的平面为椭圆形，有豁口，洞径长14~52厘米，深26厘米；东南角D3平面为圆形，洞口与墓葬坑口间距10厘米，洞径长38、深60厘米；西南角D4平面呈椭圆形，洞口与墓葬坑口间距14厘米，洞径长42~46厘米，深60厘米。四个柱洞皆歪斜，从北向南或从南向北贯通至墓坑。M28墓室北、东、南三边共见有7个圆形或椭圆形柱洞，均向墓坑内倾斜。其中，北壁3个，东壁1个，南壁3个，洞深约2米。M111墓室的四角及东、南、北三壁共发现8个斜洞，口大底小，洞口皆呈凹弧形的豁口，豁口皆面向墓坑。其中墓室四角的4个椭圆形斜洞洞底直达二层台台面以下，洞径0.3~0.72米，深约2.1米。另在北壁分布2个，东壁和南壁分布各1个，洞径0.2~0.76米，深1.6~1.8米。

杨华认为柱洞是用来栽木柱以方便下葬棺椁的，木柱被称为“碑”或“丰碑”，也叫“桓楹”。《礼记·檀弓下》：“公室视丰碑，三家视桓楹。”郑玄

①张胜琳、张正明：《上古墓葬头向与民族关系》，《南方民族研究集刊》1985年第2期。

注:“言视者,时僭天子也。丰碑,斫大木为之,形如石碑,于椁前后四角树之,穿中于间为鹿卢,下棺以綍绕。天子六綍四碑,前后各重鹿卢也。”“时僭诸侯。诸侯下天子也,斫之形如大楹耳,四植谓之桓。诸侯四綍二碑,碑如桓矣。大夫二綍二碑,士二綍无碑。”[①]木柱中间安装辘轳,下葬时,绳子一端拴在棺束的缄上,然后绳子绕过辘轳,人拉着绳子,按照鼓声的节点,逐渐使绳子下降,往墓坑里放置棺椁。这个解释有一定的道理。[②] 这种类似现象还见于如下几个地方:北京琉璃河燕国墓地 M1193,年代为成康时期,墓葬四角各有一条墓道,西北角墓道口长 4.05 米,宽 1 米,东北角墓道口长 4.33米,宽 1.05~1.08 米,东南墓道口长 5.15 米,宽 0.92 米,西南墓道,口长 5.55米,宽 5.15 米。由于墓道较窄,这可能就是系棺木下葬的通道。[③] 这座墓应该不是标准的四条墓道,墓道一般位于墓边,呈正中对称分布。如果是四条墓道,就属于僭越礼制,只是为了下葬方便,采取了权宜之计。山西绛县横水 M2158,在墓葬的四角近拐角处各有一个柱洞,墓葬的东侧还有三个柱洞。[④] 山西翼城大河口一号墓墓口四角外也各有一个柱洞。[⑤]

笔者在此提出一点不同的看法,这些柱洞也有可能与下葬无关。因大墓工程量比较大,挖掘墓坑需要的时间比较长,挖掘墓坑时,挖坑人在椁室四角立柱,搭建一个临时工棚,墓坑挖好以后,上面有个工棚,也可以遮雨,避免墓坑塌方。尤其是南方多雨,土壤中含水多,土壤直立性差,墓坑挖好后,中间失去支撑,极易塌陷,特别是下雨后,方形墓坑很容易塌成圆形墓坑。如果墓坑塌陷,对于埋葬长者来说,是很不吉利的事情。后来楚人为了防止墓坑塌陷,采取从墓口到墓底留阶梯逐渐收缩的办法,大墓一般有十余级台阶,许多战国时期小墓也有三至五级台阶,对防止塌陷具有明显的效果。笔者在发掘楚墓工作中,有切身的体会,当我们把墓葬填土挖完后,四壁土壤失去支撑,如果下雨,墓葬一般都会垮塌,大型墓葬更易塌方,一不小

---

①(唐)孔颖达:《礼记正义》,(清)阮元校刻《十三经注疏》,中华书局 1980 年,第 1310 页。

②杨华:《叶家山曾侯墓地所见西周早期丧葬礼制四则》,《江汉考古》2013 年第 4 期。

③中国社会科学院考古研究所、北京市文物研究所琉璃河考古队:《北京琉璃河 1193 号大墓发掘简报》,《考古》1990 年第 1 期;赵福生:《西周燕都遗址》,《北京文博》1995 年第 1 期。

④山西省考古所等:《山西绛县横水西周墓地 M2158 发掘简报》,《考古》2019 年第 1 期。

⑤山西省考古研究院等:《山西翼城大河口西周墓地一号墓发掘》,《考古学报》2020 年第 2 期。

心,会造成伤亡事故。

熟土二层台是在把椁和棺放好以后,在墓室周围的空隙处填土,四面的空隙宽窄不等,与椁室填平以后,还可以发挥这个空间的作用,如叶家山曾侯墓地的熟土二层台上放置了许多随葬品。

有一定数量的商人墓葬墓底设置腰坑,腰坑内埋葬一只狗,如安阳殷墟的商墓就是如此,1958 年至 1961 年发掘的 302 座土坑竖穴墓中就有 35 座墓带腰坑,这个统计数字还受一些因素的干扰,因为被盗的墓葬 27 座,被扰乱的墓葬 40 座,墓底深入现代水面以下的墓葬有 56 座,保存较好的 179 座。殷墟流行殉犬的习俗,这些墓葬中有 70 座墓葬(包含带腰坑的墓葬)以犬殉葬。① 实际上 179 座墓中有 35 座墓带腰坑,比较接近实际状况。叶家山曾侯墓地设置腰坑的墓葬数量少,腰坑内也埋一只狗,应是受了商文化的微弱影响。

二、两周之际到春秋早期曾国墓葬的结构

2002 年发掘的郭家庙墓区的墓葬分为长方形竖穴土坑墓和长方形竖穴岩土坑墓两种。规模小一点的墓墓坑不深,还没挖到红砂岩,就是长方形竖穴土坑墓。郭家庙岗地深约 2~4 米的黄褐色土层下是红砂岩层,部分墓葬规模大一些,比较深,上部是土坑,下部打破红砂岩层,下部墓坑就是挖在岩石中的岩坑,故发掘者称之为“岩土坑”,这个概念准确。郭家庙岗地现存地貌并非原始地貌,历史上曾经被平整过,原来的墓坑应比现在深。GM21、GM17、GM1、GM13、GM20、GM22、GM18 等 7 座墓为岩土坑墓。GM2、GM3、GM4、GM5、GM6、GM7、GM8、GM9、GM10、GM11、GM12、GM14、GM15、GM16、GM19、GM23、GM24、GM25 等 18 座墓为土坑墓。

郭家庙墓区有两座大墓 GM21、GM17 东边各带一条墓道,墓道是墓葬级别高的标志。GM17 棺外南侧椁内之间有一附葬箱,为了放附葬箱,把椁南侧中部挖成曲尺形。

郭家庙墓区发掘了一座车马坑(GCHMK1)和两座车坑(GCHK1、

①中国社会科学院考古研究所:《殷墟发掘报告(1958—1961)》,文物出版社 1987 年,第 203~213 页。

GCHK2)，报告作者认为一号车马坑为 GM25 的附葬坑。一号车坑和二号车坑的归属无法确定，一号车坑的周围有 GM1、GM19、GM20 三座墓葬，一号车坑可能归属于 GM1。二号车坑附近有 GM3、GM13、GM17 三座墓葬，无法确定二号车坑归属于哪座墓葬。

GM21 底部四周有熟土二层台，高 1.9 米，台面与椁口平齐，北宽 0.6 米，南宽 1.08 米，西宽 0.88 米，东宽 0.8 米。筑二层台所用的土与墓坑填土不同，共分三层，上下各一层黄色黏土，中间一层为褐色黏土。每层厚约 0.6～0.65米。

GM17 墓坑四壁设熟土二层台，台面与椁口平齐，高 1.56 米，南宽 0.58 米，北宽 0.8 米，东宽 1.04 米，西宽 0.96 米。二层台分 8 层垒筑，每层厚 0.2 米，自下而上第 1、3、5、8 层为黄褐色土，第 2、4、7 层为红砂岩土，第 6 层为灰褐色土。

GM3 有熟土二层台。其他墓葬未见熟土二层台。①

2014 年 11 月至 2015 年 1 月、2015 年 7 月至 2016 年 1 月，湖北省文物考古研究所等发掘的曹门湾墓区地下地质结构与郭家庙墓区一致，大墓深，为长方形竖穴岩土坑墓。小墓浅，未及砂岩，为长方形竖穴土坑墓。M1、M2 东部各带一条墓道。M1 墓室长 11 米，宽 8.5 米，深 8 米。墓道长 10 米，斜坡自东到西，临近墓室处渐收为一平台。M1 的西南部还陪葬了一号车坑和一号马坑。一号车坑长 32.7 米，宽 4 米，葬车 28 辆。一号马坑长 9 米，宽 8 米，深 2 米，葬马 49 匹，马坑上还有一个盗洞，长 1 米，宽 0.5 米，推测有 3 匹马被盗毁。② M22 为长方形竖穴岩土坑墓，M10、M13、M43 为长方形竖穴土坑墓。③

京山苏家垄曾国墓地均为竖穴土坑墓，没有发现带墓道的大墓，大墓陪葬有车坑，从分布图上看有 8 座车坑。

---

①襄樊市考古队、湖北省文物考古研究所、湖北孝襄高速公路考古队编：《枣阳郭家庙曾国墓地》，科学出版社 2005 年。

②方勤、胡刚：《枣阳郭家庙曾国墓地曹门湾墓区考古主要收获》，《江汉考古》2015 年第 3 期。

③湖北省文物考古研究所等：《湖北枣阳郭家庙墓地曹门湾墓区（2014）M10、M13、M22 发掘简报》，《江汉考古》2016 年第 5 期；湖北省文物考古研究所等：《湖北枣阳郭家庙墓地曹门湾墓区（2015）M43 发掘简报》，《江汉考古》2016 年第 5 期。

三、春秋中、晚期曾国墓葬的结构

2012 年文峰塔墓地东周土坑墓 54 座，皆为长方形或方形土坑竖穴墓，其中 3 座墓有腰坑，坑内或葬狗，或葬陶器。

2018 枣树林墓地带墓道的大墓 5 座，M190 东部带一条长墓道，西部一条短墓道，M191、M168、M169、M129 东部各带一条墓道。M190、M191 墓主人分别为曾公畭和夫人芈渔，M190 在 M191 之南，该组墓之南陪葬车坑 CK5 和马坑 K3，CK5 葬车 12 辆，K3 葬马 20 匹；M168、M169 墓主人分别为曾侯宝和夫人随仲芈加，M168 在 M169 之南，该组墓之南陪葬马坑 K4 和车坑 CK7；M129 墓主人为曾侯得，南部陪葬马坑 K2 和车坑 CK6。

中小型墓为长方形土坑竖穴墓，如 M143、M81、M171。

2009 文峰塔 M2 在椁底板下有腰坑一个，内埋动物。椁室外北部有东西两座陪葬棺，东棺墓主人仰身直肢，头向东。西棺墓主人亦为仰身直肢，头向东。在墓圹南部有祭祀坑一座，内埋陶罐 1 件、包金箔马络饰 1 件、铜箭镞 1 件及部分铜残片。

四、战国时期曾国墓葬的结构

曾侯乙墓为岩坑竖穴多室墓，墓坑之上已遭破坏，有无封土无法确知，墓室分为东、中、西、北四室，没有墓道。1999 年在曾侯乙墓西部 12 米处发现 5 个南北排列的陪葬坑，编号为 K1～K5，坑为打破红色砂岩的近方形岩坑。最大的 K3 长 6.1 米，宽 5.8 米，最小的 K2 长 4.2 米，宽 4.1 米。大多数坑深度不超过 0.6 米。K1 埋葬青铜构件为主，K2、K3、K4 多为成排盛放食物的陶器，K5 未见遗物。简报作者推测 5 个坑为曾侯乙墓的陪葬坑(图十六)。[①]

①武汉大学历史学院等：《湖北随州市曾侯乙墓一号陪葬坑发掘简报》，《考古》2017 年第 11 期。

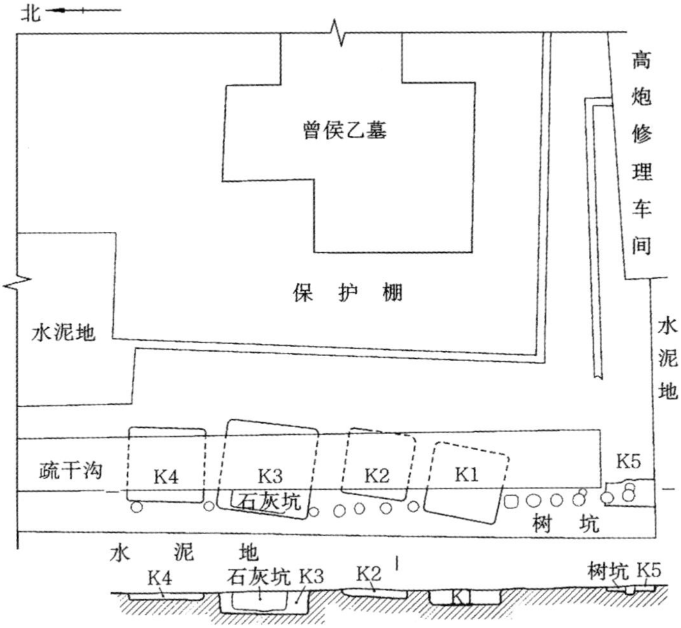

图十六　曾侯乙墓陪葬坑平剖面图

擂鼓墩二号墓为岩坑竖穴墓，1979 年当地驻军为扩建营房，将西团坡之小山岗推掉了 5～6 米，夷为平地后，兴建了电镀车间。1981 年为了给电镀车间通电，在栽电线杆时，发现了 M2，故报告作者推测二号墓原来是有封土堆的。

文峰塔 M18 带一条墓道，墓坑平面呈亚字形，为南北向，墓道在南部，残长 6.6 米，有 15 级台阶。墓坑四周设有 3 级台阶。在墓葬的东、北、西三面各有一个附葬坑，面积为 2 米×2 米。椁底板下中部偏北处有一圆形腰坑，口径 0.5 米，底径 0.4 米，深 0.5 米，内放置陶罐 1 件。

文峰塔 M4 为土坑竖穴墓，墓底中部有一椭圆形腰坑，直径 0.45～0.70 米，深 0.15 米，内有少量兽骨。

综上所述，由于特殊的地质构造，随枣走廊岗地地层上部为深浅不等的第四纪黄褐土，其下为白垩纪和第三纪含钙质结核的含砾红色砂岩，稍大稍深的墓葬就要打破红色砂岩，形成颇具特色的岩坑墓，有的学者称之为“岩土坑”，这一称谓更为准确。郭家庙墓区 GM21、GM17、GM1、GM13、GM20、GM22、GM18 等 7 座墓为岩土坑墓。曹门湾墓区 M1、M22、曾侯乙墓、擂鼓墩二号墓都是岩土坑墓。由于曾侯乙墓岩坑长期积水,起到了绝氧作用,使棺椁、编钟架、漆木器等大量有机物得以完好保存下来。

从西周早期至春秋晚期,曾国墓葬上没有封土,到战国时期,擂鼓墩墓群就有了封土。

墓道是衡量一个墓葬等级高低的重要标准,西周早期继承了商朝的墓道制度。安阳殷墟西北岗王陵区西区有7座墓带四条墓道,有一座墓葬未完成(M1567),东区有带四条墓道的大墓1座,带两条墓道的墓3座,带一条墓道的墓1座。可见商朝墓道已经形成了带四条、两条、一条墓道的完整体系。带四条墓道的墓主人应为商王级别的人,带两条、一条墓道的墓葬主人应比商王低,各类墓的墓主人身份地位与墓道的多少成正比。西周王陵还没有明确发现,推测周天子的墓道也是四条。

北京琉璃河燕国墓地M202方向345°,墓室为长方形土坑竖穴,墓室长7.2米,宽5.2米,深7米。带两条墓道,南墓道长14.8米,宽6米。北墓道呈曲尺形,全长12米,共有14级阶梯,这应是一座燕侯的墓葬,已经被盗。① 上面所说的M1193虽在四角各有一条墓道,但不太正规,因此不能视作四条墓道。

西周都城丰镐所在的张家坡M157双墓道大墓,墓室为长方形土坑竖穴,长5.5米,宽4米。墓室的南北各有一条墓道,墓道全长35.35米。墓主人为第一代井叔墓。有两座墓(M152、M170)为带一条墓道的墓葬,也属井叔墓。②

山西天马—曲村晋侯墓地共9组19座墓,夫妻并穴合葬,一般每两个一组(M13、M9;M6、M7;M33、M32;M93、M102;M113、M114;M91、M92;M1、M2;M8、M31),只有一组为三座墓(M64、M62、M63)。晋侯一般位于东部,晋侯夫人位于西部,但M13、M9;M113、M114两组例外,位于西部的M9、M114为晋侯,位于东部的M13、M113为晋侯夫人。晋侯墓M93、晋侯夫人M63为带两条墓道的墓葬,晋侯夫人墓M102没有墓道,其他16座墓均只

---

①北京市文物研究所:《琉璃河西周燕国墓地(1973~1977)》,文物出版社1995年,第16~23页。

②中国社会科学院考古研究所:《张家坡西周墓地》,中国大百科全书出版社1999年。

带一条墓道。[①] 当时诸侯带两条墓道的比较少，带一条墓道居多，叶家山曾侯墓地 M28、M111 带一条墓道，属于诸侯一级的标志。

在墓道制度方面，曾国严守周礼，叶家山曾侯墓 M28、M111 各带一条墓道，突出了这两座墓主人在曾侯墓地中的崇高地位。但是又只带了一条墓道，比周天子的墓道数量要少，说明墓道制度在曾国得到了严格执行。春秋早期枣阳郭家庙墓区有两座大墓 GM21、GM17，东部各带墓一条墓道，曹门湾墓区大墓 M1、M2，东部各带一条墓道，春秋中期枣树林墓地 M190 曾公畩墓，东部带一条长墓道，西部一条短墓道，M191 曾公畩夫人芈渔墓、M168 曾侯宝墓、M169 曾侯宝夫人随仲芈加墓、M129 曾侯得墓，东部各带一条墓道。春秋晚期文峰塔 M1 曾侯與墓没有墓道，M2 有一条墓道。战国早期曾侯乙墓没有墓道。战国中期擂鼓墩二号墓无墓道。文峰塔 M18 曾侯丙墓南部带一条墓道。基本上没有两条墓道的墓葬。

有的大墓有陪葬坑。

第四节　曾国墓葬的填土与随葬品的放置

一、西周早期曾国墓葬的填土与随葬品的放置

（一）墓葬的填土

依据简报，墓坑内填黄褐色五花土，填土板结，经过夯实，夯层厚 0.15～0.2 米，夯窝大多不明显，可辨的夯窝直径约 3 厘米。部分墓坑填土内包含小石英石块和草木炭粒。有的墓葬在椁盖板上面的填土中放置了车马器，如 M111。

（二）随葬品的放置

叶家山曾侯墓地随葬品的放置方式整齐划一，随葬品多放置于熟土二

①中国社会科学院考古研究所：《中国考古学·两周卷》，中国社会科学出版社 2004 年，第 86～98 页。

层台上，棺椁内只放置少量车马器和玉器。器物按照类别集中放在一起，整个墓地都是如此。如M111青铜礼器按用途分三组放在北部二层台，其中最东部一组酒器放置在漆木禁之上；青铜乐器镈、编钟和少量兵器放在西二层台上；漆木器、陶器、原始瓷器放在东二层台上；兵器散布在南二层台和东二层台上；椁盖以上20~30厘米的填土中放置大量车马器，器类包括车軎、车辖、车轴饰、车輨、车軓、车軝、车軏、车轭、銮铃、銜等，椁上至少随葬三辆车拆散的部件；棺内放玉器、金箔和一件铁援铜戈。

M27东二层台上放置漆瓷器、木器、漆壶铜扣；北二层台上放置铜礼器；南二层台上放置陶器和漆木器；玉器主要放于棺内。

M2东二层台上放置铜礼器、瓷器、漆木器；北二层台上放置陶器、瓷器。

M28北部二层台上放置青铜礼器，其中尊、爵、提梁卣等放置在一长方形漆案上；东部二层台上放置青铜兵器、漆木器；南部二层台放置青铜兵器和车马器；在墓坑填土和椁室内放置了较多的车马器；四边二层台靠墓壁放置有漆盾牌；椁室内放置车马器和兵器，玉器放在棺内。

M65青铜礼器七鼎四簋放在西南角二层台上；青铜兵器放在南部二层台和椁室南侧；青铜酒器爵、卣、尊和漆木器及两件玉器放在东部二层台上；陶器、原始瓷器放在东北角二层台上；铜钺、铜面具、铜锡和车马器放在椁内，玉佩放在棺内。

二、两周之际到春秋早期曾国墓葬的填土与随葬品的放置

（一）墓葬的填土

郭家庙墓区GM21墓坑填土为灰、黄、褐色花土，经过夯打，夯层厚0.16~0.26米，夯面有一层厚3~5毫米的灰白土，夯窝直径5~7厘米。GM17坑内填土为红、褐、黄、灰色花土，质密，夯层厚0.15~0.25米，夯面有一层厚有5毫米的灰白土，夯窝不明显。其他墓葬坑内填土为红、黄、褐、灰等颜色混合的五花土。

据简报，曹门湾墓区的M10、M13、M43墓坑填土为黄褐色花土，夹杂大量的浅黄色斑块。推测曹门湾墓区的墓葬填土与此三座墓相同。

(二)随葬品的放置

郭家庙墓区大墓的随葬品多,在椁室内四面分类放置,随葬品的放置方式与中小型墓有别,如 GM21 青铜礼器被盗一空,在椁内东端发现 3 件铜器器足,可能为簋座下的支足。还发现 2 件铜器盖沿残片以及零散的铜铃、节约。青铜礼器原来应放在椁内东部。椁内南侧现存较多的兵器如铜矛、戈、镞、钺、削等,椁内南侧主要放置兵器。椁内西侧也放置兵器。椁内北侧放置铜铃和车马器,有铜軎、辖、衔、镳、轭足、轭首、銮、扣饰、节约、泡、带扣等。内外棺之间有玉戈 1 件,内棺有铜削、玉琀、玛瑙珠、石英珠、铜小铃等。棺椁的各个部位放置随葬品还是有分工的。

GM17 椁室被严重盗扰,椁内东端铜鼎足、铜杯、玉残片、铜小铃,推测青铜礼器应放在椁内东端。椁内南侧放置陶鬲、罐、豆、器盖和铜小铃、铜器残片。椁内西端有铜“Y”形帽、铜小铃、铜器座 1、鸟形首铜帽 1。椁内北侧有铜小铃、玉佩饰、玉管、玛瑙珠。棺内有银箔残片、玉佩饰、玉管、玛瑙珠等。GM17 比较特殊的是在椁外南侧还有一个附葬箱,木箱长 1.56 米,宽 0.92米,高 0.46 米,埋葬了铜鼎、壶各 2 件,鬲 1 件,陶罐 4 件,豆 1 件。盗墓贼没有发现这个附葬箱,器物得以幸存。

郭家庙墓地的其他墓葬随葬品均放置于椁内东端,这一端也是墓主人头向所指的东方,玉器一般放在棺内。

曹门湾墓区大墓 M1 的随葬品放置也按类别放置在不同的方位。椁室内西北部放车马器,北部放置编钟架、编磬等礼乐器,南部为兵器,东部为豆、盒等漆木器及金玉器。疑东部原有大型的青铜礼器,早期被盗掘。棺内放置玉人、玉虎、玉腰带饰、玉组佩等。

已经发表的 M22、M10、M13、M43 随葬品放在椁内东端,即头的附近。京山苏家垄曾国墓地随葬品的摆放位置不同,已经刊发的几座墓葬如 M79、M88、M85 随葬品不是放在椁内东端,而是放在椁室内部南侧,棺紧靠椁室北边放置,在棺南侧留出较大的空间放置随葬品,这与枣阳郭家庙曾国墓地放在椁室东端有别。

三、春秋中、晚期曾国墓葬的填土与随葬品的放置

(一)墓葬的填土

2012年文峰塔墓地东周土坑墓54座,填土为黄红色五花土,土质板结,未见夯筑。

枣树林墓地墓葬填土颜色较近,略有差异,如M190东墓道填土为黄、褐、红、黑色黏土,上层土质疏松,下层较致密,经过夯打,夯层厚0.15~0.22米,东墓道东端底部发现黑色堆积,疑为炭化的动物骨骼痕迹。M191墓道和墓室填土为黄褐、红褐、黑褐色花土,土质较黏,结构致密,经过夯打,夯层厚0.1~0.15米,东墓道东端底部发现2具动物骨骼的炭黑色朽痕。M168、M169填土为黄褐色花土,土质较硬,结构致密,未见明显的夯打痕迹。M171填土为黄灰色花土,土质坚硬,结构致密,未见明显的夯打痕迹。M81填土为黄褐、灰褐色花土,结构致密,包含较多小石块,未见明显的夯打痕迹。M143填土为黄红褐色花土,较致密,经夯打,夯窝不明显,在1.3米以下每隔0.2~0.3米夯填一层不规则分布的石块。

2009年文峰塔M2墓圹填土以五花土和石块分层夯实填埋,从墓口至墓底残存有12层填土和积石,每层厚50~60厘米,填土为深褐色或青灰色五花土,在填土中分层铺有砾石,砾石分布相当密集,第9层最多,计215块。

(二)随葬品的放置

2012年文峰塔墓地随葬品的放置方式与墓葬的大小有关。大多数墓葬的主要随葬品放置在椁内南侧,棺北紧挨椁北边和东边放置,留出边箱和足箱的空间,这种放置方法与京山苏家垄曾国墓地随葬品的放置方法相同。

枣树林墓地随葬品的放置方法也与墓葬大小有关。大型墓如M190椁室北部放置乐器,东部放置兵器、车马器和少量盥洗器,南部放置礼器及兵器,西部放置酒器、乐器。铜编钟、石编磬放置于椁室西部和西北部。乐器构件编钟架、横梁被拆分后放置于椁室四周。

M191椁室南部放置铜礼器,椁室西部放置鎏金铜片,椁室西北部放置

镂空铜器 1 件、铜和 1 件、小铜罐 4 件。椁室北部放置铜盘、匜。

中型墓如 M81 一椁重棺,棺紧靠椁室东部和北部放置,在椁室南部和西部留出较大空间,青铜礼器主要放置在椁内南侧,少量放在椁室西部。

四、战国时期曾国墓葬的填土与随葬品的放置

(一)墓葬的填土

曾侯乙墓填土从下至上,在木椁顶部和木椁四周与坑壁空隙之间先填木炭,夯实,厚 0.1~0.3 米,木炭用栎树烧成,总重量在 6 万公斤以上,就是中原地区所谓的“积炭”葬俗,具有防潮作用。在木炭之上填 0.1~0.3 米厚的青膏泥,可以起密封绝氧的作用。青膏泥之上先填一层黄褐土,再填一层青灰土,如此交替填土,对黄褐土进行夯打,有夯窝。这两种土构成的夯层每层厚 0.15~0.20 米。填至距椁顶 2.8 米处,墓坑铺满一层大石板,石板一般长 1.2~1.5 米,最长者 2~2.5 米,最短者 0.5~0.7 米,一般宽 0.7~0.8 米,最宽 1~1.2 米。在大石板之间的空隙处填塞小石块和碎石,这就是中原地区所谓的“积石”葬俗,具有防盗作用。石板之上,继续交替填青灰土和黄褐土,石板上的一层青灰土后为 0.3~0.4 米,填至距青膏泥 3~3.5 米处,变为填一层黄褐土,再填一层五花土,如此交替往上,直填至墓口,并仍在黄褐土层上夯打。曾侯乙墓吸收了中原地区的积石积炭葬俗。

擂鼓墩二号墓墓底有 0.2 米厚的青膏泥,其上填挖墓坑产生的红色砂岩土块,没有夯打。

文峰塔 M4 墓坑内的填土为五花土,经过夯打,土质较硬。墓内壁涂有白泥。

(二)随葬品的放置

曾侯乙墓分为四室,东室放置墓主人外棺和内棺,在主棺周围放置兵器,东南部和西北部放置戈,其余各方有弓、矢和盾。主棺之东放置乐器、车舆、漆豆、车马器等,主棺两侧放置漆木衣箱,在主棺西北近门处放置殉狗棺 1 具,陪葬棺 8 具,其中 1 号棺和 2 号棺靠东室西壁放置,推测原来南北向放置,水浮起后呈东西方向。5、6、7、8 号棺及 3 号棺盖呈东西方向,并列贴

近东室东壁,3号棺身近东西向,往西南偏,4号棺身近南北向,往东南偏。西室放置陪葬棺13具,因积水导致棺浮起移位,除4号棺外,其余均盖身分离,推测原来11具棺呈东西向,南北并列,另两具呈南北向,“一”字形置于这些棺的一端。中室放置礼乐器,南部放置青铜礼器,如升鼎9、簋8、小鬲9、鼎形器10、大鼎2、簠4、甗1、盖鼎5、盥缶4,编钟架呈曲尺形紧靠中室西壁和南部偏中,编磬靠近北壁。中室贴近东壁放置尊盘、过滤器、鉴缶、联禁大壶和建鼓。在中室中部放置瑟、笙、排箫、篪等乐器和食具箱、酒具箱、耳杯、俎等漆木器。北室放置车马器、兵器和其他器物。

擂鼓墩二号墓椁室没有明确地分室,棺置于椁室北部,随葬品主要放在椁室南部。椁室中、东部主要放置青铜礼器和生活用品等,椁室南部主要放置乐器和部分车马器,椁室西部主要放置乐器和部分车马器,馆内放置随身物品和饰品。

文峰塔M18椁室分为东、西、南、北、中五室,棺室居中,西、南、北、中四室均被盗,仅存少量随葬品。东室未被盗,出土鼎、簋、簠、鬲、鉴、方壶等70余件青铜器,在墓坑东、北、西三面各有一个2米×2米的器物坑,深7.6米。其中东坑(FK1)内葬有1件陶器,北坑(FK2)内葬有2件铜方击,西坑(FK3)内未见器物。

总之,墓葬填土为五花土,多经过夯打,个别墓葬填土中放置车马器。自春秋晚期开始,曾国借鉴了中原地区的积石葬俗,到战国时期曾侯乙墓既有积石,又有积炭。

关于随葬品的放置方式,西周早期叶家山曾侯墓地统一地把随葬品按用途分组放在熟土二层台上的做法,在全国少见。类似的如甘肃灵台西周早期白草坡墓地M2北部二层台上放置9件礼器:鼎1、甗1、尊1、爵1、觯1、盉1、卣2、方鼎1,棺椁间的东、西、南面放置兵器22件,棺椁盖上放置兵器和车马器。①

燕国则不同。1973年至1977年发掘的北京西周早期琉璃河燕国墓地大墓1座,中型墓9座,小型墓51座,大多数墓葬的随葬品放在靠北部的棺、椁之间,或棺材北端。少数中型墓的随葬品放在二层台上,如IIM251、

①甘肃省博物馆文物队:《甘肃灵台白草坡西周墓》,《考古学报》1977年第2期。

IIM253。燕国墓地墓葬为南北向，墓主人头向北，器物放在头部一端。①

两周之际到战国时期，曾国墓葬随葬品一般放置在椁室或棺内部。大型墓葬随葬品类别和数量多，根据随葬品的性质，放置在椁室的四周，玉器一般放置在棺内。有的大墓如曾侯乙墓分为四室，文峰塔 M18 椁室分为五室，将随葬品放在各室之内。小型墓随葬品多放在人头部椁室之内，如郭家庙墓地，由于曾国墓多为东西方向，头向向东，因此随葬品就放在椁室内的东部。也有的墓地随葬品放在椁室内南侧，如苏家垄墓地和文峰塔墓地。

第五节　曾国墓葬的葬具与葬式

一、西周早期曾国墓葬的葬具与葬式

叶家山曾侯墓地的葬具为木质葬具，已经腐朽，从痕迹观察，可判定葬具有一椁两棺、一椁一棺、一棺等。葬具之间有大小之分，精粗之别。下面的数据可供参考，因为挤压变形塌陷等原因，有的数据与原物大小差距很大，其中长宽误差小，高度有的误差大。

M111 墓主人为曾侯犺，从痕迹看，至少为一椁一棺。椁痕平面呈长方形，东西长 4.27 米，南北宽 3 米，高 1.68 米。四周椁板痕迹清晰，现存约 6 块，每块厚约 0.25 米，以此计算，椁室至少由 9 块厚约 0.25 米的方木垒叠而成。椁底板下面东西两端各有一根南北向的垫木。棺痕东西长 2.3 米，南北宽 1.4 米，残高 0.16 米。棺材上有彩绘，应为彩绘内棺。

M28 葬具为一椁一棺，椁痕东西长 3.6 米，南北宽 2.1 米，高 1.5 米。棺痕长 1.96 米，宽 1 米，棺上有红色彩绘痕迹。

M27 葬具为一椁一棺，椁痕东西长 3.56 米，南北宽 2.2 米，高 1.45 米。棺痕长 2.4 米，宽 1.1 米，高 0.9 米。

M65 墓主人为曾侯谏，葬具为一椁两棺，椁痕东西长 2.9 米，南北宽 2.1 米，高 1.24 米。外棺痕长 2.46 米，宽 1.6 米，高 0.7 米，内棺痕长 1.94 米，宽0.80~0.86 米，高 0.2~0.4 米，棺上有红黑相间的漆痕，推测外棺、内棺均饰彩绘。

①北京市文物研究所:《琉璃河西周燕国墓地(1973—1977)》，文物出版社 1995 年。

M107 葬具为一椁一棺,椁痕东西长 2.98 米,南北宽 1.65 米,残高 1.3 米。棺痕长 2.1 米,宽 0.7 米,残高 0.16 米,棺盖板朽痕上可看到彩绘图案,黑底红彩。

M2 葬具为一椁一棺,椁痕东西长 2.6 米,南北宽 1.78 米,高 1.2 米。棺痕长 1.9 米,宽 0.95 米,高 0.9 米。死者均为仰身直肢,头向全部朝东。

M50 葬具为一椁一棺,椁痕东西长 2.58 米,南北宽 1.2 米,高 0.94 米,厚 0.02 米。椁底有垫木两根。棺痕长 2 米,宽 0.8 米,残高 0.04 米,厚0.02米。

M3 葬具为一椁一棺,椁痕东西长 2.56 米,南北宽 1.22 米,高 0.78 米。棺痕长 2 米,宽 0.58~0.62 米。

M8 葬具为一椁一棺,椁痕东西长 2.4 米,宽 1.26 米,高 0.5 米。棺痕长 2.08 米,宽 0.84 米,高 0.18 米。

M1 葬具为一椁一棺,椁痕东西长 2.2 米,南北宽 1.5 米,高 1.05 米。棺痕长 1.92 米,宽 0.98 米,高 0.9 米。

M55 葬具为一椁一棺,椁痕东西长 2.35 米,南北宽 0.75 米,高 0.5 米,厚 0.02 米。过低东西两端各有一根垫木。棺痕东西长 2.08 米,宽 0.64 米,高 0.18 米,厚 0.02 米。

二、两周之际和春秋早期曾国墓葬的葬具与葬式

郭家庙墓区 GM21 墓主人为曾伯陭,葬具为一椁重棺,GM17 为曾伯夫人,葬具为一椁一棺。除 M10 无棺无椁外,另外 22 座墓葬均为一椁一棺。因骨骼大多腐烂不见痕迹,葬式基本不清。只有 GM9 人骨架保存较好,葬式为仰身直肢。

曹门湾墓区 M1 墓主人为曾国高级贵族,葬具为一椁二棺。2014 年至 2015 年发掘的中型墓 22 座,其中稍大的墓如 M5、M9,墓口长约 5~7 米,宽约 4~5 米,葬具为一椁二棺,附葬有车马坑;稍小的如 M10、M13 等,墓口长 4~5 米,宽约 3 米,葬具为一椁一棺。小型墓 6 座,葬具为一椁一棺或者单棺,多带侧壁龛,壁龛内放置陶鬲、豆、罐、壶等。M43 墓主人头朝东,面向南,双手交于胸前,仰身直肢。M13 墓主人葬式为仰身直肢。

京山苏家垄曾国墓地葬具主要为一椁一棺。

三、春秋中、晚期曾国墓葬的葬具与葬式

2012 年文峰塔墓地东周土坑墓 54 座，葬具有一椁二棺、一椁一棺和单棺三类。M33 墓主人头向东，仰身直肢，面朝上。

2017 年汉东东路墓地 39 座墓葬，大型墓 13 座，均为一椁重棺，其中 M129 墓主人为曾侯得，一椁重棺，椁痕长 5 米，宽 4.2 米。中型墓 19 座，多为一椁一棺，少数为一椁重棺。小型墓 7 座，均为一椁一棺。

据发表的资料，枣树林墓地 M190、M191、M81 葬具为一椁重棺，M168、M169、M143、M171 葬具为一椁一棺。M190 墓主人为曾公畎，一椁重棺，椁长 5 米，宽 3.2 米。M191 墓主人为芈渔，一椁重棺，椁长 4.2 米，宽3.88米。

M168 墓主人为曾侯宝，椁痕长 5.7 米，宽 4.06 米。M169 墓主人为随仲芈加，东西长 4.7 米，南北宽 3.7 米。

四、战国时期曾国墓葬的葬具与葬式

曾侯乙墓为一椁重棺，椁室分东、中、西、北四室。东室东西长 9.5 米，南北宽 4.75 米；中室南北长 9.75 米，东西宽 4.75 米；西室南北长 8.65 米，东西宽 3.25 米；北室南北长 4.25 米，东西宽 4.75 米。椁室总面积为 139.74 平方米。墓主人棺居东室，有外棺和内棺，外棺为长方盒形，上部比底部略大，长 3.2 米，宽 2.1、高 2.19 米，由铜框架嵌木板，上部四角与两边中部共伸出 12 个铜榫，下部装 10 个铜足，然后髹漆彩绘而成。外棺当时应重 6 吨多。内棺长 2.5 米，头宽 1.27 米，足宽 1.25 米，高 1.32 米，绘有反映当时灵魂信仰的繁缛花纹。墓主人葬式为仰身直肢。还有陪葬棺 21 具，东室 8 具，西室 13 具。殉狗棺 1 具，放在东室墓主棺旁，并靠近东室通往中室门洞处。

擂鼓墩二号墓为一椁重棺。棺已腐朽，位于椁室北部居中，东西向，仅存痕迹，东西长约 3.2 米，宽约 2 米，其范围较大，推测为内外两层的套棺。墓主人葬式不明。

M18 为一椁三棺，椁室分为东、西、南、北、中五室，棺室居中。棺内未见人骨和随葬品，葬式不明。

综上所述，曾国存在严格的棺椁制度，棺椁的规模和重数体现了墓主人

不同的身份。

先看曾侯层级的棺椁制度。西周早期叶家山 M65 墓主人为曾侯谏，一椁重棺，椁室规模较大，椁痕东西长 2.9 米，南北宽 2.1 米，面积 6.09 平方米。M111 墓主人为曾侯犺，一椁一棺。椁室规模更大，椁痕东西长 4.27 米，南北宽 3 米，面积 12.84 平方米。曾公畩墓一椁重棺，椁长 5 米，宽 3.2 米，面积 16 平方米。M191 墓主人为芈渔，一椁重棺，椁长 4.2 米，宽3.88 米，面积 16.29 平方米。曾侯宝墓一椁一棺，椁痕长 5.7 米，宽 4.06 米，面积 23.14 平方米。M169 墓主人为随仲芈加，东西长 4.7 米，南北宽 3.7 米，面积 17.39 平方米。曾侯得墓一椁重棺，椁痕长 5 米，宽 4.2 米，面积 21 平方米。曾侯乙墓一椁重棺，椁分四室，总面积 139.74 平方米。擂鼓墩二号墓可能为曾侯夫人，椁痕东西长约 3.2 米，宽约 2 米，面积 6.4 平方米。文峰塔 M18 墓主人为曾侯丙，为一椁三棺。

曾侯层级的椁室，西周早期面积约 6 平方米至 13 平方米，春秋中期 16 平方米至 23 平方米，战国早期曾侯乙墓椁室面积特别大，多达约 140 平方米。葬具多为一椁重棺，少数一椁一棺或一椁三棺。

其他贵族墓葬葬具一般为一椁一棺，墓室和椁室大小存在差别。葬式一般为仰身直肢。

第六节　曾国墓葬中的朱砂

一、西周早期曾国墓葬中的朱砂

朱砂也称丹砂、辰砂，主要化学成分为硫化汞（HgS），是一种天然的红色矿物。在中国古代朱砂的用途多样，可做红色颜料，可作药用或炼丹材料，还可用在埋葬、奠基等方面。朱砂主要产于湖南辰溪、沅陵、麻阳和贵州铜仁，四川、甘肃、广西、陕西等地也有出产。[①] 在古文献里，记载了朱砂的找矿方法和朱砂产地。《管子·地数》记载："上有丹沙者，下有黄金。上有慈石者，下有铜、金。上有陵石者，下有铅、锡、赤铜。上有赭者，下有铁。此

①马萧林：《灵宝西坡出土朱砂及相关问题研究》，《中原文物》2019 年第 6 期。

山之见荣者也。”[①]《逸周书·王会解》:“卜人以丹沙。”[②]《荀子·王制》载:“北海则有走马吠犬焉,然而中国得而畜使之;南海则有羽翮齿革曾青丹干焉,然而中国得而财之;东海则有紫紶鱼盐焉,然而中国得而衣食之;西海则有皮革文旄焉,然而中国得而用之。”[③]北海物产有马、犬,南海物产有鸟羽、象齿、犀革、青铜、丹砂,东海物产有紫紶、鱼、盐,西海物产有皮革、牦牛尾。《周礼·夏官司马·职方氏》:“正南曰荆州,……其利丹银齿革。”[④]荆州特产为丹砂、银、齿革。《史记·货殖列传》载:“江南出枏、梓、姜、桂、金、锡、连、丹砂、犀、玳瑁、珠玑、齿革。”“巴蜀亦沃野,地饶卮、姜、丹沙、石、铜、铁、竹、木之器。”[⑤]

叶家山曾侯墓地流行在棺底铺朱砂的葬俗,M111 棺底满铺厚约 0.1~0.2 厘米的朱砂,M50 棺底铺有朱砂,M3 棺内人骨上下有零星朱砂,M1 棺内铺有 0.4 厘米厚的朱砂,M2 棺内铺有一层 0.2~0.3 厘米厚的朱砂,M27 棺内铺有一层 2~3 厘米厚的朱砂,M107 人骨上下撒有朱砂,M65 内棺底和人骨架上铺有一层 1~3 厘米的朱砂,M28 棺底铺有一层 0.5~2 厘米厚的朱砂。

二、两周之际和春秋早期曾国墓葬中的朱砂

郭家庙墓区继续保留了使用朱砂的埋葬习俗。GM21 内棺底部铺了一层 5 毫米厚的朱砂。GM17 棺底有一层朱砂。GM1、GM2、GM3、GM4、GM5、GM6、GM7、GM8、GM11、FM12、GM13、GM14、GM15、GM16、GM19、GM20、GM22、GM23、GM25 棺内底有一层朱砂或朱砂痕迹。GM9 棺底未见朱砂遗迹,但人头骨的面部用朱砂涂红,因尸体脸部用朱砂涂红,肉体腐烂后,朱砂就粘附在面部骨骼上。GM10 无椁无棺,仅在坑底东部见有近圆形的一片朱砂遗迹,直径约 0.5 米。GM18、GM24 棺底未见朱砂。

曹门湾墓区 M10、M13 棺底见少量朱砂。

---

①戴望:《管子校正·地数》,《诸子集成》第五册,上海书店 1986 年,第 382 页。

②黄怀信、张懋镕、田旭东:《逸周书汇校集注》,上海古籍出版社 2007 年,第 865 页。

③王先谦:《荀子集解·尚贤下》,《诸子集成》第二册,上海书店 1986 年,第 102~103 页。

④(唐)贾公彦:《周礼注疏》,(清)阮元校刻《十三经注疏》,中华书局 1980 年,第 862 页。

⑤(汉)司马迁:《史记·货殖列传》,中华书局 1959 年,第 3253~3254、3261 页。

三、春秋中、晚期曾国墓葬中的朱砂

2012 年文峰塔墓地 M33 人骨上下洒满朱砂，棺内底铺有一层厚 1 厘米的朱砂。

汉东东路墓地公布的 M110、M118、M129 棺底均铺有一层朱砂。

枣树林墓地 M81、M143、M190、M191、M171 棺底铺朱砂，M191 棺底朱砂厚 0.03 米。

四、墓葬中使用朱砂的象征意义

有的学者将埋葬中使用朱砂的墓葬称之为“朱砂葬”。在墓葬里与用朱砂有密切关系的葬俗，最早可追溯到 1933 年发掘的距今 1.9 万年的旧石器年代山顶洞人遗址。在山顶洞下室的第 4 文化层中，发现了 3 具完整的人类头骨和部分躯干骨，在骨周围撒有赭石，又称赤铁矿粉粒，还有数量较多的穿孔兽牙、穿孔石珠、石坠等装饰品。[①] 这是中国境内发现的最早的墓葬。

赤铁矿粉与朱砂是两种不同的物质，但颜色都是红色，在丧葬中用这两种物质，其寓意可能相同。

早在仰韶年代早期，距今 8500～7500 年，城背溪文化的居民在日常生活中已经开始认识并使用朱砂，如城背溪遗址出土了一件涂有朱砂的陶盘。[②] 到仰韶文化的中期，如庙底沟文化时期的灵宝西坡遗址、安徽含山凌家滩遗址、荆门龙王山遗址等地居民已经将朱砂用于丧葬活动。灵宝西坡遗址在 F105 房址的居住面、墙面、房基夯土层及草拌泥层、柱础石表面、墙壁柱洞底部柱础坑周围等部位，均发现有朱砂遗存；该房址出土的一件石斧表面也粘附有朱砂。西坡墓地揭露了 34 座墓葬，其中在两座大型墓葬 M8 和 M27 里发现有朱砂遗存。M8 墓主头顶所见的骨箍形器一侧，发现有少量鲜艳的朱砂。M27 随葬的陶大口缸唇部的弦纹内见有红色朱砂，缸中发

---

①PEi, W.C.1939.The Upper Caveindustry of Choukoudian.Pal.Sin.New Ser.D, 9:1～41.

②湖北省文物考古研究所：《宜都城背溪》，文物出版社 2001 年，第 41 页。

现有涂朱砂的麻布印痕。[①] 在F106房址的居住面和半地穴内墙面,发现多处大面积涂抹朱砂的现象,墙面上的朱砂遗存出土时颜色比较鲜艳。[②] F102室内柱洞下置础石表面用朱砂涂成红色;居住面上有一略呈长方形的灰白色石块表面上残留有朱砂,紧邻石块周围也有零星的类似红色物质。F3居住面上有一较大的黑色扁平石块表面有红色物质,很可能是朱砂。[③]

大约在仰韶年代中晚期,开始出现墓底铺设朱砂的现象,如江苏昆山少卿山遗址M2,骨架保存完好,墓底有朱红色粉末铺地,属于崧泽文化。[④] 龙山年代的陶寺文化襄汾陶寺遗址、[⑤]芮城清凉寺墓地[⑥]墓葬中使用朱砂比较普遍,已经成为一种制度,使用朱砂的墓主人生前有较高的社会身份。二里头文化二期开始朱砂葬仪更加规范化,最为常见的是在墓底铺朱砂,墓主人生前为各级贵族。二里岗文化时期,继续沿用了二里头文化的朱砂葬俗。[⑦]

有的学者专门将在墓底铺一层朱砂安葬死者的特殊丧葬仪式称之为“朱砂奠基葬”。在仰韶年代中晚期,史前先民已经将朱砂用到墓葬之中,最迟在龙山年代晚期,晋南的陶寺文化已经出现朱砂奠基葬。二里头文化二期开始将朱砂奠基葬规范化、制度化。偃师二里头、郑州大师姑、伊川南寨、荥阳西史村、平顶山蒲城店、吉利东杨村、商洛东龙山等二里头文化墓葬总数超过450座,朱砂墓的数量有64座。其中朱砂奠基葬51座,有的铺很厚的朱砂,如二里头遗址82ⅨM15、75ⅥK3墓底朱砂厚5~6厘米,81ⅤM4墓底朱砂厚达8厘米。商朝前期的二里岗文化时期,朱砂奠基葬继续流行,且与腰坑奠基葬并行,分布空间扩大。在二里岗文化420座墓葬中,朱砂墓

---

①中国社会科学院考古研究所、河南省文物考古研究所编:《灵宝西坡墓地》,文物出版社2010年。

②中国社会科学院考古研究所河南一队、河南省文物考古研究所等:《河南灵宝市西坡遗址发现一座仰韶文化中期特大型房址》,《考古》2005年第3期。

③河南省文物考古研究所、中国社会科学院考古研究所河南一队等:《河南灵宝市西坡遗址2001年春发掘简报》,《华夏考古》2002年第2期。

④苏州博物馆、昆山县文管会:《江苏省昆山县少卿山遗址》,《文物》1988年第1期。

⑤中国社会科学院考古研究所、山西省临汾市文物局:《襄汾陶寺——1978—1985年考古发掘报告》,文物出版社2015年,第932~1080、1321页。

⑥山西省考古研究所等:《山西芮城清凉寺史前墓地》,《考古学报》2011年第4期。

⑦郑若葵:《论二里头文化类型墓葬》,《华夏考古》1994年第4期;方辉:《论史前及夏时期的朱砂葬——兼论帝尧与丹朱传说》,《文史哲》2015年第2期。

有 55 座,其中朱砂奠基葬 34 座。商代后期的殷墟文化时期,朱砂奠基葬数量有所减少,显示为明显衰落的趋势,随之而起的是更加盛行腰坑奠基葬。殷墟文化时期墓葬万座以上,朱砂墓有 72 座,其中朱砂奠基葬 19 座。① 前者的范围宽泛一些,埋葬中只要使用了朱砂,就称之为“朱砂葬”。后者范围窄一些,专指在墓底铺垫朱砂者。

叶家山曾侯墓地的朱砂葬应是继承自旧石器年代到夏商时期以来形成的丧葬传统,他们具有一脉相承的民俗信仰。这种信仰还具有一定的身份限制,只有上层社会成员才能获得这种稀缺珍贵资源。

朱砂葬具有什么巫术效果呢?学者们提出了朱砂葬的各种功能。

第一,象征死者复活。Needham,J.等学者提出,在中国,远至史前年代,人们常常把墓中死者用颜色涂染,赋予其生命意义。由于红色是血的颜色且不停地流动,因此它被当作自然魔法,用红颜料象征死者复活。马萧林认同这一观点。②

第二,辟邪作用。王文清早就谈到了陶寺文化朱砂葬辟邪的功能,只不过他还列举了红色代表鲜血,是生命的来源和灵魂的寄生处;或认为红色颜料是崇拜火或太阳的意思。③ 张国硕、何俊又重点论述了辟邪的功能。人们相信鬼神观念,一方面敬畏鬼神,一方面又要驱鬼镇邪。朱砂作为一种颜色纯正的大红色物质,长期以来被人们当作辟邪的重要物品,依托朱砂的辟邪作用来保卫墓主在冥界的安全。④

第三,维持政权的延续与社会的稳定。朱砂用于葬仪,正如扩大墓圹、棺椁之制,掏挖壁龛、腰坑,增加随葬品种类与数量,乃至以人或动物殉葬,都只不过是葬仪复杂化过程中的一个环节。祭司及统治者通过在葬仪中不断增加新的内容而增强仪式的复杂性及专业性,从而有利于维系政权的延续与社会的稳定。

---

①张国硕、贺俊:《论析夏商时期的朱砂奠基葬》,《考古》2018 年第 5 期。

②Needham,J.,Ping-Yu Ho and Gwei-Djen Lu.1976.Science and Civilisation in China,Cambridge University Press.转引自马萧林:《灵宝西坡出土朱砂及相关问题研究》,《中原文物》2019 年第 6 期。

③王文清:《陶寺遗存可能是陶唐氏文化遗存》,田昌五主编:《华夏文明》第一集,北京大学出版社 1987 年。

④张国硕、贺俊:《论夏商时期的朱砂奠基葬》,《考古》2018 年第 5 期。

第四，崇拜红色，避灾图祥。[①] 我认为这四种观点都指出了朱砂葬某一方面的功能，更有可能把这四种功能综合起来，才是朱砂葬的全部功能。既然用朱砂于葬仪，肯定源于对红色的崇拜，朱砂到底能达到什么效果呢？就是辟邪、避灾，希望死者复活。因为朱砂是一种稀缺资源，获取不易，能够用朱砂的死者，就是有地位的有特权的人，这些人死后使用朱砂埋葬，就是死者地位的象征，当然也是其子孙这些生者地位的象征。朱砂葬虽说是葬俗，其实与鼎、簋等青铜礼器固定搭配一样，具有法定的性质。埋葬仪式的复杂化，可以达到维系政权延续与社会稳定的目的。

从西周早期到春秋晚期，曾国一直流行在棺底铺垫朱砂的葬俗，以期达到辟邪、避灾的目的，希望死者能够复活。

第七节　曾国葬礼中的助丧与毁兵

一、助丧

叶家山曾侯墓地所出青铜器的铭文有许多族徽，怎么解释这个现象？杨华认为是其他诸侯国助丧时赠送的青铜器。[②] 也有学者多年前探讨类似问题提出了同样的观点。[③] 但也有学者把这种多族徽共存的墓葬称之为分器墓，是由于周初分配殷商铜器而形成的现象。[④] 图形文字是族徽的观点，最早是由郭沫若于1930年提出的："余谓此等图形文字乃古代国族之名号，所谓'图腾'之孑遗或转变也。""凡图形文字之作鸟兽虫鱼之形者必系古代民族之图腾或其孑遗，其非鸟兽虫鱼之形者乃图腾之转变，盖已相当进展之文化，而脱去原始畛域者之族徽也。"[⑤]这一观点在学术界影响甚大。杨晓能对此观点提出了不同看法，认为图形文字有三种功能：第一是占卜记录，指数字卦画类；第二是族徽和其他专用名称，如人名、地名、职业名称、氏族

①任式楠：《薛家岗文化葬俗述要》，《文物研究》第五辑，黄山书社1989年，第53页。

②杨华：《叶家山曾侯墓地所见西周早期丧葬礼制四则》，《江汉考古》2013年第4期。

③曹玮：《西周时期的赗赠制度》，载《商承祚教授百年诞辰纪念文集》，文物出版社2003年。

④湖北省文物考古研究所等：《湖北随州叶家山M107发掘简报》，《江汉考古》2016年第3期。

⑤郭沫若：《殷周青铜器铭文研究》，科学出版社1954年，第1~20页。

标记、神灵标记和国名等;第三是祭礼的标志和记录,此类应为图形文字的主要部分。①

亚离父癸簋(M65∶53)器底内铭文为:“亚离父癸。”“亚离”是一个族徽。束父己分裆鼎(M65∶51)内壁有铭文:“束父己。”“束”字也是一个族徽。②

父辛爵(M28∶171、M28∶172)有两件,M28∶171 鋬下铸有铭文:“父辛。”

M28∶172 鋬下铸有铭文:“父辛。”母辛觯(M28∶168)器内底铸有铭文:“母辛。”③

M107 父乙鼎(M107∶5)器内壁铸有族徽和二字铭文:“父乙。”父乙爵(M107∶10)与鋬相对一立柱上有族徽“”,与鋬同侧的立柱上铭文为“父乙”。觚(M107∶11)圈足内壁有一族徽:“。”戈父乙尊(M107∶8)内底铸有族徽和二字铭文“”,即“戈父乙”,同样族徽还见于“戈父乙”卣(M107∶7)。④

亚俞父乙尊(M55∶4)器内底铸有铭文“(亚俞)父乙”。祖乙卣(M46∶12)盖内和器底铭文为:“(束)祖乙。”父丁爵(M46∶14)鋬内侧对应的器腹上阴刻三字:“父丁。”亚禽父丙觯(M46∶11)圈足内壁上横排阴刻铭文:“父丙。”⑤

父丁冉斝(M1:015)鋬下铸有铭文:“父丁冉”。乙爵(M1∶010)鋬下铸有铭文:“乙。”父癸觚(M1∶020、013)2 件,圈足内壁铸有铭文:“父癸。”

父乙分裆鼎(M2∶4)子分裆鼎(M2∶2)腹内壁铸有 6 行 38 字铭文,合文 3:“丁子(巳),王大祓,戊午,子蔑历,敞(尝)白牡一。己未,王赏多邦白(伯),子丽(酾),赏䆒(夭鬯)逌(卣)、贝二朋,用作文母乙障(尊)彝。”

戈父癸簋(M27∶28)器底内铸有铭文三字:“戈父癸。”妣夔壶(M27∶3)

①杨晓能:《商周青铜器纹饰和图形文字的含义及功能》,《文物》2005 年第 6 期。

②湖北省文物考古研究所等:《湖北随州叶家山 M65 发掘简报》,《江汉考古》2011 年第 3 期。

③湖北省文物考古研究所等:《湖北随州叶家山 M28 发掘报告》,《江汉考古》2013 年第 4 期。

④湖北省文物考古研究所等:《湖北随州叶家山 M107 发掘简报》,《江汉考古》2016 年第 3 期。

⑤湖北省文物考古研究所、随州市博物馆:《湖北随州市叶家山西周墓地》,《考古》2012 年第 7 期。

盖内和器口均铸有铭文,内容相似。盖内铭文为:“𠭯夒乍(作)父丁彝。”鱼伯彭尊(M27:14)器底铸有铭文:“鱼白(伯)彭乍(作)宝隮(尊)彝。”鱼伯彭卣(M27:12)器盖内底部铸有铭文:“鱼白(伯)彭乍(作)宝隮(尊)彝。”父癸觯(M27:11)器底内铸有铭文:“父癸。”(守)父乙觯(M27:8)器底内铸有铭文:“(守)父乙。”父乙觚(M27:13)圈足内壁一侧铸有铭文:“父乙。”觯(M27:9)鋬下铸有铭文:“父丁冉。”①

我认为把墓葬的多种族徽全部解释为分器现象,证据明显不足。有的器物可以确证为助丧,如鱼伯彭尊和鱼伯彭卣产地很清楚,应是来自宝鸡鱼国。宝鸡鱼国墓地就是这个鱼国的公墓地,鱼国属于周的封国,且在畿内。鱼国墓地年代属于西周早期,与叶家山曾侯墓地年代相当。鱼国和曾国之间有交往关系,曾国 M27 墓主人去世时,鱼国来送了礼品。鱼国这两件铜器肯定不能解释为分殷之器物。参加葬礼的人所带的礼物有多个种类,分别称之为赙、赗、襚、赠等。《荀子·大略》记载:“货财曰赙,舆马曰赗,衣服曰襚,玩好曰赠,玉贝曰唅。赙、赗,所以佐生也。赠、襚,所以送死也。”②

叶家山曾侯墓地是否有分殷之器物呢?也可能存在。因为其年代为西周早期,在分封诸侯时会赏赐抢来的商朝器物。《史记·周本纪》记载:武王既胜殷,“封诸侯,班赐宗彝,作《分殷之器物》”。裴骃《集解》引郑玄曰:“宗彝,宗庙樽也。作《分器》,著王之命及受物。”③封建诸侯时,赏赐宗彝,其中包含周朝自造器物和从商朝抢来的战利品。《左传》定公四年记载:“昔武王克商,成王定之。选建明德,以藩屏周,故周公相王室以尹天下,于周为睦。分鲁公以大路、大旂、夏后氏之璜、封父之繁弱。……官司彝器,……分康叔以大路、少帛、綪茷、旃旌、大吕。……分唐叔以大路、密须之鼓、阙巩、沽洗。”④周天子在分封诸侯时赏赐的物品有车、旂、铜礼器、铜乐器、兵器、玉

①湖北省文物考古研究所、随州市博物馆:《湖北随州市叶家山西周墓地发掘简报》,《文物》2011 年第 11 期。

②王先谦:《荀子集解·尚贤下》,《诸子集成》第二册,上海书店 1986 年,第 325 页。

③(汉)司马迁:《史记·周本纪》,中华书局 1959 年,第 126、127 页。

④(唐)孔颖达:《春秋左传正义·定公四年》,(清)阮元校刻《十三经注疏》,中华书局 1980 年,第 2134~2135 页。

器、丝绸等，其中有些物品是从夏商王朝和各方国收藏的宝物，如“夏后氏之璜”“封父之繁弱”“密须之鼓”等。

曾侯乙墓竹简记载了楚王、太子、令尹、封君等楚国各级贵族和宋国的司城参加了曾侯乙的葬礼，赠送了众多礼品，这也是助丧之制。

二、毁兵

叶家山曾侯墓地有折断或弯卷的兵器，应属毁兵葬俗。虎纹戈（M65:70）出土于墓室西北部棺椁间，出土时，锋残缺，内上角残失。三角援戈（M65:6）锋援前半部残失。戟（M65:8）刺和钩的前半部均残失，内折段为两截，可拼接。以上几件兵器的残失，当为葬俗折兵所为。①

栏侧一翼戈（M28:212），出土时前锋缺失，援及内根折断为三节，下胡部、虎耳一侧及下刃有残缺，当为葬俗折兵所为。②

戈（M107:15）前锋缺失，当为折兵葬俗所为。③

杨华认为毁兵和毁器的葬俗与中国古人的生死观念有关，古人既“事死如生”，又将二者严格区别开来，生者和死者使用的东西相反，于是就毁兵、毁器。④《礼记·檀弓上》记载：“之死而致死之，不仁而不可为也。之死而致生之，不知而不可为也。是故竹不成用，瓦不成味，木不成斫，琴瑟张而不平，竽笙备而不和，有钟磬而无簨虡。其曰明器，神明之也。”⑤把死者当成纯粹的死者，那是不仁，不能这样做。把死者当成生者，那是不智，也不能这样做。因此用以随葬的竹器不编藤缘，瓦器烧成温度不够没有光泽，木器不加雕凿，琴瑟不能弹奏，竽笙吹不成调，有钟磬却没有悬挂的钟磬架子。这叫作明器，把死者当作神来对待。

为死者制作的明器，与实用器有别，质量比较差。我们在发掘墓葬时，有的陶器因烧成温度太低，软得就像泥巴，只见其形，无法提取出来。战国时期秦国有的青铜明器器形很小，做得像小玩具一样。

---

①湖北省文物考古研究所等：《湖北随州叶家山 M65 发掘简报》，《江汉考古》2011 年第 3 期。

②湖北省文物考古研究所等：《湖北随州叶家山 M28 发掘报告》，《江汉考古》2013 年第 4 期。

③湖北省文物考古研究所等：《湖北随州叶家山 M107 发掘简报》，《江汉考古》2016 年第 3 期。

④杨华：《叶家山曾侯墓地所见西周早期丧葬礼制四则》，《江汉考古》2013 年第 4 期。

⑤（唐）孔颖达：《礼记正义》，（清）阮元校刻《十三经注疏》，中华书局 1980 年，第 1289 页。

第七章　曾国青铜器的分期断代与文化特征

曾国青铜器是曾国物质文化的主要载体之一,分期断代是研究青铜器的基础工作。曾国青铜器总体上有连续性,又表现出阶段性。

第一节　曾国墓葬等考古资料的发现

下面我们先按地区列举各地出土的曾国考古资料,第二节分期所用青铜器材料均出土于相关墓葬。

一、湖北随州发掘的曾国墓葬

(一)叶家山西周早期曾侯墓地

随州叶家山曾侯墓地的发掘情况,参考本书第四章第一节。

(二)擂鼓墩墓群

随州市区擂鼓墩墓群、曾侯乙墓、擂鼓墩二号墓、义地岗墓群、文峰塔墓群、汉东东路墓群、枣树林墓群等考古发现情况,参考本书第四章第三节。

(三)均川熊家老湾

1970年和1972年,随县均川熊家老湾农民因修建房屋,发现了两批铜器,相距60米。第一批出土簋4、𬭚1、方彝1,第二批出土鼎3、甗1、簋2、壶1、盘1、匜1,两批铜器的年代属于西周晚期到春秋早期。①

(四)万店周家岗、均川熊家老湾、安居羊子山

1976年,万店周家岗农民在进行平整土地时,发现一批铜器,因有白膏

---

①鄂兵:《湖北随县发现曾国铜器》,《文物》1973年第5期。

泥、棺椁腐烂痕迹、漆皮,应出自一座墓葬,出土有鼎2、簋2、鬲2、壶2、盘1、匜1、戈2、车軎4,年代为西周中晚期。

1976年,均川熊家老湾农民在挖土时,发现一件圆涡纹罍,年代为商代晚期。

1975年,农民在农田建设中,发现四件铜器,器物有鼎、爵、簋、尊,年代为西周早期。①

(五)均川刘家崖

1975年,农民在均川刘家崖改田时,在百米范围内分三次挖出青铜器鼎5、簋4、壶2、簠4、甗1、盘3、车軎2件。1980年,随州市博物馆在刘家崖发掘一座墓葬,共出土铜器鼎2、壶2、鬲4、戈1、编钟5、勺等27件,玉器20件,金箔6件,残陶器2件,共计55件。简报断定为春秋中晚期。②

(六)三里岗尚店、何店贯庄

1974年位于均水北岸的三里岗尚店中学发现铜鄁公鼎1、鄁公簋2,还有一件鼎残破散失。1978年,农民在进行农田基本建设时,在何店贯庄一大队发现鼎2、簋2、鬲4、甗1、壶2、盘1、匜1、马衔2、车軎2、锛1,共18件。除此之外,还有残缺的小玉饰和马饰件。铜器出土时,分散在100米范围内的河沙之中。年代为西周晚期到春秋早期。③

(七)安居墓葬

1.羊子山

1980年,农民在安居羊子山植树,发现一件铜簋,随州博物馆派人调查,在出土铜器处发掘,证明这里是一座墓葬。墓内出土青铜器18件,包括鼎、簋、爵、觯、卣、戈等。简报作者根据铜器特征,认为该墓年代属西周早期。

---

①随州市博物馆:《湖北随县发现商周青铜器》,《考古》1984年第6期。

②随州市博物馆:《湖北随县刘家崖发现古代青铜器》,《考古》1982年第2期。

③随州市博物馆:《湖北随县新发现古代青铜器》,《考古》1982年第2期。

2.桃花坡

1979年,安居农民在桃花坡改修公路时,发现一批青铜器,经清理发掘,这里是两座墓葬。一号墓出土了鼎、簋、鬲、壶、盘、匜等器物,二号墓出土了鼎、簋、鬲等。两座墓葬年代为春秋早期。①

3.汪家塆

1988年,农民在安居镇徐家咀村汪家塆窑场取土时发现青铜器,经现场勘查,铜器出自一座墓葬,器物有铜曾孙定鼎、曾都尹定簠、车軎、箭镞,铅方壶、陶罐等。年代为春秋晚期。②

(八)黄土坡

2000年11月,随州市区太上庙村黄土坡农民取土时发现一件青铜鼎,经调查发掘是一座墓葬,出土铜鼎、戈、铍、陶鬲、陶壶等器物,年代为两周之际。③

(九)涢阳鲢鱼咀

1975年,涢阳鲢鱼咀农民在进行农田基本建设时,发现一批铜器,包括鼎2、簠2、盆1、戈4,其中一件簠为楚屈子赤角簠,另一件为曾子原彝簠,盆为息子行盆,戈中有一件为曾中之孙戈。年代为春秋中期。④

二、湖北枣阳发掘的曾国墓葬

1972年8月,枣阳茶庵段营农民在宅旁发现铜鼎3、簋4、壶2,1973年9月,湖北省博物馆派人调查,确定这批铜器出自一座墓葬,对墓葬进行发掘,又发现兵器、车马器等文物280件。有一件铜鼎上有铭文,作器者为“曾子中(仲)诲”。该墓年代为春秋早期。1972年,吴店赵湖曹门湾农民在坡地取土时挖出鼎2、簋2,年代为西周晚期。⑤

---

①随州市博物馆:《湖北随县安居出土青铜器》,《文物》1982年第12期。

②随州市博物馆:《湖北随州市安居镇发现春秋曾国墓》,《江汉考古》1990年第1期。

③拓古、熊燕:《湖北随州市黄土坡周代墓的发掘》,《考古》2007年第8期。

④程欣人:《随县涢阳出土楚、曾、息青铜器》,《江汉考古》1980年第1期。

⑤湖北省博物馆:《湖北枣阳县发现曾国墓葬》,《考古》1975年第4期。

1983年1月,枣阳吴店赵湖村曹门湾农民挖渠引水时发现铜鼎1、簋2、壶1,经调查清理,该批铜器出自一座墓葬。墓葬年代为西周晚期至春秋早期。1982年,曹门湾农民翻地时发现一件铜戈,器上有铭文"曾侯絴白秉戈"。①

1983年4月,在曹门湾以北200米处,又出土了鼎1、𬭚2,据农民讲铜器出自一座墓葬。年代为西周晚期到春秋早期。②

2002年11月至2003年4月,襄樊市考古队为配合孝襄高速公路工程建设,在枣阳市东赵湖村郭家庙岗地共发掘西周末期至春秋早期的墓葬25座,车马坑1座,车坑1座。另有当地居民发现铜器经考古调查确认的墓葬4座,共计29座墓。这些墓葬、车马坑和车坑可分为二期三段,一期一段为西周末期,二期二段为春秋早期前段,二期三段为春秋早期后段。③

2014年11月至2015年1月,湖北省文物考古研究所等单位对曹门湾墓地进行了发掘,共发掘西周晚期至春秋早期墓葬29座、车坑1座、马坑2座、车马坑1座。④ 2015年7月至2016年4月,又对曹门湾北、郭家庙北、郭家庙南等进行了发掘,共发掘西周晚期至春秋早期墓葬83座、车马坑2座。⑤

发掘者对2014年发掘的M10、M13、M22和2015年发掘的M43分别进行报道。⑥

三、湖北京山发掘的曾国墓葬

1966年在湖北京山苏家垅发现一批西周晚期到春秋早期的铜器97

①田海峰:《湖北枣阳县又发现曾国青铜器》,《江汉考古》1983年第3期。

②徐正国:《枣阳东赵湖再次出土青铜器》,《江汉考古》1984年第4期。

③襄樊市考古队、湖北省文物考古研究所、湖北孝襄高速公路考古队编著:《枣阳郭家庙曾国墓地》,科学出版社2005年。

④方勤、胡刚:《枣阳郭家庙曾国墓地曹门湾墓区考古主要收获》,《江汉考古》2015年第3期;方勤、吴宏堂:《穆穆曾侯——枣阳郭家庙曾国墓地》,文物出版社2015年。

⑤湖北省文物考古研究所:《三苗与南土》,《江汉考古》编辑部,2016年,第74~85页。

⑥湖北省文物考古研究所等:《湖北枣阳郭家庙墓地曹门湾墓区(2014)M10、M13、M22发掘简报》,《江汉考古》2016年第5期;武汉大学历史学院等:《湖北枣阳郭家庙墓地曹门湾墓区(2015)M43发掘简报》,《江汉考古》2016年第5期。

件，其中有鼎9、鬲9、甗1、簋7、豆1、方壶2、盉1、盘1、匜1及车马器等。其中两件铜鼎的铭文是“曾侯中子游父自作𩰫彝”，两件铜豆的铭文是“曾中斿父自作宝甫”，两件方壶的铭文是“曾中斿父用吉金自作宝隣壶”。①

2008年，在1966年发现地点以东25米处，抢救发掘一座墓葬，出土青铜簋4件，铜戈2件，车马器1件。②

2015—2017年，湖北省文物考古研究所等单位对苏家垄南部岗地进行发掘，发掘墓葬101座，车马坑2座，墓葬年代为两周之际之春秋早中期之际。简报作者对发掘的主要收获进行了报道。③ 发掘者对京山苏家垄墓地中的M85进行了报道，年代属于春秋中期，是该墓地中年代较晚的墓葬。④

四、湖北襄阳出土的曾国资料

清朝光绪年间襄阳太平店宋家栅出土一批铜器，其中幸存的一件为曾孟嬭(芈)谏盆，年代为春秋中期。⑤

1979年4月，襄樊市文物管理处从废品回收公司拣选一件曾中(仲)子敔鼎，年代为西周晚期到春秋早期。⑥

2003年，湖北省文物考古研究所发掘了襄樊梁家老坟墓地，其中M11为战国中期楚墓，出土一件曾侯昃戈，错金鸟虫篆铭文为：“曾侯昃之用戈”。该戈年代为春秋末年。⑦ 某私人也收藏一件同铭戈，铭文构形较为简略。⑧

五、河南新野发掘的曾国墓葬

1971年8月，郑杰祥在河南新野小西关发掘一座墓葬，出土铜器、玉

①湖北省博物馆：《湖北京山发现曾国铜器》，《文物》1972年第2期。

②湖北省文物考古研究所：《湖北京山苏家垄墓地M2发掘简报》，《江汉考古》2011年第2期。

③方勤等：《湖北京山苏家垄遗址考古收获》，《江汉考古》2017年第6期。

④湖北省文物考古研究所：《湖北京山苏家垄墓群M85发掘简报》，《江汉考古》2018年第1期。

⑤曾昭岷、李瑾：《曾国和曾国铜器综考》，《江汉考古》1980年第1期。

⑥襄樊市文物管理处：《湖北襄樊拣选的青铜器》，《文物》1982年第9期。

⑦湖北省博物馆：《湖北出土文物精粹》图59，文物出版社2006年。

⑧湖北省文物考古研究所：《曾国青铜器》，文物出版社2007年，第389页。

器、骨器等数十件。铜礼器有鼎、甗、簠、盨、盘、匜等,其中甗内壁铸有铭文:"隹曾子中诲用其[吉金],自乍旅献,子子孙孙其永用之。"作者断定该墓年代为春秋早期,属曾国墓葬,说明春秋初期新野地区当属曾国境内,或者就是曾国的一个重地。①

1974 年又在 1971 年墓葬的西部 20 米处发现一座墓葬,出土青铜礼器 17 件,未出土铭文铜器,年代为春秋早期,简报作者认为这也是一座曾国贵族墓葬。②

六、河南淅川出土的曾国材料

河南淅川和尚岭 M1 出土一件曾太师奠鼎,年代为春秋晚期。

河南淅川和尚岭 M2 出土一件曾仲薳君腱方座形器,方座顶部有铭文:"曾中(仲)彸(薳)君腱之且(祖)埶"。发掘者在《淅川和尚岭与徐家岭楚墓》报告中将和尚岭二号墓年代定为春秋晚期。

淅川徐家岭 M9 出土了曾媥嬭朱姬簠,盖内和器内底有相同的铭文:"穆=(穆穆)曾媥嬭朱(邾)姬之峙(持)"。年代为春秋晚期。③

七、河南罗山出土的曾国材料

1996 年河南罗山高店砖瓦厂农民挖出青铜器,向罗山文物局上交曾季关盘 1、曾关臣匜 1。经信阳市文物局调查青铜器出土地点为一座墓葬,又从墓中发掘出垂鳞纹鼎 1、曾子季关臣簠 2、贯耳壶 2、矛 1、銮铃 3、车軎 2、衔 5、镳 10、圆形节约 6。年代为春秋中期。当地派出所还追缴铜鼎 1、戈 1、軎 1、铃 1,据说出自该墓,但从颜色看色泽较深,并且从器形看,年代比墓中出土的器物要早,追缴的器物年代可到春秋早期。④

---

①郑杰祥:《河南新野发现的曾国铜器》,《文物》1973 年第 5 期。

②河南省博物馆等:《河南新野古墓清理简报》,《文物资料丛刊》第 2 辑,1978 年。

③河南省文物考古研究所等:《淅川和尚岭与徐家岭楚墓》,大象出版社 2004 年,第 9、11、109、181~183 页。

④湖北省文物考古研究所:《曾国青铜器》,文物出版社 2007 年,第 390~400 页。

八、河南桐柏出土的曾国材料

河南桐柏出土一件曾子伯皏盘，年代在两周之际。① 传世品有一曾子伯皏匜，与盘为同一套器物。②

第二节　曾国青铜器的演变规律与分期断代

一、曾国铜器的分期成果

曾国青铜器的分期工作已经有较多的成果。郭沫若最早对曾国青铜器进行了断代研究，曾伯霥簠铭文有“印燮繁汤”，晋姜鼎铭文有“征繁汤原”，两器铸造时间均在九月，曾伯霥簠为庚午日，晋姜鼎为乙亥日，早于晋姜鼎五日，两器年代均为春秋初年。另将曾子与簠年代定在鲁襄公之世。③曾伯霥簠断代准确，曾子与簠年代定早了。1980年周永珍在《曾国与曾国铜器》一文中对随州、枣阳、京山、新野出土的七批铜器器形、纹饰、铭文进行了详细分析后认为：1970年、1972年随州均川熊家老湾、1966年京山苏家垄、1972年枣阳吴店出土的铜器年代约当西周晚期，或可晚到春秋早期；1972年枣阳茶庵段营、1974年新野小西关墓（《文物资料丛刊》第2辑，1978年）约当春秋早期或稍晚，1971年新野小西关墓（《文物》1973年第5期）年代最晚，属春秋中期。④

1991年杨宝成在《试论曾国铜器的分期》一文中，将曾国青铜器共分为四段八期。第一阶段为商代，第一期年代略晚于二里岗上层，属商代中期偏晚；第二期属商代晚期。第二阶段为西周，第三期年代属西周早期；第四期属西周晚期。第三阶段为春秋，第五期年代属春秋早期；第六期年代属春秋

①《殷周金文集成》10156。

②《殷周金文集成》10207。

③郭沫若：《两周金文辞大系图录考释》，上海书店出版社1999年，第186~188页。

④周永珍：《曾国与曾国铜器》，《考古》1980年第5期。

中晚期。第四段为战国，第七期年代属战国早期；第八期年代属战国中期。[1]

1992年杨宝成的《试论随枣地区的两周铜器》一文主要内容与前文相同，只是没有商代这一部分，将随枣地区的两周铜器分为六期，即与前文后六期相同。[2] 其研究方法是以器物群为单位，逐一分析各器物的形制、纹饰、铭文特征以及各墓葬的组合关系，然后与中原地区年代明确的铜器群进行比较，从而确定曾国青铜器的年代。杨宝成认为从整体上看曾国青铜器属中原文化系统，曾侯乙墓、擂鼓墩二号墓仍以中原风格为主体，曾国贵族统治者遵循周王室的礼制，以擂鼓墩第十三号墓为标志，曾国铜器完成了由中原风格为主体特征向以楚器风格为主体特征的转化。春秋时期楚国青铜器的组合、器形、纹饰均与中原铜器和曾国铜器有许多共性，与其解释为楚接受了周文化的影响，毋宁说直接接受了曾国青铜文化的影响。例如楚国升鼎即源于曾国。春秋中晚期至战国中期楚国铜器对曾国铜器的影响日渐加深。[3] 商代铜器很可能为姒姓曾国铜器，羊子山西周铜器应为鄂国铜器。擂鼓墩第十三号墓从器物组合和器形特征看，属典型楚墓，但其族属很可能是曾人墓葬。这种分期方法的优点是反映了曾国青铜器的连续性和整体风格，因近年出土了不少新材料，还可以进行补充。不足是没有进行器物的类型学分析，另将擂鼓墩M13战国中期偏晚的楚墓也划入曾国墓葬，目前还有争议。[4]

1992年张昌平在《曾国铜器的分期及其相关问题》一文中，根据铜器形制进行分型分式，配以插图，将曾国铜器分为七期，即西周晚期、两周之际、春秋早期、春秋中期、春秋晚期、战国早期、战国中期偏早，后两期内容简略。指出曾国铜器表现为前后两大阶段性的变化，一至三期属与姬周文化一致，从春秋中期开始，楚式风格越来越浓，春秋晚期基本已是楚器的特点。[5]

---

①杨宝成：《试论曾国铜器的分期》，《中原文物》1991年第4期。

②杨宝成：《试论随枣地区的两周铜器》，《中国考古学会第七次年会论文集·1989》，文物出版社1992年。

③杨宝成：《试论曾国铜器的分期》，《中原文物》1991年第4期。

④刘彬徽、王世振：《曾国灭亡年代小考》，《江汉考古》1984年第4期。

⑤张昌平：《曾国铜器的分期及其相关问题》，《江汉考古》1992年第3期。

张昌平在《曾国青铜器研究》一书中进一步翔实地阐述了自己的曾国青铜器分期观点。明确地分成两大阶段，第一阶段在两周之际及其前后，属于周文化体系，共分三期，第一期年代为西周晚期，部分器群的年代可晚至西周末年；第二期年代两周之际或可晚至春秋初期；第三期年代为春秋早期偏晚阶段至春秋中期偏早阶段。第二阶段的年代大体在春秋中期之战国中期，属楚文化体系，共分五期，第一期年代为春秋中期；第二期年代为春秋晚期偏早阶段；第三期年代为春秋晚期偏晚阶段，或可晚至春战之际至战国早期；第四期年代为战国早期；第五期为战国中期。[①] 这种分期的优点是突出了曾国青铜器前后两段的差别，不足是忽视了曾国青铜器的连续性和整体性。

杨宝成与张昌平对具体的器群断代上有同有异，列表如下：

表十五　曾国铜器断代比较表

时间	地点	杨宝成	张昌平	备注
1970 年	随县熊家老湾	西周晚期	西周晚期	《文物》1973 年第 5 期
1972 年	随县熊家老湾	西周晚期	西周晚期	《文物》1973 年第 5 期
1974 年	随县尚店	西周晚期		《考古》1982 年第 2 期
1978 年	随县贯庄	西周晚期		《考古》1982 年第 2 期
1972 年	枣阳赵湖	西周晚期	西周晚期	《考古》1975 年第 4 期
1983 年	枣阳赵湖	西周晚期	两周之际或可晚至春秋初期	《江汉考古》1983 年第 3 期
1980 年	京山西北台	西周晚期		《江汉考古》1983 年第 1 期
1966 年	京山苏家垄	西周晚期	两周之际或可晚至春秋初期	《文物》1972 年第 2 期
1976 年	随县周家岗	春秋早期	春秋早期偏晚阶段至春秋中期偏早阶段	《考古》1984 年第 6 期

①张昌平：《曾国青铜器研究》，文物出版社 2009 年，第 36～117 页。

续表

时间	地点	杨宝成	张昌平	备注
1972 年	枣阳段营	春秋早期	两周之际或可晚至春秋初期	《考古》1975 年第 4 期
1979 年	随县桃花坡 M1、M2	春秋早期	西周晚期	《文物》1982 年第 12 期
1974 年	新野小西关	春秋早期		《文物资料丛刊》第二辑
1980 年	随县八角楼	春秋早期	春秋中期偏晚	《文物》1980 年第 1 期
1971 年	新野小西关	春秋中期		《文物》1973 年第 5 期
1979 年	随县季氏梁	春秋中期	春秋中期	《文物》1980 年第 1 期
1975 年	随县鲢鱼咀	春秋中期		《江汉考古》1980 年第 1 期
1980 年	随县刘家崖	春秋中期	春秋中期	《考古》1982 年第 2 期
1975 年	随县刘家崖	春秋中期至战国中晚期	春秋晚期偏早等	《考古》1982 年第 2 期
1980 年	随州八角楼	春秋中期、春秋晚期、战国中期	春秋中期等	《江汉考古》1989 年第 1 期
1978 年	擂鼓墩 M1	战国早期	战国早期	《文物》1979 年第 7 期
1981 年	擂鼓墩 M2	战国中期	战国中期	《文物》1982 年第 1 期

二、曾国铜器的类型学分析

由于叶家山西周早期曾侯墓地、枣阳郭家庙和京山苏家垄曾国贵族墓地、文峰塔墓地、枣树林、汉东东路等新材料的发现，填补了空白，曾国青铜器的分期工作，还可在前面分期基础上进一步完善。目前仍然缺乏西周中期曾国青铜器的材料，有待今后的考古新发现进行补充。

我认为曾国作为一个诸侯国，在名分上都是周天子的诸侯国，虽然后来成为楚的附庸国，曾国为周天子的诸侯国这个名分是不会变的。曾、楚文化互动频繁，互相吸收，虽然后来楚文化成为一种强势文化，但曾国文化始终保持着自己的尊严和特色，尤其在思想、礼乐、天文历法等领域。因此，我们建议把曾国青铜器视为一个整体,连续进行分期,以体现曾国文化的统一性。

我们从各种考古学报告中选择典型的青铜器鼎、簋、甗、鬲、壶、簠等,先进行分型分式,然后总结每种器物的演变规律,所用插图来自第一节介绍的各考古报告,以及湖北省文物考古研究所编的《曾国青铜器》一书,恕不一一注明。

鼎

主要根据鼎的腹部特征,可分为 A、B、C、D 四型。

A 型,方鼎。

叶家山 M1 出土了 4 件。作器者为师,故称为师方鼎。三件为追缴,一件发掘出土,形制大体相同。M1:12,长方形口,外折沿,沿面略内斜,立耳略外侈,方唇,平底略外鼓。四柱状实足。器腹四隅和四壁中部各有一 F 形扉棱。腹部每个侧面各饰一浮雕兽面纹,以扉棱为中心对称分布。柱足上部饰浮雕兽面纹。器物内壁铸有铭文二行七字,为“师作父癸宝尊彝”(图十七,1)。

曾侯谏方鼎(M65:47)立耳,折沿,方唇,长方体形腹部,底微外鼓四柱足上粗下略细。器腹四隅有扉棱,腹部各侧面各饰一组鸟兽纹带。横腹部以简化兽首扉棱为中心,左右各饰一对相从的鸟纹,鸟首皆面向兽首。纵腹部也以简化兽首扉棱为中心,左右各饰一只鸟纹,鸟首面向兽首。四鼎足左右两侧分别饰半个三角形蝉纹,其头部为云纹雷纹。腹部内侧有铭文两行:“曾侯谏作宝彝。”(图十七,2)

M27 出土了 2 件方鼎,形制大体相同。标本 M27:23,器口、腹均为长方形。口上承盖,盖中部有一宽扁半环状钮,短边有纳鼎耳的凹缺。器口折沿,沿面略内斜,方唇,纵向口沿上有长方形立耳,耳略外侈,浅腹斜直壁内收。底微外鼓,四边略有凹宽边。四柱状实足,上粗下略细。四隅各有一扉棱。每个侧面上腹部饰一组双体共首龙纹,腹下部饰乳钉纹。足上部饰浮雕兽面。鼎腹内正中有铭文七字:“曾侯作宝尊彝鼎。”器盖内壁正中有铭文五字:“曾侯作宝鼎。”(图十七,3)

三件方鼎继承了商代方鼎的传统,形制相似,纹饰有别,属共时关系,年代均属西周早期。

B 型,分裆鼎。

叶家山 M2 出土 4 件分裆鼎。

曾侯谏分裆鼎,2 件,形制相同。标本 M2:5,口呈三角弧圆形,敛口,外折沿,沿面中部起棱,截面呈三角形,方唇,长方形立耳微侈,束颈,溜肩,袋状鼓腹,浅裆,三柱足较高。腹部饰三组三足对应的兽面纹,以云雷纹为地。足饰蝉纹。器内壁铸有 2 行 6 字:“曾侯谏作宝彝。”(图十七,4)

另外两件分裆鼎为□子分裆鼎(M2:2)和父乙亚宣共分裆鼎(M2:4)。由商代晚期分裆鼎发展而来,年代属于西周早期。

1　　2　　3　　4

图十七　曾国方鼎和分裆鼎

1.师方鼎　2.曾侯谏方鼎　3.曾侯方鼎　4.曾侯谏分裆鼎

C 型,圆鼎。

Ⅰ式,立耳,圆腹,三柱足。

师圆鼎,二件。形制相同,器口呈桃圆形。标本 M1:06,敛口,斜沿,两索状耳立于三角形沿面上。深圆腹下垂,圜底略平,三柱足,足跟部略粗。内壁有铭文:“师作父癸。”(图十八,1)

师鑊鼎,M1:09,圆口微敛,外折沿,沿面中脊起棱,内外两面倾斜,方唇,索状立耳微外侈,直壁,深圆腹,下腹略鼓,圜底近平,三柱状蹄足。腹上部饰六组兽面纹,每组兽面纹以短扉棱为中心对称分布。柱足上部是兽面纹。器内壁铸有铭文2行7字:“师作父乙宝尊彝。”(图十八,2)

曾侯谏圆鼎(M65:44),绹索形立耳,器口微呈桃圆形,外折沿,方唇,鼓腹,圜底,三柱足,足跟略粗。腹上部饰一周以云雷纹纹衬底,九个涡纹和九个龙纹组成的纹带。器腹内壁上有铭文二行六字:“曾侯谏作宝彝。”(图十八,3)

Ⅱ式,如标本72枣阳曹门湾鼎,立耳,深腹,圜底,三个兽蹄足。腹上部饰一周窃曲纹,腹下部饰一周龙纹(图十八,4)。

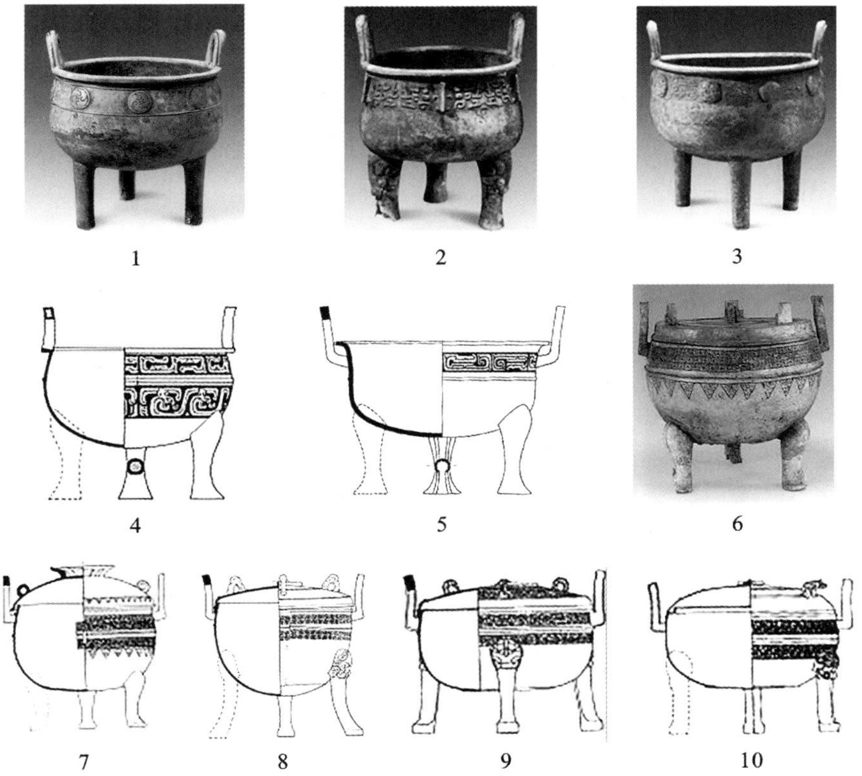

图十八　曾国圆鼎

1.师圆鼎　2.师鑊鼎　3.曾侯谏圆鼎　4.枣阳曹门湾鼎
5.曾仲斿父鼎　6.随州义地岗八角楼鼎　7.随州八角楼鼎
8.曾孙定鼎　9.曾侯乙墓鼎　10.擂鼓墩二号墓鼎

Ⅲ式,如66苏家垄曾仲斿父鼎,附耳,腹部呈盆形,三个兽蹄足,腹部饰窃曲纹(图十八,5)。

Ⅳ式,如80随州义地岗八角楼鼎,长方形附耳,腹为深腹盆形。平盖,盖顶边立三个曲尺形钮,中部为桥型钮。三个兽蹄足。器形显得矮胖。上腹饰蟠虺纹,其下饰一周绹索纹,腹部饰三角云纹(图十八,6)。

Ⅴ式,如80随州八角楼鼎,鼎口微敛,子口承盖,附耳。盆形深腹,三蹄足较矮,器形显得身长足短。盖顶六柱圈状抓手,抓手两侧立一对环形钮。盖顶中心饰四周重环纹,其外饰一周重环纹和两周蟠虺纹。腹部纹饰以绹纹为界,上下各饰一周蟠虺纹,蟠虺纹的上下分别镶一周重环纹和三角云纹(图十八,7)。

Ⅵ式,如随州安居曾孙定鼎,附耳,深腹,三兽蹄足长而外撇。子口承盖,盖面带三个角形钮,中部为一个带环桥形钮。盖顶中部饰四条龙纹,镶以绹索纹,盖面饰蟠虺纹。腹部饰两周蟠虺纹,间以凸弦纹(图十八,8)。

Ⅶ式,如曾侯乙墓鼎(C.103),弇口,鼓腹较深,圜底近平,附耳,三蹄形足较长。盖顶中心为带环桥型钮,盖缘有四个环钮。盖中部饰连凤纹,外圈饰勾连云纹。鼎腹部饰一周勾连云纹(图十八,9)。

Ⅷ式,如擂鼓墩二号墓鼎(M2∶71),器身子口承盖,盆形腹相对较浅,平底,三兽蹄足相对加长。弧盖。盖顶略隆起,盖顶有一兽面半环形钮,钮内套一圆形活环。盖面有三个立式牛形钮。盖顶中部饰一周八条鸟首龙纹,其他盖面饰三周蟠虺纹带。腹部饰两周蟠虺纹带。蟠虺纹带之间以凸弦纹间隔(图十八,10)。

圆鼎的演变规律是由立耳到附耳,由无盖到有盖,腹部由浅变深,又由深变浅。足由柱足到蹄形足,由高变矮,又由矮变高。腹部纹饰由涡纹、兽面纹变为窃曲纹,再变为蟠虺纹。

D型,升鼎,束腰,平底,兽蹄足。

Ⅰ式,标本周家岗鼎,折平沿,附耳,束腰,底近平。三兽蹄足。属升鼎的雏形(图十九,1)。

Ⅱ式,标本80刘家崖升鼎,附耳,折沿,束腰,平底,三兽蹄足。上腹饰一周环带纹,下腹饰三周垂鳞纹(图十九,2)。

Ⅲ式,标本75刘家崖连迁升鼎,耳斜立于器口,束腰,平底,三兽蹄足。上腹饰三周蟠虺纹,下腹饰三周垂鳞纹(图十九,3)。

Ⅳ式，标本曾侯乙墓升鼎（C.89）敞口，厚方唇，耳弧形外撇立于口沿之上，束腰，大平底，底径接近于口径。三兽蹄形足。腹部饰四条圆雕龙形饰，龙口衔住鼎沿，龙足紧贴鼎腹，龙尾翘起。腹中部饰凸弦纹，其上为一周鸟首龙纹，其下为两周勾连粗云纹（图十九，4）。

Ⅴ式，标本擂鼓墩M2∶60，敞口，厚方唇，两长方形立耳外撇，束腰，腹部较浅，平底，三兽蹄足。器身两耳内壁、上腹壁、下腹壁以及凸棱上饰细密繁缛的蟠螭纹（图十九，5）。

升鼎的演变规律是耳从附耳到立耳外撇，口由近直口到敞口，腰由弧形内缩到折腹，底由圜底到平底，腹部由无附加装饰到附加4条圆雕龙形装饰。这种升鼎原创于曾国，亦流行于楚国、蔡国等国。过去认为升鼎为楚国独创，实则起源于曾国。

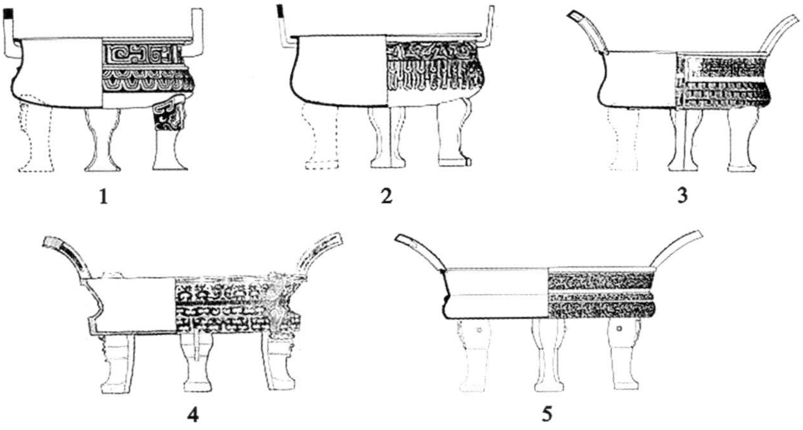

图十九　曾国升鼎

1.周家岗鼎　2.80刘家崖升鼎　3.75刘家崖连迂升鼎　4.曾侯乙墓升鼎
5.擂鼓墩二号墓升鼎

簋

根据有座与否，分为A、B两型：A型，方座簋。

Ⅰ式，标本疑父方座簋（M27∶17），圆口外侈，尖方唇，颈略束，中腹微鼓，圜底近平，筒状高圈足略外撇。圈足下连方形器座，方座中部微凹。器两侧有两个对称的兽首形半环耳，耳上部为大兽头，长方形垂珥。腹部以两环耳为界,各饰一组兽纹带,每组纹饰以直立猫头鹰形的扉棱为中心,两侧对称饰一条兽头相对的涡身龙纹。圈足上饰一周爬行龙纹。方座饰兽面纹。器底内正中有铭文 2 行 6 字:“疑父做宝尊彝。”(图二十,1)

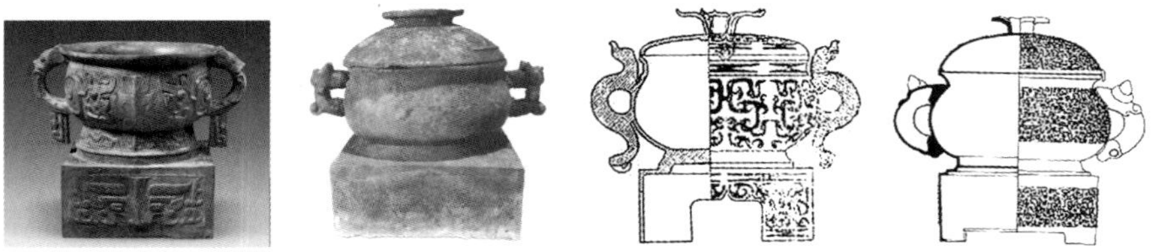

1　　2　　3　　4

图二十　曾国方座簋

1.疑父簋　2.随州文峰塔 M35:6 簋　3.曾侯乙墓簋　4.擂鼓墩二号墓簋

Ⅱ式,标本随州文峰塔 M35:6 方座簋,有盖,隆起,圆形抓手。侈口,束颈,腹微鼓,圈足,带方座。颈部两侧各有一龙形耳(图二十,2)。

Ⅲ式,标本曾侯乙墓簋(C.109),侈口,束颈,圆鼓腹,圈足,下有中为缺口的方座。有盖,盖顶为五瓣莲花形盖钮。盖缘有等距离三个兽面形衔扣,用以扣合器身。腹部两侧各有卷曲成弓状的龙形耳。盖上莲瓣饰云纹,盖面以梭形纹为界,内为连凤纹,外为一圈勾连粗云纹。颈部饰一周梭形纹,腹部饰鸟首龙纹。方座上下饰梭形纹,中间饰云纹和鸟首龙纹(图二十,3)。

Ⅳ式,标本擂鼓墩二号墓簋(M2:42),有盖,盖为圆弧形,盖面微隆,盖顶中心为四瓣莲花型钮。器身侈口,束颈,圆鼓腹,平底,圈足。圈足下为一方座。腹部两侧各有一半环形兽首状耳。盖面纹饰以盖钮为中心,以细弦纹为界分内外三重,内重为八条鸟首龙纹,中、外各饰一周蟠虺纹。器身和方座均饰变形蟠螭纹(图二十,4)。

A 型簋的演变规律:方座簋是圈足簋加一个方座,最早的簋未见青铜器盖,发展为带青铜器盖,盖的抓手由圆形变成莲花形。双耳由带珥的兽形,变为不带珥的小兽形,再变为弯曲龙形,又变为半环兽形。纹饰由兽面纹变为鸟首龙纹,再变为蟠虺纹、蟠螭纹。

B 型,圈足簋

Ⅰ式,标本 M2:9,圆口外侈,尖方唇,颈略束,弧腹,圜底近平,筒状高圈足略外撇,器两侧有兽首形半环耳,两耳上端为浮雕大兽头,长方形垂珥。

颈部以两耳为界,各饰一组花纹,每组花纹以兽首为中心,兽首两侧各有两只相从的凤鸟,云雷纹为地。腹部为瓦楞纹。圈足上饰两组花纹,每组花纹以扉棱为中心,两侧各有两只凤鸟纹。器底内有铭文 2 行 8 字:“曾侯谏作媿宝尊彝。”(图二十一,1)

Ⅱ式,标本 72 曹门湾簋,敛口,子口承盖,盖顶为圆形捉手。垂腹平底,腹侧对称伸出双兽形耳,有珥,矮圈足,下设三个兽首形扁足。盖、腹饰瓦纹(图二十一,2)。

Ⅲ式,标本 66 苏家垄无铭文簋,敛口垂腹,平底。子母口承盖,盖带圆形捉手,双龙形耳,有珥,矮圈足,下带三小足。器盖和器身下部饰瓦纹,上腹外饰一周窃曲纹,圈足饰环带纹(图二十一,3)。

Ⅳ式,标本标本文峰塔 M33 簋(M33:6),带盖,盆形腹较直,颈部两兽耳,圈足(图二十一,4)。

B 型圈足簋的演变规律是由无青铜器盖到有青铜器盖,腹由直壁到垂鼓腹,再到直壁。足部由圈足到圈足下加三小足,再到圈足。纹饰由纵向瓦楞纹加兽面纹,而变为横向瓦楞纹,或者瓦楞纹加重环纹或窃曲纹。

1

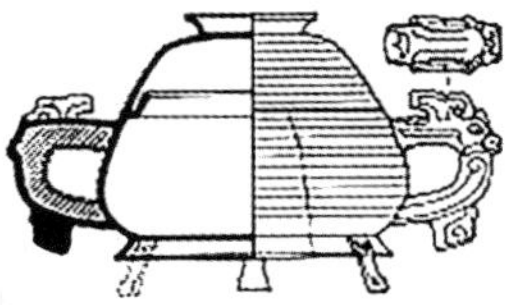
2

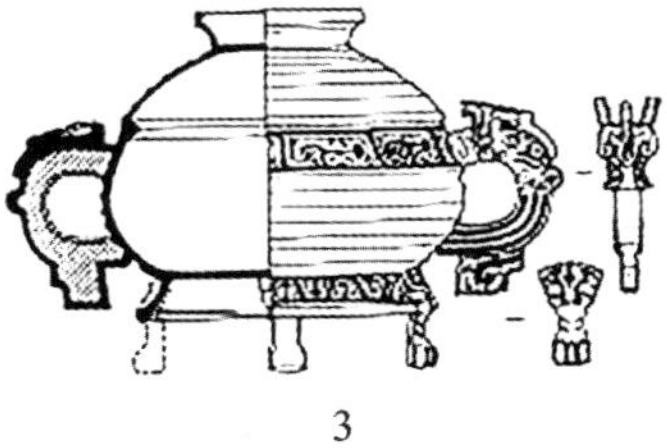
3

4

图二十一　曾国圈足簋

1.曾侯谏作媿簋　2.72 曹门湾簋　3.66 苏家垄簋　4.2012 文峰塔 M33:6

甗

Ⅰ式,上甑下鬲,连体。标本曾侯谏作媿连体甗,1 件(M2:1)敞口外侈,厚方唇,两个索状长方形耳直立于口沿上,一耳对应一足,另一耳对应裆沟。甑与鬲连体,甑腹较深,壁斜直至下腹内收,束腰。甑底有一桃形箅,箅上有5个十字形镂孔,箅下有三个三角形齿突支撑。箅圆端有半环形提钮,鼻尖圆端有一圆孔内穿有半环形钮似活页,版半环形钮铸固于甑鬲腹内壁。鬲分裆,下有三柱状空心足,上下粗而中间细。甑口沿下饰一周三组变形细线展体式兽面纹。鬲的三袋足上各饰一牛首形兽面纹。器内上腹壁有铭文2行7字:“曾侯谏作媿宝彝。”(图二十二,1)

Ⅱ式,如标本72熊家老湾甗,甑体呈斗形,立耳,甑体底部子口与鬲体的母口连接,分体,已锈结。鬲体为四袋足,四个兽蹄足。附耳。甑部饰环带纹,上下分别镶以重环纹和环带纹。每个鬲袋足上部两侧各有一目纹(图二十二,2)。

Ⅲ式,标本66苏家垄甗,甗体呈斗形,立耳,底有长方形箅孔,箅有长条形孔12个。鬲体为四个袋足,兽蹄足。甑体饰龙纹,上下各镶以窃曲纹。每个鬲足上部两侧各有一目纹(图二十二,3)。

Ⅳ式,标本季氏梁甗,上下分体。甑体立耳,斜折沿,敞口弧腹,腹底部折为子口连接下体,平底有16个条形箅孔。下体为鼎,鼓腹圜底,鼎上部有两个半圆形环耳,下部三兽蹄足。腹部饰两周云纹(图二十二,4)。

Ⅴ式,标本东风油库曾少宰黄仲酉甗,分体式,甑体附耳,束颈折肩,斜收腹折成子口。下体为鼎,三兽蹄足外撇。颈和上腹各饰二周蟠虺纹(图二十二,5)。

Ⅵ式,标本曾侯乙墓甗(C.165),分体式,甑体大口,厚方唇,短颈,窄肩,深腹,下部内收,平底,矮圈足。颈部双环附耳,肩部有一对小环钮。底有八个放射状箅孔。鬲体敛口,广肩,鼓腹,高裆,三蹄形款足。颈和腹上部饰勾连粗云纹,腹下部饰一周三角形垂叶云纹(图二十二,6)。

Ⅶ式,标本擂鼓墩二号墓甗(M2:53),分体式,甑体直口微敛,厚方唇,双环附耳。深腹,下腹部内收至底部,内折形成矮圈足,直接对接插入鬲口沿内。底内有八个窄长方形箅孔。鬲体敛口,束颈,广肩,高裆,裆部内凹,三蹄形款足。颈和上腹部饰细腻繁缛的蟠虺纹,腹中部饰一周三角形垂叶云纹(图二十二,7)。

甗的演变规律是甑部由圆而方,又由方而圆;下部由鬲而鼎,又由鼎而鬲。口径越来越大。

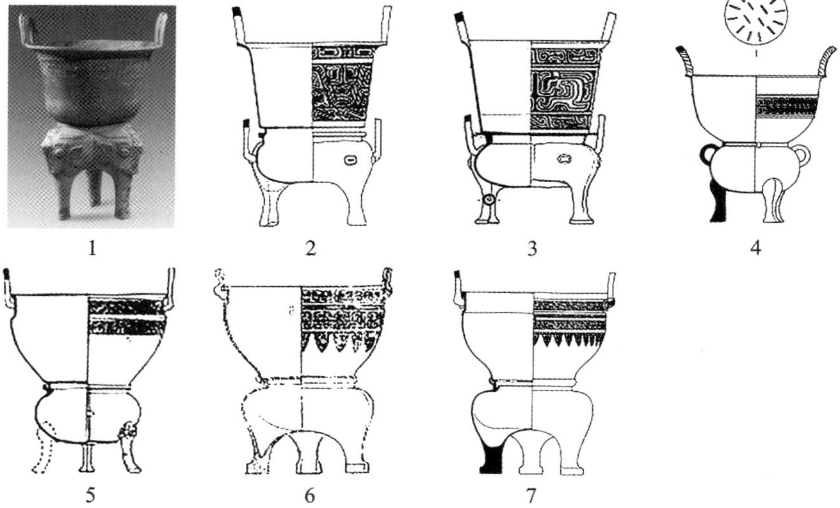

图二十二 曾国铜甗

1.曾侯谏甗 2.72 熊家老湾甗 3.66 苏家垄甗 4.随州季氏梁甗
5.东风油库甗 6.曾侯乙墓铜甗 7.擂鼓墩二号墓铜甗

鬲

根据口径与肩径之比,可分为 A、B 两型:

A 型,小口,口径小于肩径。

Ⅰ式,立耳,袋足较胖,三柱足。

标本叶家山 M1∶021 鬲,口呈三角弧形,斜沿外侈,尖唇,长方形耳微侈,立于相邻两足外侧对应的口沿上,束颈,溜肩,袋状鼓腹,分裆,三柱状足,两端粗而中间细。颈部饰三组仅具鼻梁和双目的简化兽面纹,各袋足上饰一象首纹(图二十三,1)。

Ⅱ式,标本桃花坡 M1 鬲,折沿弧肩,弧裆。周身饰六条龙纹,两两相对(图二十三,2)。

Ⅲ式,标本 66 苏家垄鬲,宽折沿,折肩,弧裆较高。肩饰一周重环纹(图二十三,3)。

Ⅳ式,标本曾侯遐墓鬲(M1∶14),敞口,侈沿,方唇。束颈,溜肩,深腹,腹部略鼓。瘪裆,裆底圆弧,三柱状款足。口径略大于腹径。造型上有仿陶器的特征。颈部饰一周斜网格纹带,其下饰连排三角纹,三角纹内填三分卷云纹。口沿部残留有阴刻铭文“行鬲”二字(图二十三,4)。

Ⅴ式,标本曾侯乙墓小口鬲(C.163),敛口,宽沿微外侈,方唇,弧裆,三蹄形款足。腹部有镶嵌的鸟首龙纹,腹有三个凸起的条形扉。鬲口沿上有七字铭文:“曾侯乙作持用终。”(图二十三,5)

Ⅵ式,标本擂鼓墩二号墓小口鬲(M2:29),敛口,折沿,方唇。短直颈,颈内壁折成一周细凸棱,中间内凹,弧裆,三锥形款足。通体素面(图二十三,6)。

小口鬲的演变规律是由立耳到无耳。口径从小于肩径变为约等于肩径,又变为口径小于肩径。足从柱足到兽蹄足,再变为锥足。

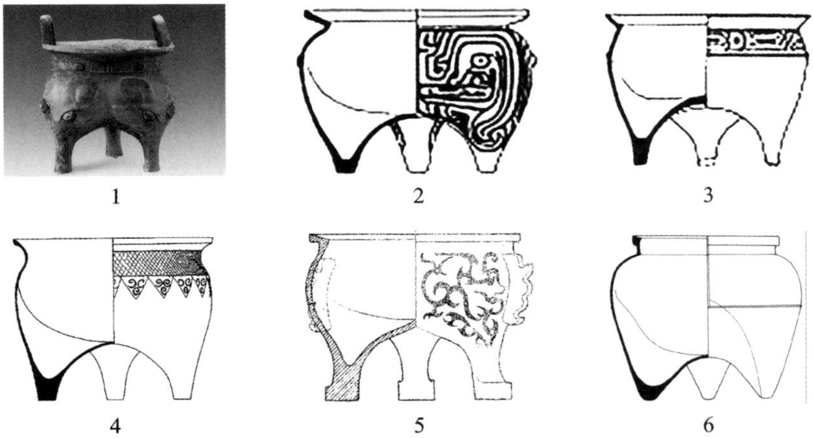

图二十三　曾国铜小口鬲

1.叶家山 M1:021 鬲　2.桃花坡 M1 鬲　3.66 苏家垄鬲　4.曾侯逿墓鬲(M1:14)　5.曾侯乙墓小口鬲(C.163)　6.擂鼓墩二号墓小口鬲(M2:29)

B 型,口径大于肩径。

Ⅰ式,标本 80 刘家崖鬲,折平沿,浅腹,分裆。素面(图二十四,1)。

Ⅱ式,标本曾侯乙墓鬲(C.126),敞口,沿面略上扬,口径大于腹径,深腹,裆稍瘪,三款足。腹部至足部饰较粗的竖绳纹,中有间断弦纹两周(图二十四,2)。

Ⅲ式,标本擂鼓墩二号墓鬲(M2:78),敞口,方唇,沿面上扬,束颈,溜肩。口径大于腹径,深腹,裆稍瘪,三柱款足。颈至足部通体饰绳纹(图二十四,3)。

大口鬲的演变规律是腹部由浅入深,肩部由无肩到折肩,纹饰由素面到饰绳纹,大口鬲仿陶鬲制成。

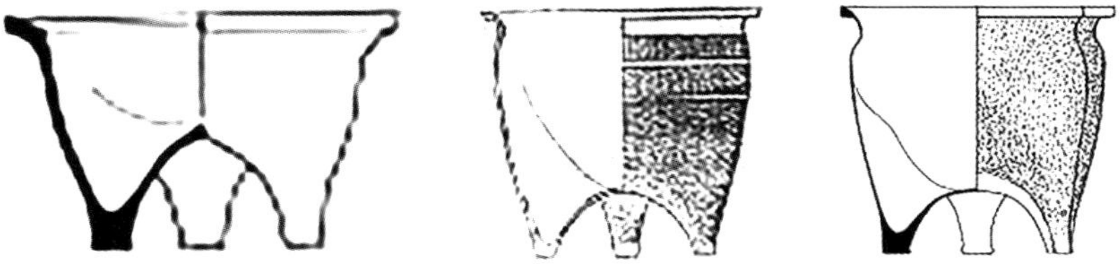

1　　　　2　　　　3

图二十四　曾国铜大口鬲

1.80 刘家崖鬲　2.曾侯乙墓鬲(C.126)　3.擂鼓墩二号墓鬲(M2:78)

壶

A 型,方壶。

Ⅰ式,标本 66 苏家垄曾仲斿父方壶,椭方体,器口承莲瓣形盖,共八个莲瓣,莲瓣内外饰环带纹。盖饰窃曲纹。壶身长颈垂腹,圈足。颈部两侧各有一悬环龙首耳。腹部饰三周环带纹,分别间以窃曲纹和空带。圈足饰垂鳞纹(图二十五,1)。

Ⅱ式,标本随州东风油库 M1:9 曾少宰黄仲酉方壶,椭方体,长方形盘口盖,长颈垂腹,圈足。素面(图二十五,2)。

Ⅲ式,标本 75 刘家崖方壶,壶身横截面作圆角长方形。盖带子口。长颈,方腹,高圈足。颈部攀附两只兽形耳。盖缘饰蟠螭纹,腹部饰环带纹和半浮雕环带纹(图二十五,3)。

Ⅳ式,标本随州擂鼓二号墓 M2:5 壶,器呈方体。盖顶为八瓣花形镂空花冠,无顶,带子口。器身直口微侈,长颈微束,方腹,圈足。颈部两侧各攀附一龙形耳。器盖饰蟠龙纹,颈、腹部宽带内、圈足均饰蟠螭纹(图二十五,4)。

A 型壶颈部都较长,腹部都较短,演变规律是盖由莲花瓣形到长方形盘口形,再变为莲花瓣形。腹部由垂鼓腹变成折腹,双耳由兽首衔环变为双环耳,再变为圆雕兽形和龙形耳。圈足有变高的趋势。纹饰由环带纹变而为蟠虺纹。

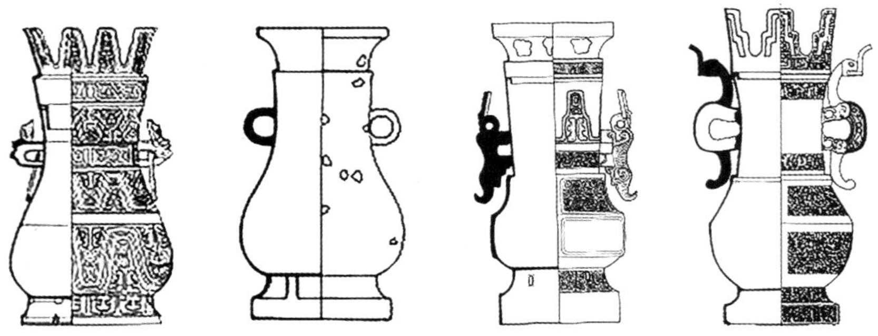

图二十五　曾国方壶

1.标本66苏家垄曾仲斿父方壶　2.标本随州东风油库M1∶9曾少宰黄仲酉方壶
3.标本75刘家崖方壶　4.标本随州擂鼓二号墓M2∶5壶

B型，圆壶。

Ⅰ式，长颈，溜肩，鼓腹，圈足，腹部饰宽带田字形纹样。

壶，如叶家山M65∶31，器盖呈椭圆形，盖面隆起，顶部正中有一圈足状抓手。盖边内折成子口，盖沿与器口相合。壶口呈椭圆形，长颈，溜肩，深腹，下腹鼓起，最大腹径在腹下部，圜底，圈足外撇。兽首扁提梁的圆环与壶颈部半环形耳相套。盖面饰三道凸弦纹，腹部饰宽带"田"字形纹样。器盖内壁和壶内底各铸有一行相同铭文"曾侯作田壶"五字(图二十六，1)。

Ⅱ式，标本随州桃花坡M1壶，盖为圆形捉手，子口，平顶。壶身侈口，唇内折，长颈，垂腹，圈足。颈部两侧各有一悬环龙首耳。盖顶饰团形鸟纹，捉手外侧饰垂鳞纹，盖缘饰窃曲纹。颈部饰环带纹和窃曲纹，腹部饰蝉纹和窃曲纹。圈足饰窃曲纹。耳以下纹饰间以瓦纹(图二十六，2)。

Ⅲ式，标本枣阳郭家庙M17∶4壶，盖平顶，折肩，长子口，盖顶为莲瓣。壶身敞口，内折沿，束颈，垂腹，圈足。盖顶饰环带纹，盖缘饰窃曲纹。颈部饰一周卷云纹，腹部饰四组连体长鼻龙纹，圈足饰垂鳞纹(图二十六，3)。

Ⅳ式，标本随州东风油库M3∶20壶，盖微隆，子口与器口扣合。颈较长，腹微鼓，矮圈足。颈、盖带提链。壶身饰五周龙纹，间以六周连三角纹(图二十六，4)。

Ⅴ式，标本随州曾侯乙墓C.132、133、135联禁大壶，敞口，厚方唇，长颈，圆鼓腹，圈足。盖隆起，顶有一衔环的蛇形钮。盖沿外套装一件饰T形勾连纹的镂孔盖罩。壶颈两侧攀附两条拱屈的龙形耳。腹部饰三条横带和四条纵带，这种环带纹壶与Ⅰ式田壶有历史渊源关系。颈部、盖面、龙耳、腹部、圈足及颈部蕉叶纹内均饰浮雕蟠螭纹（图二十六，5）。

B型壶腹部为下垂鼓腹，长颈，带圈足。演变规律是最大腹径由偏下到略上移。装饰上多种多样，由半浮雕环带纹到窃曲纹，再变为龙纹，回复到环带纹。

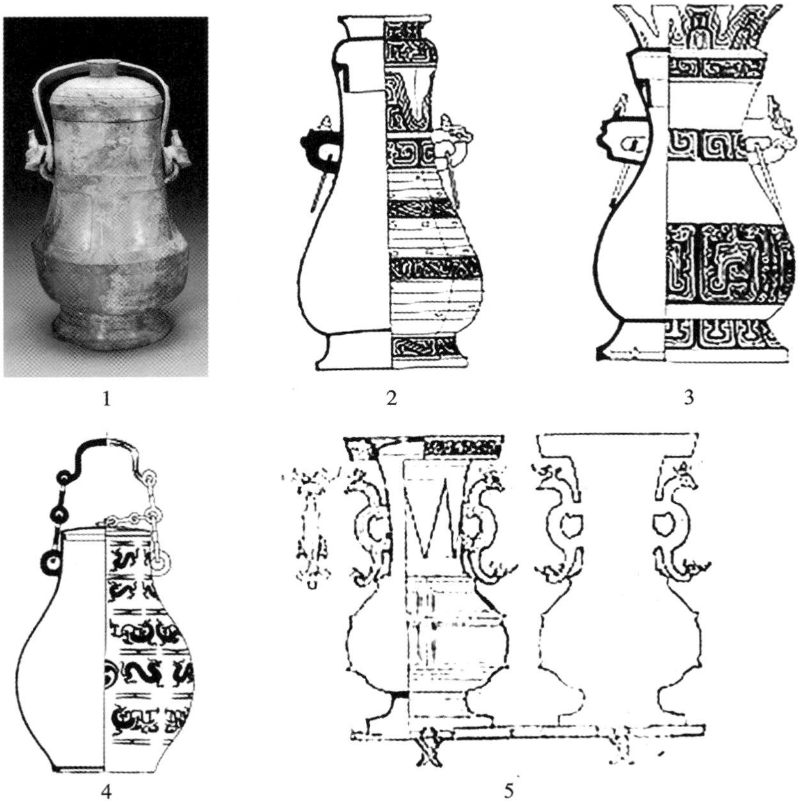

图二十六　曾国圆壶

1.叶家山 M65∶31　2.随州桃花坡 M1　3.枣阳郭家庙 M17∶4
4.随州东风油库 M3∶205　5.曾侯乙墓 C.132、133、135

簠

Ⅰ式，标本郭家庙 M1∶06 曾孟嬴削簠，长方体，矮直口，斜边较长，平底,方圈足,器身、器盖腹部各有一对半圆形环耳。圈足四面各有长方形缺口。腹部饰长鼻连体龙纹,双耳饰龙首纹,圈足饰垂鳞纹(图二十七,1)。

Ⅱ式,标本京山苏家垄 M85∶4,簠整体呈上下扣合的长方形斗状,直口,折壁,斜边较长。平底,曲尺形圈足,圈足四面中间有凹弧状圆角长方形缺口。器身、盖两端各有一个龙形环耳。器盖、器身饰精细的垂鳞纹(图二十七,2)。

Ⅲ式,标本随州东风油库 M1∶8 曾少宰黄仲酉簠,长方体较高,曲尺形足。直壁稍长,斜边较短。器身、器盖两端各有一个较矮的浑铸的半环形耳。盖沿设六个卡口,其中长边各两个,短边各一个。腹部饰蟠虺纹(图二十七,3)。

Ⅳ式,标本曾侯乙墓簠(C.123),盖和器等大同形。长方口,直壁加长,斜壁,斜壁相应变短,坡度变大。盖沿有六个卡口,其中两长边各二个,两短边各一个。腹部直壁饰 T 形勾莲纹,斜壁饰龙凤勾莲纹。足面饰鸟首龙纹(图二十七,4)。

Ⅴ式,标本擂鼓墩二号墓簠(M2∶50),长方体,器盖与器身相同。直壁更长,斜壁更短且坡度更大,平底,四矩足,口径略与足径相等。盖沿有四个卡口,每边各有一个。器盖、器身腹部左右两端各有一兽形半环耳。通体饰纤细的蟠虺纹(图二十七,5)。

簠的演变规律是足径由小于口径到与口径相等,直边渐长,斜边渐短。

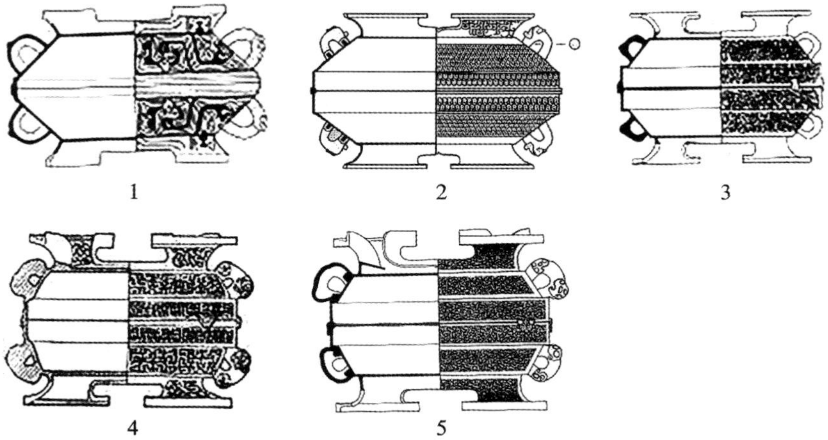

图二十七　曾国铜簠

1.郭家庙 M1∶062.　2.京山苏家垄 M85∶4　3.东风油库 M1∶8
4.曾侯乙墓(C.123)　5.擂鼓墩二号墓(M2∶50)

三、曾国铜器的分期断代

根据典型器物的类型学分析结果，我们将截至目前公布的青铜礼器群资料与型式进行比较，列表如下：

表十六　曾国青铜礼器型式登记表

序号	器群 / 器名	簋				甗		甗	鬲	壶		簠	其他礼器	资料出处
		A	B	C	D	A	B			A	B			
1	叶家山 M28	√		I			I	I	I		I		尊、卣、盉、爵、觚、觯、罍、盘	《江汉考古》2013 年第 4 期
2	叶家山 M107		√	I		I		I	I				爵、觚、觯、尊、卣	《江汉考古》2016 年第 3 期
3	叶家山 M111	√		I		I	I	I	I		I		罍、尊、卣、盉、觚、爵、斝、觯、盘、镈、编钟	《江汉考古》2020 年第 2 期
4	桃花坡 M1	√	√	II			II		II		II		盘、匜	《文物》1982 年第 12 期
5	桃花坡 M2	√	√	II			II		II				简报中的 II 式鼎可早到西周中期	《文物》1982 年第 12 期
6	1970 熊家老湾						II						𬮿、卣	《文物》1973 年第 5 期
7	1972 熊家老湾	√	√	II			II	II					𬮿	《文物》1973 年第 5 期
8	1974 三里岗尚店			II			II							《考古》1982 年第 2 期
9	1978 何店贯庄			II			III	II	III		II		盘、匜	《考古》1982 年第 2 期
10	1972 曹门湾			II			II							《考古》1975 年第 4 期
11	1983 曹门湾			II			II				II			《江汉考古》1983 年第 4 期

续表

序号	器群 器名	簋				甗		甗	鬲	壶		簠	其他礼器	资料出处
		A	B	C	D	A	B			A	B			
12	1972 枣阳茶庵段营			III			III				III			《考古》1975 年第 4 期
13	周家岗				I		III		III		III		盘、匜	《考古》1984 年第 6 期
14	1979 八角楼			III									葫芦形壶、盘、钮钟	《文物》1980 年第 1 期
15	1966 苏家垄			III			III	III	III	I			盉、盘、匜、豆	《文物》1972 年第 2 期
16	2008 苏家垄 M2						III							《江汉考古》2011 年第 2 期
17	1971 新野小西关			III				III					敦形鼎、盨、盘、匜	《文物》1973 年第 5 期
18	1974 新野小西关			III			III	III	III		III		盨、盘、匜	《文物资料丛刊》第 2 辑，1978 年
19	2002 郭家庙 M17			III					III		III			《枣阳郭家庙曾国墓地》科学出版社 2005 年
20	2002 郭家庙 GM21												出土曾伯陭钺等文物	同上
21	2002 郭家庙 GM1			III								I	幻白隹方壶 2 件	同上
22	2002 郭家庙 GM02			III			III						鑐、盘、匜各 1 件	同上
23	2002 郭家庙 GM6			III										同上
24	1979 季氏梁			IV				IV				II	编钟	《文物》1980 年第 1 期
25	曾公田求墓 M190												仅公布了部分镈钟和甬钟铭文	《江汉考古》2020 年第 1 期；《考古》2020 年第 7 期

续表

序号	器群 器名	簋				甗		甗	鬲	壶		簠	其他礼器	资料出处
		A	B	C	D	A	B			A	B			
26	曾公畎夫人芈渔墓 M191													《考古》2020 年第 7 期
27	曾侯宝墓 M168													《江汉考古》2019 年第 3 期
28	随仲芈加 M169													《江汉考古》2019 年第 3 期
29	曾侯得墓 M129													
30	2016 苏家垄 M85			IV				IV				II	盘、匜	《江汉考古》2018 年第 1 期
31	1980 八角楼			V									盏	《江汉考古》1989 年第 1 期
32	1988 安居			VI						已残		III		《江汉考古》1990 年第 1 期
33	1994 东风油库 M1			VI				V		II		IV	盘、匜	《文物》2008 年第 2 期
34	1994 东风油库 M2			VI						II		IV	盘、匜	《文物》2008 年第 2 期
35	1994 东风油库 M3			VI							IV		盘、匜	《文物》2008 年第 2 期
36	2012 文峰塔 M33			VI	III							IV	盘、匜	《考古》2014 年第 7 期
37	2011 义地岗曾公子去疾墓 M6			VI				V				IV		《江汉考古》2012 年第 3 期
38	2009 文峰塔 M1 曾侯遡墓			VI	III								编钟	《江汉考古》2014 年第 4 期

续表

序号	器群/器名	簋				甗		甗	鬲	壶		簠	其他礼器	资料出处
		A	B	C	D	A	B			A	B			
39	曾侯乙墓			VII	IV	III		VI	V	III	V	IV	炉盘、豆、鼎形器、盒、大尊缶、提链壶、鉴缶、尊缶、罐、小口鼎、匜鼎、圆鉴、盥缶、盘、匜、编钟等	《曾侯乙墓》
40	擂鼓墩二号墓			VIII	V	IV		VII	VI	IV		V	尊缶、盥缶、豆、盘、匜、编钟等	《随州擂鼓墩二号墓》
41	曾侯丙墓												方缶、鉴缶、匜、提链鉴、提梁壶、铜罐等	《考古》2014年第7期

根据各器物的类型分析和共存关系,又因曾国青铜器的连续性和阶段性特点,我们将以上曾国墓葬出土的青铜器可以分为八期:

第一期:叶家山曾侯墓地所有墓葬,现已发表的资料如 M1、M2、M27、M65、M28、M107、M111 等。

第二期:桃花坡 M1、M2,1970 年熊家老湾,1972 年熊家老湾,1974 年三里岗尚店,1978 年何店贯庄,1972 年曹门湾,1983 年曹门湾。

第三期:1972 年枣阳茶庵段营,周家岗,1979 年八角楼,1971 年新野小西关,1974 年新野小西关。1966 年苏家垄、2008 年苏家垄 M2、郭家庙 GM17、GM21、GM1、GM02、GM6。

第四期:1979 年季氏梁、曾公畯墓 M190、曾公畯夫人芈渔墓 M191、曾侯宝墓 M168、随仲芈加 M169、曾侯得墓 M129、2016 年苏家垄 M85、1980 年八角楼。

第五期:1988 年安居曾都尹定墓、东风油库 M1、M2、M3、2012 年文峰塔 M33、2009 年文峰塔 M1 曾侯遇墓。

第六期:曾侯乙墓。

第七期:擂鼓墩二号墓、曾侯丙墓。排列成曾国青铜器分期表(图十七)。

表十七　曾国青铜器分期表

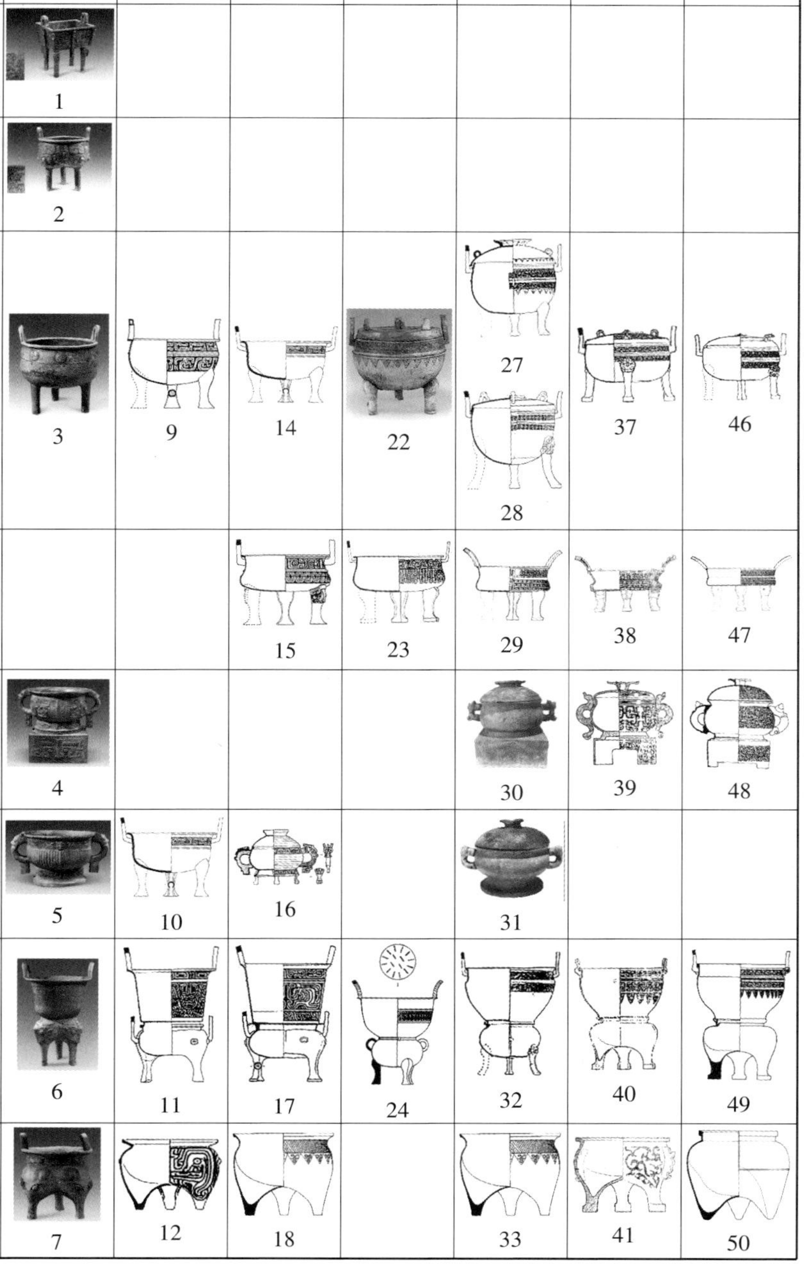

	第一期	第二期	第三期	第四期	第五期	第六期	第七期
方鼎	1						
分裆鼎	2						
圆鼎	3	9	14	22	27 28	37	46
升鼎			15	23	29	38	47
方座簋	4				30	39	48
圈足簋	5	10	16		31		
甗	6	11	17	24	32	40	49
鬲	7	12	18		33	41	50

续表

	第一期	第二期	第三期	第四期	第五期	第六期	第七期
				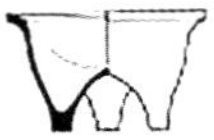 25		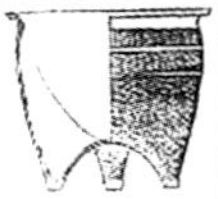 42	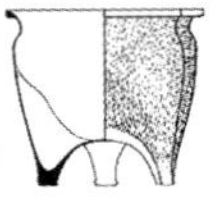 51
方壶			 19		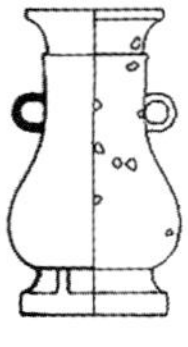 34	 43	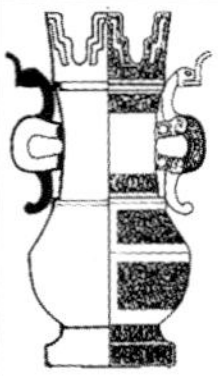 52
圆壶	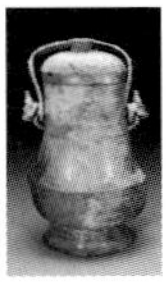 8	 13	 20		 35	 44	
簋			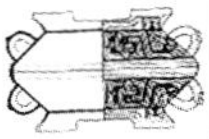 21	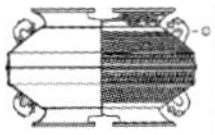 26	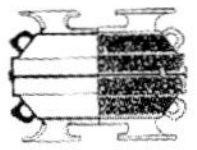 36	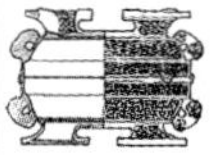 45	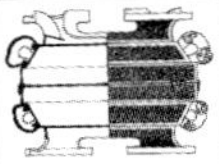 53

图二十八　曾国青铜器分期表

1.师方鼎　2.曾侯谏分袦鼎　3.师圆鼎　4.疑父簋　5.曾侯谏作媿簋　6.曾侯谏甗　7.叶家山 M1：021 鬲　8.叶家山 M65：31　9.72 枣阳曹门湾鼎　10.72 曹门湾簋　11.72 熊家老湾甗　12.桃花坡 M1 鬲　13.随州桃花坡 M1　14.曾仲斿父鼎　15.周家岗鼎　16.1966 年苏家垄簋　17.1966 年苏家垄甗　18.1966 年苏家垄鬲　19.1966 年苏家垄曾仲斿父方壶　20.枣阳郭家庙M17：4　21.郭家庙 M1：06　22.随州义地岗八角楼鼎　23.1980 年刘家崖升鼎　24.随州季氏梁甗　25.1980 年刘家崖鬲　26.京山苏家垄 M85：4　27.随州八角楼鼎　28.曾孙定鼎　29.1975 年刘家崖连迂升鼎　30.随州文峰塔 M35：6 簋　31.2012 年文峰塔 M33：6　32.东风油库甗　33.曾侯遡墓鬲　34.随州东风油库 M1：9 壶　35.随州东风油库 M3：20　36.东风油库 M1：8　37.曾侯乙墓鼎　38.曾侯乙墓升鼎　39.曾侯乙墓簋　40.曾侯乙墓铜甗　41.曾侯乙墓小口鬲（C.163）　42.曾侯乙墓大口鬲（C.126）　43.刘家崖方壶　44.曾侯乙墓（C.132、133、135）　45.曾侯乙墓（C.123）　46.擂鼓墩二号墓鼎　47.擂鼓墩二号墓升鼎　48.擂鼓墩二号墓簋　49.擂鼓墩二号墓铜甗　50.擂鼓墩二号墓小口鬲（M2：29）　51.擂鼓墩二号墓大口鬲（M2：78）　52.随州擂鼓二号墓 M2：5 壶　53.擂鼓墩二号墓（M2：50）

四、各期的绝对年代与文化特征

（一）各期的绝对年代

第一期

叶家山 M1∶12 方鼎与德方鼎形制花纹相似，德方鼎四壁饰兽面纹，兽面两侧辅以倒立的夔纹。鼎身四隅和四壁中央有垂直扉棱。铭文为："隹四月，王在成周，征（诞）珷（武王）福自蒿（镐），咸。王易德贝廿朋，用乍（作）宝尊彝。"①此鼎现藏上海市博物馆，为周成王时器。叶家山 M27∶23 方鼎与作册方鼎相似，口下饰双身龙纹，腹部饰呈凹字形排列的乳钉纹。铭文为："公朿（刺）铸武王、成王异鼎，唯四月既生霸己丑，公赏乍（作）册大白马，大扬皇天尹大（太）保宮（贮），用作祖丁宝尊彝，雋册。"②作册方鼎现藏台北故宫博物院，为周康王时器。叶家山 M2∶5 曾侯谏分裆鼎与献侯鼎相似，腹部饰三组与三足相应的浮雕兽面纹，兽面纹两侧各有一倒立的浮雕夔龙。铭文为："唯成王大桒（祓）在宗周，商（赏）献侯顯贝，用乍（作）丁侯尊。"③献侯鼎现藏台北故宫博物院，从铭文判断为成王时器。叶家山 M1∶06 师圆鼎、M65∶44 曾侯谏圆鼎与宝鸡竹园沟 M7∶3 丰公鼎、M13∶13 作父辛圆鼎相似，竹园沟 M7 墓葬年代在康王晚年至昭王前期，M13 墓葬年代在康王前期。④ 叶家山 M1∶09 师镬鼎与北京琉璃河 M253∶24 亚㠱鼎、M253∶12 堇鼎相似，立耳，鼓腹，柱足，腹部六条扉棱，分别以扉棱为中心构成六个兽面纹，足上部各饰一兽面纹。琉璃河 M253 年代在成康之间。⑤

叶家山 M27∶17 疑父方座簋与宝鸡纸坊头 BZFM1∶7 㢑伯簋近似，纸坊头 BZFM1 年代属于西周成王前期。⑥ 叶家山 M2∶9 曾侯谏作媿簋与康侯

---

①《殷周金文集成》5.2661。

②《殷周金文集成》5.2760。

③《殷周金文集成》5.2626。

④卢连成、胡智生：《宝鸡㢑国墓地》，文物出版社 1988 年，第 263、265 页。

⑤北京市文物研究所：《琉璃河西周燕国墓地》，文物出版社 1995 年，第 101～106、111、244、245 页。

⑥卢连成、胡智生：《宝鸡㢑国墓地》，文物出版社 1988 年，第 17～42 页。

簋相似，纹饰同中有异，康侯簋束颈，圈足较高，颈部一周圆涡纹间以四瓣花纹，前后中间各饰一个兽头，腹饰直棱纹。圈足亦饰圆涡纹和四瓣花纹。铭文为："王朿（来）伐商邑，征（诞）令康侯啚（鄙）于卫。……"该器现藏英国不列颠博物馆，属周成王时器。[①] 类似的簋还见于宝鸡竹园沟四号墓BZM4∶16簋，宝鸡茹家庄二号墓BRM2∶8南宫簋和BRM2∶7双耳直棱簋，叶家山M2∶1曾侯谏作媿甗与宝鸡竹园沟BZM4∶14伯甗相似，BZM4年代为昭王晚期。[②]

根据以上类型学比较，第一期的年代属于西周早期。根据已经公布的材料来看，叶家山曾侯墓地年代均属于西周早期，但各墓之间有时间早晚之分，从随葬品的特征来看，从北到南年代依次变晚。M1年代最早，在成王或康王时期。M2年代大体在康昭之世。M27的年代似应在昭王晚期或昭穆之际。[③] M28的年代大致在西周早期偏晚阶段的昭王前期。[④] M65的年代为西周早期的康昭之际。[⑤] M111墓葬年代为昭王时期，稍晚于M65、M28。[⑥]

第二期

72枣阳曹门湾鼎与上村岭虢国墓地M1052∶148、M1819∶5铜鼎相似，[⑦]立耳，半球形腹，三兽蹄足，腹部上饰窃曲纹，这种鼎比附耳鼎略早。

72曹门湾簋，子口承盖，垂腹平底，矮圈足，下设三个兽首形扁足。腹侧有对称的带珥双兽形耳，盖、腹均饰瓦纹。与散伯簋[⑧]、郑虢仲簋[⑨]相似。散伯簋为西周中期偏晚时器，郑虢仲簋为西周晚期器。[⑩]

---

①《殷周金文集成》7.4059。

②卢连成、胡智生：《宝鸡弜国墓地》，文物出版社1988年，第266、267页，图版七五：2。

③湖北省考古研究所等：《湖北随州叶家山西周墓地发掘简报》，《文物》2011年第11期。

④湖北省文物考古研究所、随州市博物馆：《湖北随州叶家山M28发掘报告》，《江汉考古》2013年第4期。

⑤湖北省文物考古研究所、随州市博物馆：《湖北随州叶家山M65发掘简报》，《江汉考古》2011年第3期。

⑥湖北省文物考古研究所、随州市博物馆：《湖北随州叶家M111发掘简报》，《江汉考古》2020年第2期。

⑦中国科学院考古研究所：《上村岭虢国墓地》，科学出版社1959年，图版叁叁：1、图版伍捌：1。

⑧《殷周金文集成》7.3780。

⑨《殷周金文集成》7.4025。

⑩王世民、陈公柔、张长寿：《西周青铜器分期断代研究》，文物出版社1999年，第96~100页。

72 熊家老湾甗，立耳，甑体呈斗形，鬲体为四袋足，四个兽蹄足，甑、鬲分体。甑部饰环带纹，上下分别镶以重环纹和窃曲纹。每个鬲袋足上部两侧各有一目纹。与上村岭虢国墓地 M1052∶162、M1810∶27 分体甗相似。①

随州桃花坡 M1 壶，盖为圆形捉手。长颈，垂腹，圈足。盖顶饰团形鸟纹，捉手外侧饰垂鳞纹，盖缘饰窃曲纹。颈部饰环带纹和窃曲纹，腹部饰蝉纹和窃曲纹。圈足饰窃曲纹。耳以下纹饰间以瓦纹。与山西曲沃晋侯墓地 M63 出土的杨姞壶（M63∶81）②、上村岭虢国墓地 M2006 出土的壶（M2006∶53）③相似。杨姞壶为圆壶，带盖，盖顶为喇叭形捉手。束颈鼓腹，圜底圈足。盖、颈、腹及圈足各饰窃曲纹一周，颈部饰波曲纹一周，腹饰重环纹两周，各纹带之间间以横瓦纹。杨姞壶、虢国墓地 M2006 出土的壶均为西周晚期偏晚时器。

通过以上比较，第二期的年代属于西周晚期。

第一期与第二期之间应有一个西周中期，但目前还没有发现典型的西周中期曾国墓葬，仅在西周晚期墓葬内发现极个别的西周中期器物。

第三期

标本 1966 年苏家垄曾仲斿父鼎与天马曲村晋侯墓地 M93∶37 鼎相似，附耳，腹部呈盆形，三个兽蹄足前者颈部饰窃曲纹，后者另在腹部饰环带纹。1966 年苏家垄无铭文簠与晋侯墓地 M93∶33 簠相似，前者器盖和器身下部饰瓦纹，上腹外饰一周窃曲纹，圈足饰环带纹，后者盖沿和器身颈部饰窃曲纹，腹部饰瓦楞纹，圈足饰垂鳞纹。简报作者认为晋侯墓地 M93 墓主人为晋文侯，时间属于春秋初年。④

标本 1966 年苏家垄甗也与上村岭虢国墓地 M1052∶162、M1810∶27 分

---

①中国科学院考古研究所：《上村岭虢国墓地》，科学出版社 1959 年，图版叁肆：1、图版伍陆：6。

②山西省考古研究所、北京大学考古学系：《天马—曲村遗址北赵晋侯墓地第四次发掘》，《文物》1994 年第 8 期。

③河南省文物考古研究所等：《上村岭虢国墓地 M2006 的清理》，《文物》1995 年第 1 期。

④北京大学考古系、山西省考古研究所：《天马—曲村遗址北赵晋侯墓地第四次发掘》，《文物》1995 年第 7 期。

体甗相似。[①] 标本1966年苏家垄曾仲斿父方壶和枣阳郭家庙M17:4圆壶分别与上村岭虢国墓地M2001出土的圆壶(M2001:80、89)和方壶(M2001:90、92)相似。但也有明显差别,苏家垄方壶和郭家庙圆壶的盖顶均为莲瓣形,上村岭虢国墓地方壶为长方形盖顶,圆壶为圆形盖顶,应为年代原因所致。虢国墓地M2001年代为宣、幽时期,苏家垄方壶和郭家庙圆壶年代稍晚。[②]

标本郭家庙M1:06曾孟嬴削簠上村岭虢国墓地M1820:12簠相似,[③] 曾孟嬴削簠的直边还略长,时间也略晚。

依据同类器形比较,第三期年代属于春秋早期。

第四期

80随州义地岗八角楼鼎与淅川下寺M7:6、7两件鼎相似,平盖,盖上有四个曲尺形钮。深鼓腹,三个兽蹄足较矮。京山苏家垄M85:4簠与淅川下寺M7:9、10两件中妃卫旅簠和M8四件簠(M8:1、2、3、4分别为叔袮番妃觽簠1件、何次簠1件、何次飤簠2件)相似。下寺M7年代为春秋中期后段。[④]

第四期年代属于春秋中期。

第五期

80随州八角楼鼎与淅川下寺M1:67、M3:9鼎相似,盖顶为盘状抓手,腹胖而深,三蹄足。随州安居曾孙定鼎与淅川下寺M10:48鼎相似,三蹄足变高。随州东风油库M1:8曾少宰黄仲酉簠与淅川下寺M10:44簠相似。淅川下寺M1、M3的年代属于春秋晚期前段,M10的年代属于春秋晚期后段。[⑤] 第五期年代属于春秋晚期。

---

①中国科学院考古研究所:《上村岭虢国墓地》,科学出版社1959年,图版叁肆:1、图版伍陆:6。

②河南省文物考古研究所等:《三门峡虢国墓》,文物出版社1999年,上册第58~64页及下册图版一七、一八。

③中国科学院考古研究所:《上村岭虢国墓地》,科学出版社1959年,图版陆壹:2。

④河南省文物研究所等:《淅川下寺春秋楚墓》,文物出版社1991年,第6~13、28~35、315页。

⑤河南省文物研究所等:《淅川下寺春秋楚墓》,文物出版社1991年,第52、53、214~216、249~252页。

第六期

曾侯乙去世后，楚惠王五十六年为曾侯乙制作的镈钟时间为公元前433年，曾侯乙下葬的时间可能就在此年。曾侯乙墓的年代属于战国早期。

第七期

关于擂鼓墩二号墓的年代，学术界有不同观点，有的认为略晚于曾侯乙墓，[①]有的认为战国中期前段，[②]有的认为年代为战国早期偏晚，[③]其实大家的断代结果是比较接近的，只是表述方式略有差别。擂鼓墩二号墓的正式报告则经过出土铜器的详细比较，综合不同观点，认为二号墓的年代在战国早期偏晚至战国中期偏早之间。[④] 笔者倾向于将此墓定在战国中期前段。曾侯丙墓发表的材料较少，简报作者断定其年代略晚于曾侯乙墓，约为战国中期偏早。[⑤]

第七期年代属战国中期。典型的曾国墓葬仅到战国中期，再往后就是典型的楚墓了。

(二)各期的文化特征

第一期的文化特征

主要从青铜器的组合和各种器物的形制、纹饰、铭文方面，探讨各期的文化特征。

简报作者把叶家山墓地墓葬分为大、中、小三类，[⑥]笔者将大型墓中的曾国国君及其夫人墓划为甲类墓，大型墓中的其他墓葬划为乙类墓，中、小型墓分别为丙类墓和丁类墓。

甲类墓：

M1墓口长3.6米，宽2.5米，M65墓口长5.02米，宽3.5~3.62米，M2

①郭德维：《曾侯乙墓并非楚墓》，《江汉论坛》1980年第1期；李学勤：《东周与秦代文明》，文物出版社1991年，第126页。

②湖北省博物馆、随州市博物馆：《湖北随州擂鼓墩二号墓发掘简报》，《文物》1985年第1期；杨宝成主编：《湖北考古发现与研究》，武汉大学出版社1995年，第152页。

③朱凤瀚：《古代中国青铜器》，南开大学出版社1995年，第1017页。

④随州市博物馆：《随州擂鼓墩二号墓》，文物出版社2008年，第133~135页。

⑤湖北省文物考古研究所等：《湖北随州市文峰塔东周墓地》，《考古》2014年第7期。

⑥湖北省文物考古研究所等：《湖北随州叶家山西周墓地》，《考古》2012年第7期。

墓口长 4.6 米，宽 3.1 米，M28 墓口长 7.4 米，宽 5.7~6 米，M27 墓口长 6.7~6.8 米，宽 4.9~4.95 米，M111 墓口长 13.08~13.18 米，宽 10.1~10.28 米。M1 虽无国君之名，而有国君之实，也划入甲等，甲类墓青铜礼器数量多。

叶家山 M1 青铜礼器有炊器圆鼎 5、方鼎 4、甗 1、鬲 1；食器簋 2；酒器尊 1、觚 2、爵 3、觯 1、罍 1、卣 1。无水器。

叶家山 M65 青铜礼器有炊器圆鼎 6、方鼎 1、分裆鼎 1、甗 1、鬲 1；食器簋 4；酒器尊 1、爵 2、觯 1、卣 1；水器盉 1、壶 1、盘 1、铜套扣漆壶 1。

叶家山 M2 青铜礼器有炊器圆鼎 5、分裆鼎 4、甗 1、鬲 1；食器簋 2。不见酒器和水器。

叶家山 M28 青铜礼器有炊器圆鼎 4、方鼎 3、甗 1、鬲 1；食器簋 4；酒器尊 2、爵 2、觚 1、觯 1、罍 1、卣 2；水器盉 1、贯耳壶 1、盘 1。

叶家山 M27 青铜礼器有炊器圆鼎 3、方鼎 2、分裆鼎 1、甗 1、鬲 2；食器簋 4；酒器尊 1、爵 2、觚 1、觯 4、罍 2、卣 1、觥 1；水器盉 1、壶 1、盘 1。

叶家山 M111 青铜礼器有炊器圆鼎 12、方鼎 6、分裆鼎 2、甗 1、鬲 1；食器簋 12；酒器尊 2、觚 1、爵 4、斝 1、觯 2、罍 3、卣 3；水器盉 1、壶 2、盘 1、铜套扣漆壶 2。乐器有镈钟 1、甬钟 4。

甲类墓的青铜礼器组合从功能上看，包括炊器、食器、酒器和水器，其中 M1 缺少水器，M2 缺少酒器和水器，仅有炊食器。M111 还有乐器，为其他墓葬所不见。仅从功能来看，与殷墟青铜器的组合相似，妇好墓、郭家庄 M160 铜礼器按功能均分为炊器、食器、酒器、水器。从器物种类来看，也与殷墟晚期基本相同，既继承了商文化的传统，又有变化。

商朝礼制中方鼎地位很重要，铜方鼎出现于商代早期，流行于殷墟时期和西周早期，西周中期以后逐渐消失。①“周因于殷礼”，周朝继承了商朝的方鼎制度。凡出土通高 50 厘米以上大型方鼎的墓，墓主多属商代的国王及其配偶。出土通高 20~50 厘米的中型方鼎的墓，墓主均为高中级贵族，其中出土二件中型方鼎者，多属方国国君，出土一件中型方鼎者多属王室重臣，少数为方国国君。出土 4 件或 3 件 20 厘米以下小型方鼎的墓主方国国君或其夫人，其他出土一二件者，多属小贵族。叶家山甲类墓除 M2 外，各

①杨宝成：《殷墟文化研究》，武汉大学出版社 2002 年，第 160~180 页。

墓均随葬方鼎，从 1 件到 6 件不等。墓主为曾国国君及其夫人。

但叶家山曾国墓葬也有西周早期的新特点，一是从各种器物数量上看，鼎为奇数簋成偶数的搭配比例正在形成之中，M1 圆鼎 5、方鼎 4、簋 2，M65 圆鼎 6、方鼎 1、分裆鼎 1、簋 4，M2 圆鼎 5、分裆鼎 4、簋 2，M28 圆鼎 4、方鼎 3、簋 4，M27 圆鼎 3、方鼎 2、分裆鼎 1、簋 4，M111 圆鼎 12、方鼎 6、分裆鼎 2、簋 12，M111 的鼎、簋等数量远超其他墓葬。

二是从每座墓中各器物之间的数量比例关系看，鼎、簋等炊食器数量居多，在礼器中无疑具有核心地位，酒器还有一定数量，但不像殷墟青铜器酒器占绝大多数，殷墟青铜器的酒器占比例很高。妇好墓中的礼器 210 件，其中炊器 42 件，占礼器总数的 20%；食器 5 件，占 2.4%；酒器 156 件，占 74.3%；水器 4 件，占 1.9%。郭家庄 M160 中的礼器 41 件，其中酒器 31 件，占礼器总数的 75.6%。叶家山 M1 青铜礼器有炊食器 13 件，占 59.1%，酒器 9 件，占 40.9%。

叶家山 M65 青铜礼器有炊食器 14 件，占 63.7%，酒器 5 件，占 22.7%，水器 3 件，占 13.6%。

叶家山 M2 青铜礼器只有炊器 13 件，不见酒器和水器。

叶家山 M28 青铜礼器有炊食器 13 件，占 54.2%，酒器 8 件，占 33.3%，水器 3 件，占 12.5%。

叶家山 M27 青铜礼器有炊食器 13 件，占 46.4%；酒器 12 件，占 42.9%，水器 3 件，占 10.7%。

叶家山 M111 青铜礼器有炊食器 34 件，占 62.97%，酒器 16 件，占 29.63%，水器 4 件，占 7.4%。

殷墟贵族墓中青铜水器盘少见，盉也很少，叶家山甲类墓中则成盉 1、盘 1、壶 1 组合。①

殷墟高级贵族墓出土乐器为编铙，如妇好墓出土编铙 5 件，郭家庄 M160 出土编铙 3 件，而叶家山 M111 出土镈钟 1 件，编钟 4 件。

乙类墓：

墓口长约 4 米，宽约 3 米以上。如 M50 墓口长 5.86 米，宽 3.9 米。

①杨宝成：《殷墟文化研究》，武汉大学出版社 2002 年，第 153～160 页。

M107 墓口长 5.1 米，宽 4.2 米。

叶家山 M50 青铜礼器有炊器方鼎 2、甗 1，食器有簋 2，酒器尊 1、觯 2、卣 2、爵 1。M107 青铜礼器有炊器鼎 2、甗 1、鬲 1，食器有簋 1，酒器尊 1、觯 1、卣 1、爵 2、觚 1。

乙类墓组合按功能来看，有炊器、食器、酒器，公布资料的两座墓不见水器。各类器物的数量分别为 1 至 2 件。

丙类墓：

墓口长 3.5 米，宽 2.5 米以上。M3 墓口长 4.96～5.2 米，宽 2.92～3.12 米，青铜礼器有炊器鼎 2、甗 1，食器有簋 2。没有酒器和水器。

丁类墓：

墓口长宽小于丙类墓墓口。M55 墓口长 2.9 米，宽 1.46～1.6 米，出土青铜礼器有炊器鼎 1，食器簋 1，酒器爵 1、尊 1、觯 1。M8 墓口长 3.3 米，宽 2.4 米，出土青铜礼器有炊器鼎 1，食器簋 1，酒器爵 1、尊 1、觯 1。

器型、纹饰、铭文主要与周文化相同，也有一定的地方特色。鼎有方鼎和圆鼎两大类。

方鼎，一般为立耳，方腹，柱足。腹部四角各有一“F”形扉棱腹部四面上部中间各有一短扉棱。上腹部装饰的纹饰以扉棱为中心，饰相向的鸟纹，长腹饰四鸟，短腹饰二鸟，如 M65：47、M28：157、165 曾侯谏铜方鼎，铭文为“曾侯谏作宝彝”；腹部或饰乳钉纹和共首双身龙纹，如 M28：156，铭文为“曾侯作宝鼎”。

还有一种方鼎为附耳，带盖，盖顶中部为半环形钮，四角为“S”形钮，垂腹，四柱足。如 M111：73 附耳方鼎。

圆鼎有柱足、兽蹄足、扁足、分裆四类。

柱足圆鼎，立耳，圆腹，柱足。如 M2：6、M3：8、M28：152、164、M65：44 出土的 6 件曾侯谏圆鼎，腹部饰九个涡纹和九个夔纹，相间排列，铭文为“曾侯谏作宝彝”。

兽蹄足圆鼎，立耳，折沿，方唇，下腹微鼓，三兽蹄足。M1：09 师镬鼎，口沿下饰一周六组浮雕兽面纹，兽面以短扉为鼻梁，足上部饰浮雕兽面纹。M111：84-1 祖辛鼎、M111：75 兽面纹鼎与之相似。

扁足圆鼎，立耳，盆形浅腹，三夔形扁足，腹饰兽面纹，铭文为“作宝鼎”，如 M65∶41。

分裆鼎，立耳，方唇，鼓腹，分裆似鬲，三柱足，腹部饰三组兽面纹和龙纹。如 M28∶158、181，M2∶3、5 四件曾侯谏分裆鼎，铭文为“曾侯谏作宝彝”。

甗，甑部为立耳，方唇，深弧腹，鬲腹较浅，柱足，甑、鬲连体。腹上部饰一周兽面纹，立体式浮雕兽面纹。如 M28∶159 甗，铭文为“曾侯用彝”。

鬲，立耳，方唇，鼓腹，分裆，柱足。颈部饰弦纹和目纹，腹饰象首纹。如 M28∶151，铭文为“曾侯作宝尊”。

簋有方座簋和圈足簋。

方座簋，上部为圈足簋，口略外侈，直壁微弧，圈足，下折成阶状，下部为方座，腹部有对称的兽耳，带珥，圈足底内中部悬一小铃。如 M111∶67 南公方座簋，腹部和方座饰浮雕兽面纹，圈足饰一周夔龙纹。器内底铭文为“犺乍（作）剌（烈）考南宫宝尊彝”。

圈足簋，口外侈，方唇，颈略束，下腹微鼓，圈足外撇，下部折成台阶。双兽耳，带珥。如 M65∶49、M28∶162 曾侯谏簋，腹部和圈足饰兽面纹，铭文为“曾侯谏作宝彝”。M28∶153、154，M2∶8、9 曾侯谏作媿铜簋，上腹和圈足各饰八个鸟纹，下腹饰直棱纹，铭文为“曾侯谏作媿宝尊彝”。M28∶55 兽面纹双耳铜簋，腹部饰浮雕的兽面纹，圈足饰夔纹。

觚，敞口，细长筒形腹，小平底，喇叭形高圈足。如 M28∶170，下腹及圈足从上至下各饰一周联珠纹镶边的目雷纹、四肢目纹、三角目雷纹。外底饰阴线盘龙纹。

爵，槽状流，三角形尾，流折处口沿上各有一带蘑菇盖立柱，深腹，圜底，三刀形足外撇，腹侧有一半环形兽首鋬。如 M28∶171 爵，腹部饰以云雷纹为地的兽面纹一周。鋬下铸有铭文为“父辛”。

斝，敞口，高领，鼓腹，三分裆，柱足。两蘑菇状柱立于沿上，一侧有兽首形鋬，鋬与一足对应。如 M111∶111 曾侯用彝斝，鋬内侧外壁铭文为“曾侯用彝”。

尊，喇叭口，方唇，腹成筒形，圜底，高圈足外撇，足切地处下折成阶状。如 M28∶174 曾侯谏作媿尊，上腹部以两个对称的浮雕兽头为界，将纹饰带分为两组，每组为两只凤纹和鸟纹，下腹一周纹饰相似，仅兽头简化，均以云雷纹衬底。器底铭文为“曾侯谏作媿宝尊彝”。M28∶173 兽面纹尊，腹部饰浮雕兽面纹和龙纹，兽面纹居中，两侧为龙纹。

觯，敞口，束颈，深弧腹下垂，圜底，喇叭形高圈足。素面。如 M28:176 母辛觯。

卣，盖隆起，盖顶中部有一菌状捉手，盖口沿母口与器子口套合，扁弧提梁两端为兽头。直颈，深腹下垂，高圈足外撇并下折成阶状。如 M28:167、169 曾侯谏作媿卣，盖饰一周凤鸟纹，颈部饰两个对称兽头，兽头两侧为凤鸟纹，圈足饰共首龙纹。器盖内壁及器底有相同铭文为“曾侯谏作媿宝尊彝”。

罍，装饰风格很夸张，与随州安居羊子山出土的鄂国罍近似，同类器还见于四川彭县竹瓦街和辽宁喀左铜器窖藏。如 M111:110、120 蟠龙盖罍，圆盖隆起，盖顶有一圆雕蟠龙，龙体沿盖面边缘盘旋而上，龙头翘首居于圆形盖面上。盖沿内折成子口。器为平沿内折，方唇，束颈，鼓肩，高圈足外撇下折成阶状。肩部有对称的兽首半环耳，各衔一环。肩部正中有一圆雕兽首，肩饰卷尾龙纹，腹饰四组大兽面纹，圈足前后各饰一组相对的夔龙。M28:177 罍圆盖隆起，盖顶为圈状捉手，其他与 M111:110、120 蟠龙盖罍相似。

背带纹壶，属于圆壶，腹部为背带纹，可能受了铜扣漆壶的影响，将铜扣漆壶的木质部分换成铜材，就成了背带纹壶，如 M65:31 铜壶，铭文为“曾侯作田壶”，“田壶”应是背带纹壶的名称。

橄榄形贯耳壶，圆盖，喇叭形捉手，腹细长成橄榄形，贯耳。如 M28:178 曾侯谏作媿壶；M111:116 橄榄形贯耳壶。

盉，盖隆起，三款足，管状流，兽形鋬。如 M65:34，颈和腹部饰兽面纹，下腹为人字纹，铭文为“侯用彝”。M28:166 曾侯谏盉，盖顶有一兔形钮，流上攀爬着一只圆雕双角兽。盖饰浮雕兽面纹和龙纹，颈饰浮雕牛纹和兽面纹，腹饰大型浮雕兽面纹。鋬内侧外壁铭文为“曾侯谏作宝彝”。

盘，浅盘，附耳，高圈足。腹饰兽头和牛纹，圈足饰一周蝉纹。如 M28:163 曾侯谏盘。

铭文字数大多比较少，内容为作器者姓名和器物名称，文字笔画顺峰起笔，顺锋收笔，粗细不一，波折明显。M2:2 子分裆鼎铭文最长，38 字，合文 3。日名比较多见是一个特点。铭文内容主要是记载作器者曾侯及作器原因。从铭文来看外来器物较多也是一个特点。

第二期的文化特征

随州安居桃花坡两座墓为1979年农民修公路时发现的青铜器，经调查出自两座墓葬，礼器组合可供参考，M1青铜礼器组合为炊器鼎2、鬲4，食器簋4，水器壶1、盘1、匜1。M2青铜礼器组合为炊器鼎4、鬲2，食器簋1。

1970年、1972年随州均川熊家老湾农民盖房时发现两批青铜器，应出自墓葬。前者为曾伯文簋4、曾伯文𬭚1、方卣1，组合不完整。后者为鼎3、甗1、簋2、𬭚1、盘1、匜1，从数量配比来看，比较齐全，但三件鼎中有两件为黄季鼎，且形制有别，属黄国器物。

1978年在大洪山北麓的何家店贯庄河沙中发现一批青铜器，可能是一座墓的随葬品，礼器组合为鼎2、甗1、鬲4、簋2、壶1、盘1、匜1。

1972年枣阳吴店曹门湾农民挖地时发现青铜鼎2、簋2，经调查出自一座墓葬。

1983年曹门湾农民又发现一座墓葬，出土的青铜器为鼎1、簋2、壶1。器形和纹饰均较西周早期青铜器有较大变化。

鼎，立耳，弧腹较深，圜底，三兽蹄足。纹饰组合有别，如1972年熊家老湾龙纹黄季鼎颈部饰一周窃曲纹，腹部饰一周龙纹。1983年曹门湾鼎颈部饰一周窃曲纹。桃花坡M1两鼎颈部饰一周重环纹，腹部饰一周垂鳞纹。桃花坡M2三件重环纹鼎颈部饰一周重环纹。

还有一种鼎时代可以早到西周中期，如桃花坡M2弦纹鼎，立耳，垂腹，柱足，腹部饰三周凸弦纹。

鬲，桃花坡M1四件鬲为折沿，弧肩，弧裆，足跟略矮，周身饰龙纹。桃花坡M2两件鬲折沿，肩部锐折，足跟略高，颈部饰变形窃曲纹。

甗，流行分体方甗，甑体如斗形，立耳，鬲体为四个袋足，兽蹄足，有对称两耳。如1972年熊家老湾甗，甑腹部从上至下各饰一周重环纹、环带纹和窃曲纹，鬲足上部各饰两个目纹，与鬲足构成象首纹。1978年何家台甗甑体从上至下各饰一周窃曲纹、龙纹和窃曲纹。

簋，盖隆起，顶部为圆形捉手，腹下垂微鼓，圈足，附加三小足，腹部两侧各有一兽首形耳，带珥。如1970年熊家老湾曾伯文簋盖顶部、腹部饰瓦楞纹，盖缘、颈部和圈足各饰一周重环纹。1972年熊家老湾簋盖缘和颈部各饰两周重环纹，其他同前者。1972年曹门湾簋全饰瓦楞纹。1983年曹门湾簋圈足下不带三小足，盖顶素面，盖缘饰重环纹，颈部饰窃曲纹，腹部饰瓦楞纹，圈足饰垂鳞纹。

鐳，敞口，束颈，垂腹折收，圜底。如1972年熊家老湾鐳，颈部下有两环钮，近底部有一半环钮。颈部以下饰直线纹，以凹弦纹分成三个单元，每个单元各饰一周波折纹。属仿陶铜罐。1970年曾伯文鐳，带盖，盖顶为蟠龙捉手。肩部饰四组8个龙纹。鐳口沿上铭文为："唯曾伯文自作厥饮鐳，用征行。"从铭文看，应为酒器。

卣，方形器，盖为四阿屋顶形，方腹，方形阶状高圈足，简报原称为方彝，周永珍指出为卣。[①] 盖饰三周、颈饰一周变体龙纹，腹饰垂鳞纹，圈足各饰一周重环纹和波折纹。器、盖的四角有云状的扉棱。

壶，带盖，顶为圆形捉手，深腹下垂微鼓，圈足，颈部有一对衔环兽形耳。如1983年曹门湾壶捉手和圈足各饰一周垂鳞纹，盖缘和颈部各饰一周窃曲纹，腹部饰环带纹。

盘，腹较深，附耳，高圈足。如1972年熊家老湾盘，内底饰蟠龙一条，外为三角云纹一周。腹部饰一周窃曲纹，圈足饰一周三角云纹。

匜，体似瓢形，下为四足，尾部一兽首鋬。如1972年熊家老湾盘，口沿下饰重环纹，腹部饰瓦楞纹。

该期铜器铭文比较长，曾伯文簋铭文23字，重文2；曾仲大父蛕簋铭文54字，重文2。内容为作器时间、作器者、器名、作器对象、祝福语。笔画粗细基本一致，字形为长方形，很规范。

第三期的文化特征

1972年枣阳熊集镇茶庵乡段营一座墓葬青铜礼器组合为鼎3、簋4、壶2。

1976年万店周家岗农民在进行农田基本建设时发现一座墓葬，青铜礼器组合为鼎2、鬲2、簋2、壶2、盘1、匜1。

1971年新野小西关一座墓葬青铜礼器组合为鼎2、甗1、簠2、罍1、盘1、匜1。

1974年新野小西关另一座墓青铜礼器组合为鼎3、簋4、甗1、鬲4、壶

①周永珍：《曾国与曾国铜器》，《考古》1980年第5期。

2、盨1、盘1、匜1。

1966年修建郑家河水库干渠工程时，在京山苏家垄发现一批铜器，青铜礼器组合为鼎9、鬲9、甗1、簋7、豆2、盉1、圜底器3、方壶2、盘1、匜1。因出土单位不明，还不能简单地以一个墓葬单位来处理。

2008年清理的一座残墓M2，追缴铜簋4件，推测还缺其他礼器。

郭家庙GM21被盗严重，大件青铜礼器无存，所存仅乐器、兵器、车马器等。该墓出土曾伯陭钺1件，据此可以确定墓主人为曾伯陭。GM17椁室亦被盗严重，附葬箱未被盗，出土青铜鼎2、壶2、鬲1。附葬箱的铜礼器只是随葬品的一小部分，其组合肯定不能代表该墓的身份。GM1因修路被挖土机大半挖毁，现场追缴的青铜礼器包括鼎1、曾孟嬴削簠2、幻伯隹方壶2、盘1、匜1。

2015—2017年发掘的苏家垄M79墓主人为曾伯桼，青铜礼器组合为鼎8、鬲4、甗1、簋4、簠4、壶2、盘1、匜1，从器物摆放的位置看，5件升鼎与4件簋放在一起，3件附耳鼎与4件簠放在一起，应该是升鼎5、簋4为一套，附耳鼎3、簠4为另一套。M88墓主人为曾伯桼的夫人芈㚸，青铜礼器组合为鼎3、鬲5、甗1、簠4、壶2、盘1、匜1。

本期青铜器的形制和纹饰与第二期相似处居多，两期不容易断开，但也有一定的区别。

鼎，附耳，腹成盆形，略变浅，兽蹄足较高。附耳盆形鼎是本期的典型特点。如1972年段营曾子仲謱鼎腹部饰一周窃曲纹，耳外、内侧各饰4个和2个重环纹。1966年苏家垄曾侯仲子斿父鼎腹部亦饰一周窃曲纹。1972年段营两件重环纹鼎腹部和耳均饰重环纹。

甗，方甗与圆甗并存。方甗，如1974年新野小西关方甗，甑部立耳，方腹，颈部饰窃曲纹一周。鬲部为四袋足，两附耳。1966年苏家垄方甗，腹部从上至下各饰一周窃曲纹、龙纹和窃曲纹。

圆甗，如1971年新野小西关曾子仲謱甗，甑部折沿，方唇，圆腹较直，颈部有一对附耳，耳与口间有圆梗连接，颈部饰一周窃曲纹，双耳内外侧饰重环纹。鬲颈部有一对半环形耳，三袋足，高柱足，素面。

鬲，仰折宽沿，束颈，折肩，腹壁内收，弧裆较高。袋足上部正中有一新月形扉棱。颈部饰一周重环纹。如1966年苏家垄鬲。

簋，盖隆起，顶部为圆形捉手，子母口，腹微鼓，圈足，附加三小足。1966年苏家垄簋有的全饰瓦楞纹；有的颈部饰窃曲纹，圈足饰环带纹，其他部分饰瓦楞纹。1974年新野小西关簋盖缘、器颈部饰窃曲纹，圈足饰垂鳞纹。

簠，如枣阳郭家庙M1曾孟嬴削簠，长方体，矩形足，斜边较长，直壁很短，盖、器各有一对半圆形耳。腹部均饰龙纹，圈足饰垂鳞纹。

壶，有方壶和圆壶二种。方壶如1966年曾侯仲斿父壶，椭方体，盖上有8个莲瓣，长颈垂腹，圈足，颈部有双兽耳衔环。周身饰花纹，盖缘饰窃曲纹，壶颈至圈足各饰一周环带纹、窃曲纹、环带纹、环带纹、垂鳞纹。

圆壶，如1974年新野小西关壶，带盖，盖顶为圆形捉手，长颈，鼓腹，圈足，颈部有一对兽首形耳。盖缘、壶口饰重环纹，颈部饰环带纹，腹部饰瓦楞纹和两周重环纹，圈足饰垂鳞纹。郭家庙M17圆壶盖上9个莲瓣，长颈，鼓腹，圈足，颈部有一对兽首形耳衔环。盖缘、颈部各饰一周窃曲纹，下腹饰一周龙纹，圈足饰垂鳞纹。

盘，浅腹，附耳，圈足。如1974年新野小西关盘，腹部饰窃曲纹，耳饰重环纹，圈足饰垂鳞纹。如1966年苏家垄盘，附加四个象鼻形扁足。腹部饰窃曲纹，圈足饰垂鳞纹，耳内外侧饰重环纹。

匜，器身似瓢形，尾部为一兽首形鋬，底部有四足。口缘饰窃曲纹，腹部饰瓦楞纹，鋬饰重环纹。如1966年苏家垄匜。

第四期的文化特征

1979年季氏梁一座墓出土了周王孙季怡戈两件，墓主人可能为季怡。青铜礼器组合为鼎1、甗1、簠2，乐器编钟5件。

2016年发掘的苏家垄M85青铜礼器组合为鼎1、甗1、簠1、盘1、匜1。

2018年发掘的随州枣树林M190墓主人为曾公畎，青铜礼器组合为鼎5、圆壶2、方壶2、盘1、匜1。乐器有镈钟4、甬钟17、钮钟13。椁室东部和东南部被盗，发现鼎腹片、鬲口沿、簠盖等，故铜礼器组合不全。

枣树林M191墓主人为曾公畎的夫人渔芈，青铜礼器组合为鼎5、鬲5、簋4、簠4、壶2、盘1、匜1、铜镂孔器1、小罐4、铜1。墓葬曾经被盗，组合亦不全。

枣树林M81青铜礼器组合为鼎5、簋4、鬲5、壶2、簠2，乐器钮钟12。

随州枣树林墓地M168墓主人就是曾侯宝，青铜礼器组合为鼎1、鬲1、簋 2、簠 2、缶 2，乐器编钟 15。M169 墓主人为曾侯宝的夫人随仲芈加，青铜礼器组合为盘 1、匜 1、缶 1、鈉 1、匕 1，乐器编钟 19。均被盗，组合不全。

器型和纹饰有较大的变化。

鼎，一种为新出现的形制，平盖，盖上有曲尺形钮，附耳，深鼓腹，兽蹄足，整个鼎形显得身长足短。颈部饰蟠虺纹和三角云纹，这是一种新的装饰风格。如 79 季氏梁墓鼎和 80 八角楼鼎。

还有一种新出的形制，如 2016 苏家垄 M85∶5 鼎，盖隆起，顶部为由 11 根立柱承托的环状捉手，附耳，深腹，三个兽蹄足。

该时期也并存与前期形制近似的鼎，如枣树林曾公畩墓鼎（M190∶107），仰折沿，方唇，弧腹，圜底，三蹄足，附耳，颈部饰窃曲纹，腹部饰垂鳞纹。甗，下部有鬲和鼎两种甗。如 2016 苏家垄 M85 甗，甑为敞口，斜折沿，口沿外侧设两个对称的长方形附耳。微束颈，上腹略弧，下腹内收成平底。鬲部为侈口，方唇，窄折沿，束颈，颈下两侧设两个对称长方形耳，鼓腹，三袋足，弧裆较高，蹄足。

季氏梁甗，上下分体。甑体立耳，斜折沿，敞口弧腹。下体为鼎，鼓腹圜底，鼎上部有两个半圆形环耳，下部三兽蹄足。腹部饰两周云纹。这是新出现的一种形制。

鬲，与前期相近，如枣树林 M191∶13 鬲，宽仰折沿，方唇，束颈，折肩，裆较高，柱足中空，颈部饰重环纹。

簋，形制与前期相似，如枣树林 M191∶7 簋，盖隆起，顶部有圆形捉手。器身子口，圆腹，有一对半环形兽面耳，高圈足，下附三个兽面小足。盖饰瓦楞纹和一周窃曲纹，器身饰一周窃曲纹和瓦楞纹。器腹底部铸铭文四行 15 字：“唐侯制随侯行簋随侯其永祜福唐侯。”

簠，簠的斜边较前期变短，直边略变长，如 2016 苏家垄 M85∶4 簠，器、盖腹部饰垂鳞纹，盖顶饰蟠螭纹。

壶，有圆壶和方壶两种。圆壶，如枣树林 M190∶104 壶，盖上部为八瓣莲花，中部穿透无顶，盖下沿子口较短。壶身为侈口，平沿，细长颈，颈附一对兽首形套环耳，垂腹，平底，高圈足，圈足外撇、下折。盖饰环带纹和龙纹；器身从上至下饰环带纹、龙纹、环带纹，圈足饰变体垂鳞纹，耳饰兽面纹，衔环饰重环纹。

方壶，如枣树林 M190∶101 壶，盖上部为长方形捉手，中部穿透无顶，盖沿下子口较长。壶身口部平面呈长方形，侈口，平沿，细长颈略束，颈附一对夔龙形套环耳，垂腹，平底，高圈足外撇、下折，圈足底部四足圆雕龙头。器盖上部外侧饰环带纹，下部方形凸箍浮雕龙纹带；器身口沿下饰一周环带纹，颈饰一周龙纹，腹部有“十”字格栏，上部饰龙纹，圈足饰环带纹，圈足圆雕龙头的两侧浮雕龙头纹。

盘，如 2016 年苏家垄 M85 ∶ 8 盘，平折沿，方唇，浅腹，底近平。附耳，三个矮蹄足。通体素面。前期流行圈足，直接加三个兽蹄足，是一种新的形制。

匜，如 2016 苏家垄 M85 ∶ 7 匜，长椭圆形口，深腹，平底微圜，下立四个扁体夔形足。管状流上翘。龙形鋬。匜流面饰以半浮雕兽面纹。腹部饰蟠虺纹。形制与前期相似，蟠虺纹为本期流行纹饰。

第五期的文化特征

1988 安居曾都尹定墓墓主人定的官职为都尹，青铜礼器组合为鼎 1、簠 2，另配以铅壶 2。

东风油库 M1 的墓主人黄仲酉为曾少宰，青铜礼器组合为鼎 1、甗 1、簠 1、方壶 1、盘 1、匜 1。M2 墓主人为可，青铜礼器组合为鼎 1、簠 1、方壶 1、盘 1、匜 1。M3 墓主人为曾仲姬，青铜礼器组合为鼎 1、方豆 1、壶 1、盘 1、匜 1、器盖 1。

2012 年文峰塔 M29 的墓主人为奇，青铜礼器组合为升鼎 3、圆鼎 4、簋 4、簠 2、壶 4（方壶 2、提梁壶 2）、鬲 5、盘 1、匜 1。M33 的墓主人为媟，青铜礼器组合为升鼎 3、圆鼎 3、簋 4、鬲 4、缶 3（尊缶 2）、壶 3（方壶 2）、盂 1、盉 1、盘 1、匜 1。M34 青铜礼器组合为鼎 2、簠 2、壶 2、缶 1。M35 的墓主人为曾叔旂，青铜礼器组合为鼎 4、簋 4、鬲 4、壶 2、罍 1、盘 1、匜 1。

随州义地岗曾公子去疾墓的青铜礼器组合为鼎 2、甗 1、簠 2、壶 2、缶 1、匜 1、斗 1。

器形和纹饰又有明显的变化。

鼎，如 88 安居曾都尹定墓鼎，盖微隆起，盖上有等距离三个兽首形钮，顶中部有一铺首衔环。附耳，深腹，圜底，兽蹄足较高。盖饰绹纹和蟠虺纹，腹部饰蟠虺纹和弦纹。类似的鼎还有东风油库 M1∶6 曾少宰黄仲酉鼎、

M3：19曾侯邚鼎、义地岗曾公子去疾鼎。

本期还流行升鼎，立耳，敞口，束腰，平底，兽蹄足。如2012文峰塔M33：18、M35：19升鼎。

甗，甑部附耳，折肩，腹斜收。下部为鼎，三兽蹄足。如东风油库M1：3甗、公子去疾甗。

簠，簠的斜边较前期变短，直边相应变长，如88安居曾都尹定墓簠，簠口沿及腹部饰蟠虺纹。

壶，有方壶和圆壶两种。方壶，如东风油库M1：9曾少宰黄仲酉方壶，椭方体，盖、身连体，长颈，垂腹，圈足，颈部两侧有一对半环形耳。素面。曾公子去疾方壶，颈部有一对兽首耳衔环，腹部饰变体蟠龙纹。

圆壶，如东风油库M3：20曾仲姬壶，带提链，盖微隆，鼓腹下垂，矮圈足。

腹部饰五周龙纹。

缶，如义地岗M6：5曾公子去疾缶，盖圆形，平顶。器为小口，外折沿，沿面略向内倾斜，方唇，矮颈，广肩，圆鼓腹平收，平底，矮圈足，肩腹部有两个对称的兽首耳衔活动环链。盖面中央饰涡纹，围绕涡纹饰一周重环纹，外饰相互缠绕的龙纹、绹索纹和云雷纹二周，盖缘一周有四个相同大小、间距相等凸起的椭圆形饼饰，饼饰中央饰涡纹，饼面及圆饼间饰蟠螭纹；器肩部饰蟠螭纹带一周，上腹部二凸弦纹间一周有六个大小相同、间距相等的圆形凸饼饰，圆饼饰中央饰涡纹，饼面及圆饼间饰蟠螭纹；兽首形耳饰浮雕蟠龙纹。

盘，浅盘，附耳，三兽蹄足，如东风油库M1：2盘。匜，似瓢形，平底，尾有环钮，素面。

该器铭文字体修长，竖画长，横画短，极具审美价值，具有好的装饰效果，属于美术字范畴。

第六期的文化特征

本期以曾侯乙墓为代表。曾侯乙墓出土青铜礼器117件，炊器有镬鼎2（附加鼎钩4）、升鼎9、盖鼎9（牛形钮盖鼎5附加鼎钩10、四环钮盖鼎1、三环钮盖鼎1、兽形钮盖鼎2）、大鬲1、小鬲9、甗1、炉盘1，食器有簋8、簠4、豆3（浅盘豆2、盖豆1）、鼎形器10、盒2、匕14等；酒器有大尊缶2、联禁大壶2、提链壶2、鉴缶2套、尊盘1套、罐1、过滤器1、勺3及附件禁1；水器有小口鼎1、匜鼎1、圆鉴2、盥缶4、盘1、匜2、斗1等。曾侯乙墓还有编钟、编磬等乐器。

这是典型的九鼎八簋配比制度，升鼎为9件，属于列鼎，盖鼎也是9件，小鬲9件，鬲与升鼎、盖鼎的数量相等，升鼎、盖鼎、鬲、簋形成固定的9∶9∶9∶8的配比关系。曾侯乙墓青铜礼器的组合代表了战国早期诸侯王的高贵身份。曾侯乙墓青铜器是战国早期的典型标准器群，在断代方面具有重要价值。

镬鼎，直口，厚方唇，短颈，附耳，腹部显得较深而宽大，腹壁上部较直，下部呈弧形内收，平底，三蹄形足较高。如C.96，腹部有两个对称的小环钮，颈部和腹上部饰多体蟠螭纹，腹下部饰垂叶纹，足上部饰兽面纹。C.97，除足部为浮雕兽面纹外，其他部位为镶嵌花纹，颈部和耳部的内外壁均为勾连粗云纹，腹上部饰一周蟠龙纹，下部饰一周垂叶纹。

升鼎（C.87~C.95），形制相同，大小略有差别。敞口，厚方唇，立耳，束腰，平底，三个兽蹄足。腹外有对称的四条圆雕龙形附饰，腹部从上至下镶嵌一周鸟首龙纹和两周勾连粗云纹。

盖鼎，包括四种，均为子母口盖鼎，形制有别。牛形钮盖鼎（C.98~C.101、C.104），盖隆起，中心有一曲拱的蛇形钮衔环，盖近缘处有等距离的三个立式牛形钮。弇口，附耳，鼓腹宽大，圜底近平，三个兽蹄足较高。盖面以梭形纹和弦纹为界，从内至外各镶嵌一周联凤纹、勾连粗云纹和双龙戏珠的蟠龙纹，腹部镶嵌一周勾连云纹，以梭形纹镶边。

四环钮盖鼎（C.103），形制与牛形钮盖鼎相近，盖顶中心为两兽面形的桥形钮衔环，盖缘四等分处竖立四个环钮。盖面从内至外各镶嵌一周联凤纹、弦纹、勾连粗云纹、梭形纹。

三环钮盖鼎（C.102），口内折成子口，口沿外有一周凸棱承盖。附耳，腹上壁较直，圜底近平，三兽蹄足较高。盖中心有一兽面桥形钮衔环，外缘立三个环钮。盖面从内至外饰蟠蛇纹、绹纹、凸弦纹、几何形雷纹、蟠螭纹。颈部和腹部饰蟠螭纹，以弦纹为界。

兽形钮盖鼎（C.235、C.236），弇口，附耳，直腹较浅，大平底，三兽蹄足显得更高。盖微隆，中心有双螭状钮衔环，盖缘立三个兽形钮。盖面从内至外饰云纹、重环纹、绹纹、两周单体蟠螭纹。

大口鬲(C.126),形制和纹饰均仿陶鬲,敞口,沿面略上扬,口径大于腹径,深腹,裆稍瘪,三袋足。腹饰竖绳纹,中有间断弦纹两周。

小口鬲(C.156～C.164),敛口,仰沿,方唇,弧裆,三蹄形款足。腹有三个凸起的条形扉。腹部镶嵌鸟首龙纹。

甗(C.165),甑体大口,厚方唇,短颈,窄肩,附耳,深腹内收,平底,矮圈足。鬲体敛口,束颈,广肩,鼓腹,高裆,三蹄形款足。从颈部至腹部各镶嵌一周勾连粗云纹、梭形纹、勾连粗云纹、垂叶纹。

簋(C.105～C.112),盖隆起,盖顶中心为五莲瓣形盖钮,盖缘有等距离的三个兽面形衔扣。侈口,束颈,圆鼓腹,圈足,下有中为缺口的方座。均为镶嵌纹饰,盖上莲瓣饰云纹,盖面从内至外饰联凤纹、梭形纹、勾连粗云纹。颈部饰梭形纹,腹部饰鸟首龙纹。方座上下为梭形纹,中间为鸟首龙纹和云纹。

簠(C.122～C.125),长方口,斜腹折成直壁,斜边变短,直边变长。矩形足长与口相等,足宽大于口宽。全器镶嵌花纹,直壁饰T形钩连纹,斜腹饰龙凤勾连纹,足部饰鸟首龙纹。

浅盘豆(C.195、C.196),斜壁,浅腹,平底,高柄,喇叭形圈座。腹部镶嵌龙凤勾连纹,柄部从上至下镶嵌勾连云纹、垂叶云纹、勾连云纹。

盖豆(C.194),盖隆起,盖面竖立四个对称的兽形环钮,盖缘有三个兽面形衔扣。直口,方唇,深腹,柄较短,喇叭形圈座。全器镶嵌花纹,所镶的绿松石大部分尚存。盖面从内至外饰联凤纹和鸟首龙纹。腹部为鸟首龙纹,镶以梭形纹。柄部和圈座饰变形蟠龙纹。

大尊缶(N.5、N.6),盖隆起,内沿内收成子口与缶口套合。敛口,平沿,溜肩,鼓腹,假圈足,平底。盖缘有对称的四个环钮,盖侧有一环钮,衔有锁链,锁链另一端与缶肩部蛇形环钮相连。腹中部上下各有一周凸箍,其间有对称的四个大环钮。盖面饰从内至外饰圆涡纹、重环纹、蟠蛇纹、绹纹、二周云雷纹、多体蟠螭纹、平雕的U形单体蟠螭纹、多体蟠螭纹。颈部饰U形单体蟠螭纹、垂叶纹,腹部饰三周变体蟠螭纹和一周垂叶纹。凸箍上饰浅浮雕的蟠螭纹。

联禁大壶(C.132、C.133、C135),有一禁二壶。壶盖微隆,中心有一蛇形钮衔环。敞口,厚方唇,沿稍内敛,长颈,圆鼓腹,圈足。盖沿外套装一件饰T形勾连纹的镂空外罩。颈部攀附一对圆雕龙形耳。腹部为三横四纵的垂直交叉宽带,将腹部分为八块。盖面、颈部、腹部、圈足、龙均饰浮雕蟠螭纹。

提链壶(C.182、C.184),口微敞,瘦长颈,折腹,矮圈足。圆盖尖顶,顶端有一衔环钮。盖的顶环衔一锁链与提梁相接。提梁套接于颈部兽首形耳上的圆环内。盖面从内至外镶嵌涡纹、目纹、勾连云纹、梭形纹。颈部从上至下镶嵌梭形纹、勾连云纹、垂叶纹,腹部上、下饰T形钩连纹,中部为龙凤勾连纹,内有6个圆饼状纹。

鉴缶(C.139、C.141),由方鉴和方尊缶组成,方尊缶置于方鉴正中。鉴呈方形,直口,方唇,短颈,深腹,圈座附四兽形足。镂孔方盖盖面中空,以容纳方尊缶的颈部,四面各有一兽面衔环钮,盖沿四边各有两兽面衔扣。器口每边正中和四角各有一块曲尺形和方形附饰,附饰下共攀附八条圆雕龙形耳钮。

盖上隆起处饰浮雕的变形蟠螭纹,四周方框内是镂孔的T形勾连纹。鉴口上的附饰、颈部、上腹饰浮雕的多体蟠螭纹,下腹饰蕉叶纹一周。圈足饰浮雕蟠螭纹。

方尊缶,器身横断面呈正方形。盖隆起,四角各有一环钮,盖沿内折成子口。直口,方唇,鼓腹,平底,圈足。腹部四面各有一环耳。尊缶圈足上有三个榫眼,与鉴底三个弯钩套合,使鉴身稳定不移。盖面从内至外饰T形勾连纹、三周蟠螭纹。缶身颈部、圈足饰浮雕的变形蟠螭纹,肩部饰勾连雷纹,上腹饰浮雕蟠螭纹,下腹饰蕉叶纹。

尊盘(C.38)由尊、盘两件器物组成。尊盘铭文表明原为曾侯䢼所有,后改刻成曾侯乙的名字,此器应为春秋晚期器物。尊口和盘口的蜂窝状透空附饰铸造技术最为复杂,学界有失蜡法和分铸焊接法的争论。尊为喇叭口,长颈,圆鼓腹,高圈足。口沿附加精细繁缛的透空附饰。颈、腹、圈足各附四形态不同的龙形装饰。

盘,直口,方唇,短颈,浅腹,平底,四兽形足。口沿上有四个对称的长方形透空附饰,每个附饰下部两侧有两条透雕的扁体兽形装饰。透空附饰之间还攀爬着四条圆雕双身龙,龙头上蟠绕两小龙,双身上各攀附三小龙。足上部蟠绕三小龙,蹄足上蟠绕一对螭。

小口鼎(C.185),小口,方唇,圆肩,鼓腹,平底,三兽蹄足。盖面中间内凹,盖缘有四个环钮。肩部有对称的两对螭形钮,上接提梁。纹饰主要为镶嵌绿松石的花纹。盖面从内至外饰凤纹、梭形纹、勾连粗云纹。颈部饰蟠龙纹,腹部为鸟首龙纹。

匜鼎(C.142),器身如匜,流上有镂孔盖,平底,三蹄形高足。腹部有对称的两对耳钮,套接提链。

盥缶(C.189),盖直壁,盖面内凹,中心有喇叭形捉手。器身直口,方唇,短颈,圆肩,鼓腹,平底,圈足。肩部有一对兽形耳,套接提链。近盖缘有五个浮雕圆饼,腹部有六个浮雕圆饼,上饰涡纹。盖捉手饰浅浮雕的星点状螭云纹,盖缘饰勾连粗云纹、梭形纹,颈腹部饰勾连粗云纹、蟠龙纹和鸟首龙纹,以四周梭形纹为界纹。

盘(C.148),大口,平沿,方唇,浅腹,平底,附耳向外弯撇,三螭形足。

腹部饰鸟首龙纹和勾连云纹。

匜,C.190,椭形,口微敛,平沿,腹微鼓,平底,三蹄形矮足,前有圆形敞口流,后有龙形鋬手。腹部镶嵌龙凤勾连纹。C.147,椭形,直口,方唇,短颈,腹微鼓,平底,假圈足,前有带盖流,后有龙形鋬手。颈部饰云纹,腹部饰龙凤勾连纹。①

第七期的文化特征

以擂鼓墩二号墓和曾侯丙墓为代表。

擂鼓墩二号墓出土青铜礼器 66 件,其组合为炊器有镬鼎 1(附加鼎钩 2)、牛形钮盖鼎 6(附加鼎钩 2)、升鼎 9(附加鼎钩 2)、大口鬲 1、小口鬲 9、甗 1、釜 1,食器有簋 8、簠 4、豆 3(方盖豆 1、盘豆 2)、匕 3,酒器有尊缶 4(方尊缶 2、圆尊缶 2)、壶 4(方壶 2、圆壶 2)、斗 1,水器有小口提链鼎 1、盥缶 2、盘 1、匜 1。乐器有青铜甬钟 36、建鼓座 1。石编磬 12。

本期器形和纹饰与曾侯乙墓所出器物相比,有不少相似性,也存在一定的差别,器物铸造技术比较粗糙,装饰不如曾侯乙墓同类器精致,曾侯乙墓铜器纹饰大多为镶嵌花纹,有的还镶嵌绿松石,擂鼓墩二号墓铜器为印模铸

①湖北省博物馆:《曾侯乙墓》,文物出版社 1989 年,第 189~245 页。

制花纹。

镬鼎（M2∶32），形制与曾侯乙墓镬鼎近似，腹部饰两周蟠龙纹，口径50~53.2厘米，重24.8公斤，而曾侯乙墓两件镬鼎口径分别为64.2厘米、57.4厘米，重分别为54.8公斤、41公斤。

牛形钮盖鼎（M2∶54、55、56、68、69、71），与曾侯乙墓牛形钮盖鼎形制相似，M2∶55，盖面有三周凸弦纹，中心各饰一周蟠龙纹、绹纹、云雷纹；第一和第二周凸弦纹之间饰蟠螭纹；第二和第三周凸弦纹之间饰蟠龙纹，有三个等距离的立式牛形钮；第三周外盖缘饰蟠龙纹。颈腹有两周凸弦纹，其间饰两周蟠龙纹。

M2∶68，盖面有三个卧式牛形钮，盖面有二周凸弦纹，从内至外饰三角云纹、交龙纹、两周蟠虺纹。器身除一周凸弦纹外，素面无纹。

M2∶69，盖面有三个卧式牛形钮，盖面有二周凸弦纹，从内至外饰三角云纹、交龙纹、两周蟠虺纹。颈、腹有两周凸弦纹，其间各饰一周蟠虺纹。

M2∶56、71，盖面上有三个立式牛形钮，盖面有二周凸弦纹，从内至外饰一周鸟首龙纹和三周蟠虺纹，腹部有二周凸弦纹，饰二周蟠虺纹。

擂鼓墩二号墓未见三环钮、四环钮盖鼎。

升鼎（M2∶58~66），形制与曾侯乙墓升鼎相似，但此墓升鼎腹部没有圆雕龙形装饰，显得单薄。除M2∶61腹部饰勾连云纹外，其他升鼎腹部饰蟠螭纹。

大口鬲（M2∶78），与曾侯乙墓铜大口鬲相似。腹部没有两周凹弦纹。

小口鬲（M2∶16、19、20、21、23、25、26、28、29），敛口，折沿，方唇，短直颈，鼓肩，三锥足，而曾侯乙墓小口鬲为兽蹄足。

甗（M2∶53），形制与曾侯乙墓甗相似，颈和上腹部饰蟠虺纹，腹中部饰一周三角形垂叶云纹。

釜（M2∶11），敞口，折肩，深腹，底内凹，似铜盆。曾侯乙墓没有此类器。簋（M2∶39~46），形制与曾侯乙墓簋相似，但盖顶部为四瓣莲叶，耳为兽首形半环耳，盖面、器身、方座饰变形蟠螭纹。

簠（M2∶48~51），形制与曾侯乙墓簠相似，但直边更长，斜边更短，通体饰蟠虺纹。

浅盘豆（M2∶12、15），与曾侯乙墓浅盘豆近似。

方盖豆(M2:38),盖、腹均为长方体,深腹,矮直柄,有台座。盖顶有四个环钮,盖器扣合处两侧上下各有一对环耳。曾侯乙墓没有这种方盖豆,但有一件圆盖豆。

尊缶,擂鼓墩二号墓没有大尊缶,出土四件小尊缶,有两件方尊缶(M2:6、7)和两件圆尊缶(M2:13、14)。

壶,擂鼓墩二号墓没有联禁大壶和提链壶,出土了两件方壶和两件圆壶,为曾侯乙墓所不见。

方壶(M2:4、5),器呈方体,子母口。盖上部呈八瓣形镂孔花冠状。器身直口微侈,方唇沿承盖,长颈微束,颈部两侧有一对圆雕龙形耳,折腹,腹部有纵横宽带交叉成十字格栏,长方形圈足。颈部上下饰两周蟠螭纹,十字格栏内、圈足饰蟠螭纹。

圆壶(M2:8、52),盖隆起,盖缘有四个对称的似鸟首的环形钮,盖内折成子口。器身口微侈,束颈,圆肩,鼓腹,最大腹径在上部。肩部有对称的铺首衔环。平底,高圈足。腹部饰三组凹弦纹。

小口提链鼎(M2:70),形制与曾侯乙墓升小口提链鼎相似,盖面中部纹饰不清,其他部分饰变形蟠螭纹,肩腹部饰三周变形蟠螭纹,第二周蟠螭纹有六个凸起的四叶圆涡纹。

擂鼓墩二号墓不见曾侯乙墓的尊盘、匜鼎。

盥缶(M2:76、77),形制与曾侯乙墓盥缶相似,但纹饰不同。

M2:76,盖面从内至外饰卷云纹、三角云纹、变形蟠螭纹,蟠螭纹内对称分布四个浮雕圆饼,其上饰三分龙纹。从肩至腹部是变形蟠螭纹、凸弦纹、变形蟠螭纹、凸弦纹、变形蟠螭纹、三角垂叶纹。

M2:77,盖面、盖沿从内至外饰旋涡纹、重环纹、三周变形蟠螭纹,盖缘蟠螭纹内四个椭圆饼上饰兽面纹。从肩至腹部纹饰为变形蟠螭纹、凸弦纹、变形蟠螭纹、凸弦纹、变形蟠螭纹、三角垂叶纹,第二周变形蟠螭纹内均匀分布六个浮雕圆饼,饼上饰变形蟠螭纹。

盘(M2:75),直口微敛,方唇,折腹,颈部有一对环耳衔环,平底矮圈足。素面。与曾侯乙墓盘差异明显。

匜(M2:74),器形似瓢,椭圆形,流部上翘,弧腹,平底,矮圈足。素面。与曾侯乙墓匜也有明显差别。

第八章　曾国青铜器铸造技术与装饰工艺

曾国的青铜器从西周早期到战国中期，一直在技术方面处于较高地位，有些技术位居时代前列，如春秋晚期的曾侯遡尊盘失蜡法技术、战国早期的曾侯乙编钟分范合铸技术，是世界青铜铸造技术的精品。曾国青铜器的装饰艺术多种多样，美轮美奂，曾侯乙墓青铜器普遍镶嵌绿松石的工艺是一个突出的装饰特色。

第一节　曾国青铜器铸造技术

曾国青铜器铸造技术在西周早期就达到了较高水平，春秋晚期失蜡法技术也达到了更高的水平，到战国时期分范合铸技术有了新的进步。

一、西周时期曾国青铜器铸造技术

西周早期曾国的青铜器是由曾国独立铸造，还是周王朝统一铸造后分配给曾国呢？学术界有不同看法，张昌平以叶家山 M1、M2、M27、M65 出土的青铜器为例进行分析，青铜器组合以食器为核心，有鼎、簋、甗、鬲，尤以鼎、簋为中心。酒器还保留商代流行的觚、爵、斝，尊、卣成对搭配。水器以盉、盘搭配。器类和铜器组合与西周早期典型周文化一致。纹饰夸张的圆罍虽有特色，但四川彭县竹瓦街、辽宁喀左也出土了类似的铜罍。M1∶14 直颈扁腹鼎形制奇特，传世品中也有类似的铜鼎。可知这两种器型并不特殊。但叶家山青铜器也去有自己的特点，如 M1 叶家山师镬鼎（M1∶09）的垫片“器壁上下有 5 排，呈上下交错排列”，圆鼎（M1∶06）腹中部有一周 9 个垫片。在 M65 和 M2 出土的 2 件曾侯谏圆鼎的也是在腹中部使用一周 9 个垫片。目前所知典型周文化铜鼎铸造只是在腹底使用垫片。M27 两件圆罍纹饰夸张，在器底下悬挂铜铃与羊子山鄂侯方罍相似，具有地方特色。叶家山 M65 存在铜器仿制现象，如 M65 有 3 件圆鼎形制相同，M65∶44 曾侯谏鼎特别精致，M65∶42、M65∶45 重量轻，纹饰简化，属仿制品。M65∶49 曾侯谏簋精致，M65∶50 作尊彝簋则是为前者的仿品。因此认为西周早期曾国青铜器为曾国独立铸造，曾国具有独立生产青铜器的能力。①

郁永彬等人选择随州叶家山 M65 出土的 42 件铜器标本，经检测，31 件为铅锡青铜，10 件为锡青铜，仅 1 件为铅青铜。M65 共出土容器 22 件，包括炊食器 13 件，酒器 5 件，水器 4 件。论文作者选择了 15 件容器标本，检测结果表明，具有相同铭文、纹饰风格一致的铜容器金相组织、合金成分等制作技术较为一致，属于同批铸造，15 件铜容器是分几个批次铸造的，如 M65∶44 曾侯谏圆鼎和 M65∶49 曾侯谏簋合金成分含量接近，金相组织相同。M65∶41 作宝鼎圆鼎、M65∶46 兽纹鼎、M65∶27 漆壶铜扣合金成分与曾侯谏圆鼎、曾侯谏簋合金成分与曾侯谏组器物类似。M65∶30 作尊彝尊和 M65∶29 作尊彝卣合金成分和金相组织一致。M65∶159 云雷纹觯和 M65∶43铜甗合金成分含量与作尊彝尊卣接近。补铸材料与器物本体明显不同，如 M65∶43 铜甗本体为铅锡青铜，腹部补片为铅锡砷青铜。M65∶108 铜戈本体为铅锡青铜，补铸部位为铅青铜。M65∶29 提梁卣本体和补铸部位均为铅锡青铜，但比例有别。一足和底部的补铸材料接近，铜含量分别为 67.3%和 71.2%，锡含量分别为 8.2%和 7.9%，铅含量分别为 24.5%和 20.6%。本体铜含量为 81.2%，锡含量为 10.2%，铅含量为 8.6%。分铸制作的器物各组件合金成分不同，如 M65∶43 铜甗本体为铅锡青铜，而挂箅钩和箅子均为铅青铜。42 件器物中，有铸造、铸后受热、铸后局部热锻等 3 种组织形态，说明器物均为铸造而成，个别兵器在铸造以后又在局部进行热锻加工。M65∶157 铜戈内部断裂，可见有泥芯残留，应是块范铸造内置的盲芯，内置泥芯降低了戈的强度，此戈可能非实用器。M65∶9 耳形钺由外范2 块、芯范 1 块、自带銎芯范 3 块，合范浑铸而成。合金配比合理，含铜 87.0%，含锡12.8%，还含铁 0.2%。②

M28 出土了 606 件青铜器，郁永彬等人挑选了 51 件标本，其中包括铜容器 17 件，兵器 27 件，车马器 17 件。经检测，有 32 件为铅锡青铜，18 件为锡青铜，仅 1 件为铅青铜。分铸制作的器物各组件合金有别，如 M28∶159

①张昌平：《论随州叶家山西周墓地曾国青铜器的生产背景》，《文物》2013 年第 7 期。

②郁永彬、常怀颖、黄凤春、李玲、梅建军、陈建立：《随州叶家山西周墓地 M65 出土铜器的金相实验研究》，《江汉考古》2014 年第 5 期。

铜甗为锡青铜,本体和箅毛刺锡含量为 9.8%~13.5%,而箅的锡含量为 12.1%,箅钩和鬲部结合处有偏析锡富集的现象。M28:177 带盖铜罍肩部羊头为锡青铜,本体为铅锡青铜,肩部羊头与本体连接使用了榫卯结构,连接处用低熔点的纯铅作为焊料。经金相鉴定,51 件标本全为铸造成形,其中有 13 件铸后受热。“曾侯谏乍宝彝”组铜器 7 件,均为铅锡青铜,但合金比例有别。除簋 M28:162 因埋藏腐蚀原因造成锡含量偏高外,其他器物锡含量均为 10.2%~15.3%;方鼎 M28:165 和圆鼎 M28:152 的铅含量为 10%左右,其他器物为 2.5%~5%。两件方鼎 M28:157、165 大小、纹饰均相同,锡含量接近,铅含量分别为 5%和 9.4%;两件圆鼎 M28:152、164 大小、纹饰也相同,锡含量分别为 10.2%和 15.2%,铅含量分别为 10.5%和 2.5%。总体来看,方鼎 M28:157、圆鼎 M28:164、盘 M28:163 和盉 M28:166 四件器物的合金成分较为接近。不带私名的“曾侯乍宝鼎”方鼎 M28:156、“曾侯用彝”甗 M28:159 与带私名的“曾侯谏乍宝彝”组器明显不同,这两件铜器均为分铸制作,方鼎 M28:156 仅检测了器盖,为锡青铜,甗 M28:159 本体与箅均为锡青铜。“曾侯谏乍媿”组铜尊 M28:174 和提梁卣 M28:167 均为锡青铜;而提梁卣 M28:169 为铅锡青铜。说明“曾侯谏乍宝彝”组铜器 7 件是分批铸造而成的,不带私名的曾侯器和“曾侯谏乍媿”器与“曾侯谏乍宝彝”组铜器均是分批铸成的。

将 M65 与 M28 出土的铜器进行比较,两墓出土的曾侯谏组铜器是分批铸造的,M65 的“曾侯谏”圆鼎、簋与 M28 的“曾侯谏”圆鼎、簋合金元素含量不同。M65 所出成组合器物的技术规整性较 M28 要高,如 M65 出土“曾侯谏”圆鼎 M65:44 和“曾侯谏”簋 M65:49 的合金元素含量接近,金相组织相同。M65 出土的“作尊彝”尊 M65:30 和“作尊彝”提梁卣 M65:29 是配套的一尊一卣组合器物,其合金成分和金相组织也较为一致。而“曾侯谏乍宝彝”组铜器 7 件,均为铅锡青铜,但合金比例有别。M28 出土的“曾侯谏乍媿”尊 M28:174 和“曾侯谏乍媿”提梁卣 M28:167(大)、M28:169(小)是配套的一尊二卣组合器物,但存在两种合金类型,分别为锡青铜与铅锡青铜,金相组织表明三件器物均为铸造,其中一件锡青铜器物铸后受热。两墓出土铜兵器的制作工艺差别不大,铜车马器合金元素含量有所差异,同类器物均有一批生产多件的可能。两墓出土曾国铜器使用的矿料相同。①

郁永彬等人据铅同位素分析结果，叶家山曾国铜器的铅料可能有两种来源，其中大多数来源于东秦岭矿区。铜料来源难以确认，但与大冶铜绿山古矿区铜矿的铅同位素数据更为接近。② 西周早期周王室对青铜物料资源进行集中管控与配置，在周王室统筹下开展青铜冶铸生产并分配给各诸侯国，可能是这一时期青铜工业生产体系的主要形式。也就是说叶家山曾国铜器主要是由周王室铸造后分配给曾国的。原因有三：一是叶家山铜器与王畿地区及其他诸侯国铜器合金均为铜锡铅系统；二是微量元素和铅同位素分析均显示，西周遗址或墓地铜器原料利用主体是一致的；三是不同遗址或墓地铜器，在组合、纹饰和风格等方面保持高度一致性。③

二、春秋时期曾国青铜器的铸造技术

陈千万、胡家喜、王志刚等学者对枣阳郭家庙曾国墓地出土的曾国青铜器的铸造技术进行了研究，具有重要的学术价值。共出土 10 件铜鼎，其中一件形制不清除外，另 9 件铜鼎中有立耳鼎 4 件，附耳鼎 5 件。浑铸法铸鼎 8 件，立耳鼎和附耳鼎各 4 件，为多单元复合范一次性浑铸而成。腹外范 3 分应足，底范呈三角形。蹄足横截面呈 U 形，内侧露范。附耳与口沿间有两根小横梁连接，以增强牢固性。浇、冒口设在三足端。分铸法铸鼎 1 件（GM6∶1），腹壁外范三分，范缝与蹄足的位置不对应，底范为三角形。附耳与腹部结合同浑铸法铜鼎。三个鼎足预先铸好，再嵌入腹范，与其他部位一起浇铸而成。两个浇口、一个冒口设在腹外范和底范之间的范缝上。

焊接方法有三种，一是铸榫式焊接，如铜匜（GM8∶2）将龙首鋬根部范土掏掉，在腹上开凿浇口，从腹内侧注入铜液，使之充满鋬根内腔，形成榫头，以达到焊接之功效。二是榫卯焊接，如 GM17∶11 铜杯龙形镂孔环状鋬

---

①郁永彬、常怀颖、陈坤龙、黄凤春、李玲、梅建军、陈建立：《湖北随州叶家山墓地 M28 出土青铜器的检测分析及相关问题》，《考古》2018 年第 7 期。

②郁永彬、陈建立、梅建军、陈坤龙、常怀颖、黄凤春：《关于叶家山青铜器铅同位素比值研究的几个问题》，《南方文物》2016 年第 1 期。

③郁永彬、陈建立、梅建军、陈坤龙、常怀颖、黄凤春：《试析西周早期社会青铜工业生产机制——以湖北随州叶家山墓地出土铜器为中心》，《文物》2019 年第 5 期。

与器身的结合微分柱焊接。器腹部铸有凸榫,将耳根部范土掏掉,用范泥堵住耳根部镂孔,注入焊液后,立即与凸榫对接。三是铸销式焊接,如壶(GM17:4)器身上铸出榫头,将分铸的兽耳根部范土掏掉,套在榫头上,用范泥堵住焊液可能外漏的缝隙和一侧的销孔,从耳根部上下预留的孔部浇入焊液,上耳根从左侧浇,下耳根从右侧浇,浇孔处留下销钉。

套环工艺也有三种,一是嵌入式套接,如GCHK2:15马形軏足,立马衔环,环为预铸件,然后将环嵌入马口部内外范腔内,将嵌入部分用范泥围住,浇铸成型后,掏掉马口内范土,环就可以活动。二是留缺补铸式套接,如马衔预铸两环,其中一环预留空缺,与另一环套好后再补铸。三是先套后固接,如GM17的两件铜壶(M17:4、5)耳内套环,是将环形兽耳和环分别铸好后,先把环套入环形耳内,再把耳固接在器身上。①

张昌平观察了许多标本,对曾国青铜器的铸造技术进行了系统的研究,把这一课题研究推进了一步。从西周晚期到春秋中期偏早阶段,曾国当时已经拥有独立的、生产水平较高的青铜工业。曾国青铜器的铸造技术较西周早中期的铜器铸造技术相比有简化的趋势,也出现了新的技术。各类器物基本铸型如下:

鼎为三块腹范、一块三角形底范和一块芯范。绝大部分鼎足为浑铸,腹范范缝与足相应。少数鼎的鼎足为先铸,腹部范缝错开鼎足。鼎的立耳和附耳均与器体浑铸,附耳浑铸时,在双耳与器外壁之间各设一块芯范,在口与耳之间设圆形铜梗连接和加固附耳。多数鼎足内侧不封闭而露出范土,以便足芯范与底范连为一体。先铸的鼎足则内侧封闭。底范范缝凸起,浇口和冒口设在底范范缝处。

鬲为三块腹范、一块三角形底范和一块芯范,有的鬲侧带扉棱,扉棱为浑铸。

圆甗为三块腹范,方甗的甑体和鬲体均为四块腹范,一块长方形底范。鬲足和附耳均为浑铸。

簋、圆壶、豆、盘均为四块腹范、一块圆形芯范和一块圆形底范。簋耳以分铸为主,浑铸者少。簋圈足下扁体小足均为浑铸,而象首足为分铸。壶耳

①襄樊市考古队等:《枣阳郭家庙曾国墓地》,科学出版社2005年,第396~402页。

为分铸，主要为榫式焊接，耳根部设有销孔。盘的附耳绝大多数为浑铸，设圆梗与器壁相连，在耳与器壁之间设置芯范。

簠、方壶、方卣为四块腹范、一块长方形芯范和一块长方形底范。方壶的贯耳、方卣的环形耳为浑铸，方壶和簠的龙形耳为分铸榫式焊接。

𨱔、盆、杯为四块腹范、一块芯范和一块圆形底范。𨱔耳有的浑铸，有的分铸焊接。郭家庙 M17 杯耳分铸铸接，陈千万等认为是榫式焊接。

盉与匜均有方形或长方形底范，盉为四块腹范，匜的腹范有二范、三范、四范几种，两周之际之春秋中期早段的匜均为四块腹范。匜鋬多为浑铸，也有榫式后铸。

在基本铸型方面也有一些变异现象，个别簋、壶腹范只有两块或者三块。郭家庙 M17 鬲没有底范，三块腹范直插腹底。体形较高的器物采用了水平分范铸造技术。

该时期的铜器铸造以浑铸为主，簋、壶、簠的龙形耳采用了分铸榫式焊接或铸接技术。

春秋中晚期曾国的分铸焊接技术已经普遍流行。①

春秋晚期曾国把失蜡法技术发展到很高的水平。所谓失蜡法，是熔模铸造中的一种。先用蜡料将设计好的铸品制成蜡模，由于蜡的可塑性好，可以在蜡模作出繁复的纹样或使器物具有复杂的形式。在蜡模表面涂上沙、石、耐火泥等粉末，形成比较坚固的外壳，然后加热熔去蜡模，形成铸件的外模范，再浇注铜液，待冷却后，除去外模，铸件即成。

战国早期曾侯乙墓（前 433 年）中出土的尊盘尊盘是由尊、盘组合而成的酒器，可以分开放置。尊体修长，喇叭形口，高圈足，在颈部、腹部和圈足，分别攀附着四条体态各异的龙形装饰，口部有细密繁缛的透空附饰。盘为圆形直口，下有四个兽蹄形足。口部饰镂空的变形蟠虺纹，耳面的透空附饰与尊口部完全一样，腹部装饰着扁体怪兽和互相蟠绕的龙螭。

尊口沿和盘口上的透空附饰，若用组合范整体铸造，则需数千块铸范，显然是不可能的。这种纹饰应是用失蜡法铸造而成的，技艺十分娴

①湖北省文物考古研究所：《曾国青铜器》，文物出版社 2007 年；张昌平：《曾国青铜器研究》，文物出版社 2009 年。

熟。张正明说，假如一定要给这件尊盘评定等级，就只能说它是独一无二的极品。

曾侯乙墓尊盘

有专家认为："战国早期，青铜器的发展已十分成熟，泥型铸造工艺达到很高水平，尊盘本体铸造使用了当时的泥型工艺，而对泥型不能制造的透空附饰采用了熔模铸造。"①熔模的材料可能是某种混合蜡料，也就是说透空附饰就是用失蜡法铸造的。

在古埃及和西亚两河流域，已经发现了用失蜡法铸造的小型金属铸件，其年代可以早到公元前 30 世纪中晚期。但这种技术没有持续传下来，几度失传，又重新发明。

目前考古发掘出土的我国最早采用失蜡法的青铜铸件，是出自河南淅川下寺 2 号楚令尹子庚（卒于前 552 年）之墓的铜禁和铜盏。铜禁长 107 厘米，宽 47 厘米，通高 18 厘米。据铸造专家研究，铜禁的蜡模是由 28 个部件焊成，焊接部位不够平整，焊缝较宽而走向不直，具有蜡料热焊时的特征。铜禁体积大，纹饰繁复，蜡模构成复杂，说明楚国失蜡法的铸造工艺早已脱

①湖北省博物馆：《曾侯乙墓》，文物出版社 1989 年，第 646 页。

离了原始状态而具有相当的水平。铜盏的三个盖钮和三足都成缠绕纹样，都是采用蜡料捏出来的，因为它们的表面还留有蜡料修饰的痕迹。这两件实物资料把失蜡法铸造技术的使用时间提早到春秋中期，考古资料证明楚国是我国最早使用失蜡法的地区。

楚共王熊审盏器盖上的圆形捉手呈镂孔状，上铸有蟠螭等纹饰，三个器足也呈镂孔状，上有纹饰，应该是用失蜡法铸造而成。楚共王熊审在位年代为公元前 591 至前 560 年，这件传世标本时间略早于令尹子庚墓。

1986 年，在湖南省岳阳市筻口镇出土的铜盏为镂孔圈形盖钮，由蛇状铜条盘结而成，三个盏足也各由两条小蛇状铜条盘旋而成。应是采用失蜡法铸造而成。该墓的年代为春秋中晚期，与令尹子庚墓年代相当。①

中国的失蜡法技术应该是楚人独立发明的，开始年代应该早于春秋中期，其后连续发展，到战国早期达到一个高峰。② 曾侯乙墓尊盘的出土，证明曾国把失蜡法技术推向一个高峰。尊盘的铭文表明尊盘原主人为曾侯與，第一次铸款为“曾侯與之□□”，第二次为刻款，将第三、五、六字刮去，但與字未全部刮掉，然后改刻“乙作持用终”五字，“持”字系利用原“之”字加刻而成。曾侯與为曾侯乙的祖辈，年代为春秋晚期，也就是说尊盘年代为春秋晚期。一般学者往往把尊盘视为战国早期的器物，因此要特别提醒读者，尊盘是春秋晚期器物。现在曾侯與墓已经挖出来了，就是 2009 年文峰塔 M1，该墓编钟铭文表明，曾侯與年代与楚昭王同时，在吴师入郢时保护了楚昭王，没将楚昭王交给吴军，楚昭王为表答谢，恢复了曾国疆域，到曾侯與的孙子曾侯乙去世后，楚惠王还专门给曾侯乙铸造了一套镈钟，其中一件悬挂在曾侯乙编钟的最下一排正中部。

但是有的学者就尊盘的铸造方法提出不同看法，认为曾侯乙墓尊盘和淅川下寺二号墓铜禁均非失蜡法铸造，而是采用分铸焊接技术制作而成的，即分型铸造及铸后焊接。“曾侯乙尊盘的尊口及盘口，是由大大小小约 3000 余个分别铸造的组件焊接装配而成，这些组件单元，在焊接前都是独

①后德俊：《光耀东方——楚国的科技成就》，湖北教育出版社 2000 年，第 16、17 页。
②后德俊：《光耀东方——楚国的科技成就》，湖北教育出版社 2000 年，第 16～18 页。

立的铸件,范缝明确,即每个铸件都是用传统的范铸技术单独铸造的”。①

三、战国时期曾国青铜器铸造技术

(一)分范合铸技术的进一步发展

分范合铸技术就是根据器形的复杂程度,确定铸造一件器物需要几块外范,器形简单的器物就用浑铸法,一次铸成。器形复杂的器物,基本上用分铸法铸成。分铸法分几种情况,一种是先铸出附件,再将附件放在器体范中进行浇铸;另一种是先铸出器体,再在器体的相应部位接铸附件;第三种是将附件焊接到器体上。曾侯乙编钟是分范合铸技术的杰作。该套编钟1978年出土于随州市擂鼓墩曾侯乙墓,该墓下葬于公元前433年,属战国早期。铜木结构的曲尺形架,全长10米以上,分上、中、下三层,通高2.73米,由六个佩剑的青铜武士和几个圆柱承托。全套编钟64件,其中钮钟19件,分三组悬挂于钟架上层,甬钟45件,分五组悬挂于钟架的中下层。另外还有1件楚惠王熊章赠送给曾侯乙的大型铜镈。编钟总重量达3500多公斤,这套编钟是目前世界上最大最好的一套编钟。五组甬钟总音域跨五个八度音程,只比钢琴的音域两端平均只少一个八度音程,其中心音域部分三个八度音程的范围内,十二个半音齐全,该编钟是已知世界上最早的具有十个半音音阶关系的定调乐器。全部音域的基本骨干则是五声、六声至七声的音阶结构。经实验演奏,在旋宫转调的情况下,用这套编钟能演奏古今中外多种乐曲音色优美,悦耳动听。

曾侯乙编钟是目前所见数量最多,重量最大,铸制也最为精美的一套编钟。欧洲和印度的钟都是正圆形,唯独中国的编钟是合瓦式的,因为钟体扁圆衰减较快,所以能成组编列,作为旋律乐器使用。夏代二里头遗址出土的铜铃,铃体扁圆,已具日后编钟雏形,用双面陶范,配以泥芯和自带泥芯铸

①周卫荣、董亚巍、万全文、王昌燧:《中国青铜时代不存在失蜡法铸造工艺》,《江汉考古》2006年第2期;周卫荣等:《失蜡工艺不是中国青铜年代的选择》,《中国文物报》2006年7月21日第7版;周卫荣、董亚巍、万全文等:《再论“失蜡工艺不是中国青铜年代的选择”》,《南方文物》2007年第2期;董亚巍、潘路、万全文、周卫荣等:《再探曾侯乙尊盘的铸造工艺》,《中原文物》2008年第1期。

成。最早成组编排的乐钟是编铙,形体比铃大,铸型工艺也比铃进步。由侧浇改为倒浇。由编铙变为编钟,年代约在西周中期(据湖北随州叶家山西周早期曾侯墓地第 111 号墓出土的 4 件编钟和 1 件镈来看,西周早期已经确有编钟了)。西安、扶风所出西周编钟,音响结构趋于定型,由铙的倒置改为甬钟的悬挂式,演奏技巧得以提高并推动钟制变化,西周晚期出现了钮钟和镈钟。到战国初期出现了铸型工艺极为繁复、巧妙的曾侯乙编钟。曾侯乙编钟采用的铸造工艺如下:

1.上层钮钟　均用双面陶范,钟体泥芯自带定位用的泥质芯撑,铸型装配较为简便可靠,铸后在钟的钲部和舞部形成透空的窄缝。

2.中层甬钟　铸造工序如下:

(1)按设计意图塑制钟样,用陶土依样制成半合瓦形钟模,在模上划线和篆刻铭文。

(2)钟体各部分的纹饰,须分别使用范盒翻制花纹分范,再组合成形,局部花纹例如钲部界划还须用印模制成。

(3)斡部分范是单独制成后,插入甬范中的,铸后在斡的周围形成封闭的范缝。

(4)钟体和甬部泥芯都用芯盒翻制,再加修削,浇口及排气孔在芯范上开设。

一件甬钟的铸型,须用范、芯一百三十六块。其构成如下表所示:

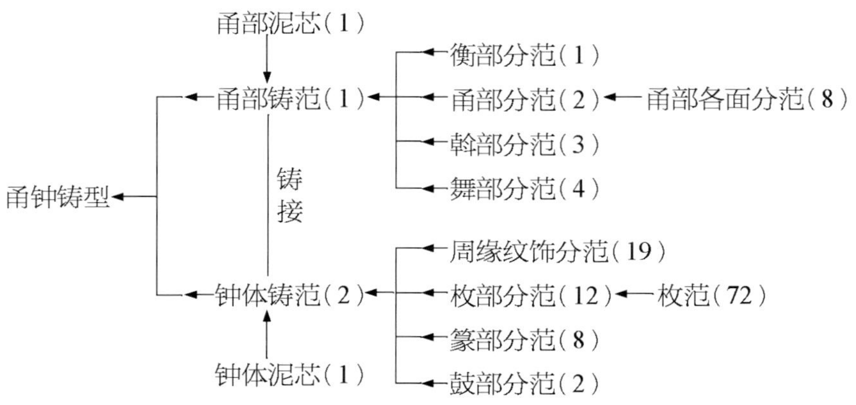

用范铸技术铸造纹饰极为复杂,尺寸相当精确的编钟,关键在于分范合铸技术的娴熟使用,分范合铸的技术达到炉火纯青的水平。说明中国商周

陶铸技术确有独到之处，是从长期生产实践中逐步形成了自己的特色和工艺体系的。

3.下层甬钟

下层甬钟体型大，分量重，质量高。甬部是分铸的，甬的红铜纹饰用铸镶法铸成，钟体的浇口设在舞部，所以在钟体下缘未发现浇注痕迹。①

编钟的音律要求准确，需要高超的铸造技术和调音技术。

曾侯乙墓编钟

（二）焊接技术

焊接技术可分为铜焊和镴焊两种方法。铜焊是将各部件分铸后，嵌入陶范内相应部位，浇铸铜液，就铸接牢固了。铜焊焊接强度高，常用于青铜构件上，商代青铜器上已经常用这种焊接技术。镴焊就是用锡铅合金为焊料，强度较低，简便易行，适合于较小、不需要很高连接强度的部位。在曾侯乙编钟钟架横梁两端的铜套内发现了锡铅合金实物，铜套套在横梁两端，然后在铜套内灌注锡铅合金，使其牢固结合。经检测分析，镴焊合金比例为：

①华觉明：《曾侯乙墓编钟及钟架铜构件的冶铸技术》，湖北省博物馆：《曾侯乙墓》，文物出版社1989年，附录六。

铅 58.48%，锡 36.98%，铜 0.23%，锌 0.19%。华觉明说我国古代这种焊接技术和所用合金，还是首次发现。①

第二节　曾国青铜器艺术装饰

一、曾国青铜器的嵌镶和铸镶红铜花纹

青铜器嵌镶红铜纹饰在商代已经出现。北京故宫博物院所藏据传出自安阳的一件商代铜戈，镶嵌有红铜花纹。美国旧金山亚洲艺术博物馆的一件商代铜钺，内部有细线条构成的兽面纹，嵌以红铜。西周时期未见嵌镶红铜的器物。到春秋中期嵌镶红铜的装饰工艺又复兴起来，战国时期继续流行。

这种纹饰嵌镶方法可分为两种，一种称为“嵌镶法”，如商代铜戈、铜钺上的红铜纹饰，应是用纯铜（或自然铜）锻成条状再锤入预铸的纹槽形成的。这种嵌入的花纹并不牢固，可能是这种工艺在商代没有更多使用，在西周基本绝迹的原因。

另一种方法称为“铸镶法”。铸镶纹饰的程序是：先将红铜纹饰铸好，然后嵌镶在陶范的适当部位上，于浇铸时和器体铸在一起。② 由于红铜纹饰量较大，为了防止对浇铸的铜液产生过冷作用，一般均要将铸型预热，红铜纹饰也同时预热，温度达到 200℃～300℃，或更高一些。同样，浇铸的铜液也需要一定的过热温度，浇铸温度高于制造一般的青铜器。③

战国早期曾侯乙墓出土的盥缶、甗、甬钟、炭炉、漏铲镶嵌的红铜花纹镶嵌方法就属于铸镶法，题材有圆涡纹、蟠龙纹、鸟首龙纹和勾连云纹。曾国这些器物是代表战国时期铸镶红铜花纹技术的代表作。

这种铸镶工艺也见于楚国青铜器。河南淅川和尚岭第 2 号墓出土的两

①华觉明：《曾侯乙墓青铜器群铸焊技术和失蜡法》，华觉明、郭德维：《随县曾侯乙墓发掘简报与论文汇编》，1979 年。

②贾云福、胡才彬、华觉明：《曾侯乙墓青铜器红铜纹饰铸镶法的研究》，湖北省博物馆：《曾侯乙墓》，文物出版社 1989 年，附录十二。

③后德俊：《楚国科技史稿》，湖北科学技术出版社 1990 年，第 25 页。

件画像铜壶是铸镶的花纹。标本 HXHM2:26,器盖顶部正中镶嵌一个柿蒂纹,钮间有四组兽,每组两只立兽,头相对,昂首挺胸。器身花纹分七层,每层又分数组,每层之间以梭形纹隔开。第一层为凤鸟,共三组,每组有两只凤鸟,鸟尾相对,昂首、张口、翘尾、站立。第二层为仙人与凤鸟,共三组,每组仙人立于中间,两侧各一凤鸟。第三层为仙人与老虎,共三组,每组中间立一仙人,仙人两侧各有一只老虎。第四层为狩猎图,共四组。每组有两人、两兽、两只小山羊。第五层为狩猎图,有四组画像,每组两人、两虎。人持盾牌和剑与虎搏斗。第六层亦为狩猎图,有三组画像,每组有两人、两兽、一仙人。两人分别与一兽搏斗。第七层共六组画像,每组各有一犀牛。

标本 HXHM2:27,器盖顶部正中镶嵌一个柿蒂纹,钮间有四组兽,每组两只立兽,头相对,昂首挺胸。器身花纹分六层,每层又分数组,每层之间以梭形纹隔开。第一层为凤鸟,共四组,每组有两只凤鸟,中间以云气纹隔开。第二层为鹿,共四组,每组两只鹿。第三层为夔与鸟,共四组,每组有两只夔和两只鸟。第四层为夔,共四组。每组有只夔。第五层为夔与凤,有两组画像,每组四只夔和四只凤。第六层亦为鹿,有八组画像,每组有一只鹿。[①]

淅川下寺 M2 出土的铜缶(M2:51,原报告图一〇六,一〇七,彩版八,图版五三,1)的盖顶、盖沿、器肩、器腹用红铜各铸镶一周龙纹。头向向前,回首卷尾。另出一件铜鉌口(M2:54,原报告图一一五,图版五六,1、2),器盖和器腹部亦各铸镶一周龙纹。[②] 年代为春秋中期偏晚。

湖北宜城市孔湾镇凤凰山第 1 号墓出土的青铜盏器盖和器身各铸镶两周龙纹,腹下部以一周梭形纹镶边。该盏年代为春秋晚期。孔湾镇陶家洼子第 1 号墓出土的青铜敦盖、器中部各铸镶一周龙纹,两两相对,中间为菱形纹。盖、器顶部和器口部分铸镶云纹。盖豆器盖器身铸镶云纹,豆柄下部铸镶龙纹。从铜敦及伴出的铜鼎看,年代应属于战国早期。[③]

①河南省文物研究所等:《淅川和尚岭和徐家岭楚墓》,大象出版社 2004 年,第 30~43 页。

②河南省文物研究所等:《淅川下寺楚墓》,文物出版社 1991 年。

③宜城市博物馆:《楚风汉韵——宜城地区出土楚汉文物陈列》,文物出版社 2011 年,第 32、42、43 页。

二、曾国青铜器的纹饰主题

曾国青铜器的纹饰主题随着时代的变化而变化。西周早期曾国青铜器纹饰种类包括凤鸟纹、夔龙纹、圆涡纹、兽面纹、背带纹、人字纹、乳钉纹、双身龙纹、象首纹、云雷纹、圆雕兽头、圆雕爬兽、牛形纹、蝉纹、联珠纹、圆雕蟠龙、瓦楞纹、卷体龙纹、蕉叶纹、浮雕龙纹、扉棱、圆雕立鸟、透雕虎纹等。其中兽面纹最为流行，云雷纹一般为衬底花纹。①

尚未发现西周中期曾国墓葬。

西周晚期至春秋早期纹饰主题简化，流行窃曲纹、重环纹、瓦楞纹、环带纹、垂鳞纹、龙纹等。

春秋中期保留了一些春秋早期的窃曲纹、垂鳞纹、重环纹、瓦楞纹、环带纹、龙纹等，但本期流行新的纹饰蟠虺纹。

春秋晚期仍流行蟠虺纹，还有蟠龙纹、铸镶龙纹、绹纹、弦纹、蟠螭纹等。

战国早期以曾侯乙墓出土的青铜器代表。绝大多数青铜器带有花纹，精细繁缛，豪华异常。纹饰以动物纹样最多，主要是蟠螭纹、蟠蛇纹、蟠龙纹、鸟首龙纹、兽面纹等。几何形纹主要有云纹、雷纹、勾连纹、重环纹、绹纹、圆涡纹、梭形纹、三角纹、弦纹、蕉叶纹、花朵形纹等。

纹饰有的为平雕、浮雕和透雕的花纹，如蟠螭纹、蟠虺纹和变形蟠螭纹。有的为镶嵌和铸镶的花纹，如在花纹中镶嵌绿松石，以含铜量较高的矿物粉末和天然漆为填充物，镶嵌的花纹题材有蟠龙纹、鸟首龙纹和勾连云纹，图案优美，晶莹耀眼。铸镶的花纹题材有圆涡纹、蟠龙纹、鸟首龙纹和勾连云纹。有的用圆雕的动物作器耳、足和附加装饰，动物形象主要是龙和兽。②

战国中期以擂鼓墩二号墓和曾侯丙墓为代表。纹饰包括蟠龙纹、蟠螭纹、蟠虺纹、绹纹、云雷纹、凸弦纹、圆涡纹、三角垂叶纹等。

---

①湖北省博物馆等：《随州叶家山西周早期曾国墓地》，文物出版社 2013 年。

②湖北省博物馆：《曾侯乙墓》，文物出版社 1989 年，第 178～186 页。

第三节　曾国青铜器镶嵌绿松石工艺的源流

殷志强在《中国古代玉器》一书中指出我国古代多用绿松石在铜器等上进行镶嵌原因有三：绿松石硬度低，可以根据需要切割成薄厚方圆等形状。绿松石隐晶质微粒结构，质松比较容易成形。绿松石色泽艳丽，典雅美观，会掩饰被雕嵌器物的不足。[①] 战国时期曾国青铜器盛行绿松石镶嵌工艺，当与此有关。

已经有一些学者著文研究青铜器上的绿松石镶嵌工艺，如叶小燕在《我国古代青铜器上的装饰工艺》一文中对青铜器的装饰工艺进行了全面探索，其中包括镶嵌绿松石、孔雀石、琉璃、玉、玛瑙的工艺、填漆、错红铜、错金银、鋈金、包金、贴金和鎏金（银）等工艺。[②] 资料收集翔实，是一篇很有分量的文章。朱凤瀚在《中国青铜器综论》中有一节专论"镶嵌绿松石"，从资料到观点方面，在吸收叶文的基础上有所发展。[③] 本节在前者的基础上，主要对曾国青铜器的绿松石镶嵌工艺及其源流进行探讨。

一、曾国青铜器绿松石镶嵌工艺标本的发现

镶嵌绿松石的曾国青铜器主要发现于曾侯乙和曾侯丙墓。

曾侯乙墓下葬时间约为公元前 433 年，出土镶嵌绿松石的器物最为集中，共有 65 件，占青铜礼器总数的 55.6%，是此墓所出最主要的一类铜器纹饰。[④] 主要器类如下：

束腰大平底鼎（升鼎），9 件，器身和耳部有镶嵌花纹。腹部凸弦纹带以上为一周鸟首龙纹，以下为勾连粗云纹，耳侧壁为梭形纹。纹槽内个别部位有绿松石粘附在充填物面上。[⑤]

牛形钮盖鼎 5 件，盖面、腹部和附耳有镶嵌的花纹，盖面纹饰从内向外

①殷志强：《中国古代玉器》，上海文化出版社 2000 年。

②叶小燕《我国古代青铜器上的装饰工艺》，《考古与文物》1983 年第 4 期。

③朱凤瀚：《中国青铜器综论》，上海古籍出版社 2009 年，第 781～784 页。

④湖北省博物馆：《曾侯乙墓》，文物出版社 1989 年，第 178 页。

⑤湖北省博物馆：《曾侯乙墓》，文物出版社 1989 年，第 193 页。

作三圈分布，以梭形纹和弦纹为界纹，内圈为联凤纹，中圈为勾连云纹带，外圈为“双龙戏珠”的蟠龙纹带；腹部一周勾连为云纹带，上下以梭形纹为边饰；耳部两壁亦饰勾连云纹，耳部侧壁饰梭形纹和粗云纹。纹槽内有褐黑和白色的填充物，个别地方有绿松石留存。①

簠 8 件，盖、腹有镶嵌的纹饰。盖上莲瓣饰云纹。盖面以梭形纹为界分内外两重，内为联凤纹，外为一圈勾连粗云纹。颈部一周梭形纹，腹部为鸟首龙纹。方座上部和下部为梭形纹，中间为云纹和鸟首龙纹。纹槽内个别部位有绿松石。②

浅盘豆 2 件，全器镶嵌花纹。盘腹部饰勾连云纹和垂叶云纹，足部饰勾连云纹。镶嵌的绿松石多已脱落。③

盖豆 1 件，全器镶嵌花纹。所镶的绿松石大部分尚存。盖面纹饰两重，中部为联凤纹，外圈为四组鸟首龙纹，每组由两龙反首相顾作飞腾状；腹部亦为鸟首龙纹，两两相对，龙身卷曲；柄部和圈足为变形蟠龙纹。④

鼎形器 10 件，镶嵌纹饰。上腹部为弦纹和勾连云纹，下腹部为垂叶纹足上部为兽面纹，足跟饰云纹。上腹部所镶嵌绿松石大多脱落。⑤

II 式匕（C.169）前段较窄，正面有铭文一行七字：“曾侯乙作持用终。”后段呈长梯形，有镂空几何形纹饰。铭文两侧和镂孔花纹上均用绿松石镶嵌，大多已脱落。⑥

小口鼎（C.185）主要为镶嵌绿松石的花纹，大多脱落。盖面中间下凹的圆饼形面上为四凤组成的圆形图案，盖面外圈和侧沿为勾连粗云纹。肩部为蟠龙纹，腹部为鸟首龙纹，乳钉上饰涡纹。盖面内外圈纹饰之间、肩腹部纹饰之间及腹部纹饰下边均有梭形纹作界纹。⑦

盥缶有两件（C.186、C.189）镶嵌绿松石，多已脱落。盖上喇叭形提手为浅浮雕的星点状螭云纹，盖沿饰勾连粗云纹，盖沿和腹部有梭形界纹五周。

①湖北省博物馆：《曾侯乙墓》，文物出版社 1989 年，第 196 页。
②湖北省博物馆：《曾侯乙墓》，文物出版社 1989 年，第 207 页。
③湖北省博物馆：《曾侯乙墓》，文物出版社 1989 年，第 211 页。
④湖北省博物馆：《曾侯乙墓》，文物出版社 1989 年，第 212 页。
⑤湖北省博物馆：《曾侯乙墓》，文物出版社 1989 年，第 213 页。
⑥湖北省博物馆：《曾侯乙墓》，文物出版社 1989 年，第 216、217 页。
⑦湖北省博物馆：《曾侯乙墓》，文物出版社 1989 年，第 236 页。

腹部界纹之间饰勾连粗云纹、蟠龙纹和鸟首龙纹,圆乳突上饰四分式涡纹。①

圆鉴2件(C.127、C.128),全器为镶嵌的纹饰,所嵌绿松石大多脱落,保存有褐色、白色填充物。盖、腹部和圈足上有梭形纹作纹饰的界纹和边饰,盖、颈部饰勾连粗云纹,腹部饰勾连粗云纹和垂叶云纹。②

斗(C.170)有镶嵌的纹饰,腹部饰龙凤勾连云纹。所镶绿松石腹部大多脱落,柄上尚存一部分。③

筒形器1件(E.3)筒壁为镂孔龙纹,有规则地分布九龙,九龙交缠盘绕,每一条龙都张口咬住另一条龙的身躯。龙有前后两足,足上两爪,并伸出若干异形铜梗,器口沿和唇面均嵌有绿松石,龙身铸有星点纹和涡云纹。④

随州文峰塔第18号墓出土两件方缶,公布的标本M18:2通体饰菱形纹,菱形纹上镶嵌有绿松石。出土鉴缶两件,公布的标本M18:11盖上饰镂空龙纹,鉴身满饰三角勾连云纹,其上再镶嵌细小绿松石。提梁壶两件,盖及器身满饰三角纹、勾连云纹,纹饰上再镶嵌绿松石。墓主人为曾侯丙,曾侯丙可能是曾侯乙的儿子,第18号墓年代为战国中期。⑤

二、曾国青铜器绿松石镶嵌工艺的特征

从器类来看,曾国镶嵌绿松石的青铜礼器特别多,有鼎、簠、豆、鼎形器、盥缶、方缶、鉴缶、圆鉴、提梁壶、斗、筒形器等。曾侯乙墓镶嵌花纹的题材,主要是在蟠龙纹、鸟首龙纹和勾连云纹上镶嵌绿松石,文峰塔第18号墓是在菱形纹、三角勾连云纹上镶嵌绿松石,图案优美,晶莹耀眼,显示了铜器花纹制作工艺的新水平。

从镶嵌工艺来看,镶嵌方法是先在器体上预先铸出花纹凹槽,再在凹槽内镶嵌绿松石等物,然后加以错磨,使之与器体紧密结合并显出光泽。据湖

①湖北省博物馆:《曾侯乙墓》,文物出版社1989年,第239页。

②湖北省博物馆:《曾侯乙墓》,文物出版社1989年,第240页。

③湖北省博物馆:《曾侯乙墓》,文物出版社1989年,第245页。

④湖北省博物馆:《曾侯乙墓》,文物出版社1989年,第249页。

⑤湖北省文物考古研究所等:《湖北随州市文峰塔东周墓地》,《考古》2015年第7期。

北省地质实验室分析，所嵌除绿松石外，还以含铜量较高的矿物粉末和天然漆制品为填充物，器物出土时还不同程度地保留了这些填充物。许多器物的花纹凹槽中，不同程度地保存着一些绿松石，少数器物已脱落不见。[①] 天然漆应该是一种粘接材料。

石璋如认为，绿松石镶嵌方法应是在器物上先铸成阴纹的纹饰，然后按照纹饰的规格制作不同形状的绿松石片或块。镶嵌绿松石片块时用粘着物，其质料有可能是一种树胶，因树胶为有机物，埋在地下日久即腐朽失去粘着作用，故发掘出土的镶嵌绿松石的器物，纹饰中绿松石常有脱落的现象。[②]

叶小燕认为粘着物据观察可能有漆或桐油之类物质。[③]

史树青认为商周时期嵌绿松石的铜器，所嵌绿松石多是片状或是块状，其嵌槽则是预铸而成。细审所嵌绿松石是用漆液粘附，然后磨错，使之平滑。[④]

黄凤春对郧县乔家院楚墓出土的绿松石粘接材料采样分析，发现其原子和分子中均含有大量的高级饱和脂肪酸酯，推断其是自然界中的一种蜂蜡。蜂蜡的主要成分为高级脂肪酸与高级饱和一元醇所形成的脂，还含有少量游离高级脂肪酸、游离高级脂肪醇和高级烃等化合物。蜂蜡在温度达到 70 度时可以熔化，冷却凝固时具有可塑性，可以较好地填充绿松石与铜器集体之间凹凸不平的空隙，起到类似“楔子”的固定连接作用。同时，蜂蜡中含有少量的蜂胶，这在一定程度上提高了黏性。说明楚人曾使用蜂蜡在铜器上粘合绿松石。[⑤]

以上几位学者的研究成果，可以帮助我们认识曾国的青铜器绿松石镶嵌工艺，粘接材料可能不止一种。

叶小燕认为战国和西汉时期是绿松石镶嵌工艺的发达鼎盛时期。它不仅数量多，技艺娴熟，还表现有几个特点：第一，是镶嵌绿松石的器物种类广

---

①湖北省博物馆：《曾侯乙墓》，文物出版社 1989 年，第 178 页。

②石璋如：《殷代的铸铜工艺》，《“中研院”历史语言研究所集刊》第二十六本，1955 年。

③叶小燕：《我国古代青铜器上的装饰工艺》，《考古与文物》1983 年第 4 期。

④史树青：《我国古代的金错工艺》，《文物》1973 年第 6 期。

⑤黄凤春、黄旭初：《乔家院——显微镜下的秘密》，《中华遗产》2010 年第 7 期。

泛了,不只限于小型铜器如剑、鐏、带钩、车马器及其他饰件,而且有大的铜器如壶、敦、鼎、豆、钫、牺尊等。第二,往往和其他装饰工艺如错红铜、错金银、鎏金银等配合使用,相映成趣。第三,战国晚期以后,尤其是汉代,在采用两种或两种以上装饰工艺器物中,绿松石的镶嵌往往是起点缀的作用,但它以特有的绿色衬托着错金银、鎏金银铜器,更显其艳丽。①

曾侯乙墓、曾侯丙墓青铜器镶嵌工艺特征与战国年代的大趋势是一致的,但曾国镶嵌绿松石的青铜礼器数量如此之多,在全国实属罕见。

三、曾国与战国各诸侯国青铜器绿松石镶嵌工艺的比较

战国时期楚国镶嵌绿松石的青铜器主要为铜剑,数量较多。刘爽硕士论文《东周时期的楚剑及其文化》对楚剑镶嵌绿松石情况进行了详细统计,②现略加修改如下表:

表十八　战国楚剑镶嵌绿松石统计表

编号	出土地点	时期	镶嵌部位	花纹	件数
1	江陵雨台山楚墓	战国早期	剑格	兽面纹	1
2	当阳赵家湖楚墓	战国早期	剑首或剑格、剑箍	云纹	2
3	宜城孔湾陶家洼子一号墓	战国早期	剑格、两道剑箍	兽面纹	1
4	淅川徐家岭楚墓	战国早期	剑格	兽面纹	2
5	安徽淮南蔡家岗赵家孤堆战国墓	战国早期	剑箍	云纹	2
6	湖北江陵藤店一号墓	战国早期	剑格		1
7	江陵官坪楚墓	战国中期	剑格剑首	梅花形	2
8	江陵溪峨山楚墓	战国中期	剑格	兽面纹	1

①叶小燕:《我国古代青铜器上的装饰工艺》,《中原文物》1983 年第 4 期。

②刘爽:《东周时期的楚剑及其文化》,华中师范大学硕士论文,2015 年。

续表

编号	出土地点	时期	镶嵌部位	花纹	件数
9	江陵雨台山楚墓	战国中期	剑格	兽面纹	1
10	江陵望山楚墓	战国中期	剑格	几何纹	2
11	湖北枝江姚家港楚墓	战国中期	剑脊		1
12	包山楚墓	战国中期	剑格	兽面纹及变形兽面纹	2
13	湖北黄州楚墓	战国中期晚期	剑格	变形兽面纹	2
14	湖南桃源县狮子山战国墓	战国晚期	剑首剑格		1
15	湖南韶山灌区湘乡东周墓	战国晚期	剑格		1
16	江陵张家山201号楚墓	战国晚期	剑格	云纹	1
17	江陵九店东周墓	战国晚期	剑首		1
18	襄阳王坡东周墓	战国晚期	剑茎		1
19	当阳赵家湖楚墓	战国时期	剑首、剑格、剑箍	云纹	若干
20	江陵九店东周墓	战国时期	剑首		若干
21	长沙战国墓一	战国时期	剑首剑茎剑箍		1
22	长沙楚墓二	战国时期	剑格	金丝嵌在绿松石周围	4
23	益阳楚墓	战国时期	剑格		1
24	江陵雨台山楚墓	东周	剑格	兽面纹	4
25	安徽寿县战国墓	战国时期	剑茎		1

一般在剑首或剑格或剑箍、剑格或剑茎上镶嵌绿松石，花纹多为兽面纹、云纹、几何纹等。

楚国镶嵌绿松石的铜礼器发现很少。1965 年，湖南湘乡出土的豆，通体饰勾连云纹、错嵌有红铜和绿松石。①

2008年,湖北省文物考古研究所在郧县乔家院第39号墓,发掘出两件铜壶,通体镶嵌绿松石凤纹图案,或为蹲伏,或为行走,或为奔走,工艺十分精湛,是湖北所见镶嵌绿松石楚铜器中的精品,年代为战国早期。②

与曾国相比,就目前发现的标本来看,战国时期楚国镶嵌绿松石的器类主要为铜剑,镶嵌绿松石的铜礼器虽然少见,但郧县乔家院两件镶嵌绿松石凤鸟铜壶显示了楚国发达的绿松石镶嵌工艺,同时也反映了楚人崇凤的民族信仰。曾、楚两国在绿松石镶嵌工艺方面可能存在密切交流。

战国时期其他诸侯国镶嵌绿松石的青铜器类有铜礼器、铜剑、铜带钩、铜镜、王冠、兽头形饰等。

铜礼器有燕国的嵌松石蟠螭纹豆,是一件镶嵌绿松石铜器的精品。1974年顺义县东海洪村出土,带盖,盖上有一圆握,束腰,高柄喇叭形足,通体花纹均采用嵌松石工艺,腹、盖沿饰蟠螭纹、蕉叶纹,握上饰蟠螭纹一周,菱形纹两周,间饰绳纹一周,耳饰锯齿纹,足饰云雷纹和蟠螭纹等,年代属战国早期。③

陈璋壶(实为钫),通体用绿松石嵌几何云雷纹。据器铭考证,该钫是陈璋伐燕都亳邦时所获,时间为公元前314年,年代为战国中期偏晚。④ 同样的钫还有多件。⑤

1971年河北满城采石厂出土的战国时期燕国嵌绿松石敦,盖、腹皆以绿松石镶成绹纹与蟠虺纹。⑥

中山国战国晚期河北平山中山国墓出土的铜牺尊全身错金银,用绿松

①文物出版社编著:《中国古青铜器选》,文物出版社1976年,图65。

②湖北省文物考古研究所:《郧县乔家院墓群2008年的发掘》,载湖北省文物局主编:《湖北省南水北调工程重要考古发现Ⅱ》,文物出版社2010年,第204~223页。

③杜迺松:《故宫博物院藏文物珍品大系——青铜礼乐器》,上海科学技术出版社2007年,第100页;朱凤瀚:《中国青铜器综论》,上海古籍出版社2009年,图版一五,2。

④容庚、张维持:《殷周青铜器通论》,科学出版社1958年,图版壹壹零,213。

⑤中国科学院考古研究所:《美帝国主义劫掠的我国殷周铜器集录》,科学出版社1962年,A747~750。

⑥河北省博物馆等:《河北省出土文物选集》,文物出版社1980年,图版173。

石点嵌装饰。[①]

魏国有河南汲县山彪镇战国墓出土的方豆，以精细的绿松石镶嵌成云纹。[②] 2014 年 6 月 6 日，笔者在河南省博物院参观，看见该馆陈列的这件器物。该方豆 1935 年于汲县山彪镇出土。

秦国有 1966 年宝鸡出土的战国晚期镶嵌蟠螭云纹壶，除嵌有金银片、绿松石外，还点缀以朱砂为底的透明晶体，这透明晶体应是白色玛瑙。[③]

韩国有 1957 年河南陕县出土的战国镶嵌松石斜方格云纹方壶，该器现藏中国国家博物馆。[④] 2014 年 6 月 6 日，笔者在河南省博物院参观，该馆陈列一件 1975 年河南三门峡市上村岭出土的战国方鉴，镶嵌绿松石。2014 年 6 月 7 日，笔者在中国国家博物馆参观，看见该馆陈列一件 1957 年陕县后川出土的嵌绿松石铜钫。

2002 年小田溪战国巴国墓葬出土了一件铜壶，周身纹饰，镶嵌既有银丝，也有红铜丝，并用绿松石点缀出晶莹的翠绿，以装饰不同的部位，特别美观。有的器物国别不明，如有一件战国时期的错石云纹八角壶，八角，两耳兽面衔环。通体饰云纹，镶嵌绿松石。[⑤]

故宫博物院收藏的一件错金银嵌绿松石鸟耳壶，体圆，盘口，口沿为镂空夔龙纹，束颈，鼓腹，矮圈足，肩部两侧各有一鸟耳，鸟呈卧状，腹上有环。颈部以错金银、镶嵌绿松石构成几何纹图案，腹部被四圈凸棱分为四区，内饰嵌红铜云纹。此壶采用了错金银、嵌红铜、嵌松石、镂空等多种工艺，年代为战国时期。[⑥]

2014 年 7 月 2 日，笔者在上海博物馆参观，看见该馆陈列一件战国晚期青铜钫，遍身几何纹中镶嵌绿松石，未标出土地点。

镶嵌绿松石的铜礼器器类包括钫、豆、敦、牺尊、方豆、壶、鉴等，与曾国

①河北省文物管理处:《河北省平山县战国时期中山国墓葬发掘简报》,《文物》1979 年第 1 期。

②王海文:《春秋、战国时期的青铜工艺(续)》,《故宫博物院院刊》1986 年第 4 期。

③文物出版社编辑:《中国古青铜器选》,文物出版社 1976 年,图 68。

④杜迺松:《杜迺松说青铜器与铭文》,上海辞书出版社 2012 年,第 138 页。

⑤容庚、张维持:《殷周青铜器通论》,科学出版社 1958 年,第 59 页,图版壹壹零,214。

⑥杜迺松:《故宫博物院藏文物珍品大系——青铜礼乐器》,上海科学技术出版社 2008 年,第 187 页。

镶嵌绿松石的青铜礼器器类相似，燕国、中山国、魏国、秦国、韩国、巴国等国铜礼器上镶嵌绿松石，说明在战国时期镶嵌绿松石的工艺，突破了使用范围，从主要镶嵌于铜剑，进而扩大到多种多样的铜礼器。

镶嵌绿松石的铜剑有燕国的一件。1971 年河北张家口市发现一件战国嵌松石双鸟首柄铜短剑，长 24.7 厘米。①

越国铜剑有越王剑，长剑身，箍上饰松石，格上有鸟篆铭文八字，这个越王是“者旨于睗”，即越王勾践之子鼫与（又名鹿郢），公元前 464 至前 459 年在位，属战国早期。②

湖北荆州雨台乡官坪村一组第 9 号墓亦出土一件越王鹿郢剑，长 65 厘米，宽 4.6 厘米。格两面均有铭文，一面为“越王越王”，另一面为“者旨于睗”。格上文字间嵌绿松石。③

浙江东阳前山越国贵族 D2M1 出土绿松石器共 1200 多件（组）。器形有剑首、剑格、玦、环、月牙形饰、菱角形饰、纽扣形饰、管、珠、条、串饰、饰片、半成品和绿松石料。其中剑首 2 件，剑格 1 件。④

齐国铜剑有山东滕州东康留墓地第 125 号墓出土铜剑标本 M125∶2，“一”字形窄格，圆饼形剑首镶嵌绿松石。此墓年代为战国初期。⑤

故宫博物院藏错金嵌绿松石剑，格、首上嵌绿松石及错金装饰，长 93.5 厘米，属战国时期。⑥

2014 年 10 月 21 日，在英国大英博物馆参观，该馆陈列一件战国时期带有菱形格纹的铜剑剑格上镶嵌绿松石。

铜带钩有魏国一件，河南汲县山彪镇第 6 号墓出土的带钩（M6∶2），全长 21 厘米，通体用绿松石嵌菱形几何纹和云雷纹图案。⑦

---

①河北省博物馆等：《河北省出土文物选集》，文物出版社 1980 年，第 115 页。

②杜廼松：《故宫博物院藏文物珍品大系——青铜礼乐器》，上海科学技术出版社 2008 年，第 280 页。

③荆州博物馆：《荆州重要考古发现》，文物出版社 2009 年，第 129～131 页。

④浙江省文物考古研究所等：《浙江东阳前山越国贵族墓》，《文物》2008 年第 7 期。

⑤山东省文物考古研究所等：《山东滕州东康留周代墓地发掘简报》，《文物》2013 年第 4 期。

⑥杜廼松：《故宫博物院藏文物珍品大系——青铜礼乐器》，上海科学技术出版社 2008 年，第 286 页。

⑦中国科学院考古研究所：《山彪镇与琉璃阁》，科学出版社 1959 年，第 19 页，图二一。

河南省博物院陈列韩国两件带钩，1975年，河南三门峡市上村岭出土1件错金镶绿松石铜带钩。新郑烈江坡出土1件错金银嵌绿松石铜带钩。

赵国两件，山西榆次猫儿岭战国墓出土一件嵌绿松石带钩，长21.8厘米，腹宽2.5厘米。① 1958年，河北邢台市董村出土战国鎏金（应为错金）嵌松石铜带钩一件，长20厘米。②

2014年6月7日，笔者在中国国家博物馆参观，看见该馆陈列两件周地带钩，即1980年河南洛阳刘村村民捐赠战国时期错金嵌绿松石银钮青铜带钩和鎏金嵌松石玛瑙青铜带钩各1件。

故宫博物院藏错金嵌松石带钩，长17.3厘米，柳叶形，钩面有错金卷云纹，间镶嵌绿松石，年代为战国时期。③

故宫博物院藏错金嵌松石带钩，柳叶形，钩面有错金云雷纹，花纹间镶嵌绿松石，年代为战国时期。④

2014年7月2日，笔者在上海博物馆参观，看见该馆陈列战国晚期镶嵌绿松石错金铜带钩共2件。

2014年10月21日，在英国大英博物馆参观，看见两件战国时期鎏金青铜带钩上镶嵌着绿松石。

2014年10月25日，在法国吉梅博物馆参观，看见两件战国时期鎏金青铜带钩上镶嵌着绿松石，十分华丽。

1964年在齐国临淄城南商王庄发现一件嵌金银镶嵌绿松石的铜镜，年代为战国时期。铜镜直径29.8厘米，厚0.7厘米。三环钮，饰云纹，在粗线条的云纹上错以金丝，地嵌绿松石。还嵌有银质乳丁九枚。⑤

2014年7月2日，笔者在上海博物馆参观，看见该馆陈列两件战国晚期镶嵌绿松石等宝石的错金柱饰。

在匈奴故地发现了镶嵌绿松石的王冠、兽头形饰。1972年冬，内蒙古

---

①猫儿岭考古队：《1984年榆次猫儿岭战国墓葬发掘简报》，《三晋考古》第一辑，山西人民出版社1994年。

②河北省博物馆等：《河北省出土文物选集》，文物出版社1980年，第55页。

③杜廼松：《故宫博物院藏文物珍品大系——青铜生活器》，上海科学技术出版社2008年，第31页。

④杜廼松：《故宫博物院藏文物珍品大系——青铜生活器》，上海科学技术出版社2008年，第32页。

⑤齐文涛：《概述近年来山东出的商周青铜器》，《文物》1972年第5期。

自治区伊克昭盟杭锦旗阿鲁柴登以南3公里的沙窝子中发现了一批极其珍贵的金银器。共发现金器218件,重4000余克,银器5件。经调查,金银器出自两座墓葬之中。其中金冠饰4件一套。由鹰形冠饰和黄金冠带两部分组成。鹰形冠饰1件,在冠饰下部为厚金片锤打成半球面体。在半球体之上,傲立展翅雄鹰一只。鹰身为金片做成,中空,身上做成羽毛状纹饰。鹰的头部、颈部镶嵌两块绿松石,在头颈之间装一带花边的金片,好似项链,用金丝从鼻孔插入,通过颈部与腹下相连。

镶宝石饰牌12件。黄金铸成。饰牌正面为虎、鸟图案。其中以虎形图案为主,张口露牙,四肢前屈,身上镶嵌红、绿色宝石七块。

兽头形饰,眼、耳均镶有绿松石,已脱。咀部作成方形銎。长1.6米,宽1.2厘米。这些金银器属于战国时期的匈奴遗物,墓主人可能是白羊王或林胡王。①

四、曾国青铜器绿松石镶嵌工艺的渊源

战国时期曾国青铜器绿松石镶嵌工艺应该直接源自春秋时期的绿松石镶嵌技术,而绿松石镶嵌工艺历史非常悠久,从史前时期已经开端,之后绵延不绝。

(一)夏代青铜器的绿松石镶嵌工艺

史前时期人们已经在非金属材料的器物上开始镶嵌绿松石,如大汶口文化的人们在骨指环、象牙雕筒上镶嵌绿松石。② 山东龙山文化和陶寺文化的人们在玉器上镶嵌绿松石。

夏代继承新石器年代的绿松石镶嵌技术,开始在青铜器上镶嵌绿松石,发现最多的是镶嵌绿松石的兽面纹铜牌饰。二里头文化不仅有镶嵌绿松石的玉器,还有镶嵌绿松石的铜器,且工艺精美绝伦。1975年,在二里头遗址出土了4件圆牌状铜器,均镶嵌着绿松石,其中标本K4:2,正面周缘镶嵌着61块长方形绿松石片形似钟表刻度,中间用绿松石片镶嵌成两周共26个

①田广金、郭素新:《内蒙古阿鲁柴登的匈奴遗物》《考古》1980年第4期。

②山东省文物管理处等:《大汶口》,文物出版社1974年。

十字形图案。[1] 1981年,在二里头遗址五区第4号墓中出土一件铜牌饰,用300多片形状各异的绿松石拼成一个动物头面的图案。[2] 1984年,在二里头遗址六区第11号墓中出土的铜牌饰,用200多片绿松石镶嵌出一个兽面图案。[3] 1987年,在二里头遗址六区第57号墓中出土的铜牌饰,只有一个铜铸的兽形框架,出土时,那些碎小的仍原样未动地悬空排列在铜牌上,可能原来作为背托的皮革类材料已经腐朽。[4] 二里头遗址还发现了绿松石器物制作作坊,发现了大型的绿松石龙,另外还出土了一些绿松石串珠和坠饰。

这种铜牌在甘肃天水秦城区也出土1件。[5] 与二里头铜牌饰相似的牌饰在美国亦有几件,其中美国福格美术博物馆与保罗·辛格(Paul Singer)医生收藏的牌饰,纹饰构造类似二里头1984年所出牌饰。[6]

2014年7月2日,笔者在上海博物馆参观,看见该馆陈列1件青铜钺,钺身中部有一圆穿,以穿为圆心,在钺两面各镶嵌两周绿松石,在两个圆周中间又各镶嵌十字架形纹饰,按圆周分布,内圈6个十字架,外圈12个十字架。说明牌断代为夏代晚期,未标出土地点。

(二)商代

殷代镶嵌绿松石的铜器主要发现在兵器和一些小型器物上。如妇好墓出土的玉援铜内戈(M5:438、23)、直内戈(M5:716)、磬折式内戈(M5:740、741、742、1157)的内上,少数又在援中脊镶嵌。镶嵌的花纹有饕餮纹、

---

①中国社会科学院考古研究所二里头工作队:《偃师二里头遗址发现的石器和玉器》,《考古》1976年第4期。

②中国社会科学院考古研究所二里头工作队:《1981年河南偃师二里头墓葬发掘简报》,《考古》1984年第1期。

③中国社会科学院考古研究所二里头工作队:《1984年河南偃师二里头遗址发现的几座墓葬》,《考古》1986年第4期。

④中国社会科学院考古研究所二里头工作队:《1987年偃师二里头遗址墓葬发掘简报》,《考古》1992年第4期;中国社会科学院考古研究所:《中国考古学·夏商卷》,中国社会科学出版社2003年,第115~117页。

⑤张天恩:《天水出土的兽面铜牌饰及有关问题》,载《考古与文物》2002年第1期。

⑥李学勤:《海外访古记(二)》,《文物》1986年第6期。

夔龙纹、对角雷纹等。如磬折式内戈(M5：1157)在援中脊上作突起的宽带,上镶对角雷纹的绿松石,内上嵌作张口屈身的夔龙纹。同墓出土的弓形器(M5:60、40)的弓身嵌饰龙纹、几何纹。四件青铜虎(M5：439、440、720、930、929)上也都等都镶以鲜艳的绿松石片,从而增强了器物的艺术美。①西北冈1001号大墓翻葬坑R6882、6833内皆出土内部纹饰镶嵌绿松石的青铜戈。翻葬坑R4541、4546、4561、4562内亦出土镶嵌绿松石的残件。②

2014年7月2日,笔者在上海博物馆参观,看见该馆陈列一件商代兽面三角形饰。

2014年10月21日,在英国大英博物馆参观,看见一件商代玉援铜内戈的内上镶嵌着绿松石。一件商代铜铰玉矛的铰上镶嵌着绿松石。商代三个铜圆饼上均用绿松石镶嵌成圆涡纹。

2014年10月25日,在法国吉梅博物馆参观,看见一件商代晚期铜戈曲内上镶嵌着绿松石和孔雀石。

镶嵌绿松石的铜礼器在殷代是很少见的,而且器形非常小巧,如中国历史博物馆藏的一件嵌绿松石饕餮纹铜罍,高仅10.8厘米。③

(三)西周

西周镶嵌绿松石的青铜器有戈、剑、车軎、铜乌饰等,数量比较少。

陕西岐山贺家村西周西周早期墓葬出土的两件铜戈,分别在戈内上镶嵌绿松石的夔龙纹或在援基部嵌两颗绿松石,象征饕餮的眼睛。④

虢国墓地M2001出土了目前所知最早的玉柄铁短剑,此剑剑身长22厘米,由铁质剑身、玉质剑柄和铜质柄芯组成,铜茎纳入玉柄。铜茎镶玉及绿松石,剑身与柄的结合处也镶嵌有绿松石片。年代属西周晚期。⑤

浙江温州市瓯海区杨府山土墩墓出土青铜短剑3件,形制基本相同。

①中国社会科学院考古研究所:《殷墟妇好墓》,文物出版社1981年,彩版一七,3;图版七十,1;七一;七六。

②《侯家庄》第二本《1001号大墓》,"中研院"历史语言研究所1962年,第319页图版248、250。

③石志廉:《介绍几件商代青铜器》,《文物》1964年第4期。

④陕西省博物馆等:《陕西岐山贺家村西周墓》,《考古》1976年第1期。

⑤河南省文物考古研究所等:《三门峡虢国墓》,文物出版社1999年,第127、128页。

标本 M1∶24，剑茎后段圆形中空，有圆凸箍。与剑身连接的前段呈方形，倒凹字形扁方格穿于方茎之内。剑身成叶状，两从宽阔，下端圆弧，方形高凸的剑脊由茎部直抵剑身中段。在凸脊上和脊两侧，均饰有粗深清晰的云纹。在茎上凸箍和剑格上，均镶嵌有绿松石片，出土时已脱落。标本 M1∶22，通长约 30 厘米，标本 M1∶22 与标本 M1∶21 茎上凸箍和剑格上均镶嵌绿松石。另发掘出绿松石串饰 1 件，由 25 粒极细小的圆管组成。还有绿松石饰 4 件。年代为西周中晚期，族属为越人。①

2014 年 8 月，考古人员在岐山凤雏南边 100 米处发现一西周中晚期车马坑，兽面纹车軎镶嵌绿松石，甚为精美。②

安徽屯溪西周中晚期墓出土铜鸟饰一对，鸟作伫立待飞状，翼翅上嵌绿松石。据云其造型作风和安阳西北岗所出殷代铜觯上的鸟纹完全一样，有可能是殷代遗物。③

夏、商、西周虽然青铜器绿松石镶嵌工艺延续不断，但总体上发现的标本数量还是比较少的。器类也很单调，镶嵌绿松石的器物中兵器居多，礼器极为罕见。

（四）春秋列国的镶嵌绿松石青铜器

楚国镶嵌绿松石的青铜器标本年代最早的为春秋中晚期，如河南淅川下寺第 2 号墓出土的有一种铜泡上铸有浮起的三组或四组兽面纹，各组兽面纹之间镶嵌绿松石片三个或四个。如标本 M2∶240，顶面正中嵌以大绿松石圆片一枚，在中部四组兽面纹之间又嵌以四个小绿松石圆片，其中两个已失。如标本 M2∶241，与标本 M2∶240 相同，小绿松石圆片脱落一枚。标本 M2∶115，顶面正中嵌以大绿松石圆片一枚，在中部三组兽面纹之间又嵌以三个小绿松石圆片，其中一枚已失。标本 M2∶243 与标本 M2∶115 相

①浙江省文物考古研究所等：《浙江瓯海杨府山西周土墩墓发掘简报》，《文物》2007 年第11 期。

②杨永林、张哲浩：《周原遗址贺家村现西周车马坑车軎镶精美绿松石》，《光明日报》2014 年 8 月 30 日第 4 版。

③安徽省文化局文物工作队：《安徽屯溪西周墓葬发掘报告》，《考古学报》1959 年第 4 期。

似。[①] 铜泡属于车马器。年代属于春秋中期偏晚。

淅川下寺 M11 年代为春秋晚期,出土铜剑(M11:19)剑首镶嵌绿松石。[②]

河南淅川徐家岭第 9 号墓年代属春秋晚期,发现两件神兽,应为鼓架,大小、造型基本相同,纹饰相同。龙首,虎颈,虎身,虎尾,龟足。龙张口,吐舌,龙首上又有六条龙。其脊背上有一方座,下面有一方形榫,插于神兽脊背上的方形孔内。座上又有一只奔驰状的兽,前爪立于方座上面的曲尺形柱上,两后爪后蹬,并分开卡于神兽颈上部,卷尾,口衔一条蛇形龙的尾部。蛇形龙昂首,头上有三只角,吐舌,躬身。神兽身上镶嵌绿松石,其图案有龙、凤鸟、虎、云纹、涡纹等。龙、凤、鸟、虎的形象生动,蛇形龙镶嵌在神兽颈的中部,虎镶嵌在方座前的脊背的两侧,凤鸟则到处镶嵌。标本 HXXM9:42,应为右边的鼓架。通高 48 厘米,长 47 厘米,宽 27 厘米。标本 HXXM9:47,应为左边的鼓架。神兽后腿上部有一个插座,插座下部有一直榫插于神兽后腿上部的榫孔内,此插座应是插置鼓棰的。通高 48 厘米,长 46 厘米,宽 24.6 厘米。[③]

另外还发现了绿松石片 5 片。[④]

湖北郧县乔家院春秋墓年代为春秋中晚期,出土两件铜剑上镶嵌绿松石。

M4:23,剑格上用绿松石镶嵌兽面纹,剑首饰同心圆纹,中央镶嵌一颗圆形绿松石。M5:22,剑茎末端镶嵌有长方形绿松石薄片 61 片。在 M3、M4、M5 出土算盘珠形绿松石珠 48 件,在 M6 出土绿松石柱 2 件,在 M4 出土绿松石环 2 件。[⑤]

---

①河南省文物考古研究所等:《淅川下寺春秋楚墓》,文物出版社 1991 年,第 182、183 页及图版六三,2、3。

②河南省文物考古研究所等:《淅川下寺春秋楚墓》,文物出版社 1991 年,第 306 页及图版一一三,1。

③河南省文物考古研究所等:《淅川和尚岭与徐家岭楚墓》,大象出版社 2004 年,第 187~191 页及彩版四五、四六。

④河南省文物考古研究所等:《淅川和尚岭与徐家岭楚墓》,大象出版社 2004 年,第 213、214 页。

⑤湖北省文物考古研究所等:《湖北郧县乔家院春秋殉人墓》,《考古》2008 年第 4 期。

固始白狮子地一号墓年代为春秋晚期，出土的铜剑剑柄为圆形，中间有双凸箍，双凸箍和剑格都用绿松石镶嵌成精美的勾连纹图案。①

2014 年 6 月 7 日，笔者在中国国家博物馆参观，看见该馆陈列数件嵌绿松石青铜器。如 1965 年湖北江陵出土 1 件春秋时期铜剑，剑格上嵌绿松石。

总之，春秋时期楚国镶嵌绿松石的铜器器类有铜泡、神兽形鼓架、铜剑。绿松石镶嵌在剑格或剑茎或剑箍、剑格上，花纹为兽面纹、勾连纹等。不见镶嵌绿松石的铜礼器。

春秋时期的其他诸侯国如蔡国、吴国、越国、徐国、秦国、晋国、燕国都发现了镶嵌绿松石的铜剑，也没见镶嵌绿松石的青铜礼器。

蔡国铜剑如安徽寿县蔡侯墓出土的一件铜剑（39.1），残断，把端镶嵌绿松石，②年代为春秋晚期。

吴国铜剑，2014 年 6 月 7 日，笔者在中国国家博物馆参观，该馆陈列 1976 年河南辉县出土 1 件吴王夫差青铜剑，剑格上嵌绿松石。1991 年 4 月，邹县城关镇朱山庄村村民在村西北整修地堰时发现一件吴王夫差剑，剑格作兽首倒凹字形，原嵌有绿松石，已脱落。③ 山东新泰周家庄第 2 号墓出土铜剑标本 M2∶24，厚格饰兽面纹，嵌绿松石。剑身饰菱形纹。简报作者认为周家庄墓地为齐人墓地，此剑及其他 30 余件兵器具有吴国兵器的特征，属战利品，或为交换品。2 号墓的年代为春秋晚期。④

越国铜剑有望山 1 号墓出土的越王勾践剑（WM1∶G9）剑格的正面用蓝色琉璃、背面用绿松石镶嵌成美丽的几何花纹。还有一剑（WM1∶B127）剑格两面用绿松石镶嵌几何纹。⑤

徐国铜剑如徐王义楚元子剑，1976 年出土于襄阳蔡坡第 4 号墓，剑格

---

①欧潭生、詹汉清、刘开国：《固始白狮子地一号和二号墓清理简报》，《中原文物》1981 年第 4 期。

②安徽省文物管理委员会、安徽省博物馆：《寿县蔡侯墓出土遗物》，科学出版社 1956 年，第 11 页，图版二十二，13。

③胡新立：《山东邹县发现一件吴王夫差剑》，《文物》1993 年第 8 期。

④山东省文物考古研究所等：《山东新泰周家庄东周墓发掘简报》，《文物》2013 年第 4 期。

⑤湖北省文物考古研究所：《江陵望山沙冢楚墓》，文物出版社 1996 年，第 49、51 页，彩版一，图版一四，3、4。

两面铸铭4行16字:"徐王义楚之元子羽择其吉金自乍(作)用剑。"剑格上装饰绿松石。年代为春秋晚期。①

秦国铜剑有甘肃礼县圆顶山第2号墓出土铜柄铁剑4件,均残,只存剑柄,其中标本98LDM2:12格为长方形,茎、首椭圆形。饰镂空蟠虺纹,上嵌绿松石。② 年代为春秋中晚期。陕西宝鸡益门村春秋晚期墓(M2)出土金柄铁剑3件。M2:1金质剑柄,铁质剑身,分制卯合,有铁茎插入金柄内。剑身呈柳叶形,柱状脊。柄整体镂空,两面纹饰相同,均由阳线纹与细珠纹组成变体蟠螭纹,镶嵌有勾云纹形和圆珠形的绿松石及料器饰件。首端为相连又相对的三组蟠璃纹,柄茎两侧各形成5个突出的方齿,基本两两相对,略有错落。格部为双蝎相背组成的兽面纹,兽目以绿松石镶嵌。M2:2与M2:1形制基本相同,唯柄部形制有别,为实心,格与首为变形蟠螭纹,嵌有宝石珠,部分脱落。M2:3金质剑柄,饰镂空的变形蟠螭纹。格部为一变形兽面,茎两侧有略微相错的突齿7对。蟠目为圆柱形小管,上嵌绿松石。③ 年代为春秋晚期的偏早阶段。

晋国铜剑如少虡剑,剑格、首处有嵌松石及错金纹饰。剑体脊部有错金铭文二十字,铭文精美,此件为春秋年代晋国兵器。④

1955年,河北怀来大古城出土春秋时期燕国的嵌松石柄青铜剑一件,长31.2厘米。⑤

五、两汉时期的绿松石镶嵌工艺

青铜器镶嵌绿松石工艺在两汉时期继续流行,错金银花纹、鎏金与绿松石、玛瑙、玉等巧妙搭配,色彩华丽,美不胜收。

---

①湖北省博物馆杨权喜:《襄阳蔡破城国墓发掘报告》,《江汉考古》1985年第1期。

②甘肃省文物考古研究所等:《甘肃礼县圆顶山98LDM2、2000LDM4春秋秦墓》,《文物》2005年第2期。

③宝鸡市考古工作队:《宝鸡市益门村二号春秋墓发掘简报》,《文物》1993年第10期。

④杜廼松:《故宫博物院藏文物珍品大系——青铜礼乐器》,上海科学技术出版社2008年,第279页。

⑤河北省博物馆等:《河北省出土文物选集》,文物出版社1980年,第46页。

（一）西汉

江苏涟水西汉墓出土的铜牺尊全身错金银，在头部镶嵌绿松石。[①] 1972 年江苏涟水出土的立鸟镶嵌几何纹壶，昂首展翅的鸟，盖上亦环立三鸟，中央有设一立雁形浮盖，通体错银作蝠纹、菱格纹、三角云纹，又用绿松石填嵌组成锯齿纹、菱纹，而点缀鎏银泡。用金银片或金银丝与松石配合组成绚丽的图案。[②]

2014 年 6 月 7 日，笔者在南京博物院参观，看见说明牌上将此器断代为战国晚期。满城陵山第 2 号墓出土的朱雀衔环杯（M2∶3032），在两个小杯间伫立一只展翅欲飞的朱雀，口衔玉杯，全器错金银和点嵌绿松石，朱雀颈、腹部镶嵌绿松石四颗，每一高足杯外表镶嵌圆形及心形绿松石共十三颗，造型装饰都很美。满城陵山第 1 号墓出土的 III 型仪仗顶饰（M1∶4091）同体错金银，并用玉、玛瑙、绿松石嵌饰出花瓣、花蕊和花萼，像一朵盛开的花朵，五彩缤纷。第 1 号墓出土的辕饰（M1∶1068）做龙首形，为车辕前端的装饰，鎏金，并点缀镶嵌玛瑙和绿松石。[③]

1965 年，河北定县西汉墓第 122 号墓出土的盖柄铜箍，竹管状，长 26.5 厘米，径 3.6 厘米。表面突起的轮节将器物分成四段。花纹亦相应分四段，内容与狩猎有关，各段除错金银纹饰外，又以黑漆填补空隙，各段均镶嵌有圆形和菱形绿松石。有的金银丝细如毫发，真如“鬼斧神工”。[④]

江苏盱眙大云山第 2 号墓出土 4 件错金银嵌宝石镇，标本 M2∶31～34 出土于主室南边箱内，4 件为一组。4 件铜镇的造型、纹饰基本相同。底部各刻有铭文“甲”“乙”“丙”“丁”。标本 M2∶31，整器做两兽相互撕咬状。兽表面通体饰错金银纹饰，眼睑等部位均填嵌绿松石、玛瑙等宝石近 50 颗，装饰极为华丽。底径 4.6 厘米，高 3.6 厘米。2 号墓墓主人为第一代江都王

①南京博物院：《江苏涟水三里墩西汉墓》，《考古》1973 年第 2 期。

②文物出版社编辑：《中国古青铜器选》，文物出版社 1976 年，图版 77。

③中国社会科学院考古研究所：《满城汉墓发掘报告》，文物出版社 1980 年，第 90 页，图版五〇，2；第 186、188 页，彩版一七。

④史树青：《我国古代的金错工艺》，《文物》1973 年第 6 期。

刘非的王后，下葬年代为公元前 129 年或稍后。[①]

（二）东汉

徐州出土的东汉兽形砚，除鎏金银、嵌绿松石外，还点缀了红珊瑚和青金石。[②]

建武廿一年乘舆斛，分为斛和盘两部分。斛呈圆筒形，腹部有三个兽首衔环耳，下承三熊形足，熊身嵌绿松石。有盖，盖心四瓣花纹，外有三立鸟形钮。浅盘，下承三熊足，嵌绿松石。整体鎏金。盘口有铭文 62 字。建武廿一年，为蜀郡西工所造。[③]

六、曾国绿松石的来源

绿松石又名土耳其玉，是含有铜铝的磷酸盐，颜色多为蓝绿或粉绿、粉蓝，微透明半透明或不透明，蜡状光泽到玻璃光泽，性脆，硬度 6，易受有色溶液渗入内部破坏它的颜色。[④] 中国历史上对其称谓经历了青琅玕（琅玕）→襄阳甸子（碧甸子）→绿松石的演变过程。章鸿钊在《石雅》一书中对“青琅玕”这一古玉名称考证时认为，古籍中的“青琅玕”可能有 3 种含义：1.绿青（似为孔雀石）；2.绿松石；3.珊瑚。王嘉荫在《〈本草纲目〉的矿物史料》一文中说，青琅似属绿松石之类。因此，绿松石在远古年代可能被称为“青琅玕”或“琅玕”。《山海经》中西山经下有“槐江之山，其上多琅玕”。

《尔雅·释地》中称：“西北之美者，有昆仑山之璆琳琅玕焉。”清郝懿行在《尔雅义疏》中引《禹贡正义》曰：“琅玕，石而似珠者。”表明琅玕是一种玉石，外形似珠。根据绿松石的颜色和结核状产出特征，从上述所引文献可以看出，青琅玕和琅玕应是绿松石的古代名称，它准确地表明了绿松石的颜色，在古代是似玉之石、可与美玉（璆琳）并立的玉石。尤其是“玉之生而圆者”，形象地描述了结核状绿松石的形态。

---

①南京博物院等：《江苏盱眙大云山江都王陵二号墓发掘简报》，《文物》2013 年第 1 期。

②《中国青铜器选》，文物出版社 1976 年，图 94。

③杜廼松：《故宫博物院藏文物珍品大系——青铜生活器》，上海科学技术出版社 2008 年，第页。

④叶小燕：《我国古代青铜器上的装饰工艺》，《考古与文物》1983 年第 4 期。

中国绿松石在古代主要产于河南、湖北、陕西3省交界的东秦岭山区。由河南淅川、湖北郧西至陕西白河流域近东西向绵延400多公里，在古代大体上属于襄阳郡地域，元朝时称此地产出的绿松石为“襄阳甸子”（又称为“碧甸子”“靛子”），以此区别于来自中亚波斯地区（古伊朗）的绿松石（元朝时称为“回回甸子”或“波斯甸子”）。

我国“绿松石”一词最早见于《清会考图典》，书中有“月坛用绿松石”一语。章鸿钊在《石雅》中解释其为：“此或形似松球，色近松绿，故以为名。”①

《湖北通志稿·山川章》云：“竹山县丫角山在县西四十里，旧产绿松石。”“今犹产湖北竹山、郧西及郧县等处，亦即元时之襄阳路也。其产地可具知大略如次：竹山县东四十里银洞垭，县东四十五里龙洞沟，县西百里巧眉垭；郧西县西百里羊尾山，县西一百四十里金龙山；郧县南二百二十里云盖寺，县西百八十里华全坡。”②

《湖北市县概况》一书记载鄂西北绿松石的分布情况如下：郧县鲍峡“云盖寺”山峰蕴藏的绿松石厚度为12.5～30米，年开采量为20吨，俗有“云盖石”之美称，形若翡翠，可供雕刻装饰品，成品行销国外。③ 郧西的绿松石分布于涧池公社的马家沟、偏头山，储量不详，已开采20余年，年产3～5吨，最高1972年产12吨，品位中等。④ 竹山县的绿松石遍及全县13个公社。⑤

郧县乔家院楚墓出土青铜器上镶嵌的绿松石，经化验分析，确定其产地为郧县、竹山和陕西白河绿松石矿区。⑥

曾国青铜器上镶嵌的绿松石可能也产自这一地区。今后有待取样分析，以期得出确切的结论。

①石振荣、蔡克勤：《绿松石玉古文化初探》，《宝石和宝石学杂志》2007年第1期。

②章鸿钊：《石雅·宝石说》，上海古籍出版社1993年，第512、513页。

③湖北省地方志编纂委员会：《湖北市县概况》，1984年（内部发行），第664页。

④湖北省地方志编纂委员会：《湖北市县概况》，1984年（内部发行），第694页。

⑤湖北省地方志编纂委员会：《湖北市县概况》，1984年（内部发行），第703页。

⑥黄凤春、黄旭初：《乔家院——显微镜下的秘密》，《中华遗产》2010年第7期。

第九章　曾国陶器的分期断代与文化特征

曾国陶器主要是曾国基层民众的日常生活用品,更能反映曾国物质文化的特色。陶器的特征与楚有别,总体上保持着周文化特色,也受到楚陶器的一定影响。对陶器进行分期断代,能够确立准确的曾国陶器年代标尺,从陶器角度考察曾国的文化特征和演变规律。

第一节　曾国陶器出土层位和类型学分析

已有学者关注曾国陶器分期的研究,发表了论文。王先福对襄阳随州地区遗址出土的陶鬲进行了研究,将陶鬲分为六型九期,即西周早、中、晚期,春秋早、中、晚期,战国早、中、晚期。① 后又利用枣阳毛狗洞、周台、随州西花园遗址出土陶器,对随枣走廊的陶器进行分期,共分了八期,分别为西周早期、西周中期、西周晚期、春秋早期、春秋中期、春秋晚期、战国早期、战国中期。② 叶家山西周早期曾侯墓地发掘以后,为曾国陶器研究提供了新材料。何晓琳对随州叶家山西周墓地日用陶器进行了断代研究和文化特征分析,认为叶家山曾侯墓地陶器时代为西周早期,最晚为西周中期偏早阶段,陶器特征主要为周文化因素,同时具有一定的本土因素和部分商文化因素。③ 郭长江的硕士论文《曾国陶器研究》专门研究了墓地和遗址出土的曾国陶器,将曾国陶器分为本文将曾国陶器分为七期十三段:一期一段,西周早期早段;二期二段,西周早期晚段;二期三段,西周晚期早段;二期四段,西周晚期晚段;三期五段,春秋早期早段;三期六段,春秋早期晚段;四期七段,春秋中期早段;四期八段,春秋中期晚段;五期九段,春秋晚期早段;五期十段,春秋晚期晚段;六期十一段,战国早期前段;六期十二段,战国早期后段;七期十三段,战国中期。论文还探讨了曾国文化的特征及其演变过程,对陶

---

①王先福:《襄随地区两周遗址出土陶鬲分析》,《江汉考古》2002 年第 4 期。

②王先福:《随枣走廊两周遗址典型陶器的分期》,襄樊市文物考研究所:《襄樊市考古文集》,科学出版社 2007 年,第 499~512 页。

③何晓琳:《随州叶家山西周墓葬出土日用陶器浅析》,《江汉考古》2014 年第 2 期。

鬲、橄榄形罐这两种曾国的典型器物进行了重点研究。[①]

曾国遗址和墓葬都出土了陶器资料，遗址主要有随州西花园与庙台子[②]、枣阳周台[③]、随州叶家湾[④]、广水巷子口[⑤]、随县狮子湾遗址[⑥]、随州王家台[⑦]、京山苏家垄[⑧]、随州擂鼓墩[⑨]等遗址。枣阳毛狗洞遗存的族属不属于曾国，可能属于鄂国，因其处于滚河流域，与西周曾国距离较近，暂时作为曾国陶器分期的材料。[⑩] 墓葬出土陶器比较多的有叶家山西周早期曾侯墓地[⑪]、枣阳郭家庙曾国墓地[⑫]、随州义地岗和文峰塔 M2 等。[⑬]

鉴于各考古报告断代已经相当准确，本章在报告作者分期断代和前面几位学者分期成果的基础上，采用一种与第二章青铜器分期有所区别的方

①郭长江：《曾国陶器研究》，2017 年武汉大学硕士论文。

②武汉大学历史系考古教研室等：《西花园与庙台子》，武汉大学出版社 1993 年。

③襄樊市文物考古研究所等：《枣阳周台遗址发掘报告》，载襄樊市文物考古研究所编：《襄樊考古文集》第一辑，科学出版社 2007 年，第 34～101 页；湖北省文物考古研究所等：《湖北枣阳周台遗址 J1、J2 发掘简报》，《江汉考古》2020 年第 5 期。

④湖北省文物考古研究所等：《湖北随州叶家湾遗址发掘简报》，载《湖北考古报告集》，江汉考古编辑部，2008 年 6 月。

⑤湖北省文物考古研究所、广水市博物馆：《湖北广水巷子口遗址发掘简报》，《江汉考古》2008 年第 1 期。

⑥湖北省文物考古研究所等：《湖北随县狮子湾遗址发掘简报》，《江汉考古》2018 年第 4 期。

⑦湖北省文物考古研究所等：《湖北随州王家台遗址发掘简报》，《江汉考古》2012 年第 3 期。

⑧湖北省文物考古研究所、北京大学考古文博学院、荆门市博物馆、京山市苏家垄文物管理所：《湖北京山苏家垄遗址 2018 年考古发掘简报》，《江汉考古》2019 年第 6 期。

⑨湖北省文物考古研究所等：《2016 年随州擂鼓墩东周遗址勘探与试掘》，转引自郭长江：《曾国陶器研究》，武汉大学 2017 年硕士论文。

⑩襄樊市博物馆：《湖北枣阳毛狗洞遗址调查》，《江汉考古》1988 年第 3 期。

⑪湖北省文物考古研究所、随州市博物馆：《湖北随州叶家山西周墓地发掘简报》，《文物》2011 年第 11 期；湖北省文物考古研究所、随州市博物馆：《湖北随州叶家山 M65 发掘简报》，《江汉考古》2011 年第 3 期；湖北省文物考古研究所、随州市博物馆：《湖北随州市叶家山西周墓地》《考古》2012 年第 7 期；湖北省文物考古研究所、随州市博物馆：《湖北随州叶家山 M28 发掘报告》，《江汉考古》2013 年第 4 期；湖北省博物馆、湖北省文物考古研究所、随州市博物馆：《随州叶家山——西周早期曾国墓地》，文物出版社 2013 年。

⑫襄阳博物馆、湖北文物考古研究所、湖北省博物馆长江文明馆：《穆穆曾侯——枣阳郭家庙曾国墓地》，文物出版社 2015 年。

⑬湖北省文物考古研究所等：《随州文峰塔 M1（曾侯舆墓）、M2 发掘简报》，《江汉考古》2014 年第 4 期。

法，就是以每个遗址和墓地为个案，以地层学和类型学为指导，将发表的材料按照层位（包括地层和遗迹单位）重新归到出土的地层和单位（如灰坑、水井、灰沟、墓葬等），挑选典型器物标本（挑选方法是兼顾层位、各种器类、形制，去掉重复的标本，但完整器物尽量保留），进行器物特征分析。报告作者分期断代的正确结论直接采用，不再进行重复类比。然后综合各遗址和墓葬的材料，把时代相同的遗存进行合并分期，从陶器质地、颜色、器类、器物的形制和纹饰等方面入手，概括各期陶器的文化特征，进而总结曾国陶器的文化特色。

一、枣阳毛狗洞遗址

1983 年 5 月，襄阳地区博物馆在调查该遗址时，除了在地面采集了龙山文化和西周时期的标本外，还清理了一个灰坑 H1，出土一批西周早期陶器，器类有鬲、甗、罐、缸、盆等。

鬲，均为大口鬲，即口径大于肩径，侈口，多数鬲不同程度地束颈，肩部微鼓，腹部斜收；少数鬲颈部、腹部近直。从裆部看，连裆，均为瘪裆。从足部看，三足内收，多为锥足，少数为柱足。腹部多饰错乱绳纹。器型高大，器高多略大于口径，少数小于或等于口径。

标本毛 H1∶1，夹砂红褐陶，裆部被烟熏黑，侈口，尖唇，束颈，连裆，瘪裆深陷，三足微内敛，素锥足，腹饰错乱绳纹，间以弦纹。口径 25 厘米，通高 27 厘米（图二十九，1）。

标本毛 H1∶6，侈口，尖唇，束颈特甚，圆转肩，高连瘪裆，素高尖足，腹饰细密整齐的绳纹（图二十九，2）。

标本毛 H1∶24，侈口，尖唇，束颈，腹内收，腹饰细浅错乱绳纹，肩部饰二道凹弦纹，口径 25、通高 28 厘米（图二十九，3）。

标本简报的 C 型鬲（简报此处文字缺），侈口，颈、腹近直，三锥足内敛（图二十九，4）。

标本毛 H1∶26，侈口，尖圆唇，束颈，微鼓腹，三高柱足，腹饰粗绳纹，足、裆部饰粗绳纹，口径 25.2 厘米，通高 26.5 厘米（图二十九，5）。

标本毛 H1∶7，口部略残，微束颈，浅腹，连裆，裆上微内瘪，三高柱足，腹饰规整细密的斜绳纹，三足上部各有一圆饼（图二十九，6）。

甗，均残，从鬲部看，有锥足和柱足两种。

标本毛 H1∶16，甑部残，夹砂黑陶，敛口，连裆，裆内瘪特甚，素三柱足外张，腹饰错乱绳纹（图二十九，7）。

标本毛 H1∶16，甑部残，夹砂陶，敛口，鼓腹，三锥足内敛，腹饰错乱绳纹直到足底（图二十九，8）。

缸，标本毛 H1∶8，泥质橙黄陶，火候较高，侈口，圆唇，微束颈，斜直壁，缺底，腹饰整齐交叉划纹。口径 27 厘米，通高 30 厘米（图二十九，9）。

罐，标本毛 H1∶15，泥质红陶，领肩部抹光饰弦纹，腹部饰绳纹，间以弦纹（图二十九，10）。

盆，标本 H1∶11，泥质暗红陶，侈口，尖圆唇，束颈，深腹，缺底，腹饰交错绳纹，间以弦纹（图二十九，11）。

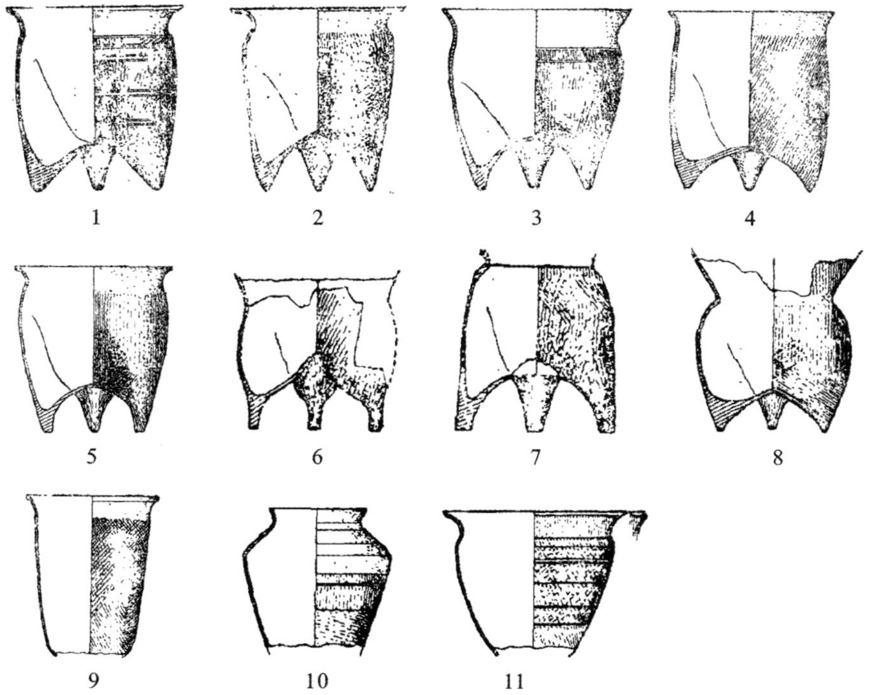

图二十九　毛狗洞遗址出土陶器

1. 鬲（H1∶1）　2. 鬲（H1∶6）　3. 鬲（H1∶24）　4. 鬲（H1）
5. 鬲（H1∶26）　6. 鬲（H1∶7）　7. 甗（H1∶16）　8. 甗（H1∶2）
9. 缸（H1∶8）　10. 罐（H1∶15）　11. 盆（H1∶11）

二、随州西花园与庙台子遗址

西花园遗址位于随州市淅河乡西花园村的北面,庙台子遗址位于庙台子村的东面,庙台子遗址东距西花园遗址 0.5 公里,距随州市约 20 公里。1983 年 9~11 月,武汉大学考古专业对两遗址进行发掘,发掘总面积 600 余平方米。西花园遗址主要是屈家岭文化、石家河文化遗存,东周时期遗存保存很少。

庙台子遗址主要为商周时期遗存,其下叠压着一层较薄的石家河文化层。地层堆积情况以 T1 北壁、T2 南壁为例:第一层,耕土层;第二层,战国文化层;第三层,春秋文化层;第四层,西周文化层;第五层,商代文化层;第六层,商代文化层;第七层,石家河文化层。报告推断第六至第二层文化遗存时代分别为殷墟一期、西周早期、春秋早期、战国早期。下面我们按层位关系介绍出土的陶器标本。

(一)西周早期陶器

西周早期的器类有鬲、甗、豆、钵、盂、罐、缸等。

鬲,标本 T1④:26,夹砂灰陶。敛口,折沿,方唇,腹壁较直,三袋足,分裆不明显,裆线较低。三尖足根圆钝直立。腹部绳纹中粗交错(图三十,1)。甗,标本 T4④:30,夹细砂灰陶。敞口,侈沿,圆唇,颈肩部有折棱,腹部腰部饰细绳纹(图三十,2)。

豆,标本 T4④:87,泥质黑陶。浅盘,尖唇(图三十,3)。

罐,标本 T4④:35,夹砂红陶。短折沿,方唇。腹部饰细绳纹和凹弦纹(图三十,4)。

缸,标本 T3④:46,夹砂灰陶。大敞口,沿面微内凹,斜直壁,腹饰绳纹,上腹饰附加堆纹一周(图三十,5)。

标本 T4④:43,夹砂黑陶。折沿外侈,敞口,斜直壁,腹饰绳纹,上腹有一周附加堆纹(图三十,6)。

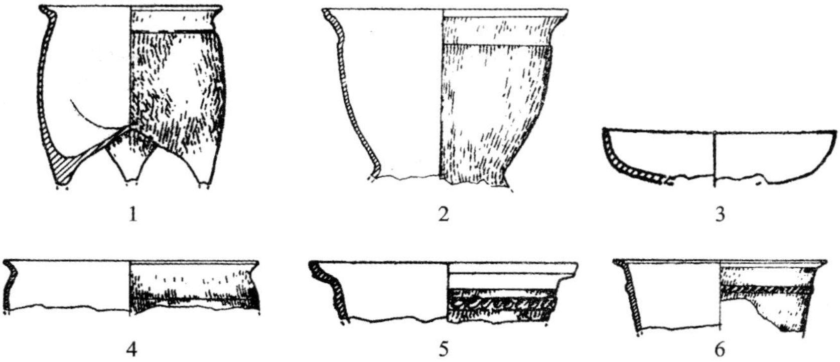

图三十　庙台子遗址西周早期陶器

1.鬲(T1④:26)　2.甗(T4④:30)　3.豆(T4④:87)　4.罐(T4④:35)
5.缸(T3④:46)　6.缸(T4④:43)

(二)春秋早期陶器

春秋早期陶器有鬲、甗、豆、钵、盂、罐、盆、缸等。

鬲,标本T1③:23,夹砂褐陶。小口,方唇,折沿斜直,圆肩,鼓腹,裆部内瘪较甚,足跟部略残。通体饰中粗绳纹,直至足跟部,颈部绳纹模糊,腹部饰浅宽凹弦纹两周(图三十一,1)。

标本T3③:21,夹砂灰陶。形体较大,腹径大于器高,折沿,方唇,口稍大,腹壁近直,锥状柱足,足腔较大,瘪裆凹陷较深,通体饰绳纹,直至足跟部,颈部绳纹经抹平不显。上腹部饰凹弦纹两周(图三十一,2)。

标本T2③:44,仿铜陶鬲,体小,器宽大于高,折沿方唇,折肩,最大腹径在肩部,瘪裆较低,三足略内敛,腹部饰中粗竖行绳纹,肩部饰凹弦纹两周(图三十一,3)。

甗,标本T1③:54,夹砂黑陶。大口,侈沿,方唇,弧肩,斜腹内收,腹饰绳纹,近肩部饰凹弦纹两周(图三十一,4)。

豆,标本T4③:4,豆盘敞口,弧壁,盘较深,喇叭形圈足,盘内饰平行条状暗纹(图三十一,5)。

盂,标本T3③:20,泥质黑陶。敛口,翻折沿,尖圆唇,折肩,垂腹,底部略残,颈部饰网格状暗纹(图三十一,6)。

簋,标本T3③:41,泥质灰陶。折沿,方唇,鼓腰,腹部饰凹弦纹二周(图三十一,7)。

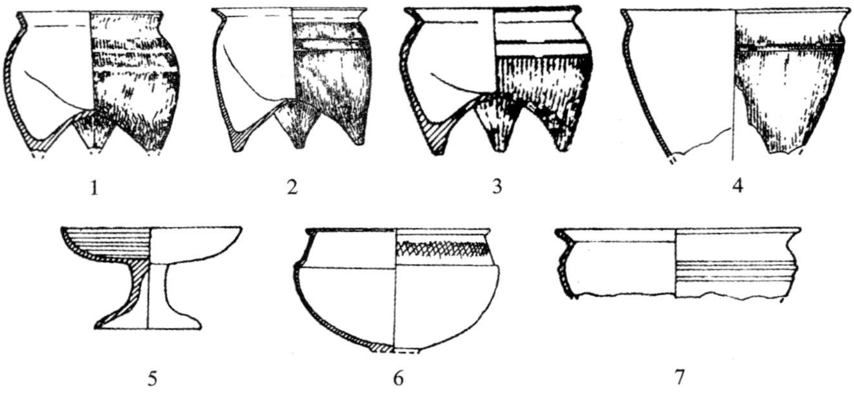

图三十一　庙台子遗址春秋早期陶器

1.鬲(T1③:23)　2.鬲(T3③:21)　3.鬲(T2③:44)　4.甗(T1③:54)
5.豆(T4③:4)　6.盂(T3③:20)　7.簋(T3③:41)

(三)战国早期陶器

层位关系为:①→H1、H2→②,H1、H2应略晚于第②层。

陶器器类有鬲、甗、豆、瓮、罐、尊、盆等,以豆、鬲和罐的数量最多。鬲,皆瘪裆,低裆呈圆弧状。柱状足,通体饰绳纹至足根部,颈部绳纹抹平而模糊。腹部饰凹弦纹若干周。

标本T1②:19,夹砂细灰陶。口径小于腹径,敛口,翻沿,圆唇,鼓肩斜收,三截锥足,足跟部略残。腹部饰绳纹至足根(图三十二,1)。

标本T3②:23,泥质灰陶。口径略大于腹径,整体呈方形。口微敛,腹微鼓斜收,三柱足外撇。腹部饰绳纹较粗(图三十二,2)。

标本T1H1:4,形体高大,大口深腹,口径大于腹径和器高。翻沿较宽,尖唇上仰,肩部不显,最大腹径在肩腹部,下腹内收,瘪裆深陷,低裆,三柱足内敛。腹部饰绳纹,腹部饰压印绳纹一周和凹弦纹两周(图三十二,3)。

标本T4H2:1,夹砂红陶。形体稍小,卷沿方唇,口径、腹径、通高大约相等。腹壁较斜直,三柱足,腹足饰绳纹(图三十二,4)。

甗,标本T1H1:7,泥质灰陶。敞口,圆唇,深腹,细腰。腹部饰竖行绳纹,肩部有凹炫纹三周(图三十二,5)。

豆,豆盘较大,柄细而高。

标本T2②:46,泥质灰陶,豆盘较深,豆柄呈圆柱形,下部外折成喇叭口底座(图三十二,6)。

标本T3②:2,泥质黑陶。豆柄细高,浅盘敞口,底座呈覆盘状(图三十二,7)。标本T4②:18,泥质灰陶。子母口微敛,深盘圜底。此为盖豆(图三十二,8)。

瓮,标本T1②:58,夹砂灰陶。弇口,方唇,球腹,圜底,腹部饰细绳纹,领部有附加堆纹一周(图三十二,9)。

罐,标本T4H2:2,泥质灰陶。方唇,小口翻沿,束颈,圆肩,深腹,小凹底。腹部饰绳纹,凹底部分饰绳纹,肩部有凹弦纹三周(图三十二,10)。

标本T3②:25,小口高领,平沿方唇,圆肩鼓腹,肩部有一对半环状耳,腹部饰竖行绳纹,肩部有凹弦纹一周(图三十二,11)。

标本T1H1:6,泥质灰陶。直口,方唇,卵形腹,肩部有一对宽扁半环形耳。下腹部饰较粗绳纹(图三十二,12)。

标本T3②:24,泥质灰陶。小口,矮领,直口,圆肩,深腹,凹底。肩部有网格状暗纹(图三十二,13)。

尊,标本T1H1:8,泥质灰陶。表面磨光,敛口,翻沿,尖唇,斜折肩,深腹,小凹底。上腹部饰凹弦纹一周(图三十二,14)。

盆,标本T4②:85,泥质灰陶。敛口,翻沿,方唇,折肩,斜腹,底微凹。下腹饰竖行绳纹(图三十二,15)。

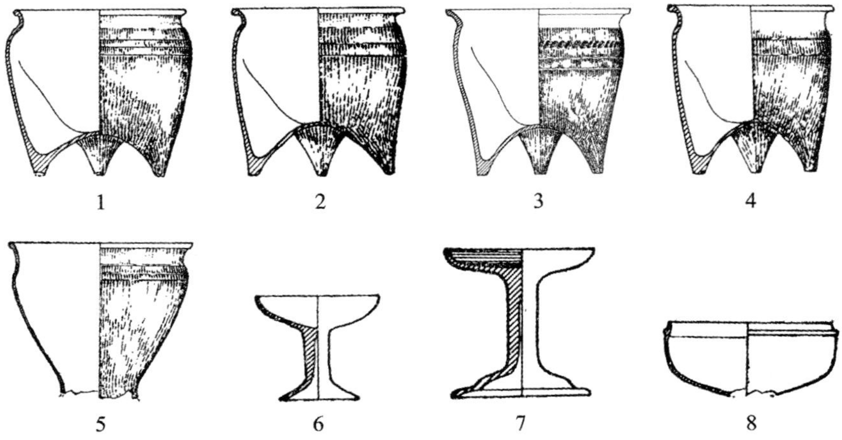

1.鬲(T1②:19)　2.鬲(T3②:23)　3.鬲(T1H1:4)　4.鬲(T4H2:1)

5.甗(T1H1:7)　6.豆(T2②:46)　7.豆(T3②:2)　8.豆(T4②:18)

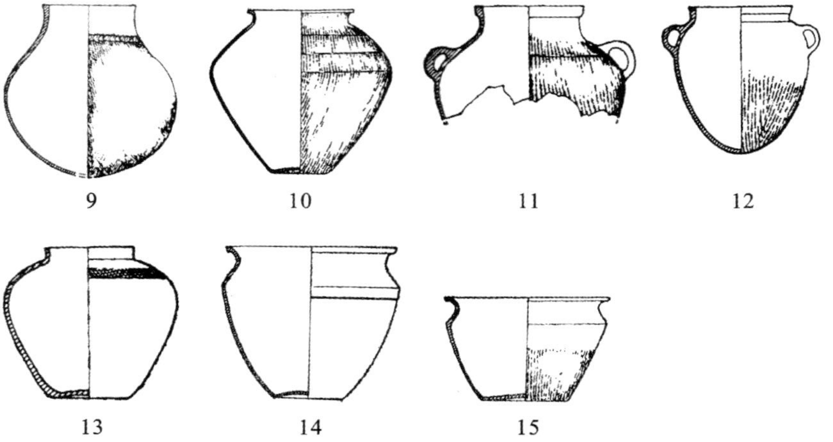

图三十二　庙台子遗址战国早期陶器

9.瓮（T1②:58）　10.罐（T4H2:2）　11.罐（T3②:25）　12.罐（T1H1:6）
13.罐（T3②:24）　14.尊（T1H1:8）　15.盆（T4②:85）

三、枣阳周台遗址

周台遗址位于枣阳市兴隆镇周台村南200米处，为配合孝襄高速公路建设，2002年襄樊市考古队对其进行了发掘，第一区发掘面积589.5平方米，第二区发掘探方三个。地层堆积情况为：第一层，耕土层；第二层，宋代层；第三层，周代文化层，可分为③A、③B、③C三小层；第四层，新石器时代文化层。

周代文化层发现灰坑25个，灰沟3条，房址3座，水井4眼，墓葬3座，其中G4、J1位于第二区。叠压、打破关系如下：

（1）H1～H3、H10～H12→③A

H1→H2

（2）③A—H4～H7、H13～H17、H19、H20、H22、G3、J2、F2、F4

（3）H13～H17、H19、H20、H22、G3、J2、F2、F4→③B

H4、H6→④

H7→生土 G3→H6→M2→H7→H8F2→J2→H22→H21G3→M1→H8H17→H19

（4）③B—H8、H21、H24～H27、G5、J3、J4、M3

(5) H24～H27、G5、J3、J4→③C

H8、H21、M3→生土 H21→M3

H24→G5H27→H25

(6) ③C—H8、F3

报告作者将层位关系分为六组，每组为一期，分为六期，下面将简报中的陶器标本重新按层位、期别分别编排介绍如下：

第一组即第一期：M3、G4，时代为西周晚期。

鬲，标本 G4:1，夹砂灰陶。大口，翻沿，无颈，溜肩近直，腹微鼓，最大径在中腹，瘪裆，矮截锥状柱足，足腔深。口沿以下饰绳纹。肩、上腹抹痕（图三十三，1）。

标本 G4:5，夹砂灰陶。与标本 G4:1 近似，仅内瘪程度稍小，柱足较高，足腔较浅。口沿以下满饰绳纹（图三十三，2）。

甗，标本 G4:7，残存腰部，泥质灰陶，束腰，甑腹缓收，饰绳纹（图三十三，3）。

豆，标本 G4:3，泥质黑陶。盘较浅微折，圆唇，喇叭状粗高柄，柄上有三角形镂孔，圈足各饰一道凸、凹弦纹（图三十三，4）。

标本 G4:2，泥质褐陶。深盘，喇叭状粗高柄，柄中空至盘底。上腹饰一道凹弦纹（图三十三，5）。

盆，标本 G4:4，泥质灰陶。翻折沿，敛口，折肩，肩径大于口径，斜腹，底内凹。腹、底饰绳纹（图三十三，6）。

罐，标本 M3:1，泥质黑衣灰陶。宽沿近平，广折肩，底内凹。颈、肩下各饰两周凹弦纹，中腹饰绳纹（图三十三，7）。

标本 G4:6，泥质灰陶。微侈口，宽折沿，平唇，短直颈，鼓腹。素面（图三十三，8）。

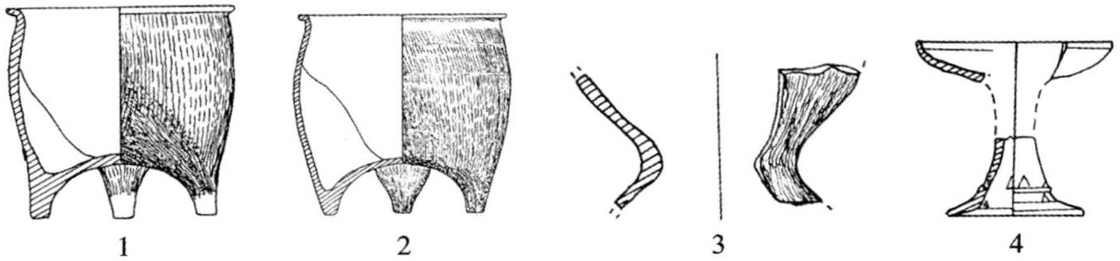

1.鬲（G4:5）　2.鬲（G4:5）　3.甗（G4:7）　4.豆（G4:3）

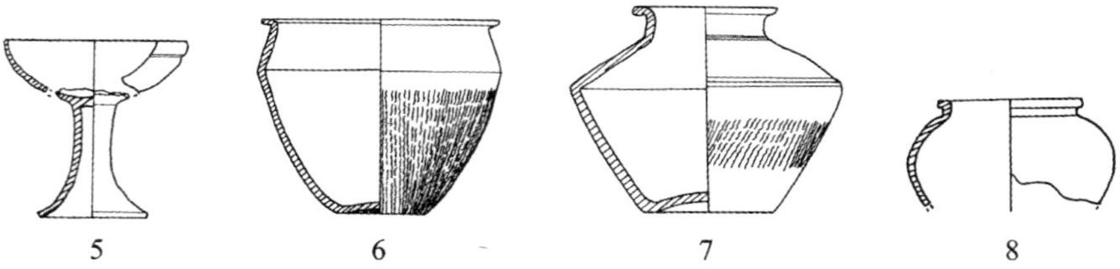

图三十三　周台遗址出土的西周晚期陶器

5.豆(G4:2)　6.盆(G4:4)　7.罐(M3:1)　8.罐(G4:6)

第二组即第二期:H8、H18、F3,时代为春秋早期。

鬲,标本H8②:1,夹砂灰陶。大口,翻折沿,方唇,束颈极短,溜肩外扩,最大径在中腹偏上,裆内瘪程度较小,柱足较矮,足腔较深。颈部以下满饰绳纹,肩部饰一周附加堆纹(图三十四,1)。

豆,标本H8②:8,泥质黑陶,粗柄较矮,柄上部有一周凸棱,柄中空至盘底(图三十四,2)。标本F3:3,夹砂褐陶。深盘,圆唇,粗高柄,柄中空至盘底。上腹饰一道凹弦纹(图三十四,3)。

罐,标本H8③:13,泥质灰陶。口微侈,窄沿略外翻,圆唇。素面(图三十四,4)。

瓮,标本H8③:11,泥质灰陶。口内敛,广肩,大鼓腹。素面(图三十四,5)。

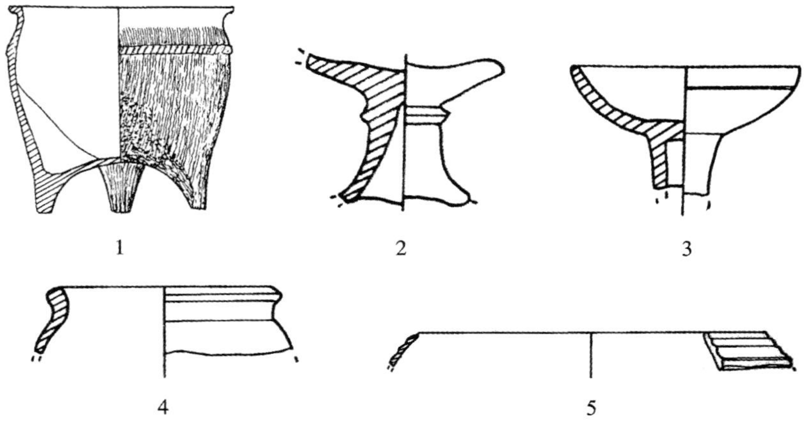

图三十四　周台遗址出土的春秋早期陶器

1.鬲(H8②:1)　2.豆(H8②:8)　3.豆(F3:3)　4.罐(H8③:13)
5.瓮(H8③:11)

第三组即第三期：③C、H24～H27、G5、J3、J4，时代为春秋中期。

鬲，一种为大口鬲。标本 H26∶1，夹砂黑陶。沿翻折外卷，腹微鼓，颈以下饰绳纹，肩部饰一周附加堆纹（图三十五，1）。

另一种为小口鬲。标本 T9③C∶16，泥质褐陶。外沿面有一周浅凹槽，方唇（图三十五，2）。

甗，标本 J3∶13，夹砂红陶。甑体侈口，翻折沿，短颈，溜肩，上腹微鼓，口径与腹径基本相等。鬲体溜肩圆鼓，中腹鼓，裆较高。三柱足外撇。颈以下饰绳纹（图三十五，3）。

标本 J3∶13，夹砂红陶。甑体翻卷沿，短颈，鼓腹缓收。鬲体鼓腹，裆内瘪程度较大，三柱足内敛。腹饰绳纹（图三十五，4）。

簋，标本 H25∶3，泥质灰陶。仅存上部，子口，上腹直，下腹急收，圜底。口沿下饰一道凸弦纹（图三十五，5）。

豆，标本 J3∶5，泥质灰陶。微折盘，近直口，喇叭状高柄，柄中空较小。素面（图三十五，6）。

标本 T9③C∶15，泥质褐陶。盘略浅，喇叭状柄较矮（图三十五，7）。标本 J3∶15，泥质黑陶。盘较深，覆盘状圈足（图三十五，8）。

盂，标本 J3∶1，泥质褐红陶。平折沿，鼓腹，平底（图三十五，9）。

盆，标本 J3∶4，夹细砂灰陶。侈口，翻折沿，方唇，长颈微束，折肩，肩径基本等于口径，平底。肩下饰一周凹弦纹，腹、底饰绳纹（图三十五，10）。

标本 J4∶5，泥质灰陶。翻折沿，尖唇，唇内沿面有三道浅凹槽，束颈，溜肩，鼓腹，底内凹。腹饰绳纹（图三十五，11）。

罐，标本 T10③C∶27，泥质灰陶。平折沿，颈较短，圆肩。口沿以下饰绳纹（图三十五，12）。

标本 J4∶4，泥质灰陶。平折沿，平唇，颈较长，半圆形双耳，底内凹。颈、腹、底饰绳纹（图三十五，13）。

瓮，标本 T10③C∶24，泥质灰陶。敛口，广肩，鼓腹。素面（图三十五，19）。标本 J3∶19，泥质红陶。敛口，窄折沿，平唇，溜肩，大鼓腹。口沿以下饰绳纹（图三十五，14）。

缸，标本 T10③C∶28，仅存口沿。泥质灰陶。翻折沿，尖唇，溜肩，鼓腹。口沿以下饰绳纹（图三十五，15）。

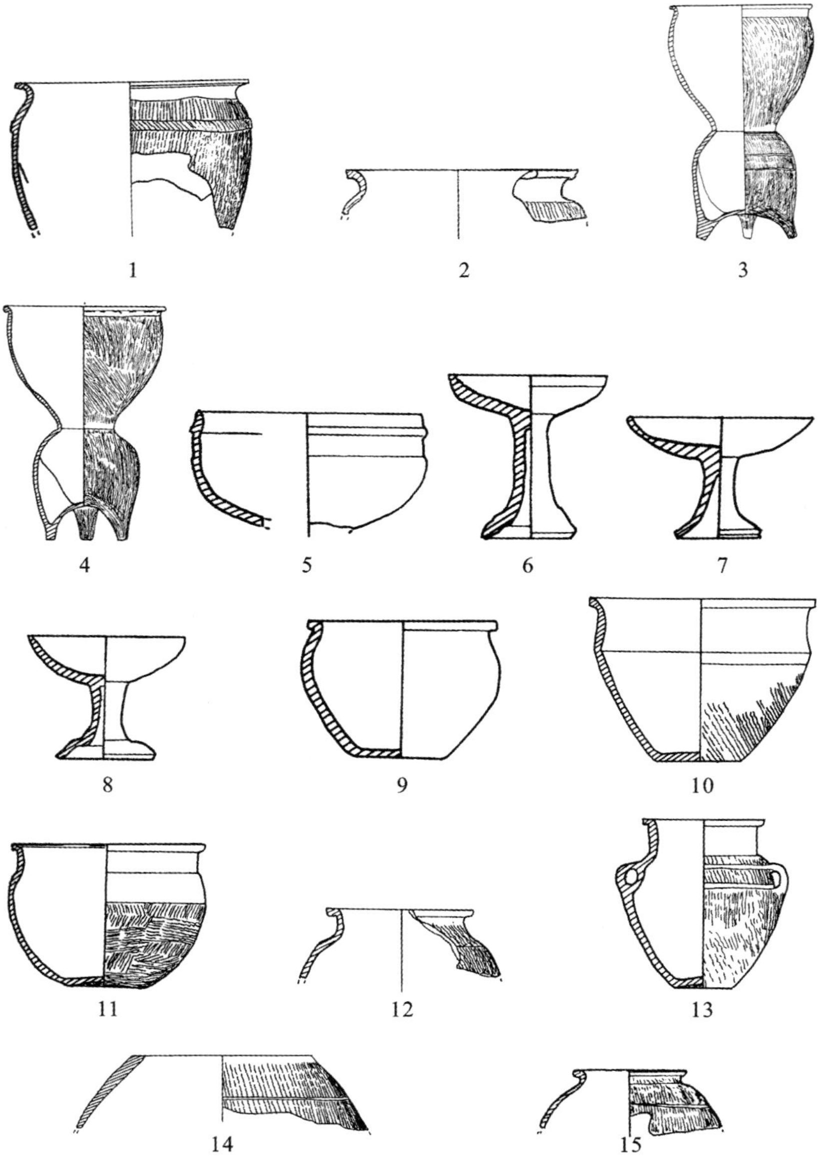

图三十五　周台遗址出土的春秋中期陶器

1.鬲(H26:1)　2.鬲(T9③C:16)　3.甗(J3:13)　4.甗(J3:13)

5.簋(H25:3)　6.豆(J3:5)　7.豆(T9③C:15)　8.豆(J3:15)

9.盂(J3:1)　10.盆(J3:4)　11.盆(J4:5)　12.罐(T10③C:27)

13.罐(J4:4)　14.瓮(J3:19)　15.缸 T10③C:28)

第四组即第四期：③B、H7、H21、H22、J2、M1、M2，时代为春秋晚期。鬲，标本T1③B：6，大口，翻折沿，方唇，束颈极短，溜肩外扩，最大径在肩部，裆内瘪程度较小，柱足较矮，足腔较深。颈部以下满饰绳纹，肩部饰一周附加堆纹（图三十六，1）。

釜形矮足鬲。标本T20③B：3，夹砂褐陶。残存下部。深腹，下腹缓收，矮平裆，三小乳状足。腹、底满饰绳纹（图三十六，2）。

甗，标本H22：8，夹砂红陶。基本可复原，鬲体中下腹残。甑体翻卷沿，短颈，鼓腹缓收。鬲体鼓腹，三柱足内敛。腹饰绳纹（图三十六，3）。

鼎，标本H21：11，夹砂灰陶。口微敛，平唇，一对长方形附耳，微鼓腹，底残，圆形蹄足较高，足跟部饰多个圆圈纹（图三十六，4）。

簋，标本H22：11，泥质灰陶。直口，圆唇，微鼓腹，圜底，矮粗柄，阶梯状喇叭形圈足（图三十六，5）。

豆，标本T11③B：20，泥质灰陶。浅盘，喇叭状高柄（图三十六，6）。盂，标本T5③B：11，侈口，沿上翘，圆唇，束颈极短，溜肩，深腹。肩及下腹饰绳纹（图三十六，7）。

标本J4：9，夹砂灰陶。敛口，圜底。素面（图三十六，8）。

盆，标本H21：5，底残。泥质灰陶。侈口，口沿凹凸不平，翻折沿，方唇，长颈微束，折肩，肩径基本等于口径。颈上部及肩下部各饰一道凹弦纹，中、下腹饰绳纹（图三十六，9）。

标本T18③B：13，泥质黑陶。翻折沿，圆唇，唇内沿面有一周浅宽凹槽，口微侈，无颈，深腹。腹饰瓦纹（图三十六，10）。

标本T19③B：20，泥质灰陶。翻折沿，方唇，唇内沿面有一道浅凹槽，束颈较短，溜肩。肩部饰一道凸弦纹，上中腹饰三道凹弦纹，下腹饰绳纹（图三十六，11）。

罐，标本T10③B：13，泥质红陶。翻折沿，方唇，颈较长，溜肩。外沿面有一周浅凹槽。口沿以下饰绳纹，颈部绳纹模糊（图三十六，12）。

标本T4③B：12，泥质黑陶。口微敛近直。肩部饰一道凹弦纹（图三十六，13）。

标本T19③B：18，耳及下腹残。泥质灰陶。微侈口，平折沿，平唇，唇面有一道浅凹槽，鼓腹。下腹饰绳纹，上腹刻划一个F形符号（图三十六，14）。

标本H21：10，泥质灰陶。整体矮胖，侈口，平折沿，平唇，最大腹径在上腹,底内凹。外沿面有一道浅凹槽。颈及耳孔处分别饰一、二道凹弦纹(图三十六,15)。

标本J2:2,泥质灰陶。整体矮胖,翻折沿,尖唇,半圆形双耳,腹微鼓,底内凹。口沿下饰绳纹,颈部绳纹模糊(图三十六,16)。

瓮,标本T9③B:14,夹砂灰陶。敛口,溜肩,鼓腹(图三十六,17)。标本J2:5,夹砂褐陶。翻沿外压,外沿面形成一周凸棱,尖圆唇,鼓腹,圜底。肩及上腹饰竖绳纹,间两道抹痕,中腹至底饰横绳纹(图三十六,18)。缸,标本H21:14,泥质红陶。翻卷沿,圆唇,溜肩,鼓腹,凹底较浅。口沿以下饰绳纹,颈部绳纹模糊(图三十六,19)。

标本H21:9,夹砂褐陶。直口,窄平折沿,平唇,短直颈,广肩,鼓腹,平底。颈部饰一道凹弦纹,颈以下饰绳纹(图三十六,20)。

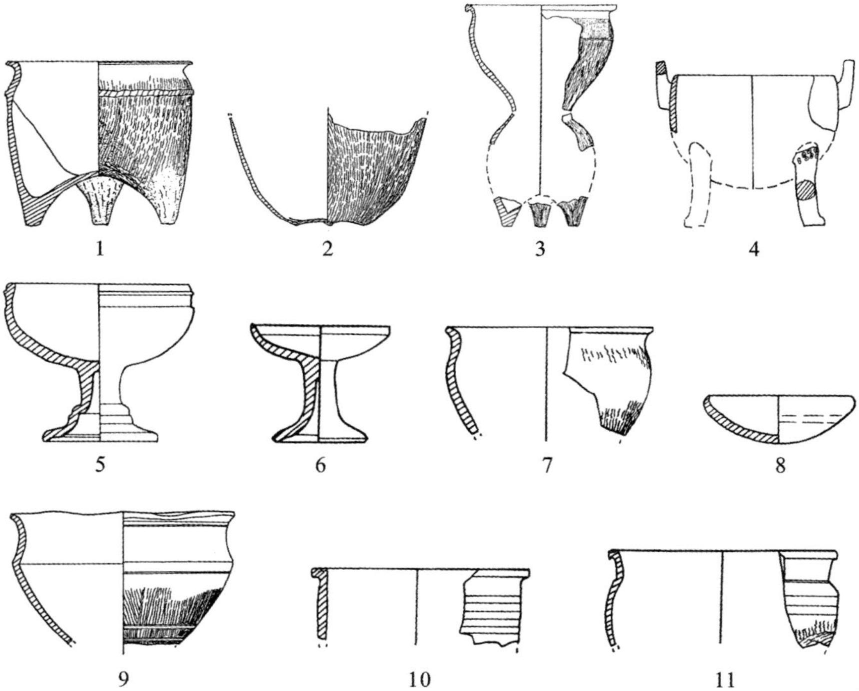

1.鬲(T1③B:6) 2.鬲(T20③B:3) 3.甗(H22:8) 4.鼎(H21:11)
5.簋(H22:11) 6.豆(T11③B:20) 7.盂(T5③B:11) 8.盂(J4:9)
9.盆(H21:5) 10.盆(T18③B:13) 11.盆(T19③B:20)

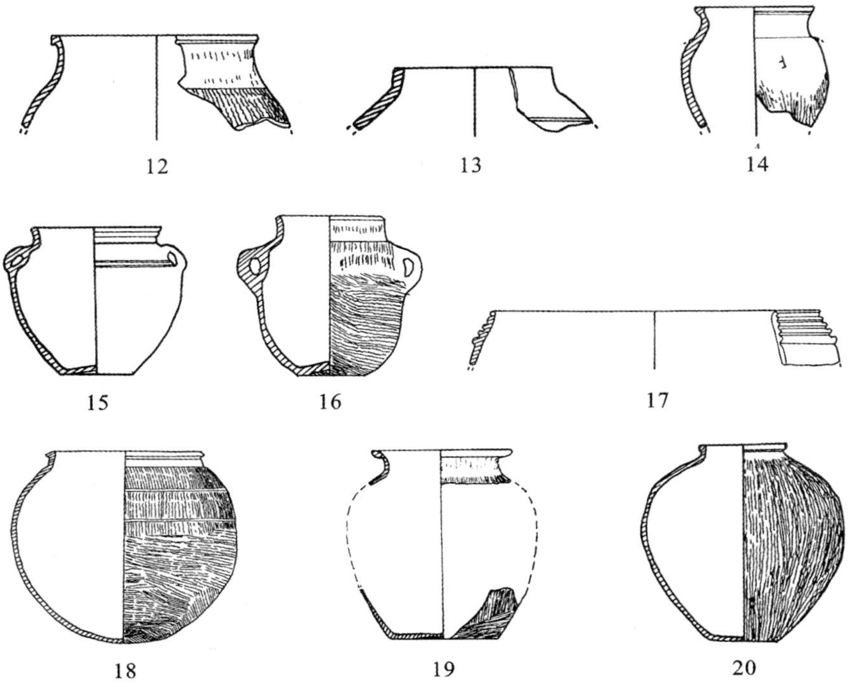

图三十六　周台遗址出土的春秋晚期陶器

12. 罐(T10③B：13)　13. 罐(T4③B：12)　14. 罐(T19③B：18)
15. 罐(H21：10)　16. 罐(J2：2)　17. 瓮(T9③B：14)
18. 瓮(J2：5)　19. 缸(H21：14)　20. 缸(H21：9)

第五组即第五期：H4～H6、H13～H17、H19、H20、J1、F2、F4，时代为战国早期。

鬲，标本 F2：4，夹砂红陶。大口鬲，侈口，口沿不规整，翻卷沿，圆唇，束短颈，腹微鼓，最大径在上腹，裆微内瘪，裆部较高，足腔深，柱足较矮。口沿以下饰绳纹，腹部有一道抹痕(图三十七，1)。

标本 F3：3，夹砂灰陶。小口鬲，侈口，翻折沿，沿面有一周浅凹槽，方唇，束短颈，鼓腹，最大径在上腹，腹径大于口径，低裆，足腔浅，矮柱足。颈以下满饰绳纹(图三十七，2)。

标本 J1：17，泥质灰陶。小口罐形矮足鬲。口微侈，翻折沿，平唇，矮领，圆肩，浅腹，矮平裆，空锥状矮足。肩及上腹各饰一道凹弦纹，其间饰网格纹(图三十七，3)。

甗,标本 H5:2,夹砂红陶。仅存甑体,上腹外鼓较甚,上腹腹径明显大于口径,腰部细长。腹饰绳纹(图三十七,4)。

壶,标本 J1:3,泥质灰陶。侈口,翻沿,平唇,束颈较长,溜肩,鼓腹,下腹曲收,平底。肩及中腹各有一耳,已残(图三十七,5)。

簋,标本 H5:1,泥质灰陶。敛口,折肩,弧腹,圜底,阶梯状喇叭形圈足(图三十七,6)。

豆,标本 H14:1,泥质黑陶。近直口,浅盘,柄较细高。喇叭状圈足(图三十七,7)。

标本 F2:5,泥质灰陶。喇叭状柄较矮(图三十七,8)。

盆,标本 H5:3,泥质灰陶。侈口,翻折沿,方唇,微束颈更长,地微内凹。中下腹饰绳纹(图三十七,9)。

罐,标本 M1:1,泥质黑陶。翻卷沿上昂,折肩,深腹斜收,平底。颈以下饰绳纹,肩部饰一道凹弦纹(图三十七,10)。

标本 J1:7,泥质灰陶。口略外侈,翻折沿,方唇,长颈,鼓腹,底内凹。口沿以下饰绳纹,颈部绳纹模糊,上腹间一道抹痕(图三十七,11)。

标本 J1:19,泥质黑陶。平折沿,平唇,颈较长,半圆形双耳,鼓腹,凹圜底近平。口沿以下饰绳纹,颈部绳纹模糊,耳上下各间一道抹痕(图三十七,12)。

标本 J1:14,泥质灰陶。口微侈,窄平折沿,平唇,长颈,半圆形双耳,腹微鼓,平底。颈、腹部饰绳纹(图三十七,13)。

标本 J1:9,泥质灰陶。大侈口,翻折沿,方唇,唇内、外沿面各有一道浅凹槽,半圆形双耳,上腹鼓,下腹内曲缓收,矮圈足。肩及中腹饰绳纹,耳上下各有一道抹痕(图三十七,14)。

瓮,标本 H16:4,夹砂灰陶。平折沿,短颈,广肩,鼓腹。肩部饰绳纹(图三十七,15)。

缸,标本 J1:10,泥质灰陶。沿翻折,尖唇,溜肩,鼓腹,底内凹。肩以下饰绳纹,上、中腹四道抹痕(图三十七,16)。

标本 J1:5,泥质红陶。翻折沿,方唇,溜肩,鼓腹,最大径在中腹偏上。颈以下饰绳纹,中腹间一道抹痕(图三十七,17)。

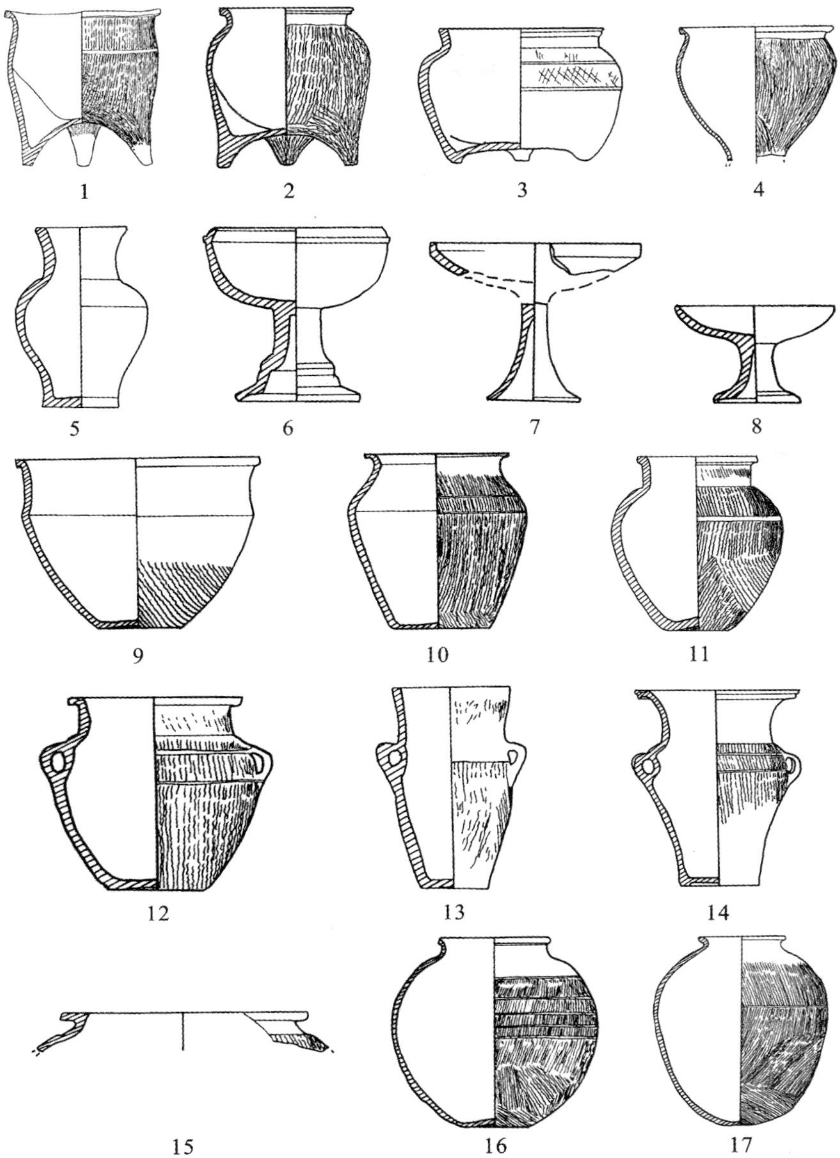

图三十七　周台遗址出土的战国早期陶器

1.鬲(F2∶4)　2.鬲(F2∶3)　3.鬲(J1∶17)　4.甗(H5∶2)　5.壶(J1∶3)
6.簠(H5∶1)　7.豆(H14∶1)　8.豆(F2∶5)　9.盆(H5∶3)　10.罐(M1∶1)
11.罐(J1∶7)　12.罐(J1∶19)　13.罐(J1∶14)　14.罐(J1∶9)
15.瓮(H16∶4)　16.缸(J1∶10)　17.缸(J1∶5)

第六组即第六期：③A、H1～H3、H10～H12、G3，时代为战国中期。

鬲，标本T13③A：5，夹砂红陶。大口鬲。翻卷沿，圆唇，束短颈，上腹鼓，最大径在肩部，裆微内瘪，裆较高，足腔略浅，柱足较高。口沿以下饰绳纹（图三十八，1）。

标本H10：6，夹砂红陶。上腹部已残。微敛口，翻卷沿，圆唇，束颈外扩，裆底较矮，足腔较浅，矮柱足。腹饰绳纹（图三十八，4）。

甗，标本T8③A：10，夹砂红陶。翻卷沿，甑体腹径大于口径，鬲体深腹裆部较低，矮柱足外撇。腹饰绳纹，鬲体上有两道抹痕（图三十八，2）。

敦，标本T13③A：1，仅存盖沿。泥质灰陶。半球形，敞口，平唇，弧腹，半圆形双耳。口沿边缘残存一枚卡扣。素面（图三十八，3）

簋，标本T8③A：8，泥质褐陶。口近直微敛，矮柄，阶梯状喇叭形圈座（图三十八，5）。

豆，标本T13③A：7，泥质灰陶。口近直，喇叭状柄较高（图三十八，6）。盂，标本T19③A：13，泥质灰陶。沿上翘，圆唇，束颈极短，鼓腹。肩及上腹饰六道凹弦纹（图三十八，7）。

盆，标本T2③A：2，泥质褐陶。敛口，宽沿翻折，束颈较短，折肩。沿面及颈各饰一道凹弦纹，中下腹饰绳纹（图三十八，8）。

罐，标本T9③A：9，泥质黑陶。口外侈，沿外翻较甚，圆唇，颈较长，圆折肩。素面（图二十三，9）。

标本H10：7，泥质灰陶。整体瘦高，翻折沿，方唇，颈稍短，半圆形双耳，深腹，凹圜底近平。穿耳孔饰一道凹弦纹，下腹饰绳纹（图二十三，10）。

瓮，标本T6③A：6，泥质黑陶。翻沿外压，外沿面形成一周凸棱，尖圆唇，颈略长，溜肩。颈以下饰绳纹（图三十八，11）。

标本T6③A：4，泥质灰陶。敛口，溜肩，微鼓腹，底内凹。下腹及底饰绳纹（图三十八，12）。

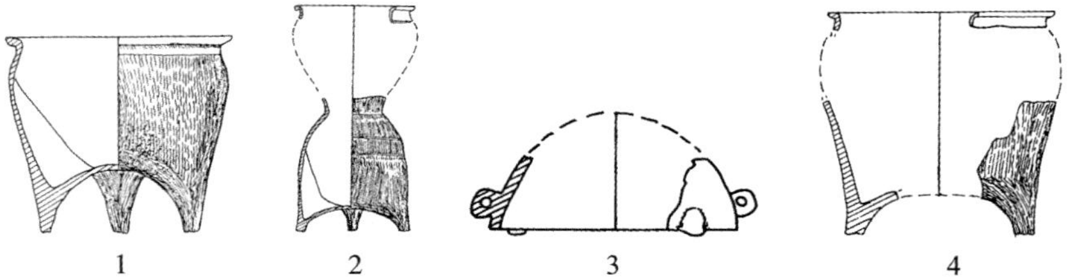

1.鬲（T13③A：5） 2.甗（T8③A：10） 3.敦（T13③A：1） 4.鬲（H10：6）

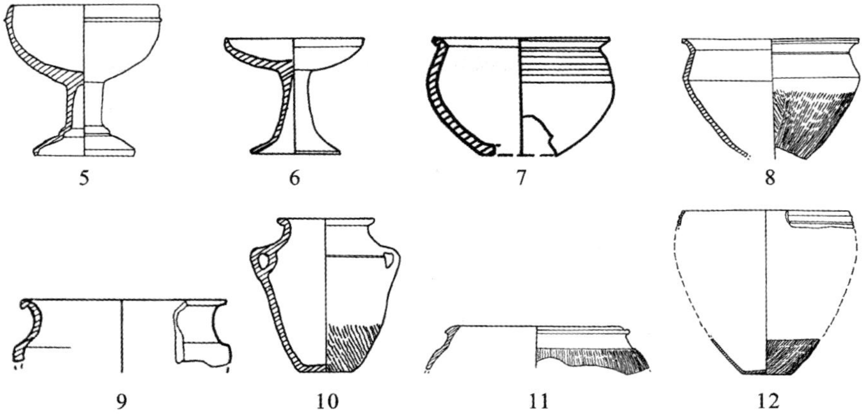

图三十八　周台遗址出土的战国中期陶器

5.簋(T8③A:8)　6.豆(T13③A:7)　7.盂(T19③A:13)　8.盆(T2③A:2)
9.罐(T9③A:9)　10.罐(H10:7)　11.瓮(T6③A:6)　12.瓮(T6③A:4)

2016年,湖北省文物考古研究所对周台遗址进行了发掘,报道了两座水井的资料。J1居于J2之西,J1打破J2,两座水井各分三层,J1第三层包含物为水井使用时的遗物,时代属于春秋中期,第一层和第二层遗物为水井废弃后的堆积物,时代相当于春秋晚期至战国早期。J2外圹和井内出土遗物没有明显差别,水井使用时间为两周之际至春秋早期,最后废弃于春秋中期。①

J1第三层出土的陶器有日用陶器双耳罐、豆等。

双耳罐,高领罐。标本J1③:6,泥质灰陶。直口,折沿,微鼓肩,半圆形双耳,深弧腹,凹圜底。颈部手抹绳纹,肩部以下至底部拍印中绳纹(图三十九,1)。

标本J1③:1,细泥夹细砂灰陶。侈口、方唇,高领,束颈,溜肩,半圆形双耳,深弧腹,凹圜底。颈部至腹底通体拍印斜向中绳纹,底部拍印交错绳纹(图三十九,3)。

标本J1③:5,泥质灰陶。口微敞,折沿、圆唇,微束颈,鼓肩、深腹,肩部半圆形双耳,凹圜底。素面(图三十九,4)。

①湖北省文物考古研究所等:《湖北枣阳周台遗址J1、J2发掘简报》,《江汉考古》2020年第5期。

矮领罐,标本J1③:2,夹细砂灰陶。直口中领,窄平沿,尖唇,弧肩,半圆形双耳,深弧腹,凹圜底。下腹拍印交错绳纹(图三十九,2)。

标本J1③:3,泥质灰陶。耳微残。侈口、圆唇,矮领,微束颈,肩部微鼓,半圆形双耳,深弧腹,底部近平。下腹饰中绳纹(图三十九,5)。

豆,标本J1③:4,泥质灰陶。敞口,浅盘,尖唇,中粗柄,圈足座(图三十九,6)。

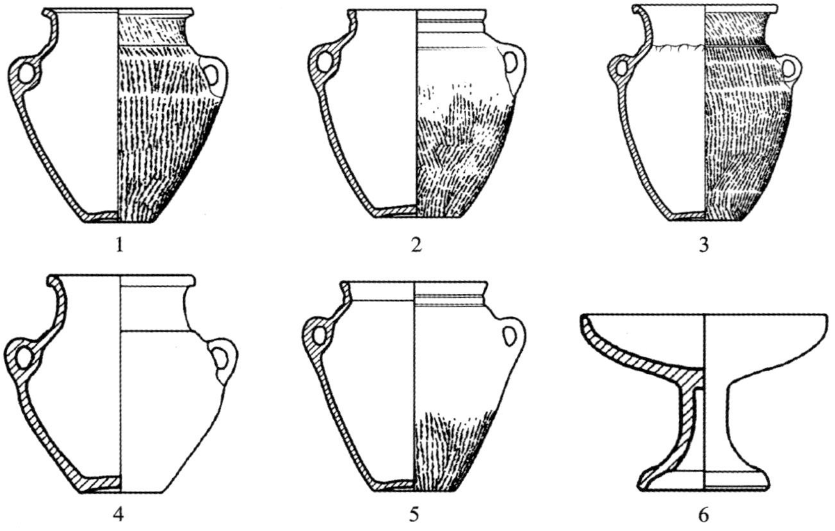

图三十九　J1第三层出土陶器

1.罐(J1③:6)　2.罐(J1③:2)　3.罐(J1③:1)　4.罐(J1③:5)
5.罐(J1③:3)　6.豆(J1③:4)

J1第一、二层出土的陶器有鬲、罐、豆、器盖、甑等。

鬲口沿,标本J1②:18,夹砂红陶。敛口,卷沿、圆唇,短颈,溜肩。通体饰粗绳纹(图四十,1)。

鬲足,标本J1①:5,夹砂红陶。截锥形实足。足窝浅,相接处裆部近平。足表面拍印中绳纹(图四十,2)

罐,标本J1②:1,泥质灰陶。耳、底残。口微敞,折沿、方唇,高领,肩部微鼓,深弧腹,凹圜底。颈部可见手抹绳纹,肩部间断绳纹,下腹、器底可见交错绳纹(图四十,3)。

豆,标本J1②:12,泥质黑皮红陶。口微内折,尖唇,深弧盘,矮柄,喇叭形圈座。柄上有凸起的绳索状纹饰(图四十,4)。

标本J1②:9,泥质灰陶。柄、座残。敞口微敛,尖唇,弧盘,细柄,喇叭形圈座。素面(图四十,5)。

器盖,标本J1②:11,泥质灰陶。覆钵形,圆形捉手,盖顶高。素面(图四十,6)。

标本J1②:16,泥质灰陶。顶部残。覆钵形,口沿陡直、方唇,顶面略弧(图四十,7)。

甑,标本J1②:10,泥质灰陶。底腹内收成凹圜底,底部有箅孔,中间两个,四周七个,呈放射状分布。素面(图四十,8)。

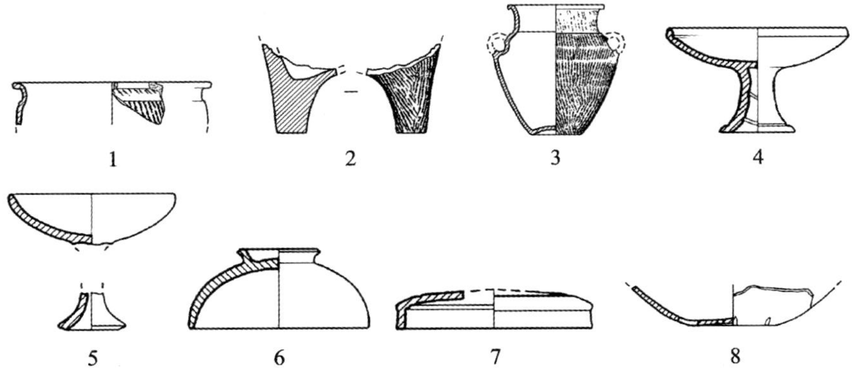

图四十　2016周台遗址J1第一层、第二层出土陶器

1.鬲(J1②:18)　2.鬲足(J1①:2)　3.罐(J1②:1)　4.豆(J1②:12)
5.豆(J1②:9)　6.器盖(J1②:11)　7.器盖(J1②:16)　8.甑(J1②:10)

J2出土的陶器有罐、豆等。

罐,双耳罐。标本J2外:7,泥质黑皮红陶。直口微敛,尖唇,深弧腹,肩部附半圆形双耳。肩、腹部拍印极浅的细绳纹(图四十一,1)。

直领罐。标本J2:14,泥质黑皮灰陶。直口、尖圆唇,广弧肩,以下残。肩部有两道凹弦纹(图四十一,2)。

侈口罐。标本J2:16,泥质黑皮红陶。翻沿,圆唇,束颈,溜肩(图四十一,3)。

标本J2:7,泥质黑皮灰陶。侈口,方唇、仰折沿,束颈,斜肩内折,弧腹斜收,凹圜底。下腹部拍印整齐的左向细绳纹,器底交错绳纹(图四十一,4)。

豆,标本J2外:2,泥质灰陶。中柄,中有凸棱。轮痕清晰(图四十一,

5)。标本 J2∶20,泥质黑皮灰陶。中柄。底座之上有凹弦纹一周(图四十一,6)。

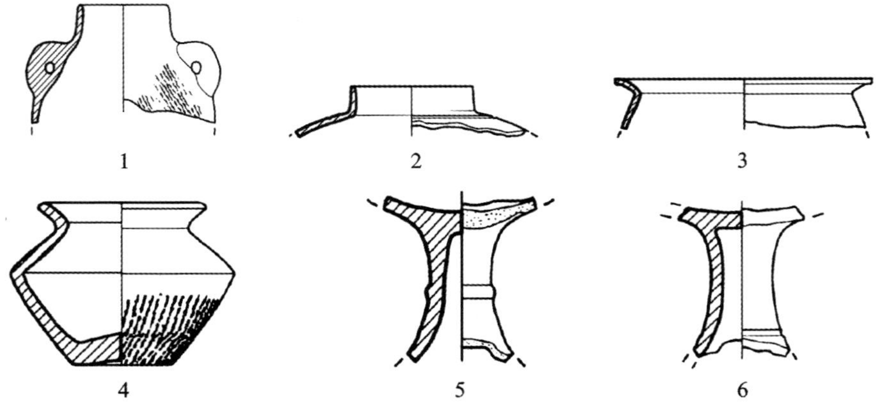

图四十一　2016 周台遗址 J2 出土陶器

1.罐(J2 外∶7)　2.罐(J2∶14)　3.罐(J2∶16)　4.罐(J2∶7)
5.豆(J2 外∶2)　6.豆(J2∶20)

四、随州叶家湾遗址

叶家湾遗址位于随州市均川镇墙院村七组,东北距随州市区 24 公里。2005 年,随州市博物馆为配合随岳高速公路建设,对此遗址进行了发掘,发掘面积 144 平方米。地层堆积情况以 T1 为例,第一层为耕土层,第二层为扰乱层,第三层为宋代文化层,第四层为周代文化层,其下为生土。发现周代灰坑 6 个(编号为 H1～H6),灰沟 2 条(编号为 G1、G2)。简报作者进行了分期,T4 第 9 层和 H5 第 2 层时代为西周中期;H6 和 T2 第 8 层时代为西周晚期;T6 第 6 层时代为春秋早期;H3 及 H5 第 1 层时代为春秋中期。将简报中的典型陶器标本按层位、期别重新编排介绍如下:T4 第 9 层和 H5 第 2 层共发表了 4 件陶鬲标本。

鬲,标本 T4⑨∶2,夹砂红褐陶。敞口,尖圆唇,束颈,瘪裆,三矮柱足内敛,足腔较深。口以下饰绳纹(图四十二,1)。

标本 T4⑨∶3,夹砂红陶。敞口,圆唇,束颈,下腹内收,腹饰绳纹(图四十二,2)。

标本 H5②∶66,夹砂红陶。尖圆唇,侈口,束颈。腹饰绳纹(图四十二,

3)标本 H5②:64,敞口,尖圆唇,瘪裆,饰绳纹(图四十二,4)。

H6 和 T2 第 8 层发表了鬲、甗等 3 件标本。

鬲,标本 T2⑧:2、T2⑧:6,夹砂红陶。卷沿,圆唇,腹较直。饰绳纹,肩部有一周附加堆纹(图四十二,5、6)。

甗,标本 H6:1,夹砂红陶。仅存部分鬲体。鼓腹,最大径在肩部,瘪裆,足腔深。饰细绳纹,肩部饰多道凹弦纹(图四十二,7)。

T6 第 6 层仅发表了一件鬲标本。

标本 T6⑥:2,泥质外褐内红陶。小口鬲。侈口,圆唇,束颈,广肩,肩径大于口径,瘪裆,足腔略浅,三柱足较高。饰绳纹(图四十二,8)。

H3 及 H5 第 1 层有鬲、鼎、罐、盆、豆等。

鬲,标本 H3:53,夹砂红陶。折沿,圆唇,腹部内收程度大,口径大于肩径,瘪裆。饰较粗绳纹(图四十二,9)。

标本 H3:36,夹砂红陶。卷沿,圆唇,束颈,下腹壁内收,口径大于肩径。饰绳纹(图四十二,10)。

标本 H3:27,黄褐陶。卷沿,圆唇,束颈,鼓腹,口径小于肩径。饰绳纹(图四十二,11)。

罐,标本 H3:31,折沿,方唇,颈部较长。饰绳纹(图四十二,12)。

双耳罐,标本 H3:32,泥质灰陶。口微敞,圆唇,斜颈,双半圆形耳(图四十二,13)。

标本 H5①:7,泥质灰陶。敞口,方唇,直颈,溜肩,鼓腹,下腹斜收,双半圆形耳,底内凹.肩部饰三道弦纹(图四十二,20)。

盆,标本 H3:7,夹砂红陶。敞口,卷沿,方唇,束颈,曲腹,口径大于腹径,凹圜底。饰绳纹(图四十二,14)。

鼎,标本 H3:37,罐形鼎,底部残。夹砂红陶。子口内敛,弧壁内收,一对方形附耳,其上有戳印的圆圈纹。口下戳印一周圆圈纹,腹部饰一周附加堆纹,底部饰绳纹(图四十二,15)。

豆,标本 H3:3,泥质灰陶。粗柄。阶梯状喇叭座(图四十二,16)。标本 H3:6,夹砂红陶。深盘,喇叭状柄细而高(图四十二,17)。标本 H3:15,灰陶。喇叭状柄(图四十二,18)。

标本 H3:22,泥质灰陶。盘较浅(图四十二,19)。

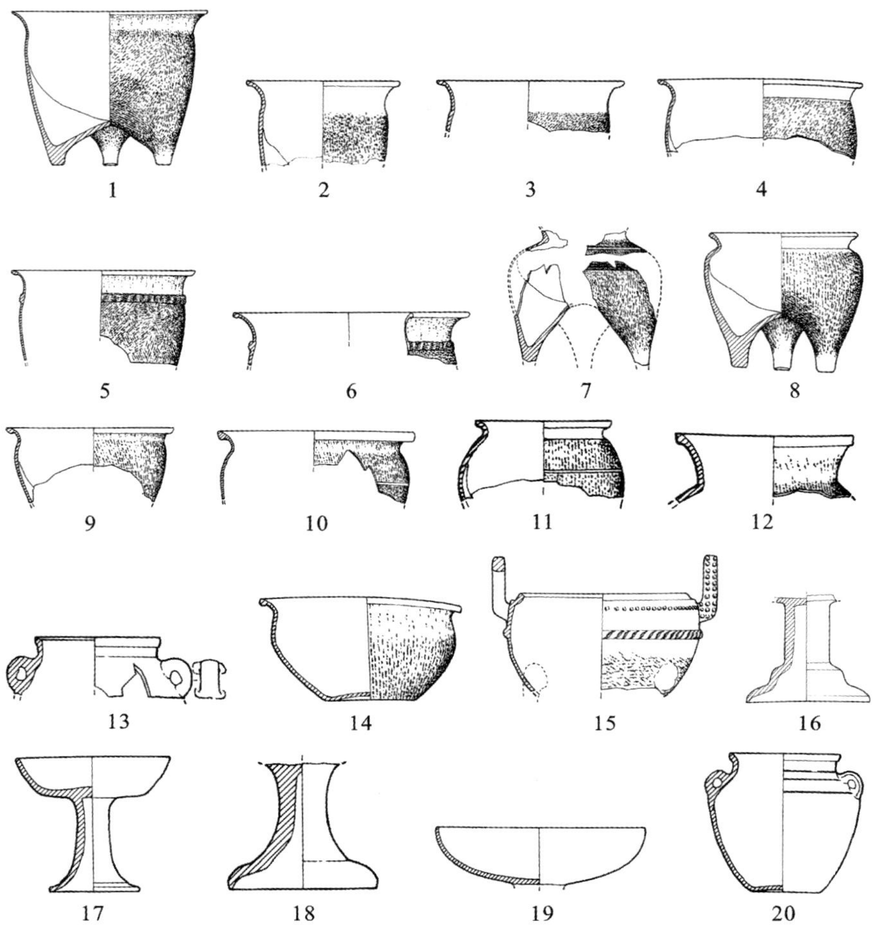

图四十二　叶家湾遗址出土陶器

1.鬲(T4⑨:2)　2.鬲(T4⑨:3)　3.鬲(H5②:66)　4.鬲(H5②:64)
5.鬲(T2⑧:2)　6.鬲(T2⑧:6)　7.甗(H6:1)　8.鬲(T6⑥:2)
9.鬲(H3:53)　10.鬲(H3:36)　11.鬲(H3:27)　12.罐(H3:31)
13.罐(H3:32)　14.盆(H3:7)　15.鼎(H3:37)　16.豆(H3:3)
17.豆(H3:6)　18.豆(H3:15)　19.豆(H3:22)　20.罐(H5①:7)

五、广水巷子口遗址

巷子口遗址位于广水市杨寨镇程家河村二组,2006 年,湖北省文物考古研究所为配合京广铁路复线工程建设,对该遗址进行了发掘。第三层、第四层为东周文化层，开口于第四层下的灰坑有 H1、H4、H5、H6、H7、H8、H9 等，以 H5 为代表的遗存属于春秋中期，H5 打破 H7，被 H12、H1 打破。以 H4 为代表的遗存属于战国早期。第三层、第四层相对年代应晚于 H4。下面将简报中的典型陶器标本重新按层位、期别进行编排。

H5 出土的器物有鼎、鬲、甗、箅、罐、瓮、盆、豆、钵等。鼎足，标本 H5③:98，蹄形足（图四十三，1）。

鬲，大口鬲，口径大于腹径。标本 H5②:1，夹细砂褐陶。侈口，卷沿，方唇，束颈，上腹较鼓，下腹斜收，瘪裆，足腔较深，三柱足较直。口沿以下饰绳纹（图四十三，2）。

标本 H5③:19，夹砂褐陶。侈口，卷沿，束颈，瘪裆，三柱足外撇。腹饰绳纹（图四十三，3）。

小口鬲，口径小于腹径。标本 H5③:9，夹砂褐陶。侈口，卷沿，圆唇，矮领，鼓腹，瘪裆，截锥状柱足已残。饰绳纹，腹部有一道抹弦纹（图四十三，4）。

标本 H5③:24，夹砂红褐陶。卷沿，方唇，矮领，鼓腹较直，肩部有对称的半环形双耳，瘪裆，足部残。饰绳纹，腹部有一道抹弦纹（图四十三，5）。

箅，标本 H5④:2，夹砂褐陶。平顶，喇叭形座。顶部戳有扁棱形箅孔。腹部绳纹抹平（图四十三，6）。

甗，标本 H5③:33，夹细砂红褐陶。卷沿，沿面上仰，侈口，尖叠唇，矮领，上腹较鼓，下腹内收。下腹饰绳纹（图四十三，7）。

罐，标本 H5③:16，泥质褐胎灰陶。卷沿，方唇，长颈，折肩。饰竖绳纹，肩部有一道抹平弦纹（图四十三，8）。

标本 H5②:2，夹细砂灰褐陶。侈口，方唇，颈较高，鼓腹。肩部安对称桥形耳。饰绳纹，颈部抹平，上腹饰三道抹平弦纹（图四十三，9）。

瓮，标本 H5③:18，夹粗砂红褐陶。卷沿外翻，圆唇，束颈，鼓腹，下腹内收。饰绳纹（图四十三，10）。

盆，标本 H5③:8，灰陶。侈口，方唇，折肩，弧腹内收，平底略凹。下腹饰绳纹，加一道抹弦纹（图四十三，11）。

标本 H5③:7，泥质灰陶。卷沿，方唇，长颈，折肩，弧腹内收，平底。下腹饰绳纹，加一道抹弦纹（图四十三，12）。

豆，标本 H5③:3，粗泥灰陶。深盘，矮柄，喇叭座。盘中刻划十字符号（图四十三，13）。

标本 H5①:4,夹细砂灰陶。尖唇,直口,深盘,矮柄,喇叭座较高(图四十三,14)。

盖豆(周台遗址报告称之为簋),标本 H5③:88,泥质褐胎黑陶。直口微敛,浅弧腹,圜底(图四十三,15)。

钵,标本 H5④:1,夹细砂红褐陶。口微敛,方唇,浅腹,平底略凹(图四十三,16)。

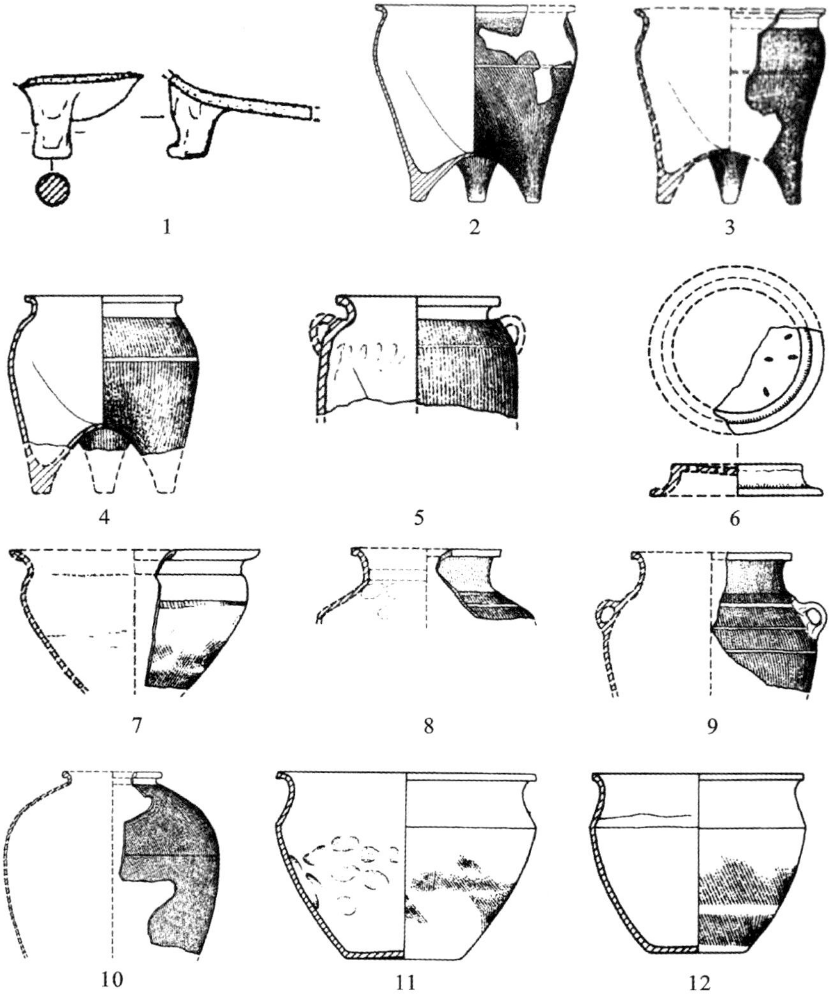

1.鼎足(H5③:98) 2.鬲(H5②:1) 3.鬲(H5③:19) 4.鬲(H5③:9)
5.鬲(H5③:24) 6.箅(H5④:2) 7.甗(H5③:33) 8.罐(H5③:16)
9.罐(H5②:2) 10.瓮(H5③:18) 11.盆(H5③:8) 12.盆(H5③:7)

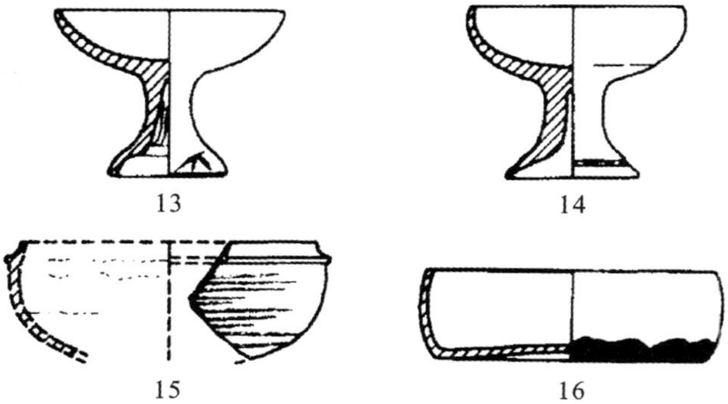

图四十三　巷子口遗址 H5 出土陶器

13.豆(H5③:3)　14.豆(H5①:4)　15.盖豆(H5③:88)　16.钵(H5④:1)

H4 出土的陶器有鬲、瓮、盆、豆、盖豆、杯等。

鬲,标本 H4②:9,夹细砂红褐陶。侈口,卷沿,尖叠唇,矮束颈,弧腹较深,瘪裆,三柱足较高外撇,足腔较浅。饰绳纹,腹部有一道抹弦纹(图四十四,1)。

标本 H4②:2,夹砂红褐陶。侈口,方叠唇,矮颈较直,弧腹较浅,瘪裆,三柱足较矮。饰绳纹,腹部有一道抹弦纹(图四十四,2)。

瓮,H4①:9,夹细砂褐陶。敛口,溜肩,鼓腹。饰绳纹,口下侧饰锥刺纹(图四十四,3)。

盆,标本 H4②:8,夹细砂褐陶。侈口,方唇,长颈较直,折肩,斜腹内收,平底微凹。素面(图四十四,4)。

豆,标本 H4①:1,夹细砂灰陶。敞口,尖唇,浅腹,矮柄,喇叭形座。盘外壁有一道凹弦纹(图四十四,5)。

盖豆(统称为簋),标本 H4②:3,泥质灰胎深褐陶。腹较直,圜底,矮柄较粗,阶梯状喇叭座。口沿下侧有一道宽凹槽(图四十四,6)。

标本 H4②:4,粗泥灰陶。直口微敛,深腹壁较直,圜底近平,矮柄,。口沿下侧有一道凹槽(图四十四,7)。

标本 H4②:5,泥质褐胎深灰陶。直口,直腹较深,圜底近平,粗柄较高,阶梯状喇叭座。口沿下侧有一道凹槽,槽内饰波浪形暗纹(图四十四,8)。

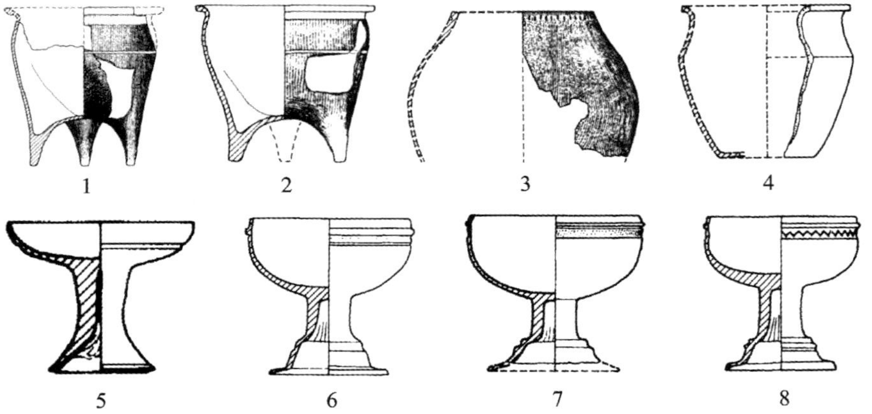

图四十四　巷子口遗址 H4 出土陶器

1.鬲(H4②:9)　2.鬲(H4②:2)　3.瓮(H4①:9)　4.盆(H4②:8)
5.豆(H4①:1)　6.盖豆(H4②:3)　7.盖豆(H4②:4)　8.盖豆(H4②:5)

第三层、第四层及其他灰坑出土的陶器有鬲、甗、鼎、瓮、罐、壶、罍、簋、盆、豆、盖豆、箅、杯、双錾形器等器物。

鬲,标本 T3④:10,夹细砂褐陶。侈口,翻卷沿,鼓腹,腹径小于口径。腹部饰竖绳纹,颈腹交界处有两道弦纹(图四十五,22)。

标本 T12④:1,夹细砂褐陶。卷沿,矮颈较直,鼓腹,裆低呈弧形,锥状柱足。饰竖粗绳纹,腹部一道抹平弦纹(图四十五,23)。

标本 T3④:19,泥质褐胎深灰陶。宽折沿下斜,沿面有两道凹槽,尖唇,腹残。饰右斜粗绳纹,有一道抹弦纹(图四十五,25)。

标本 T3③:19,夹粗砂红褐陶。侈口,翻卷沿,方唇,鼓腹,腹径小于口径。饰竖粗绳纹,腹部有一道抹弦纹(图四十五,38)。

甗,标本 H1②:31,夹细砂褐陶。侈口,翻卷沿,圆唇,束颈,鼓腹,底残。饰右斜绳纹,有一道抹弦纹(图四十五,1)。

标本 H2:2,夹细砂褐陶。仅存束腰部分。饰绳纹(图四十五,4)。

标本 H8②:1,夹砂红褐陶。口残,甑体下腹斜直,束腰。鬲体鼓腹,下腹内瘪,裆底弧形较尖,锥状柱足残。饰竖绳纹,有一道抹弦纹(图四十五,10)。

标本 T12④:65,夹砂褐胎黑陶。侈口,卷沿,沿面有一道凹槽,矮颈耸肩,鼓腹近直。饰右斜绳纹,有一道抹弦纹(图四十五,24)。

标本 T6④:4,夹砂红褐陶。侈口,卷沿,尖叠唇,鼓腹残。饰右斜绳纹(图四十五,26)。

鼎,标本 H6③:18,夹细砂褐陶。蹄足,横截面圆形(图四十五,5)。标本 T3④:65,夹砂红褐陶。卷沿,沿面上仰,侈口,圆叠唇,折颈,弧腹残。饰竖绳纹(图四十五,24)。

标本 T11④:1,夹细砂褐陶。侈口,翻卷沿,尖叠唇,腹残。饰竖绳纹(图四十五,21)。

标本 T3④:14,泥质红褐陶。翻卷沿,圆唇,腹残。饰竖绳纹(图四十五,26)。

标本 T3③:14,夹粗砂红褐陶。蹄形足,横截面呈扁棱形,膝部凸棱形(图四十五,37)。

瓮,标本 T10④:4,褐陶。卷沿外翻,圆唇,束颈,广肩。饰竖绳纹(图四十五,29)

标本 T4④:4,夹细砂红褐陶。敛口,平唇微隆,斜肩,腹残。饰粗竖绳纹(图四十五,30)。

标本 T1③:8,夹砂红褐陶。侈口,卷沿,厚唇外折,矮束颈,腹残。饰竖绳纹(图四十五,41)。

罐,标本 H2:12,夹砂红褐陶。侈口,尖唇,窄卷沿,束颈,肩部有对称的半圆形双耳,鼓腹残。饰右斜绳纹,腹部一道抹弦纹(图四十五,3)。

标本 H6②:5,泥质灰胎黑陶。宽卷沿,方唇,矮颈,鼓腹残。饰右斜绳纹(图四十五,6)。

标本 H6②:18,褐胎黑陶。口残,深弧腹,平底。中腹饰竖绳纹,下腹饰交错绳纹(图四十五,7)。

标本 H8③:17,灰陶。圜底。饰绳纹(图四十五,11)。

标本 H10①:7,泥质灰陶。长颈较直,肩部安对称的半圆形双耳,腹残。饰竖绳纹,颈与肩部各饰一道抹平弦纹(图四十五,17)。

标本 H12②:10,泥质内褐外灰陶。口残,斜腹内收,平底。上腹饰竖绳纹,下腹饰交错绳纹(图四十五,19)。

标本 T7④:1,夹细砂褐陶。卷沿,厚唇外折呈圆形,斜颈,溜肩,鼓腹残。饰竖细绳纹,颈部绳纹抹平(图四十五,27)。

标本 T6④:2,夹砂灰胎灰褐陶。直口,方唇,矮直颈,肩部安对称的半圆形双耳,鼓腹残。肩部饰一道凹弦纹(图四十五,28)。

标本 T8③:1,夹细砂灰陶。敞口,圆唇,长颈,鼓腹残。饰竖绳纹,有一道抹平弦纹(图四十五,39)。

标本 T4③:3,泥质褐陶。侈口,尖叠唇,矮束颈,肩部安对称桥形耳,鼓腹,下腹斜收,底残。饰竖绳纹,颈与肩部各有一道抹平弦纹(图四十五,40)。

盆,标本 H1②:3,夹砂红褐陶。卷沿,圆唇,折腹,底残。饰绳纹,上腹有一道抹弦纹(图四十五,2)。

标本 H8②:2,夹砂红褐陶。侈口,圆唇,鼓腹,平底内凹。饰竖绳纹(图四十五,12)。

标本 H8③:6,红褐陶。方叠唇,底残。饰竖绳纹抹平(图四十五,13)。标本 H9:2,夹细砂灰陶。方唇,鼓腹,平底。下腹饰竖抹平绳纹(图四十五,14)。

标本 T9④:5,泥质褐陶。方唇,鼓腹,平底内凹。下腹饰竖绳纹,有一道抹弦纹(图四十五,31)。

豆,标本 H6③:4,泥质褐胎黑陶。敞口,浅腹,细柄,小喇叭座(图四十五,8)。

标本 H6③:5,泥质灰陶。浅腹,细高柄,阶梯状喇叭座(图四十五,9)。标本 H9:1,敞口,深盘,细柄较矮,喇叭座(图四十五,15)。

标本 H12②:16,敞口,盘腹较浅,矮柄变粗,大喇叭座(图四十五,20)。标本 T9④:20,夹细砂灰陶。敞口,尖唇,浅腹,矮柄变粗,大喇叭座(图四十五,32)。

标本 T9④:3,泥质灰陶。敞口,浅腹,细柄,小喇叭座(图四十五,33)。标本 T10④:2,夹细砂灰褐陶。敞口,圆唇,深腹,矮柄,喇叭座(图四十五,34)。

标本 T9④:1,泥质灰陶。敞口,尖唇,腹较浅,矮柄,喇叭座(图四十五,35)。

盖豆,标本 T3④:54,泥质褐胎灰黑陶。柄残。直口,直腹,圜底近平(图四十五,36)。

箅,标本 H10②:1,夹粗砂褐陶。覆盘状,平顶,八字形座,顶部有箅孔。座边饰竖绳纹(图四十五,16)。

标本 H10②:2,夹细砂灰陶。直口,方唇,直腹,平底微凹,腹部安一桥形耳。上腹饰两道凹弦纹,其间饰波折形暗纹(图四十五,18)。

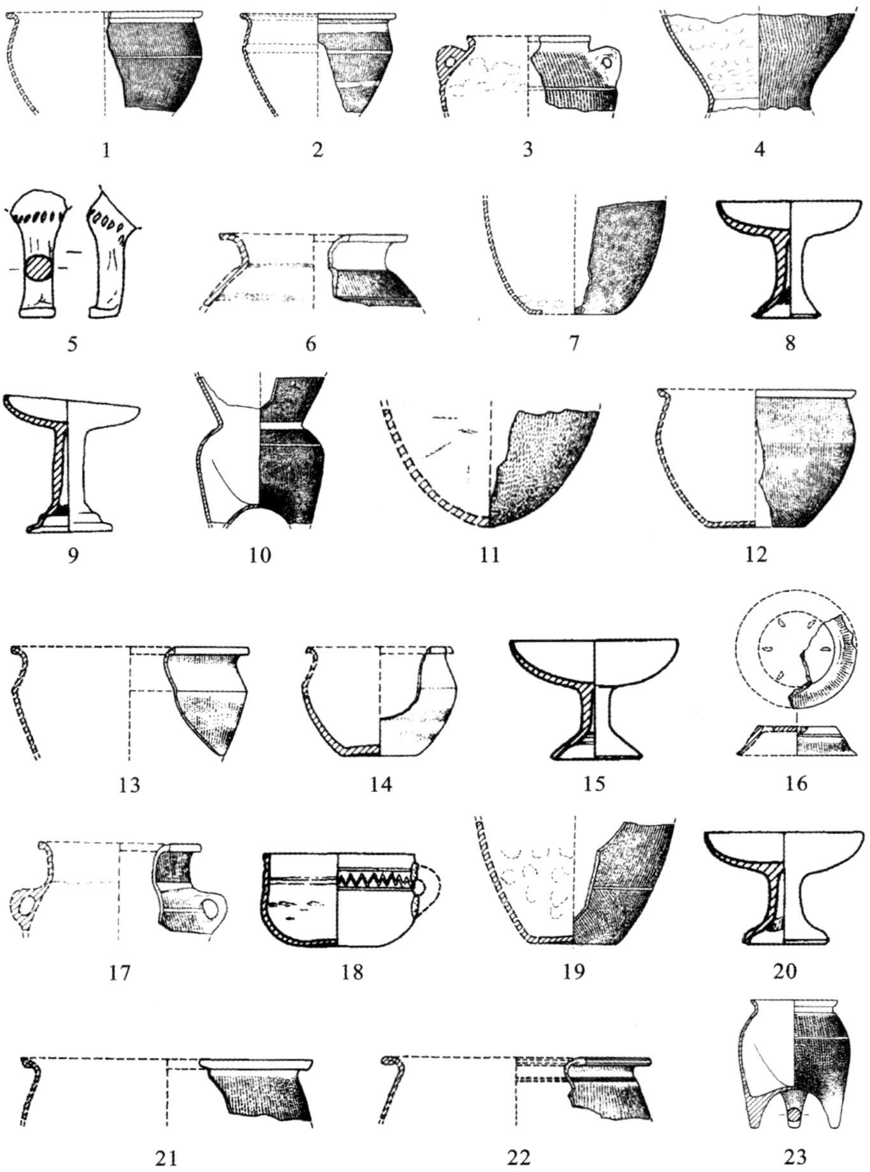

1.甗（H1②：31）　2.盆（H1②：3）　3.罐（H2：12）　4.甗（H2：2）
5.鼎足（H6③：18）　6.罐（H6②：5）　7.罐（H6②：18）　8.豆（H6③：4）
9.豆（H6③：5）　10.甗（H8②：1）　11.罐（H8③：17）　12.盆（H8②：2）
13.盆（H8③：6）　14.盆（H9：2）　15.豆（H9：1）　16.箅（H10②：1）
17.罐（H10①：7）　18.杯（H10②：2）　19.罐（H12②：10）
20.豆（H12②：16）　21.鼎（T11④：1）　22.鬲（T3④：10）　23.鬲（T12④：1）

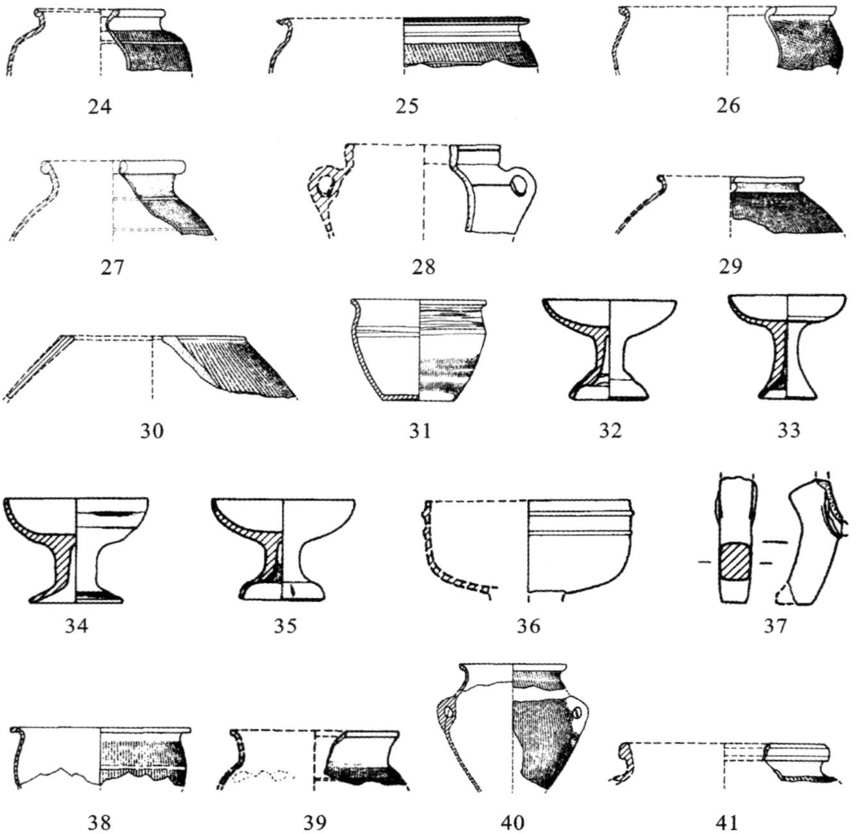

图四十五　巷子口遗址第四层、第三层等单位出土陶器

24.甗(T12④:65)　25.鬲(T3④:19)　26.甗(T6④:4)　27.罐(T7④:1)
28.罐(T6④:2)　29.瓮(T10④:4)　30.瓮(T4④:4)　31.盆(T9④:5)
32.豆(T9④:20)　33.豆(T9④:3)　34.豆(T10④:2)　35.豆(T9④:1)
36.盖豆(T3④:54)　37.鼎(T3③:14)　38.鬲(T3③:19)
39.罐(T8③:1)　40.罐(T4③:3)　41.瓮(T1③:8)

六、随州王家台遗址

王家台遗址隶属于随州市曾都区均川镇均河口村三组,2006年,随州市博物馆为配合随岳高速公路建设,对该遗址进行了发掘,发掘面积110平方米。

遗址位于涢水和均水交汇处南岸台地上,遗址东西长500米,南北长300米。

TG1 东壁的地层堆积情况为:第一层为耕土层,第二层为现代扰乱层,第三层为汉代层,第四、五、六、七、八层为东周文化层。开口于 TG1 第三层下的遗迹有 H2、H3、H4、H5、G1、J2,H10、H11 开口于 TG2 的第五层之下。以 H11 为代表的东周时期遗存年代为战国早期。

出土的陶器器类有鬲、甗、鼎、豆、盆、盂、罐、瓮等。

鬲,大口鬲。标本 H11:21,夹砂褐陶。卷沿,尖圆唇,束颈近折,肩下始瘪,最大腹径在肩部。饰绳纹,腹饰一周抹平弦纹(图四十六,1)。

标本 H10:12,夹砂红陶。卷沿,圆唇,颈部外翻幅度较大。饰绳纹(图四十六,2)。

标本 TG1⑤:8,夹砂红陶。大口上仰,卷沿,圆唇。饰绳纹(图四十六,3)。小口鬲。标本 H10:36,夹砂褐陶。外有烟炱。侈口,束颈,溜肩,弧鼓腹,口径小于腹径。饰绳纹(图四十六,4)。

鬲足。标本 H11:48,夹砂红陶。足根较直,足底平削,弧裆略高。粗绳纹饰至足根(图四十六,5)。

标本 H11:69,夹砂红陶。柱状足,足根高直,足腔浅平。饰绳纹(图四十六,6)。

标本 H7:7,夹砂红陶。足根较尖,器形较小。饰绳纹(图四十六,7)。豆,浅盘。标本 TG1⑤:1,泥质灰陶。敞口,尖唇,浅盘,细柄较高,小喇叭座(图四十六,8)。

标本 H11:25,泥质红陶。敞口,圆唇,浅盘,细柄较高,小喇叭座(图四十六,9)。

深盘。标本 H11:140,泥质灰陶。直口微敛,尖圆唇。内壁以盘心为圆心,饰四组放射状暗纹(图四十六,10)。

盆,标本 H11:2,夹砂红陶。侈口,卷沿,方唇,口略小于腹,微弧肩。颈部绳纹模糊有抹痕,肩饰横行绳纹,腹饰斜行绳纹,并有一周抹平弦纹(图四十六,11)。

标本 H11:135,泥质灰陶,施黑陶衣。口部微敛,折沿,方唇,唇缘下钩,斜折肩较直,腹壁由折肩处斜弧内收。下腹饰交错绳纹(图四十六,12)。

盂,均泥质灰陶,束颈折肩。

标本 H11:139,敛口,平折沿,尖圆唇,斜折肩,折肩处起凸棱一周,棱下转划弦纹一道,下腹斜弧收,最大径在肩部,小平底微凹(图四十六,13)。

罐,长颈深腹双耳罐。标本 H11∶1,泥质灰陶。侈口,翻折沿较平,斜方唇,束长颈,溜肩,肩有对称双扁圆耳,深腹,上腹鼓,下腹缓弧收,腹径大于口径,小平底微凹。满饰绳纹,颈部绳纹抹平,耳上下各间一道抹平弦纹(图四十六,14)。

标本 H7∶3,泥质灰陶。直口,平唇,沿内凸外圆鼓,短束颈,圆溜肩。(图四十六,15)

瓮,束颈瓮。均为夹砂红陶,满饰绳纹。标本 H11∶42,直口,短束颈,宽平折沿,方唇,圆肩,大鼓腹。颈有抹痕,肩饰一道抹平弦纹(图四十六,16)。

标本 H11∶112,均夹砂红陶。敛口,平唇,口部明显加厚,斜肩,口径不明。满饰绳纹(图四十六,17)。

甗,标本 H9∶42,腰部残片,夹砂褐陶。束腰抹平,腹壁斜直收。鬲体圆溜肩,鼓腹。肩饰七周横行绳纹,腹饰斜行绳纹,并有一周抹平弦纹(图四十六,18)。

鼎足,标本 H9∶50,泥质褐陶。柱状足外撇,足底斜平(图四十六,19)。

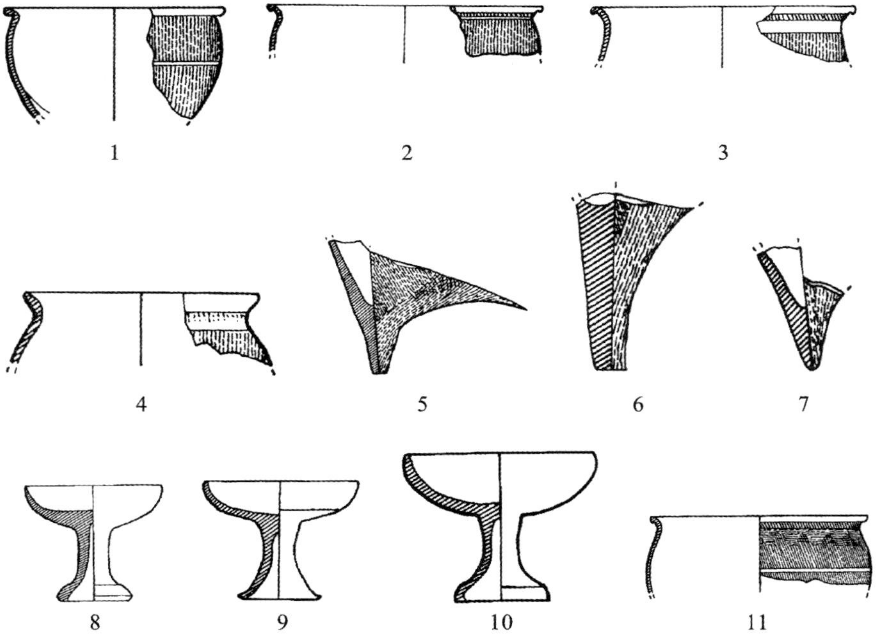

1.鬲(H11∶21) 2.鬲(H10∶12) 3.鬲(TG1⑤∶8) 4.鬲(H10∶36)
5.鬲足(H11∶48) 6.鬲足(H11∶69) 7.鬲足(H7∶7) 8.豆(TG1⑤∶1)
9.豆(H11∶25) 10.豆(H11∶140) 11.盆(H11∶2)

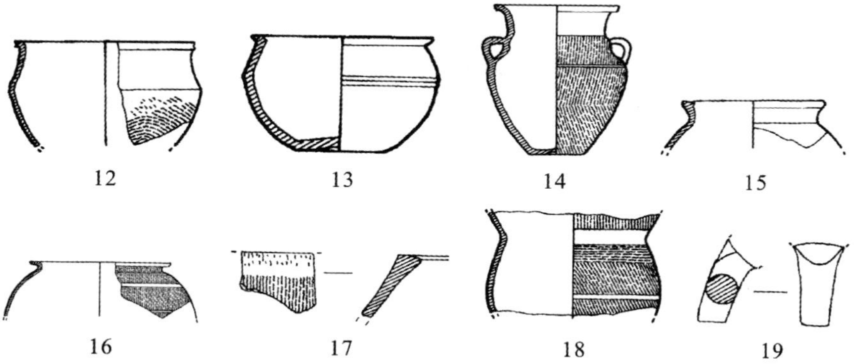

图四十六　王家台遗址出土陶器

12.盆(H11:135)　13.盂(H11:139)　14.罐(H11:1)　15.罐(H7:3)
16.瓮(H11:42)　17.瓮(H11:112)　18.甗(H9:42)　19.鼎足(H9:50)

七、京山苏家垄遗址

苏家垄遗址位于湖北省荆门市京山市坪坝镇西侧,坐落于漳河北岸的二级台地上。西北部距苏家垄墓地约900米。2018年8月至2019年9月,湖北省文物考古研究所、北京大学考古文博学院等单位对该遗址进行了发掘,发掘面积1175平方米。苏家垅遗址总面积达231万平方米,其中含铜矿炼渣遗迹的面积有75万平方米。A区地层堆积情况以TS052W031、TS052W030北壁剖面为例:第一层,耕土层;第二层,扰乱层;第三层、第四层为东周文化层。

H39开口于第三层之下,G1、J1开口于第二层之下,G1打破黄色生土层,J1打破第三层和黄色生土层。各层位出土遗物有相对早晚,但差别小,均属于春秋中期前后。

TS046W031第三层出土的陶器有鬲、甗、鼎、簋、盆、豆、罐、瓮、陶拍等。

鬲,标本TS046W031③:7,夹砂灰陶。圆唇加厚,侈口,卷沿,束颈,斜直腹,瘪裆,截锥足。颈部绳纹被抹平,腹部和足饰竖绳纹,上腹部饰两周抹平弦纹。器表有黑色烟炱(图四十七,3)。

甗,标本TS046W031③:8,夹砂灰陶。圆唇加厚,侈口,卷沿,矮束颈,上腹部微鼓,下腹部斜直内收,以下残。颈部绳纹被抹平,腹部饰竖绳纹,上腹部饰两周抹平弦纹(图四十七,4)。

鼎足，标本 TS046W031③：12，泥质灰陶。矮蹄形足，平足根，足掌外撇（图四十七，8）。

盆，标本 TS046W031③：9，泥质灰陶。方唇，侈口，窄折沿近平，高束颈，下残。素面（图四十七，5）。

簋，标本 TS046W031③：10，泥质磨光黑皮陶。方唇，子母口，直口微敛，口下有一周凸棱以承盖，弧形腹，以下残。口下有两道凹弦纹，中间夹饰一周平行的右斜向暗纹（图四十七，6）。

豆，标本 TS046W031③：2，泥质磨光黑皮陶。圆唇，侈口，浅弧形盘，高细柄，喇叭形阶梯状底座。器表磨光，素面（图四十七，1）。

标本 TS046W031③：3，泥质灰陶。尖圆唇，口微敛，弧形盘较深，矮柄，喇叭形底座。素面（图四十七，2）。

罐，标本 TS046W031③：11，泥质灰陶。方唇内斜，直口微侈，矮束颈，折肩，鼓腹，下残。素面（图四十七，7）。

瓮，标本 TS046W031③：15，夹砂红陶。斜方唇，侈口，束颈，广肩，以下残。颈部绳纹被抹平，肩部饰竖绳纹和一道抹平弦纹（图四十七，9）。

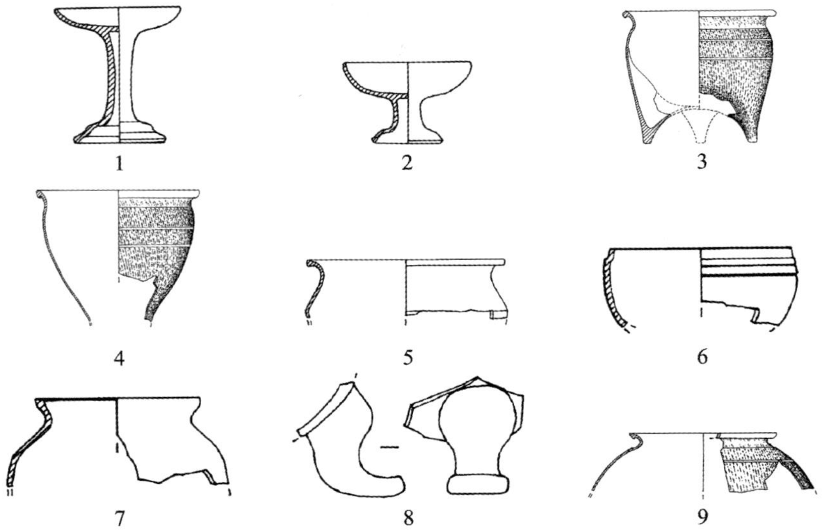

图四十七　京山苏家垄 TS046W031 第三层出土陶器

1.豆（TS046W031③：2）　2.豆（TS046W031③：3）　3.鬲（TS046W031③：7）
4.甗（TS046W031③：8）　5.盆（TS046W031③：9）　6.簋（TS046W031③：10）
7.罐（TS046W031③：11）　8.鼎足（TS046W031③：12）　9.瓮（TS046W031③：15）

H39 出土的陶器有鬲、甗、盆、盂、豆、杯、罐、瓮等。

鬲，标本 H39∶19，夹砂橙黄陶。方唇外卷，侈口，卷沿，矮束颈，鼓腹，以下残。颈部绳纹被抹平，腹部饰右斜向绳纹（图四十八，7）。

标本 H39∶20，泥质褐陶。尖圆唇，侈口，窄平折沿，矮束颈，圆肩，鼓腹，浅空足，矮弧形裆，浅足窝，足尖较平。器表施一层黑色陶衣，肩部和腹部各饰一组凹弦纹（图四十八，8）。

标本 H39∶22，夹砂褐陶。截锥圆柱状足，弧形裆，足窝较深，平足根（图四十八，9）。

甗，标本 H39∶12，泥质灰陶。方唇，侈口，沿卷外翻，束颈，溜肩，鼓腹，腹部以下内收，凹圜底。底部中心有一圆形箅孔，四周有五个半圆形箅孔。肩部饰多道凹弦纹，腹部和底部饰交错粗绳纹（图四十八，6）。

盆，标本 H39∶7，泥质灰陶。斜方唇，侈口，卷沿外翻，高束颈，深折腹微弧，腹部以下内收至底，平底略内凹。口径大于腹径。颈部磨光施黑色陶衣，部分已脱落。素面（图四十八，2）。

盂，标本 H39∶9，泥质褐陶。方唇略内凹，侈口，沿外翻，束颈，浅弧形腹微鼓，底内凹。下腹部和底部饰粗绳纹（图四十八，4）。

豆，标本 H39∶10，泥质灰陶。圆唇，直口微侈，盘较深，高束柄，喇叭形座。素面（图四十八，5）。

杯，标本 H39∶6，泥质红陶。方唇，直口微敛，弧腹微鼓，平底。素面（图四十八，1）。

罐，标本 H39∶8，泥质灰陶。斜方唇，侈口，卷沿外翻，高束颈，溜肩，弧形鼓腹，腹部以下内收至底，底残。肩腹部对称附有一对环状耳。颈部绳纹被抹平，肩、上腹部饰竖向绳纹，下腹部饰交错绳纹（图四十八，3）。

瓮，标本 H39∶23，夹砂灰陶，轮制。尖圆唇，直口微敛，窄折沿外斜，沿上有两道凹弦纹，矮束颈，圆肩，鼓腹，腹部以下内收，底残。肩部有三道抹平弦纹，肩部和腹部满饰竖绳纹（图四十八，10）。

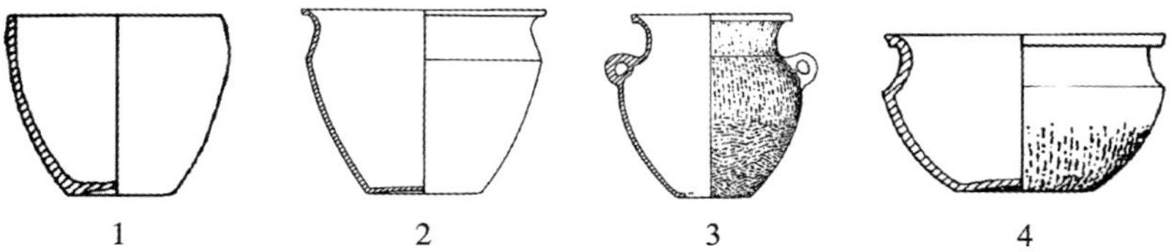

1.杯（H39∶6）　2.盆（H39∶7）　3.罐（H39∶8）　4.盂（H39∶9）

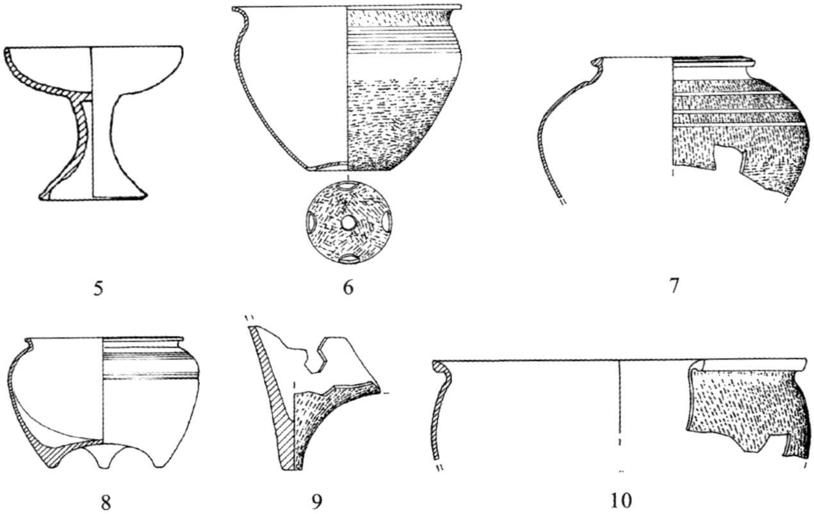

图四十八　京山苏家垄 H39 出土陶器

5.豆(H39:10)　6.甑(H39:12)　7.鬲(H39:19)　8.鬲(H39:20)
9.鬲足(H39:22)　10.瓮(H39:23)

G1 出土的陶器有鬲、甗、盆、簋、豆、罐等。

鬲,标本 G1:16,夹砂红陶。斜方唇,侈口,卷沿外翻,矮束颈,弧形鼓腹,以下残。颈部以下满饰右斜向粗绳纹,颈部绳纹被抹平,中腹部饰一周抹平弦纹(图四十九,7)。

鬲足,标本 G1:14,夹砂红陶,斜直深腹,截锥圆柱状足,平足根。腹部和足满饰粗绳纹(图四十九,8)。

甗,标本 G1:10,夹砂红陶。斜方唇加厚,侈口,卷沿外翻,矮束颈,弧形鼓腹,以下残。口径大于腹径。颈部以下满饰粗绳纹,颈部绳纹被抹平(图四十九,3)。

盆,标本 G1:20,泥质红陶。圆唇,侈口,窄平折沿,沿内两道浅凹槽,矮束颈,溜肩,弧形鼓腹,以下残,最大腹径靠上。肩部饰八道凹弦纹,下腹部饰交错绳纹(图四十九,6)。

簋,标本 G1:12,簋座,夹砂灰陶。阶梯形喇叭状圈足座,内中空,座上有两道凸棱(图四十九,4)。

标本 G1:17,口沿,泥质灰陶。方唇内斜,子母口内敛,弧形腹,以下残。口部以下饰三道凹弦纹(图四十九,5)。

豆，标本 G1∶7，泥质褐陶。圆唇，直口微侈，弧形盘较深，柄较高，喇叭形座。底座边缘内勾。素面（图四十九，2）。

双耳罐，标本 G1∶1，泥质褐陶。斜方唇，中间有一道凹槽，侈口，卷沿外翻，高束颈，溜肩，弧形鼓腹，腹部以下内收，凹圜底，肩腹部对称附有一对环状耳。颈部绳纹被抹平，肩、腹、底部满饰粗绳纹，中间饰四道抹平弦纹（图三十四，1）。

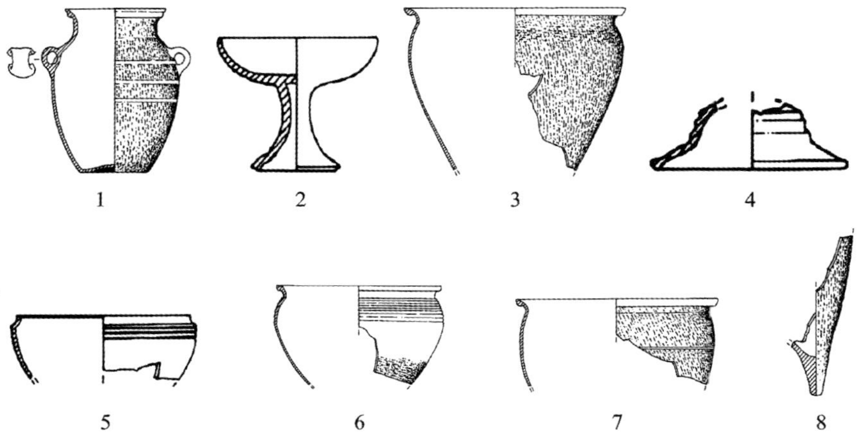

图四十九　京山苏家垄 G1 出土陶器

1.罐（G1∶1）　2.豆（G1∶7）　3.甗（G1∶10）　4.簋座（G1∶12）
5.簋口沿（G1∶17）　6.盆（G1∶20）　7.鬲口沿（G1∶16）　8.鬲足（G1∶14）

J1 第二层出土的陶器有鬲、豆、瓮、纺轮等。

鬲，标本 J1∶7，夹砂红陶。斜直腹，弧形裆，截锥圆柱足状，平足根微内勾，浅足窝。下腹部、裆部和足满饰粗绳纹（图五十，4）。

豆，泥质灰陶。标本 J1∶2，圆唇，直口，弧形盘较深，柄较矮，喇叭形座。素面（图五十，1）。

标本 J1∶4，圆唇，侈口，浅弧形盘，细高柄，喇叭形座。素面（图五十，2）。瓮，标本 J1∶6，口沿。夹砂红陶。方唇，敛口，折沿外斜，沿上有两道凹弦纹，矮斜颈，广肩，以下残。颈、肩部饰竖向粗绳纹，颈部绳纹被抹平，肩部饰一道抹平弦纹（图五十，3）。

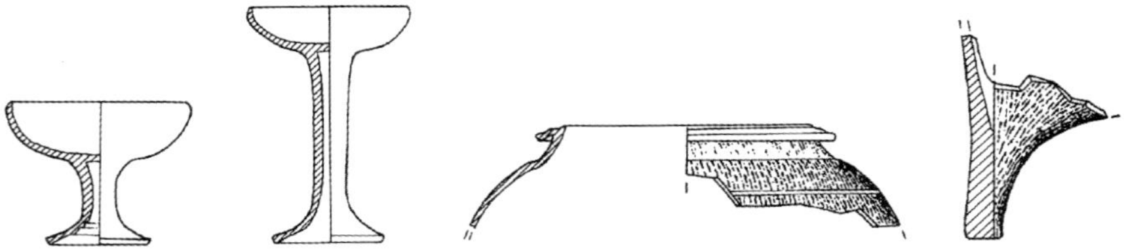

图五十　京山苏家垄 J1 第 2 层出土陶器

1.豆(J1:2)　2.豆(J1:4)　3.瓮(J1:6)　4.鬲足(J1:7)

J1 第 3 层出土的陶器有鬲、盆、豆、罐等。

鬲,标本 J1③:17,口沿。斜方唇,侈口,平折沿,矮束颈,弧形鼓腹,下腹部内收,以下残。颈、腹部满饰右斜向粗绳纹,颈部绳纹被抹平,中腹部饰一周抹平弦纹(图五十一,6)。

标本 J1③:15,口沿。斜方唇加厚,侈口,卷沿外翻,矮束颈,弧形鼓腹,下腹部内收,以下残。颈、腹部满饰粗绳纹,颈部绳纹被抹平,上腹部饰交错绳纹,下腹部饰右斜向粗绳纹。中腹部饰一周抹平弦纹(图五十一,7)。

标本 J1③:14,口沿。斜方唇加厚,侈口,卷沿外翻,矮束颈,弧形鼓腹,下腹部内收,以下残。颈、上腹部满饰右斜向粗绳纹,颈部绳纹被抹平,下腹部饰左斜向粗绳纹,颈、腹部饰四道抹平弦纹。口径大于腹径(图五十一,8)。

盆,标本 J1③:6,口沿。泥质灰陶。方唇,唇上有一道凹槽,侈口,沿外卷,高束颈,折腹,以下残。颈部绳纹被抹平,腹部饰粗绳纹(图五十一,4)。

豆,泥质灰陶。标本 J1③:7,圆唇,侈口,弧形盘较深,高束柄,喇叭形座。素面(图五十一,1)。

标本 J1③:13,圆唇,侈口,浅弧形盘,细高柄,喇叭形座。素面(图五十一,2)。

标本 J1③:5,圆唇,口微敛,弧形盘较深,高束柄,喇叭形座,底座边缘内勾。盘内有十字形放射状暗纹(图五十一,3)。

双耳罐,标本 J1③:8,泥质红陶。方唇,直口微侈,平折沿,沿面微凹,高束颈,圆肩,弧形鼓腹,凹圜底。肩腹部安一对环状耳。颈部绳纹被抹平,肩部和上腹部饰右斜向粗绳纹,中间各有一道抹平弦纹,下腹部和底部饰交错绳纹(图五十一,5)。

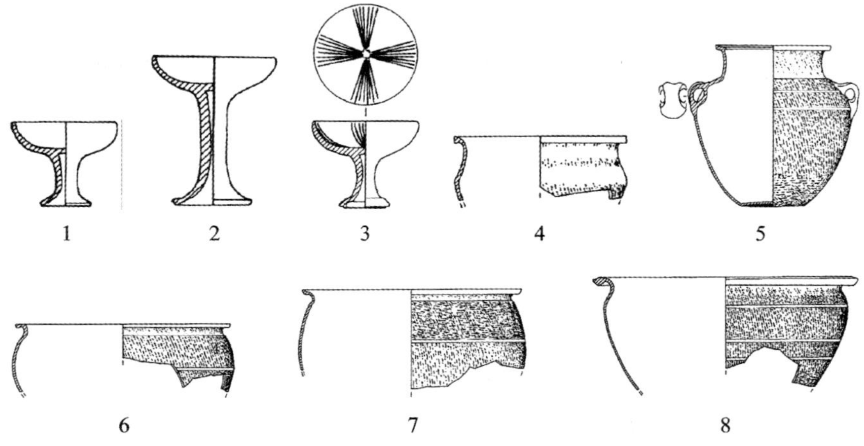

图五十一　京山苏家垄 J1 第 3 层出土陶器

1. 豆(J1③:7)　2. 豆(J1③:13)　3. 豆(J1③:5)　4. 盆(J1③:6)
5. 罐(J1③:8)　6. 鬲(J1③:17)　7. 鬲(J1③:15)　8. 鬲(J1③:14)

J1 第 4、5 层出土的陶器有鬲、甗、豆、杯、罐、缸、瓮等。

鬲,标本 J1④:4 及 J1④:3,夹砂褐陶。侈口,卷沿,矮束颈,弧形腹微鼓,弧形裆,三个截锥圆柱状足,平足根。最大腹径靠上腹部。器表有黑色烟炱。颈部、腹部和足满饰粗绳纹,颈部绳纹被抹平,腹部饰一周抹平弦纹。标本 J1④:4,圆唇(图五十二,2)。标本 J1④:3,方唇(图五十二,5)。

鬲口沿,标本 J1④:43,双耳鬲口沿。夹砂褐陶,口部变形。卷沿外翻,上腹部对称附一对环状耳。口径大于腹径。(图五十二,9)。

甗,标本 J1⑤:2,夹砂红陶。斜方唇加厚,侈口,仰折沿,矮束颈,溜肩,弧形鼓腹,下腹部急收,以下残。肩部以下满饰粗绳纹,肩部绳纹被抹平,下腹部饰竖向和交错绳纹,肩、腹部各饰一道抹平弦纹。口径略大于腹径(图五十二,11)。

豆,浅盘矮柄豆。标本 J1④:22,浅弧形盘,圆唇,侈口,矮束柄,喇叭形座,盘腹部有一道凸棱。素面(图五十二,7)。

浅盘细高柄豆。浅弧形盘,细高柄。盘口径小于通高。标本 J1④:10,圆唇,侈口,喇叭形座。素面(图五十二,8)。

罐,标本 J1④:6,泥质灰陶。圆唇,直口微侈,窄平折沿,矮束颈,圆肩,弧形鼓腹,下腹部弧收至底,平底。肩部饰一道凸棱和两道凹弦纹,下腹部和底部满饰交错绳纹(图五十二,1)。

标本 J1④:8,泥质褐陶。斜方唇,敞口,宽折沿近平,高束颈,卵形腹,下腹部内收至底,底略内凹。上腹部两侧对称附有一对环状耳。腹部满饰交错绳纹,上腹部纹饰被磨平(图五十二,3)。

标本 J1④:5,泥质灰陶。方唇,直口微侈,平折沿,沿上有一道凸棱,高束颈,圆肩,弧形鼓腹,以下内收至底,底略内凹。肩腹部对称附一对环状耳。颈部至底部满饰粗绳纹,颈部竖绳纹被抹平,肩部和上腹部部分纹饰被磨平,下腹部饰交错绳纹(图五十二,4)。

缸,标本 J1④:7,夹砂褐陶。斜方唇加厚,侈口,卷沿,矮束颈,圆肩,弧形鼓腹,下腹部内收至底,底部残。颈、肩、腹部满饰粗绳纹,肩部和腹部各饰一周抹平弦纹(图五十二,6)。

瓮,标本 J1④:39,泥质灰陶。圆唇,敛口,平折沿略外斜,沿上有三道凹弦纹,斜直颈,圆肩,弧形鼓腹,下腹部内收,底部残。肩、腹部满饰左斜向粗绳纹,中间饰三道抹平弦纹(图五十二,10)。

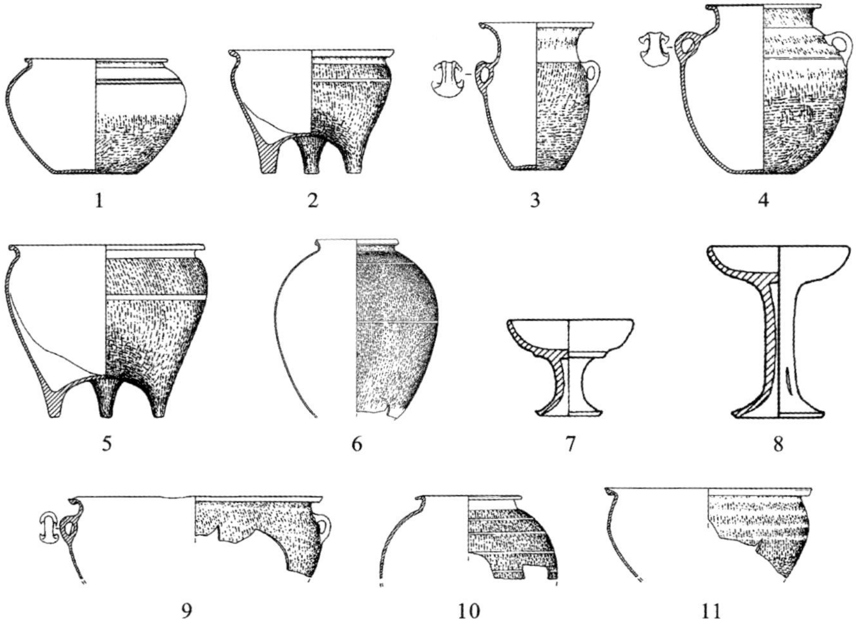

图五十二　京山苏家垄 J1 第 4、5 层出土陶器

1. 罐(J1④:6)　2. 鬲(J1④:4)　3. 罐(J1④:8)　4. 罐(J1④:5)
5. 鬲(J1④:3)　6. 缸(J1④:7)　7. 豆(J1④:22)　8. 豆(J1④:10)
9. 鬲(J1④:43)　10. 瓮(J1④:39)　11. 甗(J1⑤:2)

八、随州狮子湾遗址

狮子湾遗址位于湖北省随州市随县万福店镇黑龙口村二组黑龙口水库坝前狮子湾，北区为新石器时代遗址，面积 2000 平方米，南部为东周时期遗址，面积约 7 万平方米。2016 年为配合鄂北水资源配置工程建设，对该遗址进行发掘。在北区发掘了 40 平方米，在南区发掘了 510 平方米。第一层为耕土层，第二层为明清层，东周时期的遗迹均开口于第二层之下，打破生土，以 H1、H11、H17、H22、H25 为代表，时段比较集中，为春秋晚期到战国早期。

H1 出土的陶器有鬲、簋、豆、罐等。

鬲，标本 H1∶5，口沿。夹砂红陶。侈口，仰折沿，束颈，斜方唇。颈以下饰绳纹（图五十三，1）。

标本 H1∶8，口沿。夹砂红陶。敞口，卷沿，圆唇。外壁饰绳纹（图五十三，2）。

陶簋，标本 H1∶11，泥质灰陶。方唇，敛口，子母口，近直腹稍下内收，腹底转圜显著，宽圜底，较长直柄，双阶状底座。无盖。腹外壁饰一道凹弦纹（图五十三，5）。

陶豆，标本 H1∶1，泥质灰陶。尖唇，缓弧浅盘，矮束柄，长喇叭座。豆盘外壁满饰细绳纹（图五十三，4）。

陶罐，标本 H1∶4，泥质灰陶。侈口，竖直平唇，束颈，折肩，深腹下部残（图五十三，3）

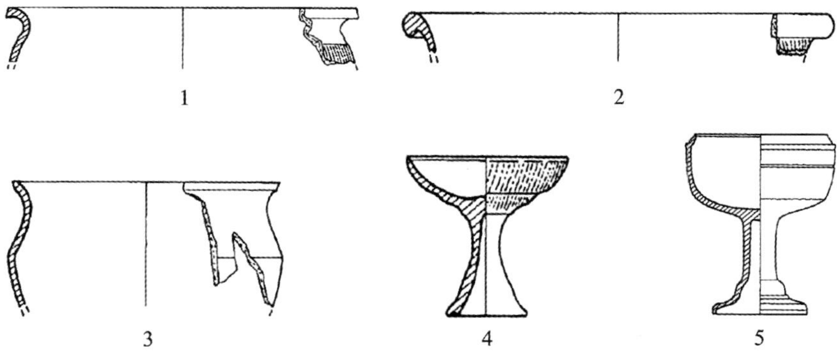

图五十三　狮子湾 H1 出土陶器

1～2.陶鬲（H1∶5、8）　3.陶罐（H1∶4）　4.陶豆（H1∶1）　5.陶簋（H1∶11）

H11 出土的陶器有鬲、盆、豆、罐、瓮等。

鬲，标本 H11：2，口沿。夹砂红陶。侈口，加厚斜方唇，微鼓腹（图五十四，5）。

标本 H11：3，口沿。夹砂红陶。大口，仰折沿，加厚圆唇，微鼓腹。外壁满饰绳纹（图五十四，6）。

盆，标本 H11：11，口沿。夹砂灰陶。直口，窄平折沿，方唇，折腹，上腹竖直，下腹下内收（图五十四，3）。

豆，标本 H11：7，豆盘。泥质黑皮红陶。圆唇，显著斜弧深盘，束柄较矮，喇叭座残。外面饰瓦棱纹（图五十四，4）。

罐，标本 H11：6，口沿。夹砂红陶。小侈口，尖唇，束颈，溜肩。外壁饰绳纹（图五十四，2）。

瓮，标本 H11：5，口沿。夹砂厚胎红陶。敛口，加厚斜方唇，鼓肩。外壁饰绳纹（图五十四，1）。

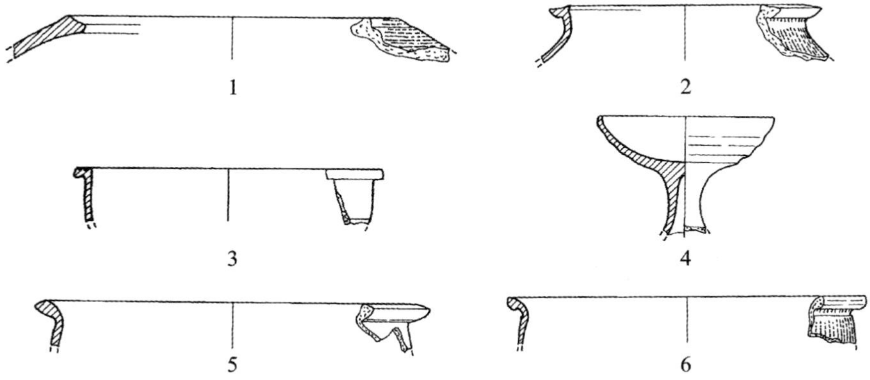

图五十四　狮子湾 H11 出土陶器

1.陶瓮（H11：5）　2.陶罐（H11：6）　3.陶盆（H11：11）
4.陶豆（H11：7）　5~6.陶鬲（H11：2、3）

H17 出土的陶器有鬲、盆、豆、罐等。

鬲，标本 H17：6，口沿。夹砂红陶。大口，平折沿，厚尖唇，微鼓肩。外壁满饰绳纹（图五十五，4）。

标本 H17：12，口沿。夹砂灰陶。大口，卷沿，束颈，厚斜方唇，微鼓腹。颈饰浅绳纹，颈以下饰深绳纹（图五十五，5）。

盆，标本 H17：8，口沿。泥质灰陶。大口微侈，平折沿，厚束唇，折腹，上腹微束近竖直，下腹斜弧下内收。上腹外壁饰多道浅凹弦纹（图五十五，6）。

豆，标本 H17：17，泥质灰陶。尖唇，弧壁深盘，矮束柄，短喇叭形小座。外壁饰一道凹弦纹（图五十五，7）。

罐，标本 H17：1，口沿。夹砂红陶。小侈口，卷沿，厚圆唇，束颈，圆鼓肩。颈以下饰绳纹，在肩中部饰一道宽凹弦纹（图五十五，1）。

标本 H17：2，口沿。夹砂红陶。小口，平折沿，尖唇，斜束颈较矮，弧鼓肩。颈上部饰竖向浅绳纹，颈下部饰平行弦纹，颈以下饰深绳纹（图五十五，2）。

标本 H17：11，双耳罐，泥质灰陶。小侈口，卷沿，斜方唇，束颈较高，溜肩，鼓腹，附圆桥耳。颈饰浅绳纹，颈以下饰深绳纹（图五十五，3）。

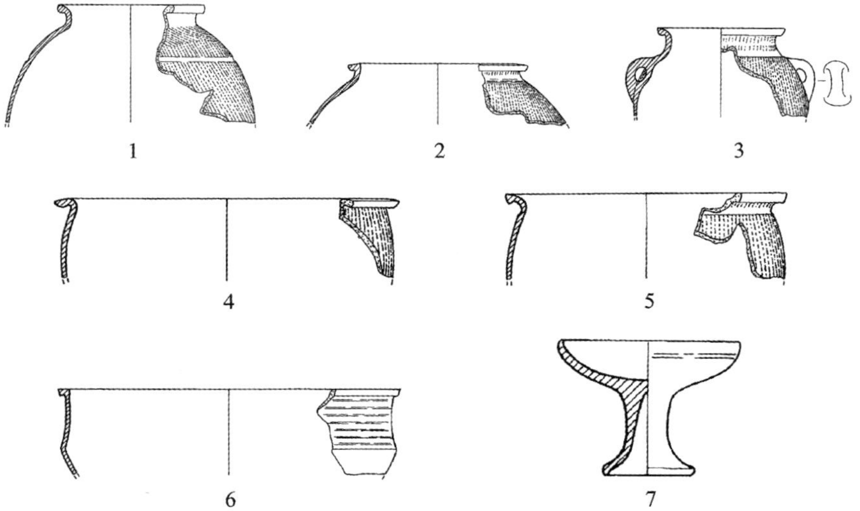

图五十五　狮子湾 H17 出土陶器

1～3. 陶罐（H17：1、2、11）　4～5. 陶鬲（H17：6、12）
6. 陶盆（H17：8）　7. 陶豆（H17：17）

H22 第一层出土的陶器鬲、盆、豆、罐、瓮等。

鬲，标本 H22①：5，夹砂红陶。侈口，卷沿，斜束唇，极短颈，微鼓腹，弧裆，圆锥形足底端残。颈以下饰绳纹，最大腹径处饰一抹平弦纹（图五十六，1）。

标本 H22①：8，夹砂红陶。侈口，卷沿，斜圆唇，极短束颈，微鼓肩，微瘪裆，圆截锥状柱足。外壁满饰绳纹，颈及最大腹径处饰一抹平弦纹（图五十六,2)。

盆,标本 H22①:2,泥质灰陶。近直口,窄平折沿,束唇,折腹,上腹微束,下腹斜弧下内收,内凹底。下腹近底饰绳纹(图五十六,3)。

豆,标本 H22①:4,泥质灰黑陶。尖唇,斜弧较深盘,豆盘外底加厚,矮柄,喇叭形座。盘内饰多组向心射线纹(图五十六,4)。

标本 H22①:3,泥质灰黑陶。尖唇,缓弧浅盘,细高柄,小喇叭形座。素面(图五十六,5)。

罐,标本 H22①:1,双耳罐。泥质灰陶。微侈口,极窄平折沿,束唇,高领,鼓肩,斜弧腹下内收,底残。附桥形双耳。外壁满饰粗绳纹,肩部绳纹被两道双抹棱分隔(图五十六,6)。

瓮,标本 H22①:6,口沿。夹砂红陶。敛口,厚胎平沿,鼓肩。外壁满饰绳纹,并以多道抹平棱上下分隔;近口沿及肩部各饰一周斜长戳印纹(图五十六,7)。

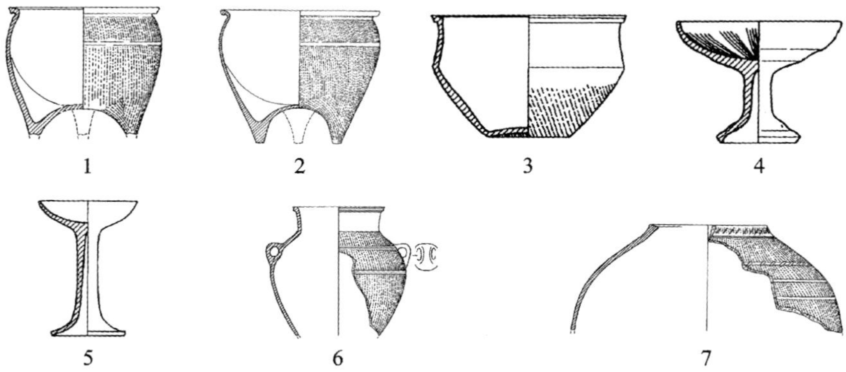

图五十六　狮子湾 H22 第一层出土陶器

1~2.陶鬲(H22①:5、8)　3.陶盆(H22①:2)　4~5.陶豆(H22①:4、3)
6.罐(H22①:1)　7.(H22①:6)

H22 第二层出土的陶器鬲、甗、盆、豆、罐等。

鬲,标本 H22②:1,双耳鬲。夹砂红陶。小直口,极窄平折沿,宽凸唇,极短斜颈,圆鼓腹,三足下端残,附双桥耳。颈以下满饰绳纹(图五十七,3)。

标本 H22②:5,口沿。夹砂红陶。大口,仰折沿,厚束唇,假短颈,微鼓腹残。颈以下满饰绳纹(图五十七,6)。

甗,标本 H22②:8,口沿。夹砂红陶。敛口,仰折沿,尖唇,近无颈,鼓肩，斜弧腹下内收。外壁饰交错绳纹（图五十七，7）。

盆，标本H22②：3，泥质红陶。微侈大口，极窄平折沿，斜方唇，折腹，微束上腹近竖直，下腹内收，内凹底。下腹及外底满饰绳纹（图五十七，8）。

豆，标本H22②：15，豆盘。泥质灰陶。尖唇稍内敛，弧壁深盘，柄残。外壁下饰一周凹痕（图五十七，4）。

标本H22②：16，豆柄。泥质灰陶。高直柄，短喇叭形小座，底缘斜抹上翘。素面（图五十七，5）。

罐，标本H22②：9，口沿。夹砂红陶。侈口，加厚卷圆唇，较高束颈，腹残。外壁饰绳纹（图五十七，1）。

标本H22②：12，口沿。夹砂灰陶。小口，平折沿，加厚圆凸唇，斜束颈。颈饰竖向浅绳纹（图五十七，2）。

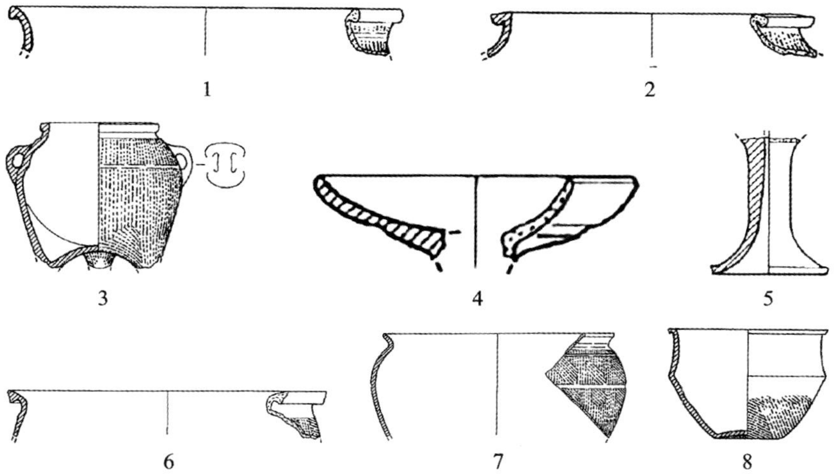

图五十七　H22第二层出土陶器

1～2.陶罐（H22②：9、12）　3、6.陶鬲（H22②：1、5）　4、5.陶豆（H22②：15、16）　7.陶甗（H22②：8）　8.陶盆（H22②：3、11）

H25第二层出土的陶器鬲、豆、罐、瓮等。

鬲，标本H25：3，口沿。夹砂红陶。大口，卷圆唇，束颈，微鼓腹。颈外壁满饰平行浅弦纹，颈以下满饰深绳纹（图五十七，3）。

标本H25：4，口沿。夹砂红陶。侈口，三叠唇，束颈，微鼓腹。颈以下满饰深绳纹（图五十七，4）。

豆，标本H25：10，豆盘。泥质灰陶。尖唇，缓斜弧浅盘。盘外壁饰一道凹弦纹(图五十七,5)。

罐,标本 H25：5,口沿。夹砂红陶。小口,折沿下外翻,斜方唇,斜束颈,鼓肩。颈以下满饰深绳纹(图五十七,2)。

瓮,标本 H25：1,口沿。夹砂红陶。敛口,厚胎斜抹成平沿,鼓肩。外壁满饰绳纹,近口沿饰一周斜长戳印纹(图五十七,1)。

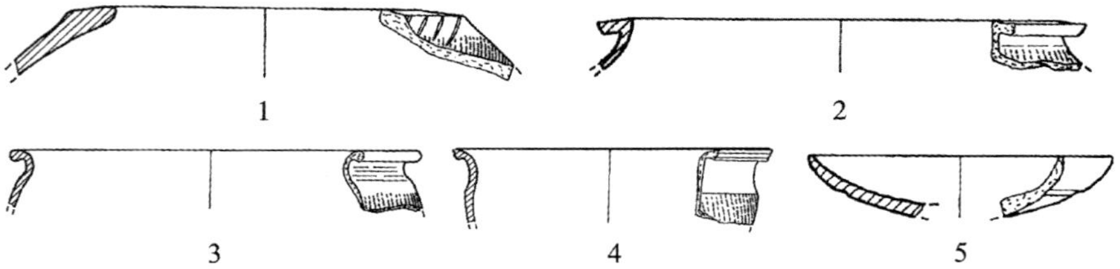

图五十七　H25 出土遗物

1.陶瓮(H25：1)　2.陶罐(H25：5)　3、4.陶鬲(H25：3、4)
5.陶豆(H25：10)

九、随州叶家山曾侯墓地

叶家山西周早期曾侯墓地已经公布的陶器资料如下:

M28 陶器 3 件,鬲 1 件,已残,夹砂红褐陶。裆部有烟炱痕。侈口,圆唇,束颈,截锥状实柱足较短,实足根齐平。腹部和裆部表面有细绳纹(图五十八,1)。

豆 2 件,仅有豆盘,无豆柄(图五十八,2)。①

M65 出土陶鬲 1 件(M65:21),夹细砂红陶。卷折沿,圆唇,束颈,弧腹略鼓,瘪裆,三袋状矮柱足,足端略内收。颈部以下均饰细密绳纹,足下素面。底部有烟炱痕迹(图五十八,3)。②

M107 出土陶鬲 1 件(M107:1),夹细砂灰褐陶。敞口,外折沿,圆唇,束颈,弧腹微鼓,瘪裆,三袋状矮柱足略内收。肩以下至裆部饰绳纹,矮柱足无纹饰(图五十八,4)。③

---

①湖北省文物考古研究所等:《湖北随州叶家山 M28 发掘报告》,《江汉考古》2013 年第 4 期。

②湖北省文物考古研究所、随州市博物馆:《湖北随州叶家山 M65 发掘简报》,《江汉考古》2011 年第 3 期。

③湖北省文物考古研究所等:《湖北随州叶家山 M107 发掘简报》,《江汉考古》2016 年第 3 期。

M2 出土了陶鬲、簋、壶、罍，鬲(M2∶10)，斜折沿，圆唇，口径大于腹径，瘪裆，三袋状柱足。裆上部有三个圆饼纹。颈部以下饰细绳纹(图五十八，5)。簋(M2∶17)，敞口，厚唇，腹中部束腰，圜底圈足外侈，腹上部饰竖绳纹，下部饰交错绳纹(图五十八，6)。壶(M2∶14)，口已残，细长颈，弧肩，鼓腹，圜底，矮圈足外撇(图五十八，7)。罍(M2∶19)，敞口，卷沿，尖方唇，短直颈微束，折肩，深斜腹，小平底内凹。肩部有对称的半环形兽耳。下腹及底部饰交错绳纹(图五十八，8)。

M27 出土了陶尊、陶缶、陶簋、罐。尊(M27∶4)，泥质磨光黑皮陶，灰胎。圆筒形，敞口，方唇，长颈，鼓腹，圜底，高圈足。颈部饰三组凹弦纹带，肩部饰一组 5 道凹弦纹，肩腹交接处饰一组 2 道凹弦纹(图五十八，9)。缶(M27∶71)由盖和器身组成，盖顶隆起，正中有一圈状抓手，盖沿内折成子口。器身侈口，平沿，短直颈，宽斜折肩，深斜直腹，圜底，喇叭形圈足。盖捉手饰条状暗纹，其上加绘线纹。盖面饰两道斜线三角组成的纹饰带，弦纹镶边。器肩上下各饰一组斜线三角纹带，两条纹带之间等距离分部三个圆泥饼(图五十八，10)。簋(M27∶102)，磨光黑皮陶，灰褐胎。侈口，厚圆唇，口沿下两侧各有一半环形兽耳。直腹微弧，圜底，圈足。圈足上饰斜向绳纹(图五十八，11)。罐(M27∶118)，已残。口微敞，卷沿，圆唇，短直颈微束，折肩，斜弧腹，小平底内凹。下腹及底饰交错绳纹(图五十八，12)。①

M46 出土了鬲、甗、无盖簋、圈足罐、平底罐。鬲(M46∶5)，夹细砂灰黑陶。器口径大于器高。大口，卷沿，尖唇，颈微束，弧腹内收，弧裆较高，三柱足较高，颈腹部饰绳纹，有六周间断凹弦纹(图五十八，13)。甗(M46∶30)，夹砂灰褐陶。甑部侈口，沿面微翻卷，尖唇，颈微束，深弧腹，细束腰。鬲部敛口，斜鼓腹，瘪弧裆，三袋状实足较高，足端呈截锥状。通体饰绳纹，甑上部饰三周凹弦纹(图五十八，16)。无盖簋(M46∶9)，泥质灰陶。敞口，折沿，尖圆唇，微束颈，深腹，腹部有对称的半环耳，圜底，喇叭状的高圈足。双耳上各饰一突起的简化兽面，腹部拍印一周四排六组的云雷纹，云雷纹之间有四个圆饼(图五十八，17)。圈足罐(M46∶22)，泥质灰陶。侈口，折沿，厚方唇，束颈，宽折肩，深腹，圜底，喇叭状圈足。肩部饰凹弦纹和三角纹(图

---

①湖北省文物考古研究所、随州市博物馆：《湖北随州叶家山西周墓地发掘简报》，《文物》2011 年第 11 期。

五十八,15)。平底罐(M46:10),泥质浅灰陶。侈口,尖唇,束颈,折肩,深腹,底略内凹。颈部、腹部饰中粗绳纹(图五十八,14)。

M50 出土了鼎(M50:6),泥质夹细砂灰陶。折沿,沿外侈,沿面较宽,圆唇,梯形立耳微外侈,束颈,扁圆腹,圜底,三锥状足略外撇,折沿处有一周较细的凹弦纹,颈部和腹部饰交错网格状菱形纹,底部饰篮纹(图五十八,18)。

M45 出土了鬲(M45:3),泥质夹细砂灰陶。侈口,尖圆唇,束颈,腹微鼓,袋状尖锥足,肩部有 6 个大小相同、间距相等的乳钉纹。颈部以下饰绳纹(图五十八,19)。

M35 出土了无盖簋(M35:1),敞口,折沿,沿面向外倾斜,尖唇,深腹斜收,圜底,喇叭状圈足。腹部上下凹弦纹间饰一周双线人字纹(图五十八,20)。

M23 出土了壶(M23:1),泥质夹细砂红胎黑褐陶。盖隆起,顶有圆形捉手,已残,盖沿内折成子口。器身平沿,短直颈,深腹微鼓,肩部两侧各有一贯耳。圜底,圈足略外撇。肩和中腹部各饰三周凹弦纹(图五十八,21)。

M38 出土了壶(M38:3),泥质夹细砂红胎黑褐陶。敛口,尖唇,直颈,肩部两侧有一对称的宽边形钮,鼓腹,圜底,喇叭状圈足。颈部、肩部、圈足饰凹弦纹,下腹饰绳纹(图五十八,22)。

M33 出土了罍、豆。罍(M33:1),泥质夹细砂黑灰陶。侈口,方唇,束颈,折肩,深圆腹下收,圜底内凹。肩部有四个圆突饰,颈部、腹部、底部饰绳纹(图五十八,23)。豆(M33:2),夹细砂红胎磨光黑陶。敛口,圆弧腹,喇叭状高圈足。上腹有四个等距离圆突饰(图五十八,24)。

M7 出土了带盖簋、圈足罐,带盖簋(M7:4),盖隆起,中部有圈状捉手,盖沿下折成子口。器呈圆形,敛口,平沿,溜肩,圆腹,圜底,喇叭状圈足。上腹部有对称的半环耳和乳丁。盖面饰二周细弦纹,盖缘饰一周三角纹。器身饰多周凹弦纹(图五十八,26)。圈足罐(M7:5),泥质夹细砂黑陶。侈口,尖唇,束颈,折肩,深腹下收,圜底,喇叭状圈足。肩部饰一周三角纹,上下为凹弦纹(图五十八,25)。

M64 出土了盖豆(M64:1),[1]泥质夹细砂灰褐陶。盖面隆起,顶部有喇叭形握手。器为圆口,鼓腹,平底。高圈足下折呈阶状(图五十八,27)。

---

①湖北省文物考古研究所、随州市博物馆:《湖北随州市叶家山西周墓地》,《考古》2012 年第 7 期。

M55 出土了鬲、甗，鬲（M55∶9），卷沿弧裆，截锥形足（图五十八，28）。甗（M55∶10），红褐色陶，弧裆，截锥形足。器表饰绳纹，甑上腹有 7 个简化的涡纹（图五十八，29）。①

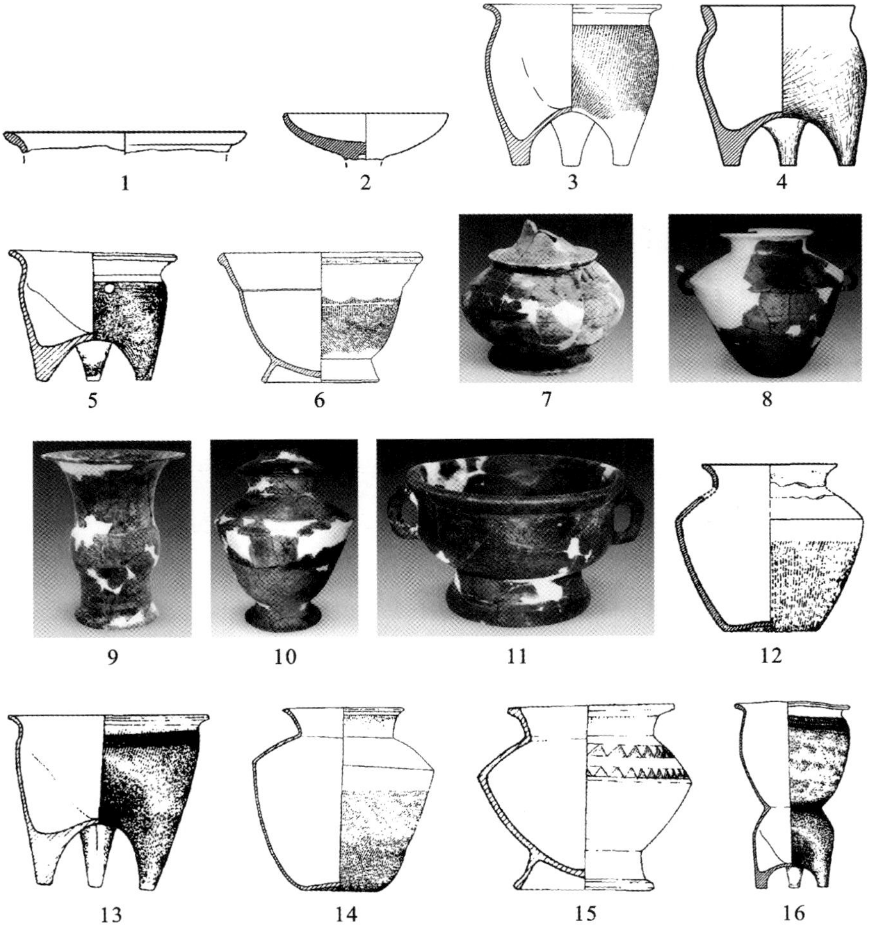

1. 鬲（M28∶253） 2. 豆（M28∶02） 3. 鬲（M65∶21） 4. 鬲（M107∶1）
5. 鬲（M2∶10） 6. 簋（M2∶17） 7. 壶（M2∶14） 8. 罍（M2∶19）
9. 尊（M27∶4） 10. 缶（M27∶71） 11. 簋（M27∶102） 12. 罐（M27∶118）
13. 鬲（M46∶45） 14. 罐（M46∶10） 15. 罐（M46∶22） 16. 甗（M46∶30）

①湖北省博物馆、湖北省文物考古研究所、随州市博物馆：《随州叶家山西周早期曾国墓地》，文物出版社 2013 年，第 240 页。

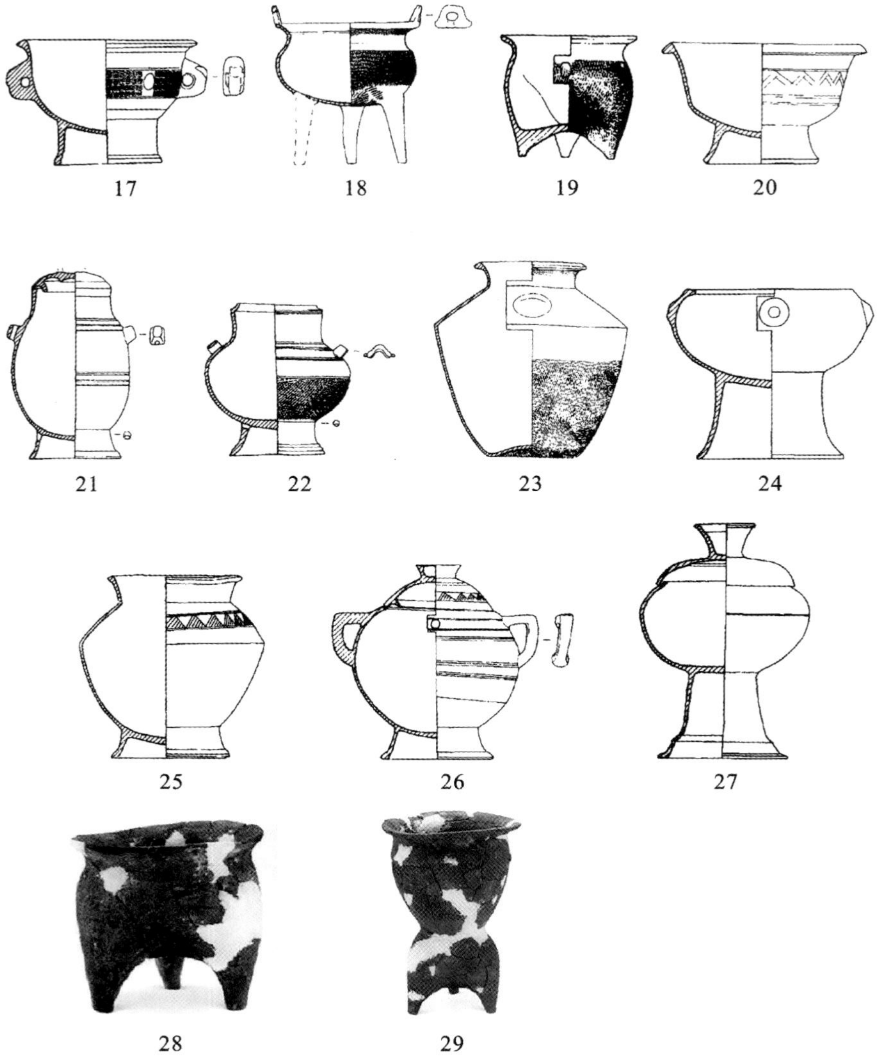

图五十八　随州叶家山西周早期曾侯墓地出土陶器

17.簋(M46:9)　18.鼎(M50:6)　19.鬲(M45:3)　20.簋(M35:1)
21.壶(M23:1)　22.壶(M38:3)　23.罍(M33:1)　24.豆(M33:2)
25.罐(M7:5)　26.簋(M7:4)　27.豆(M64:1)　28.鬲(M55:9)
29.甗(M55:10)

十、枣阳郭家庙曾国墓地

枣阳郭家庙曾国墓地共出土陶器 67 件，出自 18 座墓葬，修复了 66 件。陶器出土情况如下表：

表十九　郭家庙墓地出土陶器情况表

墓号	仿铜陶礼器		日用陶器					合计
	鼎	壶	鬲	盆	豆	罐	器盖	
GM4						1		1
GM6						1		1
GM8					2			2
GM9	1		1			3		5
GM11		1	1		1	1	1	5
GM12						1		1
GM13					2	1		3
GM14	1	2				1		4
GM15			1			1		2
GM16						1		1
GM17			2		4	5	6	17
GM18						1	2	4
GM19		1	2	1	1	3	2	10
GM20						1		1
GM22						1	1	2
GM23	2	2						4
GM24	1					2		3
总计	6	6	7	1	10	24	12	66

随葬陶器以陶罐最多,陶豆次之,鼎、壶、鬲数量相当。

根据陶器的形制演变规律,结合青铜器的器形特征,报告作者将这批墓葬分成了西周末期、春秋早期前段、春秋早期后段三个时期。CM01、CM02、GM19、GM21、GM24 时代为西周末期;GM01、GM02、GM3、GM7、GM11、GM12、GM14、GM15、GM16、GM17、GM18、GM20、GM22 时代为春秋早期前段;GM1、GM4、GM5、GM6、GM8、GM9、GM13、GM23、GM25 为春秋早期后段。①

陶器质地较疏松,保存状况很差。从陶质、陶色看,有泥质红陶、泥质灰陶、夹砂红陶和夹砂灰陶。红陶占 68%,其中夹砂红陶占 11%,泥质红陶占 57%;灰陶占 32%,其中泥质灰陶占 23%,夹砂灰陶占 9%。

从器类看,炊器有鼎、鬲,酒器有壶,食器有盆、豆,贮器有罐。炊器鼎、鬲多夹砂陶,其他容器如壶、盆、豆、罐、器盖为泥质陶。数量上以罐为主,其次为豆、鬲、鼎、壶。

陶器的纹饰以绳纹为主,弦纹次之,篦纹、镂孔、附加堆纹、刻划纹较少。鼎、鬲多饰绳纹,或与凸弦纹、附加堆纹配合。罐一般饰绳纹,或与凹弦纹配合。壶、豆多素面,或饰凹弦纹。

报告作者挑选的陶器分期标本具有代表性意义,在比较短的时段内,鼎、壶、鬲等器物演变规律比较明显。② 摘要叙述如下:

仿铜礼器有鼎、壶。

鼎,按鼎耳位置,分为 A、B 两型。

A 型,立耳。2 件同出于 GM23。耳呈矩形,半球形深腹,三足近蹄形,较矮。标本 GM23:4,夹砂红陶,直口,耳直立(图五十九,1)。标本 GM23:2,夹砂红陶,敞口,耳亦外侈(图五十九,2)。

B 型,附耳。按腹、足形制分为三式。

1 式:标本 GM24:1,泥质红陶,有少量加砂。带盖隆起,顶部为喇叭状握手。器身直口,环形耳竖贴于口腹外,半球形深腹,圜底,三矮蹄足。盖上饰三周、腹饰一周凹弦纹(图五十九,3)。

2 式:2 件,分别出于 GM14 和 GM18 标本。GM14:2,泥质红陶,少量夹

①襄樊市考古队等:《枣阳郭家庙曾国墓地》,科学出版社 2005 年,第 299~321 页。

②襄樊市考古队等:《枣阳郭家庙曾国墓地》,科学出版社 2005 年,第 271~283 页。

砂。侈口卷折沿，环形附耳下折接于颈部。半球形深腹略变浅，圜底。三矮蹄足略变高。腹部饰一周凸弦纹，下腹饰绳纹（图五十九，4）。

3式：标本GM9∶3，夹砂灰陶。口微敛，卷折沿，盆形腹微鼓，矩形耳外侈，圜底近平，三蹄足略变高。腹部饰一周凸弦纹，沿下及足上饰绳纹（图五十九，5）。

B型鼎腹部由深到浅，由半球形腹变为盆形腹，三蹄足逐渐变高。

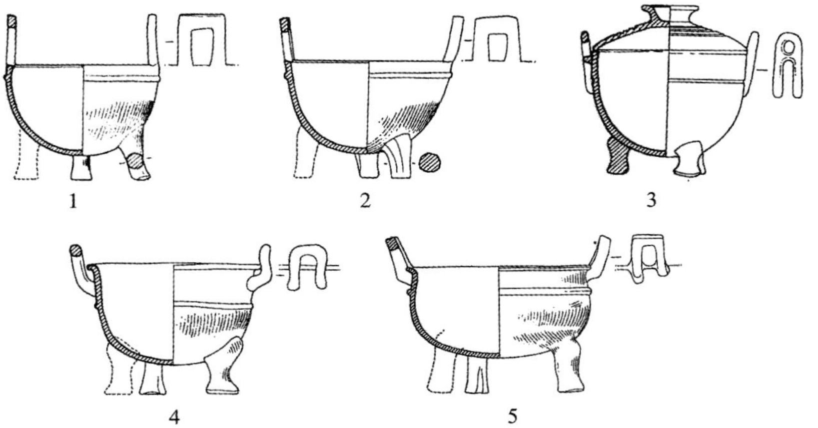

图五十九　陶鼎

1.A型鼎（GM23∶4）　2.A型鼎（GM23∶2）　3.B型I式鼎（GM24∶1）
4.B型II式鼎（GM14∶2）　5.B型III式鼎（GM9∶3）

壶，按颈、耳特征分为两型。

A型，无盖，短颈，贯耳。依颈、腹、圈足的变化分为二式。

1式：标本GM19∶4，泥质红陶。颈较短，桥形贯耳，扁圆腹，圜底，圈足较高。素面（图六十，1）。

2式：标本M11∶1，泥质红陶。颈变长，三角形贯耳，圈足上有两个圆形穿孔。深圆腹，圜底近平，圈足变矮（图六十，2）。

A型壶颈由短变长，桥形贯耳变为三角形贯耳，圈足由高变矮。

B型，有盖，长颈，环耳或无耳。

1式：2件，同出于GM14，形制大小相近。标本GM14∶4，平盖，喇叭形握手较高，盖沿下作子口。壶身敞口，长颈，环形立耳，垂腹最大径靠近底部，平底，矮圈足。素面（图六十，3）。

2式：2件，同出于GM23，形制大小相近。标本GM23∶3，盖微隆，喇叭形握手较矮。壶身口微敛,长颈变粗,无耳,垂腹最大径略上移,底近平,圈足外撇。颈部饰二道凹弦纹,腹部饰五道凹弦纹(图六十,4)。

B型壶长颈由细而粗,垂腹最大径略上移。

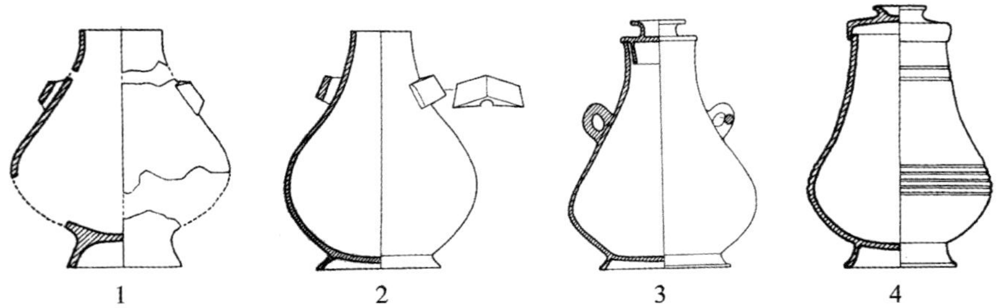

图六十 陶壶

1.A型Ⅰ式壶(GM19:4) 2.A型Ⅱ式壶(M11:1)
3.B型Ⅰ式壶(GM14:4) 4.B型Ⅱ式壶(GM23:3)

日用陶器有鬲、豆、罐、器盖。

鬲,按口径与肩径比例,可分为两型。

A型,体型较大,口径大于或等于肩径,或称大口鬲。依颈、裆、足的变化可分三式。

1式:标本GM19:9,夹砂红陶。折沿微仰,颈微束,敛口,腹微鼓,足腔较深,矮柱足,宽瘪裆。口沿以下饰绳纹(图六十一,1)。

2式:2件,分别出于GM15和GM11。标本GM15:2,夹砂红陶。平折沿,束颈,溜肩,鼓腹,裆变窄,实足根略变高。肩以下饰绳纹(图六十一,2)。

3式:标本GM9:1,夹砂灰陶。整体呈倒梯形,平折沿,敞口,腹壁斜弧内收,三足内聚,裆部更窄,足腔变浅,柱足变高。腹部饰一周凸弦纹,口沿以下足上饰绳纹(图六十一,3)。

A型鬲口径逐渐变大,裆部由宽而窄,足腔由深而浅,柱足由矮变高。

B型,体形较小,口径小于肩径,或称小口鬲。依颈、裆的变化可分两式。

1式:标本GM19:8,夹砂红陶。翻沿,束颈,肩部圆鼓,宽弧裆微瘪,足腔深,实足根矮。口沿以下饰绳纹(图六十一,4)。

2式:2件,同出于GM17。标本GM17:37,夹砂红陶。翻折沿,束颈加长,肩腹圆鼓,弧裆变窄,足腔略变浅,实足根略变长。口沿以下饰绳纹(图六十一,5)。

B 型鬲沿由窄变宽,裆由宽而窄,足腔由深变浅,足跟由矮变高。

盆,仅出 1 件。标本 GM19:11,泥质红陶。平折沿,束颈,折肩,深腹,圜底内凹。口沿以下饰绳纹(图六十一,6)。

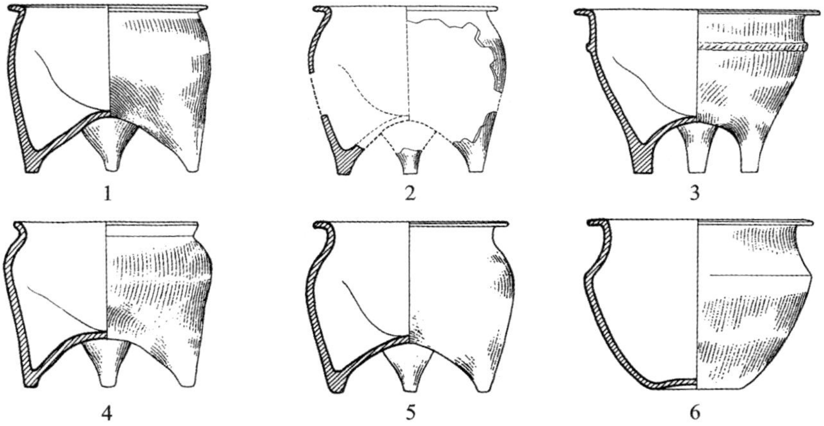

图六十一　陶鬲、盆

1.A 型 I 式鬲(GM19:9)　2.A 型 II 式鬲(GM15:2)
3.A 型 III 式鬲(GM9:1)　4.B 型 I 式鬲(GM19:8)
5.B 型 II 式鬲(GM17:37)　6.盆(GM19:11)

豆,按照豆盘、柄形制可分为两型。

A 型,大喇叭座。可分二式。

1 式:镂孔喇叭座,分两亚式。

Ia 式:标本 GM17:40,泥质红陶。浅盘较大,喇叭座较矮,柄上有四个对称的三角形镂孔(图六十二,1)。

Ib 式:标本 GM17:35,泥质红陶。盘较小较深,喇叭座较高,柄上有四个对称的菱形镂孔(图六十二,2)。

2 式:弧盘,喇叭座高柄。可分二亚式。

IIa 式:2 件,同出于 GM17。标本 GM17:28,泥质红陶。弧盘较浅,粗高柄。素面(图六十二,3)。

IIb 式:标本 GM11:4,泥质灰陶。弧盘较深,细高柄。柄上部有一道凸棱(图六十二,4)。

3 式:2 件,同出于 GM13。标本 GM13:2,泥质灰陶。盘较深,底近平,粗柄束腰喇叭座。素面(图六十二,5)。

B 型,小喇叭座。可分两式。

1 式:标本 GM19:5,泥质红陶,浅弧盘较大,柄细长。素面(图六十二,6)。

2 式:高柄较粗。可分两亚式。

IIa 式:标本 GM8:4,泥质红陶。弧盘较浅,粗柄微束腰(图六十二,7)。

IIb 式:标本 GM8:3,泥质红陶。弧盘较深,粗柄束腰(图六十二,8)。

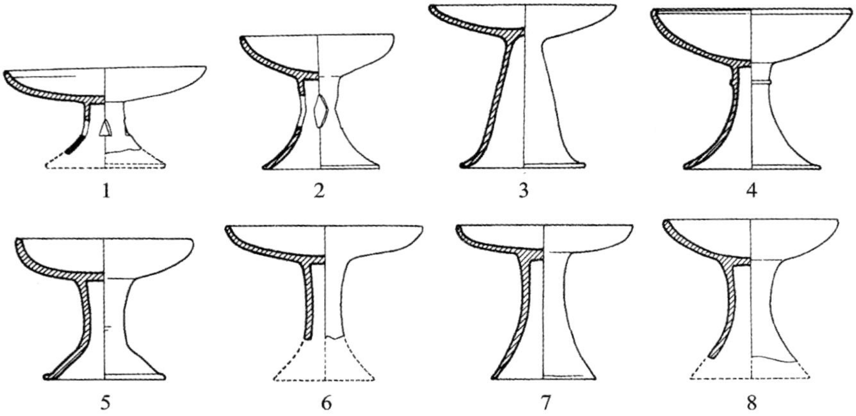

图六十二　陶豆

1.A 型 Ia 式豆(GM17:40)　2.A 型 Ib 式豆(GM17:35)
3.A 型 IIa 式豆(GM17:28)　4.A 型 IIb 式豆(GM11:4)
5.A 型 III 式豆(GM13:2)　6.B 型 I 式豆(GM19:5)
7.B 型 IIa 式豆(GM8:4)　8.2 型 IIb 式豆(GM8:3)

罐,24 件,根据口、肩、腹部特征可分为 A、B、C、D 和异型 A 型,10 件。侈口,翻沿,折肩,或称侈口折肩罐。可分三式。

1 式:2 件,同出于 GM24,形制大小相近。标本 GM24:3 及 GM24:2,泥质灰陶。有盖隆起,顶有喇叭状握手。器身翻沿较甚,弧颈较长,折肩较低,腹斜收,小平底微内凹。颈部有一周凸棱。盖上有二道、肩上有四道凹弦纹。标本 GM24:3 高于标本 GM24:2(图六十三,1、2)。

2 式:5 件。形体较小,无盖,束颈较短,沿外翻,折肩处变高。可分两个亚式。

IIa 式:标本 GM20:4,泥质红陶。颈较短,平底。肩下饰绳纹(图六十三,3)。

IIb 式:4 件,同出于 GM17,形制相近,大小略异。比 IIa 式颈略长。标本 GM17:7,肩上饰三周凹弦纹,肩下饰绳纹(图六十三,4)。标本 GM17:8,泥质红陶。肩上饰五周凹弦纹,肩下饰交错绳纹(图六十三,5)。

3 式:标本 GM6:2,泥质红陶。形体较大,直颈加长,折肩较高,平底内凹。肩上饰六道凹弦纹,肩以下饰绳纹(图六十三,6)。

B 型,5 件。直口,矮领,折肩,或称直口折肩罐。可分四式。

1 式:标本 GM19:3,泥质红黄陶。直口很短,折肩的位置略低,深腹,平底较大。肩上饰二道凹弦纹,肩下饰交错绳纹(图六十三,7)。

2 式:标本 GM22:10,泥质灰陶。领稍变高,折肩的位置上移,平底变小,微内凹。肩上饰一周凹弦纹,肩下饰竖绳纹(图六十三,8)。

3 式:标本 GM4:2,泥质灰陶。体型变大,折肩的位置上移,底内凹。肩上饰两周凹弦纹,肩下饰竖绳纹(图六十三,9)。

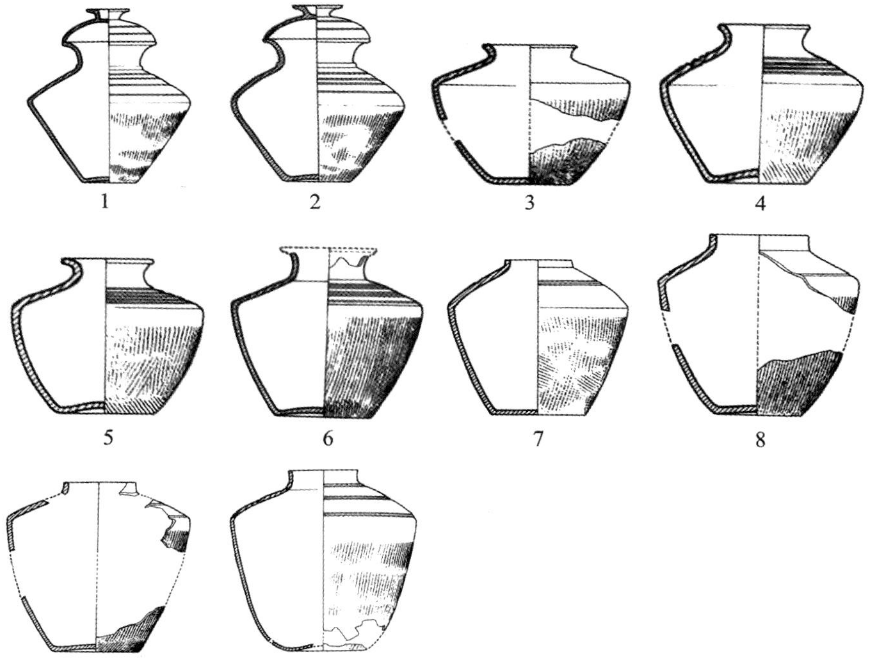

图六十三　陶罐

1.A 型 I 式罐(GM24:3)　2.A 型 I 式罐(GM24:2)　3.A 型 IIa 式罐(GM20:4)
4.A 型 IIb 式罐(M17:7)　5.A 型 IIb 式罐(GM17:8)　6.A 型 III 式罐(GM6:2)
7.B 型 I 式罐(GM19:3)　8.B 型 II 式罐(GM22:10)　9.B 型 III 式罐(GM4:2)
10.B 型 IV 式罐(GM9:5)

4 式:2 件,同出于 GM9。领更高,折肩以下腹壁略直,底内凹。肩饰三组各二道凹弦纹,肩以下饰竖绳纹。标本 GM9:5,泥质灰陶。无盖(图四十九,10)。

标本 GM9:2,带盖顶上为喇叭状握手(图六十四,1)。

C 型,4 件。形体很小,敛口,折肩,或称敛口折肩罐。可分为三式。

1 式:领略高,折肩,肩壁斜直,平底。可分二亚式。

Ia 式:标本 GM19:10,泥质红陶。形体较瘦高,折肩以下腹内收较缓(图六十四,2)。

Ib 式:标本 GM19:7,泥质红陶。形体矮胖,肩、腹壁斜直(图六十四,3)。

2 式:标本 GM12:5,泥质灰陶。领变矮,肩、壁微弧,小平底内凹。肩以下饰竖绳纹(图六十四,4)。

3 式:标本 GM9:4,泥质灰陶。形体稍大,领更矮,折肩的位置较高,肩、壁微弧,底内凹。肩以下饰绳纹(图六十四,5)。

D 型,形体较小,折沿,折肩,或称折沿折腹罐。可分两式。

1 式:标本 GM16:3,泥质红陶。折沿较窄,方唇,束颈较短,折肩,平底。肩以下饰绳纹(图六十四,6)。

2 式:标本 GM17:13,泥质红陶。折沿较宽,圆唇,束颈较长,折肩,平底。肩部饰五周凹弦纹,肩以下饰绳纹(图六十四,9)。

异型罐,2 件。形制特殊,与其他陶罐不成系列,故暂称异型罐。

标本 GM15:1,泥质红陶。翻沿,束颈,圆折肩,鼓腹,平底内凹。肩上饰一道凹弦纹,腹及底部饰绳纹(图六十四,7)。

标本 GM11:2,直口微敛,平唇,折肩,颈部有一对对称的半圆形贯耳。腹壁斜收,底较大内凹。颈部有一周凸弦纹,颈部饰一周凹弦纹和一周三角纹。颈肩腹均饰绳纹(图六十四,8)。

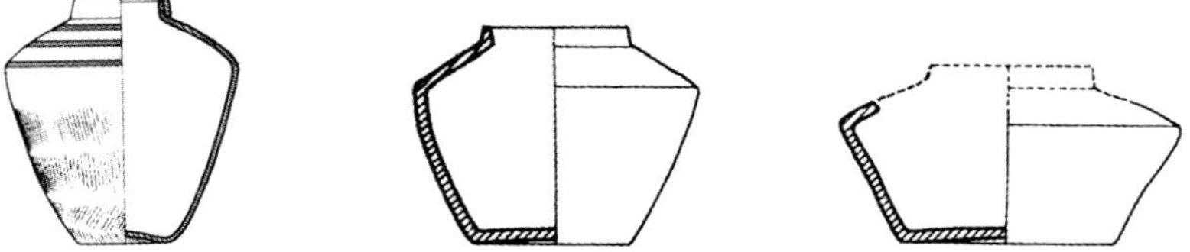

1.2 型 IV 式罐(GM9:2)　2.C 型 Ia 式罐(GM19:10)　3.C 型 Ib 式罐(GM19:7)

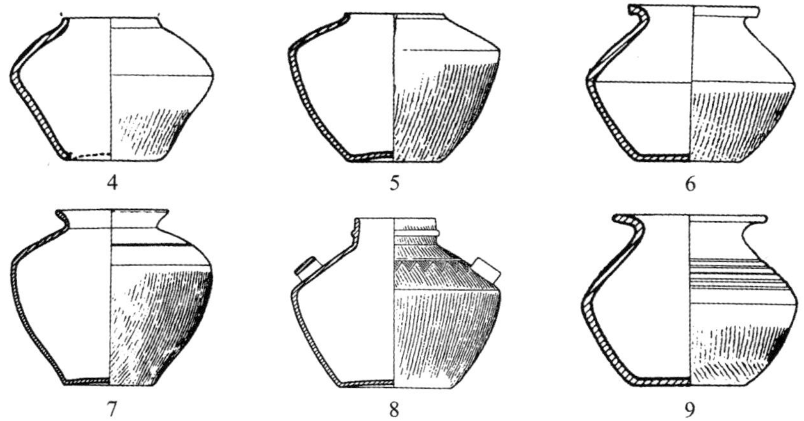

图六十四　陶罐

4.C 型 II 式罐(GM12∶5)　5.C 型 III 式罐(GM9∶4)　6.D 型 I 式罐(GM16∶13)
7.异型罐(GM15∶1)　8.异型罐(GM11∶2)　9.D 形 II 式罐(GM17∶13)

器盖,12 件,修复 11 件。按握手和体形可分为三型。

A 型 3 件。握手高大。分二式。

1 式:2 件,同出于 GM19。形制大、小相近。标本 GM19∶6、12,泥质红陶。盖口外侈,折壁上隆,圆饼状握手较高且大。盖面上有一周凸弦纹(图六十五,7、6)。

2 式:标本 GM11∶3,泥质灰陶。盖沿作子口内敛,盖面微上隆,握手呈喇叭状(图六十五,2)。

B 型 2 件,同出于 GM17。形制大、小相近。标本 GM17∶31,泥质红陶。形体较大,壁厚,盖顶隆起较高,喇叭状握手相对较小。盖面饰六周凹弦纹(图六十五,1)。

C 型 7 件,分别出于 GM17、GM18、GM22。如标本 GM22∶9、GM18∶3、GM17∶43,泥质红陶。盖面隆起较低,圆状握手较小(图六十五,3、4、5)。

1.器盖(GM17∶31)　2.器盖(GM11∶3)　3.器盖(GM22∶9)

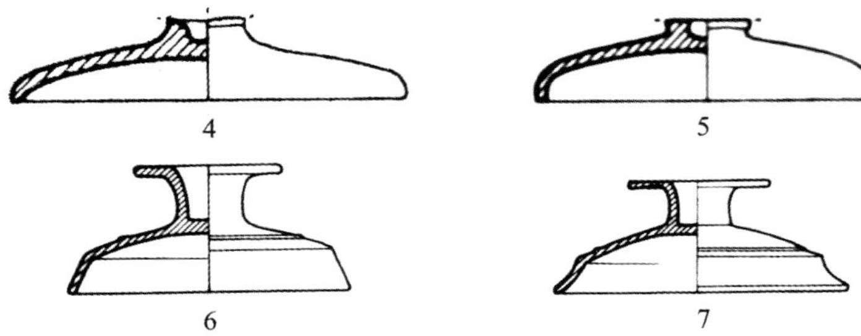

图六十五　器盖

4.器盖(GM18:3)　5.器盖(GM17:43)　6.器盖(GM19:12)　7.器盖(GM19:6)

十一、随州义地岗、文峰塔墓地

义地岗墓群是一个总称,位于随州市东北部,坐落在一条东北—西南走向的岗地上,根据不同时期发掘的小地点的不同名称,包括文峰塔墓地、义地岗墓地、汉东东路墓地等。

1994 年,湖北省文物考古研究所等在东风油库发掘的 M3,墓主人为曾仲姬,还出土一件曾侯郕鼎,曾侯郕是曾侯乙之前的曾国国君,因此 M3 时代为春战之际或战国早期。该墓出土了陶鼎 2、罐 1。鼎均为泥质夹砂红陶。盖隆起,圆形捉手。深腹,附耳,蹄形足较矮,足上部带扉棱。标本 M3 :23,捉手残。口径 28 厘米,通高 33 厘米(图六十六,1)。标本 M3:21,口径 24 厘米,通高 26 厘米(图六十六,2)。罐,1 件,标本 M3:24,敛口,下部残,为橄榄形罐(图六十六,3)。[①]

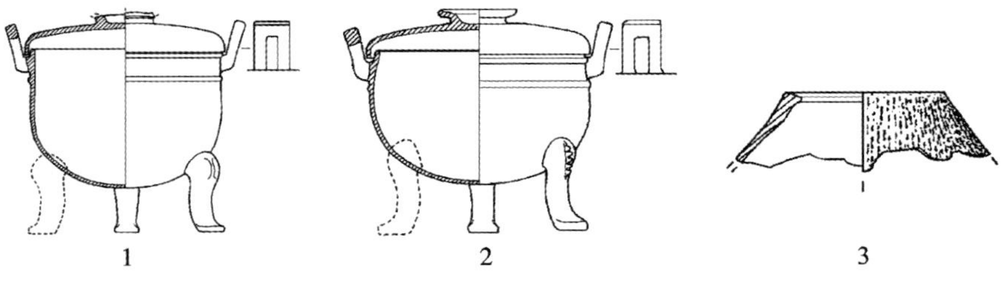

图六十六　东风油库 M3 出土陶器

①湖北省文物考古研究所等:《湖北随州义地岗墓地曾国墓 1994 年发掘简报》,《文物》2008 年第 2 期。

2009 年,湖北省文物考古研究所在文峰塔抢救发掘了 M1、M2,根据编钟铭文可知,M1 墓主人为曾侯遡,时代为春秋晚期。M2 墓主人不明,在 M2 的祭祀坑和两具殉葬棺内发现了 9 件陶器,器类有鼎、鬲、盂、壶、罐等,泥质灰陶,火候较差。

鼎 1 件(M2XZG2∶1)。子母口承盖。鼎盖呈覆盘形,平唇,弧顶,盖面二周凹弦纹,盖上有三个三角形扁钮。口略内敛。长方形附耳,耳上端略外撇。弧壁深腹,上腹略直,下腹内收。圜底。蹄形实足,略外撇。上腹饰二周凹弦纹(图六十七,1)。

鬲 2 件。标本 M2XZG1∶3,仰折沿,方唇。束颈,折肩,腹壁较直。高裆,裆底圆弧,柱足较直较高。素面。外腹壁刻划有一陶文“曾”字(图六十七,2)。标本 M2XZG1∶1,敛口,卷折沿,圆唇。束颈,溜肩,深腹略鼓。高裆,裆底圆弧,柱足粗矮,三足略内敛。腹饰一周凹弦纹(图六十七,3)。

盂 3 件。标本 M2XZG2∶2,侈口,卷沿上仰,圆唇。高颈内束,肩腹交接处微折,斜腹内收。大平底。素面(图六十七,4)。标本 M2XZG1∶2,敛口,折沿上仰,束颈,弧壁鼓腹,底略内凹。素面,器内壁有三道旋坯痕(图六十七,5)。标本 M2XZG1∶4,敛口,折沿上仰,圆唇,弧壁深腹,底内凹,素面(图六十七,6)。

罐 2 件。标本 M2XZG1∶5,宽折沿略上仰,短束颈,圆肩,圆鼓腹,圜底内凹。素面(图六十七,7)。标本 M2JSK∶5,平折沿略内斜,圆唇,沿面微凹。短束颈,圆肩,上腹外鼓,下腹斜收。底近平,略内凹。器表似施黑衣并磨光,肩腹交接处饰二周凹弦纹,弦纹间饰斜网格暗纹(图六十七,8)。

缶 1 件,标本 M2XZG2∶3,平口承盖,盖子口,为覆碟形盖,盖上似有钮,钮残。高直颈,颈上饰对称环钮。斜肩,鼓腹,底部内凹,平底。颈肩交界处饰一周凹弦纹,肩腹处饰二周凹弦纹,二弦纹间饰右斜平行线暗纹(图六十七,9)。

从鼎的形制看,与东风油库 M3 陶鼎近似,M2 时代处于 M1 和东风油库 M3 之间,即春秋晚期晚段。①

---

①湖北省文物考古研究所、随州市博物馆:《随州文峰塔 M1(曾侯舆墓)、M2 发掘简报》,《江汉考古》2014 年第 4 期。

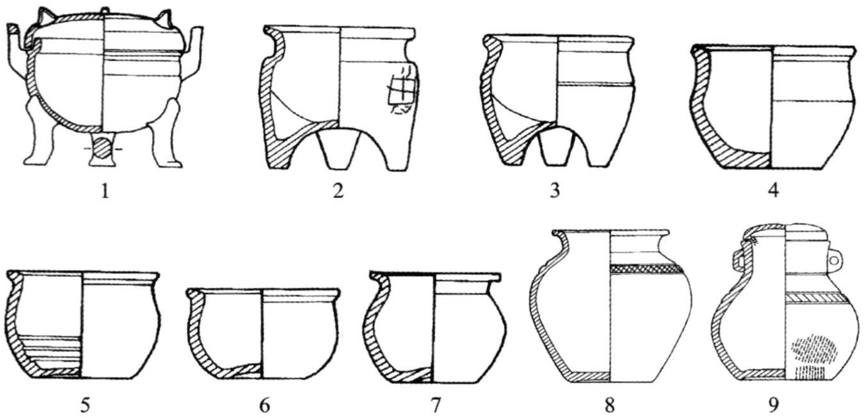

图六十七　文峰塔 M2 殉葬棺出土陶器

1.鼎(M2XZG2:1)　2、3.鬲(M2XZG1:3、M2XZG1:1)
4~6.盂(M2XZG2:2、M2XZG1:2、M2XZG1:4)
7、8.罐(M2XZG1:5、M2JSK:5)　9.缶(M2XZG2:3)

十二、随州擂鼓墩墓地

1983 年 4 月,随州市博物馆在擂鼓墩砖瓦厂发掘了一批墓葬,其中第十三号墓(M13),为长方形土坑竖穴墓,方向 160°,南部带一条墓道。墓中出土随葬品 14 件。青铜礼器包括鼎 2、敦 1、壶 2、勺 2,青铜兵器包括戈 2、镞 2。陶器有陶罐 2,为灰褐色细泥陶,陶质松软。平折口,口沿微外侈,圆腹微鼓,平底内凹。罐体饰细绳纹。简报未附插图。青铜礼器从组合到器形属典型的楚式风格,M13 时代为战国中期。①

1997 年,湖北省文物考古研究所、随州市文物局又在擂鼓墩墓群调查时,试掘了三座墓葬,即吴家湾 M27、M28 和蔡家包 M1。1992 年,文物普查时,曾在吕家塝墓地发现五座残墓,编号为 CM1~5。这批墓葬的时代为战国中期。②

我们把简报中的陶器按墓葬单位重新排列在一起。

吴家湾 M28 出土的陶器有鼎 2、簠 2、壶 2、罍、小口鼎、盉、盘、匜、罐、高

①随州市博物馆:《随州擂鼓墩砖瓦厂十三号墓发掘简报》,《江汉考古》1984 年第 3 期。

②湖北省文物考古研究所等:《湖北随州市擂鼓墩墓群的勘探与试掘》,《考古》2003 年第 9 期。

柄壶。

罐，标本吴 M28∶20，敛口，方唇，鼓腹，凹底。通体饰绳纹，上腹饰凹弦纹一周（图六十八，1）。

鼎，标本吴 M28∶17，带盖，盖面较平，盖顶有扁状小钮。器身似盆，为子口内敛，圆唇，环形附耳，浅腹，底近平，近圆形高蹄足。盖、腹各饰两周凹弦纹（图六十八，2）。

壶，2 件，形制大小相同。标本吴 M28∶9，施黑陶衣。侈口，尖唇，长颈，圆腹，矮圈足（图六十八，3）。

小口鼎，标本吴 M28∶13，带盖，盖顶三钮残。器身似深腹罐，侈口，方唇，凸肩，深腹，凹底，三兽蹄形矮足。肩附双环形耳，肩饰凹弦纹一周（图六十八，4）。

罍，标本吴 M28∶14，带盘形盖。器身侈口，圆唇，凸肩，深腹，凹底。肩附双亚腰形贯耳，肩饰一周凹弦纹（图六十八，5）。

簠，标本吴 M28∶11，器身长方形口，斜腹，底部四角各附一矩形足（图六十八，6）。

盘，标本吴 M28∶16，敞口，圆唇，浅腹，小平底。器表施黑陶衣，下腹外饰旋涡状暗纹（图六十八，7）。

高柄壶，标本吴 M28∶6，带浅盘形盖，盖面平，顶饰一鸟形钮。器身侈口，圆唇，广肩，弧腹，喇叭状高柄。器表施黑衣（图六十八，8）。

盉，标本 M28∶18，带盘形盖。器身呈罐形，侈口，尖唇，凸肩，深腹，三兽蹄形小足。肩附圆形提梁（图六十八，9）。

匜，标本 M28∶15，手制，经慢轮修整。方形长流，浅腹，圆底。施黑陶衣（图六十八，10）。

吴家湾 M27 出土的陶器有豆 2、双耳罐。

豆，豆盘较宽浅，喇叭状高柄。吴 M27∶2，器表施黑衣，饰暗纹，豆外暗纹为平行弦纹，盘内暗纹中部为圆圈，四边为平行交叉形（图六十八，11）。标本吴 M27∶3，施黑衣（图六十八，12）。

双耳罐，标本吴 M27∶5，直口，方唇，广肩，深腹，凹底。肩部附有两个对称贯耳。下腹饰绳纹（图六十八，13）。

蔡家包 M1 出土的陶器有鼎盖 2、鼎足、鼎耳、豆 2、器盖 3。

鼎盖，标本蔡 M1∶6，盖顶中部有乳状钮，饰三周凹弦纹，饰黑衣（图六十八，14）。

豆，豆盘略窄，喇叭状高柄。如标本蔡 M1∶5（图六十八，15）。

标本蔡 M1∶7，施黑衣，暗纹较模糊，外壁暗纹为平行弦纹，盘内暗纹为放射状（图六十八，16）。

器盖，盖顶有喇叭形捉手。均施黑衣。如标本蔡 M1∶2、蔡 M1∶1（图六十八，17、18）。

吕家塝 CM1 出土的陶器有鼎 2、簠、壶、双耳罐、豆。CM2 出土的陶器有鼎 2、簠 2、壶、匜、罐、豆 4。CM3 出土的陶器有壶、豆。CM4 出土的陶器有鼎 2、簠 2、匜、盂、豆。CM5 出土的陶器有鼎 2、簠 2、壶 2、盂。

鼎足，标本吕 CM1∶1，截面呈圆形，足上部压印兽面纹（图六十八，19）。壶盖，标本吕 CM1∶4，盖直口，顶有三个角形钮（图六十八，20）。

鼎耳，标本吕 CM2∶6，长方形鼎耳（图六十八，21）。匜，吕 CM2∶1，捏制。短流，圜底（图六十八，22）。

鼎，标本吕 CM4∶1，敛口，方唇，腹壁较直，扁圆高蹄足。腹饰凹弦纹一周（图六十八，23）。

盂，标本吕 CM4∶6，敞口，尖唇。肩部饰两周凹弦纹（图六十八，24）。匜，标本吕 CM4∶2，捏制。短流，圜底（图六十八，25）。

簠，标本吕 CM5∶1，器身长方形口，斜腹，底部四角各附一矩形足，已残（图六十八，26）。

鼎足，标本吕 CM5∶2，截面呈圆形。足上部压印乳丁纹（图六十八，27）。

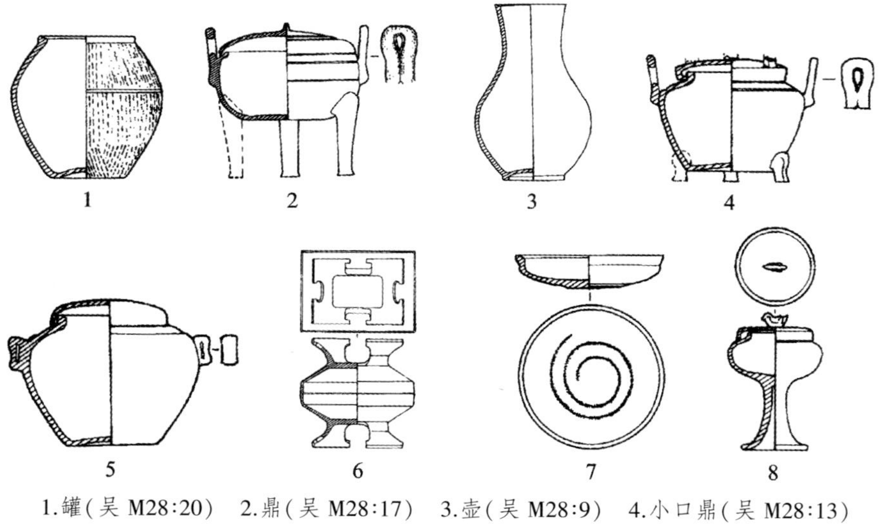

1.罐（吴 M28∶20） 2.鼎（吴 M28∶17） 3.壶（吴 M28∶9） 4.小口鼎（吴 M28∶13）
5.罍（吴 M28∶14） 6.簠（吴 M28∶11） 7.盘（吴 M28∶16） 8.高柄壶（吴 M28∶6）

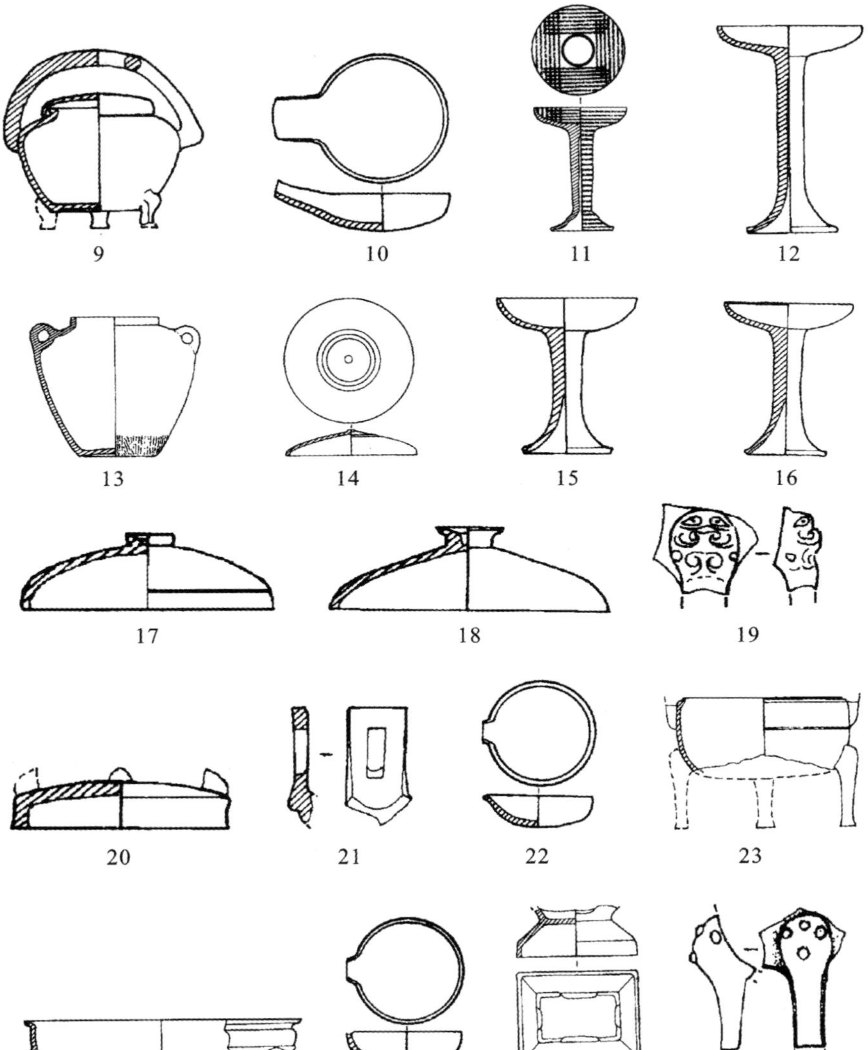

图六十八　擂鼓墩墓群出土陶器

9.盉(M28:18)　10.匜(M28:15)　11.豆(吴 M27:2)　12.豆(吴 M27:3)
13.双耳罐(吴 M27:5)　14.鼎盖(蔡 M1:6)　15.豆(蔡 M1:5)　16.豆(蔡 M1:7)
17.器盖(蔡 M1:2)　18.器盖(蔡 M1:1)　19.鼎足(吕 CM1:1)
20.壶盖(吕 CM1:4)　21.鼎耳(吕 CM2:6)　22.匜(吕 CM2:1)　23.鼎(吕 CM4:1)
24.盂(吕 CM4:6)　25.匜(吕 CM4:2)　26.簠(吕 CM5:1)　27.鼎足(吕 CM5:2)

第二节 曾国陶器的分期断代与文化特征

一、曾国陶器的分期断代

综合以上各遗址和墓葬资料的断代结果，可将曾国陶器分为西周早期、中期、晚期，春秋早期、中期、晚期，战国早期、战国中期。现列表如下：

表二十 曾国陶器分期表

时期	遗址	墓葬
西周早期	枣阳毛狗洞H1；庙台子西周早期遗存	叶家山曾侯墓地
西周中期	叶家湾T4第9层和H5第2层	
西周晚期	2002周台西周晚期遗存； 叶家湾H6和T2第8层	枣阳郭家庙西周末期墓葬
春秋早期	庙台子春秋早期遗存； 2002周台春秋早期遗存； 2016周台J2；叶家湾T6第6层	枣阳郭家庙春秋早期前段、后段墓葬
春秋中期	2002周台春秋中期遗存、2016周台J1第三层、叶家湾H3及H5第1层、巷子口H5；京山苏家垄遗址第三层及H39、G1、J1	
春秋晚期	2002周台春秋晚期遗存；2016周台J1第一层和第二层；狮子湾遗址	1994东风油库M3；2009文峰塔M2
战国早期	庙台子春秋早期遗存；2002周台战国早期遗存；巷子口H4及第三层、第四层；王家台遗址	
战国中期	2002周台战国中期遗存	1983擂鼓墩M13；1997擂鼓墩吴家湾M27、M28和蔡家包M1

二、曾国各期陶器的文化特征

(一)西周早期曾国陶器的文化特征

枣阳毛狗洞 H1 出土的陶器以夹砂砖红陶和黑陶为主,泥质陶多为泥质红陶,此外还有夹砂灰陶。主要器形为鬲,约占一半,次为罐、缸、甗、盆等。鬲的形体大,基本特征为侈口、尖唇、束颈、联裆,瘪裆尤甚,三锥足。基本上为大口鬲,最大径在口部,器高多略大于口径,少数小于口径或等于口径。腹部多饰错乱绳纹,以中粗绳纹为主。毛狗洞的陶器基本上属于周文化风格,但地方特色也比较明显,如陶色多红色,鬲的形体大,鬲肩以下即开始内瘪。关中西周早期的陶器陶色多灰色,鬲的形体比较小,瘪裆程度略低。

庙台子西周早期陶器以夹砂陶居多,约占 75%,泥质陶数量较少,约占 25%。陶色以黑陶占多数,红陶次之,有的夹砂红陶被烟熏呈褐色,灰陶较少,但在泥质陶中灰陶的数量较多。陶器多有纹饰,素面陶占 10%,最常见的纹饰为绳纹,约占 70%~80%,其次是凹弦纹,还有少量的附加堆纹。器类有鬲、甗、豆、钵、盂、罐、缸等,以鬲、罐居多。鬲多为瘪裆大口鬲,口径大于肩径,折沿,敛口,腹壁较直,瘪裆,鬲足有尖锥状袋足,也有截锥状柱足。

叶家山西周早期曾侯墓地陶器作为随葬品,与铜器共存。质地主要有泥质陶和夹砂陶。除红陶和灰陶外,还有部分磨光黑陶。陶器皆轮制,绝大多数烧制火候都较高。纹饰主要有绳纹、弦纹、方格纹等。主要器类有鼎、鬲、甗、尊、簋、壶、罐、缶、罍、豆等。墓葬中随葬陶器多少不等,据已经公布的资料,M28 出土鬲 1、豆 2。M65、M107、M45 各出土陶鬲 1。M2 出土了陶鬲 1、簋 1、壶 1、罍 1。M27 出土了陶尊 1、陶缶 1、陶簋 1、罐 1。M46 出土了鬲 1、甗 1、无盖簋 1、圈足罐 1、平底罐 1。M50 出土了鼎 1。M35 出土了无盖簋 1。

M23、M38 各出土壶 1。M33 出土了罍 1、豆 1。M7 出土了带盖簋 1、圈足罐 1。

M64 出土了盖豆 1。M55 出土了鬲 1、甗 1。

2011 年发掘 63 墓葬,出土的鼎仅一件,为釜形鼎,是受长江中游两岸鼎、釜文化区影响的结果。

出土陶鬲82件，均为瘪裆鬲，其中锥足鬲9件，柱足鬲73件。柱足鬲一般为大口，口径大于肩径，肩部不显，腹壁斜直，下腹内收，三柱足，有的陶鬲肩部有6个等距离的乳钉纹。袋足鬲为侈口，尖圆唇，束颈，腹微鼓，袋状尖锥足，肩部有6个大小相同、间距相等的乳钉纹。陶鬲虽然被视作日用陶器，其实铜鬲是青铜礼器的组成部分，也是按比例与其他铜器相配套的。

出土陶甗8件，甗的甑部为侈口，颈微束，深腹，细腰，鬲部敛口，鼓腹，瘪裆，三柱足。

尊4件。簋包括无盖簋21件、带盖簋1件。罍2件。壶2件。尊、簋、罍、缶、壶均为仿铜礼器，仿同类铜器制作而成，在墓葬中可代青铜礼器之用。

尊为泥质磨光黑皮陶，灰胎。圆筒形，敞口，方唇，长颈，鼓腹，圜底，高圈足。

簋主要为两种形制，一种为磨光黑皮陶，灰褐胎。侈口，厚圆唇，口沿下两侧各有一半环形兽耳。直腹微弧，圜底，圈足。另一种簋为敞口，折沿，沿面向外倾斜，尖唇，深腹斜收，圜底，喇叭状圈足。

罍为敞口，卷沿，尖方唇，短直颈微束，折肩，深斜腹，小平底内凹。肩部有对称的半环形兽耳。

缶由盖和器身组成，盖顶隆起，正中有一圈状抓手，盖沿内折成子口。器身侈口，平沿，短直颈，宽斜折肩，深斜直腹，圜底，喇叭形圈足。

壶为泥质夹细砂红胎黑褐陶。盖隆起，顶有圆形捉手，已残，盖沿内折成子口。器身平沿，短直颈，深腹微鼓，肩部两侧各有一贯耳。圜底，圈足略外撇。

陶罐包括圈足罐2件、平底罐40件，一般为折肩罐。

豆包括盖豆1件、豆1件。

（二）西周中期曾国陶器的文化特征

随州叶家湾遗址T4第9层和H5第2层时代为西周中期，本期遗存很少。以夹砂红陶为主，夹砂褐陶次之，泥质灰陶又次之。纹饰以绳纹为主。器类有鬲、豆等。发表的标本仅4件鬲，均为大口瘪裆鬲，有1件完整，即标本 T4⑨:2,夹砂红褐陶。敞口,尖圆唇,束颈,瘪裆,三矮柱足内敛,足腔较深。口以下饰绳纹。

(三)西周晚期曾国陶器的文化特征

周台遗址 M3、G4,时代为西周晚期。

周台遗址 G4 陶片总数 553 片,其中泥质陶占 69.08%,夹砂陶占 40.92%。红陶占 14.65%,灰陶占 41.77%,褐陶占 11.39%,黑陶占 32.19%。中绳纹占 80.53%,凹弦纹占 3.62%,凸弦纹占 0.66%,附加堆纹占 1.45%,素面占 36.20%。

鬲一般为夹砂灰陶。大口,翻沿,无颈,溜肩近直,腹微鼓,最大径在中腹,瘪裆,矮截锥状柱足,足腔深。口沿以下饰绳纹。肩、上腹抹痕。如标本 G4:1。有的柱足较高,足腔较浅,如标本 G4:5。

甗残存腰部,泥质灰陶,束腰,甑腹缓收,饰绳纹。如标本 G4:7。

豆有的为泥质黑陶。盘较浅微折,圆唇,喇叭状粗高柄,柄上有三角形镂孔,圈足各饰一道凸、凹弦纹。如标本 G4:3。有的为泥质褐陶。深盘,喇叭状粗高柄,柄中空至盘底。上腹饰一道凹弦纹。如标本 G4:2。

盆有的为泥质黑衣灰陶。敛口,翻折沿,短束颈,折肩,底内凹。腹饰绳纹。如标本 M3:4、M3:2。有的为泥质灰陶。翻折沿,敛口,折肩,肩径大于口径,斜腹,底内凹。腹、底饰绳纹。如标本 G4:4、G4:9。

罐有的为泥质黑衣灰陶。宽沿近平,广折肩,底内凹。颈、肩下各饰两周凹弦纹,中腹饰绳纹。如标本 M3:1。还有的为泥质灰陶,微侈口,宽折沿,平唇,短直颈,鼓腹。素面。如 G4:6。

枣阳郭家庙西周末期墓葬出土的陶器有 AI 式鼎、AI 式壶、AI 式鬲、BI 式鬲、BI 式豆、AI 式罐、BI 式罐、CIa、CIb 式罐等。

(四)春秋早期曾国陶器的文化特征

庙台子遗址陶器陶质以夹砂陶为主,约占 70%~80%,泥质陶数量较少,约占 20%~30%。黑陶和红陶的数量比较接近,灰陶的数量稍少。泥质陶中灰陶的数量最多。还有极少量的泥质灰黄陶。绝大多数陶片有纹饰,素面陶不足 10%。纹饰主要为绳纹,约占 70%,其次是凹弦纹,还有少量附加堆纹、暗纹、刻划纹、压印纹、方格纹和冠状扉棱装饰等。

陶器器类有鬲、甗、豆、钵、盂、盆、罐、缸等。

鬲均为瘪裆鬲,有小口鬲、大口鬲、仿铜鬲三种,截锥状柱足。小口鬲如标本T1③:23,小口,方唇,折沿斜直,圆肩,鼓腹,裆部内瘪较甚,足跟部略残。通体饰中粗绳纹,直至足跟部,颈部绳纹模糊,腹部饰浅宽凹弦纹两周。

大口鬲如标本T3③:21,夹砂灰陶。形体较大,腹径大于器高,折沿,方唇,口稍大,腹壁近直,锥状柱足,足腔较大,瘪裆凹陷较深,通体饰绳纹,直至足跟部,颈部绳纹经抹平不显。上腹部饰凹弦纹两周。

仿铜鬲如标本T2③:44,仿铜陶鬲,体小,器宽大于高,折沿方唇,折肩,最大腹径在肩部,瘪裆较低,三足略内敛,腹部饰中粗竖行绳纹,肩部饰凹弦纹两周。

甗只有甑部和腰部,甑部如标本T1③:54,夹砂黑陶。大口,侈沿,方唇,弧肩,斜腹内收,腹饰绳纹,近肩部饰凹弦纹两周。

豆多矮柄,有的柄部有凸棱。如标本T4③:4,豆盘敞口,弧壁,盘较深,矮柄,喇叭形圈足,盘内饰平行条状暗纹。

周台遗址H8、H18、F3,时代为春秋早期。

周台遗址H8陶片总数116片,其中泥质陶占59.48%,夹砂陶占40.52%。红陶占21.55%,灰陶占50.86%,黑陶占27.58%。中绳纹占53.45%,凹弦纹占5.17%,凸弦纹占2.59%,附加堆纹占2.59%,素面占36.20%。器类有鬲、豆、盂、罐、瓮等。

鬲为夹砂灰陶。大口,翻折沿,方唇,束颈极短,溜肩外扩,最大径在中腹偏上,裆内瘪程度较小,柱足较矮,足腔较深。颈部以下满饰绳纹,肩部饰一周附加堆纹。如标本F3:1、H8②:1。

豆,泥质黑陶,粗柄较矮,柄上部有一周凸棱,柄中空至盘底。如标本H8②:8。或者喇叭状粗柄较矮。素面。如标本H8①:6。也有夹砂褐陶、深盘高柄的豆,如标本F3:3。

盂底部为平底,如标本F3:2。

罐为泥质灰陶。口微侈,窄沿略外翻,圆唇。素面。标本H8③:13。瓮为泥质灰陶。口内敛,广肩,大鼓腹。素面。如标本H8③:11。

枣阳郭家庙曾国墓地春秋早期前段墓葬出土的陶器有BII式鼎、AII式壶、BI式壶、AII式鬲、BII式鬲、AIa式豆、AIb式豆、AII式豆、AIIa式罐、AIIb式罐、BII式罐、CII式罐、DI式罐、DII式罐。春秋早期后段的墓葬出土的陶器有A型鼎、BIII式鼎、BII式壶、AIII式鬲、AIII式豆、BIIa式豆、BIIb式豆、AIII式罐、BIII式罐、BIV式罐、CIII式罐。

（五）春秋中期曾国陶器的文化特征

周台遗址③C层、H24～H27、G5、J3、J4，时代为春秋中期。

周台遗址T10③C陶片统计结果，总数309片，其中泥质陶占83.82%，夹砂陶占16.18%。红陶占31.71%，灰陶占29.78%，褐陶占23.95%，黑陶占14.56%。中绳纹占58.18%，凹弦纹占2.24%，凸弦纹占0.65%，附加堆纹占0.32%，素面占38.51%。

J3出土陶片总数402片，其中泥质陶占78.12.82%，夹砂陶占21.88%。红陶占68.91%，灰陶占22.14%，褐陶占4.48%，黑陶占4.47%。中绳纹占69.40%，细绳纹占12.19%，凹弦纹占1.49%，凸弦纹占0.50%，素面占16.42%。

鬲，一种为大口鬲。标本H26∶1，夹砂黑陶。沿翻折外卷，腹微鼓，颈以下饰绳纹，肩部饰一周附加堆纹。

另一种为小口鬲。标本T9③C∶16，泥质褐陶。外沿面有一周浅凹槽，方唇。甗有两件完整的标本，如标本J3∶13，夹砂红陶。甑体侈口，翻折沿，短颈，溜肩，上腹微鼓，口径与腹径基本相等。鬲体溜肩圆鼓，中腹鼓，裆较高。三柱足外撇。颈以下饰绳纹。标本J3∶13，夹砂红陶。甑体翻卷沿，短颈，鼓腹缓收。鬲体鼓腹，裆内瘪程度较大，三柱足内敛。腹饰绳纹。

簋为子口，腹近直，圜底，喇叭座。有的简报称之为盖豆。

豆盘有深浅两型，豆柄为喇叭状，有的为阶梯状喇叭座，柄有高矮两种。盂平折沿，鼓腹，平底。

盆，一种为侈口，翻折沿，方唇，长颈微束，折肩，肩径基本等于口径，平底。另一种为翻折沿，尖唇，唇内沿面有三道浅凹槽，束颈，溜肩，鼓腹，底内凹。

罐在本期流行一种双耳罐，在肩部安半圆形双耳。如标本J3∶12，泥质灰陶，口残。平折沿，平唇，颈较长，半圆形双耳，底微内凹。颈、腹饰绳纹。

标本 J4∶4，泥质灰陶。平折沿，平唇，颈较长，半圆形双耳，底内凹。颈、腹、底饰绳纹。

标本 J3∶14，泥质褐陶。翻折沿，方唇，束短颈，上腹鼓，下腹弧收。口沿以下饰绳纹。

标本 J3∶11，泥质灰陶。整体相对瘦高。微侈口，平折沿，平唇，半圆形双耳，深腹，底微内凹。下腹、器底饰绳纹。

瓮为敛口，广肩，鼓腹。

缸为翻折沿，尖唇，溜肩，鼓腹。

京山苏家垄遗址以 TS046W031 第 3 层为例，出土陶片较多，以夹砂红陶、夹砂褐陶和泥质灰陶为主，少量泥质磨光黑皮陶；纹饰以粗绳纹、平弦纹为主，少量凹弦纹、暗纹，器类有陶拍、豆、鬲、甗、盆、罐、簋、瓮、鼎等。

H39 出土陶片以夹砂红陶为主，夹砂褐陶和泥质灰陶次之，另有少量夹砂灰陶和泥质红陶等。纹饰以粗绳纹为主，间断绳纹和交错绳纹次之，少量凹弦纹和附加堆纹。小件陶器有陶拍、纺轮，可复原完整的陶器有鬲、盆、豆、罐、甑、杯等。

G1 出土陶片，以夹砂红陶居多，泥质灰陶和夹砂灰陶次之，纹饰以绳纹为主，少量网格纹，器类有双耳罐、豆、甗、鬲、簋、盆等。

总之，苏家垄遗址陶质陶色以夹砂褐陶、夹砂红陶和泥质灰陶居多，少量泥质红陶、夹砂灰陶和夹砂橙黄陶。纹饰以粗绳纹、间断绳纹、交错绳纹、凹弦纹、平弦纹为主，少量附加堆纹、暗纹、戳印纹和网格纹等。器类包括鬲、豆、罐、盆、盂、簋、甑、甗、瓮、缸、鼎、杯等。

鬲主要是夹砂红陶和夹砂褐陶，器型可分为大口鬲和小口鬲，以大口鬲为主。小口鬲口径小于腹径，大口鬲口径大于腹径。裆部有瘪裆和弧裆两种。

小口鬲如标本 TS046W031③∶5，口沿。夹砂褐胎黑皮陶。圆唇，侈口，卷沿，沿面内凹有一凸棱，束颈，弧形腹，以下残。颈部绳纹被抹平，腹部饰竖绳纹，上腹部饰一周凹弦纹。

大口鬲口沿少数为窄折沿近平，如 TS046W031③∶4，口沿。夹砂褐陶，轮制。圆唇，侈口，窄折沿近平，矮束颈，形腹微鼓，瘪裆，足残。颈部绳纹被抹平，腹部饰竖绳纹，上腹部饰一周抹平弦纹。多数口沿为侈口，卷沿，加厚唇，如 TS046W031③：7，夹砂灰陶。圆唇加厚，侈口，卷沿，束颈，斜直腹，瘪裆，截锥足。颈部绳纹被抹平，腹部和足饰竖绳纹，上腹部饰两周抹平弦纹。再如 J1④：3、J1④：4，夹砂褐陶，轮制。侈口，口径大于腹径，卷沿，前者为方唇，后者为圆唇，矮束颈，弧形腹微鼓，弧形裆，三个截锥圆柱状足，平足根。最大腹径靠上腹部。器表有黑色烟炱。颈部、腹部和足满饰粗绳纹，颈部绳纹被抹平，腹部饰一周抹平弦纹。有一件鬲肩部有双耳，如 J1④：43，比较罕见，应是受到双耳罐的技法影响。

还有一种罐形鬲，如 H39：20，泥质褐陶。尖圆唇，侈口，窄平折沿，矮束颈，圆肩，弧形鼓腹，浅空足，矮弧形裆，浅足窝，足尖较平。器表施一层黑色陶衣，肩部和腹部各饰一组凹弦纹。这种罐形鬲多见于江陵地区较晚的春秋晚期和战国早期遗址和墓葬，苏家垄 H39：20 这件标本时间相当早。

豆以泥质灰陶为主，少量泥质红陶，绝大多数为素面，少量豆盘内装饰有辐射线或圆弧形暗纹。豆盘有浅盘和深盘，豆柄有矮柄和高柄，均为喇叭座。罐也是出土数量较多的器形，如周台遗址一样，开始流行双耳罐。其次是少量的无耳罐和卵形罐。双耳罐陶质陶色以夹细砂灰陶、泥质灰陶为主，少量夹细砂红陶。除了 J1④：8、J1⑤：1 两件双耳罐口径大于最大腹径外，其余口径均小于最大腹径。双耳罐总体特征为：高束颈，弧形鼓腹，平底略内凹或凹圜底；腹部或肩腹部对称附有一对环状耳；颈部以下至底部满饰粗绳纹，颈部绳纹大多被抹平，腹部饰一至三周抹平弦纹将绳纹间断。

盆分为两型：A 型，高束颈折腹盆，以 TS046W031③：9、H39：7 盆为代表，特点为卷沿、无肩、深腹、素面；B 型，矮束颈弧腹盆，如 G1：18、G1：19、G1：20，特点为窄平折沿，溜肩，鼓腹，肩部饰多道凹弦纹，最大腹径靠上腹部，下腹部饰交错绳纹。

甑的形制如矮束颈弧腹盆。

瓮一般为敛口、折沿、圆肩或广肩、圆鼓腹，沿上有多道凹弦纹，肩腹部饰多道抹平弦纹将绳纹间断。

簋多为子母口，方唇内斜，弧形腹，阶梯形喇叭状圈足座，座上有凸棱，口下饰多道凹弦纹。

巷子口遗址 H5 为代表的遗存属于春秋中期。

H5 夹砂陶占 74.97%，其中夹砂褐陶占 47.10%，夹砂红褐陶占 17.89%，夹砂灰陶占9.98%。泥质陶占25.03%,其中泥质灰陶占12.92%,泥质灰胎黑皮陶占6.89%,泥质灰白陶占2.74%,泥质褐陶占1.42%,泥质褐胎黑皮陶占1.06%。

H5陶器纹饰以粗绳纹为主,占64.25%,细绳纹占6.81%,凹弦纹占0.50%,素面陶占28.44%。

H5出土的器物有鼎、鬲、甗、箅、罐、瓮、盆、豆、钵等。鼎足如标本H5③:98,蹄形足。

鬲有瘪裆的大口鬲和小口鬲,还有极个别的双耳鬲。大口鬲,口径大于腹径。如标本H5②:1,夹细砂褐陶。侈口,卷沿,方唇,束颈,上腹较鼓,下腹斜收,瘪裆,足腔较深,三柱足较直。口沿以下饰绳纹。

标本H5③:19,夹砂褐陶。侈口,卷沿,束颈,瘪裆,三柱足外撇。腹饰绳纹。

小口鬲,口径小于腹径。如标本H5③:9,夹砂褐陶。侈口,卷沿,圆唇,矮领,鼓腹,瘪裆,截锥状柱足已残。饰绳纹,腹部有一道抹弦纹。

双耳鬲,如标本H5③:24,夹砂红褐陶。卷沿,方唇,矮领,鼓腹较直,肩部有对称的半环形双耳,瘪裆,足部残。饰绳纹,腹部有一道抹弦纹。双耳鬲虽不常见,但在广水巷子口遗址、京山苏家垄遗址、随州狮子湾遗址都有双耳鬲,可以将其视为曾国很有特色的器物。

箅,如标本H5④:2,夹砂褐陶。平顶,喇叭形座。顶部戳有扁棱形箅孔。腹部绳纹抹平。

甗存甑部,如标本H5③:33,夹细砂红褐陶。卷沿,沿面上仰,侈口,尖叠唇,矮领,上腹较鼓,下腹内收。下腹饰绳纹。

罐口部有侈口、直口等形制,侈口居多,流行双耳罐。

瓮,标本H5③:18,夹粗砂红褐陶。卷沿外翻,圆唇,束颈,鼓腹,下腹内收。饰绳纹。

盆一般为折肩盆。如标本H5③:8,灰陶。侈口,方唇,折肩,弧腹内收,平底略凹。下腹饰绳纹,加一道抹弦纹。

标本H5③:7,泥质灰陶。卷沿,方唇,长颈,折肩,弧腹内收,平底。下腹饰绳纹,加一道抹弦纹。

豆多矮柄,如标本H5④:3,泥质灰陶。深盘,矮柄,大喇叭座。盘中部刻划十字和圆圈符号。

标本 H5③:3,粗泥灰陶。深盘,矮柄,喇叭座。盘中刻划十字符号。标本 H5①:4,夹细砂灰陶。尖唇,直口,深盘,矮柄,喇叭座较高。

盖豆(周台遗址等报告称之为簋),标本 H5③:88,泥质褐胎黑陶。直口微敛,浅弧腹,圜底。

(六)春秋晚期曾国陶器的文化特征

周台遗址③B 层、H7、H21、H22、J2、M1、M2,时代为春秋晚期。

周台遗址 T11③B 陶片总数 411 片,其中泥质陶占 67.39%,夹砂陶占 32.61%。红陶占 40.97%,灰陶占 16.06%,褐陶占 19.22%,黑陶占 23.75%。中绳纹占 65.45%,凸弦纹占 0.73%,附加堆纹占 1.46%,素面占 32.36%。

周台遗址 T21③B 陶片总数 336 片,其中泥质陶占 68.75%,夹砂陶占 31.25%。红陶占 41.12%,灰陶占 41.02%,褐陶占 10.71%,黑陶占 7.14%。中绳纹占 57.74%,细绳纹占 1.49%,凹弦纹占 2.38%,素面占 38.39%。

周台遗址 H21 陶片总数 626 片,其中泥质陶占 50.64%,夹砂陶占 49.36%。红陶占 28.60%,灰陶占 27.30%,褐陶占 25.10%,黑陶占 19.00%。中绳纹占 60.30%,细绳纹占 2.40%,凹弦纹占 4.63%,凸弦纹占 1.76%,附加堆纹占 0.96%,素面占 30.51%。

周台遗址 H22 陶片总数 414 片,其中泥质陶占 74.04%,夹砂陶占 25.96%。红陶占 16.18%,灰陶占 50.00%,褐陶占 21.50%,黑陶占 12.32%。中绳纹占 43.48%,凹弦纹占 1.69%,凸弦纹占 2.17%,附加堆纹占 0.24%,素面占 52.42%。

周台遗址春秋晚期陶器器类有鬲、甗、鼎、簋、豆、盂、盆、罐、瓮、缸等。

鬲分为大口瘪裆鬲和釜形矮足鬲,大口瘪裆鬲如标本 T1③B:6,大口,翻折沿,方唇,束颈极短,溜肩外扩,最大径在肩部,裆内瘪程度较小,柱足较矮,足腔较深。颈部以下满饰绳纹,肩部饰一周附加堆纹。

釜形矮足鬲如标本 T20③B:3,夹砂褐陶。残存下部。深腹,下腹缓收,矮平裆,三小乳状足。腹、底满饰绳纹。釜形矮足鬲流行于中原郑国等地,曾国陶鬲受到了中原腹地的影响。

甗,基本可复原一件,标本 H22:8,夹砂红陶。鬲体中下腹残。甑体翻卷沿,短颈,鼓腹缓收。鬲体鼓腹,三柱足内敛。腹饰绳纹。

本期遗址中开始出现陶鼎,标本 H21∶11,夹砂灰陶。口微敛,平唇,一对长方形附耳,微鼓腹,底残,圆形蹄足较高,足跟部饰多个圆圈纹。

簋为泥质灰陶。直口,圆唇,微鼓腹,圜底,矮粗柄,阶梯状喇叭形圈足。豆为泥质灰陶。浅盘,喇叭状高柄。

盂分为侈口、平折沿、敛口三种。如标本 T5③B∶11,侈口,沿上翘,圆唇,束颈极短,溜肩,深腹。肩及下腹饰绳纹。

标本 T22③B∶7,泥质红陶。敛口,平折沿,浅腹,下腹急收。标本 J4∶9,夹砂灰陶。敛口,圜底。素面。

盆有折肩、直腹、溜肩等形制,直腹瓦纹盆是新出现的一种形制。如标本 H21∶5,底残。泥质灰陶。侈口,口沿凹凸不平,翻折沿,方唇,长颈微束,折肩,肩径基本等于口径。颈上部及肩下部各饰一道凹弦纹,中、下腹饰绳纹。

标本 T18③B∶13,泥质黑陶。翻折沿,圆唇,唇内沿面有一周浅宽凹槽,口微侈,无颈,深直腹。腹饰瓦纹。

标本 T19③B∶20,泥质灰陶。翻折沿,方唇,唇内沿面有一道浅凹槽,束颈较短,溜肩。肩部饰一道凸弦纹,上中腹饰三道凹弦纹,下腹饰绳纹。

罐口部有翻折沿、直口、侈口等形制,有的肩部安双耳。如标本 T10③B∶13,泥质红陶。翻折沿,方唇,颈较长,溜肩。外沿面有一周浅凹槽。口沿以下饰绳纹,颈部绳纹模糊。

标本 T4③B∶12,泥质黑陶。口微敛近直。肩部饰一道凹弦纹。

标本 T22③B∶9,泥质灰陶。侈口,窄沿略外翻,圆唇,短直颈,溜肩。中腹部饰两道凹弦纹。

标本 H21∶10,泥质灰陶。整体矮胖,侈口,平折沿,平唇,最大腹径在上腹,底内凹。外沿面有一道浅凹槽。颈及耳孔处分别饰一、二道凹弦纹。

标本 J2∶2,泥质灰陶。整体矮胖,翻折沿,尖唇,半圆形双耳,腹微鼓,底内凹。口沿下饰绳纹,颈部绳纹模糊。

瓮口部有敛口、翻沿外压两种形制。如标本 T9③B∶14,夹砂灰陶。敛口,溜肩,鼓腹。

标本 J2∶5,夹砂褐陶。翻沿外压,外沿面形成一周凸棱,尖圆唇,鼓腹,圜底。肩及上腹饰竖绳纹,间两道抹痕,中腹至底饰横绳纹。

缸口部有翻卷沿、直口两种形制,如标本 H21∶14,泥质红陶。翻卷沿,圆唇,溜肩,鼓腹,凹底较浅。口沿以下饰绳纹,颈部绳纹模糊。

标本 H21∶9,夹砂褐陶。直口,窄平折沿,平唇,短直颈,广肩,鼓腹,平底。颈部饰一道凹弦纹,颈以下饰绳纹。

随州狮子湾遗址为春秋晚期遗存。狮子湾遗址出土的陶器器类有瓮、罐、鬲、甗、盆、豆、簠,夹砂红陶占 50.89%,泥质灰陶占 31.25%,夹砂灰陶占 8.04%,泥质红陶占 8.04%,泥质灰黑陶占 1.78%。在同类器形的陶系统计中,鬲以夹砂红陶为主,瓮皆为夹砂红陶,罐以夹砂红陶和泥质灰陶为主,盆与豆则以泥质灰陶为主。出土的东周陶器大多有纹饰,以绳纹为主,伴以抹平棱、凹弦纹,另外还有压印纹、放射线纹。其中,鬲、甗、瓮和罐多饰绳纹,又分为浅绳纹和深绳纹,浅绳纹多饰于颈部,颈以下外壁则满饰深绳纹,部分器表的绳纹又以抹平棱或凹弦纹分隔,此外在瓮的口唇还饰有斜长压印纹。盆的下腹近底处皆饰有绳纹,盆腹多素面或在上腹满饰平行浅凹弦纹。豆多数素面,少数豆的纹饰也比较有特点,有的在豆盘内壁饰有分组向心放射线纹和多条向心放射线纹,有的在豆盘外壁饰绳纹。

能修复的较完整的标本共 9 件。

鬲一般为大口瘪裆鬲,有一件小口双耳鬲比较罕见。大口鬲如标本 H22①∶5,夹砂红陶。侈口,卷沿,斜束唇,极短颈,微鼓腹,弧裆,圆锥形足底端残。颈以下饰绳纹,最大腹径处饰一抹平弦纹。

标本 H22①∶8,夹砂红陶。侈口,卷沿,斜圆唇,极短束颈,微鼓肩,微瘪裆,圆截锥状柱足。外壁满饰绳纹,颈及最大腹径处饰一抹平弦纹。

小口双耳鬲如标本 H22②∶1,双耳鬲。夹砂红陶。小直口,极窄平折沿,宽凸唇,极短斜颈,圆鼓腹,三足下端残,附双桥耳。颈以下满饰绳纹。

陶簠,如标本 H1∶11,泥质灰陶。方唇,敛口,子母口,近直腹稍下内收,腹底转圜显著,宽圜底,较长直柄,双阶状底座。无盖。腹外壁饰一道凹弦纹。陶豆豆盘有深盘和浅盘,柄分矮柄和细高柄。如标本 H1∶1,泥质灰陶。

尖唇,缓弧浅盘,矮束柄,长喇叭座。豆盘外壁满饰细绳纹。

标本 H22①∶4,泥质灰黑陶。尖唇,斜弧较深盘,豆盘外底加厚,矮柄,喇叭形座。盘内饰多组向心射线纹。

标本 H22①:3,泥质灰黑陶。尖唇,缓弧浅盘,细高柄,小喇叭形座。素面。

盆一般为折腹盆,标本 H22①:2,泥质灰陶。近直口,窄平折沿,束唇,折腹,上腹微束,下腹斜弧下内收,内凹底。下腹近底饰绳纹。

标本 H22②:3,泥质红陶。微侈大口,极窄平折沿,斜方唇,折腹,微束上腹近竖直,下腹内收,内凹底。下腹及外底满饰绳纹。

陶罐可分为高领罐、矮领罐、折沿罐、大口罐。有的陶罐安有双耳。

瓮为敛口,如标本 H22①:6,口沿。夹砂红陶。敛口,厚胎平沿,鼓肩。外壁满饰绳纹,并以多道抹平棱上下分隔;近口沿及肩部各饰一周斜长戳印纹。

大口瘪裆鬲、小口双耳鬲、簋、折腹盆、双耳罐、敛口瓮等均是曾国陶器的典型器物。

1994 年东风油库 M3、2009 年文峰塔 M2 均为春秋晚期墓葬。

东风油库发掘的 M3 出土了陶鼎 2、罐 1。鼎,标本 M3:23、M3:21 均为泥质夹砂红陶。盖隆起,圆形捉手。深腹,附耳,蹄形足较矮,足上部带扉棱。捉手残。罐,标本 M3:24,敛口,下部残,为橄榄形罐,枣阳周台遗址、随州狮子湾遗址等简报称这种器物为敛口瓮。

2009 年文峰塔 M2 发现了 9 件陶器,器类有鼎、鬲、盂、壶、罐等。

鼎 1 件(M2XZG2:1)。子母口承盖。鼎盖呈覆盘形,平唇,弧顶,盖面二周凹弦纹,盖上有三个三角形扁钮。口略内敛。长方形附耳,耳上端略外撇。弧壁深腹,上腹略直,下腹内收。圜底。蹄形实足,略外撇。上腹饰二周凹弦纹。

鬲 2 件。标本 M2XZG1:3,仰折沿,方唇。束颈,折肩,腹壁较直。高裆,裆底圆弧,柱足较直较高。素面。外腹壁刻划有一陶文“曾”字。

标本 M2XZG1:1,敛口,卷折沿,圆唇。束颈,溜肩,深腹略鼓。高裆,裆底圆弧,柱足粗矮,三足略内敛。腹饰一周凹弦纹。

盂 3 件。标本 M2XZG2:2,侈口,卷沿上仰,圆唇。高颈内束,肩腹交接处微折,斜腹内收。大平底。素面。M2XZG1:2,敛口,折沿上仰,束颈,弧壁鼓腹,底略内凹。素面,器内壁有三道旋坯痕。标本 M2XZG1:4,敛口,折沿上仰,圆唇,弧壁深腹,底内凹,素面。

罐2件。标本M2XZG1:5,宽折沿略上仰,短束颈,圆肩,圆鼓腹,圜底内凹。素面。标本M2JSK :5,平折沿略内斜,圆唇,沿面微凹。短束颈,圆肩,上腹外鼓,下腹斜收。底近平,略内凹。器表似施黑衣并磨光,肩腹交接处饰二周凹弦纹,弦纹间饰斜网格暗纹。

缶,标本M2XZG2:3,平口承盖,盖子口,为覆碟形盖,盖上似有钮,钮残。高直颈,颈上饰对称环钮。斜肩,鼓腹,底部内凹,平底。颈肩交界处饰一周凹弦纹,肩腹处饰二周凹弦纹,二弦纹间饰右斜平行线暗纹。

(七)战国早期曾国陶器的文化特征

周台遗址H4～H6、H13～H17、H19、H20、J1、F2、F4,时代为战国早期。周台遗址H17出土陶片总数345片,其中泥质陶占73.62%,夹砂陶占26.38%。红陶占34.20%,灰陶占39.13%,褐陶占8.12%,黑陶占18.55%。中绳纹占57.10%,粗绳纹占1.16%,凹弦纹占2.32%,凸弦纹占4.35%,附加堆纹占0.39%,素面占34.78%。

周台遗址J1出土陶片总数951片,其中泥质陶占98.42%,夹砂陶占1.58%。红陶占24.50%,灰陶占67.40%,褐陶占5.37%,黑陶占2.73%。中绳纹占77.50%,细绳纹占0.74%,凹弦纹占0.74%,凸弦纹占0.20%,素面占20.82%。水井里的陶片主要与汲水器陶罐有关,比较特殊,因此泥质陶所占比例特别高。

周台遗址F2出土陶片总数810片,其中泥质陶占50.74%,夹砂陶占49.26%。红陶占51.48%,灰陶占30.74%,褐陶占12.72%,黑陶占5.06%。中绳纹占66.91%,细绳纹占0.99%,凹弦纹占1.23%,凸弦纹占2.59%,附加堆纹占0.25%,素面占28.02%。

鬲有大口瘪裆鬲、小口鬲、小口罐形矮足鬲。大口瘪裆鬲如标本F2:4、H15:2,夹砂红陶。大口鬲,侈口,口沿不规整,翻卷沿,圆唇,束短颈,腹微鼓,最大径在上腹,裆微内瘪,裆部较高,足腔深,柱足较矮。口沿以下饰绳纹,腹部有一道抹痕。

小口鬲如标本F3:3,夹砂灰陶。小口鬲,侈口,翻折沿,沿面有一周浅凹槽,方唇,束短颈,鼓腹,最大径在上腹,腹径大于口径,低裆,足腔浅,矮柱足。颈以下满饰绳纹。

小口罐形矮足鬲如标本 J1∶17，泥质灰陶。口微侈，翻折沿，平唇，矮领，圆肩，浅腹，矮平裆，空锥状矮足。肩及上腹各饰一道凹弦纹，其间饰网格纹。

甗存甑部，如标本 H5∶2，夹砂红陶。仅存甑体，上腹外鼓较甚，上腹腹径明显大于口径，腰部细长。腹饰绳纹。

壶，标本 J1∶3，泥质灰陶。侈口，翻沿，平唇，束颈较长，溜肩，鼓腹，下腹曲收，平底。肩及中腹各有一耳，已残。

簋，标本 H5∶1、F2∶10，泥质灰陶。敛口，折肩，弧腹，圜底，阶梯状喇叭形圈足。

豆有高柄和矮柄，如标本 H14∶1，泥质黑陶。近直口，浅盘，柄较细高。喇叭状圈足。标本 F2∶5，泥质灰陶。喇叭状柄较矮。

盆主要为折肩盆，如标本 H13∶2，泥质黑陶。侈口，翻折沿，方唇，长颈内束，折肩，平底。下腹饰三组间断绳纹。

标本 H5∶3，泥质灰陶。侈口，翻折沿，方唇，微束颈更长，地微内凹。中下腹饰绳纹。

罐口部有翻卷沿、翻折沿、平沿等形制，有的肩部安双耳。如标本 M1∶1，泥质黑陶。翻卷沿上昂，折肩，深腹斜收，平底。颈以下饰绳纹，肩部饰一道凹弦纹。

标本 F2∶2，泥质红陶。翻卷沿，折肩，深腹，平底。口沿以下及器底饰绳纹。

标本 J1∶7，泥质灰陶。口略外侈，翻折沿，方唇，长颈，鼓腹，底内凹。口沿以下饰绳纹，颈部绳纹模糊，上腹间一道抹痕。

标本 J1∶19，泥质黑陶。平折沿，平唇，颈较长，半圆形双耳，鼓腹，凹圜底近平。口沿以下饰绳纹，颈部绳纹模糊，耳上下各间一道抹痕。

标本 J1∶14，泥质灰陶。口微侈，窄平折沿，平唇，长颈，半圆形双耳，腹微鼓，平底。颈、腹部饰绳纹。

标本 J1∶9，泥质灰陶。大侈口，翻折沿，方唇，唇内、外沿面各有一道浅凹槽，半圆形双耳，上腹鼓，下腹内曲缓收，矮圈足。肩及中腹饰绳纹，耳上下各有一道抹痕。

瓮口部为平折沿、翻折沿。如标本 H16∶4,夹砂灰陶。平折沿,短颈,广肩,鼓腹。肩部饰绳纹。

标本 J1∶27,夹砂褐陶。翻折沿,外沿下压,短颈,圆肩,鼓腹。唇内沿面有三道浅凹槽。

缸口部为翻折沿、平折沿,底部有内凹底、凸圜底。如标本 J1∶10,泥质灰陶。沿翻折,尖唇,溜肩,鼓腹,底内凹。肩以下饰绳纹,上、中腹四道抹痕。

标本 H15∶1,泥质红陶。翻折沿,方唇,溜肩,鼓腹,最大径在中腹偏上,凸圜底。颈以下至底上饰绳纹。

标本 J1∶16,泥质褐陶。平折沿,平唇,广肩,大鼓腹,最大径在中腹,凸圜底。口沿以下饰绳纹,颈部绳纹模糊,肩及上腹四道抹痕。

标本 J1∶5,泥质红陶。翻折沿,方唇,溜肩,鼓腹,最大径在中腹偏上。颈以下饰绳纹,中腹间一道抹痕。

庙台子遗址战国早期层位 T4②层出土陶片 3566 片,夹砂陶占 53%,其中夹砂红陶占 29%,夹砂黑陶占 15%,夹砂灰陶占 8.3%。泥质陶占 47%,其中泥质灰陶占 28%,泥质红陶占 10%,泥质黑陶占 9%。绳纹占 59%,凹弦纹占 7%,暗纹占 4.3%,其他压印纹、刻划纹、戳印纹和方格纹皆少见。素面陶占 28%。陶器器类有鬲、甗、豆、瓮、罐、尊、盆等,以豆、鬲和罐的数量最多。

鬲分为大口鬲和小口鬲,以大口鬲为多,皆瘪裆,低裆呈圆弧状。柱状足,通体饰绳纹至足根部,颈部绳纹抹平而模糊。腹部饰凹弦纹若干周。

大口鬲如标本 T3②∶23,泥质灰陶。口径略大于腹径,整体呈方形。口微敛,腹微鼓斜收,三柱足外撇。腹部饰绳纹较粗。

标本 T1H1∶4,形体高大,大口深腹,口径大于腹径和器高。翻沿较宽,尖唇上仰,肩部不显,最大腹径在肩腹部,下腹内收,瘪裆深陷,低裆,三柱足内敛。腹部饰绳纹,腹部饰压印绳纹一周和凹弦纹两周。

标本 T4H2∶1,夹砂红陶。形体稍小,卷沿方唇,口径、腹径、通高大约相等。腹壁较斜直,三柱足,腹足饰绳纹。

小口鬲如标本 T1②∶19,夹砂细灰陶。口径小于腹径,敛口,翻沿,圆唇,鼓肩斜收,三截锥足,足跟部略残。腹部饰绳纹至足根。

甗仅存甑部和鬲部残片，如标本 T1H1∶7，泥质灰陶。敞口，圆唇，深腹，细腰。腹部饰竖行绳纹，肩部有凹炫纹三周。

豆，豆盘浅盘、深盘并存，柄细而高，有的盘内有暗纹。

盖豆如标本 T4②∶18，泥质灰陶。子母口微敛，深盘圜底。此为盖豆，周台等遗址称之为簋。

瓮为圜底瓮，如标本 T1②∶58，夹砂灰陶。弇口，方唇，球腹，圜底，腹部饰细绳纹，领部有附加堆纹一周。

罐有侈口罐、直口罐，流行双耳罐。侈口罐如标本 T4H2∶2，泥质灰陶。方唇，小口翻沿，束颈，圆肩，深腹，小凹底。腹部饰绳纹，凹底部分饰绳纹，肩部有凹弦纹三周。

直口罐如标本 T3②∶24，泥质灰陶。小口，矮领，直口，圆肩，深腹，凹底。肩部有网格状暗纹。双耳罐如标本 T3②∶25，小口高领，平沿方唇，圆肩鼓腹，肩部有一对半环状耳，腹部饰竖行绳纹，肩部有凹弦纹一周。

标本 T1H1∶6，泥质灰陶。直口，方唇，卵形腹，肩部有一对宽扁半环形耳。下腹部饰较粗绳纹。

尊，如标本 T1H1∶8，泥质灰陶。表面磨光，敛口，翻沿，尖唇，斜折肩，深腹，小凹底。上腹部饰凹弦纹一周。

盆为折腹盆，如标本 T4②∶85，泥质灰陶。敛口，翻沿，方唇，折肩，斜腹，底微凹。下腹饰竖行绳纹。

巷子口 H4 及第三层、第四层为战国早期遗存。

H4 夹砂陶占 66.87%，其中夹砂褐陶占 47.27%，夹砂红褐陶占 17.25%，夹砂灰陶占 2.35%。泥质陶占 33.13%，其中泥质灰陶占 19.22%，泥质灰胎黑皮陶占 5.88%，泥质褐胎黑皮陶占 4.31%，泥质褐陶占 2.35%，泥质灰白陶占 1.37%。

H4 陶器纹饰以粗绳纹为主，占 45.86%，细绳纹占 23.63%，素面陶占 28.51%。

H4 出土的陶器有鬲、瓮、盆、豆、盖豆、杯等。

鬲标本皆为大口瘪裆鬲，如标本 H4②∶9，夹细砂红褐陶。侈口，卷沿，尖叠唇，矮束颈，弧腹较深，瘪裆，三柱足较高外撇，足腔较浅。饰绳纹，腹部有一道抹弦纹。

标本 H4②:2,夹砂红褐陶。侈口,方叠唇,矮颈较直,弧腹较浅,瘪裆,三柱足较矮。饰绳纹,腹部有一道抹弦纹。

瓮为敛口瓮,如 H4①:9,夹细砂褐陶。敛口,溜肩,鼓腹。饰绳纹,口下侧饰锥刺纹。

盆为折腹盆,如标本 H4②:8,夹细砂褐陶。侈口,方唇,长颈较直,折肩,斜腹内收,平底微凹。素面。

豆为矮柄豆,标本 H4①:1,夹细砂灰陶。敞口,尖唇,浅腹,矮柄,喇叭形座。盘外壁有一道凹弦纹。

盖豆(周台遗址等报告称为簋),如标本 H4②:3,泥质灰胎深褐陶。腹较直,圜底,矮柄较粗,阶梯状喇叭座。口沿下侧有一道宽凹槽。

标本 H4②:4,粗泥灰陶。直口微敛,深腹壁较直,圜底近平,矮柄。口沿下侧有一道凹槽。

标本 H4②:5,泥质褐胎深灰陶。直口,直腹较深,圜底近平,粗柄较高,阶梯状喇叭座。口沿下侧有一道凹槽,槽内饰波浪形暗纹。

王家台遗址为战国早期遗存。

陶器基本为残陶片,复原器极少。陶质硬,火候高。陶质夹砂陶占81%,泥质占19%。陶色红陶占62.5%,红黄陶4%,红褐陶3%,灰陶30%,黑皮陶0.5%。纹饰以中绳纹为主,约占88.5%,素面约10%,附加堆纹0.5%,弦纹0.5%,放射状暗纹0.5%。

出土的陶器器类有鬲、甗、鼎、豆、盆、盂、罐、瓮等。

鬲分为大口鬲和小口鬲,以大口鬲为多主,口沿一般为卷沿,唇部圆唇和方唇。

豆盘分为浅盘和深盘,豆柄有喇叭状高柄和矮柄,有的豆柄为阶梯状喇叭座。

盆分为弧腹盆和折肩盆,以折肩盆为主。盂均泥质灰陶,束颈折肩。罐有长颈深腹双耳罐、小口短颈罐。

瓮有束颈瓮和弇口瓮。

(八)战国中期曾国陶器的文化特征

周台遗址③A 层、H1~H3、H10~H12、G3,时代为战国中期。

周台遗址 T5③A 陶片总数 1152 片,其中泥质陶占 48.26%,夹砂陶占 51.74%。红陶占 50.70%,灰陶占 37.33%,褐陶占 8.68%,黑陶占 3.29%。中绳纹占 63.11%,凹弦纹占 1.04%,凸弦纹占 0.26%,附加堆纹占 0.61%,素面占 34.98%。

周台遗址 T11③A 陶片总数 880 片,其中泥质陶占 63.29%,夹砂陶占 36.71%。红陶占 46.25%,灰陶占 32.04%,褐陶占 10.57%,黑陶占 11.14%。中绳纹占 64.55%,细绳纹占 0.34%,凹弦纹占 0.91%,凸弦纹占 0.68%,素面占 33.52%。

周台遗址 H10 陶片总数 1799 片,其中泥质陶占 57.03%,夹砂陶占 42.97%。红陶占 32.41%,灰陶占 41.14%,褐陶占 13.97%,黑陶占 12.66%。中绳纹占 58.42%,细绳纹占 1.33%,凹弦纹占 1.72%,凸弦纹占 0.66%,附加堆纹占 0.06%,素面占 37.85%。

周台遗址战国中期陶器器类有鬲、甗、敦、簋、豆、盂、盆、罐、瓮等。鬲有大口瘪裆鬲、小口鬲。大口鬲如标本 T13③A∶5,夹砂红陶。大口鬲。翻卷沿,圆唇,束短颈,上腹鼓,最大径在肩部,裆微内瘪,裆较高,足腔略浅,柱足较高。口沿以下饰绳纹。

小口鬲如标本 T6③A∶7,夹砂红陶。小口鬲。折沿,颈较长,鼓腹。下部残。肩以下饰绳纹。

标本 H10∶6,夹砂红陶。上腹部已残。微敛口,翻卷沿,圆唇,束颈外扩,裆底较矮,足腔较浅,矮柱足。腹饰绳纹。

甗甑部为翻卷沿、鼓腹、束腰,鬲部深腹、三柱足外撇。如标本T8③A∶10,夹砂红陶。翻卷沿,甑体腹径大于口径,鬲体深腹裆部较低,矮柱足外撇。腹饰绳纹,鬲体上有两道抹痕。

标本 H3∶2,仅存甑体。夹砂红陶。翻卷沿,鼓腹,腹径大于口径。腹饰绳纹。

标本 T4③A∶2,仅存鬲体。夹砂红陶。裆微内瘪,足腔较浅,三柱足外撇。腹饰绳纹。

敦为战国中期遗址中开始出现的器类,如标本 T13③A∶1,仅存盖沿。泥质灰陶。半球形,敞口,平唇,弧腹,半圆形双耳。口沿边缘残存一枚卡扣。素面。

簋，标本 T8③A：8，泥质褐陶。口近直微敛，矮柄，阶梯状喇叭形圈座。

豆柄并存矮柄、高柄两种。如标本 T13③A：7，泥质灰陶。近直口，喇叭状柄较高。

标本 H3：4，泥质灰陶。深盘，喇叭状柄较矮。

盂为鼓腹或浅弧腹。如标本 T19③A：13，泥质灰陶。沿上翘，圆唇，束颈极短，鼓腹。肩及上腹饰六道凹弦纹。

标本 T15③A：5，泥质黑陶。敛口，平折沿，平唇，浅腹急收。素面。

盆多为折肩盆，也有折沿直腹盆。如标本 T2③A：2，泥质褐陶。敛口，宽沿翻折，束颈较短，折肩。沿面及颈各饰一道凹弦纹，中下腹饰绳纹。

罐口部有窄沿平折、翻折沿，双耳罐流行。如标本 T7③A：7，泥质灰陶。近直口，窄沿平折，平唇，短直颈，溜肩。素面。

标本 T9③A：9，泥质黑陶。口外侈，沿外翻较甚，圆唇，颈较长，圆折肩。素面。

标本 T5③A：6，泥质灰陶。翻折沿，方唇，颈稍短，半圆形双耳，鼓腹，底内凹。唇内沿面有一周浅凹槽。口沿以下饰绳纹，颈部绳纹模糊，耳上下各有一道抹痕。

标本 H1：2，泥质灰陶。翻折沿，方唇，颈略长，半圆形双耳，深腹，底微内凹。口沿以下饰绳纹，耳下部间两道凹弦纹。

标本 H10：7，泥质灰陶。整体瘦高，翻折沿，方唇，颈稍短，肩部安半圆形双耳，深腹，凹圜底近平。穿耳孔饰一道凹弦纹，下腹饰绳纹。

标本 T7③A：10，泥质灰陶。平折沿，口内敛，平唇，束短颈，肩部安双耳，鼓腹。素面。

标本 T9③A：10，泥质灰陶。侈口，平折沿，平唇。肩部双耳残。穿耳孔饰一道凹弦纹。

瓮口部有翻折沿、平折沿、敛口平唇等形制。如标本 T21③A：3，泥质灰陶。翻折沿，外沿下压，短颈，圆肩，鼓腹。肩部饰绳纹。

标本 H10：14，夹砂红陶。平折沿，尖唇，唇内侧沿面有一周浅宽凹槽，短颈，广肩，鼓腹。肩部饰竖绳纹。

标本 T6③A：6，泥质黑陶。翻沿外压，外沿面形成一周凸棱，尖圆唇，颈略长，溜肩。颈以下饰绳纹。

标本 T22③A：6，夹砂红陶。敛口，窄折沿，平唇，溜肩，鼓腹。口沿下饰绳纹。

标本 T6③A：4，泥质灰陶。敛口，溜肩，微鼓腹，底内凹。下腹及底饰绳纹。

1983 年擂鼓墩 M13、1997 年擂鼓墩吴家湾 M27、M28 和蔡家包 M1 时代为战国中期。

1983 年擂鼓墩砖瓦厂 M13，青铜礼器包括鼎 2、敦 1、壶 2、勺 2。陶器有陶罐 2，为灰褐色细泥陶，陶质松软。平折口，口沿微外侈，圆腹微鼓，平底内凹。罐体饰细绳纹。青铜礼器从组合到器形属典型的楚式风格。

1997 年擂鼓墩墓群吴家湾 M28 出土的陶器有鼎 2、簠 2、壶 2、罍、小口鼎、盉、盘、匜、罐、高柄壶。吴家湾 M27 出土的陶器有豆 2、双耳罐。蔡家包 M1 出土的陶器有鼎盖 2、鼎足、鼎耳、豆 2、器盖 3。所出铜器、陶器的组合和器形都带有浓厚的楚文化风格。同时也有曾国风格的陶器，如敛口橄榄型罐、双耳罐。

橄榄形罐，如标本吴 M28：20，敛口，方唇，鼓腹，凹底。通体饰绳纹，上腹饰凹弦纹一周。

双耳罐，如标本吴 M27：5，直口，方唇，广肩，深腹，凹底。肩部附有两个对称贯耳。下腹饰绳纹。

鼎，标本吴 M28：17，带盖，盖面较平，盖顶有扁状小钮。器身似盆，为子口内敛，圆唇，环形附耳，浅腹，底近平，近圆形高蹄足。盖、腹各饰两周凹弦纹。

簠，标本吴 M28：11，器身长方形口，斜腹，底部四角各附一矩形足。壶，标本吴 M28：9，施黑陶衣。侈口，尖唇，长颈，圆腹，矮圈足。

小口鼎，标本吴 M28：13，带盖，盖顶三钮残。器身似深腹罐，侈口，方唇，凸肩，深腹，凹底，三兽蹄形矮足。肩附双环形耳，肩饰凹弦纹一周。

罍，标本吴 M28：14，带盘形盖。器身侈口，圆唇，凸肩，深腹，凹底。肩附双亚腰形贯耳，肩饰一周凹弦纹。

高柄壶，标本吴 M28：6，带浅盘形盖，盖面平，顶饰一鸟形钮。器身侈口，圆唇，广肩，弧腹，喇叭状高柄。器表施黑衣。

盉，标本 M28：18，带盘形盖。器身呈罐形，侈口，尖唇，凸肩，深腹，三兽蹄形小足。肩附圆形提梁。

盘，标本吴 M28:16，敞口，圆唇，浅腹，小平底。器表施黑陶衣，下腹外饰旋涡状暗纹。

匜，标本 M28:15，手制，经慢轮修整。方形长流，浅腹，圆底。施黑陶衣。豆，有的豆盘较宽浅，喇叭状高柄。吴 M27:2，器表施黑衣，饰暗纹，豆外暗纹为平行弦纹，盘内暗纹中部为圆圈，四边为平行交叉形。标本吴 M27 :3，施黑衣。有的豆盘略窄，喇叭状高柄。如标本蔡 M1:5。标本蔡 M1:7，施黑衣，暗纹较模糊，外壁暗纹为平行弦纹，盘内暗纹为放射状。

战国中期偏晚的陶器及共存的铜器受到楚文化的影响较大。对有些遗存的族属在学术界就有不同的看法，例如 1983 擂鼓墩砖瓦厂第十三号墓，刘彬徽、王世振认为该墓是楚人的墓葬，这是曾国战国中期晚段被楚灭掉的证据，[①]方勤则认为擂鼓墩这些战国中期的墓葬是曾国人的墓葬。[②]

1983 年擂鼓墩第十三号墓东北距曾侯乙墓约 500 米，出土青铜礼器、兵器、陶器共 14 件。其中铜鼎 2 件，形制、花纹和大小相同。盖顶微弧，顶部有一园钮衔环，顶边立三个扁形兽状钮。圆腹，平底，两个方形附耳，三瘦柱状铁足。铜敦 1 件，通体呈椭形球状，盖、器相等，盖口有三舌形扣钮，器盖和器身各有三个兽形钮和足。口部各有一对环形钮。花纹分十二段，装饰三角几何纹、勾连云纹、涡纹。铜壶 2 件，略有差别。带盖，上有四个扁形钮。颈较粗，深鼓腹，平底，圈足。肩部有两个伏兽首衔环。从组合到器形，这都是典型的楚文化风格。年代为战国中期。[③] 刘彬徽、王世振将其作为楚灭曾的证据，可谓言之有据。但到了战国中期偏晚阶段，曾国人也有可能从物质文化上更多地吸收楚文化因素，而不改变其民族性质，第十三号墓的墓主人也有可能是曾国人。不同的族群可以拥有相同的物质文化，同一个族群在不同的时期可以创造出不同的物质文化，考古学文化与族属的对应关系并非一一对应，不能简单化。所以从这个角度来看，我也认为第十三号墓的墓主人很有可能还是曾国人。

最后我们总结曾国陶器的文化特征。从全部八期曾国陶器来看，有些

---

①刘彬徽、王世振：《曾国灭亡年代小考》，《江汉考古》1984 年第 4 期。

②方勤：《曾国历史与文化——从左右文武到左右楚王》，上海古籍出版社 2019 年，第 160~163 页。

③随州市博物馆：《随州擂鼓墩砖瓦厂十三号墓发掘简报》，《江汉考古》1984 年第 3 期。

传统经久不变，如陶色往往以红陶或褐陶为主，器类方面庙台子西周早期遗址中出土鬲、甗、豆、钵、盂、罐、缸等，叶家山西周早期曾侯墓地主要器类有鼎、鬲、甗、尊、簋、壶、罐、缶、罍、豆等，以后各期陶器器类基本上继承了这一传统。器形方面大口鬲和小口鬲始终保持瘪裆风格，足腔一般比较深，鬲足都比较矮，与楚式鬲的高足、足腔浅、裆近平风格迥异，应该说曾国一直保留了周文化瘪裆鬲的传统。纹饰始终以绳纹为主。

曾国陶器也随时代发展而发展，器类方面在不同的阶段增加一些新器物，如春秋中期开始出现双耳罐，一直流行于其后各期。自春秋晚期至战国中期受楚文化影响，出现了尊缶、陶敦、簠、罍、盉等器物。

每一个器类在不同的时期都有不同的形制，如陶鬲，即使如同一型的大口鬲和小口鬲，各个部位都有比较明显的变化，尤其是口沿、肩部、裆部、足部变化频率更高。西周早期已经以截锥状柱足鬲为主，但有少量的袋状锥足鬲，西周早期以后锥足鬲罕见。春秋中期苏家垄遗址开始出现了小口罐形鬲，这种鬲常见于春秋晚期、战国早期。周台遗址春秋晚期受中原文化的影响出现了釜形矮足鬲。广水巷子口遗址、京山苏家垄遗址、随州狮子湾遗址都受双耳罐的影响，出现了双耳鬲，这是曾国颇具特色的器物。

陶簋形制在春秋早期庙台子遗址出现了如标本 T3③:3 形似盖豆的陶簋，一直流行于其后各期，有的简报就称之为盖豆，还是称之为簋比较准确。

陶鼎亦随时代变化而变化，如枣阳郭家庙西周末期陶鼎为直立附耳、深腹、矮蹄足，春秋早期前段为附耳、腹比前者略变浅，兽蹄足略变高。春秋早期后段附耳外侈，腹变为较浅的盆形，兽蹄足较高。春秋晚期东风油库 M3 的陶鼎为盖隆起，圆形捉手，深腹，附耳，蹄形足较矮，足上部带扉棱。擂鼓墩墓群战国中期陶鼎已经变成了典型的楚式鼎，如标本吴 M28:17，带盖，盖面较平，盖顶有扁状小钮，器身似盆，子口内敛，圆唇，环形附耳，浅腹，底近平，近圆形高蹄足。

橄榄形罐是曾国颇有特色的陶器。

通过对青铜器和陶器的分期，建立了曾国考古的年代标尺，为曾国历史文化研究奠定了基础。

结　　语

我们利用传世文献、出土文献和考古实物资料，探索了曾国历史文化的部分内容，在学者已有成果的基础上，对如下一些问题提出了自己的一些看法：

（一）进一步论证了曾、随为一国二名，随枣走廊的曾国为姬姓。

（二）对曾侯世系进行了考证，可以确定曾侯身份的共有12位，列表如下：南宫括→曾侯谏→曾侯犺……曾侯絴伯……曾公𠧧……曾侯宝……曾侯得……曾穆侯……曾侯昃……曾侯與→文峰塔M4（曾侯郕）→曾侯乙→曾侯丙。

曾侯仲子斿父、曾伯陭、曾伯霥、曾侯子，以及擂鼓墩二号墓墓主人均非曾侯。

（三）将安州六器、静方鼎、𣪕甗与叶家山西周早期曾侯墓地结合起来研究，赞同郭沫若、陈梦家将安州六器断定为周成王时期的看法，不同意唐兰所定的昭王时期。周成王分封伯括即南宫括于曾国，南宫括没到封地，在中央执政，被曾国尊称为"高祖"。实际到任的第一个曾侯为曾侯谏，被尊称为皇祖，又称为"南公"。"南宫"不能等同为"南公"。

（四）对曾侯以下的贵族行辈进行了考证，归纳出曾侯以下的贵族行辈有兄弟行辈即伯、仲、叔、季和子孙不同辈分两种类型。

（五）考证了传世文献、铜器铭文、曾侯乙墓竹简中所见的曾国职官。曾侯乙墓竹简记载参加曾侯乙葬礼的有楚国的惠王、太子、令尹、封君等各级贵族，有宋国的司城。通过与曾国青铜器铭文所载职官核对，可以确认一些曾国的职官，其他的职官多数应属于曾国的职官，有一些职官名称与楚相同。

（六）利用过去和新出土的铜器铭文资料，考证了曾国贵族与楚国贵族等之间的婚姻关系。西周早期曾侯谏与狄族媿姓通婚，西周晚期以后曾国与楚、黄、邓等国通婚，主要是与楚国通婚。

（七）在吸收现有成果的基础上，认为西周早期曾国都城在随州庙台子遗址，疆域在漂水流域，但西周分封曾国时，授其权力很大，“营宅汭土，君庇淮夷，临有江夏”。西周中期偏晚鄂国迁徙到南阳盆地，曾国占有鄂国地盘，可能迁都到原来的鄂都安居，直到春秋早期偏晚迁到今随州市区，具体时间可能在公元前690年楚武王第三次伐随之后。西周晚期到春秋早期曾国疆域最广，西到枣阳滚河流域，北达新野，南到京山漳河流域上游，东部与安陆的郧国接壤。春秋中期曾侯宝帮助楚成王获取王位、曾侯趩救楚昭王，楚王一度恢复了曾国的疆域，以资报答。

（八）曾国后来虽然为楚的附庸国，但曾国一直保持周文化传统。曾国的乐律与周的乐律关系最为密切，但也受到楚律的重要影响。曾国的历法基本上奉周为正朔。曾国的金文在春秋晚期以后有自己的特色。竹简上的文字用毛笔书写，笔画有隶化倾向。楚简书法与此类似。

（九）首次全面地探讨了曾国的丧葬礼制，考察了曾国历代墓葬的选址与管理、墓坑方向与头向、墓葬结构、墓葬填土、随葬品的放置方式、葬具与葬式、朱砂的使用、助丧、毁兵等内容。

（十）由于曾国青铜器特征本身的连续性与阶段性，在器物类型分析的基础上，将曾国青铜器连续分为七期，即西周早期、西周晚期、春秋早期、春秋中期、春秋晚期、战国早期、战国中期。总结了各期铜器的文化特征。目前还缺乏西周中期曾国的墓葬资料。

（十一）在分析各曾国遗址层位的基础上，选择了各层位的典型标本，然后综合各遗址的分期结果，将曾国陶器分为八期，即西周早期、西周中期、西周晚期、春秋早期、春秋中期、春秋晚期、战国早期、战国中期。总结了各期陶器的文化特征。西周中期资料极少。

（十二）考察了曾国青铜器上的绿松石镶嵌工艺的源流，曾国青铜器上盛行绿松石镶嵌工艺，是曾国青铜器装饰工艺的一个特色。它吸收了以前的绿松石镶嵌工艺成果，也成为其后该工艺发展的基础。

（十三）附录部分利用新发掘的鄂国考古资料，研究了鄂国的地望和历史变迁过程，阐明了东鄂说和西鄂说的历史背景。

附录　曾国的近邻——鄂国的历史变迁

鄂国的地望历来有西鄂说和东鄂说两种观点，随州羊子山鄂侯墓和南阳夏饷浦鄂侯墓地发掘以后，鄂国的历史脉络渐渐清晰。商代的鄂国位于今河南沁阳，西周早期至西周中期偏晚阶段，鄂国位于今随州安居一带，西周晚期至春秋早期鄂国被周厉王迁到南阳东北夏饷浦一带，可能被楚国灭掉。因鄂国曾在南阳活动，西汉时期于南阳郡设“西鄂”县，即西鄂。楚熊渠所封的鄂国可能毗邻随州，东周时期楚封的鄂君在今鄂州，治所即今大冶鄂王城，因此西汉时期于江夏郡设“鄂”县，即东鄂。

第一节　西周晚期以前的随州之鄂

有关探讨鄂国历史的文章已有不少，西鄂说和东鄂说争论不休。最近几年，在湖北随州、河南南阳出土大批鄂国铭文铜器，提供了许多新的材料，下面我们按照考古材料的时间顺序，探讨鄂国的历史变迁问题，理清鄂国的迁徙线索，找出南阳西鄂和鄂州东鄂地名的来历。殷墟卜辞、青铜器铭文中的鄂皆写作“噩”，而传世文献写作“鄂”，本文除铭文外，统一用“鄂”字。

鄂为商朝一个重要方国。《战国策·赵策三》“秦围赵之邯郸”章载鲁仲连曰：“昔者鬼侯、鄂侯、文王，纣之三公也。鬼侯有子而好，故入之于纣，纣以为恶，醢鬼侯。鄂侯争之急、辨之疾，故脯鄂侯。文王闻之，喟然而叹，故拘之于牖里之车，百日而欲舍之死。”①《史记·殷本纪》载：“百姓怨望而诸侯有畔者，于是纣乃重刑辟，有炮烙之法。以西伯昌、九侯、鄂侯为三公。”②

殷墟卜辞有鄂这个地名，商王经常在鄂打猎，这个鄂可能是《战国策·赵策三》《史记·殷本纪》所记载的鄂国，鄂与盂相距极近，常常两地并举，

---

①（汉）刘向辑录：《战国策》，上海古籍出版社 1985 年，第 707 页。

②（汉）司马迁：《史记·殷本纪》，中华书局 1959 年，第 106 页。

盂在今河南沁阳西北，则鄂亦位于今河南沁阳市。[①]

西周时期的鄂国地望有西鄂和东鄂两说。20世纪50年代，徐中舒在研究禹鼎铭文时，认为西周鄂国的地望位于南阳盆地内的西鄂故城。[②] 唐兰[③]、马承源、张剑都认为西周时期鄂国在今河南南阳西鄂，这可以称之为西鄂说。[④] 杨宝成[⑤]、徐少华[⑥]、张昌平[⑦]等学者亦主张西鄂说。陈佩芬认为鄂侯之鄂，当指江汉之鄂，在湖北武昌县[⑧]，即今湖北鄂州，此说可称为东鄂说，持此说者还有刘翔[⑨]、曹淑琴[⑩]。

传世文献没有记载随州曾有一个鄂国，但考古资料的不断出土，证明随州安居是西周鄂国的政治中心所在。1975年，在随州安居羊子山农田建设中，发现青铜器4件，其中鼎、簋、爵、尊各1件。羊子山位于𣵀水北岸，西距安居镇1公里，东距随州市20公里。簋和尊同出一处，簋为敛口，口沿外卷，腹下部微鼓，两兽首耳，其下有珥，底近平，圈足较高。腹部饰宽大线条半浮雕饕餮纹，圈足饰夔纹一周。尊为广口，口沿外侈，长颈，腹下部微鼓，底微突，圈足，腹部一侧有一兽首鋬，器内底部有铭文两行八字："噩(鄂)侯弟厝季乍(作)旅彝"。簋、尊的年代属西周早期。[⑪] 简报作者认为安居属于鄂国的疆域范围。

1980年，随州市博物馆在羊子山发掘一座墓葬，出土青铜器鼎、簋、爵、尊、觯、卣、戈、兽面、铜泡等18件，年代为西周早期。[⑫]

---

①李学勤：《殷代地理简论》，载《李学勤早期文集》，湖北教育出版社2008年，第172~174页。

②徐中舒：《禹鼎的年代及其相关问题》，《考古学报》1959年第3期。

③唐兰《西周青铜器铭文分代史征》，中华书局1986年，第287页。

④马承源：《记上海博物馆新收集的青铜器》，《文物》1964年第7期；张剑：《洛阳博物馆馆藏的几件青铜器》，《文物资料丛刊(3)》，文物出版社1980年。

⑤杨宝成：《鄂器与鄂国》，《洛阳考古四十年——1992年洛阳考古学术研讨会论文集》，科学出版社1996年。

⑥徐少华：《鄂国青铜器及其历史地理综考》，《考古与文物》1994年第2期。

⑦张昌平：《噩国与噩国青铜器》，《华夏考古》1995年第1期。

⑧陈佩芬：《上海博物馆新收集的西周青铜器》，《文物》1981年第9期。

⑨刘翔：《周夷王经营南淮夷及其与鄂之关系》，《江汉考古》1983年第3期。

⑩曹淑琴：《噩器初探》，《江汉考古》1993年第2期。

⑪随州市博物馆：《湖北随县发现商周青铜器》，《考古》1984年第6期。

⑫随州市博物馆：《湖北随县安居出土青铜器》，《文物》1982年第12期。

2007年11月,因犯罪分子盗掘古墓未遂,经抢救性清理,羊子山4号墓出土了27件青铜器,器类有鼎、簋、甗、罍、盉、盘、卣、尊、斝、觯、爵、方罍(原称方彝)等。墓葬的年代为西周早期。鄂侯提梁卣(盖内)、鄂侯罍(盖内)、鄂侯盘(盘底)有铭文二行5字:“噩侯乍旅彝。”鄂侯方罍盖内有铭文一行7字:“噩侯乍厥宝尊彝。”鄂中方盖鼎盖内有铭文二行6字:“噩中乍宝尊彝。”从这些铜器铭文判断,4号墓墓主人应该是鄂侯。①

三批材料表明羊子山墓地是西周早期的鄂侯家族墓地,西周早期的鄂国政治中心就在随州安居。李学勤认为西周鄂国中心应在汉东随州一带。② 傅玥、高旭旌持相同的观点。③

北宋重和戊戌年(1118年)在安陆之孝感县出土的中甗属周昭王时器,铭文记载周昭王命令中到南国视察,为周昭王南巡设立行宫,在曾国时,史儿来传达周昭王的命令,叫中出使小大各国,并赏赐中土地。中到方、邓、澭等国巡视,并“在噩(鄂)自(师)餗(次)”。④

日本出光美术馆所藏的静方鼎属周昭王时器,铭文所记事件与中甗相同,十月甲子周昭王在宗周命令师中和静一起到南国视察,为周昭王南巡设立行宫。第二年八月初吉庚申,静回到成周汇报工作。周昭王赏赐静,并“卑(俾)女(汝)□嗣(司)在曾(曾)、噩(鄂)自(师)”,也就是命令静管理在曾、鄂的军队。⑤

中甗和静方鼎提到的曾国现在已经找到了。2011年2~6月,湖北省文物考古研究所在湖北随州叶家山墓地共勘探出墓葬共80座,墓地位于随州市淅河镇蒋家寨村八组。发掘63座和1座马坑,墓葬皆为东西向。在所发掘的墓葬中,M2、M3、M26、M27、M65五座墓出土的铜器中,都发现有“曾”“侯”“曾侯”“曾侯谏”的铭文,其国属应为曾。M65墓主人可能为曾侯谏,

①随州市博物馆:《随州出土文物精粹》,文物出版社2009年。

②李学勤:《由新见青铜器看西周早期的鄂、曾、楚》,《文物》2001年第1期。

③傅玥、高旭旌:《从羊子山M4青铜器群看西周鄂国的地望》,楚文化研究会编:《楚文化研究论集》第九集,上海古籍出版社2011年,第360~368页。

④薛尚功:《历代钟鼎彝器款识法帖》卷十六,中华书局1986年。

⑤徐天进:《日本出光美术馆所收藏的静方鼎》,《文物》1998年第5期;张懋镕:《静方鼎小考》,《文物》1998年第5期。

M2 墓主人似为曾侯谏夫人媿氏，M27 可能为曾侯谏之子白生或其夫人墓。① 2013 年又进行了第二次发掘，其中 M111 也是一座曾侯墓。随州叶家山墓地应是西周早期曾侯家族墓地，这次重大发现首次证实西周早期就有了曾国，曾国首都可能就在叶家山墓地南约 1 公里的庙台子遗址，这个遗址面积约 30 万平方米，经初步勘探，发现了环壕遗迹和城墙遗迹。

在今随州市区东西两侧的安居、庙台子，分别是曾和鄂两个国家的政治中心，距离相当之近。在中甗和静方鼎中同时提到曾、鄂两国，并且静同时管理曾、鄂两国的军队，便好理解了。

下面我们再介绍几件鄂国的传世铜器。

2008 年澳门出现一件铜鼎形制、纹饰、尺寸与羊子山 4 号墓出土的鼎（《随州出土文物精粹》图 73）几乎雷同，且有铭文"鄂侯作宝尊彝"，可能同羊子山墓地有关。②

上海市博物馆收藏了四件鄂国器物。第一件为鄂叔簋，器身为盆形，圈足，带方座，方座内带铃，四耳作兽首形，有珥。腹部饰圆涡纹、夔纹，圈足饰饕餮纹，方座饰鸟纹。铭文为："噩叔乍宝尊彝。"该器年代为西周早期。③

第二件为鄂季奞父簋，有铭文二行 8 字："噩季奞父乍宝尊彝。"徐少华将该器年代定为西周康王、昭王时期。④

第三件鄂侯弟厝季觯（简报称为卣）为侈口、束颈、垂腹、圈足、有盖，盖顶有喇叭形捉手，器颈有两个对称的半环耳，腹置一兽首形盖，器、盖同铭两行八字："噩（鄂）侯弟厝季乍（作）旅彝。"与羊子山出土的尊的铭文相同。⑤该器年代为西周早期。

第四件为鄂侯驭方鼎，此器曾著录于《三代吉金文存》⑥和《两周金文辞

①湖北省文物考古研究所、随州市博物馆：《湖北随州叶家山 M65 发掘简报》，《江汉考古》2011 年第 3 期；湖北省文物考古研究所、随州市博物馆：《湖北随州叶家山西周墓地发掘简报》，《文物》2011 年第 11 期；湖北省文物考古研究所、随州市博物馆：《湖北随州叶家山西周墓地》，《考古》2012 年第 7 期。

②李学勤：《由新见青铜器看西周早期的鄂、曾、楚》，《文物》2001 年第 1 期。

③上海市文物保管委员会：《近年来上海市从废铜中抢救出的重要文物》《文物》1959 年第 10 期。

④徐少华：《鄂国青铜器及其历史地理综考》，《考古与文物》1994 年第 2 期。

⑤马承源：《记上海博物馆新收集的青铜器》，《文物》1964 年第 7 期。

⑥罗振玉：《三代吉金文存》4.32.1，中华书局 2005 年。

大系图录及考释》[①],后被上海博物馆收藏。[②] 高 35.3 厘米,口径 31.3 厘米,鼎为平折沿,立耳,深腹,柱足。口沿下饰一周回顾龙纹,三足上部饰兽面纹。器内壁铸铭文十一行 86 字,记载周王征伐淮夷之角、鄱,回师后在坯地,鄂侯驭方献醴于王,并陪周王饮宴,行射礼,周王赏赐鄂侯驭方玉五珏、马四匹、矢五束,鄂侯驭方为弘扬天子休命,作此宝鼎。徐中舒[③]和简报作者陈佩芬将此器年代定为周厉王时期。郭沫若认为该器为周夷王时期。[④] 唐兰将此器年代定为穆王时期。[⑤] 笔者从徐说。

洛阳市博物馆收藏一件鄂侯弟曆季青铜簋,敛口,子母口,腹微鼓,圈足,腹部有两个对称的半环耳,失盖。腹部饰精细雷纹一周。内底有铭文两行八字:"噩侯弟曆季自乍。"尊、觶、簋均为鄂侯弟曆季所做之器。简报作者将该器年代定为西周前期。[⑥]

鄂侯簋,传世品,共三件,两器一盖,现藏台北故宫博物院。[⑦] 簋为子母口、圈足、鼓腹、口沿下及圈足饰重环纹,腹饰瓦纹,两兽耳,有饵。器内底有铭文两行 17 字:"噩侯乍王姞媵簋,王姞其万年子子孙永宝。"此器铭文说明鄂为姞姓,姞姓为黄帝之后,《国语・晋语四》载:"凡黄帝之子,二十五宗,其得姓者十四人,为十二姓:姬、酉、祁、己、滕、箴、任、荀、僖、姞、儇、依是也。"[⑧]鄂侯嫁女于周天子,说明此时鄂与周关系还很密切。郭沫若定为周夷王时器。[⑨] 唐兰定为穆王时器。[⑩] 这个鄂侯与周天子关系很好,很可能是噩侯驭方,若此推测不误,则鄂侯簋就是厉王时器。

禹鼎铭文记载了随州之鄂被灭的时间,由于鄂侯驭方率领南淮夷、东夷

---

①郭沫若:《两周金文辞大系图录及考释》,图 90,考 107,上海书店出版社 1999 年。

②陈佩芬:《上海博物馆新收集的西周青铜器》,《文物》1981 年第 9 期。

③徐中舒:《禹鼎的年代及其相关问题》,《考古学报》1959 年第 3 期。

④郭沫若:《两周金文辞大系图录考释》,图 90,考 107,上海书店出版社 1999 年。

⑤唐兰:《西周青铜器铭文分代史征》,附件一:穆王时器,中华书局 1986 年。

⑥张剑:《洛阳博物馆馆藏的几件青铜器》,《文物资料丛刊(3)》,文物出版社 1980 年。

⑦罗振玉:《三代吉金文存》7.45.3~5,中华书局 2005 年;《殷周金文集成》第七册,簋 3928~3930,中华书局 1987 年。

⑧上海师范大学古籍整理研究所校点:《国语》,上海古籍出版社 1988 年,第 356 页。

⑨郭沫若:《两周金文辞大系图录考释》,图 90 附图,考 107,上海书店出版社 1999 年。

⑩唐兰:《西周青铜器铭文分代史征》,附件一:穆王时器,中华书局 1986 年。

侵略周的南国、东国,到达历寒这个地方。周王派武公率西六师、殷八师及武公的亲军讨伐鄂国,“无遗寿幼”,就是无论老幼,都要全部歼灭。最后俘获了鄂侯驭方。作器者禹是带领武公亲军的部将。徐中舒利用青铜器铭文、传世文献所见的相互关联人物之间的共时关系,确定禹为厉王时人。[①]鄂侯驭方也应是厉王时期鄂国的国君。鄂侯驭方在位时,一度曾与周关系比较密切,鄂侯驭方鼎、鄂侯簋可以为证,但后来鄂侯驭方率师侵略周的南国、东国,被周厉王灭掉。

以上传世鄂器当是随州之鄂所造的青铜器。学者们所推测的西鄂和东鄂可能都不正确,传世鄂国铜器所提到的鄂都是随州之鄂。

第二节　西周晚期到春秋早期的南阳之鄂

南阳之鄂就是所谓的西鄂。《汉书·地理志》南阳郡下有西鄂县,颜师古注引应劭曰:“江夏有鄂,故加西云。”《水经·淯水注》对西鄂故城记载的相当准确,经:“淯水出弘农卢氏县攻离山,东南过南阳西鄂县西北,又东过宛县南。”注:“淯水又东南迳西鄂故城东……又迳西鄂县南,水北有张平子墓。”淯水就是现在的白河。《史记·楚世家》张守节《正义》引《括地志》云:“邓州向城县南二十里西鄂故城是楚西鄂。”[②]唐代的向城县在今南阳市东北淯水转弯处,为邓州属县,邓州的州治在今河南邓州。西鄂故城位于白河转弯处向南二十余里的地方,位置应在今南阳市东北白河西岸。

从目前出土的考古新资料来看,南阳西鄂的得名确与鄂国有关。2012年南阳市文物考古研究所在南阳市新区新店乡夏饷铺村北500米发现鄂侯家族墓地,墓地位于河南省南阳市区东北10公里,新店乡政府北3公里,白河东岸的一道南北向的高岗上,西距白河1.5公里。共勘探出墓葬30余座,第一期共清理古墓葬20座,出土一大批青铜器、陶器、玉器、漆木器等珍贵文物。

从现在考古来看,南阳夏饷铺一带发现了西周晚期到春秋早期的鄂侯

---

①徐中舒:《禹鼎的年代及其相关问题》,《考古学报》1959年第3期。

②(汉)司马迁:《史记·楚世家》,中华书局1959年,第1692页。

墓地,说明周厉王并没有取消鄂国封号,而是把鄂国迁到了南阳。2012 年南阳市文物考古研究所在南阳市新区新店乡夏饷铺村北 500 米发现鄂侯家族墓地,共勘探出墓葬 30 余座,第一期共清理古墓葬 20 座。

M1 位于鄂国墓地的西部,被盗掘严重。M1 为一竖穴土坑墓,墓葬开口长 6.6 米,宽 5.3 米,墓葬开口距地表 4.4 米,墓底距地表深 8.4 米,有大型木质棺椁,劫余之物有 48 件。其中铜器 36 件,其中有铜鼎 7、鬲 3、簠 2、簋盖 2、方壶盖 2、盘 1、匜 1、铃 4、銮铃 3、马络饰 1、节约 3、兽首饰件 2、鱼 2、残铜器 3 等。玉器 11 件,其中有璧 1、虎 1、璜 2、玦 3、玉戈 1、饰件 2、料珠 1。漆木器 1 件。5 件铜鼎腹内壁有铭文:"唯正月初吉己丑,鄂侯作夫人行鼎。"仅发现 2 件铜簋盖,盖内底有铭文:"唯八月己丑,鄂侯作夫人行簋。"发现 3 件铜鬲,口沿上有铭文:"唯八月己丑,鄂侯作夫人行鬲。"铜方壶盖 2 件,子口缘面有铭文:"养□伯作宝壶,其万年子孙永宝用享。"M1 墓主人应为鄂侯夫人。简报作者推断 M1 的年代为春秋早期后段。①

还有三组夫妻并穴合葬墓。M5 和 M6 并列,M6 在 M5 东边。二墓相距 1.50 米左右。M5 为中型竖穴土坑墓,墓口长 4.4 米,宽 3.1 米,一棺一椁,出土有铜鼎 2 件、鬲 2 件、簠 2 件、簋 2 件、盘 1 件、盉 1 件;玉器有戈、璜、串饰等。其中鬲口沿上有"噩(鄂)姜乍(作)羞鬲"铭文。铜簠器身内底铸有铭文为"噩(鄂)姜乍(作)旅簠"。M6 墓主人应为鄂侯。M5 墓主人为鄂侯夫人,姜姓,是申或吕国女子。

M6 为一大型竖穴木椁墓,墓口长 6.1 米,宽 4.7 米。随葬器物有铜器、玉器、漆器、木器等。青铜器有鼎 1 件、尊 1 件、方彝 1 件、簋 1 件、簋盖 1 件、熏炉盖 1 件、觯 1 件、鹤首 1 件,铜编钟一套 6 件,上有"鄂侯乍(作)"铭文。

M5、M6 时代为西周晚期晚段。②

M19 和 M20 并列位于鄂国墓地的中部,在 M5 西边,两座相距 2 米,均为竖穴土坑墓,一棺一椁。M19 开口位置距地表 0.3 米,墓地距地表 6.5 米,

---

①河南省文物局南水北调办公室、南阳市文物考古研究所:《河南南阳夏饷铺鄂国墓地 M1 发掘简报》,《江汉考古》2019 年第 4 期。

②河南省文物局南水北调文物保护办公室、南阳市文物考古研究所:《河南南阳夏饷铺鄂国墓地 M5、M6 发掘简报》,《江汉考古》2020 年第 3 期。

墓口长 4.9 米，宽 3.3 米。出土随葬品 232 件，其中铜器 223 件，玛瑙珠 7 件，绿松石 1 件，陶鬲 1 件。铜器有铜鼎 2、簋 4、壶 2、盘 1、匜 1、车辖 4、车軎 1、銮铃 7、马衔 4、马镳 13 等。铜壶(M19:10)盖口外侧边缘有铭文："鄂侯作孟姬媵壶。"M20 出土随葬品 75 件，其中铜器 13 件，玉器 62 件。铜器有铜鼎 3、簋 4、盘 1、簠 1、盉 1、铃 3。玉器有玉璜、璋、鱼形饰、珠、玛瑙等。其中铜簠上有铭文："鄂姜作宝簠，永宝用。"简报作者认为 M19 墓主人应为鄂侯。M20 墓主人为鄂侯夫人。① M20 墓主人这位鄂侯夫人为姜姓，可能是申或吕国女子。

M19 是否是鄂侯还要存疑，因为此墓铜壶铭文为"鄂侯作孟姬媵壶"，M19 的墓主人应是鄂侯的另一位姬姓夫人。

M16 和 M7 为并穴合葬墓，位于鄂国墓地的中部，为长方形竖穴土坑墓，一棺一椁，有二层台。M7 墓口长 5.1 米，宽 3.4 米，开口距地表 0.3 米，残存深度 6.5 米。出土器物 309 件，其中铜器 303 件，玉器 5 件，桃核 1 枚。M7 历史上被盗掘，出土铜器有矛、锛、箭镞、鱼、扣饰、车軎、车辖、銮铃、马衔、马镳、节约等；玉器有戈、玦、束绢形佩等。M16 墓口长 4.8 米，宽 3.5 米，墓开口距地表 0.3 米，墓底距地表深 6.5 米。M16 出土铜器 134 件，其中有铜鼎 3、簋 4、鬲 4、壶 2、盘 1、匜 1、铜翣 4、铃 10、铜鱼 105。铜鼎(M16:13)腹部内侧有铭文："鄂伯□□作鼎，则其万年子孙永宝用享。"两件铜壶的壶盖内壁、壶颈部有铭文："鄂侯作孟姬媵壶。"铜盘上亦有铭文，简报未隶定，前四字不识："□□□□作宝盘，其万年永祜福。"玉器有璋 2、虎 2、料珠等。其中盘上有铭文。简报作者认为 M16 和 M7 为并穴合葬墓，M7 为鄂侯墓，M16 为鄂侯夫人墓，两墓的年代为春秋早期。②

发掘者认为夏饷铺鄂侯家族墓地可确定埋有四代鄂侯及夫人。M5、M6 在墓地范围内年代最早，初步推断为西周晚期晚段。M1、M19、M20、M7、M16 年代均为春秋早期。发掘者认为从夏饷铺鄂国贵族墓地的发现与发掘看，西周晚期到春秋早期鄂国仍然存在于南阳，应是周王朝镇压鄂国叛

①河南省文物局南水北调办公室、南阳市文物考古研究所：《河南南阳夏饷铺鄂国墓地 M19、M20 发掘简报》，《江汉考古》2019 年第 4 期。

②河南省文物局南水北调办公室、南阳市文物考古研究所：《河南南阳夏饷铺鄂国墓地 M7、M16 发掘简报》，《江汉考古》2019 年第 4 期。

乱后，把鄂国迁移到了南阳夏饷铺一带。[①] 汉朝时期，因这一历史背景，在南阳设立了西鄂县。

我们认为南阳之鄂年代上与随州之鄂紧相衔接。公元前 841 年，发生了国人暴动，周厉王仓皇出逃，于公元前 828 年死于彘（今山西霍县）。周王朝对南方的控制可能有所放松，于是鄂国王室迁到了西鄂这个地方，并与申、吕保持通婚关系。据当时的历史推测，可能到春秋早期楚文王灭申设县以后，鄂国就被彻底消灭了。夏饷铺鄂侯家族墓地位于白河东岸，新店乡政府北 3 公里，西距白河 1.5 公里，而西鄂在白河西边，西鄂故城应距此墓地不远。由于鄂国的历史影响犹存，汉代在此设置西鄂县。

第三节　鄂州之鄂

鄂州之鄂就是东鄂。《汉书·地理志》江夏郡下设鄂县。《水经·江水注》也记载了鄂县故城。经："江之右岸，有鄂县故城。"注："旧樊楚也，《世本》称熊渠封其中子之名某者为鄂王，《晋太康地记》以为东鄂矣。《九州记》曰：'鄂，今武昌也，孙权以魏黄初元年中自公安徙此，改曰武昌县。鄂县徙治于袁山东，又以其年立为江夏郡，分建业之民千家以益之。'"说明鄂州之鄂来历也很早，鄂故城曾有迁徙。

多数学者认为鄂君启节之鄂就在今天的鄂州。1957 年安徽寿县城东二里的丘家花园发现鄂君启金节 4 件，是楚怀王六年（前 323 年）下令为鄂君启铸造的免税凭证，用青铜制成，上有错金铭文，其中有舟节 3，车节 1。[②] 1960 年又发现一枚舟节。车节 3 件铭文相同，每节 150 字。舟节 2 件铭文相同，每节 150 字。殷涤非、罗长铭、郭沫若[③]做了释文和考释。谭其骧、黄

①崔本信、王伟：《河南南阳夏饷铺鄂国贵族墓地》，《中国文物报》2013 年 2 月 27 日；河南省文物局南水北调办公室、南阳市文物考古研究所：《河南南阳夏饷铺鄂国墓地 M19、M20 发掘简报》《河南南阳夏饷铺鄂国墓地 M7、M16 发掘简报》《河南南阳夏饷铺鄂国墓地 M1 发掘简报》，《江汉考古》2019 年第 4 期。

②殷涤非、罗长铭：《寿县出土的鄂君启金节》，《文物参考资料》1958 年第 4 期；《安徽日报》1961 年 2 月 23 日。

③郭沫若：《关于鄂君启节的研究》，《文物参考资料》1958 年第 4 期。

盛璋对地名做了系统研究。①

舟节所记的运输路线为:“自鄂市,逾沽(湖),让(上)灘(汉),就屑(鄖),就芑阳。逾滩(汉),就郢(黄),逾夏,内(入)邔。逾江,就彭弹,就松阳,内(入)泸江,就爰陵。让(上)江,内(入)湘,就牒,就郷阳,内(入)澮(耒),就鄗(郴)。内(入)澂(资)、沅、澧、澗(油)。让(上)江,就木閵(关),就郢。”

车节所记载的运输路线为:“自鄂市,就阳丘,就方城,就象禾,就畐焚,就緐(繁)阳,就高丘,就下蔡,就居鄛(巢),就郢。”

“逾”意为顺流而下,还有越过的意思。“上”为溯流而上。“就”为经历之意。“内(入)”为进入支流。舟节所记航线共四条:西北航线自鄂出发,经过湖泊,溯汉江而上,到达襄阳入白河,进入南阳境内;东路航线自鄂出发,顺江而下,到彭弹、松阳、泸江、爰陵;西南航线从鄂出发,溯江而上,进入湘、资、沅、澧、油各水,一直到达南岭;西路航线从鄂出发,溯江而上,经过木关,到达郢都,此时郢都为今荆州纪南城。

车节所记运输路线从鄂出发,经阳丘、方城、象禾、畐焚、繁阳、高丘、下蔡、居巢,最后到达郢都。涉及湖北、河南、安徽三省地名。谭其骧认为从鄂出发,先走水路的西北航线,然后舍舟乘车,取道夏路,东抵阳丘。再走陆路到居巢,由居巢到郢。殷涤非、罗长铭、谭其骧认为这个郢是寿春,于是对下蔡、居巢地望做了新解,将下蔡置于阜阳西境,居巢定在淮河以北。黄盛璋认为此郢仍是江陵城北之郢,绝不是寿春之郢。因为舟节与车节为同时所铸,郢同为舟车两路之终点,不能分为两地。《史记·楚世家》载,考烈王“二十二年(前241年),与诸侯共伐秦,不利而去。楚东徙都寿春,命曰郢”。② 公元前241年,楚考烈王才徙都寿春,在此之前寿春并不称郢。公元前323年,楚国郢都还在荆州纪南城,同一时间楚国并无两国都。下蔡应在今安徽凤台县,居巢在今安徽巢县。到居巢以后,又走水路,溯江而上,到达郢(荆州纪南城)。③

---

①谭其骧:《鄂君启节铭文释地》,《中华文史论丛》第二辑,中华书局1962年;黄盛璋:《关于鄂君启节交通路线的复原问题》,《中华文史论丛》第五辑,中华书局1964年。

②(汉)司马迁:《史记·楚世家》,中华书局1959年,第1736页。

③黄盛璋:《关于鄂君启节交通路线的复原问题》,《中华文史论丛》第五辑,中华书局1964年。

谭其骧认为“鄂是现今湖北的鄂州市，不是今之武昌。古鄂城汉置鄂县，至孙权改曰武昌，1913 年改名寿昌，次年又改鄂城”。

陈伟认为鄂是西鄂，在今南阳市东北西鄂故城，将“逾沽”的“沽”释为“油”，“油”与“淯”相通，淯为今天的白河，是西鄂说的一个重要证据。[①] 我们认为从水路、陆路运输路线来看，这个鄂当是湖北鄂州。

鄂君启节证明战国时期的鄂君启封地就在今湖北鄂州。

第四节　楚所伐鄂之地望

《史记·楚世家》载：“熊渠生子三人。当周夷王之时，王室微，诸侯或不朝，相伐。熊渠甚得江汉间民和，乃兴兵伐庸、杨粤，至于鄂。熊渠曰：‘我蛮夷也，不与中国之号谥。’乃立其长子为句亶王，中子红为鄂王，少子执疵为越章王，皆在江上楚蛮之地。及周厉王之时，暴虐，熊渠畏其伐楚，亦去其王。”在“至于鄂”处，张守节《正义》引刘伯庄云：“地名，在楚之西，后徙楚，今东鄂州是也。”又引《括地志》云：“邓州向城县南二十里西鄂故城是楚西鄂。”[②]刘伯庄是贞观时期的学者，曾著《史记音义》二十卷。《括地志》为唐太宗子魏王李泰主编，贞观十六年(642 年)成书。关于楚所伐鄂之地望，张守节不能确定是东鄂，还是西鄂，于是征引唐初学者的观点，两说并存。在“中子红为鄂王”处，裴骃《集解》引《九州记》曰：“鄂，今武昌。”张守节《正义》引《括地志》云：“武昌县，鄂王旧都。今鄂王神即熊渠子之神也。”裴骃认为鄂王封地在今鄂州，张守节在这个注释里又引《括地志》，与裴骃持相同观点。

熊渠伐鄂的时间在周夷王之时，随州之鄂被灭亡的时间在周厉王之时，那么楚国所伐之鄂肯定是随州之鄂，东鄂说和西鄂说都不正确。晏昌贵、郭涛也认为熊渠所伐的鄂在今湖北随州。[③] 中子红的鄂王封地开始也当在随州之鄂附近。

---

①陈伟：《鄂君启节之鄂地探讨》，《江汉考古》1986 年第 2 期。

②(汉)司马迁：《史记·楚世家》，中华书局 1959 年，第 1692 页。

③晏昌贵、郭涛：《〈鄂君启节〉铭文地理研究二题》，《华北水利水电学院学报(社科版)》2012 年第 5 期。

由于周厉王暴虐，熊渠害怕周厉王伐楚，也有所收敛，去掉王号。周厉王灭鄂后，鄂国故地被曾（随）国占领，使曾国成为汉东第一大国。可能熊渠所封的鄂王由于受曾国的威胁，也不敢在随州附近立足了，于是向东拓展，将鄂王治所迁至今湖北鄂州，到春秋战国时期这里继续成为鄂君的封地。可能鄂君启就是鄂王红的后代。除了鄂君启外，《说苑·善说》提到的鄂君子晳是文献中记载的又一位鄂君。"鄂君子晳亲楚王母弟也，官为令尹，爵为执圭"。[①] 此人即《左传》昭公元年记载的公子黑肱，也就是宫厩尹子晰，是楚康王、楚灵王的同母弟。楚灵王末年，曾被公子弃疾利用，立为令尹，后自杀。包山楚简里第 76、164、193 号简记载了鄂君，包山二号墓墓主人下葬于公元前 316 年。[②] 包山楚墓下葬时间与鄂君启节铸造时间仅相距 7 年，所记之事是墓主人生前处理的有关案件，这个鄂君也有可能就是鄂君启，或者是鄂君启的儿子。

鄂君地位很重要，其封地正是铜矿富集地带，铜矿是当时最重要的战略物资。鄂君可能替楚王掌控着铜矿的开采冶炼大权，那么鄂君就是与楚国工商业具有密切联系的封君了，楚怀王下令给鄂君启铸造免税金节，正是鄂君启在工商业方面地位很高的表现。

总之，我们认为商代的鄂是商朝的一个重要方国，位于今河南沁阳。西周早期到周厉王时的鄂国在今随州安居，随州之鄂被周厉王消灭。到西周晚期至春秋早期鄂国贵族迁到今河南南阳东北的西鄂故城一带，春秋早期可能被楚灭掉。楚所伐之鄂为随州之鄂，熊渠所封鄂王一开始也可能在随州一带，后因周厉王暴虐和曾国崛起，楚鄂王治所迁到今湖北鄂州，这里一直是楚鄂国、鄂君的封地。鄂君子晳、鄂君启、包山楚简里的鄂君都是鄂州这个地方的封君。

①（汉）刘向撰，向宗鲁校正：《说苑校正》，中华书局 1987 年，第 279 页。

②湖北省荆沙铁路考古队：《包山楚墓》，文物出版社 1991 年，第 353、361、364 页。

参考文献

一、古籍

[清]阮元校刻:《十三经注疏》,中华书局 1980 年。

《诸子集成》,上海书店 1986 年。

杨伯峻:《春秋左传注》,中华书局 1981 年。

《国语》,上海古籍出版社 1988 年。

[汉]司马迁:《史记》,中华书局 1959 年。

[汉]班固:《汉书》,中华书局 1962 年。

郭璞注、毕沅校:《山海经》,上海古籍出版社 1989 年。

袁珂校注:《山海经校注》,上海古籍出版社 1980 年。

周振甫:《周易译注》,中华书局 1991 年。

顾颉刚、刘起釪:《尚书校释译论》,中华书局 2005 年。

黄怀信等撰:《逸周书汇校集注》,上海古籍出版社 2007 年。

高亨:《诗经今注》,上海古籍出版社 1980 年。

[汉]刘向辑录:《战国策》,上海古籍出版社 1985 年。

[宋]洪兴祖:《楚辞补注》,中华书局 1983 年。

[清]孙诒让:《周礼正义》,中华书局 1987 年。

范祥雍:《古本竹书纪年辑校订补》,新知识出版社 1956 年。

方诗铭、王修龄:《古本竹书纪年辑证》,上海古籍出版社 1981 年。

[北魏]郦道元撰,杨守敬、熊会贞疏:《水经注疏》,《杨守敬集》第四册,湖北人民出版社、湖北教育出版社 1987 年。

郦道元著、王国维校:《水经注校》,上海人民出版社 1984 年。

清华大学出土文献研究与保护中心编,李学勤主编:《清华大学藏战国竹简(壹)》,中西书局 2010 年。

清华大学出土文献研究与保护中心编,李学勤主编:《清华大学藏战国竹简(贰)》,中西书局 2011 年。

马承源主编:《上海博物馆藏战国楚竹书(二)》,上海古籍出版社 2002 年。

马承源主编:《上海博物馆藏战国楚竹书(四)》,上海古籍出版社2004年。

二、考古报告与简报

安徽省文物管理委员会、安徽省博物馆:《寿县蔡侯墓出土遗物》,科学出版社1956年。

中国科学院考古研究所:《上村岭虢国墓地》,科学出版社1959年。

中国科学院考古研究所:《山彪镇与琉璃阁》,科学出版社1959年。

"中研院"历史语言研究所:《侯家庄》第二本《1001号大墓》,1962年。

中国科学院考古研究所:《美帝国主义劫掠的我国殷周铜器集录》,科学出版社1962年。

山东省文物管理处等:《大汶口》,文物出版社1974年。

中国社会科学院历史研究所:《甲骨文合集》,中华书局1978~1982年。

河北省博物馆等:《河北省出土文物选集》,文物出版社1980年。

中国社会科学院考古研究所:《满城汉墓发掘报告》,文物出版社1980年。

中国社会科学院考古研究所:《殷墟妇好墓》,文物出版社1980年。

罗振玉:《三代吉金文存》,中华书局1983年。

中国社会科学院考古研究所:《殷墟发掘报告(1958~1961)》,文物出版社1987年。

卢连成、胡智生:《宝鸡強国墓地》,文物出版社1988年。

湖北省博物馆:《曾侯乙墓》,文物出版社1989年。

河南省文物研究所等:《淅川下寺春秋楚墓》,文物出版社1991年。

武汉大学历史系考古教研室等:《西花园与庙台子》,武汉大学出版社1993年。

北京市文物研究所:《琉璃河西周燕国墓地》,文物出版社1995年。

湖北省文物考古研究所:《江陵望山沙冢楚墓》,文物出版社1996年。

河南省文物考古研究所等:《三门峡虢国墓》,文物出版社1999年。

中国社会科学院考古研究所:《张家坡西周墓地》,中国大百科全书出版社1999年。

北京大学考古系商周组、陕西省考古研究所:《天马—曲村》第二册,科学出版社 2000 年。

湖北省文物考古研究所:《宜都城背溪》,文物出版社 2001 年。

河南省文物考古研究所:《新蔡葛陵楚墓》,大象出版社 2003 年。

河南省文物考古研究所等:《淅川和尚岭与徐家岭楚墓》,大象出版社 2004 年。

襄樊市考古队、湖北省文物考古研究所、湖北孝襄高速公路考古队编著:《枣阳郭家庙曾国墓地》,科学出版社 2005 年。

湖北省博物馆:《湖北出土文物精粹》,文物出版社 2006 年。

湖北省文物考古研究所:《曾国青铜器》,文物出版社 2007 年。

随州市博物馆:《随州擂鼓墩二号墓》,文物出版社 2008 年。

杜廼松:《故宫博物院藏文物珍品大系——青铜礼乐器》,上海科学技术出版社 2007 年。

荆州博物馆:《荆州重要考古发现》,文物出版社 2009 年。

随州市博物馆:《随州出土文物精粹》,文物出版社 2009 年。

中国社会科学院考古研究所、河南省文物考古研究所编:《灵宝西坡墓地》,文物出版社 2010 年。

宜城市博物馆:《楚风汉韵——宜城地区出土楚汉文物陈列》,文物出版社 2011 年。

吴镇烽:《商周青铜器铭文暨图像集成》,上海古籍出版社 2012 年。

吴镇烽:《商周青铜器铭文暨图像集成续编》,上海古籍出版社 2016 年。

湖北省博物馆、湖北省文物考古研究所、随州市博物馆:《随州叶家山西周早期曾国墓地》,文物出版社 2013 年。

中国社会科学院考古研究所、山西省临汾市文物局:《襄汾陶寺——1978~1985 年考古发掘报告》,文物出版社 2015 年。

方勤、吴宏堂:《穆穆曾侯——枣阳郭家庙曾国墓地》,文物出版社 2015 年。

方勤:《三苗与南土》,《江汉考古》编辑部 2016 年。

随州市博物馆、随州市公安局:《追回的宝藏——随州市打击文物犯罪成果 I》,武汉大学出版社 2019 年。

夏鼐:《临洮寺洼山发掘记》,《中国考古学报》第四册 1949 年。

安徽省文化局文物工作队:《安徽屯溪西周墓葬发掘报告》,《考古学报》1959 年第 4 期。

石志廉:《介绍几件商代青铜器》,《文物》1964 年第 4 期。

蓝蔚:《武汉发现鄫伯鼎》,《文物》1965 年第 7 期。

湖北省博物馆:《湖北京山发现曾国铜器》,《文物》1972 年第 2 期。

齐文涛:《概述近年来山东出的商周青铜器》,《文物》1972 年第 5 期。

鄂兵:《湖北随县发现曾国铜器》,《文物》1973 年第 5 期。

郑杰祥:《河南新野发现的曾国铜器》,《文物》1973 年第 5 期。

南京博物院:《江苏涟水三里墩西汉墓》,《考古》1973 年第 2 期。

湖北省博物馆:《湖北枣阳县发现曾国墓葬》,《考古》1975 年第 4 期。

尚志儒、樊伟岳、吴梓林:《陕西蓝田出土㝬叔鼎》,《文物》1976 年第 1 期。

中国社会科学院考古研究所二里头工作队:《偃师二里头遗址发现的石器和玉器》,《考古》1976 年第 4 期。

陕西省博物馆等:《陕西岐山贺家村西周墓葬》,《考古》1976 年第 1 期。

甘肃省博物馆文物队:《甘肃灵台白草坡西周墓》,《考古学报》1977 年第 2 期。

河南省博物馆等:《河南新野古墓清理简报》,《文物资料丛刊》1978 年第 2 辑。

随县擂鼓墩一号墓考古发掘队:《湖北随县曾侯乙墓发掘简报》,《文物》1979 年第 7 期。

河北省文物管理处:《河北省平山县战国时期中山国墓葬发掘简报》,《文物》1979 年第 1 期。

随县博物馆:《湖北随县城郊发现春秋墓葬和铜器》,《文物》1980 年第 1 期。

程欣人:《随县涢阳出土楚、曾、息青铜器》,《江汉考古》1980 年第 1 期。

田广金、郭素新:《内蒙古阿鲁柴登的匈奴遗物》,《考古》1980 年第 4 期。

王少泉:《随县出土西周青铜单鋬尊》,《江汉考古》1981 年第 1 期。

卢连成、罗英杰:《陕西武功县出土楚簋诸器》,《考古》1981 年第 2 期。

欧潭生、詹汉清、刘开国:《固始白狮子地一号和二号墓清理简报》,《中原文物》1981 年第 4 期。

随州市博物馆:《湖北随县刘家崖发现古代青铜器》,《考古》1982 年第 2 期。

随州市博物馆:《湖北随县新发现古代青铜器》,《考古》1982 年第 2 期。

随州市博物馆:《湖北随县安居出土青铜器》,《文物》1982 年第 12 期。

襄樊市文物管理处:《湖北襄樊拣选的青铜器》,《文物》1982 年第 9 期。

临朐县文化馆、潍坊地区文物管理委员会:《山东临朐发现齐、鄩、曾诸国铜器》,《文物》1983 年第 12 期。

田海峰:《湖北枣阳县又发现曾国青铜器》,《江汉考古》1983 年第 3 期。

崔庆明:《南阳市北郊出土一批申国铜器》,《中原文物》1984 年第 4 期。

随州市博物馆:《随州擂鼓墩砖瓦厂十三号墓发掘简报》,《江汉考古》1984 年第 3 期。

徐正国:《枣阳东赵湖再次出土青铜器》,《江汉考古》1984 年第 1 期。

武汉大学荆楚史地与考古研究室:《随州安居遗址初次调查简报》,《江汉考古》1984 年第 4 期。

中国社会科学院考古研究所二里头工作队:《1981 年河南偃师二里头墓葬发掘简报》,《考古》1984 年第 1 期。

河南信阳地区文管会、光山县文管会:《春秋早期黄君孟夫妇墓发掘报告》,《考古》1984 年第 4 期。

随州市博物馆:《湖北随县发现商周青铜器》,《考古》1984 年第 6 期。

湖北省博物馆、随州市博物馆:《湖北随州擂鼓墩二号墓发掘简报》,《文物》1985 年第 1 期。

湖北省博物馆杨权喜:《襄阳蔡坡战国墓发掘报告》,《江汉考古》1985 年第 1 期。

中国社会科学院考古研究所二里头工作队:《1984 年河南偃师二里头遗址发现的几座墓葬》,《考古》1986 年第 4 期。

襄樊市博物馆:《湖北枣阳毛狗洞遗址调查》,《江汉考古》1988 年第 3 期。

苏州博物馆、昆山县文管会:《江苏省昆山县少卿山遗址》,《文物》1988 年第 1 期。

王善才、黄建勋:《随州市师范学校战国墓群》,《中国考古学年鉴1989》,文物出版社 1990 年。

随州市博物馆:《湖北随州市安居镇发现春秋曾国墓》,《江汉考古》1990 年第 1 期。

中国社会科学院考古研究所、北京市文物研究所琉璃河考古队:《北京琉璃河 1193 号大墓发掘简报》,《考古》1990 年第 1 期。

杨桂荣:《馆藏邓国铜器》,《中国历史博物馆馆刊》1991 年。

随州市博物馆:《湖北随州擂鼓墩战国东汉墓发掘简报》,《江汉考古》1992 年第 2 期。

河南省文物考古研究所等:《淅川县和尚岭春秋楚墓的发掘》,《华夏考古》1992 年第 3 期。

中国社会科学院考古研究所二里头工作队:《1987 年偃师二里头遗址墓葬发掘简报》,《考古》1992 年第 4 期。

胡新立:《山东邹县发现一件吴王夫差剑》,《文物》1993 年第 8 期。

宝鸡市考古工作队:《宝鸡市益门村二号春秋墓发掘简报》,《文物》1993 年第 10 期。

随州市考古队:《湖北随州义地岗又出土青铜器》,《江汉考古》1994 年第 2 期。

猫儿岭考古队:《1984 年榆次猫儿岭战国墓葬发掘简报》,《三晋考古》第一辑,山西人民出版社 1994 年。

河南省文物考古研究所等:《上村岭虢国墓地 M2006 的清理》,《文物》1995 年第 1 期。

北京大学考古系、山西省考古研究所:《天马—曲村遗址北赵晋侯墓地第四次发掘》,《文物》1995 年第 7 期。

赵福生:《西周燕都遗址》,《北京文博》1995 年第 1 期。

徐天进:《日本出光美术馆所收藏的静方鼎》,《文物》1998 年第 5 期。

河南省文物考古研究所、中国社会科学院考古研究所河南一队等:《河南灵宝市西坡遗址 2001 年春发掘简报》,《华夏考古》2002 年第 2 期。

湖北省文物考古研究所:《湖北枣阳市九连墩楚墓》,《考古》2003 年第 7 期。

湖北省文物考古研究所、随州市文物局:《湖北随州市擂鼓墩墓群的勘探与试掘》,《考古》2003 年第 9 期。

甘肃省文物考古研究所等:《甘肃礼县圆顶山 98LDM2、2000LDM4 春秋秦墓》,《文物》2005 年第 2 期。

中国社会科学院考古研究所河南一队、河南省文物考古研究所等:《河南灵宝市西坡遗址发现一座仰韶文化中期特大型房址》,《考古》2005 年第 3 期。

拓古、熊燕:《湖北随州市黄土坡周代墓的发掘》,《考古》2007 年第 8 期。

襄樊市文物考古研究所等:《枣阳周台遗址发掘报告》,见襄樊市文物考古研究所编:《襄樊考古文集》第一辑,科学出版社 2007 年。

浙江省文物考古研究所等:《浙江瓯海杨府山西周土墩墓发掘简报》,《文物》2007 年第 11 期。

湖北省文物考古研究所等:《湖北随州义地岗墓地曾国墓 1994 年发掘简报》,《文物》2008 年第 2 期。

浙江省文物考古研究所等:《浙江东阳前山越国贵族墓》,《文物》2008 年第 7 期。

湖北省文物考古研究所等:《湖北随州叶家湾遗址发掘简报》,载《江汉考古》编辑部:《湖北考古报告集》2008 年。

湖北省文物考古研究所、广水市博物馆:《湖北广水巷子口遗址发掘简报》,《江汉考古》2008 年第 1 期。

湖北省文物考古研究所等:《湖北郧县乔家院春秋殉人墓》,《考古》2008 年第 4 期。

湖北省文物考古研究所:《郧县乔家院墓群 2008 年的发掘》,见湖北省文物局主编:《湖北省南水北调工程重要考古发现 II》,文物出版社 2010 年。

湖北省文物考古研究所、随州市博物馆:《湖北随州叶家山 M65 发掘简报》,《江汉考古》2011 年第 3 期。

湖北省文物考古研究所、随州市博物馆:《湖北随州叶家山西周墓地发掘简报》,《文物》2011 年第 11 期。

湖北省文物考古研究所:《湖北京山苏家垄墓地 M2 发掘简报》,《江汉考古》2011 年第 2 期。

山西省考古研究所等:《山西芮城清凉寺史前墓地》,《考古学报》2011

年第4期。

湖北省文物考古研究所、随州市博物馆:《湖北随州市叶家山西周墓地》,《考古》2012年第7期。

湖北省文物考古研究所等:《湖北随州义地岗曾公子去疾墓发掘简报》,《江汉考古》2012年第3期。

湖北省文物考古研究所等:《湖北随州王家台遗址发掘简报》,《江汉考古》2011年第3期。

湖北省文物考古研究所、随州市博物馆:《随州叶家山西周墓地第二次考古发掘的主要收获》,《江汉考古》2013年第3期。

湖北省文物考古研究所、随州市博物馆:《湖北随州叶家山M28发掘报告》,《江汉考古》2013年第4期。

崔本信、王伟:《河南南阳夏饷铺鄂国贵族墓地》,《中国文物报》2013年2月27日。

南京博物院等:《江苏盱眙大云山江都王陵二号墓发掘简报》,《文物》2013年第1期。

山东省文物考古研究所等:《山东滕州东康留周代墓地发掘简报》,《文物》2013年第4期。

山东省文物考古研究所等:《山东新泰周家庄东周墓发掘简报》,《文物》2013年第4期。

湖北省文物考古研究所、随州市博物馆:《随州文峰塔M1(曾侯遇墓)、M2发掘简报》,《江汉考古》2014年第4期。

湖北省文物考古研究所等:《湖北随州市文峰塔东周墓地》,《考古》2014年第7期。

项章:《随州博物馆藏曾侯匋鼎》,《文物》2014年第8期。

杨永林、张哲浩、庞博:《陕西周原遗址贺家村发现西周车马坑》,《光明日报》2014年8月30日第4版。

方勤、胡刚:《枣阳郭家庙曾国墓地曹门湾墓区考古主要收获》,《江汉考古》2015年第3期。

湖北省文物考古研究所、随州市博物馆:《湖北随州文峰塔墓地M4发掘简报》,《江汉考古》2015年第1期。

湖北省文物考古研究所、随州市博物馆:《湖北随州叶家山 M107 发掘简报》,《江汉考古》2016 年第 3 期。

湖北省文物考古研究所等:《湖北枣阳郭家庙墓地曹门湾墓区(2014) M10、M13、M22 发掘简报》,《江汉考古》2016 年第 5 期。

武汉大学历史学院等:《湖北枣阳郭家庙墓地曹门湾墓区(2015) M43 发掘简报》,《江汉考古》2016 年第 5 期。

方勤等:《湖北京山苏家垄遗址考古收获》,《江汉考古》2017 年第 6 期。

湖北省文物考古研究所等:《2016 年随州擂鼓墩东周遗址勘探与试掘》,转引自郭长江:《曾国陶器研究》2017 年武汉大学硕士论文。

武汉大学历史学院等:《湖北随州市曾侯乙墓一号陪葬坑发掘简报》,《考古》2017 年第 11 期。

湖北省文物考古研究所等:《随州汉东东路墓地 2017 年考古发掘收获》,《江汉考古》2018 年第 1 期。

湖北省文物考古研究所:《湖北京山苏家垄墓群 M85 发掘简报》,《江汉考古》2018 年第 1 期。

湖北省文物考古研究所等:《湖北随县狮子湾遗址发掘简报》,《江汉考古》2018 年第 4 期。

湖北省文物考古研究所、襄阳市文物考古研究所:《湖北枣阳九连墩 M2 发掘简报》,《江汉考古》2018 年第 6 期。

湖北省文物考古研究所等:《湖北随州枣树林墓地 2019 年发掘收获》,《江汉考古》2019 年第 3 期。

湖北省文物考古研究所、襄阳市文物考古研究所:《湖北枣阳九连墩 M1 发掘简报》,《江汉考古》2019 年第 3 期。

湖北省文物考古研究所、北京大学考古文博学院、荆门市博物馆、京山市苏家垄文物管理所:《湖北京山苏家垄遗址 2018 年考古发掘简报》,《江汉考古》2019 年第 6 期。

河南省文物局南水北调办公室、南阳市文物考古研究所:《河南南阳夏饷铺鄂国墓地 M19、M20 发掘简报》《河南南阳夏饷铺鄂国墓地 M7、M16 发掘简报》《河南南阳夏饷铺鄂国墓地 M1 发掘简报》,《江汉考古》2019 年第 4 期。

山西省考古所等:《山西绛县横水 M2158 发掘简报》,《考古》2019 年第

1期。

后加升:《随州发现曾太保铜盨》,载《周代汉淮地区列国青铜器和历史地理研究学术研讨会论文集》2019年。

湖北省文物考古研究所、随州市博物馆:《湖北随州叶家山M111发掘简报》,《江汉考古》2020年第2期。

河南省文物局南水北调文物保护办公室、南阳市文物考古研究所:《河南南阳夏饷铺鄂国墓地M5、M6发掘简报》,《江汉考古》2020年第3期。

湖北省文物考古研究所等:《湖北枣阳周台遗址J1、J2发掘简报》,《江汉考古》2020年第5期。

山西省考古研究院等:《山西翼城大河口西周墓地一号墓发掘》,《考古学报》2020年第2期。

湖北省文物考古研究所等:《湖北随州市枣树林春秋曾国贵族墓地》,《考古》2020年第7期。

三、论著

郭沫若:《殷周青铜器铭文研究》,人民出版社1954年。

郭沫若:《两周金文辞大系图录考释》,上海书店出版社1999年。

郭沫若:《周官质疑》,《郭沫若全集》考古编第五卷,科学出版社2002年。

刘节:《古史考存》,人民出版社1958年。

容庚、张维持:《殷周青铜器通论》,科学出版社1958年。

蒙文通:《周秦少数民族研究》,龙门书局1958年。

童书业:《春秋左传研究》,上海人民出版社1980年。

童书业著、童教英校订:《春秋左传研究校订本》,中华书局2006年。

于省吾:《甲骨文字释林》,中华书局1979年。

罗振玉:《三代吉金文存》,中华书局1983年。

薛尚功:《历代钟鼎彝器款识法帖》,中华书局1986年。

张亚初、刘雨:《西周金文官制研究》,中华书局1986年。

唐兰:《西周青铜器铭文分代史征》,中华书局1986年。

张正明:《楚文化史》,上海人民出版社1987年。

张正明主编:《楚文化志》,湖北人民出版社1988年。

张正明:《楚史》,湖北教育出版社 1995 年。
张正明:《秦与楚》,华中师范大学出版社 2007 年。
陈梦家:《殷墟卜辞综述》,中华书局 1988 年。
石泉:《古代荆楚地理新探》,武汉大学出版社 1988 年。
石泉:《古代荆楚地理新探续集》,武汉大学出版社 2004 年。
后德俊:《楚国科技史稿》,湖北科学技术出版社 1990 年。
后德俊:《光耀东方——楚国的科技成就》,湖北教育出版社 2001 年。
李学勤:《东周与秦代文明》,文物出版社 1991 年。
黄锡全:《湖北出土商周文字辑证》,武汉大学出版社 1992 年。
章鸿剑:《石雅宝石说》,上海古籍出版社 1993 年。
徐少华:《周代南土历史地理与文化》,武汉大学出版社 1994 年。
杨宝成主编:《湖北考古发现与研究》,武汉大学出版社 2000 年。
殷志强:《中国古代玉器》,上海文化出版社 2000 年。
朱凤瀚:《古代中国青铜器》,南开大学出版社 1995 年。
朱凤瀚:《商周家族形态》,天津古籍出版社 2004 年。
刘彬徽:《楚系青铜器研究》,湖北教育出版社 1995 年。
郭德维:《楚系墓葬研究》,湖北教育出版社 1995 年。
王世民、陈公柔、张长寿:《西周青铜器分期断代研究》,文物出版社 1999 年。
杨宝成:《殷墟文化研究》,武汉大学出版社 2002 年。
容庚:《金文编》,中华书局 1985 年。
李守奎:《楚文字编》,华东师范大学出版社 2003 年。
中国社会科学院考古研究所:《中国考古学·夏商卷》,中国社会科学出版社 2003 年。
陈梦家:《西周铜器断代》,中华书局 2004 年。
中国社会科学院考古研究所:《中国考古学·两周卷》,中国社会科学出版社 2004 年。
张昌平:《曾国青铜器研究》,文物出版社 2009 年。
杜迺松:《杜迺松说青铜器与铭文》,上海辞书出版社 2012 年。
李宗焜编著:《甲骨文字编》中册,中华书局 2012 年。

黄敬刚:《曾国与随国历史研究》,人民出版社 2013 年。

湖北省文物考古研究所编:《曾国考古发现与研究》,科学出版社 2018 年。

方勤:《曾国历史与文化——从“左右文武”到“左右楚王”》,上海古籍出版社 2018 年。

四、论文

石璋如:《殷代的铸铜工艺》,《“中研院”历史语言研究所集刊》第二十六本 1955 年。

陈梦家:《西周铜器断代(一)》,《考古学报》1955 年第 1 期。

陈梦家:《西周铜器断代(二)》,《考古学报》1955 年第 2 册。

陈梦家:《西周铜器断代(三)》,《考古学报》1956 年第 1 期。

徐中舒:《禹鼎的年代及其相关问题》,《考古学报》1959 年第 3 期。

唐兰:《西周铜器断代中的“康宫”问题》,《考古学报》1962 年第 1 期。

唐兰:《用青铜器铭文来研究西周史——综论宝鸡市近年发现的一批青铜器的重要历史价值》,《文物》1976 年第 6 期。

裘锡圭:《谈谈随县曾侯乙墓的文字资料》,《文物》1979 年第 7 期。

史树青:《我国古代的金错工艺》,《文物》1973 年第 6 期。

江鸿(李学勤):《盘龙城与商朝的南土》,《文物》1976 年第 2 期。

李学勤:《曾国之谜》,《光明日报》1978 年 10 月 4 日,后收入李学勤:《新出青铜器研究》,文物出版社 1990 年。

李学勤:《论汉淮间的春秋青铜器》,《文物》1980 年第 1 期。后收入李学勤:《新出青铜器研究》,文物出版社 1990 年。

李学勤:《从新出青铜器看长江下游文化的发展》,《文物》1980 年第 8 期。

李学勤:《试论山东新出青铜器的意义》,《文物》1983 年第 12 期。

李学勤:《论中爯父簋与申国》,《中原文物》1984 年第 4 期。

李学勤:《海外访古记(二)》,《文博》1986 年第 6 期。

李学勤:《先秦人名的几个问题》,《历史研究》1991 年第 5 期。

李学勤:《柞伯簋铭考释》,《文物》1998 年第 11 期。

李学勤:《由新见青铜器看西周早期的鄂、曾、楚》,《文物》2010 年第

1 期。

李学勤：《包山楚简郙即巴说》，《巴蜀文化研究集刊》第四集，巴蜀书社 2008 年。

李学勤：《试说南公与南宫氏》，《出土文献》第六辑，中西书局 2015 年。

李学勤：《胡应姬鼎试释》，复旦大学出土文献与古文字研究中心编：《出土文献与古文字研究》第 6 辑，上海古籍出版社 2015 年。

李学勤：《试说新出现的胡国方鼎》，《江汉考古》2015 年第 6 期。

石泉：《古代曾国—随国地望初探》，《武汉大学学报》1979 年第 1 期。

石泉：《古邓国、邓县考》，《江汉论坛》1980 年第 3 期。

于豪亮：《为什么随县出土曾侯墓?》，见中国古文字研究会、吉林大学古文字研究室：《古文字研究》第一辑，中华书局 1979 年。

裘锡圭：《谈谈随县曾侯乙墓的文字资料》，《文物》1979 年第 7 期。

周永珍：《曾国与曾国铜器》，《考古》1980 年第 5 期。

郭德维：《曾侯乙墓并非楚墓》，《江汉论坛》1980 年第 1 期。

曾昭岷、李瑾：《曾国和曾国铜器综考》，《江汉考古》1980 年第 1 期。

赵逵夫：《楚屈子赤角考》，《江汉考古》1982 年第 1 期。

孙敬明、何琳仪、黄锡全：《山东临朐新出铜器铭文考释及有关问题》，《文物》1983 年第 12 期。

王世民：《西周春秋金文中的诸侯爵称》，《历史研究》1983 年第 3 期。

叶小燕：《我国古代青铜器上的装饰工艺》，《考古与文物》1983 年第 4 期。

程欣人、刘彬徽：《古盏小议》，《江汉考古》1983 年第 1 期。

刘彬徽、王世振：《曾国灭亡年代小考》，《江汉考古》1984 年第 4 期。

黄敬刚：《随都辨》，载张正明主编《楚史论丛》，湖北人民出版社 1984 年。

张胜琳、张正明：《上古墓葬头向与民族关系》，《南方民族研究集刊》1985 年第 2 期。

王海文：《春秋、战国时期的青铜工艺(续)》，《故宫博物院院刊》1986 年第 4 期。

王文清：《陶寺遗存可能是陶唐氏文化遗存》，田昌五主编：《华夏文明》

第一集,北京大学出版社 1987 年。

黄盛璋:《山东诸小国铜器研究》,《华夏考古》1989 年第 1 期。

任式楠:《薛家岗文化葬俗述要》,《文物研究》第五辑,黄山书社 1989 年。

华觉明:《曾侯乙墓编钟及钟架铜构件的冶铸技术》,湖北省博物馆:《曾侯乙墓》,文物出版社 1989 年。

华觉明:《曾侯乙墓青铜器群铸焊技术和失蜡法》,华觉明、郭德维:《随县曾侯乙墓发掘简报与论文汇编》1979 年。

贾云福、胡才彬、华觉明:《曾侯乙墓青铜器红铜纹饰铸镶法的研究》,湖北省博物馆:《曾侯乙墓》,文物出版社 1989 年。

左德田:《曾都刍议》,《江汉考古》1990 年第 1 期。

杨宝成:《试论曾国铜器的分期》,《中原文物》1991 年第 4 期。

杨宝成:《试论随枣地区的两周铜器》,《中国考古学会第七次年会论文集・1989》,文物出版社 1992 年。

张昌平:《曾国铜器的分期及其相关问题》,《江汉考古》1992 年第 3 期。

张昌平:《曾国青铜器研究》,文物出版社 2009 年。

张昌平:《关于擂鼓墩墓群》,《江汉考古》2007 年第 1 期。

张昌平:《随仲芈加鼎的年代特征及其他》,《江汉考古》2011 年第 4 期。

张昌平:《论随州叶家山西周墓地曾国青铜器的生产背景》,《文物》2013 年第 7 期。

张昌平:《曾随之谜再检视》,《中国国家博物馆馆刊》2015 年第 11 期。

高成林:《淅川和尚岭楚墓的年代问题》,《中原文物》1996 年第 4 期。

求实:《河南淅川和尚岭楚墓年代刍议》,《中国文物报》1998 年 10 月 18 日第三版。

张天恩:《天水出土的兽面铜牌饰及有关问题》,《中原文物》2002 年第 1 期。

陈昭容:《从青铜器铭文看两周汉淮地区诸国婚姻关系》,《"中研院"历史语言研究所集刊》第七十五本第四分 2004 年。

石振荣、蔡克勤:《绿松石玉古文化初探》,《宝石和宝石学杂志》2007 年第 1 期。

郁永彬、常怀颖、黄凤春、李玲、梅建军、陈建立:《随州叶家山西周墓地

M65 出土铜器的金相实验研究》,《江汉考古》2014 年第 5 期。

郁永彬、常怀颖、陈坤龙、黄凤春、李玲、梅建军、陈建立:《湖北随州叶家山墓地 M28 出土青铜器的检测分析及相关问题》,《考古》2018 年第 7 期。

郁永彬、陈建立、梅建军、陈坤龙、常怀颖、黄凤春:《关于叶家山青铜器铅同位素比值研究的几个问题》,《南方文物》2016 年第 1 期。

郁永彬、陈建立、梅建军、陈坤龙、常怀颖、黄凤春:《试析西周早期社会青铜工业生产机制——以湖北随州叶家山墓地出土铜器为中心》,《文物》2019 年第 5 期。

罗运环:《新出金文与西周曾侯》,《陕西师范大学学报(哲学社会科学版)》2015 年第 6 期。

郭长江、李晓杨、凡国栋、陈虎:《嬭加编钟铭文的初步释读》,《江汉考古》2019 年第 3 期。

郭长江、凡国栋、陈虎、李晓杨:《曾公畭编钟铭文初步释读》,《江汉考古》2020 年第 1 期。

张懋镕:《静方鼎小考》,《文物》1998 年第 5 期。

周卫荣、董亚巍、万全文、王昌隧:《中国青铜时代不存在失蜡法铸造工艺》,《江汉考古》2006 年第 2 期。

周卫荣等:《失蜡工艺不是中国青铜时代的选择》,《中国文物报》2006 年 7 月 21 日第 7 版。

周卫荣、董亚巍、万全文、王昌燧:《再论“失蜡工艺不是中国青铜时代的选择”》,《南方文物》2007 年第 2 期。

董亚巍、潘路、万全文、周卫荣、王昌隧:《再探曾侯乙尊盘的铸造工艺》,《中原文物》2008 年第 1 期。

孙庆伟:《从新出䢼甗看昭王南征与晋侯燮父》,《文物》2007 年第 1 期。

凡国栋:《曾侯䢼编钟铭文柬释》,《江汉考古》2014 年第 4 期。

杨宽、钱林书:《曾侯之谜试探》,《复旦大学学报(社哲版)》1980 年第 3 期。

罗运环:《新出金文与西周曾侯》,《陕西师范大学学报(哲学社会科学版)》2015 年第 6 期。

顾铁符:《随国、曾侯的奥秘》,见湖北省社会科学院历史研究所:《楚文化新探》,湖北人民出版社 1981 年。

曾昭岷、李瑾:《曾国和曾国铜器综考》,《江汉考古》1980 年第 1 期。

饶宗颐:《谈盛君簠——随州擂鼓墩文物展侧记》,《江汉考古》1985 年第 1 期。

刘彬徽:《随州擂鼓墩二号墓青铜器初论》,《文物》1985 年第 1 期。

吴郁芳:《擂鼓墩二号墓簠铭“盛君縈”小考》,《文物》1986 年第 2 期。

何浩、宾晖:《盛君縈及擂鼓墩二号墓墓主的国别》,《楚文化研究论集》第一集,荆楚书社 1987 年。

沈长云、何艳杰:《谈南宫氏的族姓及其相关问题》,《寻根》2008 年第 2 期。

沈长云:《谈曾侯铜器铭文中的“南公”》,《中国史研究》2017 年第 1 期。

郑若葵:《论二里头文化类型墓葬》,《华夏考古》1994 年第 4 期。

王龙正、江涛、袁俊杰:《新发现的柞伯簋及其铭文考释》,《文物》1998 年第 9 期。

王先福:《襄随地区两周遗址出土陶鬲分析》,《江汉考古》2002 年第 4 期。

王先福:《随枣走廊两周遗址典型陶器的分期》,载襄樊市文物考研究所:《襄樊市考古文集》,科学出版社 2007 年。

任伟:《曾、随之迷试探》,载《华夏文明的形成与发展——河南省文物考古研究所建所五十周年庆祝会暨华夏文明的形成与发展学术研讨会论文集》,大象出版社 2003 年。

曹玮:《西周时期的赗赠制度》,载《商承祚教授百年诞辰纪念文集》,文物出版社 2003 年。

黄锡全:《枣阳郭家庙曾国墓地出土铜器铭文考释》,载《枣阳郭家庙曾国墓地》,科学出版社 2005 年。

左超:《关于曾国问题的补遗》,《楚文化研究论集》第五集,黄山书社 2005 年。

杨晓能:《商周青铜器纹饰和图形文字的含义及功能》,《文物》2005 年第 6 期。

陈千万:《湖北谷城发现的邓国铜器及其相关问题》,襄樊市文物考古研究所编:《襄樊考古文集》,科学出版社 2007 年。

黄凤春、黄旭初:《乔家院——显微镜下的秘密》,《中华遗产》2010 年第 7 期。

黄凤春、陈树祥、凡国栋:《湖北随州叶家山新出西周曾国铜器及相关问题》,《文物》2011 年第 11 期。

黄凤春、黄建勋:《论叶家山西周曾国墓地》,湖北省博物馆、湖北省文物考古研究所、随州市博物馆:《随州叶家山西周早期曾国墓地》,文物出版社 2013 年。

黄凤春、胡刚:《说西周金文中的"南公"——兼论随州叶家山西周曾国墓地的族属》,《江汉考古》2014 年第 2 期。

黄凤春、胡刚:《再说西周金文中的南公——二论叶家山西周墓地的族属》,《江汉考古》2014 年第 5 期。

黄凤春:《关于曾国的政治中心及其变迁问题》,《中原文化研究》2018 年第 4 期。

曹锦炎:《"曾"、"随"二国的证据——论新发现的随仲嬭加鼎》,《江汉考古》2011 年第 4 期。

杨华:《叶家山曾侯墓地所见西周早期丧葬礼制四则》,《江汉考古》2013 年第 4 期。

李零:《文峰塔 M1 出土钟铭补释》,《江汉考古》2015 年第 1 期。

方辉:《论史前及夏时期的朱砂葬——兼论帝尧与丹朱传说》,《文史哲》2015 年第 2 期。

满明辉:《国博新征楚王鼎小论》,《收藏家》2015 年第 5 期。

方勤:《曾国历史的考古学观察》,《江汉考古》2014 年第 4 期。

方勤:《郭家庙曾国墓地的性质》,《江汉考古》2016 年第 5 期。

黄尚明:《论铜器铭文中的"南公"与"南宫"》,见楚文化研究会:《楚文化研究论集》第十三集,上海古籍出版社 2018 年。

黄尚明:《曾侯世系考辨》,《华中师范大学学报(人文社会科学版)》2018 年第 6 期。

张国硕、贺俊:《论夏商时期的朱砂奠基葬》,《考古》2018 年第 5 期。

何晓琳:《随州叶家山西周墓葬出土日用陶器浅析》,《江汉考古》2014

年第 2 期。

马萧林:《灵宝西坡出土朱砂及相关问题研究》,《中原文物》2019 年第 6 期。

五、学位论文

刘爽:《东周时期的楚剑及其文化》,华中师范大学 2015 年硕士学位论文。

郭长江:《曾国陶器研究》,武汉大学 2015 年硕士学位论文。

方勤:《曾国历史与文化研究》,武汉大学 2018 年博士学位论文。